源進

易隱譯解

【明】曹九錫 輯
　　黎　光 譯解
　　李　全 校對

進源網路事業有限公司出版

漢代京房的珍稀遺法 古今筮學的巔峰之作
術數暢銷書籍《隱易千金斷》的前身溯源
二十年後作者對《易隱》的重新解讀
兩百餘個人生問題怎麼辦

黎光，傳統文化研究學者，著有《筮學通考》《隱易千金斷》《六爻預測學》《商業易經占卜指南》《易經實用指南》《易經與人生運程》《起名者說》《相宅者說》《易經萬年曆》《黎氏·後天易數》《六爻三大技法》《九天學算卦》（合著）等。公眾號：指月軒（zyxlg1981）

李全，易經學者，畢業於南開大學人力資源管理專業，廣州市泰鼎教育投資有限公司創始人，旗下有多家教育培訓公司以及國學培訓諮詢公司。

六爻傳承圖

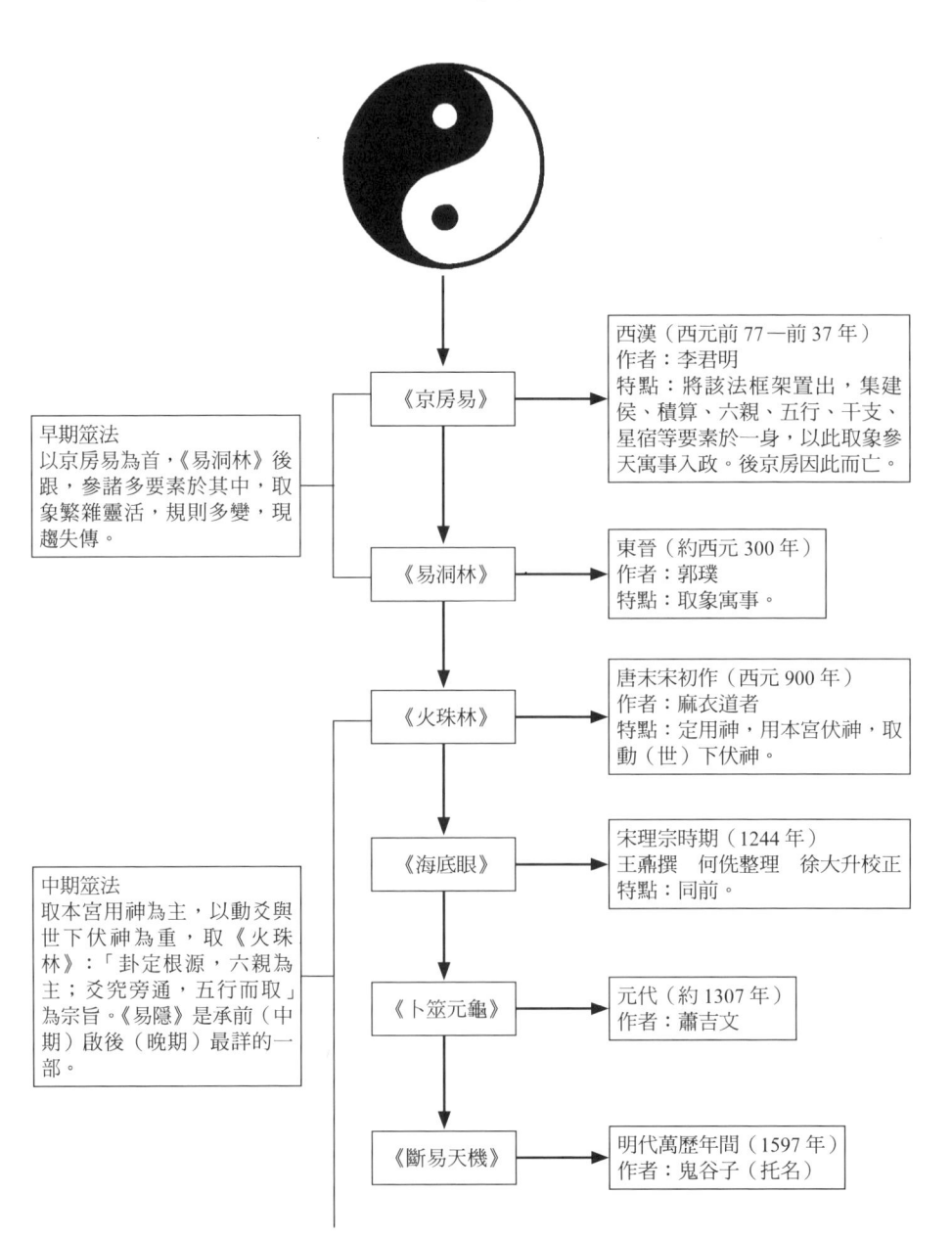

早期筮法
以京房易為首，《易洞林》後跟，參諸多要素於其中，取象繁雜靈活，規則多變，現趨失傳。

中期筮法
取本宮用神為主，以動爻與世下伏神為重，取《火珠林》：「卦定根源，六親為主；爻究旁通，五行而取」為宗旨。《易隱》是承前（中期）啟後（晚期）最詳的一部。

《京房易》 → 西漢（西元前 77—前 37 年）
作者：李君明
特點：將該法框架置出，集建侯、積算、六親、五行、干支、星宿等要素於一身，以此取象參天寓事入政。後京房因此而亡。

《易洞林》 → 東晉（約西元 300 年）
作者：郭璞
特點：取象寓事。

《火珠林》 → 唐末宋初作（西元 900 年）
作者：麻衣道者
特點：定用神，用本宮伏神，取動（世）下伏神。

《海底眼》 → 宋理宗時期（1244 年）
王鼒撰　何侁整理　徐大升校正
特點：同前。

《卜筮元龜》 → 元代（約 1307 年）
作者：蕭吉文

《斷易天機》 → 明代萬歷年間（1597 年）
作者：鬼谷子（托名）

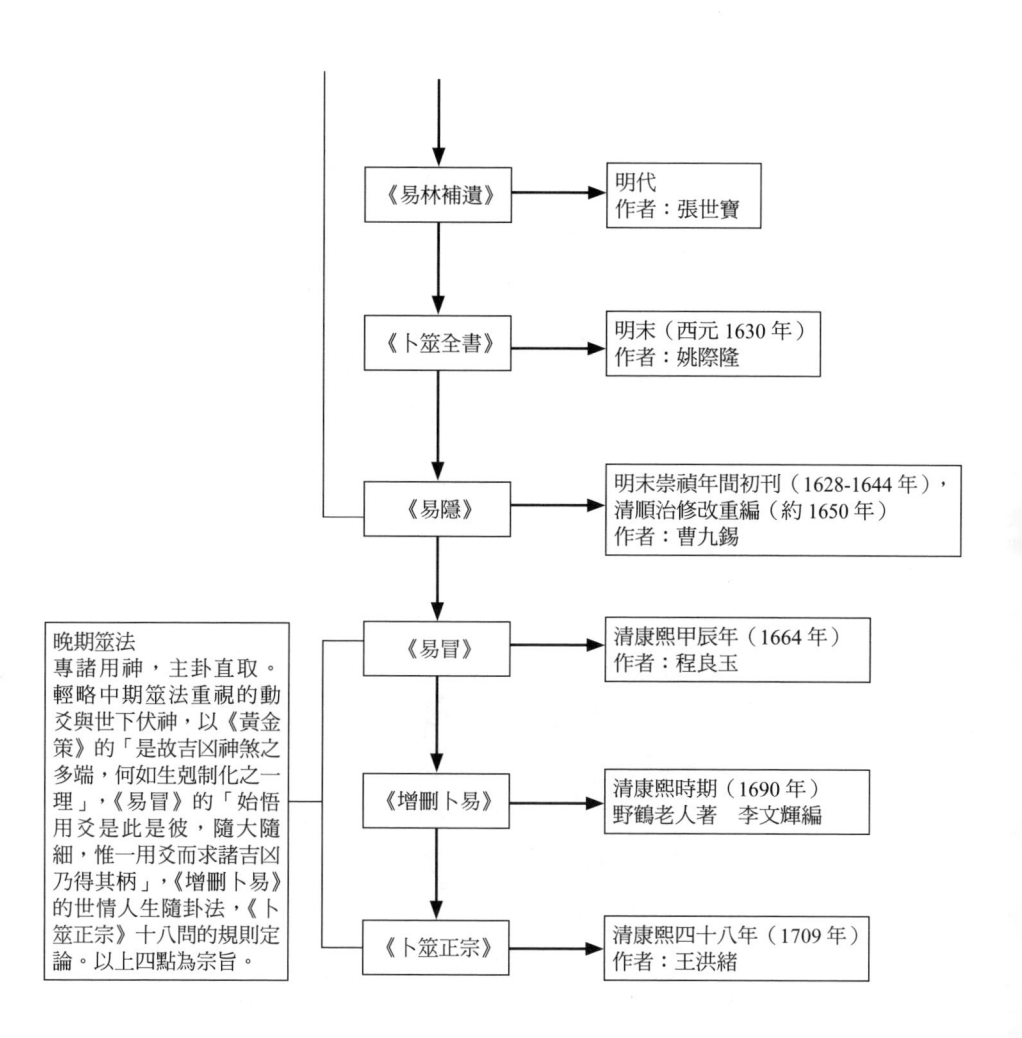

六爻傳承圖　5

```
         │
         ▼
   ┌──────────┐    ┌──────────────────┐
   │《易林補遺》│───▶│ 明代              │
   └──────────┘    │ 作者：張世寶      │
         │         └──────────────────┘
         ▼
   ┌──────────┐    ┌──────────────────┐
   │《卜筮全書》│───▶│ 明末（西元1630年）│
   └──────────┘    │ 作者：姚際隆      │
         │         └──────────────────┘
         ▼
   ┌──────────┐    ┌────────────────────────────┐
   │《易隱》   │───▶│ 明末崇禎年間初刊（1628-1644年），│
   └──────────┘    │ 清順治修改重編（約1650年）   │
         │         │ 作者：曹九錫                │
         │         └────────────────────────────┘
         ▼
   ┌──────────┐    ┌──────────────────┐
   │《易冒》   │───▶│ 清康熙甲辰年（1664年）│
   └──────────┘    │ 作者：程良玉      │
         │         └──────────────────┘
         ▼
   ┌──────────┐    ┌──────────────────────────┐
   │《增刪卜易》│───▶│ 清康熙時期（1690年）      │
   └──────────┘    │ 野鶴老人著　李文輝編      │
         │         └──────────────────────────┘
         ▼
   ┌──────────┐    ┌──────────────────┐
   │《卜筮正宗》│───▶│ 清康熙四十八年（1709年）│
   └──────────┘    │ 作者：王洪緒      │
                   └──────────────────┘
```

晚期筮法
專諸用神，主卦直取。輕略中期筮法重視的動爻與世下伏神，以《黃金策》的「是故吉凶神煞之多端，何如生剋制化之一理」，《易冒》的「始悟用爻是此是彼，隨大隨細，惟一用爻而求諸吉凶乃得其柄」，《增刪卜易》的世情人生隨卦法，《卜筮正宗》十八問的規則定論。以上四點為宗旨。

六爻占卜圖

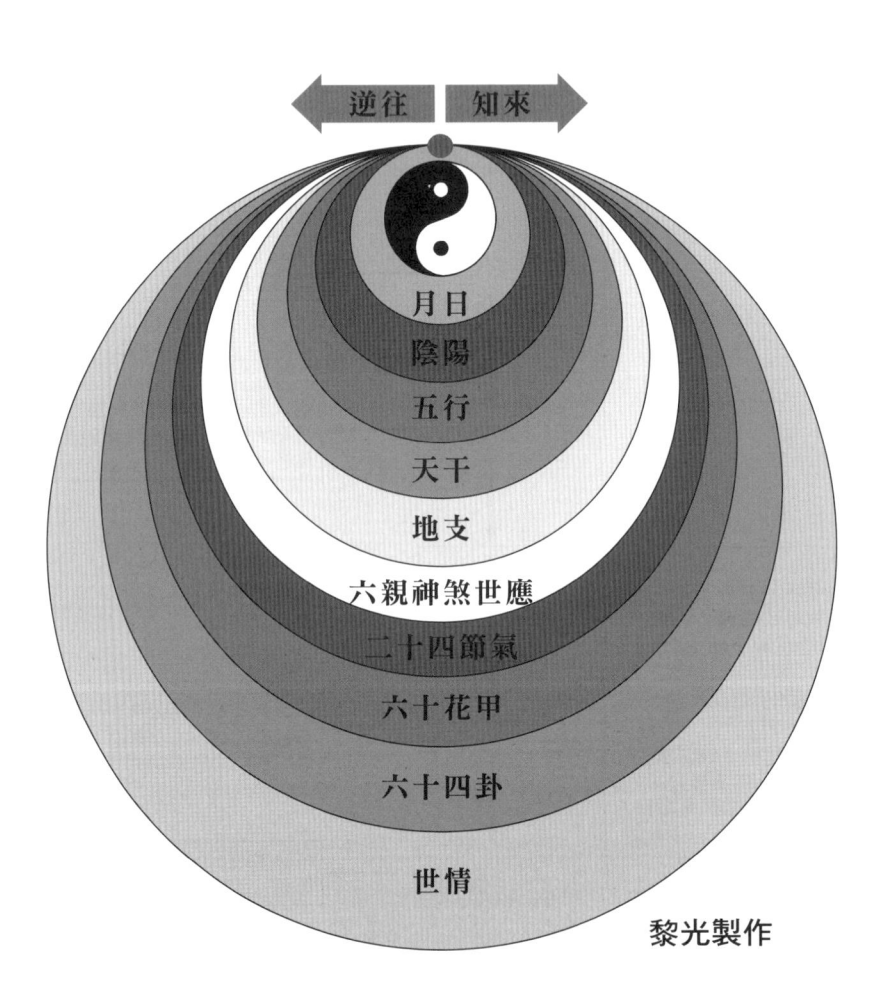

逆往 　知來

月日
陰陽
五行
天干
地支
六親神煞世應
二十四節氣
六十花甲
六十四卦
世情

黎光製作

《易隱》占卜圖

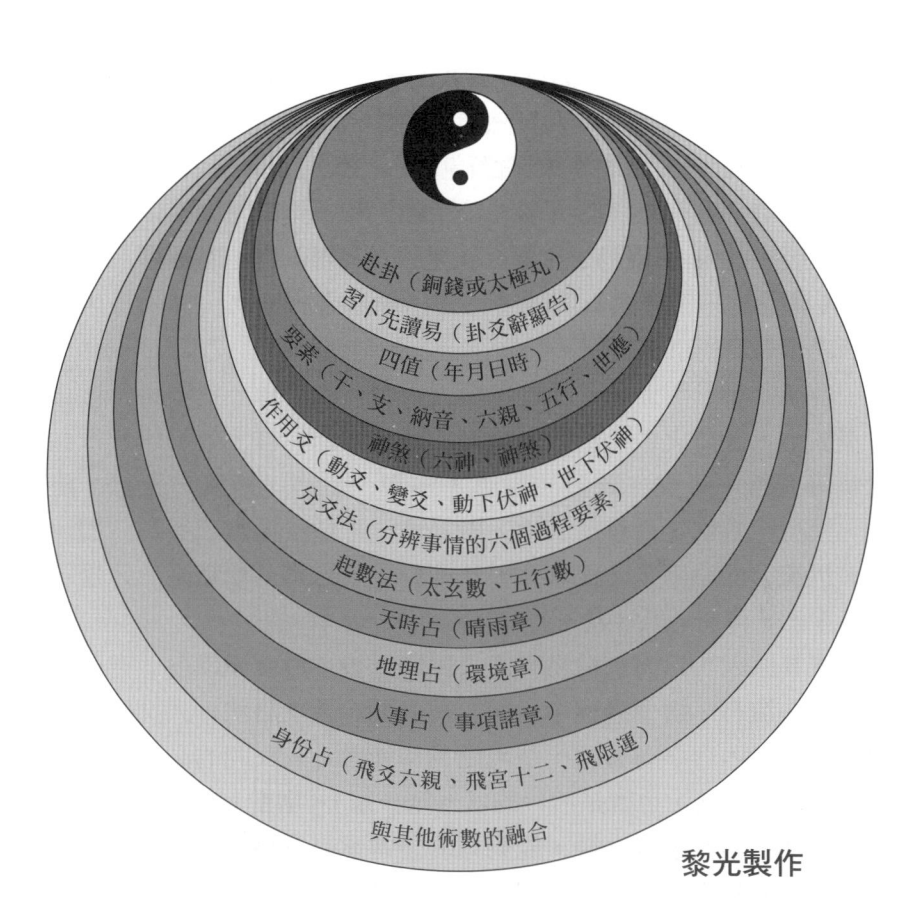

- 起卦（銅錢或太極丸）
- 習卜先讀易（卦爻辭顯告）
- 要素（干、支、納音、六親、五行、世應）
- 四值（年月日時）
- 神煞（六神、神煞）
- 作用爻（動爻、變爻、動下伏神、世下伏神）
- 分爻法（分辨事情的六個過程要素）
- 起數法（太玄數、五行數）
- 天時占（晴雨章）
- 地理占（環境章）
- 人事占（事項諸章）
- 身份占（飛爻六親、飛宮十二、飛限運）
- 與其他術數的融合

黎光製作

前言　我與《易隱》的緣分

在 1999 年，我在網路發現重慶易經專家霍斐然先生的聯繫方式後，我給他寫了一封信，表示想把古籍《易隱》改編。霍老回復說，《易隱》是占卜術中高深大宗之法，改編是有必要的。觀其目錄，可知大作定非凡響。他也非常期待拜讀我的全文。作為一個 18 歲的年輕人，得到這位前輩的鼓勵，我自然備受鼓舞，於是就在家中開始寫作。

到了 2000 年，霍老寄來了徵稿函。之後，我與出版機構取得了聯繫。最終，在 2003 年，《隱易千金斷》和《筮學通考》兩本書在香港出版。其中，《隱易千金斷》正是以《易隱》為基礎編寫。

《易隱》一書署名為明代曹九錫所輯、曹睿玉演，其前身來源於西漢李君明的京房易學。

西漢的李君明上承三才之道與天人合一的思想，把陰陽五行日月星辰納入卦象之中，用數學積算的模式推斷災祥，其易學體系共納陰陽五行、干支、卦變、世應、六親、星宿、節氣、五星、建候、消息、飛伏、積算於其中，融易理、象數、術數三者為一體，而後世流行的納甲筮（火珠林）法即脫胎於京房易學體系。只是，未承全部，傳有七八（杭辛齋語）。

究其原因，只因京房易學傳入民間以後，慢慢便以占卜吉凶的效用而在流行，這個過程中，對於裡面關於天文曆法、人文風俗、政治災異等內容多有省略，這也是易學術數走入民間的必然趨勢。這點在晚期筮法，也就是清代的《卜筮正宗》《增刪卜易》中表現得尤為明顯，而在唐宋之後，能夠稱的是傳承京房易學體系最多，並且作為中期的總結之作，承上啟下者，當數《易隱》這本書。

《易隱》者，「易」乃周易變化之意，「隱」乃隱匿深藏之意，合而決之，乃是傳常易不傳之秘，極盡易道變化之意。從《易隱》的內容來看，其共傳承了京房易學體系的干支、卦變、世應、六親、五星、飛伏、卦氣、部分建候、部分星宿等幾大部分，故在《易隱》序中謝三賓提到：「吾友曹橫琴氏，得其家君遊南子（曹九

錫)之傳,慨群迷之不旦,悼筮法之中衰,於是上究連藏,下逮京焦,傍通壬甲,廣采占歌,作為《易隱》。」此序言即真正道出了《易隱》一書內容的全面性,這在當今京房易學與中期筮法漸趨失勢的情況下,充分顯示出了其重要性。

這次將《易隱》白話譯解,整理出版,是有以下幾個原因及說明存在:

一、古籍敘述全面,但接近文言文,艱澀難懂,現代人閱讀不便,所以這次全部翻譯為白話文。

二、多數通行版《易隱》印刷中存在錯漏情況。比如晴雨占中有:「水動。而遇日辰動爻刑害尅破者。雖雨不多也」,後面卻是「火動。而遇日辰動爻刑害尅破者晴也。」於是我將其合理改為「水動,而遇日辰動爻刑害尅破者,雖雨不多也;火動,而遇日辰動爻刑害尅破者,雖晴不久也。」又比如多數通行本《易隱》家宅章第二十二墳塋占中有:「金見金臨玄武。旁有岩泉。土見土。橫路交加」,此處有明顯的遺漏之處,於是我將其修改為:「金見金臨玄武,旁有岩泉;土見土加騰蛇,橫路交加。」(為免歧義,原文另附)另外包括《易隱》身命占中的六親飛爻、三限飛行,均有個別有誤的地方。

三、將書中所記載的占法,用「如何推斷」來表示,讓讀者在世俗中遇到困惑,也能按圖索驥,直觀查找。這樣,既知怎麼樣,自知怎麼辦。在守正合律的基礎上,吉者進,凶者退,恍惚者安拙。

四、原書的編排中存在著層次不清的情況,看起來不夠清晰。於是我根據斷語的特點不同,將其重新整理分段,如將六神判斷分為一段,六親判斷分為一段,伏神判斷分為一段,順序而排,分號來列,這樣閱讀起來更加明瞭。比如,《易隱》廚灶占所講:「酉金動化水。床頭有酒缸。加雀鬼。必酸酒也。金福旺。房有明鏡。動化火者。鏡昏暗也。」(以上為原文),將其譯為:「當酉金爻發動並化出水爻時,床頭附近會有酒缸。如果這金爻又恰好是臨朱雀的官鬼爻,那麼酒的味道是酸的。當金爻作為子孫爻且處於旺盛狀態

時，房間內會有明亮的鏡子。但如果該金爻發動而化出火爻的，那它的反射效果會顯得昏暗。」其他例如，三爻合爻。房灶相連也。臨父旺。大屋下灶。臨福旺。兩廂下灶等，均做類似譯解。

五、段落中疑難之處有夾註，用「黎注」來和原註區分，段尾加以評點，這樣將每段的主要內容與分析方法概括出來，儘快使讀者掌握《易隱》一書的要點。

六、因為《易隱》的卦例解讀採取的是中期筮法，也即傳承自《火珠林》使用本宮用神的方法，這與現今六爻筮法區別很大，現將其卦例重新排列，白話詳解。

七、將《易隱》的重要疑點解答，加上郭璞等諸多筮書旁通，以二十論的形式寫出。

八、在民國十四年（1925）文明書局版的《易隱》中提到，卜筮之道，惟身命、家宅、墳塋、婚姻、行人、疾病數者尤難，故弁之於首（把它們列在首要的位置），以示所重，非敢顛紊舊目也（並非敢隨意打亂原來的次序）。同理，在編排上本書依照同行。

九、《易隱》的內容在類似筮書中繁厚罕見，部分更是獨家所在，旁及遁甲、六壬、太乙、河洛等術。所以在艱深處附上古籍原文，供讀者對照參考。

十、該書以《易隱》（1996 年中 6 州古籍出版社）與《校正全本易隱》（2016 年華齡出版社）兩書為底稿，疑難處參考民國十四年文明書局版、日本內閣文庫本進行譯評與講解。

這次整理活動，雖然有心施力，但是水準有限，未能滿足之處，敬望指正。後期如有錯漏更正，會在「指月軒」（zyxlg1981）公眾號推文告知。

感謝李全先生做的校對工作，他有多年的易理基礎，現隨我學習，轉向術數研究，理象結合，進步迅速。茂名李澤為、晉城柴瑜澤、徐州吳則龍參與了部分稿件整理，鼎升、劉寧、楊明峰、蔣明、段昆侖、趙志遠、李慶峰、吳焜煜、王豐平等朋友在工作生活當中提供了支持，在此一併致謝。

黎光
2024 年 3 月 3 日

黎光，傳統文化研究學者。著有《筮學通考》《隱易千金斷》《六爻預測學》《商業易經占卜指南》《易經實用指南》《易經與人生運程》《起名者說》《相宅者說》《易經萬年曆》《黎氏·後天易數》《六爻三大技法》《九天學算卦》（合著）等。公眾號：指月軒（zyxlg1981）

李全，易經學者，畢業於南開大學人力資源管理專業，廣州市泰鼎教育投資有限公司創始人，旗下有多家教育培訓公司以及國學培訓諮詢公司。

目　錄

六爻傳承圖 ……………………………………………… 4

六爻占卜圖 ……………………………………………… 6

《易隱》占卜圖 ………………………………………… 7

前言　我與《易隱》的緣分 …………………………… 8

上篇　《易隱》譯評

《易隱》序 ……………………………………………… 28

《易隱》敘 ……………………………………………… 30

《易隱》卷首

八卦象例 ………………………………………………… 34
五行生剋 ………………………………………………… 34
天干所屬 ………………………………………………… 34
地支所屬 ………………………………………………… 35
六神所屬 ………………………………………………… 36
六親生剋 ………………………………………………… 37
劉伯溫先生總斷 ………………………………………… 38
張星元先生總斷 ………………………………………… 41
海底眼一爻動變斷 ……………………………………… 48
周仲高期日捷訣 ………………………………………… 51
習卜先讀《易》說 ……………………………………… 51
取易辭斷法 ……………………………………………… 53
身命凶卦 ………………………………………………… 54
化墓絕卦 ………………………………………………… 54
反吟卦 …………………………………………………… 55

十六變卦	55
六十四卦名	58
定六親法	58
納甲法	59
安世應法	59
日辰傷世應卦	60
安（世）身訣	61
起月卦身法	61
定飛伏神法	62
起六神法	63
年上起月法	64
日上起時法	64
五行納音法	64
先天八卦序	65
範圍先天數	66
河圖五行數	66
逐月氣候輔卦用事旺相定局圖	66
陰陽升降生剋之圖	67
長生定局	68
年月日時起神煞例（司天氏王政秘傳）	69
天干神煞表	69
地支神煞表	71
各月神煞表	75
歲月日同用神煞	83
日干神煞表	83
時下白虎	84
進神退神	84
太歲歌	85
天中煞	86

附：刃星辨··86
附：貴馬德合辨··87
卦命訣···93
以錢代蓍說···94
制太極丸法···95
八卦方辰之圖··95
占戒···96

《易隱》卷一

第一章　身命占···97

第一節　如何推斷祖業厚薄······································100
第二節　如何推斷命運高低······································101
第三節　如何推斷性格剛柔······································106
第四節　如何推斷近親遠親······································107
第五節　如何推斷貴賤貧富······································145
第六節　如何推斷禍福往來······································158
第七節　如何推斷三限運勢······································160
第八節　如何推斷流年運勢······································169
第九節　如何推斷帶疾延年······································174
第十節　如何推斷性情多樣······································176
第十一節　如何推斷身體容貌···································178
第十二節　如何推斷壽命長短···································192
第十三節　如何推斷人生十二方面·····························195

《易隱》卷二

第二章　僧道占··201

第一節　如何推斷安心與否······································201
第二節　如何推斷建造寺觀······································202
第三節　如何推斷老師狀態······································202
第四節　如何推斷徒弟優劣······································203

第五節　如何推斷雲遊訪道⋯⋯⋯⋯⋯⋯⋯⋯⋯⋯⋯⋯⋯203
第六節　如何推斷密地修證⋯⋯⋯⋯⋯⋯⋯⋯⋯⋯⋯⋯⋯204
第七節　如何推斷修真煉性⋯⋯⋯⋯⋯⋯⋯⋯⋯⋯⋯⋯⋯204
第八節　如何推斷僧道還俗⋯⋯⋯⋯⋯⋯⋯⋯⋯⋯⋯⋯⋯205

第三章　家宅占⋯⋯⋯⋯⋯⋯⋯⋯⋯⋯⋯⋯⋯⋯⋯⋯⋯⋯⋯206

總論　兩種家宅論法⋯⋯⋯⋯⋯⋯⋯⋯⋯⋯⋯⋯⋯⋯⋯206
第一節　如何推斷宅基形態⋯⋯⋯⋯⋯⋯⋯⋯⋯⋯⋯⋯⋯208
第二節　如何推斷水井水管形態⋯⋯⋯⋯⋯⋯⋯⋯⋯⋯⋯210
第三節　如何推斷住宅區域與二十七項細節⋯⋯⋯⋯⋯⋯213
第四節　如何推斷廚灶形態與吉凶⋯⋯⋯⋯⋯⋯⋯⋯⋯⋯237
第五節　如何推斷床鋪形態與吉凶⋯⋯⋯⋯⋯⋯⋯⋯⋯⋯241
第六節　如何推斷廚灶形態與吉凶⋯⋯⋯⋯⋯⋯⋯⋯⋯⋯246
第七節　如何推斷門戶形態與吉凶⋯⋯⋯⋯⋯⋯⋯⋯⋯⋯247
第八節　如何推斷衛生間的形態吉凶⋯⋯⋯⋯⋯⋯⋯⋯⋯250
第九節　如何推斷香火人丁形態吉凶⋯⋯⋯⋯⋯⋯⋯⋯⋯252
第十節　如何推斷家中人口形態吉凶⋯⋯⋯⋯⋯⋯⋯⋯⋯255
第十一節　如何推斷家長形態與吉凶⋯⋯⋯⋯⋯⋯⋯⋯⋯258
第十二節　如何推斷道路形態與吉凶⋯⋯⋯⋯⋯⋯⋯⋯⋯258
第十三節　如何推斷棟樑形態與吉凶⋯⋯⋯⋯⋯⋯⋯⋯⋯260
第十四節　如何推斷牆壁形態與吉凶⋯⋯⋯⋯⋯⋯⋯⋯⋯262
第十五節　如何推斷圍欄形態與吉凶⋯⋯⋯⋯⋯⋯⋯⋯⋯263
第十六節　如何推斷房屋形態與吉凶⋯⋯⋯⋯⋯⋯⋯⋯⋯264
第十七節　如何推斷庭院形態與吉凶⋯⋯⋯⋯⋯⋯⋯⋯⋯264
第十八節　如何推斷窗戶形態與吉凶⋯⋯⋯⋯⋯⋯⋯⋯⋯265
第十九節　如何推斷巷子形態與吉凶⋯⋯⋯⋯⋯⋯⋯⋯⋯265
第二十節　如何推斷倉庫形態與吉凶⋯⋯⋯⋯⋯⋯⋯⋯⋯265
第二十一節　如何推斷鄰里關係與吉凶⋯⋯⋯⋯⋯⋯⋯⋯266
第二十二節　如何推斷墳墓形態與吉凶⋯⋯⋯⋯⋯⋯⋯⋯267

《易隱》卷三

第四章　遷移占 270

第五章　樹藝占 273
　第一節　如何推斷天時順逆 273
　第二節　如何推斷田畝狀態 274
　第三節　如何推斷人事收成 276

第六章　育蠶占 278
　第一節　如何推斷蠶婦吉凶 278
　第二節　如何推斷蠶命吉凶 279
　第三節　如何推斷蠶絲生產過程 279
　第四節　如何推斷蠶絲價格高低 281

第七章　六畜占 282

第八章　納奴婢占 288
　第一節　如何推斷奴婢品行 288
　第二節　如何推斷保姆關係 289
　第三節　如何推斷聘用成否 290

第九章　脫禍占 290
　第一節　如何推斷禍端所在 291
　第二節　如何推斷是否可逃 291
　第三節　如何推斷避禍之所 292
　第四節　如何推斷牽連之人 293

第十章　征戰占 298
　第一節　如何推斷戰爭方向 298
　第二節　如何推斷敵我戰情 300
　第三節　如何推斷征戰狀態 301
　第四節　如何推斷軍備優劣 304
　第五節　如何推斷兵士吉凶 305

《易隱》卷四

第十一章　墳塋占 ··· 307

- 第一節　如何推斷買地成否 ··· 307
- 第二節　如何推斷六親優劣 ··· 308
- 第三節　如何推斷墳穴運氣 ··· 309
- 第四節　如何推斷墳穴形勢 ··· 310
- 第五節　如何推斷坐山形態 ··· 311
- 第六節　如何推斷墳墓方向 ··· 312
- 第七節　如何推斷穴內方向 ··· 313
- 第八節　如何推斷前後有物妨害 ··· 314
- 第九節　如何推斷後人吉凶榮榭 ··· 314
- 第十節　如何推斷已葬之穴形態吉凶 ··· 316
- 第十一節　如何推斷未葬之穴形態吉凶 ··· 318
- 第十二節　如何推斷墳穴安葬高低環境 ··· 319
- 第十三節　如何推斷墳穴對案形態觀感 ··· 320
- 第十四節　如何推斷明堂寬窄周邊環境 ··· 321
- 第十五節　如何推斷龍虎強弱左右狀態 ··· 322
- 第十六節　如何推斷後山形態 ··· 325
- 第十七節　如何推斷龍祖形態 ··· 326
- 第十八節　如何推斷水口形態 ··· 327
- 第十九節　如何推斷土壤顏色 ··· 328
- 第二十節　如何推斷穴中之物 ··· 329
- 第二十一節　如何推斷何物傷穴 ··· 330
- 第二十二節　如何推斷棺槨形態 ··· 331
- 第二十三節　如何推斷入葬之法 ··· 331
- 第二十四節　如何推斷墳穴多少 ··· 331
- 第二十五節　如何推斷侵墳情況 ··· 332
- 第二十六節　如何推斷出殯情形 ··· 332
- 第二十七節　如何推斷遷墳吉凶 ··· 333

第二十八節　如何推斷他鄉安葬..................334
第二十九節　如何推斷亡人死因..................334
第三十節　如何推斷開棺盜墓....................336
第三十一節　墳墓之補遺占......................336

第十二章　晴雨占..................338
第一節　以五行推斷晴雨法......................341
第二節　以六親推斷晴雨法......................343
第三節　以六神推斷晴雨法......................345
第四節　以天干推斷晴雨法......................345
第五節　內外世應推斷晴雨法....................346
第六節　六十四卦推斷晴雨法....................347
第七節　如何推斷晴雨時期......................348

第十三章　朝廷占..................350
第一節　如何推斷國家一年禍福..................350
第二節　如何推斷領導人的狀況..................351
第三節　如何推斷領導人的妻子..................352
第四節　如何推斷接班人的情況..................353
第五節　如何推斷監察是否忠良..................354
第六節　如何推斷國防是否牢固..................354
第七節　如何推斷國家財產損益..................355
第八節　如何推斷奸賊吉凶方位..................355
第九節　如何以分爻法推斷社會各個階層..........356
第十節　如何以六十四卦象推斷國家狀態..........358
第十一節　如何推斷國運長短....................359

第十四章　年時占..................362

《易隱》卷五

第十五章　婚姻占 …………………………………… 367
- 第一節　如何推斷雙方門第高低 ………………… 368
- 第二節　如何推斷婚後後代情況 ………………… 368
- 第三節　如何推斷婚後吉凶 ……………………… 369
- 第四節　如何推斷聘物厚薄 ……………………… 371
- 第五節　如何推斷求婚成否 ……………………… 372
- 第六節　如何推斷媒人情況 ……………………… 374

第十六章　胎產占 …………………………………… 380
- 第一節　如何推斷胎孕有無 ……………………… 381
- 第二節　如何推斷受胎月日與安胎吉時 ………… 382
- 第三節　如何推斷懷胎男女 ……………………… 382
- 第四節　如何推斷生產日期 ……………………… 383
- 第五節　如何推斷生產難易 ……………………… 384
- 第六節　如何推斷接生醫生 ……………………… 385
- 第七節　如何推斷乳母哺育 ……………………… 386

第十七章　痘疹占 …………………………………… 387

第十八章　取嗣占 …………………………………… 388

第十九章　延師占 …………………………………… 389
- 第一節　如何推斷學生習性 ……………………… 389
- 第二節　如何推斷執教水準 ……………………… 390
- 第三節　如何推斷師生關係 ……………………… 391
- 附：覓館占 ………………………………………… 392
- 附：投師占 ………………………………………… 393

第二十章　小試占 ……………………………………… 394
第一節　如何推斷題目生疏 …………………………… 395
第二節　如何推斷文字高低 …………………………… 396
第三節　如何推斷考官評卷 …………………………… 397
第四節　如何推斷名次高下 …………………………… 398

第二十一章　鄉會試占 …………………………………… 399
第一節　如何推斷考官評卷 …………………………… 401
第二節　如何推斷名次高下 …………………………… 402

第二十二章　殿試占 ……………………………………… 402

第二十三章　武試占 ……………………………………… 403

第二十四章　官祿占 ……………………………………… 404
第一節　如何推斷職權範圍 …………………………… 405
第二節　如何推斷候選情況 …………………………… 408
第三節　如何推斷領憑情況 …………………………… 409
第四節　如何推斷居官位置 …………………………… 410
第五節　如何推斷赴任情況 …………………………… 411
第六節　如何推斷在任吉凶 …………………………… 412
第七節　如何推斷升遷機會 …………………………… 414
第八節　如何推斷官職替代 …………………………… 415
第九節　如何推斷貪廉狀況 …………………………… 416
第十節　如何推斷官職退複 …………………………… 417
第十一節　如何推斷丁憂起複 ………………………… 419

第二十五章　文書占 ……………………………………… 428

第二十六章　謁貴占 ……………………………………… 434
第一節　如何推斷謁貴見否 …………………………… 435
第二節　如何推斷相見喜怒 …………………………… 435

《易隱》卷六

第二十七章　行人占 437
- 第一節　如何推斷行人歸意 438
- 第二節　如何推斷在外安危 439
- 第三節　如何推斷行囊收穫 440
- 第四節　如何推斷行人所在 441
- 第五節　如何推斷歸家日期 442
- 第六節　如何推斷在外音信 443
- 第七節　如何推斷家人來否 444

第二十八章　出行占 449
- 第一節　如何推斷所行方向吉凶 450
- 第二節　如何推斷能否順利出行 451
- 第三節　如何推斷途中通塞 451
- 第四節　如何推斷出行收穫 454

第二十九章　舟行占 455
- 第一節　如何推斷順逆出行 455
- 第二節　如何推斷舟具情況 456
- 第三節　如何推斷船員情況 457
- 第四節　如何推斷天氣情況 458
- 第五節　如何推斷行船安全 459
- 第六節　如何推斷行船利潤 460

第三十章　謀望占 461
- 第一節　如何推斷謀望成敗 462
- 第二節　如何推斷謀事遲速 464

第三十一章　求財占 465
- 第一節　如何推斷求財有無 465
- 第二節　如何推斷求財難易 466

第三節　如何推斷求財多少⋯⋯⋯⋯⋯⋯⋯⋯⋯⋯⋯⋯⋯⋯⋯⋯⋯⋯468
  第四節　如何推斷錢財得於何人⋯⋯⋯⋯⋯⋯⋯⋯⋯⋯⋯⋯⋯⋯⋯⋯468
  第五節　如何推斷所得是何財物⋯⋯⋯⋯⋯⋯⋯⋯⋯⋯⋯⋯⋯⋯⋯⋯470
  第六節　如何推斷得財時間⋯⋯⋯⋯⋯⋯⋯⋯⋯⋯⋯⋯⋯⋯⋯⋯⋯⋯471
  第七節　如何推斷中介優劣⋯⋯⋯⋯⋯⋯⋯⋯⋯⋯⋯⋯⋯⋯⋯⋯⋯⋯472

第三十二章　各類求財占法⋯⋯⋯⋯⋯⋯⋯⋯⋯⋯⋯⋯⋯⋯⋯⋯⋯⋯479
  第一節　空手求財占⋯⋯⋯⋯⋯⋯⋯⋯⋯⋯⋯⋯⋯⋯⋯⋯⋯⋯⋯⋯⋯479
  第二節　借貸求財占⋯⋯⋯⋯⋯⋯⋯⋯⋯⋯⋯⋯⋯⋯⋯⋯⋯⋯⋯⋯⋯479
  第三節　糾會求財占⋯⋯⋯⋯⋯⋯⋯⋯⋯⋯⋯⋯⋯⋯⋯⋯⋯⋯⋯⋯⋯480
  第四節　搖會求財占⋯⋯⋯⋯⋯⋯⋯⋯⋯⋯⋯⋯⋯⋯⋯⋯⋯⋯⋯⋯⋯481
  第五節　賭博求財占⋯⋯⋯⋯⋯⋯⋯⋯⋯⋯⋯⋯⋯⋯⋯⋯⋯⋯⋯⋯⋯482
  第六節　捕魚求財占⋯⋯⋯⋯⋯⋯⋯⋯⋯⋯⋯⋯⋯⋯⋯⋯⋯⋯⋯⋯⋯483
  第七節　牧獵求財占⋯⋯⋯⋯⋯⋯⋯⋯⋯⋯⋯⋯⋯⋯⋯⋯⋯⋯⋯⋯⋯484
  第八節　開礦探珠淘金取藏求財占⋯⋯⋯⋯⋯⋯⋯⋯⋯⋯⋯⋯⋯⋯⋯485
  第九節　索債求財占⋯⋯⋯⋯⋯⋯⋯⋯⋯⋯⋯⋯⋯⋯⋯⋯⋯⋯⋯⋯⋯486

第三十三章　貿易占⋯⋯⋯⋯⋯⋯⋯⋯⋯⋯⋯⋯⋯⋯⋯⋯⋯⋯⋯⋯⋯⋯490
  第一節　如何推斷買賣時機⋯⋯⋯⋯⋯⋯⋯⋯⋯⋯⋯⋯⋯⋯⋯⋯⋯⋯491
  第二節　如何推斷中介損益⋯⋯⋯⋯⋯⋯⋯⋯⋯⋯⋯⋯⋯⋯⋯⋯⋯⋯492
  第三節　如何推斷賣貨情況⋯⋯⋯⋯⋯⋯⋯⋯⋯⋯⋯⋯⋯⋯⋯⋯⋯⋯492

第三十四章　開店占⋯⋯⋯⋯⋯⋯⋯⋯⋯⋯⋯⋯⋯⋯⋯⋯⋯⋯⋯⋯⋯⋯495
  第一節　如何推斷店面是否可開⋯⋯⋯⋯⋯⋯⋯⋯⋯⋯⋯⋯⋯⋯⋯⋯495
  第二節　如何推斷開店本利多少⋯⋯⋯⋯⋯⋯⋯⋯⋯⋯⋯⋯⋯⋯⋯⋯496
  第三節　如何推斷合夥用人情況⋯⋯⋯⋯⋯⋯⋯⋯⋯⋯⋯⋯⋯⋯⋯⋯497
  第四節　如何推斷店面貨物銷售⋯⋯⋯⋯⋯⋯⋯⋯⋯⋯⋯⋯⋯⋯⋯⋯498
  第五節　如何推斷收債放賬得失⋯⋯⋯⋯⋯⋯⋯⋯⋯⋯⋯⋯⋯⋯⋯⋯500

第三十五章　寄物占⋯⋯⋯⋯⋯⋯⋯⋯⋯⋯⋯⋯⋯⋯⋯⋯⋯⋯⋯⋯⋯⋯500

《易隱》卷七

第三十六章　疾病占······501
- 第一節　如何取用神······502
- 第二節　如何推斷病人生死······502
- 第三節　如何推斷病症所在······505
- 第四節　如何推斷病情原因······508
- 第五節　如何推斷病人飲食······509
- 第六節　如何推斷醫藥效果······510
- 第七節　如何推斷鬼祟作怪······513
- 第八節　如何推斷病起何方······516
- 第九節　如何推斷病起時日······517

第三十七章　訟獄占······525
- 第一節　如何推斷訴訟起因······526
- 第二節　如何推斷是否準訟······527
- 第三節　如何推斷官司勝負······528
- 第四節　如何推斷官司和解······529
- 第五節　如何推斷官司罪責······530
- 第六節　如何推斷官司審問······533
- 第七節　如何推斷官方批評······534

第三十八章　逃亡占······540
- 第一節　如何推斷逃亡遠近······541
- 第二節　如何推斷逃亡方向······541
- 第三節　如何推斷距離數字······542
- 第四節　如何推斷逃匿何家······543
- 第五節　如何推斷逃匿何地······544
- 第六節　如何推斷能否尋見······544

第三十九章 遺失占 547
第一節 如何取用 547
第二節 如何推斷遺失之處 548
第三節 如何推斷拾者何人 549
第四節 如何推斷知情人士 550
第五節 如何推斷能否找回 551

第四十章 盜賊占 552
第一節 如何推斷賊來之日 552
第二節 如何推斷賊之進入 553
第三節 如何推斷主人警覺 554
第四節 如何推斷賊人身份 554
第五節 如何推斷所逃方向 556
第六節 如何推斷線索來源 557
第七節 如何推斷贓藏賊隱的情況 557
第八節 如何推斷何日追獲盜賊 559
《易隱》參引書目　共計114種 561

下篇　《易隱》二十論

第一章　來源——承上啟下通壬甲 564
第一節 早期版本 564
第二節 歷史演變 564
第三節 筮書風格現代說 568
第四節 京房易學的新思 570
第五節 筮書的疏源通評 571

第二章　用法——章節之間須辨通 572
第一節 用法風格 572
第二節 斷語分查 574

第三章　術語——百尺竿頭從根起……575
第一節　基礎概念……575
第二節　基本術語……577

第四章　起卦——暗合河洛太極丸……579
第一節　以錢代蓍說……579
第二節　制太極丸法……579

第五章　神煞——各有事體各擇取……580

第六章　分爻——飛龍在天自有淵……581
第一節　來源……581
第二節　乾卦的六個分爻……582
第三節　晴雨占的分爻法……582

第七章　取數——加乘旺衰有增減……585
第一節　干支五行取數法……585
第二節　世爻狀態取數法……586
第三節　世爻動變取數法……587
第四節　世爻流年取數法……587

第八章　伏神——本宮對宮各有因……587

第九章　多斷——細思存發譜短長……593
第一節　《易隱》的多斷……593
第二節　多斷的拓思……594
第三節　多斷的舉例……595

第十章　六親——上下輪飛遠近全……598
第一節　飛爻變六親的使用條件……599
第二節　飛爻變六親的使用方法……599

第十一章　飛宮——模擬紫斗人生看……604
第一節　飛宮排法……604

第二節　飛宮批斷 …………………………………………………… 605

第十二章　流年——大運小限齊上陣 …………………………… 606
　　第一節　限運判斷法 ………………………………………………… 606
　　第二節　流年判斷法 ………………………………………………… 606

第十三章　身命——多種角度測行藏 …………………………… 608

第十四章　姓字——象形字體入卦中 …………………………… 610
　　第一節　《火珠林》的姓氏占 ……………………………………… 610
　　第二節　《易隱》的用例 …………………………………………… 613
　　第三節　現代例子 …………………………………………………… 613

第十五章　風水——立體觀察《柳神經》 ……………………… 614
　　第一節　白話《柳神經》 …………………………………………… 614
　　第二節　風水三例 …………………………………………………… 619

第十六章　諸家——各有示現各擷取 …………………………… 623

第十七章　卦解——當代易者作效顰 …………………………… 625

第十八章　官職——追查歷史論高低 …………………………… 635

第十九章　參引——博古論今故紙堆 …………………………… 638

第二十章　縱橫——逆數還舟白首中 …………………………… 645
　　第一節　他術比較 …………………………………………………… 645
　　第二節　今人望古 …………………………………………………… 647

後　　記 ……………………………………………………………… 650

上篇
《易隱》譯評

【明】曹九錫 輯

黎光 譯評

《易隱》序

　　卜筮是一種隱士的行為。以前嚴君平在成都市裡給人占卜，教人以孝順，教人以恭敬，教人以忠誠，君子認為他理解了作《易》的深意，這和孔子在太昊氏的殿堂裡耳提面命地教誨沒有什麼不同。古代的聖人，凡是可以和人談論的道理，沒有不竭盡自己的辭句來說明的，但有些道理是不能夠直接告訴天下人的，就一定要有所憑藉才能實行。後世的人不理解這一點，認為卜筮是吉凶悔吝的細枝末節，不是正道明理的人所用心研究的，那就大錯特錯了。

　　我的朋友曹橫琴先生，得到他的父親遊南子（曹九錫）的真傳，他憂慮那些迷失的人不能明朗，痛惜卜筮方法的衰敗，於是向上參究《連山》《歸藏》這兩種上古的易經，向下研究京房、焦延壽的學說，又旁通六壬、遁甲等術，廣泛採集占卜歌謠，創作了《易隱》。這本書共有十萬多字，可以說內容廣博。象數在變化而理是不變的，六十四卦不同但意義是相同的。一卦有六爻，六十四卦就有三百八十四爻，再加上四營成易，二營成爻，共四千九十六卦。從這裡推算到上億，都是一個道理。由此而推算到天地的奧妙、萬物的眾多、以及《五典》《三墳》《九丘》《八索》這些上古經典的廣大精微，也都是一個道理罷了。

　　《傳》上說：「變化行動為吉事有吉祥的徵兆」「從卦象知道器物的形狀」「占卜知道未來的事情」。又說：「天地設立了上下四方之位，聖人成就了能屈能伸之德。人與鬼神的謀慮、百姓的才能都是一樣的。」聖人能夠如此的原因在哪里？是綜合事物的道理罷了。由此看來，怎麼知道季子的樂卜、趙孟的詩卜、襄仲的言卜、子遊子夏的威儀卜、沈尹氏的政卜、孔成子的禮卜，不能和曹橫琴先生的蓍卜相統一的呢？從此我知道曹氏是隱士君子。

句章老民謝三賓撰

黎注：嚴君平（西元前86年-西元10年），西漢道家學者，思想家。名遵，蜀郡成都市人。漢成帝（前32-前7年在位）時隱居成都市井中，以卜筮為業，宣揚忠孝信義和老子道德經，以惠眾人。

謝三賓，字象三，號寒翁，浙江鄞縣（古句章）人。天啟五年（西元1625年）乙丑科，中三甲進士，授陝西道御史。崇禎五年（西元1632年），授山東巡按御史、兼軍前監。崇禎年間，官至太僕寺卿。南明隆武時期，授大學士。

附：《易隱》原序

卜筮者，隱君子之所托也。昔嚴君平賣卜成都市，與人子言依於孝，與人弟言依於順，與人臣言依於忠，君子以為得作者之意，不異登太昊氏之堂而耳提面命焉。古之聖人，所可與人言者，未嘗不竭其辭，而有不可以正告天下者，則必有所托以行之。後之君子，不察其意，而以是為吉凶悔吝之末數，非正道明誼者之所究心，則惑矣。

吾友曹橫琴氏，得其家君遊南子之傳，慨群迷之不旦，悼筮法之中衰，於是上究連藏，下逮京焦，傍通壬甲，廣采占歌，作為《易隱》。凡十萬餘言，噫，可為博矣。夫象數變而理不變，九六殊而旨不殊。一也，四十九也，三百六十也，四千九十六也，由是而之萬億也，一而已矣，即由是而之天地之賾也，萬物之眾也，典墳丘索之浩渺也，亦一而已矣。

傳曰：變化雲為，吉事有祥，象事知器，占事知來。又曰：天地設位，聖人成能，人謀鬼謀，百姓與能。夫聖人之所以能若此者，豈有他哉，統之理而已矣。由是觀之，安知季子之樂卜，趙孟之詩卜，襄仲之言卜，子遊子夏之威儀卜，沈尹氏之政卜，孔成子之禮卜，不統於橫琴氏之著卜哉，吾於是而知曹氏之為隱君子也。

句章老民謝三賓撰

《易隱》敘

　　橫琴居士曹睿玉,是我的朋友欽之的弟弟。過去睿玉與欽之爭相投身科舉,每次寫文章,欽之一天能完成數千字,寫作速度讓睿玉感到驚訝,也讓那些同輩們咬著牙不敢做聲,感歎比不上欽之。欽之如果這樣發展下去,最終一定會在科舉考試時大捷於天下。

　　不久欽之去世,睿玉也不再熱衷於功名,轉而把卜筮作為人生的寄託。睿玉在之前就研習過《易經》,而卜筮只是《易經》衍生出來的分支。古代聖人用《易經》治理天下,他們拯救危亡、推測災變,不是為帝王的興起而開創民生,就是自覺承當起賢明宰相的得力助手,只有在不得已的情況下,才在家中講學,繼而著書立說,這些奇妙的文章雖然不容易流傳於世間,卻最終也不會消失於世間,當之無愧是以一己之力來繼承古人、教導後學的,這也是不得志於當時的人所做的事。對於卜筮之道,意義又在哪里呢?睿玉知道,卜筮只是《易經》衍生出來的分支,也知道《易經》之理並非都在卜筮之中,大概他也只是把卜筮作為人生的寄託吧。

　　庚寅年深秋的時候,睿玉與文伯子遠來,向我索求序言,說:「我對《易經》之理有大略的研究,這部家中世代相傳的秘本已珍藏多年,請您為它作一篇敘言吧。」睿玉毫不吝嗇地把秘本拿出來給我看,又請我給這部秘本取一個書名。我把這部秘本題名為《易隱》。

　　人們總是遇到常見的事物就覺得不以為奇,遇到不常見的事物就覺得奇怪;人們習慣於他們所看到的,而對於他們沒有看到的則感到陌生。然而,誰又知道事情不能僅憑一個人的認知來判定呢?一個人的智慧就像城市的外牆,而整個世界卻是廣闊無垠的。世界上有在濕地上生長的菌類,難道它就沒有根嗎?世界上也有從木頭中鑽出來的天牛的幼蟲,難道它就沒有母體嗎?只不過是它們的根和母體太微小了,以致於難以看到。人們又忽略這些微小的事物,才說世界上存在沒有根和母體的生物。天下已經有在濕地上生長的

菌類了，也已經有從木頭中鑽出來的天牛的幼蟲了，那麼也已經有根和母體了。

書籍裡面，沒有比《易經》更常見的了，但讀者卻認為它是變化多端的。如果我們認為它變化多端，那麼它的聲音就會失去清晰，它的味道就會失去香甜，它的語言就會變得無定象。那麼，伏羲怎麼能將它定為一畫，元公又怎麼能將它定為一圈呢？從一變為八，從八變為六十四，就像從夏蠶蛻變為秋蠶，不過是出於本性自然的行動、爪發對於疾病痛癢的感知，也不能完全忘記它們的有無之間。

而《易經》的產生，也不過是出於本性自然的行動，為龍為馬，也不可以盡忘於有與無。有無生於載鬼一車、枯楊生稊，需要等到蓍草枯萎後才能驗證其準確性，這有何貴於明理呢？龜甲只有在腐朽之後才能保持其卜卦的靈驗，這又何需依賴智慧呢？京房郭璞雖然精通《易經》，但他們最終也不能保住自己的性命，這說明並不能完全依賴隱秘的卜卦技巧。大凡過於追求變化，就會被變化所迷惑，最後背離了常規。一旦背離常規，事情就會變得隱晦難解。如果人們能夠時刻保持身心清醒，那麼在我看來，事情就會顯得明朗。然而，這些道理在其他人看來，卻可能仍然是隱晦的，而隱晦的事物又常常由於他們的視而不見而引發驚奇。

汾陰侯生擅長《易經》，他先致力於人事，然後才研究卦象，這才能夠不被變化所迷惑。雪庵先生述說《乾卦》，而杜景賢認為述說的並不適宜，這也是因為他希望不背離常規。睿玉當初隱居研究《易經》，就是繼承了雪庵先生的遺志吧。然而，他現在卻願意放下《易經》去讀《離騷》，他的志向就像屈原那樣啊！

庚寅年秋末，山陰縣同鄉結拜弟弟王楫字文水，在居住的船上寫下了這段文字。

黎注：該敘原文來自日本內閣文庫本，比著國內版本，內容更加齊全，但文字卻顯得頗為偏澀，更令人費解的是，其中還出現了兩個意思相近、表述重複的句子。一開始提到「卜筮者易之餘也」，而在文章中間又再次出現「知卜筮者易之餘」，短短數百字中，意義與用詞都顯得重複累贅。

值得注意的是，2016年之前的各種《易隱》版本都未曾收錄這篇《敘》。這不禁讓人猜想，是否正是因為上述的種種問題，導致古本《易隱》在後期翻印時將其刪剪，而日本的老版仍然收錄？所以，勉為其難地翻譯，僅供參考，後附原文，讀者自研。

我看各類文章總結，猜測文中的雪庵先生為明朝的葉希賢（？—1402年）。其號雪庵，又名雲，浙江人。明洪武年間舉賢良，任監察禦史。建文四年（1402）六月，「靖難」兵起，奔逃中散失，家人疑其已死，以衣冠發喪葬。然希賢已抵蜀，隱姓埋名，削髮為僧，號雪庵和尚，在重慶松柏灘建觀音寺，朝夕誦經。時有隱者為補鍋匠，二人結為友。常飲酒對歌，歌罷而哭，眾人莫測其意。終時年愈百歲，告其徒曰：「我浙江松陽懷德裡人也。」萬曆初年，有聖旨恤錄，以表彰其孤忠大節。

在民間一本叫《巒圖》的手抄本序言中也提到：有一位和尚，他的姓名無人知曉，此人在建文時期曾任禦史。社會平定動亂之後，他剃髮為僧，逃往重慶的太行山區。在重慶，有一位隱士，名叫杜景賢，知道這位和尚不是尋常人。於是，他們開始結伴遊歷，常往來於白龍等各山之間。和尚有一兩個弟子，他們早晚誦讀《易經》。山中的人請求他們誦讀佛經，杜景賢知道和尚的心意，但不忍心問。和尚明白杜景賢的意思，於是改誦《觀音經》，因此定居於庵中。

附：《易隱》原敘

　　橫琴居士曹睿玉，餘友欽之之弟也。昔睿玉與欽之競趨制舉，家言每舐墨，詫其肘腕欲脫，日竟數千言，顧儕輩皆斷噤歎不及。擬壯往，所至當釋屣，為海內英俊先。未幾而欽之謝世，睿玉亦焚硯，托卜筮以浮沉於世。睿玉故習《易》，卜筮者《易》之餘也。古聖人以《易》治世，則其求傾度變，不為大人蔚起以肇創民生，即為賢宰執以股肱自任，不得已而泉比一室，還報名山，使奇文不易見於世也，終不易沒於世，前紹古人，後詔來者，於一人任之不愧，是亦不得志於時者之所為也，於卜筮何居。知卜筮為《易》之餘殆睿玉所托，而非為《易》之盡於是也。深秋與文伯子遠深索予序，曰：「予有概於《易》，家傳秘本者有年。為餘敘，不吝出以示子。」更索以顏秘本，餘顏曰「易隱」。夫人皆見多而可也，見少而怪。人患常於所見，遂異於所不見，而孰知事不可以一人定也。一人之智如郛廓，而四海乃蒼蒼無涯也。世有蒸菌，豈必無本；世有蜎蠐，豈必有母，第本而母之者微也。人又忽其所微，乃謂天下有不本不母之者矣。故書莫常於易，而讀者以為變。以為變則聲變不以清，味變不黍菽，言變且無定象，而伏羲焉能定之為一畫，元公又焉能定之為一圈也。自一而八，自八而六十四，猶原蠶之蛾鍾也，不出於蠢動之際；而爪髮之於屭癢也，不可盡忘於有無之間。而《易》之為蠢動也，為龍為馬，其不可盡忘，為有無也，於載鬼生豨。蓍待槁而後有其驗，何貴乎明也；龜既朽而後不失其數，何藉乎智也。京郭不為無會於《易》而不能保其身，何賴乎窺隱測微之術也。蓋逐於變斯為變所惑，咎於乖其常也，乖其常則事疑於隱。苟時不失乎身，我見以為顯也，人乃見以為隱也，則隱又因所不見而致怪也。汾陰生善《易》，先人事而後說卦，能不逐於變，雪菴誦乾卦而杜景賢以為未宜，亦祈不失於常。睿玉隱於《易》，其亦繼雪而起菴乎。顧且置《易》而讀《騷》，孰謂雪均之可問也。

　　　　庚寅歲秋杪山陰盟社弟玉楫文水氏於屋舫

《易隱》卷首

八卦象例

| 乾 | 兌 | 離 | 震 | 巽 | 坎 | 艮 | 坤 |

黎評： 此為八卦形象法。乾卦以三條無間斷的橫線展現其連貫之美，坤卦則用六條中斷的橫線描繪出虛懷若谷的意象。震卦如一仰面的缽盂，承載上天的恩澤；艮卦則似一倒扣的飯碗，守護內在的精華。離卦中火光閃爍，中間一線斷開，象徵火的虛靈；坎卦則水流不息，中間一線連綿，表現水的堅韌。兌卦上部缺口，如悅口含笑；巽卦下部斷開，似風過無痕。

五行生剋

金生水，水生木，木生火，火生土，土生金。
金剋木，木剋土，土剋水，水剋火，火剋金。

黎評： 此為五行生剋訣。

天干所屬

天干	甲乙	丙丁	戊己	庚辛	壬癸
方位	東方	南方	中央	西方	北方
五行	木	火	土	金	水

黎評： 天干的寓意豐富而深遠，它們不僅代表了時間的迴圈和自然界的變化規律，還與人體、臟腑、季節等有著密切的關聯。每一個天干都有其獨特的象徵意義和陰陽屬性。甲：象徵著草木的

初生，代表著生命力的勃發和衝破阻礙的勇氣。乙：表示草木的柔軟和屈曲，寓意著生命的柔韌性和適應性。丙：如太陽般光明熾熱，代表著光明、熱情和活力。丁：壯實的象徵，表示成長和成熟。戊與己：與土地、自然等息息相關，寓意著孕育和滋養生命的力量。庚：代表著更替和變化，寓意著時間的流轉和生命的輪回。辛：金的味道辛辣，寓意著成熟和收穫。壬：象徵著陽氣的潛伏和萬物的孕育。癸：揆度之意，表示萬物的閉藏和萌芽。

地支所屬

地支	子	丑	寅	卯	辰	巳	午	未	申	酉	戌	亥
五行	水	土	木	木	土	火	火	土	金	金	土	水
屬相	鼠	牛	虎	兔	龍	蛇	馬	羊	猴	雞	狗	豬

黎評：此為地支配五行屬相表。地支的寓意深刻而豐富，它們代表著時間的迴圈和自然界的變化規律，與陽氣、陰氣、萬物生長、成熟、收藏等自然現象緊密相關。

子：寓意著陽氣的初生和開始，象徵著新的一輪生命迴圈的開始。子的本質代表著滋生、養育，是萬物生長的起點。

丑：象徵著寒冷和屈曲，代表著陰氣逐漸強盛。丑的形態如同紐帶，連接著過去和未來，是時間流轉中的重要節點。

寅：寓意著陽氣欲出而陰氣尚強，兩者相互交織、爭鬥。寅代表著春天的開始，是萬物復蘇、生長的前奏。

卯：表示萬物冒出地面，開始顯現出生機和活力。卯是春天的中氣，代表著生命的蓬勃和生機盎然。

辰：寓意著萬物的舒展和生長，是生命力得到充分釋放的時期。辰是春天的季月，代表著春天的結束和夏天的開始。

巳：表示陽氣已經遍佈大地，萬物生長達到頂峰。巳是夏天的中氣，代表著炎熱和繁榮。

午：寓意著陰陽交相，是陽氣最旺盛的時刻。午代表著夏天的炎熱和生命的盛放。

未：表示日中則昃，陽氣開始向幽暗處轉移。未是夏天的季月，代表著夏天的結束和秋天的開始。

申：寓意著萬物的身體和形態都已經成熟和穩定。申代表著秋天的開始，是收穫和成果的季節。

酉：表示萬物已經成熟，可以收割和享用。酉是秋天的中氣，代表著秋天的豐收和滿足。

戌：寓意著萬物的結束和消滅，是自然界中的凋零和衰亡。戌代表著秋天的季月，是秋天的尾聲和冬天的開始。

亥：表示萬物收藏、歸藏的狀態，是生命力進入休眠和積蓄的時期。亥代表著冬天的寒冷和寂靜，同時也是新一輪生命迴圈的起點。

六神所屬

青龍	朱雀	勾陳	騰蛇	白虎	玄武
屬木	屬火	屬土	雖附土，原本屬火。遇水難傷，逢木不剋。	屬金	屬水

青龍，作為東方的守護神，象徵著春季和木的屬性。代表著喜慶、文章和酒食等積極、向上的事物。

朱雀，南方的象徵，代表著夏季和炎熱。朱雀常常與口舌是非、訴訟等紛爭之事相聯系。

勾陳，位於中央的神祇，與土的屬性相配，象徵著穩定和承載。代表著土地、敦厚、跌傷和遲緩等中性或略帶消極的事物。

騰蛇，雖然與土有關，但其根源在於火。也與中央相對應。象徵著虛空、不實、狡詐、多憂、多疑和驚恐等複雜而多變的事物。

白虎，西方的守護神，和金的屬性相配，代表著秋季和收穫。

與兵禍、兇殺和死喪等負面事物相聯繫。

玄武,北方的象徵,和水的屬性相對應,代表著冬季和寒冷。象徵著盜賊、憂鬱和多智等複雜而深沉的事物。

黎評:此為六神配五行法。讀者需要注意的是騰蛇的用法,此處標明,騰蛇屬火附於土。當進行占卜時,六神會加臨於卦爻之上。這意味著每一個爻位都可能被六神中的某一個所影響,從而具備相應的性質和徵象。這種加臨的方法為占卜者提供了更多的信息和解讀視角,有助於更準確地推斷事情的吉凶悔吝。

六親生剋

子孫生妻財,妻財生官鬼,官鬼生父母,父母生兄弟,兄弟生子孫。生我者為原神,如子孫為妻財之原神。

子孫剋官鬼,官鬼剋兄弟,兄弟剋妻財,妻財剋父母,父母剋子孫。剋我者為忌神,如子孫為官鬼之忌神也。

原神動能生,忌神動能剋。我生者發動稱之為貪生,又稱之洩氣,喜忌俱減力。

黎評:此為六親生剋決。說是六親相生剋,實指六親所附的五行相生剋。

在紛繁複雜的人際網路中,「六親」脫穎而出,成為描述與我們息息相關的重要社會關係的精準辭彙。這「六親」分別是「父母」、「兄弟」、「子孫」、「妻財」、「官鬼」,再加上中心角色「我」,共同構成了這一核心框架。

「六親」理念在占卜學說中佔據舉足輕重的地位,它巧妙地將自然界的五行生剋規律與人類社會中的倫理綱常相結合,搭建起一座溝通天與人、社會與自然的橋樑。

「原神」即生我者,為我帶來助力與滋養;「忌神」則是剋我者,對我構成挑戰與阻礙。然而,在這二元對立之外,還存在一個「仇神」,它剋制原神、生助忌神,成為我們在占卜中需要警惕的潛

在敵人。另外，我還制定了一個「泄神」的概念，即用神所生之神。

在進行占卜時，「我」指的是世爻，用神即是追求的事物。這樣一來，我們就構建起了包括原神、忌神、仇神和用神、泄神在內的所謂「五神」體系。這一體系為我們解讀卦象、預測未來提供了有力的工具。

劉伯溫先生總斷

在易經的卦象中，我們可以洞察到人有賢明與不肖之分，卦象亦有太過與不及之別。對於太過者，適當地進行消損，方能獲得成功之喜；而對於有所不及者，恰當的補益則能使其轉危為安。這種微妙的平衡，就像及時雨滋潤著禾苗，使其茁壯成長；又如秋霜降臨，草木凋零，無不顯現著自然的剋害與刑沖之力。

在易經的世界裡，長生帝旺並非指金穀之園般的繁華盛景，而是象徵著一種生命力的旺盛與蓬勃發展。而死墓絕空，則如同地獄般的險惡之地，寓意著事物的衰敗與消亡。

日辰，作為六爻的主宰者，我們期待其能發揮出消滅項羽、輔佐劉邦般的偉業。而月令，作為掌握所有卦的總繩，豈能容忍其助紂為虐、為虎作倀？在占問中，最為險惡的要數歲君（太歲），因此我們應保持安靜狀態，不宜輕舉妄動。

身位的重要性不言而喻，它喜歡得到生扶拱合之助，而厭惡受到剋傷之害。世爻與應爻的相互契合是最佳的狀態；動爻與變爻的爭鬥則是最應避免的。如果應爻受損，對方的事業與訴求將受到不利影響；而世爻受剋，自己的謀劃也將難以如願。

當世爻、應爻都逢旬空時，意味著為人缺乏定準、空虛不實；若二者同時發動，則預示著事情將反覆無常、變化莫測。世爻發動意味著自己瞻前顧後、猶豫不決；而應爻發動則暗示對方心猿意馬、神思不定。

在易經占卜中，用爻（用神）的狀態至關重要。若用神飽滿無損且不受其他變故影響，所求之事多能成功；反之若用神虛弱且受

剋傷則所求難以如願。一旦受到剋傷就必須尋求救助之道；沒有特殊緣故不能輕易逢旬空。若旬空又恰逢日沖則會因被填實而有用武之地；若逢合卻遭遇月破也會因被月令沖剋而功敗垂成。

旬空狀態發動化出的爻仍處旬空，則必定會帶來凶禍；合中帶刑或合中帶剋，則終將出現乖張荒淫的結果。動爻遇合則被絆住難以自由行動；靜爻被日辰所沖則會形成暗動之力不可忽視。正值入墓狀態可免受剋傷之苦；正值帝旺狀態即使遇到旬空也不必過於擔憂，其影響力依然存在。有生助扶持即使處於衰弱休囚狀態也仍舊吉祥如意；處於貪生、貪合狀態，則其他刑沖剋害皆可置之度外，不必過分憂慮其影響。

因此在進行易經占卜時，首先要分清所處的是衰弱還是旺相的狀態，才能明確相剋相合的作用機制；同時也要分清是發動還是安靜，以確定相刑相沖的效果如何體現出來。有時候因為多了一個字眼或者少了一個地支，原本可以形成的格局最終卻無法形成，令人惋惜不已。

用爻臨到月令，則外物難以加害於我；若伏神逢旬空，則意味著所求之事終將事與願違。若伏神得不到提攜，所求之事終歸徒勞無功；若飛神不能被推開，也是枉費心機。在逢空的飛神之下的伏神容易被引拔展現；用神本身衰弱又受到日建月令的剋制，則意味著難以維持現狀。

若日辰剋傷爻，則預示著真正的災禍將降臨；而爻剋傷日辰，卻只是虛有其表，難以造成實質影響。

當爻入墓時，如果得不到日辰的相沖，如同被束縛住一般。同樣地，如果世爻上的官鬼不被去除，總是充滿憂慮和不安。

在卦象中遇到德爻入卦，則預示著一切謀劃都將如願以償。相反，如果忌神位於世爻，那麼事情往往會受到阻礙，難以成功。

當遇到凶星時，只要能夠規避其傷害（如逢空），就能轉危為安。同樣地，如果用爻遇到忌神的剋殺，只要能夠得到生扶協助相敵，也能化險為夷。

用神如果正值休囚，那麼就要小心避免刑、沖、剋、害的影響。而當用神變動時，最忌諱的是在變爻逢死、墓、絕、空等不利狀態。

　　用神發動化出的仍是用神時，有用無用需要仔細辨別；逢旬空的爻發動化出的仍是逢旬空的爻時，即使兩爻都逢空，因其動，其影響依然存在。

　　當用神化出之爻在日建正值養位時，預示著狐疑不定、難以決斷；而用神化出之爻入墓則意味著暗昧不明、難以察覺。

　　凶神化入長生，則危害越來越熾烈；吉神化入沐浴，則終將衰敗而不成功。

　　忌諱出現變爻回頭剋我的現象，同時也要避免反而扶助忌神與對手。

　　對於孤寒無助的忌神最怕它與日辰並起而得勢；如果用爻重疊則喜歡有墓庫收藏以便安穩。

　　所占之事多有阻隔往往是間爻發動的結果；自己心生退悔之意則是世爻逢空或化退的緣故。

　　卦爻發動必須辨別是交還是重，動變比和應區分進退神的影響。

　　煞神生合世爻不可一概視為吉兆，因為其中包含刑害的端倪；用神剋制世爻也不必一概視為凶兆（黎注：因為有時是財物與福德來找我）。

　　相生中要小心「刑」和「害」這兩種不利的因素，相合時又有「剋傷」的憂慮。「刑害」是不應該出現在用神身上，而「死絕」則更是不能用來維持事物。

　　當動爻遭遇「沖」時，事情往往會散亂；但當絕處逢生時，事情便可能成功。如果遇到「合絆」的情況，必須「衝開」它才能成功；如果碰到衰弱的狀況，則必須等到其變得旺盛時。迅速往往是因為動爻中帶有剋制，而緩慢則是因為靜爻相生的原因。

　　對於疾病，最好是遇到「天喜」這樣的吉神，如果碰到了凶神，就必然會產生悲哀；出行時最怕遇到「往亡」神煞，但如果持有吉

神，最終還是會獲得好處。因此，儘管吉凶神煞多種多樣，但歸根結底還是不如生剋制化這一基本道理來得實用。

黎評：筮書常錄之總綱，須要熟記。

張星元先生總斷

想瞭解事情的吉凶變化，就得看八卦怎麼變。有時候事情會由好變壞，也由壞變好，這都要仔細觀察。說到「飛伏」，其實就是陽性的力量會隱藏在陰性裡，陰性的力量也會潛伏在陽性中。所以，每一爻都有它的表像和潛藏。

每個卦象，一旦有動的部分，就會形成一個新的變爻。這個變爻對應著金、木、水、火、土這五種元素，仍然按本（主）卦來配六親（兄、父、子、財、官）。

卦爻臨水變成金，那它的力量會增強；而火如果變成土，它的威力就會減弱。還有一些特殊的變化，比如「進神」和「退神」，都代表著不同力量的增減。

當卦爻變成「墓絕」這種狀態時，意味著有問題，但要仔細分辨這種狀態是真是假。如果某個卦爻得到了其他卦爻的幫助，那是有利的，但也要看看是不是真的幫。

另外，有一些不吉利的現象需要注意，比如「伏吟」和「反吟」，伏吟不能前進，反吟處處皆沖。就像雷澤歸妹變澤雷隨和風天小畜變天風姤一樣。

各個卦爻會相互剋制，有時整個八卦也會有衝突。變爻會剋制住靜爻，但靜爻卻不能反過來剋制變爻。靜爻會被動爻剋制，但它不能去剋制動爻。弱爻會被強爻剋制，但弱爻卻傷害不了強爻。同時，月令和日建也會影響這些卦爻。

本卦是開始的狀態叫「貞卦」，變卦叫「悔卦」，是結束的狀態。

本宮六親在主卦中，它猶如深宅大院中的主人，一旦出現，其

影響力曆久彌新；而他宮卦爻則如同鄰家暫住的訪客，其影響轉瞬即逝。

　　內卦如同自我內心的寫照，外卦則是外界人事的映射。內外相生相合，則和諧共處，其樂融融；而應爻與世爻相剋相沖，便如同主賓不和，矛盾重重。

　　當我（世爻、內卦）向他人（應爻、外卦）伸出援手時，雖得半吉之報，但心中仍留有餘地；如果我被他人反戈一擊，則會陷入四面楚歌的境地。

　　世爻與應爻同時旬空，仿佛雙方都在猶豫徘徊，心生退意；而一旦它們同時發動，則預示著雙方即將迎來未知的變故。

　　間爻在世應之間發動，如同暗流湧動；卦身若空洞無物，則一切吉凶禍福皆成泡影。

　　求穩求安者，用神宜靜如止水；而欲解脫重負者，則用神宜動如脫兔。用爻屬木卻遇金爻來犯，吉兆亦難成真；用爻屬土而得火爻相助，凶象亦能轉危為安。

　　用神適合受生，如同甘霖滋潤，生機勃勃；忌神則適合受制。用神旺盛則事業亨通無阻；用神衰微則憂愁煩惱接踵而至。

　　卦中無凶而用爻隱匿不出時，待其值日方顯神通；爻中有吉而用神卻逢空亡，則需待日沖之時方能成事。忌神肆虐而卦中無用神守護，則需提防其值日時來犯；用神衰頹而原神又入墓絕之境，則忌神會乘虛而入造成傷害。

　　一爻獨發其力可抵千鈞之重；五爻皆動則以靜制動更顯重要。世爻與卦身為一卦之主宰不可小覷；動爻與旺相之爻亦具有舉足輕重之影響力。

　　如果一個卦象中的吉兆後面隱藏著凶兆，那麼這並不是真正的吉祥；同樣地，如果在凶兆後面還有吉兆，這也並不意味著就是真的兇險。

　　太歲掌管的是年歲的更迭，時辰執掌的是短暫的權力。日辰是某一天的權威象徵，但其影響可以延及數月。月令的號令雖然只有

三旬，但其影響卻可以波及全年。

卦身（黎注：月卦身對應的爻）代表著所要從事的事情本身，而官鬼則是謀求成功的主宰。如果卦內沒有卦身爻，則意味著各種事情都沒有了定向。如果爻中沒有官鬼，則意味著各種謀劃終將落空。

兩個身爻都發動，則意味著事情必然重疊而來；如果同時有兩個官鬼發動，則意味著災禍重重而至。而如果官鬼不發動，也不逢空，則是稱心之喜；如果卦身爻既不逢沖，又不缺陷，則是如意之歡。

如果日建臨凶神而發動，那麼就會給長者帶來災難和不幸；如果時辰臨惡煞（官鬼）而發動，那麼就會給年少者帶來厄運和困難。同樣地，如果是陽爻發動，那麼就會給男性帶來憂患和挑戰；如果是陰爻發動，那麼就會給女性帶來禍害和風險。

當父母爻蠢蠢欲動時，子孫和僧道等人就遭了殃，也意味著從事養蠶、畜牧等行當將顆粒無收。而當父母爻出現空缺時，尊長、房屋、車船等都將面臨虧損的境地，同時與文書相關的事業也將一籌莫展。

兄弟爻一旦發威，家中的妻妾和奴婢就遭了殃。同時，資財也將如流水般消散，事業前景一片黯淡。而當兄弟爻出現空缺時，則意味著朋友斷絕、弟兄離世。家業雖然清靜安穩，但子嗣卻不夠興旺，如同秋日裡的落葉凋零。

子孫爻一旦動起來，仕途就岌岌可危，降職等厄運接踵而至。不過，如果身處民間做個平民百姓，反而能因禍得福。而當子孫爻出現空缺時，孩子將受到傷害，牲畜和蠶的繁殖也將大不如前。朝廷內則是賢人稀少、奸佞橫行。

妻財爻一旦活躍起來，父母就遭了殃，與文字相關的事業也將難以成就。而當妻財爻出現空缺時，則意味著家中的妻妾和僕人將遭遇困頓之境，在獲利求財方面也將希望渺茫。

官鬼爻一旦發難會傷害到兄弟，疾病和訴訟等麻煩也將隨之而來。如果官鬼爻再逢空，那不僅有沖犯丈夫之嫌還會讓謀求功名之事落空。

除了六親，再談談六獸的發動與相沖。

青龍，象徵著良善與清高，一旦發動，便預示著喜氣與名利的雙至。

朱雀，適宜在占問音信文書時出現，同時也代表著是非詞訟。

勾陳，執掌著與田土、公差相關的事物。當它發動時意味著墳塋有事或事態遲滯等。

騰蛇，是虛浮不定、驚恐萬分的象徵，它的發動則會帶來憂疑與怪夢。

白虎，有利於武官和生育，但一旦發動也會招來死喪和血光之災。

玄武則是陰險之人、盜賊匪寇的代名詞，同時也與水利、奸邪有關。

當青龍臨於金爻時，雖然只能算是半吉，但也足以讓人心生歡喜；朱雀臨於水爻上時意味著官司容易化解；勾陳臨於木爻則預示著田地歉收；騰蛇臨於木爻上時，則意味著怪夢反而成真；白虎臨於火爻上時，則多半是凶兆；玄武若臨於土爻則基本上不用擔心盜賊的問題；

臨青龍的爻逢空時，意味著喜慶尚未來臨；臨朱雀的爻若逢空，那麼訴訟、是非都不會興起；當勾陳逢空時，意味著田產不能永遠保有；臨騰蛇的爻逢空，那麼既沒有怪夢也沒有妖邪之事；臨白虎的爻逢空時，意味著不會有死喪之事發生；臨玄武的爻逢空時，意味著沒有盜賊侵擾。

當卦爻正值旺相時，它預示的吉凶應驗迅速；而若處於休囚之際，那禍福的顯現就遲緩。一動便意味著變革在即，一空則無憂無喜。

長生或帝旺之時，未來將是如日中天、興旺發達；冠帶或臨官之際，近期內必將春風得意、昌盛非凡。然而，一旦陷入衰病之境，那便是半凶之兆，若再受剋制，則兇相畢露；幸而胎養之中，尚存一半吉祥之光，得生助則吉星高照、前程似錦（黎注：本書文

書例中,胎有半墓之說)。

（世爻或用神）如被墓庫,那麼,墓爻若遇日沖月破,便如枯木逢春、重獲新生；而死絕之地,若無生扶之力,則如石沉大海、杳無音信。土臨酉位、金臨午位,皆稱敗地,難以成就大業；火臨卯位、水臨酉位,卻因逢生而愈發強大（黎注:此處仍以生剋來論）。

土爻遇巳,乃是絕處逢生之象,萬不可誤認為只是相生相助；金爻遇巳,則是長生之兆,切不可再以相剋而論之。這些皆是根據日建、月令及變爻之奧妙推斷而來,與世爻、應爻及動爻無涉（黎注:仍以生剋來論）。

若巳爻為世爻所主宰,則必定對金爻造成剋制之傷；一旦巳爻發動,也勢必會助土、恩澤廣被。入墓庫者稱為暗藏玄機,然亦可通過刑衝破解之法來探尋真相；空亡者名為陷身困境,但亦有補虛填實之策略可助脫困。

若已陷身困境卻得月令之生扶力量相助,則尚有一線生機可尋；而一旦逢空又遭月令剋制打擊,那便是真正的空虛無助。旺相之爻即使旬空,過旬之後依舊有力；休囚之爻則始終難以發揮作用。

伏藏又逢旬空之爻則作用減弱不少,如果出空則更加兇險萬分。原神若逢空亡則意味著坎坷曲折在所難免；忌神若逢空亡則沒有困境束縛之苦。

男人卜卦若逢空,遠行之路恐多阻；女人問事若遇此,近期或將遭災殃。妻財之爻若虛空,財富難聚。官鬼逢空即使得到職務,也不顯榮光。子孫爻空兒孫稀少,父母逢空屋宇破敗。兄弟爻空手足無助力,間爻若空媒人無能與保人無力。

內卦爻空,舊地不宜再留連；外卦爻空,他鄉別處無希望。突來災禍（或凶神）若旬空,尚有一線生機；久病纏身遇此象,回天乏術命難延。

世爻逢空心懶散,應爻虛空對方心意動搖。空而發動變機出現,不可視作尋常；墓被衝開露出曙光,莫再沉淪。

凡是遇到旬空或月破的情況，吉利的因素就不能滋養或與其他事物相合，而兇惡的因素也不能剋制他人。凶神在旬空中應當辨別其興衰；惡神在月破時，則不論其生剋。

在各種事情中，即使旬空，喜歡帶有旺相之氣，而忌諱相合之處遇到衝擊。遇到相合，即使事情凶難，也容易成功；而遇到衝擊，即使本身是好事，也會受到破壞。相合如果被衝開，就沒有絲毫的力量；絕處逢生，則會有數倍的功效。

三合和三刑，有真假之分；六穿（害）和六合，難道沒有生剋的分別嗎？子與申辰會合，但如果缺少中間的鼠則不能取；未與亥卯相連，即使沒有最後的羊也無妨。寅巳申三者俱全則為煞，丑戌未中缺少一個則不構成刑。辰卯相害本為災禍，亥申相穿卻並非作禍（黎注：此處仍以生剋論）。戌卯相合，如果被剋反而為凶；酉辰和諧，受到滋養則果然為吉。相合之處帶有生機，百事遇到都會令人喜悅；相害之中帶有剋制，千般犯此都會遭遇憂患。刑則會導致骨肉傷殘，穿則會導致親鄰不和。六合都被稱為吉象，但如果問遭人出獄則不宜；六沖各自都是凶神，但如果占卜散去訴訟與脫離災難的事情則反而有利。

青龍、妻財與福爻，這些預示著好運的爻象，一旦遭遇月破，其吉利之意便會大打折扣；而白虎、兄弟與官鬼爻，這些常被視為帶來麻煩的爻象，在作為用神出現時，卻不再預示兇險。

當日建之力作用於某爻時，該爻便不會受到月破的影響；同理，受月令庇護的爻象也不會出現旬空的情況。

在靜態的卦爻中，若遇到衝擊，則可將其視為動態的變化；同樣地，安靜的爻象在遇到合局時，則代表著和諧與安定。

當爻象在發動過程中受到衝擊，就如同戰場上的士兵被沖散一般；而若在發動時遇到合局，則意味著所卜之事會因受到束縛而進展緩慢。

如果用神處於旺盛狀態，並得到有力的支持（如生扶等），那麼即使遭遇凶星的影響，也難以造成實質性的傷害；反之，若用爻

衰弱無助，即使有吉星降臨，也難以帶來實質性的好運。

在卦象中，位於身爻、世爻之後以及屬性為陽的動爻都代表著過去的事件；而位於身爻、世爻之前以及屬性為陰的動爻則預示著未來的事情（黎注：此說有錄而現實少用）。

遊魂卦的出現意味著適合外出遠行；而歸魂卦則指示著宜於返回故鄉。

我們以內卦為本質、外卦為表現形式來看待。若遇到生扶之力則為吉兆，若遇到剋制之力則為凶兆。

動爻代表著快速的變化，靜爻則意味著緩慢的發展。

合局預示著事情的成功，沖局則暗示著事情的失敗。

長生之爻象徵著事物的蓬勃發展，墓庫之爻則代表著事物的收藏與結束。

伏爻可以幫助我們推斷未來的趨勢，飛爻則可以揭示過去的情況。

陰性象徵著隱秘與邪惡，陽性則代表著光明與正義。衰敗之爻意味著稀少與衰退，旺相之爻則預示著繁榮與興盛。

在處理各種事務時，我們總會遇到大小、始終、緩急等不同的情況，因此需要仔細分析每個事件的起因和經過。同樣地，在解讀卦象時，我們也應區分前卦、後卦、飛卦、伏卦以及正卦等不同類型，以深入理解其中的含義。

首先，我們要關注由內外兩個三爻卦組合而成的整體卦象，這包括飛卦、正卦和前卦。

其次，我們需要觀察陰陽二象變化後產生的卦象，即伏卦、之卦和後卦。這些變化後的卦象往往隱藏著更深層次的含義和指示。

在解讀過程中，如果遇到一個安靜的卦象（沒有之卦），那麼我們就需要借助互卦來進一步分析。另外，如果世爻出現空亡的情況，導致無法找到主導因素時，我們可以以身爻作為參考依據。

之卦的盈虧變化是由變爻來決定的。因此，在考察互卦中的吉凶情況時，我們應首先關注內外卦之間的生剋關係。這種關係將直

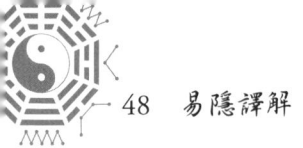

接影響最終結果的判斷。

同時，我們還需要密切關注伏爻與飛神的動靜進行仔細觀察和分析。

在進行占卜預測時，如果詢問的是較為長遠的事情，我們應該更加關注年月等時間因素；而如果是針對近期發生的事件進行占卜，則應將重點放在日辰和時辰等更為具體的時間點上。

黎評： 筮書常錄之總綱，須要熟記。

海底眼－爻動變斷

當父母爻活躍時，它會對子孫爻產生剋制作用，造成傷害。

在預測病情時，這暗示病人無法找到有效的藥物，處於混沌不清的狀態。對於婚姻詢問，這意味著難以擁有子嗣；而在商業交易中，這預示著儘管付出了很多努力，但最終還是無法獲得利潤。對於詢問行人的情況，這意味著會有書信到來；若在官府訴訟中，這預示著能夠先佔據有理的地位。對於士人詢問科舉考試，暗示著能夠成功上榜。對於失物或逃亡的詢問，這意味著需要通過法律機構來解決問題。

當父母爻轉化為另一個父母爻時，這預示著文章華而不實，行動困難，不利的情況不止一件。若父母爻轉化為子孫爻，則預示著局勢將會有所緩解，即使面臨困難，最終也會轉危為安。當父母爻變為兄弟爻時，預示著會有很多口舌之爭；在尋求幫助時，需要經歷許多曲折和反復。父母爻化為妻財爻時，雖然預示著交易有利可圖，但家庭內部會出現不安定因素，使得謀劃事情變得困難重重。若父母爻化為官鬼爻，則意味著家庭會遭受一些損失；但從另一方面來看，如果求官，則預示著能夠升遷到更高的職位。如果卦象中完全沒有父母爻出現，這意味著所問之事毫無頭緒可循。若父母爻處於休囚狀態，則預示著無論做什麼努力都是徒勞無功的。

當子孫爻活躍時，它會對官鬼爻造成傷害。

在預測病情時，暗示著只要尋求醫療幫助就能夠康復。對於詢問行人或經商的情況，這預示著身體健康狀況良好；而對於婚姻詢問來說，則意味著婚姻將會美滿幸福並有良好的前緣基礎；對於產婦的詢問來說則預示著將會順利生下兒子並且容易養育成人；但在訴訟方面則只是空談一場並不能實現目標；如果打算拜訪顯貴以求得名望則建議放棄這個念頭；但如果只是想要保持現狀不變則可以順其自然安心度日。

當子孫爻再次變為子孫爻時，預示著會有小的災禍發生，特別是在涉及官府訴訟的情況；而子孫爻若化為官鬼爻，則需要特別小心防備發生的災禍，特別是在預測病情時，表示病情反復無常總是無法確診和治癒。當子孫爻轉變為父母爻時，必須警惕產婦面臨的危險，同時事情也無端生變，變得紛繁複雜。子孫爻化為兄弟爻，則預示著事情難以圓滿解決。在面對欺詐和人情問題時，只要心生疑慮，就應避免前行。

妻財爻的活躍會剋制代表文書的父母爻。若占問求官應試，這意味著結果將是徒勞無功。然而，若占問商業交易或與官府的交往，則帶來好消息。對於婚姻關係的占問，這預示著將會稱心如意、快樂無憂。若占問行人，則表明他們即將啟程返鄉。對於產婦或求神的情況，這預示著禍患將會解除。如果占問失物，則意味著失物仍在家中，並未丟失。對於病人的占問，這指示著胃部有疾病，而脾臟的問題更為嚴重。

子孫爻轉變為妻財爻，預示著財運亨通，容易獲得財富。而妻財爻再次變為妻財爻時，則暗示著女性會遭遇災禍。當妻財爻化為官鬼爻時，需要預防人員逃逸的情況。如果妻財爻轉化為父母爻，則表明這兩者可以和諧共存。妻財爻變為兄弟爻時，預示著財富難以積累，並受到熟人的欺騙，因此應避免與人過於親近的交往。當妻財爻化為子孫爻時，建議守住現有產業；若依賴人情關係，不會如願以償。

兄弟爻的活躍會剋制妻財爻。

對於占問病人的人來說，這預示著悲哀和痛苦在所難免。若占問應試，則表明有大量類似的文章存在，競爭異常激烈。籠統的占問意味著財運不佳、定會破財。對於訴訟或糾紛的占問，這暗示著會牽涉到許多人。若占問行人，則表明他們尚未歸來。占問貨物或商業交易都預示著會虧損。對於求婚或購買婢女的情況，事情難以順利達成。

兄弟爻再次變為兄弟爻時，預示著家庭財力不足。當兄弟爻轉化為妻財爻時，意味著財富狀況將會有所變化。若兄弟爻化為官鬼爻，則應避免參與訴訟；若占問病情，則預示著難以醫治、會致命。當兄弟爻轉變為父母爻（代表文書）時，這表明人際關係將重新變得愉快、無憂無慮。最後，如果兄弟爻化為子孫爻，則預示著憂慮將會消散；若占問行人情況，則表明他們已經開始撰寫家書了。

官鬼爻發動將會剋傷兄弟爻。

占問婚姻，這意味著沒有成婚而產生了疑滯或阻礙。占問病情，則意味著不僅被困於門庭之中，而且還會有各種禍害邪祟發生，無論是更改還是動身離開都不吉。占問出外逃亡，則一定會遇到災禍。占問官司，則意味著不僅會傷及自身，而且被囚禁。占問經商，則意味著財利微薄。占問賭博，則意味著會輸。占問失物，則難以尋找。

官鬼爻化出官鬼爻，這意味著病情並未安定，如果占問拜見顯貴求官，則事情難成。官鬼爻化出文書父母爻，這意味著仕途未順，相互競爭也是導致官鬼發動的原因之一。官鬼爻化出子孫爻，這意味著憂患會自己解除，如果是平常的占問，則意味著年齡小的人一定會遭遇災禍危險。官鬼爻化出兄弟爻，這意味著朋友偽詐、委託之人中途變心。官鬼爻化出妻財爻，這意味著財富會自然得到，但占問賭博和抽籤時卻意味著必輸。卦中如果沒有官鬼爻，就不要謀事，因為官員不出現，一切謀求終究是空虛。

這是京房先生提出的判斷方法，經過實踐驗證，每次都準確無誤。然而，有一個重要的前提需要注意：當卦中出現兩個動爻時，

這種斷法就不再適用了,準確性無法得到保證。因此,在使用此方法時,必須謹慎觀察卦象,確保只有一個動爻出現,才能得出可靠的結論。

黎評： 卦有一個動爻者,可用此法直接判斷。若是多爻動者,則取旺相得勢的那個爻判斷。

周仲高期日捷訣

在五行占卜中,金、木、水、火、土五行各有其喜忌之日。具體而言,金偏好巳和酉,但寅則為其忌諱；木則傾向於亥和子,同時避免巳；水喜愛申和酉,午則為其所忌；火以寅和卯為吉,而申則不利；土則偏好午和申,同時需避開亥。

金喜歡巳、申、酉時,但在寅和午會有不幸的事件發生。木喜歡亥、寅、卯,但在申和酉會遭遇不安定的局面。水喜歡申、酉、子出現,但在巳和午將有過錯發生。火喜歡寅、巳、午,但在亥和子會遭遇災難。土喜歡在午和申出現,但在亥、卯和巳將有不利的局面出現。

黎評： 此為五行十二長生訣的吉凶斷法。

習卜先讀《易》說

遊南子言：我細讀了胡雙湖所記載的《雜記占驗》,該書涵蓋了自漢晉至宋代的占卜案例,同時也研讀了吳甘泉所撰寫的元、明兩代的《占驗錄》。這兩部著作都包含了直接根據卦辭、爻辭進行占斷的實例,且其準確性令人稱奇。對於後來的占卜者,一旦掌握了易經的辭意,並將其與所占之事相結合,那麼就不必再拘泥於京房、管輅等人的學說,更不應忽視古代四大聖人所留下的教誨。因此,學習占卜的首要任務就是深入研究《易經》。

耶律楚材也指出：《易經》初成之時,便以六十四卦的形式向

世人展示了占斷的各種實例，其內容之豐富可謂浩如煙海。例如，乾卦揭示了君父之道，坤卦則闡明了臣子之責；咸、恆、漸、歸妹等卦則與婚姻之道息息相關；需卦教我們等待的智慧，晉卦則指導我們如何前進；升卦揭示了積聚與提升的道理，革卦則教導我們如何變革；師卦與用兵之道緊密相連，訟卦則涉及爭訟的藝術；萃卦教我們如何聚合人心，渙卦則指導我們如何消解困境；尋求隱退之道需看遯卦，而堅守困境的法則隱藏在困卦之中；泰、鼎兩卦揭示了安居樂業的智慧，明夷、蹇兩卦則教我們在困厄中如何自處；大有和豐兩卦則與豐盈之道相關，損與蠱兩卦則提醒我們如何防範敗壞；家人卦講述了家庭管理的原則，旅卦則揭示了旅途中的宜忌；既濟與未濟、大過與小過、大畜與小畜等卦則闡釋了進退得失的深刻含義。

儘管六十四卦的卦名簡短，僅有七十九字，但其含義卻十分明確，足以滿足占斷的需求。這些卦象在文王創制卦辭之前就已存在。而且，在文王之後還出現了三百八十四爻的爻辭以進一步闡釋卦象的變化。因此只要人們誠心誠意地進行占卜就會得到神明的指示，而卦辭和爻辭也會與所占之事相吻合。

例如詢問婚姻之事時如遇到咸、恆、漸、歸妹等卦，那麼在這些卦的卦辭、爻辭中就會看到「納婦吉」「勿用取女」「女歸吉」「歸妹征凶」等與婚姻相關的斷語。詢問家宅之事時家人卦中就會有「富家大吉」「閑有家悔亡」「夫妻反目」「家人嗃嗃」「入於其宮不見其妻」等明確的判斷。詢問出行之事時就會遇到「利涉大川」「利有攸往」「不利涉大川勿用有攸往」等指導出行的卦辭、爻辭。而詢問仕途相關的問題時則會有「不家食吉」「不事王侯高尚其事」等清晰的職業建議出現在相應的卦辭和爻辭中。

在占卜求子的問題時，卦辭和爻辭中常會出現如「有子」「考無咎」「得妾以其子」「婦孕不育」和「婦三歲不孕」等明確的指示。當詢問征戰之事，相關卦辭和爻辭則會包含如「利用侵伐」或「不利行師」等直白的建議。若占問田獵，答案中則見到如「田獲三品」

或「田無禽」等清晰的預測。所有這些，都是神明感應到占卜者的誠意後所給予的明確回應。

因此，在得到這些明確的卦辭和爻辭後，實際上無需再進行過多的猜測和主觀臆斷。若遇到卦辭爻辭與所占之事不完全吻合的情況，占卜者可以選擇關注動爻或變爻，並運用五行生剋關係以及長生十二宮（黎注：即六爻筮法）的理論來進一步推斷吉凶。

劉伯溫曾指出：在占卜過程中，如果六爻筮法顯示吉兆，但易辭卻預言凶相，那麼所占之事會先吉後凶；相反，若六爻筮法呈現凶兆而易辭卻言吉，則事情會先凶後吉。

黎評： 遊南子雖言可取易辭直斷，但也僅限於卦事相合。如易辭不能明示，則仍以納甲法測算。

取易辭斷法

在占卜時，若所得卦象中六爻皆靜，即無動爻出現，那麼應根據本卦的卦辭進行推斷。

若僅有一爻發動，則直接以該動爻的爻辭為依據進行占斷。

當卦中出現兩個動爻時，因陰爻象徵未來之變，故應優先選取陰爻的爻辭作為占斷依據。

若兩動爻同為陰爻或陽爻，則以上位爻的爻辭為準，進行占斷。

在出現三個動爻的複雜情況下，應以中間位置的動爻為判斷依據。

若有四個動爻同時出現，則應選取位置偏下的靜爻，並依據其爻辭進行推斷。

當五個動爻同時發動時，占斷的依據是剩下的那個靜爻的爻辭。

若六爻全動，且所得為乾、坤兩卦時，則依據「用九」或「用六」兩句爻辭進行推斷；對於其他卦象，則根據其變卦後的卦辭來進行占斷。

附：參考《從亡錄》中的程濟占卜實例，多為一爻獨動的情況，並且都是採用變卦後的爻辭進行推斷，結果均表現出驚人的準確性。

黎評： 此為宋代朱熹著作中記載的方法。

身命凶卦

周景晹曾經說過一些關於身命凶卦的說法。他認為天山遯卦是一個多有受刑、傷病之類的厄運的卦象；澤山咸卦則意味著貧賤終老；水雷屯、水風井兩卦都不是吉兆，會無端生出災禍來。

秋天遇到蠱卦，冬天遇到蒙卦，意味著有病難以康復。春天遇到晉卦或小過卦，會陷入悲哀和困苦之中。

在訴訟時最怕遇到豐與井卦，大過卦也難以幫助擺脫牢獄之災。賁卦往往預示著多起官司，還會遭遇兇險和破敗。遇到萃卦則意味著財運受損，資本會折損；而逢臨卦則意味著口舌之爭。遇到八純卦與大壯、無妄卦，意味著圖謀之事都會不安定。

黎評： 此為卦名直斷命運法，凡占測命運之時占得以上卦象，俱有以上之應，占他事時不用此法。

化墓絕卦

當離卦動化乾卦，坎艮坤卦變為巽卦，乾兌卦變為艮卦，震巽變為坤卦。以上稱為化墓絕卦。

黎評： 變卦所藏地支為主卦五行墓絕之地，實際單論此六沖卦變六沖，已定凶象。

反吟卦

反吟卦是一種特殊的卦象,其特點是變卦與本卦之間上下卦相互倒置。在六十四卦中:地山謙和山地剝、雷澤歸妹和澤雷隨、風天小畜和天風姤、水火既濟和火水未濟。每組中的兩個卦象都互為反吟關係。

黎評: 此為卦之反吟,現實中少用。

十六變卦

京房提到:從初爻啟動變化,這一變化過程持續至五爻為止。因上爻為宗廟位不能變化,所以,開始從四爻向下變化。然後再自下而上的反覆變化,直至最終回歸到最初的卦象,此即完成了一輪所謂的「十六變卦」。

以乾卦為例。

乾宮:乾為天

▬▬▬ 父母　壬戌土　世
▬▬▬ 兄弟　壬申金
▬▬▬ 官鬼　壬午火
▬▬▬ 父母　甲辰土　應
▬▬▬ 妻財　甲寅木
▬▬▬ 子孫　甲子水

其初爻的變動會產生姤卦。隨著變卦的繼續,當進行到五爻變動時,便形成了剝卦。然而,六爻作為上爻,象徵著宗廟的至高無上地位,因此它始終保持不變。

隨後,變化過程再次逆向進行。首先是四爻變動,形成了名為遊魂卦的晉卦。接著是三爻變動,產生了被稱為外戒卦的旅卦。然後是二爻變動,形成了內戒卦的鼎卦。最後,初爻再次變動,生成了歸魂卦的大有卦。

完成這一系列變化後，過程再次逆向進行。從二爻開始向上變動，形成了離卦，這被稱為絕命卦。接著是三爻變動，產生了噬嗑卦，即血脈卦。

　　經過上述一系列變卦後，繼續向上變動第四爻，會生成頤卦，這被稱為肌肉卦。接著向上變動第五爻，得到的益卦被命名為骸骨卦。此後，變化方向再次逆向，向下變動第四爻形成無妄卦，這被稱作棺槨卦。隨後向下變動第三爻，產生的同人卦則名為塚墓卦。當再次向下變動第二爻時，會重新變回乾卦，也即回到了最初的卦象。這一系列變化總共經歷了十六個步驟。

　　所有八宮卦的變化都遵循這一模式。在占卜時，如果結果變為了本宮卦，意味著所占卜的災福將會完全應驗。此外，不同的變卦還對應著不同的象徵和預示：遇到外戒卦意味著吉凶之事來自外部；而遇到內戒卦則暗示著禍福之源在於內部因素。骸骨卦的出現預示著新生兒的體弱或者死者的不得安葬；棺槨卦則常常與死亡相聯繫。血脈卦預示著與血液相關的疾病或崩漏等症狀；絕命卦則意味著事情的反覆無常、人的孤僻不合群。至於遊魂卦和肌肉卦的出現，象徵著精神的恍惚如夢；而歸魂卦和塚墓卦則與墳墓的吉祥以及事務的無果而終有關。

八宮十六變卦表

變序	名稱	乾宮	坎宮	艮宮	震宮	巽宮	離宮	坤宮	兌宮	世位
八純	六世	乾	坎	艮	震	巽	離	坤	兌	六世
一變	一世	姤	節	賁	豫	小畜	旅	復	困	一世
二變	二世	遯	屯	大畜	解	家人	鼎	臨	萃	二世
三變	三世	否	既濟	損	恆	益	未濟	泰	咸	三世
四變	四世	觀	革	睽	升	無妄	蒙	大壯	蹇	四世
五變	五世	剝	豐	履	井	噬嗑	渙	夬	謙	五世
六變	遊魂	晉	明夷	中孚	大過	頤	訟	需	小過	四世
七變	外戒	旅	復	小畜	困	賁	姤	節	豫	一世
八變	內戒	鼎	臨	家人	萃	大畜	遯	屯	解	二世
九變	歸魂	大有	師	漸	隨	蠱	同人	比	歸妹	三世
十變	絕命	離	坤	巽	兌	艮	乾	坎	震	六世
十一	血脈	噬嗑	謙	渙	夬	剝	履	井	豐	五世
十二	肌肉	頤	小過	訟	需	晉	中孚	大過	明夷	四世
十三	骸骨	益	咸	未濟	泰	否	損	恆	既濟	三世
十四	棺槨	無妄	蹇	蒙	大壯	觀	睽	升	革	四世
十五	塚墓	同人	比	蠱	歸妹	漸	大有	師	隨	三世
十六	本體	乾	坎	艮	震	巽	離	坤	兌	六世

黎評：此法是根據《京房易傳》中納二十四節氣建候積算之法演變而來。通過這樣的方式，京房的變卦法不僅展示了六十四卦之間的內在聯繫和變化邏輯，也賦予了每一變卦獨特的象徵意義和解讀方式。在《斷易天機》一書之中也有此節。

六十四卦名

乾宮八卦屬金	乾為天	天風姤	天山遯	天地否	風地觀	山地剝	火地晉	火天大有
坎宮八卦屬水	坎為水	水澤節	水雷屯	水火既濟	澤火革	雷火豐	地火明夷	地水師
艮宮八卦屬土	艮為山	山火賁	山天大畜	山澤損	火澤睽	天澤履	風澤中孚	風山漸
震宮八卦屬木	震為雷	雷地豫	雷水解	雷風恆	地風升	水風井	澤風大過	澤雷隨
巽宮八卦屬木	巽為風	風天小畜	風火家人	風雷益	天雷無妄	火雷噬嗑	山雷頤	山風蠱
離宮八卦屬火	離為火	火山旅	火風鼎	火水未濟	山水蒙	風水渙	天水訟	天火同人
坤宮八卦屬土	坤為地	地雷復	地澤臨	地天泰	雷天大壯	澤天夬	水天需	水地比
兌宮八卦屬金	兌為澤	澤水困	澤地萃	澤山咸	水山蹇	地山謙	雷山小過	雷澤歸妹

黎評： 以上是六十四卦各宮卦圖表。

定六親法

　　根據八宮的五行屬性，我們可以將不同的關係劃分為五類。具體而言，那些能夠促進我成長、給予我滋養的存在，我們稱之為「父母」；而由我衍生、我所能孕育的，則被視為「子孫」。同時，那些對我構成挑戰、產生制約力量的，我們稱之為「官鬼」；而我能夠掌控、剋服的，便是我的「妻財」。最後，與我保持和諧共處、平等相待的，便是我的「兄弟」。

黎評： 此為以卦宮所屬五行定卦中各爻六親法。六親排演即是以本宮卦的五行來定，相生本宮五行的卦爻定為父母爻，本宮五

行所生的卦爻定為子孫爻，相剋本宮五行的卦爻定為官鬼爻，本宮五行所剋的卦爻定為妻財爻，與本宮五行相同的卦爻定為兄弟爻。

納甲法

納甲法作為六爻占卜的基石，遵循著明確的陰陽納入原則。具體而言，陽卦吸納陽甲（黎注：甲通干），陰卦則收納陰甲。這一過程始終遵循從初爻到上爻的自下而上順序。然而，陽甲與陰甲的納入方式存在差異：陽甲按照順序依次納入，而陰甲則逆序進行。

內外\卦宮	乾	坎	艮	震	巽	離	坤	兌
外卦	壬戌	戊子	丙寅	庚戌	辛卯	己巳	癸酉	丁未
	壬申	戊戌	丙子	庚申	辛巳	己未	癸亥	丁酉
	壬午	戊申	丙戌	庚午	辛未	己酉	癸丑	丁亥
內卦	甲辰	戊午	丙申	庚辰	辛酉	己亥	乙卯	丁丑
	甲寅	戊辰	丙午	庚寅	辛亥	己丑	乙巳	丁卯
	甲子	戊寅	丙辰	庚子	辛丑	己卯	乙未	丁巳

黎評： 甲者，天干之首也。何為納甲法，即為安納天干的方法，所以只有在卦象安納上天干之時才是真正的納甲法。如果卦象中沒有安納上天干，而是只有地支，則只能稱為六爻法。

安世應法

在任何一宮的八卦中，首卦的世爻位於六爻（即八純卦的世爻在上爻），隨後各宮的二卦世爻則從初爻開始依次輪流。遊魂卦（各宮的第七卦）的世爻確立在四爻，而歸魂卦（各宮的第八卦）的世爻則位於三爻。應爻的位置與世爻相隔兩位，形成對應關係。

在占卜中，它們代表著主與賓、我與彼的關係；在卦象中，它們則體現在內外卦中位置的對應關係上。因此，如果世爻位於內卦的初爻上，那麼應爻就相應地位於外卦的初爻（即全卦的四爻）上。其他情況以此類推。

黎評： 世為己應為他，以其生剋沖合論彼此順逆。

日辰傷世應卦

在進行占卜時，日辰與所得卦象中的世爻、應爻地支之間會存在刑沖剋害關係。具體來說：

在子日進行占卜，得到觀、豫、未濟卦。
在丑日占卜時，遇到觀、鼎卦象。
寅日占卜時，占得大有、節、豐、震、咸、蹇卦。
卯日占得的晉、震、小畜、旅、泰卦。
辰日占卜中，乾、賁、井卦。
巳日占卜時，得艮卦。
午日占卜中，姤、坎、無妄、大壯、需卦。
未日占得的升、大過、複、未濟卦。
申日占得的革、困卦。
酉日占得否、屯、賁、恆、蒙、坤、兌卦。
戌日占得的巽、泰卦。
亥日占得的遁、離、未濟、謙卦。

舉例說，在子日占得風地觀卦時，由於世應兩爻均為未土，而未土與子水存在相害關係，因此世應會受到日辰的傷害。類似地，在丑日占得同樣的風地觀卦時，未土與丑土相沖也會導致世應受損。其他情況均依此類推。

黎評： 日辰傷世應卦者，其實就是指日建地支刑沖剋害世爻或應爻。傷者，衝突也，世爻或應爻受損者，己彼不順之象。

安（世）身訣

　　世爻的位置決定了世身所在之處。具體而言，當世爻落在子或午爻時，世身便位於初爻；若世爻為丑或未爻，世身則出現在二爻；世爻為寅或申爻時，世身在三爻；當世爻是卯或酉爻時，世身便落在四爻；若世爻為辰或戌爻，世身則位於五爻；最後，當世爻是巳或亥爻時，世身便處於上爻。

　　在卦象的解讀中，月卦身所承載的意義相對更為重要，而這裡的世身所代表的內容則相對較輕。如果世爻本身既未遭遇旬空也未受到月破，那麼我們無需關注月卦身和世身的作用。但是，一旦世爻遭遇旬空或月破，我們就需要依據身爻（即月卦身和世身）來推斷吉凶禍福。在這種情況下，身爻實際上扮演了世爻的角色。

　　黎評： 卦身共有兩種，如上文所言，以月卦身為重，以世卦身為輕。卦身的作用介於世應之間，可以當作事體來論。古人云：如若世空，可用卦身代世而用。

起月卦身法

　　確定月卦身的方法依賴於世爻的陰陽屬性。若世爻為陰爻，則從五月（午）起算；若世爻為陽爻，則從十一月（子）起始。無論哪種情況，都是從初爻開始向上數至世爻所在位置，由此得知對應的月份，也即卦身所在。

　　在預測吉凶時，卦身與世爻扮演著相同的角色，但還需考慮它們之間的進退關係。例如，在正月（寅）進行占卜，若月卦屬於二、三、四月，則象徵著進步；若屬於十二、十一、十月，則意味著退步。進步預示著諸事順利發展，而退步則暗示著事務遭遇阻礙或衰退。

　　黎評： 月卦身者，可以使用《易隱》所示之法預測事體進退，說明事情是過去還是以後之事。又可用月卦身來推測求測者的來

意,此法是以月卦身相生的六親來判斷,如月卦身是子孫爻,其相生的是妻財爻,術者可以判斷出此人是前來預測妻子或財運之事,此時再觀妻財爻的陰陽,妻財爻臨陽爻者為預測錢財之事,妻財爻臨陰爻者為預測妻子情人之事。此時再觀妻財爻的位置,如果此妻財爻居於本宮內卦,說明此是預測妻子之事,如果此妻財爻居於本宮外卦,說明此是預測情人或小妾之事。如果此妻財爻居於他宮外卦五六爻,說明此是一處過路的桃花。

定飛伏神法

在八卦的體系中,陰陽爻之間的相互轉換構建了一種互伏的關係。具體地說,乾卦與坤卦互伏,震卦與巽卦互伏,坎卦與離卦互伏,以及艮卦與兌卦互伏。這種互伏關係在乾宮中的卦象中體現得尤為明顯:姤、遁、否三卦的外卦伏於坤卦,而內卦則伏於乾卦;觀、剝、晉三卦的內外卦均伏於乾卦。唯獨大有卦,其外卦伏於乾卦,內卦則伏於坤卦。其餘卦象依此類推。

《範疇》說,飛伏代表著往來隱顯。飛爻象徵著已經過去的事物,伏爻則預示著未來。當用爻在卦中沒有遭遇旬空或月破的情況時,我們無需再去尋找伏神。只有在六爻中找不到用神時,我們才會依賴伏神來進行推斷。在飛爻與伏爻的相互作用中,如果伏爻剋制飛爻,這被稱為「出暴」;相反,如果飛爻剋制伏爻,則被稱為「傷身」。當伏爻生飛爻時,我們稱之為「洩氣」;而當飛爻生伏爻時,則被稱為「叨生」。如果飛爻和伏爻的屬性相同,既不相生也不相剋,那麼它們將因為相互支持而帶來吉祥(黎注:中期筮法的使用要點)。

郭景純強調,在理解飛伏神的過程中,應重點關注世爻的飛伏情況,並在每一卦中都進行詳細地審視。他將飛神比作形體,而伏神則如同影子,能夠映射出鬼魔的存在並顯現出物質的徵兆。例如,在益卦中,世爻下的伏爻為官鬼酉金,這暗示著與雞相關的災難,臨陰爻陰金是母雞。又如,在複卦變為謙卦的過程中,世爻下

的伏爻是未土兄弟，化入辰墓中，這象徵著尋找兄弟的願望。古人在探索隱秘事物時總是依據伏神來進行推斷，這使得即使是鬼神也難以隱藏其蹤跡。

黎評： 八卦對宮取伏神法，來源於《京房易傳》《易冒》《易林補遺》之中，如《京房易傳》有云：凡卦有陰伏陽而陽伏陰。所以，外卦伏神找對宮，內卦伏神找本宮。《易冒》《易隱》一書雖然附錄了取對宮飛伏神法，但從《易隱》一書中所附的斷事卦例來看，其在取用神之時，仍取的是本宮的伏神，而非是對宮的伏神。

起六神法

將六神與卦相結合的過程，主要依據占卜當日的天干來確定。具體規則如下：

若占卜之日為甲乙，則從青龍開始配入；丙丁之日則從朱雀起始；戊日選擇勾陳作為起點；己日則以騰蛇為首；庚辛日占，白虎列於前；壬癸之日，玄武為先。這些六神均自下而上，依照六個爻位的順序逐一配置。

	甲乙日	丙丁日	戊日	己日	庚辛日	壬癸日
上爻	玄武	青龍	朱雀	勾陳	騰蛇	白虎
五爻	白虎	玄武	青龍	朱雀	勾陳	騰蛇
四爻	騰蛇	白虎	玄武	青龍	朱雀	勾陳
三爻	勾陳	騰蛇	白虎	玄武	青龍	朱雀
二爻	朱雀	勾陳	騰蛇	白虎	玄武	青龍
初爻	青龍	朱雀	勾陳	騰蛇	白虎	玄武

黎評： 此為起六神之法，普通圖書只取日建六神，而在《易隱》占一方年時章的實斷卦例中，卻有用到年干起的六神，這也是《易隱》一書靈活變通之處。

年上起月法

甲己之年丙作首：表示在甲己年，正月從丙開始排。
乙庚之歲戊為頭：表示在乙庚年，正月從戊開始排。
丙辛便向庚寅起：表示在丙辛年，正月從庚開始排。
丁壬壬上順行流：表示在丁壬年，正月從壬開始排。
更有戊癸起何處，正月還從甲上求：表示在戊癸年，正月仍然從甲開始計算。

黎評：根據年干排列月令干支法。

日上起時法

如果日的天干是甲或己，那麼這一天的子時（第一個時辰，相當於晚上11點到淩晨1點）的天干就是甲，然後按照天干的順序（甲、乙、丙、丁、戊、己、庚、辛、壬、癸）依次往下排，丑時就是乙，寅時就是丙，依此類推。

如果日的天干是乙或庚，那麼這一天的子時的天干就是丙，然後依次往下排。

如果日的天干是丙或辛，那麼這一天的子時的天干就是戊。

如果日的天干是丁或壬，那麼這一天的子時的天干就是庚。

如果日的天干是戊或癸，那麼這一天的子時的天干就是壬。

黎評：根據日干排列時辰干支法。

五行納音法

首先，先將兩組納音按以下數字相加。甲、己、子、午對應數9，乙、庚、丑、未對應數8，丙、辛、寅、申對應數7，丁、壬、卯、酉對應數6，戊、癸、辰、戌對應數5，以及巳、亥對應數4。

再用大衍之數49將其和數減之。然後，將所得的差再用五行之數5作為減數進行減法運算。根據最終的餘數，確定五行屬性：餘

數為 1 對應水，餘數為 2 對應火，餘數為 3 對應木，餘數為 4 對應金，餘數為 5 對應土。

取其相生的五行屬性，即為納音。例如，如果餘數為 1（水），則納音為木；餘數為 2（火），則納音為土；餘數為 3（木），則納音為火；餘數為 4（金），則納音為水；餘數為 5（土），則納音為金。

比如：甲子乙丑四字，其和得到 34，再用 49 減之，得到 15。15 陸續減 5，最後得到 5。5 是土，土相生者是金，最終的納音屬性為金。

同理，丙寅丁卯四字，其和得到 26，再用 49 減之，得到 23。23 陸續減 5，最後得到 3。3 是木，木相生者是火，最終的納音屬性為火。

以此類推，根據剩餘的差值和五行規則確定其他字的納音屬性。

此外，需要注意的是，雖然有「海中金」「爐中火」等說法，但在實際運算中可不用。

黎評： 以上所述為簡易取納音五行法。但其文中所言「可抹殺金在海中，火在爐中之說」卻頗有不合易理之處，只因僅用五行來代替六十花甲，喪失了易象不少信息，也與《易隱》占家宅法相矛盾，如《易隱》占家宅中有云：初爻屬木者，說明此宅井旁有樹，庚寅辛卯松柏樹，庚申辛酉石榴樹。

先天八卦序

乾所對應的數字是一，兌所對應的數字是二，離所對應的數字是三，震所對應的數字是四，巽所對應的數字是五，坎所對應的數字是六，艮所對應的數字是七，坤所對應的數字是八。

黎評： 卦數有幾種，此為最常用之法。

範圍先天數

甲、己、子、午這四個干支,所對應的數字是九。乙、庚、丑、未這四個干支是八,丙、辛、寅、申這四個干支是七,丁、壬、卯、酉這四個干支是六,戊、癸、辰、戌這四個干支是五,巳和亥這兩個地支是四。

黎評: 此數本書常用,須熟背之。

河圖五行數

數字一對應的屬性是水,數字二對應的屬性是火,數字三對應的屬性是木,數字四對應的屬性是金,而數字五對應的屬性則是土。

黎評: 一六為水,二七為火,三八為木,四九為金,五十為土。一個生數,一個成數。

逐月氣候輔卦用事旺相定局圖

立春正月節艮旺震相	雨水正月中寅木用事	驚蟄二月節甲木用事
春分二月中震旺巽相	清明三月節乙木用事	穀雨三月中辰土用事
立夏四月節巽旺離相	小滿四月中巳火用事	芒種五月節丙火用事
夏至五月中離旺坤相	小暑六月節丁火用事	大暑六月中未土用事
立秋七月節坤旺兌相	處暑七月中申金用事	白露八月節庚金用事
秋分八月中兌旺乾相	寒露九月節辛金用事	霜降九月中戌土用事
立冬十月節乾旺坎相	小雪十月中亥水用事	大雪十一月節壬水用事
冬至十一月中坎旺艮相	小寒十二月節癸水用事	大寒十二月中丑土用事

黎評: 此為細用卦氣之法,較之《梅花易數》的四季斷卦象旺衰法更為細緻有理,也更合乎二十四節氣的寒暖進退之說,此節還見於《斷易天機》與《易冒》諸書。

陰陽升降生剋之圖

節令 爻位	冬至	大寒	雨水	春分	穀雨	小滿	夏至	大暑	處暑	秋分	霜降	小雪
上爻	降陰					升陽	降陽					升陰
五爻		降陰			升陽			降陽		升陰		
四爻			降陰	升陽					降陽	升陰		
三爻			升陽	降陰					升陰	降陽		
二爻		升陽			降陰			升陰			降陽	
初爻	升陽				降陰	升陰						降陽

第一種斷法：在陽氣上升的月份，如果卦象中出現陽爻作為世爻，或者在象徵陽氣上升的「升陽」爻位上得到少陽爻，那麼預示著諸事都能有所進益。相反，如果在陽氣上升的月份得到陰爻作為世爻，或者在「升陽」爻位上得到的是陰爻，這被稱為陰陽反度，意味著做事會顛倒、退損，不利。

第二種斷法：例如在小滿節氣中占得火風鼎卦變為了火山旅卦。在火風鼎卦中，升陽爻巳火，但世爻亥水發動，巳火受到其沖剋。因此，預示在四月（小滿是四月裡的中氣）會有喪身之禍。

再如在大暑節氣中占得風山漸卦變為了風地觀卦。在風山漸卦中，升陰爻午火，同時申金髮動，午的驛馬星在申，形成驛馬。這預示在午、申月間將有進益。

黎評：此論有說而少用，官祿章中隻言片語。個人感覺，中期筮法很多專案是附會沿襲京房易的內容，後人不敢輕易裁剪，但越來越紛繁，最後如同王弼掃象，歸入更簡易的晚期筮法，也即當今六爻的體系。

長生定局

狀態 五行	長生	沐浴	冠帶	臨官	帝旺	衰	病	死	墓	絕	胎	養
金	巳	午	未	申	酉	戌	亥	子	丑	寅	卯	辰
木	亥	子	丑	寅	卯	辰	巳	午	未	申	酉	戌
水	申	酉	戌	亥	子	丑	寅	卯	辰	巳	午	未
火	寅	卯	辰	巳	午	未	申	酉	戌	亥	子	丑
土	申	酉	戌	亥	子	丑	寅	卯	辰	巳	午	未

　　黃士培說，長生訣也有衰旺之分，如果一個事物被日月和動爻所傷，就不能說它是生旺的。

　　湯通玄則指出，長生訣以六爻自變出者為真，但現在人們只知道以金為主象，如果傍爻巳火動了，就說是長生，遇到酉日就說是當旺，遇到丑日就說是入墓，這樣得出的禍福結果有的靈驗有的就不靈驗。

　　長生：象徵事物的起始，如同人的出生，預示著五行之始和前途遠大的意象。**沐浴**：如同人的童年時期，是五行之敗氣，代表事情沒有進展。**冠帶**：代表五行材質已成但尚未得令的階段，如同人弱冠之年。**臨官**：如同人已成年並有作為，萬物已長成，象徵有所作為。**帝旺**：象徵人的壯盛時期，為五行之極，認為官位達到極顯的地位。**衰**：如同人進入衰老期，氣勢減弱，有退步或休養之意。**病**：代表人已得病，老邁無力之意。**死**：代表事情已到達終結階段，但尚未完全結束，仍需入墓方可結束。**墓**：代表一個生命週期的終結和結束，象徵著事物被埋藏或收入庫中。**絕**：代表一個輪回的節點，前一週期的氣數已盡，新的週期正在醞釀。**胎**：如同受孕，新的生命之氣已經聚積成胎，預示著新生命的開始。**養**：如同胎兒在母體內的養育過程。

　　黎評：十二長生訣法，各有所分，當以四值旺衰定之。旺金遇巳論長生，衰金遇巳論受剋，其他仿此，詳解請觀《增刪卜易》。

年月日時起神煞例（司天氏王政秘傳）

天干神煞表

天干 神煞	甲	乙	丙	丁	戊	己	庚	辛	壬	癸	
干德	甲	庚	丙	壬	戊	甲	庚	丙	壬	戊	
干德合	己	乙	辛	丁	癸	己	乙	辛	丁	癸	
干合	己	庚	辛	壬	癸	甲	乙	丙	丁	戊	
干支合	寅	辰	巳	未	巳	未	申	戌	亥	丑	
干祿	寅	卯	巳	午	巳	午	申	酉	亥	子	
天乙貴人	丑未	子申	亥酉	亥酉	丑未	子申	丑未	午寅	巳卯	巳卯	
天福貴人	酉	申	子	亥	卯	寅	午	巳	午	巳	主一生福祿
福星貴人	寅	丑亥	子戌	酉	申	未	午	巳	辰	卯	主中科甲被恩寵
文昌	巳	子	申	卯	申	卯	亥	午	寅	酉	主少年科甲
武曲	亥	午	寅	酉	寅	酉	巳	子	申	卯	主武途出身
學堂貴人	巳亥	巳亥	丙寅	丙寅	戊申	戊申	辛巳	辛巳	甲申	甲申	
科名	木	木	火	火	土	土	金	金	水	水	主發科甲
天廚	巳	午	巳	午	申	酉	亥	子	寅	卯	主貴食天祿
天赦	卯	亥	酉	未	巳	卯	亥	酉	未	巳	主解百憂

天干 神煞	甲	乙	丙	丁	戊	己	庚	辛	壬	癸
干官	辛	庚	癸	壬	乙	甲	丁	丙	己	戊
干鬼	庚	辛	壬	癸	甲	乙	丙	丁	戊	己
天財	午未	辰巳	辰巳	寅卯	寅卯	戌亥	戌亥	申酉	申酉	午未
地財	未丑	戌辰	酉	申	子	亥	卯	寅	午	巳
唐符	酉	申	子	亥	子	亥	卯	寅	午	巳	主士子科名
國印	戌	未	丑	戌	丑	戌	辰	丑	未	辰	主文武貴職
刃星	乙卯	甲寅	丁午	丙巳	己午	戊巳	辛酉	庚申	癸子	壬亥	主破財、傷妻
七殺	庚	辛	壬	癸	甲	乙	丙	丁	戊	己

右馬前神煞，月日都可以查。

根據馬前神煞的規則，驛馬的確定是基於太歲的對宮。這意味著驛馬應該按照一定的順序排列，總共有十二位。然而，現在人們通常只使用其中的四個驛馬，這是不正確的。

「馬」在這裡指的是沖和破的意思。以申、子、辰為例，它們的驛馬分別是寅、午、戌；相反，寅、午、戌的驛馬則分別是申、子、辰。同理，亥、卯、未的驛馬是巳、酉、丑，而巳、酉、丑的驛馬是亥、卯、未。

地支神煞表

年支\神煞	子	丑	寅	卯	辰	巳	午	未	申	酉	戌	亥	
天德	酉	戌	亥	子	丑	寅	卯	辰	巳	午	未	申	百事吉
月德	巳	午	未	申	酉	戌	亥	子	丑	寅	卯	辰	百事吉
支德	月德同												
福德貴人	天德同												
福星貴人	天德同												與天乙貴人同主福祿
紫薇	龍德同												主發貴、近君
三臺	辰	巳	午	未	申	酉	戌	亥	子	丑	寅	卯	主科甲貴顯
八座	戌	酉	申	未	午	巳	辰	卯	寅	丑	子	亥	主貴為九卿
玉堂	丑	子	亥	戌	酉	申	未	午	巳	辰	卯	寅	文武俱顯貴
天喜	酉	申	未	午	巳	辰	卯	寅	丑	子	亥	戌	主得彩、添丁
天馬	午	申	戌	子	寅	辰	午	申	戌	子	寅	辰	求官、赴任吉
驛馬	寅	亥	申	巳	寅	亥	申	巳	寅	亥	申	巳	
唐符	巳	子	丑	寅	卯	辰	巳	子	丑	寅	卯	辰	
國印	亥	午	未	申	酉	戌	亥	午	未	申	酉	戌	
天解	戌	酉	申	未	午	巳	辰	卯	寅	丑	子	亥	

年支\神煞	子	丑	寅	卯	辰	巳	午	未	申	酉	戌	亥	
地解	未	未	申	申	酉	酉	戌	戌	亥	亥	午	午	
神解	天解同									三星俱主脫罪散災、化憂為喜		
支合	丑	子	亥	戌	酉	申	未	午	巳	辰	卯	寅	月日同
支官	丑未	寅	酉	申	卯	子	亥	寅	巳	午	卯	辰戌	月日同
支鬼	辰戌	卯	申	酉	寅	亥	子	卯	午	巳	寅	丑未	月日同
支刑	卯	戌	巳	子	辰	申	午	丑	寅	酉	未	亥	月日同
支害	未	午	巳	辰	卯	寅	丑	子	亥	戌	酉	申	月日同
魁元													
紅鸞	卯	寅	丑	子	亥	戌	酉	申	未	午	巳	辰	見喜、免膿血災
生氣	戌	亥	子	丑	寅	卯	辰	巳	午	未	申	酉	百事成美吉
死氣	辰	巳	午	未	申	酉	戌	亥	子	丑	寅	卯	病危、百事凶
黃幡	華蓋同											主災纏綿
豹尾	戌	未	辰	丑	戌	未	辰	丑	戌	未	辰	丑	主損畜、破財
陌越	亥	子	丑	寅	亥	子	丑	寅	亥	子	丑	寅	
月空	午	未	申	酉	戌	亥	子	丑	寅	卯	辰	巳	主化凶為吉
指背	申	巳	寅	亥	申	巳	寅	亥	申	巳	寅	亥	主招人嫉妒、為人無功

年支\神煞	子	丑	寅	卯	辰	巳	午	未	申	酉	戌	亥	
飛廉	白虎同												主男遭重辟、女犯姦淫、癲狂
大殺	白虎同												主損宅長、家道消乏、病者十死一生
陰殺	丑	戌	未	辰	丑	戌	未	辰	丑	戌	未	辰	主暗耗、產厄
歲殺	未	辰	丑	戌	未	辰	丑	戌	未	辰	丑	戌	主非災、橫事
災殺	午	卯	子	酉	午	卯	子	酉	午	卯	子	酉	主喪訟、破財
的殺	巳	酉	丑	巳	酉	丑	巳	酉	丑	巳	酉	丑	主喪訟、破財
破碎	歲破同												主官非、破財
天哭	午	巳	辰	卯	寅	丑	子	亥	戌	酉	申	未	主損小口
欄杆	歲破同												主受罪、破財、傷殘、自縊
大耗	歲破同												主災禍、傷丁、官非、火盜
小耗	巳	午	未	申	酉	戌	亥	子	丑	寅	卯	辰	主損畜、傷奴、失盜
天厄	未	申	酉	戌	亥	子	丑	寅	卯	辰	巳	午	
暴敗	天厄同												主官訟、破家
卒暴	卯	辰	巳	午	未	申	酉	戌	亥	子	丑	寅	主猝然災禍
貫索	卒暴同												主官災、刑罪
勾絞	卒暴同												訟主刑罪

年支\神煞	子	丑	寅	卯	辰	巳	午	未	申	酉	戌	亥	
飛符	官符同											主官災、橫事
天官符	亥	申	巳	寅	亥	申	巳	寅	亥	申	巳	寅	主官災、橫事
囚獄	午	卯	子	酉	午	卯	子	酉	午	卯	子	酉	占訟凶
卷舌	酉	戌	亥	子	丑	寅	卯	辰	巳	午	未	申	主是非橫事、有子不育
披麻	卷舌同											主喪孝不寧、幼失怙恃
披頭	辰	卯	寅	丑	子	亥	戌	酉	申	未	午	巳	
五鬼	官符同											主生暗眼
伏屍	子	丑	寅	卯	辰	巳	午	未	申	酉	戌	亥	主膿血、落胎
劍鋒	伏屍同											主惡死
吞啗	戌	寅	丑	戌	辰	卯	寅	寅	戌	戌	寅	寅	主妨害六親、骨肉無情
天空	丑	寅	卯	辰	巳	午	未	申	酉	戌	亥	子	主破財、刑子
晦氣	天空同											
血刃	戌	酉	申	未	午	巳	辰	卯	寅	丑	子	亥	主血光、產難
浮沉	血刃同											舟行防水厄
地喪	喪門同											主孝服、損血財
吊客	戌	亥	子	丑	寅	卯	辰	巳	午	未	申	酉	病凶

年支\神煞	子	丑	寅	卯	辰	巳	午	未	申	酉	戌	亥	
天狗	吊客同									主無子、刀斧血光		
咸池	酉	午	卯	子	酉	午	卯	子	酉	午	卯	子	占婚忌、主淫亂
三殺	巳	丑	酉	巳	丑	酉	巳	丑	酉	巳	丑	酉	
孤神	寅	寅	巳	巳	巳	申	申	申	亥	亥	亥	寅	男刑妻子
寡宿	戌	戌	丑	丑	丑	辰	辰	辰	未	未	未	戌	女剋夫男

各月神煞表

曆月\神煞	正月	二月	三月	四月	五月	六月	七月	八月	九月	十月	十一月	十二月	
青龍	寅	卯	辰	巳	午	未	申	酉	戌	亥	子	丑	
朱雀	巳	午	未	申	酉	戌	亥	子	丑	寅	卯	辰	
勾陳	丑	寅	卯	辰	巳	午	未	申	酉	戌	亥	子	
螣蛇	辰	卯	寅	丑	子	亥	戌	酉	申	未	午	巳	
白虎	申	酉	戌	亥	子	丑	寅	卯	辰	巳	午	未	
玄武	亥	子	丑	寅	卯	辰	巳	午	未	申	酉	戌	
勾陳殺	螣蛇同												
天德	丁	申	壬	辛	亥	甲	癸	寅	丙	乙	巳	庚	百事吉

曆月 神煞	正月	二月	三月	四月	五月	六月	七月	八月	九月	十月	十一月	十二月	
天德合	壬	巳	丁	丙	庚	巳	戊	亥	辛	庚	申	乙	百事和合
月德	丙	甲	壬	庚	丙	甲	壬	庚	丙	甲	壬	庚	百事吉
月德合	辛	己	乙	丁	辛	己	乙	丁	辛	己	乙	丁	諸事和諧
天月恩	丙	丁	庚	己	戊	辛	壬	癸	庚	乙	甲	辛	化凶為吉
六合	亥	戌	酉	申	未	午	巳	辰	卯	寅	丑	子	
三合	午戌	亥未	申子	酉丑	寅戌	卯亥	子辰	巳丑	寅午	卯未	申辰	巳酉	
文昌	青龍同											
天皇書	寅	寅	寅	巳	巳	巳	申	申	申	亥	亥	亥	功名、求仕吉
皇恩	申	未	巳	午	子	亥	申	未	巳	午	子	亥	功名、求仕吉
天印	未	申	酉	戌	亥	子	丑	寅	卯	辰	巳	午	求仕吉
天恩	亥	子	丑	寅	卯	辰	巳	午	未	申	酉	戌	主蒙恩寵
天旺	巳	申	亥	寅	巳	申	亥	寅	巳	申	亥	寅	主手創基業
天赦	戌	丑	辰	未	戌	丑	辰	未	戌	丑	辰	未	重罪得釋、諸事皆吉
恩赦	戌	丑	寅	巳	酉	卯	子	午	亥	辰	申	未	重罪得釋、諸事皆吉
赦文	戌	丑	辰	未	酉	卯	子	午	寅	巳	申	亥	

曆月 神煞	正月	二月	三月	四月	五月	六月	七月	八月	九月	十月	十一月	十二月	
天喜	戌	亥	子	丑	寅	卯	辰	巳	午	未	申	酉	百事皆吉、占產動尤吉
生氣	子	丑	寅	卯	辰	巳	午	未	申	酉	戌	亥	百事和合
天嗣	水	水	水	木	木	木	土	土	土	金	金	金	動則生產
天巫	巳	申	亥	寅	巳	申	亥	寅	巳	申	亥	寅	求官吉、病宜祈禱
少陰	辰	卯	寅	丑	子	亥	戌	酉	申	未	午	巳	求官百事吉
雷火殺	寅	丑	子	亥	戌	酉	申	未	午	巳	辰	卯	訟散、求官吉
天解	申	戌	子	寅	辰	午	申	戌	子	寅	辰	午	惡事解
地解	申	申	酉	酉	戌	戌	亥	亥	午	午	未	未	病者安
月解	子	巳	辰	申	子	巳	辰	申	子	巳	辰	申	災病消除
天醫	卯	辰	巳	午	未	申	酉	戌	亥	子	丑	寅	藥效病痊
地醫	子	丑	寅	卯	辰	巳	午	未	申	酉	戌	亥	
天合	生氣同									主無中生有、得財得喜		
喝散	巳	巳	巳	申	申	申	亥	亥	亥	寅	寅	寅	主訟散災消
活曜	卯	辰	巳	午	未	申	酉	戌	亥	子	丑	寅	動則病痊、產生
天耳目	巳亥	巳亥	巳亥	申寅	申寅	亥巳	亥巳	亥巳	寅申	寅申	寅申	寅申	尋人耳動有信、目動見面

曆月\神煞	正月	二月	三月	四月	五月	六月	七月	八月	九月	十月	十一月	十二月	
成神	巳	申	亥	寅	巳	申	亥	寅	巳	申	亥	寅	動主謀幹成
會神	未	戌	寅	亥	酉	子	丑	午	巳	卯	申	辰	動主行人回
飛殺	酉	子	卯	午	酉	子	卯	午	酉	子	卯	午	主病禍猝至
陰殺	寅	子	戌	申	午	辰	寅	子	戌	申	午	辰	主陰謀、冤債、病患
陽殺	寅	辰	午	申	戌	子	寅	辰	午	申	戌	子	產難
天殺	戌	巳	午	未	寅	卯	辰	亥	子	丑	申	酉	十死一生、凶
小殺	辰	亥	子	丑	申	酉	戌	巳	午	未	寅	卯	損小口、婢僕
天禍	巳	辰	卯	寅	丑	子	亥	戌	酉	申	寅	卯	主天火、橫事
天瘟	未	戌	辰	寅	午	子	酉	申	巳	亥	丑	卯	主疾病牽延
飛廉	申	未	午	巳	辰	卯	寅	丑	子	亥	戌	酉	主人猝死、訟凶
浴盆	辰	辰	辰	未	未	未	戌	戌	戌	丑	丑	丑	主溺死、病凶
三丘	丑	丑	丑	辰	辰	辰	未	未	未	戌	戌	戌	病凶
五墓	未	未	未	戌	戌	戌	丑	丑	丑	辰	辰	辰	病凶
沐浴	卯	子	酉	午	卯	子	酉	午	卯	子	酉	午	病凶
死氣	午	未	申	酉	戌	亥	子	丑	寅	卯	辰	巳	主傷丁破財、病者死

曆月 神煞	正月	二月	三月	四月	五月	六月	七月	八月	九月	十月	十一月	十二月	
天咒	子	子	酉	酉	午	午	申	酉	戌	亥	卯	子	咒詛誓願凶
四廢	酉	巳	丑	酉	巳	丑	酉	巳	丑	酉	巳	丑	主破家、損丁
陀羅	青龍同												主孤刑惡疾、口念彌陀
毛頭	子	寅	辰	午	申	戌	子	寅	辰	午	申	戌	主官刑、火盜、破家、損壽
荒蕪	巳	酉	丑	申	子	辰	亥	卯	未	寅	午	戌	主生子不肖、家園破敗
井殺	未	午	巳	辰	卯	寅	丑	子	亥	戌	酉	申	主人落井
獨火	酉	戌	亥	子	丑	寅	卯	辰	巳	午	未	申	主火災
天燭	朱雀同												主火災
天火	子	午	卯	酉	子	午	卯	酉	子	午	卯	酉	主火災
天誅	甲寅	甲寅	甲寅	丙申	丙申	丙申	庚申	庚申	庚申	壬子	壬子	壬子	主雷震死
雷公	青龍同												主雷震死，忌逢雀蛇虎鬼動
霹靂	死氣同												主火焚雷殛
木狼	卯	寅	申	丑	戌	辰	子	未	戌	申	寅	申	加蛇動主自縊
受死	戌	辰	亥	巳	子	午	丑	未	寅	申	卯	酉	行兵諸事凶
紅紗	荒蕪同												占嫁娶、疾病、出行凶，占起造主火災

曆月 神煞	正月	二月	三月	四月	五月	六月	七月	八月	九月	十月	十一月	十二月	
天河	辰	巳	午	未	申	酉	戌	亥	子	丑	寅	卯	主失水
覆舟	白虎同										出行主覆舟
白浪	青龍同										舟行有驚
風波	死氣同										加玄武鬼動主投水
歸忌	丑	寅	子	丑	寅	子	丑	寅	子	丑	寅	子	行師、出行凶
往亡	寅	巳	申	亥	卯	午	酉	子	辰	未	戌	丑	行師、出行凶
天賊	辰	酉	寅	未	子	巳	戌	卯	申	丑	午	亥	占出行、求財、家宅忌
地賊	丑	子	亥	戌	酉	申	未	午	巳	辰	卯	寅	占出行、求財、家宅忌
天盜	青龍同										主失盜
大敗	沐浴殺同										占行師忌動
折傷	酉	午	卯	子	酉	午	卯	子	酉	午	卯	子	出行防跌撲
天訟	朱雀同										占訟凶
槌門官符	寅	子	戌	申	午	辰	寅	子	戌	申	午	辰	主官訟猝至
關神	丑	丑	丑	辰	辰	辰	未	未	未	戌	戌	戌	世在艮宮者愈凶，主入獄
鎖神	巳	巳	巳	申	申	申	亥	亥	亥	寅	寅	寅	世在艮宮者愈凶，主入獄

曆月 神煞	正月	二月	三月	四月	五月	六月	七月	八月	九月	十月	十一月	十二月	
天牢	丑	寅	卯	辰	巳	午	未	申	酉	戌	亥	子	訟主囚禁
天獄	亥	申	巳	寅	亥	申	巳	寅	亥	申	巳	寅	訟主囚禁
地獄	戌	酉	申	未	午	巳	辰	卯	寅	丑	子	亥	訟主囚禁
入獄	三丘同												占訟凶
出獄	天皇書同												占囚禁得出
天刑	朱雀同												病訟大凶
月奸	丑	辰	未	戌	丑	辰	未	戌	丑	辰	未	戌	主陰賊侵算
旌旗	卯	卯	卯	子	子	子	酉	酉	酉	午	午	午	病直
土瘟	辰	巳	午	未	申	酉	戌	亥	子	丑	寅	卯	主災病牽延
天罡	辰	巳	辰	巳	寅	卯	辰	巳	寅	卯	寅	卯	主漁獵得財
死神	朱雀同												病者死
白衣殺	辰	未	丑	辰	未	丑	辰	未	丑	辰	未	丑	主丁憂、病死
飛魂	玄武同												病凶
喪車	酉	酉	酉	子	子	子	卯	卯	卯	午	午	午	病凶
鰥寡	入獄殺同												占婚姻忌
刀砧	玄武同												占六畜忌

曆月 神煞	正月	二月	三月	四月	五月	六月	七月	八月	九月	十月	十一月	十二月	
隔神	亥	酉	未	巳	卯	午	亥	酉	未	巳	卯	午	主事多阻隔、失物難尋
退悔	未	未	未	丑	丑	丑	巳	巳	巳	戌	戌	戌	主退悔不成
暗金	巳	酉	丑	巳	酉	丑	巳	酉	丑	巳	酉	丑	占產忌
天地轉殺	卯	卯	卯	午	午	午	酉	酉	酉	子	子	子	占難產喜動
血忌	丑	未	寅	申	卯	酉	辰	戌	巳	亥	午	子	主產難、針灸忌
血支	勾陳同　　歲月日同												主產厄
月厭	地獄同												占產、行師忌
負結	亥	亥	丑	丑	卯	卯	巳	巳	未	未	酉	酉	負鬼神食凶、忌逼索苛求
天豬	亥	戌	酉	申	未	午	巳	辰	卯	寅	丑	子	主豬畜怪病
天牛	地賊同												主牛畜病損
孤神	生氣同												
天啞	申	酉	辰	未	亥	卯	寅	巳	戌	丑	子	午	忌加鬼動
雲聾	白虎同												

歲月日同用神煞

太陽	太陰	天殺	地殺	五鬼	官符	病符	驛馬
咸池	天狗	二耗	喪門	吊客	天哭	亡神	劫殺

日干神煞表

日干\神煞	甲	乙	丙	丁	戊	己	庚	辛	壬	癸	
天赦	卯	亥	酉	未	巳	卯	亥	酉	未	巳	百事無憂
日解	巳	申	寅	丑	酉	巳	申	寅	丑	酉	訟散事寧
內解	巳	巳	申	申	寅	寅	酉	酉	卯	卯	訟散病痊
喝散	寅	申	巳	亥	巳	寅	申	巳	亥	巳	公私皆散、占婚忌
日下大殺	亥	亥	未	未	戌	戌	寅	寅	巳	巳	占家宅凶、百事不吉
墓門開殺	金	金	水	水	木	木	火	火	土	土	主病死、破財
地蹺	午	午	酉	酉	卯	巳	寅	寅	巳	戌	忌與孤鸞並動
月盲	申	申	未	未	寅	寅	午	午	辰	辰	
火鄉	子	亥	卯	未	寅	卯	午	巳	丑	未	
紅豔	午	申	寅	未	辰	辰	戌	酉	子	申	加馬動主極淫

在一卦中，如果吉凶神煞有氣且重疊出現，並且爻不逢旬空，那麼所預示的災禍或福祥將會更加嚴重。如果神煞只出現一次，那麼應驗的災福會相對較輕。如果爻本身既無氣又逢旬空，則不會應驗。

黎評： 神煞用法繁複多端，使用詳情作者將在下篇詳細講解。

時下白虎

子時	丑時	寅時	卯時	辰時	巳時	午時	未時	申時	酉時	戌時	亥時
寅	辰	午	申	戌	子	寅	辰	午	申	戌	子

黎評： 白虎者，兇殺之神也。此是以時辰定卦中白虎法。

進神退神

甲子、甲午為陽進神，己卯、己酉為陰進神。另外，如果地支發生轉化，例如亥變子、丑化辰、寅化卯、巳化午、未化戌、申化酉，這都叫做遇進神。遇到進神，吉兆多而凶兆少。

壬辰、壬戌為陽退神，丁丑、丁未為陰退神。另外，如果地支發生轉化，例如子變亥、辰變丑、卯變寅、午變巳、戌變未、酉變申，這都叫做遇退神。遇到退神，凶兆減弱而吉兆消失。

黎評： 進退神不定吉凶，只定力之增減。吉神化進則增吉，化退則減吉。凶神化進則增凶，化退則減凶。此卦干支單做進退神，後期筮書少見。

太歲歌

　　太歲在年、月、日、時等神中地位最為尊貴。如果得到太歲的生助或加臨，便能免受各種災禍的侵襲；而如果太歲來沖剋身爻和世爻，則預示著災難不斷，無法抵禦。

　　當太歲位於陽性的世爻或應爻，並且有吉星臨於官鬼爻，同時又正值生旺得位的時候，預示著將獲得顯貴的地位和聲望，連神鬼都會欽佩敬畏。

　　如果太歲臨於同時為世爻或身爻的官鬼爻，意味著仕途順利，職位得到升遷。對於平民百姓而言，如果身爻或世爻被太歲沖剋，將面臨牢獄之災、流放等災難。

　　當太歲臨於同時為世爻或身爻的兄弟爻時，預示著財運和婚姻兩全其美，即使發生訴訟最終也會勝訴。如果太歲來沖剋，意味著會遭遇盜賊，不僅財產受損，妻子的生命也面臨危險。

　　當太歲臨於同時為世爻或身爻的父母爻時，預示著一切經營、謀劃和行動都能如願以償。如果太歲來沖剋子孫爻，則意味著家中年幼的人會遭遇不幸，六畜、農耕、養蠶等事業都不順利。

　　當太歲臨於同時為世爻或身爻的子孫爻時，預示著子孫繁榮昌盛，有利於求財，官府不會前來騷擾，疾病也會自行消除。但在功名方面，卻難以如願以償。

　　如果太歲臨於同時為世爻或身爻的妻財爻，將能獲得巨大的財富，家中的糧食和財富都很充裕。通過與官員的關係，能夠獲得顯赫的地位和榮耀。然而，這也意味著會剋害雙親。

　　《子房筮法》中提到：太歲有著天子般的尊貴地位。在占卜命運時，它掌控著一生的榮辱興衰；而在占卜年運時，它決定著一年的吉凶禍福。

　　如果能遇到加臨在貴馬、德合、福祿、龍喜、生氣等吉星的年份，且為陽性的官鬼、父母爻臨升爻，又正值生旺得位的，將預示著極大的富貴，一生都不會有虧損。這樣的年份不僅威德、聲名遠揚，而且遠近的人們都敬仰羨慕。即使遇到神鬼奸邪也無法侵犯，

即使逢旬空或者被日月刑傷等也不受影響。即使是正值死、墓、絕、胎四凶的爻，也不會真的有禍患降臨。

如果占問的是一年的運程，對於仕宦之人來說，這一年將平穩顯貴；而對於平民百姓來說，這一年將順順利利。然而，如果太歲加臨的是忌神、兄弟、官鬼、騰蛇、白虎、亡劫、毛頭、天禍、天殺、死氣等爻或星煞，且為遭受刑傷、破害、逢空動等的降爻，將預示著各種凶災接踵而至，一生都無法有所成就。如果占問的是一年的運程，將預示著人丁折損、財產耗散、災禍連連，全年都不得安寧。

黎評：太歲並不定吉凶，只定力之大小。以上即是以太歲卦爻與六親配合卦爻旺衰、所臨神煞、升降陰陽來批斷流年吉凶之法。

天中煞

在六十甲子中，每個旬都有對應的空亡之地支。具體來說，甲子旬中，戌、亥兩支逢空；甲戌旬中，申、酉兩支逢空；甲申旬中，午、未兩支逢空；甲午旬中，辰、巳兩支逢空；甲辰旬中，寅、卯兩支逢空；甲寅旬中，子、丑兩支逢空。

黎評：對於旬空的概念，也被稱為「天中煞」，與月破被稱作「白虎煞」類似。

附：刃星辨

刃星，也被稱為劫財。具體來說，甲木以卯為刃，因為卯中藏有乙木，能夠劫奪甲木的妻財，所以稱之為陽刃。同樣地，乙木以寅為刃，因為寅中藏有甲木，能夠劫奪乙木的妻財，所以稱之為陰刃。對於丙火來說，以午為刃，因為午中藏有丁火；丁火則以巳為刃，因為巳中藏有丙火。戊土以午為刃，因為午中藏有己土；己土則以巳為刃，因為巳中藏有戊土。庚金以酉為刃，因為酉中藏有辛

金；辛金則以申為刃，因為申中藏有庚金。壬水以子為刃，因為子中藏有癸水；癸水則以亥為刃，因為亥中藏有壬水。所以陽干為陽刃，陰干為陰刃。

然而，在現代社會中，人們往往對陰陽生死的意義並不瞭解，錯誤地將陽刃稱為羊刃。同時，有些人認為沒有陰刃的存在，錯誤地用祿前一位來代替。這是導致根據刃星推斷命運不準確的原因。事實上，如果乙木以辰為刃，而辰中藏有乙木，乙與乙之間是比和的關係，那麼怎麼能夠劫奪我的妻財呢？

黎評：《易隱》獨傳六爻身命卦，此處為解釋八字術語之論。

附：貴馬德合辨

天乙貴人是眾多星煞之首，如果用神遇到它，預示著尊貴顯赫；如果它出現在驛馬位，則意味著超出常人的尊貴；如果臨子孫爻，則聲名遠播；如果臨官鬼爻，則可官至宰相；如果值太歲，則成為封疆大吏。

位於乾卦的天乙貴人被稱為金闕；而位於亥爻的則被稱為登天門，非常尊貴。當它出現在丑、未爻時，稱為入宮闕，尤其奇特。當它臨壬申爻時，被稱為玉堂，象徵著能獲得清要職務，如翰林等，聲名顯赫。而臨壬戌爻時，被稱為降宮，雖然福祉稍遜於玉堂，但地位尊高，為人清雅好學，見識廣博。位於坤卦的天乙貴人被稱為黃宮，意味著有極高的德行。只有位於巽卦時，它被稱為地極。當臨辛卯爻時，稱為勵德，也是涉難；當臨辛巳爻時，稱為升化。然而，這兩種情況都會減損其原本的貴氣。

如果天乙貴人臨於一卦的上爻，且世爻正值旺盛之時，且沒有遭受刑、破等不利因素影響，那麼文官可至宰相之位，武將可鎮守邊疆，享受非凡的福祉。

如果是臨於四值的天乙貴人，年的力量大於月令，月令的力量大於日辰，日辰的力量大於時辰，但仍需區分晝夜。

世爻屬卯、辰、巳、午、未、申的，取夜貴；世爻屬酉、戌、亥、子、丑、寅的，取晝貴。

晝夜貴人的確定方法如下：甲、戊、庚干以丑為晝貴，未為夜貴；乙、己干以子為晝貴，申為夜貴；丙、丁干以亥為晝貴，酉為夜貴；壬、癸干以巳為晝貴，卯為夜貴；辛干以午為晝貴，寅為夜貴。在冬至以後，陽貴宜為晝貴；在夏至以後，陰貴宜為夜貴。

黎評：以上所述為天乙貴人配合四時、卦宮、地支、陰陽使用之法。

驛馬是由四值的地支所決定的。如果能夠形成四馬聚於一爻的格局，這將預示著深厚的福祉。而當驛馬與象徵官貴的吉星同時加臨，更是預示著一個人應當出類拔萃，獲得富貴非凡的生活。

然而，驛馬之間也有區別。寅和申屬於陽，是雄馬，它們的力量強大且速度迅疾。而巳和亥則屬於陰，是雌馬，它們的資質相對較差且不能持久。

此外，馬作為屬性為火的牲畜，在寅位時會得到長生，因為火在寅位是長生；而在巳位則是臨官，所以這兩種驛馬能夠帶來的福祉最多。而申是火的病位，亥是火的絕地，因此這兩種驛馬所賜的恩福將會減半。

另外，驛馬適宜位於世爻之後，而不宜位於世爻之前。如果形成世爻追逐驛馬的情形，這意味著一生勞碌。反之，如果是「馬逐世」，則意味著能夠安享榮華。

當驛馬位於正值旺相的官鬼爻時，這預示著有超凡的仕宦際遇；而如果臨於正值衰弱之爻，無論士人還是平民都會生活拮据。如果臨於正值空亡之爻，則意味著定然混跡於市井之間。

此外，如果是申年對應的寅馬，這被稱為「歲刑馬」；而如果是寅年對應申馬，則被稱為「馬刑歲」。

最後，如果驛馬臨於世爻，同時又是官鬼爻，而且又沖犯歲、月、日而遇破被剋的格局出現，即使兆示著顯貴高官的可能，但遇

到對爻刑、害、破、剋，或值胎、絕、墓的年份，也必定要遭受刑戮而死，或者服毒自盡。

黎評：以上所述為馬星與四時日夜、六親貴人、地支陰陽、五行生剋、世爻旺衰配合使用之法。

德有四種，分別是天德、月德、干德、支德。其中，一德就能驅散各種邪惡，解除各種憂患，滿足任何企求，實現任何願望。

如果德位於陽爻，那麼這個人將會尊崇顯達；如果德位於陰爻，那麼這個人將會勤儉端莊。如果德與象徵顯貴的吉星同時出現，那麼這個人將富貴康寧。然而，如果遇到匿刑能剋制住德星，那麼這個人將難免一死。

比如，在以甲寅為干支的年、月、日占問時，如果世爻位於己未，而甲與己相合，寅的德星在未，這就叫做德合相見。在以庚申為干支的年、月、日占問時，如果世爻位於乙丑的，也是一樣。在以乙丑為干支的年、月、日占卜時，如果世爻在庚申，在己未占問時，如果世爻在甲寅，這都叫做陽德。這些情況都能帶來更多的喜慶。如果能得到來自四值的生合，又不犯刑、破、空亡，那麼這個人將五福具備，財源豐厚。

其次，如果三傳（年月日）在丙辰，而世爻在辛酉，那麼辰的德星在酉，丙與辛相合，這也叫做德合相扶。

如果三傳在壬戌，而世爻在丁卯，那麼戌的德星在卯，丁與壬相合，這同樣叫做德合相扶。只是因為卯、酉兩爻沒有干德加臨，所以叫做孤德；辰、戌兩爻沒有貴人、驛馬加臨，所以叫做弱德。辰、戌、卯、酉四種爻即使遇到歲、月、日德星，也無法帶來大的福祉。即使有官爵加身，也無法顯達。如果遇到刑傷，反而會預示著凶禍。

子、午、巳、亥四種爻則兼具吉凶之可能。午、亥兩爻為匿刑，只有在特定的年、月、日占問時才能帶來福祉。例如在以丙午為干支的年、月、日占問時，如果世爻位於辛亥爻，且丙與辛相

合,午的德星在亥時,那麼才能帶來福祉。同樣地,在以辛丑為干支的年、月、日占問時,如果世爻位於丙午的也一樣。

然而,這些情況只能是在依附權貴的基礎上求得官職。如果遇到刑、害、剋、破等情況,將會陷入困境。子、巳兩爻只有在特定的年、月、日和特定的世爻條件下才能扶助貴人。

這都叫做貴人扶德合,沒有匿刑帶來的兇險。如果位於陽爻且得位旺財,那麼必定預示著綿長的福祉。總的來說,如果德星遇到匿刑,尚且不能產生福祉,更何況沒有德星的情況呢?

另外,凡是在相剋的過程中同時遇到德星的,其禍害將會稍微減輕。例如卯剋戌、子剋巳、寅剋未、申剋卯、亥剋午、酉剋寅、辰剋亥等情況就是如此。

黎評: 以上所述為德星與四時陰陽、六親貴人、沖合刑害、天干組合、五行生剋、世爻用爻配合使用之法。

在各種相合的關係中,六合是最為理想的,其次是三合。與「我」相合的,意味著對我的「順從」和「幫助」,對於事業的發展,這種相合能帶來更快的成就。然而,如果在相合的位置上又遇到了沖,那麼這種相合的關係就會被破壞;如果動爻遇到合,則會導致事情進展緩慢。

儘管如此,我們也要認識到合的差異性。例如,卯與戌合、子與丑合,雖然屬於相合,但其中帶有一定的剋制,因此帶有一定的兇險。而當戌(土)與我卯(木)相合時,這表明我會對他產生欺凌行為,預示著吉兆。

另外,辰與酉合、午與未合、亥與寅合,這些相合都帶有一定的生髮之氣,因此被認為會帶來完全的福祉。然而,如果未(土)來與我午(火)相合、寅來與亥相合、酉來與辰相合,這會導致我之氣息被泄,因為是我生對方,所以只能算是半吉。

還有其他的相合情況需要注意。比如巳(火)來與申(金)相合,雖然金的長生位在巳,但這並不被視為剋制。而當寅爻發動

時，它與巳、申形成三刑煞，這並不是一個好的兆頭，預示著大凶。相反地，當申來與巳相合時，雖然有刑，但也帶有生髮（黎注：長生）之氣，因此也有一半的吉祥。

此外，還有一些特殊的相合關係。比如當變爻導致原本被破壞的關係相合時，或者在沒有四值相合的情況下與化出之爻形成相合時，或者干支都相合時，這些情況被稱為天地合德。在這種情況下，即使遇到一些不利的情況，也不會受到傷害。

在三合局中，中間的地支起著關鍵作用。前一個地支代表長生，掌管著氣脈的發起；後一個地支代表墓，掌管著能量的收藏。只有當三個地支都齊全時，才能形成一個真正的三合局。以巳酉丑金局為例，酉是金局的主體。如果只有巳和酉而缺少丑，雖然仍能構成金局，但收藏的功能缺失，預示著事情有始無終；如果有酉和丑而缺少巳，則缺少了根源，預示著事情會先難後易。

此外，當遇到刑煞時，不宜同時出現合的情況。因為刑殺本身已經帶有凶意，如果再與合相結合，則會使兇險更加嚴重。

黎評： 以上所述為三合六合的使用詳法，文中所言前字為生發，後一字為墓藏，缺少根源，先難後易之說，均為常書所不及。

陽氣的表現為德，而陰氣的表現為刑。因此，刑常常象徵著殺氣和禍殃。如果刑與凶神相結合，那麼預示的將是憂患、危難、死亡或折損等不幸事件。當刑位於陰爻時，它預示著奸險和貧賤；而當刑位於陽爻時，則預示著剛暴和強橫。

所謂的三刑是指：寅刑巳、巳刑申，這是所謂的不遜之刑；丑刑戌、戌刑未，這是所謂的恃勢之刑（如果三字不全，則不能構成刑）；子刑卯、卯刑子，這是所謂的無禮之刑。另外，辰、午、酉、亥是自刑，即不必再被其他辰、午、酉、亥來刑（黎注：婚姻占卦例中可見此說之用）。

如果世爻帶有刑，但能夠得到月、日與動爻或者當旺的變爻的生合，那麼可以先凶後吉。然而，辰、午、酉、亥是匿刑，即使有

貴煞也無法解除其凶性。

另外，所謂的六害是指：未以當旺之土來害子的當旺之水，這叫做恃勢相害；午以當旺之火來害丑的當衰之土，這叫做強害弱；寅與巳相害、申與亥相害，都發生在臨官位，因為爭進而相害；卯以當旺之木欺凌辰的位於死位的土，這是以少害長；戌以當墓之火來害酉的當旺之金，叫做鬼害。如果世爻受害，可以根據受害的類型進行推斷。

黎評： 此節妙在刑之陰陽與臨官相害之說，為常人趨吉避凶之法。

在逢沖、遇破的爻中，如果被年的干支衝破，所造成的禍患要大於月破；月破所造成的禍患要大於日破；日破所造成的禍患要大於時破。犯破者，即使逢生也得不到助益，如果遇到禍患則會加重。另外，靜爻逢沖則為動（暗動），動爻逢沖則為破。正值旺相又逢沖則能發揮，正值休囚而逢沖則會被沖散。

《黃金策》中提到：如果在子日占卜，那麼日辰子會沖午爻。如果有兩個午爻存在，那麼子就不能沖了。其他情況如有兩個丑爻，則日辰子也不能合；有兩個卯爻，則日辰子也不能刑；有兩個巳爻，則日辰子不能相剋；有兩個子爻，則日辰子不能加臨，都是一樣的。其餘以此類推（黎注：此語多被後人批駁）。

黎評： 沖者，旺者逢沖為驛馬，衰者逢沖為傷損。靜逢沖為驛馬，動逢沖為傷損。

當空亡之爻與兇險之爻相遇時，稱為天赦；而吉爻逢空，則被稱為天廢。空亡的爻象，即使預示福祉，也不足以歡喜；若兆示禍害，也不一定會導致死亡。

若世爻逢空，這僅表示事情進展緩慢，不甚順利。六親逢空時，如果正值旺相，所受的禍害較輕；而如果正值休囚，則禍害較重。在二月遇到的金爻、八月遇到的木爻、子月遇到的火爻、午月

遇到的水爻，如果遇到空亡，這些都被視為真空。

另外，如果爻象正值旺相卻逢空亡，那麼經過一旬後，它仍可被視為有用。

如果爻象處於伏藏狀態，不用論其空亡（黎注：《增刪卜易》多例認為無從生起）。當旬空之爻又逢沖時，它會被填實。只有遇到月破的爻，無法挽救。若爻象空亡但發動，則因出脫而不為空。

《五星秘要》上說：土爻逢空被稱為土陷山崩，預示著退敗。若恰遇火動，則填補山川缺陷。金爻發動，山中顯現寶藏，預示成名得利。木爻逢空，如同枯枝落葉。若恰遇金爻動，表示砍削成材。火爻發動則被焚燒成灰爐。水爻發動，意指泛舟駕船，但終將有漂蕩之禍。水爻逢空，如長江流蕩不止。若恰遇金爻動，則有洪水氾濫之意，意味著不測之災。金爻逢空，如同廢棄的爛鐵鏽斧。若恰遇火動，則可熔煉成器，預示名利雙收。火爻逢空，表示離中的火焰虛弱，反而預示著興旺發達。

黎評： 此為旬空之詳細斷法，其中並附《五星秘要》占斷秘訣，為常書所罕見。

卦命訣

如果世爻是卯或酉，那麼卦命位於初爻；如果世爻是辰或未，卦命位於二爻；如果世爻是巳或午，卦命位於三爻；如果世爻是子或卯，卦命位於四爻；如果世爻是丑或戌，卦命位於五爻；如果世爻是寅或申，卦命位於六爻。

如果存在本命與大限，在占問病情時逢空亡、死絕等情況，那麼很可能十個裡面難有一兩個生存。

黎評： 占病時應用卦命之法。

以錢代蓍說

　　將三枚錢幣放在香爐上，細心地熏香並虔誠地祈禱：雖然上天無言，但只要詢問，必定會有回應。諸位聖人如有靈，請感知我的想法並給予回應。

　　我懷著一顆虔誠的心，正在為某事憂慮。我心中充滿疑慮，無法做出決定。為了明確吉凶得失，我決定借助卦象來推斷。在此，我懇求上蒼展現慈悲，給予明確的昭示。

　　祈禱完畢，我將錢幣擲出。如果得到一個背面，記為「單」；兩個背面，記為「拆」；三個背面，記為「重」；如果三個都是正面，記為「交」。這樣連續擲三次，下卦便形成。

　　接著，我再次祈禱：一卦包含兩個部分，目前吉凶尚不明確。為了進一步明確結果，我再求得三爻以完善這一卦象，以解開我心中的困惑。

　　祈禱完畢後，我再次擲三次錢幣，將結果合為一卦。

　　黎評： 此為傳統的起卦方法。

　　焦延壽說道：今天的人們因為蓍草難以獲得，所以用錢幣來代替。辦法固然簡易，但是已經非同其類了。因此尋求蓍草的替代品，太極丸應當更合適。考證陰陽老少所對應的數字，則能相合；驗證成爻成卦的變化，則能相符。合二三得五，是五行之數。計一丸為十五，是河圖中宮的數字，以及洛書中縱橫方向的三個數相加之和。形式上與天地六合相同，也能象徵天地人三才，因此木丸確實非常像蓍草，可以說與之屬於同類。使用錢幣，僅僅是簡易做法而已。

　　黎評： 太極丸法合河洛數於一身，此文認為較金錢起卦法更合乎易理。

制太極丸法

此為漢代焦延壽所傳的方法，宋代程頤、朱熹和邵雍等遵守，詳載於《三儒理數集》。

在上文中，焦延壽提到，由於蓍草在現代難以獲取，人們轉而使用錢幣作為替代。儘管這種方法更為簡便，但它與傳統的蓍草占卜已有所不同。因此，他進一步推薦了太極丸作為更為合適的替代品。

太極丸的製作材料首選霹靂棗木，若無法獲得，也可使用其他香木或玉、牙等原料。關鍵是要製作出三個大小相等的圓彈丸，要求能在盤上自由滾動，表面需保持平勻。這些彈丸的形狀類似於骰子，但骰子的面較大，而彈丸的面較小，這正是為了追求其圓滾的形態。

每個彈丸的表面刻有三個星形標記，底面刻有兩個星形標記，這樣在三面各刻三個星、三面各刻兩個星，總共六面共刻十五個星。所有三枚彈丸都需按照相同規格製作。

> **黎評：** 起卦道具製作法。

八卦方辰之圖

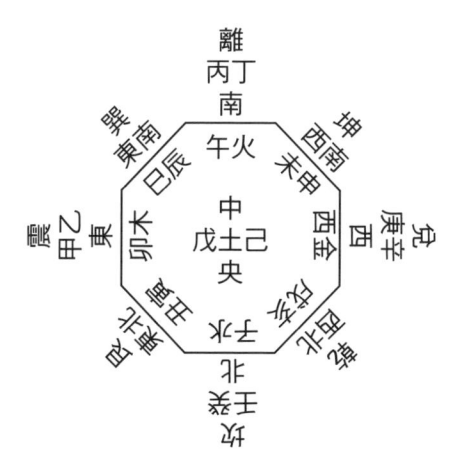

> **黎評：** 此為八卦納干支方位表。

占戒

　　對昏亂無德的人，不予占卜。在進行占卜之前，必須心無雜念、心境澄明，通過沐浴更衣來表達我們的誠意，這樣才會與上天產生感應。

　　對於不尊重占卜結果的人，我們不應為他們進行占卜。占卜的結果是我們行動的依據，而不是我們憑空猜測或任意選擇的依據。如果反復無常，那便是褻瀆先聖，這是我們不能接受的。

　　一次只能詢問一兩件事情，過於繁瑣的問題不適宜進行占卜。《詩經》上說：我龜既厭，不我告勞。《易經》也說：再三占問就是輕慢，輕慢就不會有告示。

　　對於心懷不正、品行不端的人，我們不應為他們進行占卜。先聖的智慧是公正無私的，他們只會幫助正直的人，而不會與奸邪之人同流合污。

　　對於性格急躁、缺乏耐心的人，我們不應為他們進行占卜。占卜的結果需要經過詳細的推演和分析直接斷之，其中的義理深奧複雜，不是一蹴而就的。只要心誠，任何時候都可以進行占卜，不必拘泥於某些特定的規則或說法。

　　黎評：此為占前之規，也為術者避煩之定。

《易隱》卷一

第一章　身命占

　　遊南子道，占問身命需從三個維度審視：世爻、身爻（亦被稱為月卦），以及至關重要的本命爻。以甲子年生人為例，其本命爻便是子爻，最佳情形是此命爻在卦中顯現。當命爻與世爻、身爻相生相合時，預示著生活的安逸與衣食的無憂。若祿馬、天德、貴人等吉星同時加臨這三爻之上，則預示著榮華富貴的未來。

　　世爻的狀態亦十分關鍵，若其臨財祿、龍喜，則預示著田園山莊的寧靜與快樂。相反，若世爻臨祿空、財沒，且受到年、月、日的刑沖剋害影響身爻或命爻，那麼生活會充滿艱辛，衣食難以保障。

　　當世爻、身爻或命爻與官鬼爻重合，且帶有破碎凶煞時，預示著破相的可能；若再臨劫殺、羊刃、天刑、大煞等凶星，則疾病纏身。同樣的凶兆也適用於伏爻為官鬼，或官鬼發動來刑沖剋害這三爻的情況。

　　黎評：以上為將本命納入卦中，結合世身六親神煞伏神共同批斷命運之法。

　　遊年太歲與大限、小限對世爻、身爻、命爻的生合與刑沖剋害關係，同樣影響著吉凶的判斷。若它們生合這三爻，則為吉兆；反之，若為刑沖剋害，則是凶兆。占問之時的年月日時與這三爻的關係也遵循同樣的判斷邏輯。（《管公口訣》以干支同論）

　　世爻、身爻、命爻下伏或化出的爻象也影響著吉凶的判斷。若伏或化出妻財、福爻（子孫爻），則為吉兆；但若伏或化出兄弟、官鬼爻，則家業恐有消退之虞。若伏或化出父母爻，預示著財源的枯竭和內心的焦慮與辛勞。

　　當遇到一些特殊的爻象組合時，如臨亡神且入墓位，這預示著

即將發生的悲哀事件；而隨官入墓則意味著災禍的連綿不斷。若遇到助鬼傷身的組合，則會因財色而受累。世爻若遇月破，則有夭折之風險；歲辰若沖身爻，疾病與厄難接踵而至。

黎評： 以上為判斷流年吉凶與飛伏論命法。

不同屬性的命爻對官鬼爻的懼怕程度也有所不同。例如金命懼怕水火屬性的官鬼爻而不懼土木；木命則懼金火而不懼水土等。這種差異在占問中也需要被仔細考慮和判斷。

黎評： 以上為以本命納音結合卦象批斷命運法。

《管公運限口訣》中詳細闡述了不同年齡段和命理屬性下，個人運勢的吉凶變化。對於老年人來說，命爻適宜入墓，這是晚年安寧的象徵；然而對於少年而言，入墓則非吉兆，意味著早年的困頓或挫折。在特定的年份如逢死、墓之年，人們容易遭遇官司纏身、是非不斷，甚至會面臨家中長輩的離世。這些年份往往充滿了挑戰和考驗。命的屬性與運勢息息相關。若命的屬性正值胎養之年，則預示著六畜興旺，家業有成；若正值帝旺，則意味著個人將迎來大的進步和飛躍；而沐浴之年則會引發訴訟紛爭，需要格外小心應對。冠帶為吉神，宜保持其不受沖剋，以維持其吉祥之力；而臨官為凶神，若能得到相扶相助，則會化凶為吉。當命處於衰微之時，若在逢旺的年份則會轉運發跡；若正值病位，則需在遇到生扶之力時才能恢復安康。在絕處逢生則能重新崛起；墓位遇衝破則能帶來興旺之機；若能生助官鬼並在旺年相遇，則將獲得顯赫的榮耀。

太歲與命之間的關係也是決定運勢的重要因素。太歲與命喜歡相合而忌諱相沖；太歲與運限之間則喜歡相生而忌諱相剋。因為剋沖過來必然會帶來刑傷之災。

值得注意的是，《管公身命口訣》中的「命」是以納音為主要依據進行推算的。例如甲子、乙丑年出生的人納音屬金，因此被稱為金命。在與其他運限、流年太歲等因素相配合時，需要根據長生訣

來推斷吉凶禍福。這一點與其他書籍中以出生之年的地支作為命爻進行推算的方法有所不同，需要特別注意區分和理解。

黎評：以上為本命納音結合十二長生訣批斷命運之法。

鬼谷分爻表

爻位	身命占爻位之象
上爻	樂隱
五爻	謀為
四爻	發達
三爻	豎立
二爻	成童
初爻	胎養

在占卜身命中，若某一爻帶有吉神且處於旺相狀態，同時未受到刑、沖、剋、害等不良影響的傷害，那麼這一爻便具有積極的意義。更進一步，如果這一爻能與世爻、身爻或命爻產生相生相合的關係，那麼它便成了得意之所在，預示著好運和順利。

相反地，如果某一爻處於休囚狀態，帶有凶煞，或者受到了其他爻的刑、沖、剋、害等不良影響，那麼它便成了失意之所在。這種爻象往往預示著挑戰、困難或不幸。特別是當它與身爻、世爻或命爻產生不良關係時，其負面影響會更為明顯。

此外，《管公口訣》中還提到了一種特殊的爻象解讀方法。如果初爻和二爻處於旺相狀態，那麼這預示著一個人從出生起就能擁有財富和好運。相反地，如果三爻和四爻處於休囚狀態，那麼這預示著中年時期會遭遇困頓和挑戰。最後，如果五爻和六爻興隆發達，那麼這預示著老年時期將會榮華顯耀，享受晚年的尊榮和成功。

黎評：此為《易隱》分爻預測法。

遊南子道：占卜人的身命共有八個關鍵方面，每一點都不可或缺。在探究一個人的祖業根基時，我們必須深入考察整個卦象的大體面貌，即一卦的大象。而當我們要瞭解一個人在社會中的地位高低時，世爻的位置則成為我們重要的參考依據。對於性格的剛柔之分，我們需要依據爻的陰陽屬性來進行判斷。陽爻往往代表著剛強、果斷的性格特點，而陰爻則更多地指向柔和、內斂的個性。在探尋一個人的六親關係時，即父母、兄弟、子女等親屬的情況，用神的強弱和位置能夠反映出個體與六親之間的親疏和相互影響。貴賤與富貴之命，往往與我們所加臨的神煞息息相關。禍福無常，但六神的變化和組合能夠揭示出一個人在不同時間段內遭遇的禍福吉凶。要判斷一個人的吉凶之命，我們需要根據三限來進行推斷。三限即大運、小運和流年的組合，它們共同決定了一個人在特定時間內的運勢起伏。最後，對於事業的發達與否，遊年太歲則成為我們的重要依據。

黎評： 以上言辭雖短，卻十分精要，直接切中斷命要領，學者宜詳加琢磨。

第一節　如何推斷祖業厚薄

在占卜中，大象象徵著一個人出生時的基本情況。如果大象處於旺盛的狀態，這表明在出生時家庭正處在繁榮昌盛的時期；反之，如果大象處於休止或衰落的狀態，則意味著家庭當時正處於衰敗的階段。

在占卜中，如果得出的主卦是伏藏之卦，並且沒有本宮的卦象出現，這意味著祖上並沒有留下任何產業或財富。然而，如果卦象旺盛，並且相應的爻位也呈現出旺盛的狀態，這通常被視為一種吉兆，預示著個人將擁有完滿的福祉。

附：八卦配節氣旺衰式

狀態節氣	旺	相	胎	沒	死	囚	休	廢
立春	艮	震	巽	离	坤	兌	乾	坎
春分	震	巽	离	坤	兌	乾	坎	艮
立夏	巽	离	坤	兌	乾	坎	艮	震
夏至	离	坤	兌	乾	坎	艮	震	巽
立秋	坤	兌	乾	坎	艮	震	巽	离
秋分	兌	乾	坎	艮	震	巽	离	坤
立冬	乾	坎	艮	震	巽	离	坤	兌
冬至	坎	艮	震	巽	离	坤	兌	乾

黎評：大象者，主卦所在的卦宮也。

第二節　如何推斷命運高低

在占卜中，如果世爻上帶有貴人、驛馬、德、合（這些根據年、月、日、時四值推定），並且同時臨著青龍，處於旺相得位的狀態，這通常預示著富貴和好運。然而，如果世爻遇到了亡、劫、刑、刃、白虎等神煞，並且被刑、害、沖、剋，同時又正值死、墓、絕、胎等不利的位置，如果沒有福德、解神等吉神來救助，那麼這個人會陷入貧困和無成就的境地。

如果世爻處於空亡的狀態，這意味著會有困難或危機。如果世爻當旺，會有疾病纏身；如果處於衰弱的階段，則意味著死亡。然而，如果能得到日辰或動爻的沖剋，這個人或許可以免於一死，但他在生活中的成就和表現會受到影響，最終一事無成。

《身命要略》中提到，如果世爻處於休囚狀態，那麼身爻適宜處於旺相。在相生的關係中帶有相合是理想的，而在相合的地方又逢沖則是有害的。富貴之象往往由對方來生我的情形所預示，而貧

賤之象則由我去生他的情形所標誌。顯達之象通常由官鬼正值旺相所預示，而榮華之象則是由父母爻正值旺相所標誌。財富的積累得益於財星位於恰當的位置，而家徒四壁則是因為兄弟爻旺相所致。

如果世爻入墓，意味著一生的謀求大多乖戾艱難；如果有兩個卦身（月卦身爻），並且同時發動，則意味著一生起伏不定。

如果世爻剋傷正值休囚的妻爻，即使富有也不豐厚；如果身爻剋傷正值衰弱的官鬼，則即使做官地位也不高。

臨青龍的官鬼生扶身爻，意味著在求取功名能得志；臨騰蛇的子孫爻是世爻，則意味著產業順利。臨青龍的世爻發動臨子孫爻的，早年就會發達。臨白虎的逢財空，則妻妾會受到傷害，好運也會來得遲緩。

如果官鬼旺相，卻沒有妻財爻，意味著僅能得一時之富貴。如果妻財旺相，但官鬼缺失的，也只是瞬息之榮華。

內卦有妻財，外卦沒有，則意味著先富後貧；內卦沒有妻財，而外卦中有，則意味著先貧後富。

正值旺相的官鬼爻化入墓、胎（黎注：胎為小墓），則意味著雖然最初富貴，後來會變得貧賤；正值死、絕的官鬼爻化出生旺的，則意味著雖然最初貧賤，後來會變得顯榮。

卦遇六沖，則意味著一切事情都會化為虛花；卦逢六合，則意味著一切都會安穩踏實。如果正卦變為六沖卦，則意味著終生一事無成；後來化為六合卦，則意味著終身享盡榮華。

世爻旺強，但沒有生助的，則意味著一切都需要依靠自己。世爻衰弱卻得生扶的，意味著要通過他人的幫助而成功。

要知道誰會欺淩我，只要看哪一爻來剋世爻；要瞭解誰會庇護我，只要看哪一爻來生身爻。如果日建、時辰來生扶相合，則意味著得力於小人；如果是太歲、月令來剋、沖，則意味著經常受到上級的斥責。

如果兄弟化出妻財，意味著能進一步；如果妻財爻化出兄弟，則意味著會退一步。

如果子孫爻逢祿馬，則意味著一年平安；如果子孫爻臨青龍，則意味著一月平安。

土爻逢空，則沒有田地；父爻逢空，則沒有住所。

世爻來沖父母爻，則意味著幼年失去雙親。世爻來合父母爻，意味著能長壽。

子孫爻逢空，意味著絕後；妻財爻逢空的，意味著會成為鰥夫；官鬼爻逢空的，意味著會成為寡婦；兄弟爻逢空的，意味著會勢單力孤。

以上是針對終身的占斷。

在預測一年的運勢時，需要考慮到年、月、日、時四個時間單位之間的相互關係，通過分析它們之間的生、合、沖、剋關係，來推斷一年的吉凶禍福。

如果四值（年月日時）中有妻財爻，並且這個妻財爻與世爻相生相合，這表示這一年會有增加財富和提升地位的機會。

如果四值中有福德（子孫）爻，並且這個福德爻與世爻相生相合，這表示這一年會有結婚、生育等喜慶的事情發生。

如果四值中有兄弟爻，並且這個兄弟爻與世爻相生相合，這表示這一年會有朋友或兄弟給予支持和幫助。

如果四值中有父母爻，並且這個父母爻與世爻相生相合，這表示這一年會得到長輩或權威人士的提攜和推薦。

如果四值中有官鬼爻，並且這個官鬼爻與世爻相生相合，這表示這一年會得到貴人的推薦或提拔，或者在官場上有所成就和得意之事。

如果四值中有妻財爻，並且這個妻財爻對世爻進行刑、沖、剋、害等不利作用，這表示因為過於貪圖財富或追求美色而會招致災禍和不幸。

如果四值中有福德（子孫）爻，並且這個福德爻對世爻造成傷害，如果世爻處於旺盛狀態，這意味著因過度飲酒或縱欲過度而患

病；如果世爻處於衰弱狀態，則意味著因此而喪命。

當子孫爻發動並轉化為官鬼爻，或者官鬼爻發動並轉化為子孫爻時，如果它們對世爻造成傷害。特別是文書（父母）爻同時發動時，這表示會因為酒色問題而引發訴訟糾紛。要區分酒與色，只要遇到青龍就是酒，遇到玄武就是色。

如果四值中有兄弟爻並對世爻造成傷害，這意味著會與兄弟或朋友的爭執和紛爭而導致財產損失。

如果四值中有父母爻並對世爻造成傷害，這意味著會因長輩、房產、交通工具或衣物等問題而引發不幸和災禍。

如果四值中帶有官鬼，並且來傷世爻，或者是世爻為處於安靜的官鬼，因為被四值沖或臨而暗動的，都意味著有不測之災。根據六神來確定具體是什麼事。

吉凶征驗如果由太歲引發，那麼這些徵兆對應的是一年之內的運勢或事件。吉凶征驗如果源自月令，那麼這些徵兆對應的是一個月之內的運勢或事件。吉凶征驗如果源自日辰，那麼這些徵兆對應的是一天之內的運勢或事件。吉凶征驗如果源自時辰，那麼這些徵兆對應的是當前時刻的運勢或事件。

如果卦象中沒有四值的動爻對世爻產生生、合、刑、沖、剋、害等作用，需要根據世爻的衰旺狀態來區分處理。當世爻處於旺盛狀態時，它可以生旺或剋制處於休囚狀態的爻；而當世爻處於休囚狀態時，它不能生旺或剋制處於旺盛狀態的爻。

吉凶徵兆對我產生助益或傷害的時間，可以根據動爻值長生、值旺相的月日來確定。

如果卦象中沒有動爻對世爻產生生、剋作用，可以將一年分為四季進行推斷。

根據吉神、官鬼、妻財和兄弟爻的五行屬性，可以推斷在不同季節中的運勢或事件。例如，福神屬性為木時春季帶來喜事；官鬼屬性為火且臨煞星時預示夏季災難；妻財屬性為金時秋季帶來財利；兄弟爻屬性為水時冬季預示破財。

屬性為土的爻如果帶有吉凶徵兆，需要根據節令進行推斷。例如辰對應三月，未對應六月，戌對應九月，丑對應十二月。

如果某個爻帶有吉兆，但處於空亡狀態，則預示不吉；而帶有凶兆的爻在空亡狀態下反而預示吉兆。

在子孫對應的月日中，如果世爻吉利且旺盛，預示著婚姻、孕育等喜慶之事；若世爻逢空亡，表示會遇到僧侶或道士。

在官鬼對應的月日中，預示有客人到來。若遇到惡煞會遇到兇惡之人；若遇到貴人或驛馬則會遇到佳賓。

在父母爻對應的月日中，若世爻吉利且旺盛預示文書交易；若世爻凶惡且衰弱預示官司纏身。

在兄弟爻對應的月日中，若世爻吉利且旺盛，預示朋友眾多且共同學習；若世爻凶惡且衰弱，預示因競爭而失財。

在妻財對應的月日中，若世爻吉利且旺盛預示飲食和宴樂的享受；若世爻凶惡且衰弱預示官職或榮譽受損。

以上是針對流年的占斷。

黎評：以上為終生之占，以世爻吉凶、六親六神、沖合動化、旬空月破等技法詳斷命運。

《歸藏易》中說：上爻對應的是朝廷，五爻對應的是天子，四爻對應的是侯伯，三爻對應的是公卿。二爻是五爻的應爻，對應的是士大夫。初爻地位最為卑微，象徵著庶民。

在六爻中，只有初爻的地位最低。如果世爻位於初爻，預示著個人的發展會相對滯後，受困於市井之中。即使有貴人或驛馬的幫助，也難以顯達。

上爻在六爻中的地位最高。如果世爻位於上爻，象徵著此人的地位將永遠高於常人，或是一個隱居山林的隱士。

三爻代表公卿，位於內卦的過渡位置。如果行動過於衝動或與時代趨勢相悖，會遭遇危險或不幸。

四爻代表侯、伯等貴族，但位於外卦的不足位置。這意味著他

們處於被忽視或壓抑的狀態，容易產生恐懼或擔憂。

二爻和五爻位於中正之位。對於得位的五爻來說，意味著在上層治理他人；對於失位的二爻來說，則是在下層接受他人的治理。

一爻和四爻都位於卦的最下方。然而，初爻的位置更為低下，處於最底層的位置。

黎評： 以上是以爻位得失往來之說批斷命運的方法。

第三節　如何推斷性格剛柔

如果世爻是陽爻，那麼其思想行為會顯得光明磊落、坦蕩無私。如果身爻位於陰爻，那麼其行為會顯得卑微低下、愚蠢污穢。

陽爻通常與智慧和光明相對應，而陰爻則與愚笨和陰暗相對應。如果具有陽剛的屬性，就有資格擔任九五之尊的職位。如果本質是陰柔的屬性卻佔據了尊貴的地位，就像是一只披著虎皮的羊，雖然外表看似強大，但實際上是虛弱的。

如果屬性是陰柔並且位於兇險的三、六爻位，那麼很少有不遭遇傾覆和敗亡的。

因此，五行在世爻上各有不同的陰陽屬性和象徵意義。陰性的金通常象徵著刑傷和殘暴，而陽性的金則代表正直和剛強。陰性的木代表貧賤和剋剝，而陽性的木則與華麗和文采相關聯。陰性的水象徵著狡詐和倡狂，而陽性的水則代表才華和能力，以及聰明機智。陰性的火代表頑固和孤陋，而陽性的火則與幹練、機敏和文明相聯系。陰性的土代表愚笨和拙鈍，而陽性的土則與忠誠和誠信相聯系。

以上是根據五行屬性的剛柔差異來進行的解釋和分類。

黎評： 以上是以卦宮、得位失位、陰陽五行預測性格法，更詳細的推算性格與身體容貌法見於本章末之身命占辨性格與辨身體容貌二節。

第四節　如何推斷近親遠親

遊南子說：在卦中，六親的顯示有不同的情形。有的出現，有的不出現；有的真實，有的虛假；還有真中假的，以及假中假的。

以八純卦中的乾卦為例，其六親都是真實的。

```
乾宮：乾為天
▬▬▬  父母　壬戌土　世
▬▬▬  兄弟　壬申金
▬▬▬  官鬼　壬午火
▬▬▬  父母　甲辰土　應
▬▬▬  妻財　甲寅木
▬▬▬  子孫　甲子水
```

在乾宮的風地觀卦中，所有的六親都是虛假的，僅官鬼、父母、妻財爻存在，而兄弟和子孫爻並不顯現。

```
伏　神　　　乾宮：風地觀
父母　壬戌土　▬▬▬　妻財　辛卯木
兄弟　壬申金　▬▬▬　官鬼　辛巳火
官鬼　壬午火　▬ ▬　父母　辛未土　世
父母　甲辰土　▬ ▬　妻財　乙卯木
妻財　甲寅木　▬ ▬　官鬼　乙巳火
子孫　甲子水　▬ ▬　父母　乙未土　應
```

再比如山地剝卦中，外卦艮的丙戌土、丙子水和丙寅木分別代表父母、子孫和妻財。由於乾宮中有對應的戌、子、寅三爻，因此這些六親在這裡被視為真中的假。在內卦坤中，乙未土、乙巳火和乙卯木分別代表父母、官鬼和妻財。由於乾宮中並沒有對應的未、巳、卯三爻，這些六親在這裡是完全假的。

```
         伏　神　　乾宮：風地觀
      父母　壬戌土　▬▬▬　妻財　丙寅木
      兄弟　壬申金　▬ ▬　子孫　丙子水　世
      官鬼　壬午火　▬ ▬　父母　丙戌土
      父母　甲辰土　▬ ▬　妻財　乙卯木
      妻財　甲寅木　▬ ▬　官鬼　乙巳火　應
      子孫　甲子水　▬ ▬　父母　乙未土
```

　　根據上述規則，我們可以推斷出誰是根源、誰是九族分支，這可以通過內卦和外卦的差異來區分。

　　親疏關係可以通過六親的真實與否來區分。

　　父母是親生的還是繼養的、兄弟是親生的還是結義的、夫婦是正室還是偏房、子孫是嫡生還是庶生等關係，可以通過真中的假和完全的假來進行區分。

　　至於住所是否存在、是屬於他人還是自己等其他問題，是不能通過這種方法之外的方法來推斷的。

　　黎評： 推斷近親，如果本宮內卦沒有出現用神的時候，則以飛爻代替本宮內卦的用神。飛爻之法：先以世為主取出用神的五行數，然後或上或下的飛行五行數，即可取出代替本宮內卦用神的飛爻。在下節及本書下篇的《易隱》高層斷法破解內容中會詳細地講解此法。

一、六親取用式

　　內親指的是與本宮卦的內卦有關的親緣關係。如果內親關係沒有在主卦的內卦中直接顯示，那麼就需要查看內卦的伏神，即潛在的親緣關係。

　　如果既不出現，又沒有伏爻的，則用飛宮法來取用神。

　　外親指的是與本宮卦的外卦有關的親緣關係。如果這個外親在主卦的外卦中有所體現，那麼它就是真實的。

如果外親關係沒有在外卦中直接顯示，那麼就需要查看外卦的伏爻，即潛在的親緣關係。

如果外親關係在外卦中既沒有直接體現，也沒有伏爻對應，那麼同樣需要使用飛宮法來考慮和選取。

（一）內卦本宮六親

如果本宮內卦的官鬼爻是陽性的，那麼它對應的是祖父；如果是陰性的，則對應的是祖母。

如果父母爻的屬性是陽性的，那麼它對應的是父親；如果屬性是陰性的，則對應的是母親。

如果兄弟爻的屬性是陽性的，那麼它對應的是兄長；如果屬性是陰性的，則對應的是弟弟或姐妹。

如果子孫爻的屬性是陽性的，那麼它對應的是兒子；如果屬性是陰性的，則對應的是女兒或媳婦。

如果妻財爻的屬性是陽性的，那麼它對應的是妻子；如果屬性是陰性的，則對應的是妾。

（二）外卦本宮六親

如果本宮外卦的官鬼爻是陽性的，那麼它對應的是外祖父；如果是陰性的，則對應的是外祖母。

如果父母爻的屬性是陽性的，那麼它對應的是岳父、母舅、姑夫等人；如果屬性是陰性的，則對應的是岳母、舅母、姑母、姨母等人。

如果兄弟爻的屬性是陽性的，那麼它對應的是表兄弟；如果屬性是陰性的，則對應的是表姐妹。

如果子孫爻的屬性是陽性的，那麼它對應的是女婿和表侄；如果屬性是陰性的，則對應的是外甥女。

如果妻財爻的屬性是陽性的，那麼它對應的是表嫂；如果屬性是陰性的，則對應的是表弟婦，或者表兄弟的妾。

黎評： 推斷遠親時，其飛爻的方法與推斷近親的方法相同，

唯一不同之處在於，推斷近親是以世為主取近親的五行數，而推斷遠親是以近親的爻位取遠親的五行數。《易隱》的高明處即在此，我有近親，而近親的近親即為我的遠親，所以遠親須從近親開始飛爻。

（三）六親取飛宮法

飛位指的是通過世爻來確定親緣關係的定位。

如果某個五行能夠生世爻，那麼這個五行代表父親；如果某個五行被父親所剋制，那麼這個五行代表母親。

如果某個五行能夠生父爻，那麼這個五行代表祖父；如果某個五行被祖父所剋制，那麼這個五行代表祖母。

與父爻相比助的五行代表伯父或叔父；如果某個五行被伯父所剋制，那麼這個五行代表伯母；如果某個五行被叔父所剋制，那麼這個五行代表嬸嬸。

與世爻相比助的五行代表兄弟；如果某個五行被兄長所剋制，那麼這個五行代表嫂子；如果某個五行被弟弟所剋制，那麼這個五行代表弟媳。

如果某個五行被世爻剋制，那麼這個五行代表妻子；如果某個五行被妻子所剋制，那麼這個五行代表妾室。

如果某個五行由妻子所生，那麼這個五行代表女兒；如果某個五行剋制女兒，那麼這個五行代表女婿。

如果某個五行由女婿所生，那麼這個五行代表外孫；如果某個五行由女兒所生，那麼這個五行代表外孫女。

如果某個五行由世爻生，那麼這個五行代表兒子；在長子之前的子位是次子；在次子之前的子位是三子。

如果某個五行被兒子剋制，那麼這個五行代表兒媳婦；如果某個五行由兒子生，那麼這個五行代表孫子；如果某個五行由兒媳婦生，那麼這個五行代表孫女；如果某個五行被孫子剋制，那麼這個五行代表孫媳婦；如果某個五行由孫子生，那麼這個五行代表玄孫。

按照以上規則繼續推演下去，所有的親緣關係都可以涵蓋在內。

如果親緣關係對應的爻位進入了相生的位置則是吉利的；而進入了相剋的位置則是不吉利的（例如父親進入了妻財的位置或兄長進入了官鬼的位置）。

如果某個親緣關係對應的爻處於休囚或空亡的狀態，則應該避免接觸；而官鬼帶有殺星通常表示有疾病或災厄。

當長輩占問小輩的情況時，從世爻前面的一個位置開始向上數；而當小輩占問長輩的情況時，從世爻下面的一個位置開始向下數。按照一水、二火、三木、四金、五土的順序來數對應的親緣關係位置的陰陽五行屬性，數到的那個位置對應的親緣關係就作為用神。

劉青田說：數定的六親，既明顯又有準。如果能熟練運用這個辦法，所推斷的禍福自然會準確。

黃金策分爻

六爻	曾祖
五爻	父
四爻	祖妻、妻
三爻	曾祖妣、伯叔、兄弟
二爻	母
初爻	祖、姐、子

飛數法是依據各個人物在分宮爻位中的位置來運用的。

如果想要知道高祖的情況，那麼從曾祖的分宮爻位開始進行飛數定位。如果想要瞭解伯祖或叔祖的情況，那麼從祖的分宮爻位開始進行飛數定位。如果想要知道堂兄弟的情況，那麼從伯叔的分宮爻位開始進行飛數定位。

根據詢問人物的輩分大小，決定是從上還是向下進行飛數定位。然後根據五行生剋的規律來輪番確定用爻。

其他的情況都可以以此類推，按照上述規則來確定親緣關係的用爻。

以上所述是推定遠親關係的辦法,通過飛數法來確定遠親在分宮爻位中的位置和關係。

黎評： 高祖為遠親,故從較近的曾祖爻位下面飛其五行數,而曾祖又從較近的祖父爻位下面飛五行數。而祖父是以本宮內卦的官鬼爻代替的,所以如果本宮內卦沒有官鬼爻時,則祖父又須從較近的父親爻位下面飛五行數。只因都是晚輩問長輩,為小問大,所以都是從其爻位往下飛。

1. 世爻屬性為土

描述內親關係的：高祖的屬性為金,曾祖的屬性為水,祖父的屬性為木,伯祖和叔祖的屬性為木,高祖母的屬性為木,曾祖母的屬性為火（黎注：通行本漏掉此親,今補上）,祖母的屬性為土,伯祖母和叔祖母的屬性為土,伯叔和堂伯叔的屬性為火,父親的屬性為火,兄弟和堂兄弟的屬性為土,兒子和侄子的屬性為金,姆嬸和堂母嬸的屬性為金,母親的屬性為金,妻子、嫂子、弟媳、姐姐和妹妹的屬性為水,妾的屬性為火,兒媳、侄媳和女兒的屬性為木（黎注：通行本為水,有誤）,孫子的屬性為水,孫媳、孫女的屬性為火,曾孫的屬性為木。

描述外親關係的：外祖父的屬性為木,母舅、岳父和姑父的屬性為火,內兄、表弟、姐夫和妹夫的屬性為土,外祖母的屬性為土,舅母、岳母、姑姑和姨娘的屬性為金,表嫂、妻姨、表姐和表妹的屬性為水,表侄和外甥的屬性為金,表侄婦、外甥女和外甥媳的屬性為木。

2. 世爻屬性為木

描述內親關係的：高祖的屬性為火,曾祖的屬性為土,祖父的屬性為金,伯祖和叔祖的屬性為金,高祖母的屬性為金,曾祖母的屬性為水（黎注：通行本為木,有誤）,祖母的屬性為木,伯祖母和叔祖母的屬性為木,伯叔和堂伯叔的屬性為水,父親的屬性為

水,兄弟和堂兄弟的屬性為木,兒子和侄子的屬性為火,姆嬸和堂姆嬸的屬性為火,母親的屬性為火,妻子、嫂子、弟媳、姐姐和妹妹的屬性為土,妾的屬性為水,兒媳、侄媳和女兒的屬性為金,孫子的屬性為土,孫女和孫媳的屬性為水,曾孫的屬性為金。

描述外親關係的:外祖父的屬性為金,母舅、岳父和姑父的屬性為水,表兄、內弟、姐夫和妹夫的屬性為木,外祖母的屬性為木,舅母、岳母、姑姑和姨娘的屬性為火,表嫂、妻姨、表姐妹的屬性為土,表侄和外甥的屬性為火(黎注:通行本為金,有誤),表侄婦、外甥女和外甥媳的屬性為金(黎注:通行本為木,有誤)。

3. 世爻屬性為水

描述內親關係的:高祖的屬性為木,曾祖的屬性為火,祖父的屬性為土,伯祖和叔祖的屬性為土,高祖母的屬性為土,曾祖母的屬性為金,祖母的屬性為水,伯祖母和叔祖母的屬性為水,伯叔和堂伯叔的屬性為金,父親的屬性為金,兄弟和堂兄弟的屬性為水,兒子和侄子的屬性為木,姆嬸和堂姆嬸的屬性為木,母親的屬性為木,妻子、嫂子、弟媳、姐姐和妹妹的屬性為火,妾的屬性為金,兒媳、侄媳和女兒的屬性為土,孫子的屬性為火,孫女和孫媳的屬性為金,曾孫的屬性為土。

描述外親關係的:外祖父的屬性為土,母舅、岳父和姑父的屬性為金,內兄、表弟、姐夫和妹夫的屬性為水,外祖母的屬性為水,舅母、岳母、姑姑和姨娘的屬性為木,表嫂、妻姨、表姐妹的屬性為火,表侄和外甥的屬性為木,表侄媳、外甥女和外甥媳的屬性為土。

4. 世爻屬性為金

描述內親關係的:高祖的屬性為水,曾祖的屬性為木,祖父的屬性為火,伯祖和叔祖的屬性為火,高祖母的屬性為火,曾祖母的屬性為土,祖母的屬性為金,伯祖母和叔祖母的屬性為金,伯叔和堂伯叔的屬性為土,父親的屬性為土,兄弟和堂兄弟的屬性為金,

兒子和侄子的屬性為水，姆嬸和堂姆嬸的屬性為水，母親的屬性為水，妻子、嫂子、弟媳、姐姐和妹妹的屬性為木，妾的屬性為土，兒媳、侄媳和女兒的屬性為火，孫子的屬性為木，孫女和孫媳的屬性為土，曾孫的屬性為火。

描述外親關係的：外祖父的屬性為火，母舅、岳母和姑父的屬性為土，表弟、內兄、姐夫和妹夫的屬性為金，外祖母的屬性為金，舅母、岳母、姑姑和姨娘的屬性為水，表嫂、妻姨、表姐妹的屬性為木，表侄和外甥的屬性為水，外甥女、外甥媳和表侄婦的屬性為火。

5. 世爻屬性為火

描述內親關係的：高祖的屬性為土，曾祖的屬性為金，祖父的屬性為水，伯祖和叔祖的屬性為水，高祖母的屬性為水，曾祖母的屬性為木，祖母的屬性為火，伯祖母和叔祖母的屬性為火，伯叔和堂伯叔的屬性為木，父親的屬性為木，兄弟和堂兄弟的屬性為火，兒子和侄子的屬性為土，姆嬸和堂姆嬸的屬性為土，母親的屬性為土，妻子、嫂子、弟媳、姐姐和妹妹的屬性為金，妾的屬性為木，兒媳、侄媳和女兒的屬性為水，孫子的屬性為金，孫女和孫媳的屬性為木（黎注：通行本為土，有誤），曾孫的屬性為水。

描述外親關係的：外祖父的屬性為水，母舅、岳父和姑父的屬性為木，內兄、表弟、姐夫和妹夫的屬性屬火，外祖母的屬性為火，舅母、岳母、姑姑和姨娘的屬性為土，表嫂、表弟媳和妻姨的屬性為金，表侄和外甥的屬性為土，外甥媳、外甥女和表侄媳的屬性為水。

黎評：以上為五個簡易的六親飛爻五行表，此表根據世爻五行不同，將六親所飛之爻一一羅列其中，讀者依表直查，必無遺漏，極為方便。

在現有版本中，此處原文中均出現飛爻五行排錯的情況，比如，世爻屬性為土時，兒媳、侄媳和女兒的屬性為水（應該為木）。

世爻屬性為木時，曾祖母的屬性為木（應該為水），表侄和外甥的屬性為金（應該為火），表侄婦、外甥女和外甥媳的屬性為木（應該為金）。世爻屬性為火時，孫女和孫媳的屬性為土（應該為木），在此一併改正。原文附後，讀者也可自研自定。

二、推斷高曾祖吉凶貴賤與亡期

（一）推斷高曾祖吉凶貴賤

高祖從曾祖位的下一位開始往下數，曾祖從祖父位的下一位開始往下數。如果祖父的位置處於旬空或月破的狀態，那麼需要觀察曾祖的情況。

對於不同分支的祖先，觀察內卦中的本宮卦官鬼爻來確定其狀態。如果官鬼爻在內卦中沒有出現，需要觀察內卦的伏神情況。

如果官鬼爻既沒有出現也沒有伏藏，那麼從父親的下一位開始，按照五行數向下數，以確定祖先的位置。

在確定了飛位之後，觀察哪個爻帶有吉象並且處於生旺的狀態，這可以指示是哪一位祖先發家致富的。同時，觀察哪個祖先的爻來生合世爻或身爻，這可以推斷是哪位祖先的基業被繼承。

如果某個祖先對應的爻處於衰弱、空亡的狀態，或者帶有破碎、二耗、暴敗等煞星，這意味著祖業衰敗，需要自己獨立創業。

關於祖宗的富貴貧賤的具體描述將在後續部分詳細展開，這裡暫時不贅述。

觀察哪個祖先的子孫爻遇到刑、害、剋、破、空、亡的情況，或者帶有破碎、二耗、暴敗等凶煞，這可以知道是哪一分支的子孫破壞了家族產業。

如果子孫爻帶有祿馬、官鬼、德合等吉兆，並且處於旺相得勢的狀態，這意味著這一分支的子孫將會發達。

如果子孫爻正值空亡、墓絕的狀態，又帶有白虎、刑刃等凶煞，並且被四值或動爻所剋破，這意味著這一分支將走向滅亡。

如果子孫爻只是遇到衰敗或破耗的情況，那麼他們將難以獲得財富。如果兄弟爻出現或者兄弟爻伏藏在下方，這意味著這一分支雖然不會滅絕，但會一直過著貧窮的生活。

在《燃犀集》中提到，如果本宮卦中的官鬼爻是空的，說明沒有祖業。如果官鬼爻很旺，但父母爻卻很衰弱，這意味著祖先雖然興起了家業，但後來被父親敗壞。相反，如果官鬼爻衰弱，而父母爻很旺，則說明是祖先破敗了家業，但後來父親又重新振興了家業。如果官鬼爻位於外卦並且遇到了煞星，說明祖先在他鄉去世。另外，如果官鬼爻臨到丁未、戊戌等五六煞墓，這表示祖先是在外地去世並葬在那裡。

（二）推斷亡祖行位第幾與亡故何年

將本宮卦中的官鬼作為用神，進行後續的分析和推斷。

以庚寅年為例，當時占卜得到了火風鼎卦。

```
    伏  神         離宮：火風鼎
兄弟 己巳火  ▬▬▬  兄弟 己巳火
子孫 己未土  ▬ ▬  子孫 己未土  應
妻財 己酉金  ▬▬▬  妻財 己酉金
官鬼 己亥水  ▬▬▬  妻財 辛酉金
子孫 己丑土  ▬▬▬  官鬼 辛亥水  世
父母 己卯木  ▬ ▬  子孫 辛丑土
```

在本宮卦（離卦）中，官鬼爻是己亥，它伏藏（不直接顯現）在鼎卦的三爻酉金之下。從己亥爻開始逆數到本旬的甲午爻，這是第六個位置，也就是說這位祖先在家族中排行第六。從庚寅年開始逆數到官鬼爻己亥所代表的時間，可以知道這位祖先已經去世了五十年（出袁客師之《占驗日錄》）。

六十甲子納音表

年號	年命	年號	年命	年號	年命	年號	年命	年號	年命
甲子 乙丑	海中金	丙子 丁丑	洞下水	戊子 己丑	霹靂火	庚子 辛丑	壁上土	壬子 癸丑	桑松木
丙寅 丁卯	爐中火	戊寅 己卯	城牆土	庚寅 辛卯	松柏木	壬寅 癸卯	金箔金	甲寅 乙卯	大溪水
戊辰 己巳	大林木	庚辰 辛巳	白蠟金	壬辰 癸巳	長流水	甲辰 己巳	佛燈火	丙辰 丁巳	沙中土
庚午 辛未	路旁土	壬午 癸未	楊柳木	甲午 乙未	沙中金	丙午 丁未	天河水	戊午 己未	天上火
壬申 癸酉	劍鋒金	甲申 乙酉	泉中水	丙申 丁酉	山下火	戊申 己酉	大驛土	庚申 辛酉	石榴木
甲戌 乙亥	山頭火	丙戌 丁亥	屋上土	戊戌 己亥	平地木	庚戌 辛亥	釵釧金	壬戌 癸亥	大海水

黎評：以上為以占卦時的流年結合鬼爻地支推斷亡祖死亡年數之法。它通過具體的占卜實例，展示了如何通過飛數法確定祖先在家族中的排行與去世時間。

附：《易隱》六親原文

遊南子說：卦中六親，有有者，有無者，有真者，有假者，有真中之假，有假中之假者。如純乾卦六親皆有也，皆真也。如乾宮風地觀卦六親皆假也，有官鬼父母妻財，無兄弟子孫也。又如山地剝卦，外艮丙戌土為父母，丙子水為子孫，丙寅木為妻財，乾宮有戌子寅三爻，乃真中之假；內坤乙未土為父母，乙巳火為官鬼，乙卯木為妻財，乾宮無未巳卯三爻，乃假中之假。據此而推，則一本九族別於內外矣，為親為疏別於真假矣。父母之親晚，兄弟之真義，夫婦之偏正，子孫之嫡庶，別於真中之假，假中之假矣。然則宅居之或有或無，屬人屬己，豈外是而推也哉。

六親取用式

內親以內卦本宮出現者為真，如內卦不現，則看內卦之伏神。如不現，又無伏者，則取飛宮論之。外親以外卦本宮出現者為真，如外卦不現，則看外卦之伏神，更若無伏神，亦取飛宮論之。

內卦本宮六親

陽宮祖也，陰宮祖妣也。陽父，父也；陰父，母也。陽兄，兄也；陰兄，弟與姐妹也。陽子，男也；陰子，女與媳也。陽財，妻也；陰財，妾也。

外卦本宮六親

陽宮，外祖也；陰宮，外祖母也。陽父，岳父、母舅、姑夫也；陰父，岳母、舅母、姑娘、母姨也。陽兄，表兄弟也；陰兄，表姐妹也。陽子，女婿、表侄、外甥也；陰子，表侄、女甥女也。陽財，表嫂也；陰財，表弟婦，或表兄弟之妾也。

六親取飛宮法

飛位以世為主而推之。生世為父，父剋為母。生父為祖，祖剋為祖妣。父比為伯叔，伯剋為姆，叔剋為嬸。世比為兄弟，兄剋為嫂，弟剋為弟婦。世剋為妻，妻剋為妾，妻生為女，剋女為婿，婿生為外孫，女生為外孫女。世生為子，長子之前爻為次子，次子之前爻為三子，子剋為媳，子生為孫，媳生為孫女，孫剋為孫媳，孫生為玄孫。以此推之，罔不周悉。飛爻入生鄉者吉，入忌鄉者凶（如父入財方，兄入鬼爻也）。休空者必遠離，鬼殺者必帶疾。大問小從世前一位數上去，小問大從世下一位數下去，俱以一水二火三木四金五土之數，數到之爻即取為用也。劉青田曰：數定之六親，顯而有準。此法熟玩，禍福自真是也。

黃金策分爻

爻位	占六親之爻位類象
上爻	曾祖
五爻	父
四爻	祖妻、妻
三爻	曾祖母、伯叔、兄弟
二爻	母
初爻	祖父、姐、子

按：飛數之法，以分宮為主。如問高祖，從曾祖位起飛數。問伯祖叔祖，從祖位起飛數。問堂兄弟，從伯叔位起飛數。各隨大小，分上下，依五行生數輪飛，以定用爻。餘仿此。此推緦功遠親之法。

世屬土爻

高祖屬金，曾祖屬水，祖屬木，伯祖叔祖屬木，高祖妣木，曾祖妣火，祖妣土，伯叔祖母屬土，伯叔堂伯叔火，父屬火，兄弟堂兄弟屬土，子侄屬金，姆嬸堂姆嬸金，母屬金，妻嫂弟婦嫂妹妻妾屬火，媳侄婦女屬水，孫屬水，孫媳孫女火，曾孫屬木（己上內親）。

外祖屬木，母舅岳父姑夫屬火，表兄內弟姐妹夫屬土，外祖母土，舅母岳母姑娘屬金，表嫂表姨表姐妹屬水，表侄外甥屬金，表侄婦甥媳甥女屬木（己上外親）。

世屬木爻

高祖屬火，曾祖屬土，祖屬金，伯祖叔祖屬金，高祖妣金，曾祖妣木，祖妣木，伯叔祖母屬木，伯叔堂伯叔屬水，父屬水，兄弟堂兄弟屬木，子侄火，姆嬸堂姆嬸屬火，母屬火，妻嫂弟婦姐妹土，妾屬水，媳侄婦女屬金，孫屬土，孫女孫媳屬水，曾孫金（己上內親）。

外祖屬金，母舅岳父姑夫屬水，表兄內弟姐妹夫屬木，外祖妣木，舅母岳母姑娘屬火，表嫂妻姨表姐妹屬土，表侄外甥屬金，表侄婦甥女甥媳屬木（己上外親）。

世屬水爻

高祖屬木，曾祖屬火，祖屬土，伯祖叔祖屬土，高祖妣土，曾祖妣金，祖妣土，伯叔祖母屬水，伯叔堂伯叔屬金，父屬金，兄弟堂兄弟屬水，子侄木，母嬸堂姆嬸屬木，母屬木，妻姐妹嫂弟婦火，姜屬金，媳姪婦女屬土，孫屬火，孫女孫媳金，曾孫屬土（己上內親）。

外祖屬土，母舅岳父姑夫屬金，內兄表弟姐妹夫屬水，外祖母水，舅母岳母姑娘屬木，表嫂妻姨表姐妹屬火，表侄外甥屬木，表侄婦甥女甥媳屬土（己上外親）。

世屬金爻

高祖屬水，曾祖屬木，祖屬火，伯祖叔祖屬火，高祖妣火，曾祖妣土，祖妣金，伯叔祖母屬金，伯叔堂伯叔屬土，父屬土，兄弟堂兄弟屬金，子侄木，姆嬸堂姆嬸屬水，母屬水，妻嫂弟婦姐妹木，姜屬土，女媳侄婦火，孫屬木，孫女孫媳屬土，曾孫屬火（已上內親）。

外祖屬火，母舅岳母姑夫屬土，表弟內兄姐妹夫屬金，外祖妣金，舅母岳母姑娘屬水，表嫂妻姨表姐妹屬木，表外侄甥屬水，甥女甥媳表侄婦火（已上外親）。

世屬火爻

高祖屬土，曾祖屬金，祖屬水，伯祖叔祖屬水，高祖妣水，曾祖妣木，祖妣火，伯叔祖母屬火，伯叔堂伯叔屬木，父屬木，兄弟堂兄弟屬火，子侄土，姆嬸堂姆嬸屬土，母屬土，妻嫂弟婦姐妹金，姜屬木，女媳侄婦水，孫屬金，孫女孫媳屬木，曾孫屬水（已上內親）。

外祖屬水，母舅岳父姑夫屬木，內兄表弟姐妹夫屬火，外祖母火，舅母岳母姑娘屬土，表嫂表弟婦妻姨屬金，表侄外甥屬土，甥媳甥女表侄婦屬水（已上外親）。

斷高曾祖

高祖從曾祖位下飛，曾祖從祖位下飛。如祖位值旬空月破，則看曾祖分爻，祖看內卦本宮官鬼爻。如內卦鬼不現，看內卦伏神。如不現又不伏，取父下一位起數飛之，飛位既定。

後看某爻帶吉生旺，則知某祖起家。看某祖來生合世身，則知承某祖基業。如某祖爻衰空，帶破碎二耗暴敗等煞，則知祖業飄零，必須自成自立也。祖宗富貴貧賤詳見於後，故不載。再看某祖之子孫，逢刑害剋破空亡、帶破碎二耗暴敗煞者，便知某枝子孫破敗家業。如子孫爻帶祿馬、官鬼德合、旺相得仕者，便知是枝子孫發達。如值空亡墓絕而帶白虎刑刃，又被四值動爻剋破者，則知是枝絕也。但逢衰敗破耗、不見財祿、持兄伏兄者，不絕而貧也。《燃犀集》曰：本宮鬼空者，無祖業也。鬼旺父衰者，祖興父敗也。鬼衰父旺者，祖敗父興也。鬼在外爻遇煞，祖亡他郡也。鬼臨五六煞墓（丁未戊戌），客葬外邦也。

斷出亡祖行位第幾物故何年

以本宮官鬼為用也，如庚寅年卜得火風鼎卦，本宮己亥鬼伏三爻酉金之下（不現則看伏鬼），己亥逆數至本旬甲午，乃第六位也，再從庚寅年逆數至己亥，便知某祖死五十年矣（出袁客師之《占驗日錄》）。

分爻法原文至此結束。

三、如何推斷父母情形

在推斷父母的壽命時，只關注內卦中出現的父母爻，不考慮外卦的情況。

如果內卦中沒有出現父母爻，需要觀察伏卦的情況。

如果父母爻是旺相的靜爻，並且不受日建、月令和動爻的刑、害、剋、沖的影響，或者雖然是衰弱的靜爻，但得到了歲、月、日和動爻的生合，這些都預示著父母都能長壽。這是因為當爻處於安靜狀態時，我們不需要過多考慮陰陽真假的問題。

如果父母爻遇到了死、墓、絕、胎、旬空或死氣等不利情況，並且還受到三傳或動爻的刑、害、剋、沖的影響，這意味著會有不幸的事情發生。

如果妻財爻是世爻並且發動，或者只有妻財爻獨自發動，或者卦中只有妻財而沒有父母爻，這些都預示著自己年幼時父母會受到傷害或剋害。如果不是這種情況，那麼自己是過繼而來。

如果只有妻財爻旁邊其他的爻發動，或者世爻不動，而父母爻也不處於空亡或絕地的情況，這意味著父子關係不和睦。

如果占卜詢問的是哪位父母會先去世，這時需要考慮陰陽真假的問題。

在陽宮的陽爻代表親生父親；在陽宮的陰爻代表繼父；在陰宮的陰爻代表親生母親；在陰宮的陽爻代表繼母。

如果旁爻帶有天煞或虎刑等凶煞併發動來傷害真陽爻（陽宮中的陽爻），這意味著失去了父親；同樣地，如果旁爻帶有天煞或虎刑等凶煞並傷害到真陰爻（陰宮中的陰爻），這意味著失去了母親。

如果真陽爻（陽宮中的陽爻）帶有天煞併發動，這意味著失去了父親；如果真陰爻（陰宮中的陰爻）帶有地殺併發動，這意味著母親去世了。（對於繼母生死的推斷與此類似。）

天綱說：如果動爻來沖並某爻，那麼可以對這個爻的吉凶作出相反的推斷。例如，如果陰爻發動，會對陽爻造成傷害；同樣地，如果陽爻發動，會對陰爻造成傷害。如果日辰（每天的干支）臨在陽爻上，這意味著對母親造成傷害；如果日辰臨在陰爻上，這意味著對父親造成傷害。

客師說：這是什麼意思呢？

天綱說：這是你不了解的。如果本宮卦中的父母爻不出現，就

取內卦的伏神。如果又沒有伏藏，則以來生世爻的爻為父，以被父剋的爻為母，從世爻下一位開始，按照水一、火二、木三、金四、土五的數，來向下數（飛），也要根據陰陽來推斷真假。

按照前面提到的方法，如果用飛數法確定的父母爻落在妻財爻上，或者帶有死、墓、絕、胎等不利因素，或者被三傳和世爻所刑剋，那麼可以推斷父母已經去世。

要知道父母爻在哪一限內亡故，需要同時看刑剋該爻的地支和年份。例如在卯限中遇到子刑卯限的情況，同時又有子剋巳午的情況，就可以推斷是在卯限中的子年去世。其他六親也可以按照類似的方法進行推斷。

如果父母爻落在官鬼爻上，或者下伏官鬼、化出官鬼等情況出現時，並且遇到日月大煞、羊刃等凶煞來合時，如果父母爻本身衰弱就意味著帶有疾病；如果正值旺相則會導致喪命。

如果父母爻遇到空亡的情況或者受到刑、害、剋、沖等不利因素的影響時，如果能夠得到日、月、兄弟、官鬼爻或者動爻的合住救助，那麼即使患病也能夠延長壽命。

如果父母爻加臨孤寡殺並且有動變爻來生合的情況出現時，這意味著雖然孤苦無依但仍然能夠延年益壽。如果太歲發動來沖剋或刑剋父母爻時，就意味著年內會有災禍。同樣地，如果月令發動來沖剋或刑剋父母爻時，就意味著這個月內會有災禍。

如果父母爻得到帶龍福的爻發動來解救的情況出現時，這可以免除大的災禍。

對於父母的富貴、貧賤、帶疾、禍福等方面的推斷，都可以採用與推斷世爻相同的方法。

《前知集・論繼父母》中提到，如果陽爻的父母爻數量多，這意味著有繼父的存在；相反，如果陰爻的父母爻數量多，則意味著有繼母。當父爻化出另一個父爻，或者母爻化出另一個母爻，並且這些化出的爻與世爻相生合時，如果在本宮的內卦中，這意味著是

由伯叔姆嬸撫養長大；如果在外卦中，則意味著是由姑夫、母舅、母姨或表叔等撫養長大。

如果父母爻化出官鬼並與世爻相生合，這意味著被祖輩撫養；如果化出兄弟並與世爻相生合，則意味著被兄嫂或表姐妹撫養；而如果化出子孫爻並與世爻相生合，則意味著是被僧侶或尼姑收養。

如果父母爻化出妻財並與世爻相生合，這意味著被絕嗣的家庭收養，並繼承其產業。在判斷內親或外親時，可以根據本宮的內卦和外卦來區分親疏和尊卑。如果父母爻是在其他宮的內卦中化出六親並生合世爻的，這意味著是被鄉里鄰居收養；而在其他宮的外卦中化出六親並生合世爻的，則意味著是被遠方的人撫養。此外，通過變卦可以判斷其來自何方，而根據所臨的神煞可以分辨其社會地位和財富狀況。

《前知集》還提到，如果父爻下伏藏子孫爻，這意味著該家庭已絕嗣，或者要離開祖籍、過繼給他人或入贅別家。如果父爻下伏藏的妻財帶有玄武（代表曖昧、不正當的關係），這表明父親有一位受寵愛的妾。

在飛宮法中，如果伏爻能夠生助飛爻則是吉利的，而飛爻生助伏爻則是不吉利的。（黎注：飛宮飛爻時，與正常飛伏神的判斷方法一樣。）

《鬼谷百問篇》提到要確定一個人有幾個母親，首先需要查看本宮中的陰爻父母爻。然後數一下在變卦、互卦和伏卦中的這些父母爻有多少個。這樣就可以知道有幾個母親。如果使用飛數法來推斷，則需要查看被父爻所剋的爻共有幾位，這樣也可以知道有幾個母親。例如，在乾宮中，土爻代表父親，被土爻所剋的水爻則代表母親。（黎注：增附卦象）

```
伏  神    乾宮：天風姤              乾宮：乾為天
父母 壬戌土 ▬▬    父母 壬戌土 ▬▬      ▬▬ 父母 壬戌土 世
兄弟 壬申金 ▬▬    兄弟 壬申金 ▬▬      ▬▬ 兄弟 壬申金
官鬼 壬午火 ▬▬    官鬼 壬午火 ▬▬ 應    ▬▬ 官鬼 壬午火
父母 甲辰土 ▬▬    兄弟 辛酉金 ▬▬      ▬▬ 父母 甲辰土 應
妻財 甲寅木 ▬▬    子孫 辛亥水 ▬▬      ▬▬ 妻財 甲寅木
子孫 甲子水 ▬ ▬    父母 辛丑土 ▬ ▬ 世 ×→  ▬▬ 子孫 甲子水
```

查看本宮的飛、伏、化爻中，共有幾個水爻，就可以知道有幾個母親。此外，如果在年、月、日、時上出現屬性為水的地支，這意味著有妾的存在。需要注意的是，如果爻逢旬空、死、墓、絕、胎等不利因素，則不能依此進行推斷。

黎評： 以上為預測父母情況的斷法。其先以本宮他宮定出父母真假，再以財爻發動、天地二煞、動爻沖並推斷父母吉凶。本宮內卦沒有出現父母用神時，則使用飛爻法找出父母六親的飛出之爻，然後以此飛爻所臨六親、喜忌旺衰、十二長生、吉凶神煞來批斷父母富貴貧賤、健康存亡等情況，並以運限之法批斷父母何限何年而亡，又以主互伏卦中的父母卦爻來分析此人父母幾人。

四、如何推斷兄弟情形

（一）推斷兄弟吉凶貴賤

首先，要查看本宮卦的內卦中是否出現了兄弟爻。如果內卦中沒有出現兄弟爻，那麼就查看伏卦。然後，根據水一、火二、木三、金四、土五的規則來推定兄弟爻的數量。如果兄弟爻正值旺相，數量就要加倍；如果正值休囚，數量就按實際計算；如果正值囚、死，數量就要減半；如果遇到空亡或絕地，就說明沒有兄弟。

如果兄弟爻正值旺相，又與三傳相生合，這表明兄弟眾多，關係和睦。但如果當旺而遇三傳的沖剋，則會減損福祉。如果兄弟爻正值衰弱，又逢沖、刑、剋，那就意味著沒有兄弟。

即使兄弟爻當旺，但若被旁爻、伏爻或化出之爻刑、害、剋、沖，那就意味著雖然有兄弟，但無情義。

當官鬼為世爻而發動，或官鬼一爻獨發，或卦內有官鬼而沒有兄弟時，都意味著彼此相沖剋，或者兄弟分離。如果官鬼爻作為旁爻而發動，或者作為世爻而不動，也預示著兄弟不和。

另外，如果兄弟爻發動來生合世爻或身爻，這意味著多有恩義。如果來刑、沖、剋、害身爻或世爻，就必定不會和睦。

如果內卦中的兄弟爻既沒有出現也沒有伏藏，那麼就可以取與世爻比和的爻作為兄弟，並按照飛數法來確定其數量。具體來說，從世爻後一位開始逆向數（黎注：小問大，向下數），確定的是兄長的位置；從世爻前一位開始順序數（黎注：大問小，向上數），確定的是弟弟的位置。根據陰陽屬性來區分真假。

如果兄弟爻帶有祿馬、德星、貴人等吉神，這意味著他們能夠顯貴；如果加臨財帛、福祿等吉神，則意味著他們能夠富有。相反，如果兄弟爻帶有沐浴、咸池等星煞，這意味著他們的地位低賤；如果帶有破碎、耗敗等星煞，則意味著他們貧困。

如果兄弟爻正值休、空亡並且受到傷害，這意味著他們會死亡。但如果正值休、空亡並且受到傷害的兄弟爻能得到月令、日建、父母、子孫爻或者動爻的合住，那麼他們可以帶病延年。

如果兄弟爻位於官鬼上，或者下伏官鬼、化出官鬼的都會有災，但是如果逢空，那麼就沒有妨害。太歲發動來沖、刑，則意味著年內會有災禍。月令發動來沖、刑，則意味著月內會有災禍。但如果得到帶龍福的爻發動來解救，就可以免除大的災禍。

如果要占問兄弟之中誰存誰亡，則需要區分真、假來考察。位於陽宮卦中的陽爻代表親兄長，位於陰宮卦中的陰爻代表親弟弟，陽宮中的陰爻代表姐姐，陰宮陽爻代表妹妹。從「真陽爻」算起，在兄長後面一位的是二哥，後兩位的是三哥；從「真陰爻」算起，在弟弟前一位的是二弟，前兩位的是三弟。

如果陽爻逢空，則意味著損失兄長；如果陰爻逢空，則意味著弟弟死亡。如果旁爻帶月煞、亡神、劫煞等來刑害真陽爻，意味著兄長有失；刑害真陰爻的，意味著弟弟死亡。如果真陽爻、真陰爻帶月殺、匿刑（辰午酉亥）、亡劫等發動的，也分別意味著兄或弟的死亡。但如果動爻來沖並的，要做出相反的推斷。陰爻發動傷害陽爻，陽爻發動則傷害陰爻。沖並於陰爻，則傷害兄長；沖並於陽爻，則傷害弟弟。

至於兄弟的富貴、貧賤、帶疾、禍福等推斷方法，都與世爻相同。詳見後續的解讀和解釋。

黎評：以上為預測兄弟情況的斷法。其先以本宮他宮定出兄弟真假，再以五行之數定出初步的兄弟數，配十二長生訣與旺衰加減，判斷出真實的兄弟數目，再以兄弟爻之生剋判斷兄弟能力，以兄弟爻與世爻關係判斷兄弟情義，次以旁爻伏爻化爻之刑沖斷其兄弟無情與傷亡之態，又以卦爻宮位飛其五行判斷兄弟排行與吉凶。

（二）推斷兄弟真假長幼

舉例來說。

艮宮：艮為山	坤宮：坤為地
▬▬▬ 官鬼 丙寅木 世	▬ ▬ 子孫 癸酉金 世
▬ ▬ 妻財 丙子水	▬ ▬ 妻財 癸亥水
▬ ▬ 兄弟 丙戌土	▬ ▬ 兄弟 癸丑土
▬▬▬ 子孫 丙申金 應	▬ ▬ 官鬼 乙卯木 應
▬ ▬ 父母 丙午火	▬ ▬ 父母 乙巳火
▬ ▬ 兄弟 丙辰土	▬ ▬ 兄弟 乙未土

在純艮卦和純坤卦中，有兩個兄弟爻，它們都在本宮之內，所以都屬於真（親）兄弟。

伏　神	坤宮：雷天大壯		伏　神	兌宮：水山蹇	
子孫 癸酉金	▬▬ 兄弟 庚戌土		父母 丁未土	▬▬ 子孫 戊子水	
妻財 癸亥水	▬▬ 子孫 庚申金		兄弟 丁酉金	▬▬▬ 父母 戊戌土	
兄弟 癸丑土	▬▬▬ 父母 庚午火	世	子孫 丁亥水	▬▬▬ 兄弟 戊申金	世
官鬼 乙卯木	▬▬▬ 兄弟 甲辰土		父母 丁丑土	▬▬▬ 兄弟 丙申金	
父母 乙巳火	▬▬▬ 官鬼 甲寅木		妻財 丁卯木	▬▬▬ 官鬼 丙午火	
兄弟 乙未土	▬▬▬ 妻財 甲子水	應	官鬼 丁巳火	▬▬ 父母 丙辰土	應

雷天大壯、水山蹇卦中，也各自有兩個兄弟爻，但都不在本宮之內，因此都是假（非親）兄弟。

伏　神	坤宮：地天泰		伏　神	艮宮：風山漸	
子孫 癸酉金	▬▬ 子孫 癸酉金	應	官鬼 丙寅木	▬▬▬ 官鬼 辛卯木	應
妻財 癸亥水	▬▬ 妻財 癸亥水		妻財 丙子水	▬▬▬ 父母 辛巳火	
兄弟 癸丑土	▬▬ 兄弟 癸丑土		兄弟 丙戌土	▬▬ 兄弟 辛未土	
官鬼 乙卯木	▬▬▬ 兄弟 甲辰土	世	子孫 丙申金	▬▬▬ 子孫 丙申金	世
父母 乙巳火	▬▬▬ 官鬼 甲寅木		父母 丙午火	▬▬ 父母 丙午火	
兄弟 乙未土	▬▬▬ 妻財 甲子水		兄弟 丙辰土	▬▬ 兄弟 丙辰土	

在地天泰、風山漸卦中，也各有兩個兄弟爻，其中一個為真兄，一個為假弟。具體來說，泰卦中的丑爻為真兄，辰爻為假弟；漸卦中的辰爻為真，未爻為假。

伏　神	離宮：火山旅		伏　神	兌宮：澤山咸	
兄弟 己巳火	▬▬▬ 兄弟 己巳火		父母 丁未土	▬▬ 父母 丁未土	應
子孫 己未土	▬▬ 子孫 己未土		兄弟 丁酉金	▬▬▬ 兄弟 丁酉金	
妻財 己酉金	▬▬▬ 妻財 己酉金	應	子孫 丁亥水	▬▬▬ 子孫 丁亥水	
官鬼 己亥水	▬▬▬ 妻財 丙申金		父母 丁丑土	▬▬▬ 兄弟 丙申金	世
子孫 己丑土	▬▬ 兄弟 丙午火		妻財 丁卯木	▬▬ 官鬼 丙午火	
父母 己卯木	▬▬ 子孫 丙辰土	世	官鬼 丁巳火	▬▬ 父母 丙辰土	

在火山旅、澤山咸卦中，各有兩個兄弟爻，分別是假兄真弟。具體來說，旅卦中的午爻為假兄，巳爻為真弟；咸卦中申爻為假兄，酉爻為真弟。

```
         伏  神    震宮：雷水解
        妻財 庚戌土 ▬▬ ▬▬  妻財 庚戌土
        官鬼 庚申金 ▬▬ ▬▬  官鬼 庚申金 應
        子孫 庚午火 ▬▬▬▬▬  子孫 庚午火
        妻財 庚辰土 ▬▬ ▬▬  子孫 戊午火
        兄弟 庚寅木 ▬▬▬▬▬  妻財 戊辰土 世
        父母 庚子水 ▬▬ ▬▬  兄弟 戊寅木
```

雷水解卦中，戊寅為兄弟爻，在震宮中原來就有寅爻，所以是真中之假。

```
         伏  神    震宮：雷地豫
        妻財 庚戌土 ▬▬ ▬▬  妻財 庚戌土
        官鬼 庚申金 ▬▬ ▬▬  官鬼 庚申金
        子孫 庚午火 ▬▬▬▬▬  子孫 庚午火 應
        妻財 庚辰土 ▬▬ ▬▬  兄弟 乙卯木
        兄弟 庚寅木 ▬▬ ▬▬  子孫 乙巳火
        父母 庚子水 ▬▬ ▬▬  妻財 乙未土 世
```

雷地豫卦中，乙卯為兄弟爻，在震宮中沒有卯爻，因此是假中之假。

```
         伏  神    乾宮：天風姤
        父母 壬戌土 ▬▬▬▬▬  父母 壬戌土
        兄弟 壬申金 ▬▬▬▬▬  兄弟 壬申金
        官鬼 壬午火 ▬▬▬▬▬  官鬼 壬午火 應
        父母 甲辰土 ▬▬▬▬▬  兄弟 辛酉金
        妻財 甲寅木 ▬▬▬▬▬  子孫 辛亥水
        子孫 甲子水 ▬▬ ▬▬  父母 辛丑土 世
```

天風姤卦中，申爻、酉爻分別是兄弟爻，但是應爻隔斷了申、酉兩爻，所以是兩姓兄弟，其中兄為真，弟為假。

```
        伏　神　　　兌宮：地山謙
     父母　丁未土  ▬▬ ▬▬  兄弟  癸酉金
     兄弟　丁酉金  ▬▬ ▬▬  子孫  癸亥水  世
     子孫　丁亥水  ▬▬ ▬▬  父母  癸丑土
     父母　丁丑土  ▬▬▬▬▬  兄弟  丙申金
     妻財　丁卯木  ▬▬ ▬▬  官鬼  丙午火  應
     官鬼　丁巳火  ▬▬ ▬▬  父母  丙辰土
```

地山謙卦中，申爻、酉爻分別是兄弟爻，但是被世爻隔斷，所以也是兩姓兄弟。其中申爻是兌卦中所沒有的，所以兄是假中之假，而酉爻是兌卦中原來所有的，所以弟是真中之假。

其餘各卦以此類推。

此外，如果日辰臨於兄弟爻，並且旺相發動，來合世爻的，則意味著必定有繼養或結義的兄弟。

陸德明在《指掌訣》上說：兄弟爻下不伏妻財，則是隔母所生，同父異母（黎注：坊間皆印兄下不伏，不合卦理，疑為兄下伏財，隔母所生）；兄弟爻發動化出妻財，則是再婚帶來的兄弟；兄弟爻下伏父母爻，則是異父同母。兄弟爻位於養位，定是繼養的兄弟。如果占問兄弟的長幼，世爻在兄弟爻，同時又是陽爻的，說明自己年長；在陰爻，則說明自己年幼。另外位於辰、戌、丑、未（四墓）的，為長；位於子、午、卯、酉（四正）的為次；位於寅、申、巳、亥（四生）的，為老三。另外，位於本宮卦的內卦，子、寅、辰、午、申、戌爻對應的是兄長，丑、亥、酉、未、巳、卯對應的是弟弟。如果是陽爻，對應的是兄弟，陰爻則對應的是姐妹等。位於本宮外卦的是姑表兄弟。在其他宮卦的內、外卦中，則是關係或遠或近的朋友。

耶律氏說：如果占問兄弟，則害怕遇見三刑。如果正值旺相逢刑，則意味著只有一二人；如果是正值休囚，則說明沒有兄弟；如果正值旺相，但加臨有亡劫等星煞，則意味著兄弟將逐漸凋零。

皮臺峰說：父爻生合兄弟爻，則意味著父親會偏愛；如果母爻來沖剋兄弟爻，則意味著與母親不和；妻財、子孫、官鬼（公姑）

來生合、沖剋，也是一樣。如果正值旺相，則影響較大；正值休囚，則力量減輕。另外被兄所剋的爻對應的是嫂子，被弟所剋的爻對應的是弟媳。位於當旺之宮、當旺之爻的，則一定嫁妝豐厚，而容貌美麗；如果加臨有青龍、德星、貴人的，必定德才兼備而能相夫。如果位於門戶之爻而發動（三爻為門，四爻為戶），必定會把持門戶，女子當家。如果所在之爻正值衰弱、空亡，則不是沒有媳婦，就是女方家道貧窮。

黎評：以上為預測兄弟情況的斷法。其先以本宮他宮定出兄弟真假，然後以宮位斷其親疏，以陰陽地支論其長幼次序，以六親生剋兄弟飛爻斷其得寵失寵何人，以及使用飛爻法判斷嫂與弟婦之吉凶情況。

五、如何推斷妻妾情形

（一）取用法

以本宮內卦出現的妻財為主。若未出現，則觀察內卦的伏神。如果既未出現，又沒有伏神，則採用飛宮法來確定。根據世爻所剋的爻為妻，被妻所剋的爻為妾。若自己進行占問，則以應爻為正妻，應爻所剋的爻為妾，此法亦可。

（二）推斷妻妾性情與吉凶

如果妻財位於陽宮卦且為陽爻，同時正值旺相並帶有吉神，那麼這位妻子必定容貌美麗、品行貞潔，善於主持家中事務。若位於陰宮卦且為陰爻，又正值衰墓，帶有刑刃、亡劫等凶煞的，則這位妻子既醜陋又無能，甚至早逝。

若兄弟爻為世爻且發動，以及兄弟爻一爻獨發，或者卦中顯示有兄弟而無妻財，又或者妻財爻無緣由地逢空，這些都意味著剋害妻子，或導致夫妻分離。

若妻財爻正值旺相而自刑（妻財的地支為辰、午、酉、亥），意味著夫妻關係不和，最終在生前離異，因為旺相者不會死別。或

者兄弟爻在旁發動，以及作為世爻卻不動，而妻財爻不逢空的情況，也意味著夫妻關係不睦。

若妻財發動沖剋世爻，以及世爻、應爻相刑害的，都意味著夫婦之間缺乏情意。世爻發動，表示丈夫壓制妻子；應爻發動，妻子欺淩夫君；世爻、應爻都動，則意味著夫妻間必定經常爭鬥。如果化出之爻相刑害的，也是同樣的結果。

如果妻財位於死、墓、絕、胎的狀態，並且帶有刑刃凶煞，同時兄弟爻發動來剋的，這預示著將有刑剋妻子的跡象。但如果得到月令、日建的生合，或許可以帶病延年。

如果飛爻的妻財位於兄弟爻上，或者應爻是兄弟爻並且發動，又遇到月、日建的刑、害、剋、破，這意味著會有死亡的風險。如果妻財正值旺相且未受傷害，這也預示著妻子不賢慧，好生是非，與嫂嫂不和，或者與丈夫心不齊，容易偷竊財物，私自藏匿，甚至流落到別人家。

妻爻生合父母爻，表示能尊敬公婆。生合兄弟爻，則表示與嫂嫂和睦相處。生合子孫爻，說明善於撫養兒童。如果來沖剋父母、兄弟、子孫，則情況相反。

如果妻財位於五爻尊位，且生合世爻，則說明會掌管家事，成為一家之主。但如果沖剋世爻，以及被年、月、日衝破，並帶有二耗、暴敗、破碎等凶煞，則預示著會欺淩丈夫，導致家道敗落。

如果妻爻帶有玄武、咸池、紅豔等凶煞，或者加臨驛馬而發動，這將意味著會恣意貪淫。

如果妻爻與應爻、旁爻相合，預示著會與外人私通。如果遇到進神發動來生合，則意味著淫亂無度。如果遇到退神動來相合而剋制，則只有眉目傳情，沒有實際淫行。如果相合又逢空，也是同樣的結果。如果相合而逢沖，則意味著會被別人撞見，雖然有淫亂行為但不濫交。如果妻爻暗動，且與應爻、旁爻相合，要提防其私奔。

兄弟爻來合妻財的，意味著兄長與弟媳私通。父母爻來合妻財的，則意味著公公和媳婦私通。子孫爻來合妻財的，意味著義子與

妻子私通，包括子孫爻動化出官鬼而合於妻財，或者妻財爻發動化出官鬼而合於子孫爻的。（需要帶有咸池、紅豔等煞星才可以斷定。）

應爻與妻爻位於兄弟爻，或者動爻化出妻財來合世爻的，都意味著與妻妹有私情。《黃金策》說：相合的關係較多，而又有刑殺加臨，則意味著其女必是娼妓。

《涯泉摘錦》提到：如果所帶貴人較多，則意味著能歌善舞；如果相合的關係多，則暗中與人私通。（原注：男女之間的醜惡行為，原本並不想記錄，但由於暗室中的虧心人常常自以為其行為無人知曉，卻不知占卜能揭露其姦情，因此特意記錄於此，以警示眾人。）

（三）推斷幾妻幾妾

如果占問者想知道自己有幾個妻子、幾個妾，可以通過觀察正卦、伏卦、變卦、互卦中所有位於內卦的妻財來判斷。屬於本宮卦的妻財和位於應爻、世爻上的妻財，以及下伏妻財、化出的妻財，無論其旺衰或是否帶有德合，都可以用來判斷有幾個妻子、幾個妾。地支為子、寅、辰、午、申、戌的陽爻對應妻子，地支為丑、亥、酉、未、巳、卯的陰爻對應妾。有一個妻財對應一位妻子，兩個妻財對應兩位妻子，三個妻財對應三位妻子。

另外，如果內卦中本宮卦的妻財只有一個，應爻上又有一個妻財，且兩個妻財同時旺相，則預示會有兩個妻子。如果一個逢空，一個當旺，則會在喪妻後再娶一位。兩個逢空，一個當旺，則會再娶兩位妻子。三個逢空，一個當旺，則會再娶三位妻子。如果兩個妻財都正值旺相，而其中一個帶有咸池煞，則必定是一偏一正。通過觀察哪一爻與日、月及世爻相生合，便可知哪個人得寵掌權。

（四）推斷妻子是閨女還是再嫁

如果卦中只有一個妻財，而沒有官鬼爻的，就代表是閨女。如果妻財與官鬼相合，或者妻財下伏有官鬼的，則意味著已經有過一

個丈夫。如果一個妻財與兩個官鬼相合，或在妻財下伏有官鬼，又化出官鬼的，則意味著已經有過兩個丈夫。另外，如果卦中有兩個官鬼，一個逢空，一個當旺的，則一定是再嫁。如果兩個官鬼都當旺，而有日、月及動爻來刑、沖、剋、害妻財爻的，則意味著是生前離異改嫁。

《黃金策》提到：妻爻來剋世爻、身爻，且與應爻相合的，說明妻子必定是重婚。世爻、應爻、妻爻三爻相合的，則意味著一定有一偏一正兩個丈夫。如果只是官鬼爻較多，而不犯各種刑傷沖剋的，則說明女子是再嫁。

《明睿抄本》提到：男子以身爻所生的爻為床帳（卦身所生之爻），女子取身爻所剋的爻為香閨（卦身所剋之爻）。如果香閨正值墓絕，則說明尚未許配；如果床帳正值空亡，則說明還沒有娶妻。這個辦法極為靈驗，不要傳給不應當傳的人。

（五）斷妻妾的品德、姿色如何

妻爻屬性為金，則膚色白淨，身材瘦小，性情剛烈；屬性為木，則膚色發青，身材較高，妖嬈多態，性情寬慢；屬性為火，則面龐發紅，身材矮小，性情急躁；屬性為土，則膚色泛黃，身材矮胖，性情溫和，做事遲緩；屬性為水，則膚色紫黑，身體靈活便捷，性情寬和。

妻爻如果值衰則急躁，發動則多機變。如果逢沖，則沒有主見，逢合則缺乏感悟。

妻爻位於父母爻上，則意味著長壽，伶俐，能夠掌管家務，能書算，辦事分明。妻爻位於兄弟爻上，則意味著其性情好損壞物品，耗財，不招奴婢。如果正值旺相，則意味著好賭敗家，妯娌不和。妻爻位於子孫爻上，則意味著其性情善良，多有見識。如果正值旺相，則意味著能掌管家務，生貴子；如果帶有朱雀，則會經常誦經。妻爻位於妻財爻上，則容貌美麗，性情安和，能夠掌管家務，開設店鋪。如果正值旺相，則能助益丈夫，有錢財。妻爻位於官鬼爻上，則相貌醜陋，性情狠毒。如果正值旺相，則好殺；如果

帶有貴人星,則有封蔭。

妻財伏於父母爻下,則為人莊重不隨便。妻財伏於子孫爻下,則性情和善,不損壞物品,喜歡打扮。妻財伏於兄弟爻下,則相貌醜陋,貪淫好賭。妻財伏於官鬼爻下,則性情酷劣,有病,夫(黎注:疑為休)妻大吉。

位於陽卦且為陽爻的妻財,則聰明靈巧,無人能比。位於陰卦且為陰爻的妻財,則醜陋笨拙,天下第一。由陽爻化入陰爻的妻財,說明年幼時靈巧,而長大後笨拙。由陰爻化入陽爻的妻財,說明年幼時醜陋,而長大後姣好。

(六)推斷妻子的富貴貧賤

如果尚未娶妻,則依據父母爻進行推斷;如果已經出嫁,則依據丈夫所對應的爻來推斷。在未娶的階段,我們只看位於外卦的本宮卦的父母爻。如果外卦的父母爻沒有出現,則觀察伏爻。如果既不出現,又不在伏爻,則以來生妻爻的爻為岳母,來剋岳母的爻為岳父。同樣地,需要通過陰陽來推斷其真假。

如果岳父、岳母爻帶有祿馬、貴人,則說明是宦家的女兒。帶有財祿、德福、生氣等吉星,則說明是富家女。帶有咸池、沐浴、玄武、休囚、死氣的,則是貧賤人家的女兒。帶有虎貴,則是武將之女。帶有虎刃、劫殺,則是軍戶、匠戶家的女兒。帶有勾陳而正值旺相的,則是農家女。帶有朱雀、旺財的,則是牙人的女兒。帶有玄武、紅豔的,則是妓女的女兒。帶有刑害、亡劫、無氣的,則是下賤人家的女兒。如果岳父、岳母爻加上金虎、刑刃,那就是屠夫或劊子手人家的女兒。臨朱雀旺空,是巫師祝師家的女兒。臨青龍與子孫星無氣,是清寒的讀書人家的女兒。臨白虎財星生旺,是污濁富裕家的女兒。加騰蛇,是不從事農業而從事工商業人的女兒;如果臨蛇又逢生旺,那就是從事各種職業的人的女兒;如果臨蛇又逢沖並墓合,那就是從事技藝的人的女兒,要根據五行來確定她具體從事什麼技藝。岳父岳母的卦象,如果衰敗,說明岳父岳母貧窮;如果空絕,說明岳父岳母去世;如果生合卦主,說明得到岳

父岳母的庇護；如果刑害沖剋世爻，說明受到岳父岳母的侵擾。

《歸藏易》中提到：如果妻財位於所剋的位置，則叫重財，相當於金爻到震卦中來。如果臨貴煞，同時又當旺相，則意味著因妻子得到官位，堪比宰輔。例如震卦的妻財爻，帶有白虎，白虎屬性為金，又來剋震木，所以叫重財。又如坤、艮卦中的妻財爻，帶有青龍，青龍的屬性為木，又來剋坤、艮的屬性——土，也叫重財。乾、兌卦中的妻財爻帶有朱雀，離卦中的妻財爻帶有玄武；坎卦中的妻財爻帶有勾陳、騰蛇的，都是如此。如果四值、貴人、驛馬、德合都聚在一爻之上，同時又正值旺相，且位於二、五爻上，又得到太歲相扶，又沒有刑、破的，必定是身為駙馬或儀賓。如果是出嫁之後的情況，則婦人的貴賤、貧富從夫，因此與世爻的占斷結果相同。

（七）占問妻子家的遠近、娶妻的早晚、妻子的長幼

如果妻財為世爻，以及出現在卦中的，則住得近且娶得早。如果妻財伏藏不出現，則住得遠且娶得晚。妻財與世爻位於同一卦中，則是近親的女兒。如果被月、日建，及動爻、變爻所隔斷，則是外郡人家的女兒。例如，乾卦中戌土為世爻，寅木為妻財爻，如果二者之間的申爻、午爻、辰爻發動，或申、午、辰爻被月令、日建衝動，都表示被隔。

乾宮：乾為天		艮宮：山澤損	
▬▬▬ 父母 壬戌土 世		▬▬▬ 妻財 丙寅木 應	
▬▬▬ 兄弟 壬申金	○→	▬ ▬ 子孫 丙子水	
▬▬▬ 官鬼 壬午火	○→	▬ ▬ 父母 丙戌土	
▬▬▬ 父母 甲辰土 應	○→	▬ ▬ 父母 丁丑土 世	
▬▬▬ 妻財 甲寅木		▬▬▬ 妻財 丁卯木	
▬▬▬ 子孫 甲子水		▬▬▬ 官鬼 丁巳火	

然後根據八卦確定方位，用二十八宿分野確定所在郡。如果卦逢空爻也逢空，則根據妻財爻長生的方位確定。妻財在二爻（二為

宅爻）的，是坐宅，必定是收養的媳婦或鄰家女子。妻財來合世爻、身爻、命爻的，娶妻時間早。妻爻為陽爻、世爻為陰爻的，妻子年長；反之，妻子年幼。妻爻位於辰、戌、丑、未爻的，是長女；位於子、午、卯、酉爻的，是中女；位於寅、申、巳、亥爻的，是小女兒。

黎評： 以上為預測妻妾情況的斷法。其先以本宮他宮定出妻妾真假，再以妻爻所臨卦爻陰陽、神煞預測妻子情態，以世爻與妻爻生剋組合預測夫妻關係，以妻爻所持六親、飛伏六親判斷妻子性格品行，以妻爻在卦中組合綜合判斷妻子外遇有無，以妻爻本宮互卦變爻空爻旺衰陰陽飛伏等組合判斷妻妾數量，以財鬼組合及月卦身判斷妻妾婚否，以妻爻所臨五行、旺衰沖合、飛神六親、所伏六親、陰陽變化判斷妻妾之性格習慣長相身材。取本宮外卦之父親爻代表其岳父母，以其岳父母所臨六神、神煞等綜合判斷妻妾出身高低、職業貴賤。又以世爻財爻的遠近阻隔判斷妻家與自家距離遠近，以世爻財爻的陰陽對比判斷妻子與自己年齡孰大孰小，以妻爻所臨地支判斷妻妾在家排行。

六、如何推斷子孫情形

斷子孫情況，以內卦中出現的子孫爻為主。內卦中沒有的，要在伏卦中尋找。如果內卦和伏卦中都沒有，才使用飛宮法。以世爻所生的爻為長子，長子前面的一爻為次子，次子前面的一爻為三子。根據水一、火二、木三、金四、土五的數目來推定。由子爻所生的爻為孫，陽爻多為男性，陰爻多指女性。子孫爻正值生旺又加臨青龍，才貌過人。加臨祿馬、貴人、德合等吉星，又正值旺相的，預示著將有貴子。子孫爻正值休囚，又加臨刑刃、荒蕪等凶煞的，則是蠢頑又不遵從父命，不務生計，終將導致家道破敗，自己夭折。如果飛宮法確定的子爻進入父母爻上，又遇到月、日建的刑、沖、剋、害的，則必死無疑。卦中父母爻為世爻而發動，以及

父母爻獨發，或者有父母爻而沒有子孫爻，或者子爻本身逢空、墓、死、絕，或者有臨天狗、白虎的爻來刑、剋、沖、並子爻的，都預示著無子，否則也是由妻子帶來別人的兒子。如果是子爻臨天狗、白虎，但有日、月來生合，意味著將來可以招贅而不至孤單。如果子孫爻正值絕位，又得不到救助，又帶有孤寡煞、鼓盆煞（白虎）、埋兒煞（父母）的，如果發動則一定意味著沒有兒子送終。

如果兄弟爻帶有亡劫煞，又發動來刑並，這叫做有子不送終。如果兄弟爻加臨有貴人、祿馬、同鄉，又正值旺位，則任何凶煞都不敢侵襲，預示著有貴子。如果子爻逢貴人、祿馬，又當旺而動，化出文書（父母爻）的，意味著是文職；化出妻財、子孫爻的，則說明是通過非科舉出身而進入仕途；化出帶有天醫、太陰，並得到太歲相扶的爻的，預示著身居當權顯貴。按照長幼的次序逐一推斷，便可知哪一子會發達。

另外，要論子孫出身，則以學堂為主。看身位所屬的是什麼爻，取其長生位為學堂。例如身爻屬性為火，火長生於寅，則寅爻即為學堂。身爻屬性為水、土的，則申爻為學堂。身爻屬性為木的，則亥爻為學堂。身爻屬性為金的，則巳爻為學堂。如果學堂正值旺相，又沒有傷，還加臨有祿馬、龍貴、德合的，則必定學問淵博，才名蓋世。

《穿壬透易》中提到：當貴人星加臨於丑爻時，稱為宮闕；而驛馬星加臨於寅爻時，則稱為學堂。此外，寅爻代表學堂。如果寅爻逢丙干，則預示著此人志向遠大，才學高明，俸祿豐厚。在艮卦中，如果丙寅爻同時得到四值、貴人、驛馬等吉神聚於一爻之上，則此人必能迅速晉升，平步青雲。

如果子孫爻處於休囚狀態，並且帶有地蹺、天啞、雲龍、衰盲、火朔（朔上首下）等五煞發動，則預示著此人帶有疾病。而當子孫爻生旺並來生合世爻時，意味著其子孫孝順。相反，如果子孫爻處於衰、囚狀態，並且來沖剋世爻，則預示子孫忤逆。

如果子孫爻帶有貴人、驛馬、德合等吉神，並且生合世爻，這

不僅意味著子孫仁孝，還會因他們的功業而得到朝廷的敕封。反之，如果子孫爻帶有虎刃、亡劫等凶神，並且刑、沖、剋、害世爻，則預示子孫不僅忤逆，還會導致自己和親人死亡以及家破人亡。

當占問兒子的嫡庶關係時，以在本宮的內卦中或伏藏的子孫為嫡子，而在年、月、日、時或其他卦中出現的則為庶子。如果內卦中的子孫爻既不出現也不伏藏，同時又沒有兄弟爻的，則必是庶出。此外，如果上爻發動化出子孫爻，則意味著有通姦生出的兒子。當子孫爻位於應爻並位於其他卦的二爻時，意味著是養子。若子爻化出子爻並來合世爻的，則意味著會有繼子或義子。

《管公口訣》中提到：當子孫爻為土爻且安靜時，只預示著是單傳；如果發動，則意味著是養子；若逢空亡，則意味著是抱養之子。這種占斷極為準確。至於子孫的貧富、貴賤、禍福等情況，其占斷與世爻相同。

黎評：以上為預測子孫情況的斷法。其先以本宮他宮定出子孫真假，再以飛爻飛位、子孫五行之數判斷子孫之長幼，以其所臨神煞判斷子孫之貴賤貧富、忠孝學業，以年月日及本宮他宮判斷其子孫之嫡傳螟蛉情況。

七、如何推斷女婿情形

以在本宮卦中出現的官鬼爻為主，不考慮內、外卦問題，意思是把女婿當作半個家人看待。如果官鬼爻不出現，則查看本宮卦中的伏神。若既不出現也沒有伏神，則取來剋女爻的爻作為女婿。正卦中只有一個官鬼爻時，以本宮卦中的官鬼作為正婿，其他卦中的為旁婿。若正卦中有兩個官鬼爻，則以陽爻且得位的為正婿，陰爻且失位的為旁婿。

如果本宮卦中的官鬼爻位於巳、午爻，而女婿的命屬火，這表示吉兆；若女兒命屬土，也較為吉利（因為火能生土）。

官鬼爻若伏於父母爻下，預示女婿為人聰明穩重；若伏於子孫

爻下，則性格和善，不損壞物品，善於包容；若伏於兄弟爻下，則貪圖淫欲且好賭，不誠實。官鬼爻若伏於妻財爻下，則意味著女婿能管理財務，辦事分明，夫妻關係親密。但如果官鬼爻帶有辰、午、酉、亥等匿刑，則意味著先奸後娶。

官鬼爻化出官鬼爻，表示男方家尚未最終確定，或者會停妻再娶。兄弟爻化出官鬼爻，意味著此人好勇鬥狠且貪淫（如果官鬼爻帶有刑刃煞，也一樣）。妻財爻化出官鬼爻，會剋妻並有財物損失。子孫爻化出官鬼爻，且帶有龍喜、德合等吉神，預示夫妻和諧；若帶有華蓋、刑刃等凶煞，則意味著是僧道還俗。

官鬼爻化出子孫爻，預示能與妻子相互幫助。官鬼爻化出兄弟爻，會傷害妻子，且好嫖賭。官鬼爻化出妻財，則為人樂善好施。

通過飛數法確定的爻，落在父母爻上，則預示長壽，通文墨。如果正值旺相，則家庭房屋華麗高大。落在兄弟爻上且旺相，則好賭博、爭訟。當衰時危害稍輕，主要是損耗財物、缺少奴婢。

落在子孫爻上，為人好善，能成事。如果臨朱雀，則好誦經；如果臨青龍，位於三爻則持三官齋，位於五爻則持觀音齋。落在妻財爻上，性情溫和，能治家、執掌出納、擁有財物。如果正值旺相，則才識出眾。

如果加臨有驛馬，為人殘酷、歹毒，好殺戮，且自身帶有疾病。如果正值旺相且加臨貴馬，則是官員；如果正值衰弱，則是下流之輩。

其餘貧富、貴賤、帶疾、禍福等的推斷，都與世爻相同。

此外，凡是占問女婿的，若遇到男方身命臨於世爻、應爻或官鬼爻位於二爻（二爻是宅爻），或應爻、官鬼爻合於內卦妻財的，都預示入贅。

黎評：以上為預測女婿情況的斷法。其先以本宮他宮定出女婿真假，再以其年命生剋判斷女兒與女婿關係順逆，以女婿所臨伏神飛爻、神煞六親、六親互化等判斷其女婿性格事業信息。

八、如何推斷丈夫情形

妻子自己占問，則以應爻代表丈夫；如果是代人占問，則以官鬼爻代表丈夫。在本宮卦中出現的，就是正夫，不分內外卦；在年、月、日、時上，以及其他卦上出現的，則是偏夫。

如果卦中有兩個官鬼爻，則以陽爻得位對應正夫，陰爻失位對應偏夫（已成婚的叫正夫，僅僅是空言而不成的叫偏夫）。

如果對應於正夫的官鬼的地支為寅、卯，且正值旺相，則丈夫是木命的吉利。女方命屬午、酉、戌、亥的也吉（午長生在寅，酉德在寅，卯與戌合，寅與亥合）。

如果官鬼臨空、墓、絕、胎，且加臨白虎、騰蛇、刑刃、亡劫等星煞，當旺而發動的，意味著將會死亡。子孫爻當旺而發動，且帶有白虎、騰蛇、刑刃、亡劫，來剋官鬼的，如果官鬼旺相，則會有災病，如果值衰，則會死亡。

如果占問丈夫的病情，則適宜官鬼衰弱，不宜官鬼旺相。此外，官鬼下伏有官鬼，以及官鬼下伏有兄弟爻的，則意味著必定是通過兩姓貼夫來謀生。

至於丈夫的貧富、貴賤、帶疾、禍福的推斷，都與世爻相同。

黎評： 以上為預測丈夫情況的斷法。其先以本宮他宮定出丈夫真假，再以其現實中的身命德合預測夫妻關係，以吉凶神煞預測丈夫成就與傷病。

九、如何推斷六親分屬（生肖推斷）

六親的屬相，各自有其獨特的意義。先有六親而有我的存在，那就是父母。因此，父母的屬相大多與其爻的干支相同。例如，如果父爻是甲寅爻，母爻是乙卯爻，只要沒有遭遇刑破空剋等不利因素，那麼父親必定屬虎，母親則必定屬兔。

如果該爻遇到四值的刑破空剋等不利因素，我們則需要根據三合和六合來進一步推定其屬相。例如，如果父母爻是甲寅，甲與己

相合，那麼父母應該是己年出生的人。與寅成三合局的干支有午和戌，所以父母的屬相應當是狗或馬。與寅六合的干支是亥，所以父母的屬相是豬。

因為我而有他的存在，那就是子孫。所以子孫的屬相是根據納音來確定的。例如，如果子孫是甲子、乙丑爻，因為其納音屬於金，所以子孫必定是申、酉年出生的人，也就是屬猴或屬雞的。

在判斷子孫的屬相時，還需要參考大限和小限。如果流年太歲正好是子孫爻的干支，或者太歲處於來生合子孫的位置，還有太歲貴馬、德喜臨於子孫爻上，並且沒有遭遇刑、破、空、剋的，那麼我們就可以確定子孫的正屬，從而最終判斷是否有這個金命的兒子。

如果子爻自刑（地支為辰、午、酉、亥），並且又被四值所刑、害、剋、破的，那麼其屬相往往在相合的地支上。例如，子孫爻納音屬水，則因為其六合在丑、寅，所以屬牛或屬虎——寅合亥（水），子（水）與丑合；又因為與其成三合的地支分別是申、辰、卯、未，所以屬猴、龍、兔、羊——申子（水）辰三合水局，亥（水）卯未三合木局。

此外，凡是四值的干支與子孫爻相生合的，必定是天性和順、聰明起家之子。如果四值的干支來刑、害、剋、破子孫爻的，以及子孫爻去刑、害、剋、破四值的，都意味著天性忤逆，自從生了此子之後，家道開始衰微，父子之間也失去恩義，難以保全。

另外，凡是子孫爻是陰爻的，尤其忌諱自刑，也就是亥、酉爻，無論衰旺，都對子孫不利。

妻妾是因為我而存在的，她們是與我性情和本體不同的人，她們的吉凶對我有極大的影響。其屬相即為其本宮卦中妻財的屬相。

例如雷火豐卦。

```
   伏　神      坎宮：雷火豐
兄弟 戊子水 ▬ ▬   官鬼 庚戌土
官鬼 戊戌土 ▬ ▬   父母 庚申金 世
父母 戊申金 ▬▬▬  妻財 庚午火
妻財 戊午火 ▬▬▬  兄弟 己亥水
官鬼 戊辰土 ▬ ▬   官鬼 己丑土 應
子孫 戊寅木 ▬▬▬  子孫 己卯木
```

在本宮卦——坎卦的內卦中，戊午妻財是匿刑，伏於正卦的三爻己亥兄弟爻下，如果帶有兇殺來剋世爻庚申，則其妻必定屬馬。

又如地山謙卦。

```
   伏　神      兌宮：地山謙
父母 丁未土 ▬ ▬   兄弟 癸酉金
兄弟 丁酉金 ▬ ▬   子孫 癸亥水 世
子孫 丁亥水 ▬ ▬   父母 癸丑土
父母 丁丑土 ▬▬▬  兄弟 丙申金
妻財 丁卯木 ▬ ▬   官鬼 丙午火 應
官鬼 丁巳火 ▬ ▬   父母 丙辰土
```

癸亥爻是世爻，本宮（兌卦）的內卦中丁卯爻是妻財，伏於二爻丙午官鬼爻下來生合世爻，組成亥卯未三合，如果帶有貴馬、德祿，則其妻必定屬兔。

再如雷風恆卦。

```
伏　神　　　震宮：雷風恆
妻財　庚戌土  ▬▬ ▬▬　妻財　庚戌土　應
官鬼　庚申金  ▬▬▬▬▬　官鬼　庚申金
子孫　庚午火  ▬▬▬▬▬　子孫　庚午火
妻財　庚辰土  ▬▬▬▬▬　官鬼　辛酉金　世
兄弟　庚寅木  ▬▬▬▬▬　父母　辛亥水
父母　庚子水  ▬▬ ▬▬　妻財　辛丑土
```

　　世爻是辛酉爻屬金的官鬼爻，其下伏有庚辰屬土的妻財，都是為匿刑，應爻庚戌妻財為正妻，來害地支為酉的世爻——戌與酉相害，意味著其人另有寵愛的婢妾，荒淫無禮，被妻子所斥責。

　　凡是妻財爻，有德合、貴馬加臨，則意味著財貨豐厚，品德、姿色都非同一般。如果正值空亡、刑破、無氣的，則必是貧苦艱難。如果還帶有凶煞，來刑害身爻、世爻的，則意味著終將會有加害的陰謀，或者是因為妻妾所引起的禍端，而累及自身。

　　兄弟是與自己同類的親人。陽爻代表兄弟，陰爻代表姐妹。兄長與姐姐出生在自己之前，其屬相的推斷與推斷父母屬相的方法相同。如果其爻不被四值刑、破、空、剋，又帶有貴馬、德合的，則兄長與姐姐的屬相，就是所在爻的地支對應的屬相。如果被刑、破、剋或逢空，則根據三合、六合來推斷。弟弟與妹妹生在自己之後，所以其屬相的推斷，與推斷子孫屬相的方法一樣，也根據納音確定屬性，然後根據小限大限，與流年太歲，來生合兄弟納音屬性，或臨於兄弟爻，以此來最終確定弟與妹的生年屬相。陽爻對應的是弟弟，陰爻對應的是妹妹。以兄弟爻位於長生的月份，來推斷其出生日期。這就是說，只有在流年太歲的干支，與兄弟爻的干支形成三合或六合，又在太歲中的貴馬、德祿來加臨，而且不被刑、破、剋、空的，才能確定納音的屬性就是屬相的五行屬性。如果兄弟爻自刑，又被歲、月、日、時所空、破，則屬相一定在與納

音成三合、六合的範圍內。

大致來說,在占問身命的卦中,貴馬、德合等吉星,最好能臨於子孫、妻妾、官鬼這三爻上,能夠使自己榮達顯貴,福澤能延及後裔。如果父母、兄弟爻上加臨有貴煞,則預示著富貴在其父母、兄弟身上,自己不過受其庇佑而已,即使有福祉也很少。(出自《神鑒經》)

黎評:以上為預測六親生肖法。以各六親地支的本氣與三合六合推斷六親生肖,其中長者用干支,晚輩用納音。所以,父母是以地支來定,子孫是以納音來定,兄姐用地支,弟妹用納音。

第五節　如何推斷貴賤貧富

《歸藏約論》中提到:如果刑罰超過了仁德,將會滅亡;而如果仁德勝過刑罰,就會昌盛。如果世爻遇到三刑、兩破(歲破、月破),那麼這個人註定在壯年時期會遭遇兵刑之禍;而如果身爻擁有四德(天德、月德、干德、支德)和三合,那麼這個人的一生都將福祿豐厚。如果世爻是官鬼且空亡,那就意味著這個人既不能從官府中得到俸祿,也不能通過經商獲取財富。但如果得到了德貴星的扶助,他會選擇隱居山水間修道。貴人星是吉祥和福祉的預兆,而驛馬則象徵著官權。貴人星臨於重要之位,預示著這個人將獲得高官厚祿;而如果四馬聚集在官鬼爻上,那就意味著此人將功名顯赫。

德星喜歡有貴人相扶助,而刑煞則害怕臨於墓位。如果墓神加臨於三刑之上,意味著禍害非常嚴重;如果凶煞與四德相遇,則對福祉的降減不輕。此外,天馬象徵著自下而上、步步高升,而劫殺則意味著從勞苦變為安逸。大殺象徵著權傾中外,亡神則意味著身心交瘁。華蓋象徵著為人慈悲、三代家族繁盛,而將星則象徵著威猛、勇冠三軍。子孫爻當旺且臨將星,則意味著名鎮華夷;貴刃加臨龍德,則意味著能擔任將帥。另外,官鬼位於父母爻上且為五

爻，則為公門中人、位居要職、享受五福全享；同時加臨貴人、桃花、玄武的，必定會統帥三軍。最後，官鬼加臨貴人、桃花、玄武的，意味著在娼優行業謀生；官鬼臨孤神、華蓋、白虎的，則為煙霞深處的隱士。陰爻為子孫爻，怕遇到匪刑。貴煞如果不是加臨於官鬼上，則怕遇到刑、破。詳細推研，即使是細微之處，也可以參究明白。

黎評： 以上為貴賤貧富的斷法，以六親配吉凶神煞綜合推斷富貴貧賤。

一、如何推斷貴賤

在占卜中，若要問自己的情況，主要看世爻；若要問與他人相關的事，則看應爻。若要問及六親九族的情況，需同時參考內卦和外卦，以及通過飛數法確定用神。若要問及官員，關注官鬼爻；關於奴婢的情況，關注妻財爻；若要瞭解傭人、奴僕或僧道的情況，則關注子孫爻；若要瞭解朋友的情況，則參考兄弟爻，推斷時都遵循同一規則。無論是富貴貧賤、健康疾病還是吉凶禍福，這一規則都適用。

當四值、貴馬臨於用爻，又有德合相扶，且自身正值旺相，位於陽爻父母爻上時，此人必定位高權重、富貴非凡，五福全享。若祿馬、貴人、龍德同時臨於一爻，且不受刑、破、剋、害的影響，此人將顯貴。若加臨白虎、刑刃、大殺，則將成為將帥。若陽爻屬金且當旺，則掌管兵權與刑罰；若陰爻屬金而衰弱，則是主管刑獄的官員。陽爻屬木且當旺，則擔任冬官，管理工部；陰爻屬木而衰弱，則是管理賦稅的官吏。陽爻屬水且當旺，則主管監察漕運；陰爻屬水而衰弱，則任職於水利部門。陽爻屬火且當旺，則做督學或翰林；若為午爻，則必定是司馬。陰爻屬火而衰弱，則是文學之士。陽爻屬土且當旺，將成為一方封疆大吏；陰爻屬土而衰弱，則出任郡守或縣令。

此外，太歲臨於貴人與官鬼爻生世爻，如再帶福祿且在四五爻的，此人在朝廷中任官。月令臨於貴人與官鬼爻生世爻，如再帶驛馬且在二爻的，則是州郡主官。日辰臨於貴人的官鬼爻生世爻，如再帶驛馬且在二爻的，則是縣令一類的官員。太歲生或臨於官鬼、父母爻再帶祿馬、歲貴的，能中進士。月令生或臨於官鬼、父母爻再帶祿馬、月貴的，能考中其他分科。日建生或臨於官鬼、父母爻再帶祿馬、日貴的，能考中明經。貴人加臨巳、午爻而有氣的，則是科舉出身。貴人加臨辰、戌爻而有氣的，則是非科舉出身。世爻為臨貴人、祿馬的官鬼爻，但四值、動爻、變爻中無文書（父母爻）生合的，則是吏員出身。世爻為金且臨官貴得日辰、動爻、化爻、生財（子孫爻）生合的，則是主管倉庫、監獄、驛館的官吏。臨貴人、祿馬的官鬼爻無父母爻但當旺的為副職；衰弱的則為恩生出身。臨貴人又遇金刃的如當旺則為把總；衰弱的則為總旗之類。（詳見官祿占的相關內容。）

若世爻加臨有祿馬、貴人，但無氣，雖富貴但正損失田產。若世爻當旺而發動，但變出之爻為當衰或逢空的，意味著先富貴而後貧賤。若正值休囚破敗，但化出之爻逢生旺的，則意味著先孤寂而後顯榮。若官鬼逢長生，而妻財逢死的，則不能顯揚。若爻正值旺相，但卦身衰弱的，則不能榮達。

臨貴人的妻財爻逢長生的，則是義壽之官。臨貴人的官鬼爻當衰而逢沖剋的，則是公門中人。臨於官鬼爻的，則意味著是胥吏；臨於父母爻的，則是文書；臨於妻財爻的，則為差役；如果妻財又臨勾陳、玄武的，則為應補；臨於子孫爻的，則為門子；臨於兄弟爻的，則為衙門中的主管、頭領之類。

官鬼臨貫索的，則為衙役。帶有馬前六害的，是胥卒。臨貴人的官鬼爻而逢空當旺的，不是清修道士，就是玄門的掌教者。父母爻臨龍德、雀喜的，意味著以文章得名，冠於當代。

父母爻當旺且帶有祿星，又下伏子孫爻的，不是幕僚，就是教書的。子孫爻當旺且卦身逢空，以及父母爻正值休囚而下伏子孫爻

的，說明是個窮讀書人。父母爻伏於妻財爻下的，是個冥頑守舊之人。父母爻伏於兄弟爻下的，是貧寒之人。

自身當旺而安靜且未受傷害的，能安閒一生。世爻正值空亡而逢沖的，則意味著東奔西走、一生忙碌。帶凶煞而發動且未受刑沖剋制的，則意味著到老孤貧。帶祿星而逢絕又遇刑、沖的，則意味著終身困頓。

臨匿刑且帶有孤寡煞的，說明是孤苦伶仃之人。兄弟爻發動帶有桃花煞的，則是酒色之徒。飛卦的妻財爻下伏有兄弟爻的，意味著是通過微薄的才藝謀生的人。妻財加臨劫煞的，則孤寒貧困。屬性為土的妻財臨月令的，則是開設店鋪謀生的人。

父母爻逢空當旺的，是占測星相的。官鬼爻逢空當旺的，則是行醫或占卜的。在木爻下伏水爻的，說明是船夫。父母爻加臨劫殺的，說明是裁縫。

屬性為木的妻財爻逢空當旺的，說明是樵夫，或者是挑擔販賣的人。屬土的子孫爻當旺的，說明是農夫。有金、木、火三合局的，是從事製陶、冶煉的人。屬性為水的妻財正值生旺，同時帶有天罡煞的，說明是打魚的人。屬性為金的妻財正值生旺，同時帶有天罡煞的，說明是獵戶。

妻財位於離卦，而正值生旺的，則是牙行、市俢。妻財加臨刑刃的，則是屠夫或劊子手。帶祿馬而入墓，且在外卦的，則是流浪江湖的閒散人等。子孫爻加臨華蓋、孤辰的，是僧、道。

屬性為木的妻財而帶合的，則是箍桶匠。屬性為木的妻財而逢沖的，則是秤店。屬性為金的妻財帶青龍而逢沖的，則是天平戥子店。

父母爻加臨劫殺，且位於乾卦六爻的，則是帽子頭飾鋪。如果又加臨有龍貴，則是官帽鋪。如果在震卦的初爻，則是鞋鋪。屬性為水的妻財帶咸池煞，如果在坎卦中發動，則是開染房的。子孫爻為酉爻而發動，且下伏有妻財的，則是開葷素酒店的。

馬、騰蛇加臨於屬性為金的妻財而發動的，則從事鍛磨工作。馬、騰蛇加臨於屬性為木的妻財而發動的，則是從事箍桃工作的。

在坤卦中，馬加臨於屬性為金的妻財而發動，同時帶有破碎煞的，則是開磨坊的。用爻位於內卦而臨旺財或外財，來生合用爻，且正值胎養的，則是坐賈。用爻位於外卦而臨旺財，且正值長生的，則是行商。如果正值三傳刑、沖，則必是微利販賣的小商販。此外，凡是世爻、身爻位於五、六爻，又正值休廢的，或者帶馬，而逢兄弟、子孫爻亂動的，必是背棄祖宗的下賤之人。子孫爻為世爻，下伏父母爻的，則到老孤寡。妻財爻為世爻，下伏兄弟爻的，則一生貧窮。兄弟爻為世爻，下伏官鬼爻的，則多受勞苦。父母爻為世爻，下伏妻財爻的，則一事無成。妻財爻為世爻，下伏父母爻的，則多是短命之人（占問壽命以父母爻為用神）。

黎評：以上為論述自身與六親朋友貴賤的斷法。不論是己是他，以神煞組合推斷官職大小，以五行所屬推斷官職行業，以五行旺衰推斷管理權限，以六親配神煞綜合推斷詳細職業，以爻位世爻伏神之相剋推斷本人命運遺憾之處。

二、六神推斷貴賤

如果臨青龍的爻在震卦或巽卦中，遇到貴馬、德合，且是陽爻父母爻官鬼爻，正值旺相得位，那麼此人必定身居高顯而重要的官職，並帶有館閣頭銜。在震卦中，這種情況被稱為助威；在坎卦中，則被稱為乘雲，都預示著突然升遷和年輕得志。如果是在午爻，則意味著多有財寶；在戌爻，則有權威；在寅爻，則意味著有孝子賢孫。在申爻的，叫潛蟄，又叫折足；在乙未爻的，叫隱伏；在酉爻的，叫喪身；在癸酉爻的，叫制鎖。這些情況都會減輕其威力，不能產生豐厚的福祉。

如果是平民的家庭，青龍臨於木爻，則意味著熟悉禮義；臨於土爻，則是當值裡甲的差役，如果正值旺相則意味著富有，如果當衰則意味著先富後貧；臨於水、火爻，則是灶戶；臨於金爻，則是軍戶或匠戶。

如果臨朱雀的爻在離卦中，遇到貴馬、德合，且是陽爻父母爻，正值旺相得位，那麼此人必定是翰林、督學之類的官員。

如果臨於震卦中的庚寅爻，叫學堂，同時加臨貴馬、德合且有氣的，必會因文章而著名於世，富貴早達。

位於坎卦中，叫泣險，如果又遇刑、破，則預示著一生之中，多有憂苦危難。

如果是平民的家庭占問，遇到臨朱雀的爻逢空亡、入墓，則是制陶、冶金之人；如果臨朱雀的爻逢空而當旺，則是術士巫師；朱雀臨子孫爻而當旺，則是戲子；朱雀臨地支為巳的父母爻而無氣，則意味著詞訟興起，人丁損失；朱雀臨火爻且臨祿、貴吉星的，則是讀書好功名的人。

臨於帶刃星的金爻，則是軍卒；如果同時還加臨大殺、劫殺，沖剋日、月的，則是工匠。如果臨於水爻，則是監寵戶。

臨於陽爻寅木的，是巫醫；臨於陰爻卯木的，是廟祝。

如果臨勾陳的爻在坤、艮卦中，遇到貴馬、德合，且是陽爻父母爻，正值旺相得位，那麼此人必定是司農、京兆、方伯、屯田、巡城之類的高官。

位於乾卦叫做登天，臨於壬申爻叫做生德，如果同時加臨貴馬、德合，而且正值旺相的，預示著將建立戰功，或者因為捕獲盜寇而獲得爵祿，有威武之名。

臨於震卦中的庚寅爻叫做執德，臨於庚辰爻叫做刑墓，如果同時又正值休囚，並遇刑、害、剋、破，則意味著其人好爭鬥、訴訟，會經常遭逢刑獄之災。

如果是平民的家庭占問，勾陳加臨土爻，而正值生旺的，則當值裡甲差役；如果臨土爻而正值休囚，則親自耕種；臨於金爻，則從事雕刻、刺繡；臨於木爻，則從事伐木、油漆、紡織等職業；臨於火爻，則是徇役，如果當旺則是熔鑄金銀的窯匠；臨於水爻，則是泥水匠。

騰蛇加臨在巽卦中，如果遇到貴馬、德合，且是陽爻父母爻，正值旺相得位的，則必定擔任翰林、衡文、風憲之類的官職。

　　位於艮卦叫做在山，臨於丙辰爻叫做入穴，又叫帶角，意味著為人善良，雖然是自刑也不是凶兆。

　　臨於乾卦的寅申爻，叫做變化，如果同時有德合、貴馬加臨，又正值旺相的，意味著能夠驟然發揮，得到貴人的提攜。

　　臨於乾卦（黎注：應為坤）的癸亥爻、坎卦中的父母、子孫爻，叫破首，如果同時又無氣，並遇到刑、害、剋、破的，則預示著會被怪物驚嚇而死，或者因為吃了毒物而死。根據卦中來刑、害、剋、破的屬於哪一種物類，則可知被什麼東西傷害。

　　如果是平民的家庭占問，遇到騰蛇加臨，則意味著不務農業，而去經商。如果逢生旺，乃是社會上的九流之人；如果遇刑、沖同時入墓的，則必定是靠技藝謀生的人。根據金、木、水、火、土五行屬性來具體區別從事何種行業。帶有祿星，則是坐賈。帶有驛馬，則是行商。臨於金爻，則是銅匠、鐵匠、獵戶等。臨金爻而當旺，且帶有德合、貴人的，則經營金銀珠寶鋪。臨金爻而當衰，但帶有德合、貴人，且位於離卦的，則是經營綢緞鋪的。日辰並金爻而且發動的，則是從事雕刻刺繡之類工作的。臨於火爻，則從事金銀熔鑄、織紮。臨於水爻，則從事漂洗淘沙等職業，或是販賣蓑衣斗笠、經營傘鋪等。臨於木爻，則從事建築漆畫等。臨於寅木爻而加臨華蓋，則從事佛像的雕塑與裝飾。臨於卯木爻，則經營梳妝用品、香盒、花草等的店鋪。臨於辰土爻，則經營瓷器或缸瓷店鋪。臨於戌土爻，則經營鎖匙、靴屐等店鋪。臨於丑土爻，則經營轎鋪、鞋鋪。臨於未土爻，則鐫印章，或經營酒館。此外臨於土爻，意味著是從事土木建築工作。臨於巳火爻，則為畫工、磚瓦匠。臨於午火爻，則經營書紙鋪。臨於火爻，且為妻財的，則從事織錦盤花。臨於丑午妻財爻，則販賣牛馬。臨於亥未妻財爻，則販賣豬羊。臨於地支為酉的妻財爻，則販賣雞鴨鵝。臨於地支為酉的子孫爻，則販酒。

　　此外，如果騰蛇加臨有刃星，則是輕賤之人。

如果臨白虎的爻在乾、兌卦中，遇到貴馬、德合，且是陽爻父母爻，正值旺相得位的，那麼此人必定是擔任將帥、司馬之類的武官。

臨於坎卦叫做陷井，臨於戊寅爻叫做中機，即使有貴煞加臨，也會減輕其威力，如果又遇到刑、破、剋、害，則形成的災害尤為嚴重。

臨於巽卦叫做從流，如果能遇到貴煞，則預示著能疾速騰達。

臨於辛酉爻，則必能因軍事凱旋，而得食天祿；臨於辛卯、辛巳爻，如果遇刑、破、剋、害而無氣的，則意味著其人有瘋病惡疾，在與之相沖的流年，或者爻逢三合之年，則會發作病來。

如果是平民的家庭，白虎臨於火爻，則意味著有文章之士；同時又加臨官貴的，則可以出任刑憲之官。臨於水爻，則是煮鹽的灶戶。臨於土爻，則是民籍戶。臨於金爻，如果正值旺相而帶有刃貴，則是把總之類的武官；如果當衰，則是哨長之類；如果正值休囚而不見衰，則是屠夫，或者爪牙。臨於木爻，則是民壯。臨於帶刃星且加臨大殺的，則不是小兵就是獵戶。

玄武臨於坎卦的水爻，如果遇到貴馬、德合，且是陽爻父母爻，正值旺相得位的，則此人必定擔任漕監、河道、水利等職務；如果當衰則是負責緝捕匪盜的官員，或者因剿滅匪寇、捕獲盜賊而得到官爵。

臨於艮宮的丙辰爻，叫做抵刑，如果入墓而無氣，則預示著貧病夭折。

臨於兌卦的丁巳爻，並且加臨亡神、劫殺等凶煞的，則其人必為盜賊，而死於極刑。

如果是平民百姓占問，遇到臨玄武的官鬼，如果加臨天賊，則必為賊；如果加臨天盜，則必為盜；如果加臨金刃、劫殺，則必為劫盜；如果是臨刃星的兄弟爻，則必為居心不良之人。臨於火爻，則是別人的爪牙；在火爻上加有祿星，則是從事煎燒行業的。臨於

水爻，則是船夫、漁夫、淘沙之人等。臨於土爻，則是設合之人。臨於屬性為木的兄弟爻，則是賭技高超之輩。如果玄武咸池並臨，則為花街柳巷。如果加臨劫煞，則預示著此人是乞丐（黎注：原文缺三字，疑為會劫煞，與乞丐之象符合）。

黎評： 以上之法以六神為主，配合宮位爻位神煞六親綜合推斷本人職業，為六神速斷職業之法。

三、如何推斷貧富

當妻財爻處於旺盛狀態且入墓時，預示著此人能獲得財富和地位。

如果妻財爻和子孫爻在旺相的條件下與龍德相遇，那麼此人也能富有。當妻財爻和子孫爻在月日的驅動下發動，並變出之爻來生合世爻、身爻時，也意味著此人的財富將會增加。

如果妻財位於辰、戌、丑、未四墓之地，且正值旺相，那麼此人是通過農、工、商、賈等方式致富。如果妻財位於寅、申、巳、亥四個長生位，且正值旺相，那麼此人會在外地獲得財富。如果妻財位於子、午、卯、酉四個正位，且正值生旺，那麼此人是通過市井九流的才藝致富。

在占卜中，如果太歲臨於妻財，且能夠生扶世爻，則預示著此人因祖業而富。如果月令臨於妻財，並能夠生扶世爻，則表示此人因父兄的幫助而獲得財富。當月令臨於妻財，並能夠生扶世爻時，則說明此人因妻子的助力而致富。

如果妻財位於來自其他卦的外卦中，並能夠生合世爻，則表示此人在異地經營中獲得財富並成家立業。如果妻財位於本宮的內卦中，並能夠生合世爻，則說明此人在本地進行貿易活動並逐漸積累財富。如果來自本宮的內卦中的六親動爻、化爻、妻財能夠生合世爻，則表示此人通過得到內親的財產而發家。如果來自本宮的外卦中的六親動爻、化爻、妻財能夠生合世爻，則表示此人通過得到外

親的財產而發家。如果外卦來自其他卦,且其中的動爻變出妻財來生合世爻,則意味著此人能得到遠方人的財產並因此起家。如果內卦來自其他卦,且其中的動爻變出妻財來生合世爻,則意味著此人能得到鄰里的財產並因此起家。

如果官鬼加臨貴旺,並且化出妻財來生合世爻,則意味著此人能通過得到仕宦的財產而發家。如果官鬼加臨劫刃、亥武、三刑,並且化出妻財來生合世爻,則意味著此人能從兇惡之人那裡得到財產並因此發家。如果官鬼位於五爻(五爻對應道路),則意味著此人是在路上拾得盜賊遺棄的財物而發家。

如果妻財化出妻財來生合世爻,則意味著此人通過放債或貿易活動而發家。如果妻財加臨玄武、咸池,則意味著此人通過與他人私通而獲得財物。

如果兄弟爻加臨玄武而發動,並且化出妻財,則意味著此人通過剝削他人而發家。如果兄弟爻加臨朱雀而發動,並且化出妻財,則意味著此人通過賭博而發家。如果子孫爻化出財來生合世爻,則意味著此人通過販賣牲畜、養蠶或從僧道那裡得到財產而發家。

如果父母爻化出妻財來生合世爻,則意味著此人通過出售房產而獲得資金。如果臨勾陳的土爻化出妻財來生合世爻,則意味著此人通過出售田產而獲得資金。

如果妻財正值旺相且帶有驛馬,則意味著此人闖蕩江湖並獲得利益。如果妻財正值衰弱且帶有驛馬,則意味著此人通過辛勤努力成就家業。如果妻財逢空且臨驛馬,則意味著此人在市井中經營牟利。如果臨祿星的妻財正值旺相,但遇到刑、沖,則意味著此人通過不正當手段成就家業。如果臨貴刃又正值旺相,但刑傷財祿,則意味著此人在危險中獲得家業。如果是當旺的妻財加臨虎刃,則必然是不義之財。

如果在正卦中沒有妻財爻,但在變卦中有,或者為世爻的(持世)妻財正值死、絕,但化出之爻正值生旺的,都預示著先窮後富。在正卦中有妻財爻,但在變卦中沒有,或者為世爻的(持世)

妻財正值生旺，但化出之爻正值死、絕、空破的，都預示著先富後窮。

在以下情況下，預示著貧困。作為世爻的兄弟爻逢空而發動，妻財、子孫爻無氣；本宮正值休囚、空亡，世爻被日辰所沖，兄弟、官鬼爻臨二耗、破碎煞；作為用爻的妻財逢死、絕；作為用爻的妻財，化出逢空、絕、死、破的官鬼、兄弟爻；六爻之中沒有妻財；妻財伏於官鬼爻下。

要瞭解導致家道破敗的原因，只需觀察加臨於兄弟爻而發動的因素。

兄弟爻臨青龍而發動，由於喜悅之事導致破敗，例如追求文雅風騷、結交仕宦、婚嫁、謀官、買妾、建造等。兄弟爻臨朱雀而發動，由於是非導致破敗，例如言語衝撞、結交書吏、出入衙門、用錢財謀求勝訟等。兄弟爻臨勾陳而發動，由於心高氣傲導致破敗，例如過分地建築房屋、貪買田產、重疊不明，或托大出借銀兩，結果被人卷走等。兄弟爻臨騰蛇而發動，由於疑惑不清導致破敗，例如輕信妖妄、求神還願、演戲做法、充當中保而被牽連等。兄弟爻臨白虎而發動，由於兇橫導致破敗，例如喪孝重疊、爭鬥奪繼、誣賴人命、殺傷謀害等。兄弟爻臨玄武而發動，由於不謹慎導致破敗，例如被盜賊誣告陷害、被人拖欠、賭博嫖飲，因為小人、婦女而產生事端擾害等。

以上是關於貧富的占斷。

若要測算家產的多少，首先要觀察妻財爻的納甲情況。納甲是根據先天之數，將天干地支與數字相對應：甲、己、子、午為九，乙、庚、丑、未為八，丙、辛、寅、申為七，丁、壬、卯、酉為六，戊、癸、辰、戌為五，巳、亥為四。

在確定納甲後，以在本宮卦中出現的妻財爻為主要依據。如果正卦中沒有出現妻財爻，則取伏卦中的妻財。如果卦中有兩個妻財出現，則兩者兼而取之。

另外，大象為本宮卦的妻財時，也需取其卦的干支兼而論之。例如壬甲戌亥在乾卦、乙癸未申在坤卦、丙丑寅在艮卦、辛辰巳在巽卦、戊子在坎卦、己午在離卦、庚卯在震卦、丁酉在兌等。

例如在純乾卦中，二爻甲寅為妻財。甲對應的數字是九，寅對應的數字是七，合計為十六。若要測算大富人家的家產，則乘以千倍，即一萬六千。中富則乘以百倍，即一千六百。下富則乘以十倍，即一百六十。對於小戶人家，則只根據五行來推算：一水、二火、三木、四金、五土。

以上計算方法中，如果妻財爻正當旺相則加倍，若正值休則保持原數不變，若正值囚或死則減半。若太歲、貴馬、福祿等臨於妻財爻，則再增加一倍。若月令、貴馬、福祿等臨於妻財爻，則再增加一半。

如果太歲來刑破妻財爻，則減半；若月令來刑破妻財爻，則減其三分之一。如果有貴煞來合而增益或刑破來合而減損的情況，則不需增減，直接按原數計算即可。

在某些情況下，爻與卦都面臨空、破、死、絕的境地。例如在甲申年壬申月庚午日，如果占得純乾卦。

乾宮：乾為天
▬▬▬ 父母 壬戌土 世
▬▬▬ 兄弟 壬申金
▬▬▬ 官鬼 壬午火
▬▬▬ 父母 甲辰土 應
▬▬▬ 妻財 甲寅木
▬▬▬ 子孫 甲子水

妻財爻（甲寅）在歲建、月令的申中被刑破，在日建的午中面臨死亡，本宮又屬於戌亥位並逢空亡於甲子旬中，即使原本是像石崇那樣的巨富，也會瞬間耗盡。

又如天風姤卦中。

```
      伏　神　　　乾宮：天風姤
父母　壬戌土  ▬▬▬▬  父母　壬戌土
兄弟　壬申金  ▬▬▬▬  兄弟　壬申金
官鬼　壬午火  ▬▬▬▬  官鬼　壬午火　應
父母　甲辰土  ▬▬▬▬  兄弟　辛酉金
妻財　甲寅木  ▬▬▬▬  子孫　辛亥水
子孫　甲子水  ▬▬ ▬▬  父母　辛丑土　世
```

　　六爻中沒有妻財，但內卦巽的屬性為木，這也關聯到乾宮的妻財。在巽卦的二爻下，伏有本宮卦中的妻財爻甲寅，再結合巽卦所納的天干辛和地支辰、巳，通過對應的數字（辛七、辰五、巳四）進行累加，總數為十六。加上伏爻甲寅也是十六，合計三十二。

　　對大富人家來說，三十二意味著三萬二千；對於中富人家，則是三千二百；對於小富人家，只有三百二十。各家之間的差異主要基於十倍的增加規則。如果是小戶，也可以依據五行之數以一當十進行推算，方法與之前所述相同。

　　在計算過程中，如果妻財爻正值旺相則結果加倍，如果是休止狀態則保持不變，若逢囚或死則減半。同時要考慮歲、月、貴煞的影響以及被歲、月所刑破的情況，都要按照規定的增減規則進行調整。這些內容均來源於《占燈法》。

　　在進行貴賤貧富的占斷時，無需考慮遠祖近宗的關係。無論是同宗的九族之親還是遠方的鄉里之人，無論是官宦他人還是下賤之輩，都應採用同樣的方法進行推斷。

　　需要注意的是，原本具有吉祥徵兆的，如果遇到死、墓、絕、胎位等不吉利的爻位，或者受到刑、害、剋、破等因素的影響，其福祉將會減損。相反，原本具有兇險徵兆的，如果遇到貴馬、德喜、龍福等吉利的因素來生合，其禍害將會得到減輕。

　　因此，在進行占斷時，不能一概而論，需要綜合考慮各種因素和條件。這是對貴賤貧富進行占斷時應當注意的基本原則。

黎評： 以上為論述貧富的斷法。不論是己是他，以財臨神煞旺衰預測是富是貧，以財爻支神速斷致富之因，以值財扶世之四值推斷富自何人，以本宮他宮與內卦外卦推斷財源內外遠近，以何六親生扶世財推斷錢財源自何人何處，以財爻及其他六親六神綜合推斷生意行業，以財爻所臨周天甲子數推斷財之數量。

第六節　如何推斷禍福往來

《玉靈經》上道：人生的禍福變化無常，主要通過六神進行推斷。當六神來生合時，各自會應驗其所帶來的福祉；而當六神來傷剋時，各自會應驗其所帶來的災禍。然而，六神的力量強弱又與占問時的太歲、月令和日建有關。太歲臨於爻的六神力量最大，月令臨的大六神次之，日建臨的小六神再次之。

六神喜逢恩，即爻的五行屬性生所臨的六神。具體來說，青龍臨於水爻、朱雀臨於木爻、勾陳臨於火爻、螣蛇臨於木爻、白虎臨於土爻、玄武臨於金爻，這些都是逢恩的情況。

歸垣是指六神出現在當旺之季。春季的青龍，夏季的朱雀，秋季的白虎，冬季的玄武，三、九月的勾陳，六、十二月的螣蛇，這些都是當權歸垣。而青龍臨於木爻，朱雀臨於火爻，勾陳臨於辰戌爻，螣蛇臨於丑未爻，白虎臨於金爻，玄武臨於水爻，則稱為本象歸垣。

能剋制忌神、來生用神的六神為吉；反之，來剋用神、生忌神的六神則是凶兆。

臨青龍的爻，若又與太歲相合，且在外卦發動，預示著年內將有官職提升、財運亨通和官祿豐厚的好運。如果再遇上天馬，則表示此喜事是與眾人共用的；若加臨驛馬，則表示這是專屬於你個人的喜事。若在內卦發動，再與德合、福喜相逢，預示著將有孕育新生命、婚姻等喜慶之事。然而，若遇帶凶煞的官鬼來刑、害、剋、破，則會因喜事而招致禍殃——或許因歡宴聚會、作擔保人或媒人、行善舉或參加喜慶活動而招致不幸。對於身居仕宦或公職的人

來說，會因升遷、薦舉、朝賀、訪問、饋贈等事務出錯而招致禍患。

臨朱雀的爻，若又與太歲相合，且在外卦發動，意味著將有官職晉升、考中舉人或與文書工作相關的喜慶之事。若在內卦發動，則預示將有離別之痛、火災驚擾、口舌之爭或官司纏身。若遇帶凶煞的官鬼來刑、害、剋、破，則會因憤怒情緒引發災禍——或許因文書處理不當、寄送信件失誤、喧嘩爭吵、訴訟糾紛或接近火源而遭遇不幸。對於身居仕宦之人進行占問，會因宣讀敕令、檔傳遞或呈送等事務出錯，或因受到譏諷、彈劾而招致禍害。

臨勾陳的爻，若又與太歲相合，同時有貴馬、財祿等吉星加臨，且在外卦發動，表示將有增加官祿、增進田產等喜事。若在內卦發動，則預示著將受到災患困擾，難以擺脫。若再遇官符，則必有關於田產、婚姻的訴訟糾紛。若遇帶凶煞的官鬼來刑、害、剋、破，則會遭遇摔傷、瘟疫等不幸，原因涉及改造房屋、安葬事宜、田產問題或前往墓地等。對於身居仕宦之人進行占問，會因在城郭、封疆、田土、錢穀等方面的過失而招致禍患。

臨騰蛇的爻，若又與太歲相合，若在外卦發動，表示一切謀求都將難以實現，並受到外部事務的牽連。若在內卦發動，則預示有虛驚、妖怪作祟等事，導致噩夢連連，心神不寧。若遇帶凶煞的官鬼來刑、害、剋、破，則會因動土工程引發訴訟糾紛，遭官吏勒索，或因驚懼而患病，甚至在夢中被魘住。對於身居仕宦之人進行占問，會因自身虛詐或被人牽連而招致禍害。

臨白虎的爻，若又與太歲相合，若在外卦發動，預示武職人員能夠升遷，從事各種行業都吉利。若在內卦發動，則預示有血光之災、死喪之事以及刀兵橫禍等不幸。若遇帶凶煞的官鬼來刑、害、剋、破，則會因參與喪事、戰鬥或宰殺等活動而招致禍害。對於身居仕宦之人進行占問，會因戰爭、喪亂、殺戮、征伐等事務而遭遇禍患。

臨玄武的爻，若又與太歲相合，且在外卦發動，表示在乘船時會遭遇盜賊。若遇吉神加臨，則會成功捉拿盜賊或在舟船、魚鹽、

酒醋等方面獲得財富。若在內卦發動，則表示家中隱私洩露或孕婦患病。若遇帶凶煞的官鬼來刑、害、剋、破，則會因水利設施、坑廁、女人、酒館或花街等領域而招致禍害。對於身居仕宦之人進行占問，會在渡江、涉海時遭遇盜賊，或因寵愛侍妾、痔漏等問題而遭災禍。（當月、日建臨六神時，推斷方法與上述相同。）

黎評：以上為論述禍福的斷法。以內卦外卦推斷內事外事，然後以六神為主推斷大致何事，再配流年太歲與沖合生剋綜合推斷流年運氣。

第七節　如何推斷三限運勢

《周易玄悟》中指出：當大限、小限正值生旺階段，並且帶有貴馬、德合、福祿、龍喜等吉星，或者為妻財、子孫爻時，預示著吉兆。而遇到死、墓、胎、絕等不吉利的爻位，或被刑、害、剋、破等負面因素影響，以及白虎、騰蛇、亡劫、吊喪與羊刃、大殺等凶煞加臨，則表示有凶兆。如果吉凶因素相當，則預示著既無大憂，也沒有大喜。

當限爻處於發動狀態時，需要特別小心，容易遭遇災殃。如果限爻逢空，則表示該段時間漂泊不定，沒有穩定的生活。特別要注意的是，如果限爻為辰爻或戌爻，並且加臨官鬼爻，這意味著在數年之間，行事會如夢似幻，失去清醒的判斷力。

《穿壬透易》中指出：如果限爻處於旺盛狀態，則預示胎兒將有福氣；相反，如果限爻處於衰弱狀態，則會對孕婦造成禍患。這就像懷孕的胎兒需要在合適的時勢下出生一樣。禍福的應驗主要是在太歲發動的時候。

要確定限爻所代表的具體禍福，需要根據限爻的性格進行推斷。如果限爻臨貴人，則是吉兆，會得到貴人的扶助或被朝廷徵召；如果臨驛馬，也表示吉兆，能夠四處活動，身居高位。如果臨德星，則預示喜慶宴會，如果遇到合的爻位，則好事能夠如願進

行。如果臨鬼，則會遭遇傷殘，如果正值墓位，則會較為愚昧。遇到破的爻位會有傾覆損傷的風險，遇害則會遭受侵爭。遇刑會被剋傷，逢沖則會搖擺不定。青龍象徵著婚姻孕育，臨朱雀會遇到火災或官司是非。勾陳對應的是爭鬥、訟獄，臨騰蛇則會有驚惶怪異的事情發生，白虎與疾病死亡相關，而玄武代表奸詐陰邪。按照這些規律判斷，基本上可以確保萬無一失。

黎評： 以上為論述三限的斷法。三限者，大限、小限、太歲，以限爻所值旺衰空破狀態，以及針對身世之爻的生剋沖合、所臨十二長生訣、兄鬼六神綜合推斷三限之吉凶禍福。

一、身命取三限法

在卦象中，正卦執掌三十年，變卦和互卦也各執掌三十年。每爻執掌五年，構成一限，總計九十年的運勢。

如果卦象中的六爻呈現安靜狀態，沒有產生變卦，那麼正卦就執掌三十年，互卦也執掌三十年。然後，通過升降變化的方式獲取新的卦象，也執掌三十年。

如何獲取新的卦象呢？在子、寅、辰、午、申、戌等陽時進行占卜時，將初爻提升到上爻，然後形成新的卦象。例如，如果正卦是天風姤，那麼可以形成澤天夬卦來推斷吉凶。而在丑卯巳未酉亥等陰時卜時，降上爻於下作卦，如主卦得天風姤，作天火同人卦斷之。

對於乾、坤兩卦，如果沒有互卦且不可進行升降變化，但有動爻存在的情況下，正卦執掌三十年，變卦也執掌三十年。然後根據陰陽時令進行升降變化，形成新的卦象。具體方法與前面相同，也是執掌三十年。

對於乾、坤兩卦，當六爻呈現安靜且沒有變卦時，正卦執掌三十年。然後根據占問者的出生時間起卦。例如，甲子年五月十八日酉時出生的人，以子作為月份對應正月，那麼五月對應的就是辰；

以辰作為日期對應初一日，那麼十八日對應的就是酉；以酉作為時間對應子時，那麼酉時對應的就是午。於是可以得到兌卦對應酉時，離卦對應午時。因此，以酉臨於午上，得到澤火革卦，這代表三十年的時間。

接下來再根據占問的年份、月份、日期和時間起卦。例如在甲子年正月十五日卯時進行占問，以子作為月份對應正月，那麼正月對應的就是子；以子作為日期對應初一日，那麼十五日對應的就是寅；以寅作為時間對應子時，那麼卯時對應的就是巳。於是可以得到震卦對應卯時，巽卦對應巳時。因此以卯臨於巳上，得到雷風恆卦，這也代表三十年的時間。

以上總計九十年的時間。如果年齡超過九十歲的人來占卜，則從正卦的世爻開始，每年一位，根據陰陽順逆的規律進行推斷，以確定吉凶情況。

這種方法來源於龐眉道人所著的《易學空青》抄本。書中提到這種方法在《八神筮法》、李淳風的《占燈法》以及耶律楚材的《錦囊集》等三本書中也有記載。然而世人很少得到真傳，因此在遇到坤、乾兩卦沒有互卦或乾卦不動不變的情況時無法通曉。只有這種辦法才算是完備的占卜方法。

黎評：以上為三限的排法。其以主卦、變卦、互卦各代表三十年，合之共九十年，以便推斷人生九十年運氣。如果沒有出現動爻，則以主卦、互卦、主卦的升降卦各代表三十年，以推斷人生運氣。如主卦為乾坤二卦而沒有互卦，動卦則將變卦升降，靜卦則將求卦人的出生時間與當時測卦時間引入卦中，由此推斷人生運氣。而其靜卦的元素坐宮法，與民間的咸都翁占演算法相似。

二、大限行運法

大限的推算以五年為一個週期，在確定行運時間時，需要同時考慮世爻和應爻，僅依據天干來判斷。以天山遯卦為例。

```
伏　神　　乾宮：天山遯
父母　壬戌土　▬▬▬▬　父母　壬戌土
兄弟　壬申金　▬▬▬▬　兄弟　壬申金　應
官鬼　壬午火　▬▬▬▬　官鬼　壬午火
父母　甲辰土　▬▬▬▬　兄弟　丙申金
妻財　甲寅木　▬▬　▬▬　官鬼　丙午火　世
子孫　甲子水　▬▬　▬▬　父母　丙辰土
```

世爻為丙火，應爻為壬水。丙火對應的數字是二，壬水對應的數字是一，兩者之和為三。因此，從三歲開始行運，即從世爻開始，對應於三歲到七歲，共五年作為一個大限。

如果世爻的天干為陽，則行運方向為順行；若天干為陰，則行運方向為逆行。陽干包括甲、丙、戊、庚、壬，而陰干則為乙、丁、己、辛、癸。在天山遯卦中，二爻丙火屬於「陽世」，因此運程應當順行。在八歲至十二歲這一限中，運程對應於三爻；而在十三歲至十八歲的運程中，對應於四爻。以此類推。

如果是在未起運之前的孩提時代，則以世爻代表一歲，然後依次推斷。

以上內容引自《管公口訣》，其中管公指出：「運乃是天運——由上天所定，所以根據天干來推算。」

黎評：以上為大限的排法。以世爻的陰陽為主，陽爻順行，陰爻逆行，然後將世應爻的天干五行數相加，加得幾數，即從幾數起運。

三、小限行運法

小限的推算以一年為週期，對應於一位爻，同樣從世爻開始計算。陽爻順行，陰爻逆行，來確定具體的運程。小限的計算與大限類似，也是正卦執掌三十年，變卦執掌三十年，互卦執掌三十年。

對於沒有互卦和變卦的情況，同樣可以參照前述方法進行處理。

黎評：以上為小限的排法，有如八字預測學之小運。

四、推流年月令法

如果是陽世的爻位,那麼就從初爻開始對應於十一月。如果是陰世的爻位,則從初爻開始對應於五月。正卦和變卦都會被考慮進去,共同構成一整年的運程。

黎評:以上為流月的排法,此法來源於河洛理數與太乙神數,與筮法中的起月卦身法相同。

五、三限飛行式

正卦、變卦、互卦各自從世爻起運。以占得澤天夬卦,變為雷天大壯卦,互卦為純乾卦為例,正卦的世爻丁火對應的數字是二,應爻甲木對應的數字是三,因此是五歲開始行運。

伏神	坤宮:澤天夬		伏神	坤宮:雷天大壯
子孫 癸酉金 ▬ ▬	兄弟 丁未土		子孫 癸酉金 ▬ ▬	兄弟 庚戌土
妻財 癸亥水 ▬ ▬	子孫 丁酉金 世		妻財 癸亥水 ▬ ▬	子孫 庚申金
兄弟 癸丑土 ▬ ▬	妻財 丁亥水		兄弟 癸丑土 ▬ ▬	父母 庚午火 世
官鬼 乙卯木	兄弟 甲辰土		官鬼 乙卯木	兄弟 甲辰土
父母 乙巳火	官鬼 甲寅木 應		父母 乙巳火	官鬼 甲寅木
兄弟 乙未土	妻財 甲子水		兄弟 乙未土	妻財 甲子水 應

伏神	乾宮:乾為天
兄弟 癸酉金	父母 壬戌土 世
子孫 癸亥水	兄弟 壬申金
父母 癸丑土	官鬼 壬午火
妻財 乙卯木	父母 甲辰土 應
官鬼 乙巳火	妻財 甲寅木
父母 乙未土	子孫 甲子水

	正卦	變卦	互卦
上爻	三十歲至三十四歲	五十五歲至五十九歲	世：六十五歲至六十九歲
五爻	世：起五歲限，五歲至九歲	六十歲至六十四歲	七十歲至七十四歲
四爻	十歲至十四歲	世：三十五歲至三十九歲	七十五歲至七十九歲
三爻	十五歲至十九歲	四十歲至四十四歲	應：八十歲至八十四歲
二爻	應：二十歲至二十四歲	四十五歲至四十九歲	八十五歲至八十九歲
初爻	二十五歲至二十九歲	應：五十歲至五十四歲	九十歲至九十四歲

小限每卦執掌三十年，也各自從世爻開始，從一歲起運，與大限的從五歲起運不同。

黎評：以上為大限小限流月運行方法之表格舉例。原書該表與陰陽爻順逆行的說法矛盾，思之有誤。此處為作者製作的正確表格。原書表格見後附原文。

六、如何推斷三限法

人生的貴賤貧富往往不是一成不變的，有的先顯榮而後敗落，有的先孤寂而後聲名鵲起，都是隨著時勢而變化。時，是旺、衰、刑、德的主宰。正值旺相而臨貴馬、德合的爻，即使卦的大象正值休囚，根基不厚，只要限逢當旺之爻，且加臨吉神，也預示著能夠實現心願。如果是逢凶，並被剋、刑、破且無氣的爻，即使大象正值旺相，根基殷厚，也意味著會困頓艱難，原因就在於正值衰限。所以，在大限和小限中，如果遇到衰敗、空亡、刑傷、破壞的爻位，則意味著兇險。而遇到貴人、吉神、驛馬則預示著吉祥。如果

限爻自身帶有貴人、吉神且處於生旺之位,但爻發動後變為不利之爻,或者變爻遭到剋制、破壞、刑傷、空亡,或變出退神,這都意味著由吉轉凶,會在顯赫之際突遭厄運。

若動爻遭刑傷、剋制、空亡等不利因素,但化出之爻帶有貴人、吉神且處於生旺狀態,得到生扶或變出退神,這是有救的徵兆,即使禍害發作也有化解之法。(按:上述生旺關係是根據日辰來推斷的。)

以寅日占得坎宮的澤火革卦為例。

```
伏　神　　　坎宮：澤火革
兄弟　戊子水 ▬ ▬　官鬼　丁未土
官鬼　戊戌土 ▬▬▬　父母　丁酉金
父母　戊申金 ▬▬▬　兄弟　丁亥水  世
妻財　戊午火 ▬▬▬　兄弟　己亥水
官鬼　戊辰土 ▬ ▬　官鬼　己丑土
子孫　戊寅木 ▬▬▬　子孫　己卯木  應
```

四爻丁亥為世爻和兄弟爻。由於坎卦五行屬性為水,且亥屬水爻,在寅日大象和爻神均處於病的狀態(水病於寅),因此此人會多病且氣血虛弱。至於逢死、墓、絕、胎的四種爻,其兇險更甚,即使有貴人、吉神相助,在太歲逢衰敗、刑傷、破壞之年仍會遭遇重病災難。若被刑傷而沒有化解之法,則預示著將死的時限。因為限的吉凶要等到遇到太歲流年的觸發才會顯現。

在流年太歲與二限相生合或比和的情況下,如果再遇到流年太歲、貴馬加臨於限爻,且正值旺相的,預示著能夠極大地發揮福祉。即使是凶限,其帶來的禍患也會相應減輕。相反,如果限爻正值死、墓、絕、胎四凶之爻,而又遇流年太歲臨於限爻的當衰之處,那麼立刻就會形成災禍。

此外,還需觀察流年太歲所在的限(爻),與世爻之間是否存在刑、破關係。如果存在刑、破而沒有貴馬、德合來解救的,則難以度過。

例如，大限在寅，太歲在亥，限爻到達長生的位置，即使世爻值衰、遇刑，影響也會相對較小。如果世爻正值生旺，且臨貴馬、德合的爻，又有流年太歲的貴馬、德合加臨於限爻，則該年有很大機會大發財祿。

　　再如，限在申爻，屬於四凶之列，流年太歲的地支為戌，又正值申金的衰位，金衰於戌。如果世爻在辰、未二位（世爻為辰爻或未爻），則戌年會沖辰刑未，形成刑破。這種情況下，人在四月會有疾病之虞。四月是巳月，來刑限爻的地支申，因為世爻屬性為土，四月土逢絕，所以有災病。

　　當限在申爻且位於四凶之位時，還需要根據六親關係判斷影響。如果正值太歲是無氣之年，又被太歲刑、害、剋、破的，而爻是父母爻，或者是兄弟、妻財、子孫爻，則意味著在這一年中先有父母或兄弟、妻、子之憂，後有自身的災難。

　　如果限爻逢太歲旺相之年，又遇流年太歲的貴馬加臨其上，則在這一年中先有父母或兄弟、子孫發達之時，隨後福澤才能延及自身（這取決於限爻上對應的是什麼親屬）。當然，傍爻必須與世爻不相刑、害、剋、破，才能算是真正的吉兆。

　　在丁酉年戊申月甲申日，占得雷天大壯卦。

六神	伏神		坤宮：雷天大壯	
玄武	子孫 癸酉金	▬▬ ▬▬	兄弟 庚戌土	
白虎	妻財 癸亥水	▬▬ ▬▬	子孫 庚申金	
螣蛇	兄弟 癸丑土	▬▬▬▬▬	父母 庚午火	世
勾陳	官鬼 乙卯木	▬▬▬▬▬	兄弟 甲辰土	
朱雀	父母 乙巳火	▬▬▬▬▬	官鬼 甲寅木	
青龍	兄弟 乙未土	▬▬▬▬▬	妻財 甲子水	應

　　庚午爻為世爻，甲子爻為應爻。庚金對應的數字是四，甲木對應的數字是三，合計為七。因此，從七歲開始行運。因為是「陽世」順行，從世爻上開始，以七歲作為起始，限爻是午爻。在申日，火正值病位，且午又是匿刑，預示此人必定多病。如果飛宮法確定的

六親同時位於此爻，則可推斷相應的親屬也有病。

在十二歲時是申限，限爻為申爻；十七歲時是戌限；廿二歲時是子限，此時限爻正值生旺之爻——申金臨官於申，戌土、子水長生於申，所以為吉。二十七歲時變為寅限，但寅木在申日建中處於絕地，且受到申的刑、沖、剋，同時寅又是官鬼爻，稱為伏刑之鬼。因此，此人在此限中若遇到巳、午年，必有災困——木病於巳、死於午。寅的德位在未，所以未年情況稍好。但申年、酉年，限爻（寅）正值太歲帶來的絕、胎位（木絕於申、胎於酉）。此時若不逢流年太歲的貴馬、德合來解救，則必死無疑。此人能不死的原因在於申年的驛馬在寅，而酉年的歲德在寅。因此，即使面臨極端危難，也能化險為夷。

若限爻為午（火）爻，則此人進入此限後必定多有憂患、危險和災病。若太歲在寅（火生）、卯（沐浴）、辰（冠帶）、巳（臨官）、午（火旺）、未（火衰）、申（火病）年，即使行衰限也無甚危險。但每年的七月（申月）、八月（酉月）、十月（亥月）、十一月（子月）會有小的災病，因為流年太歲與限爻相生合且不是四凶之位。若遇到酉年、子年而限爻沒有貴馬、德合相扶的，則必定無法度過，因為午（火）死於酉、胎於子。在戌、亥年可以度過是因為午與戌成三合局，且午的德位在亥。

此外，還需觀察流年太歲的前後，查看是否有諸如喪門、吊客、官符、病符、二耗、亡劫等凶煞臨於世爻與限上。各種煞星會根據其凶性來推定所對應的禍福。同時，通過考察限爻對應的是何種親屬，即可知道禍福將降臨於何人身上。

例如限爻是午爻，太歲的地支是申，吊客煞在歲後兩位，正值午位。看午爻對應的是什麼親屬，一定是在七（申）月後該親屬遭遇災病，之後是自己之災。

又如限爻是在巳爻，是位於四凶之爻，流年太歲是未，乃是（巳）火限的開始衰敗的位置——火衰於未，流年的吊客在歲後兩位，正好是巳，因此看巳爻對應的是什麼親屬，其人一定在正（寅）

月前,先有親屬之憂,而後又有自身之憂。

在《歸藏易》中提到,如果限爻正值休的階段,那麼此人必定多有疾病。而當限爻正值囚的階段時,則預示著會有獄、訟之災。如果吉神臨於限爻,各種凶災會自然減輕。相反,如果凶神臨於限爻,則會有禍患降臨。通過考察限爻的六神,可以推斷出禍福因何而起。

黎評: 以上為大限小限流月推斷總論。以十二長生訣為主,配合大限小限太歲流月的互相組合及神煞,綜合推斷求測者運氣的吉凶禍福。此例與前文所示之陰陽順逆排運法符合。

第八節　如何推斷流年運勢

遊年太歲是決定禍福的關鍵因素。因為占卜身命卦和限爻吉凶時,我們需要根據占問時的四值來作出判斷,以此預測未來的禍福吉凶。福祉隱藏在吉爻之中,而禍害則隱匿於凶爻之中。由於這些事物處於隱蔽狀態,不受到觸動就不會顯現,因此禍福的觸發是通過遊年太歲來實現的。

如果限爻原本處於吉旺狀態,而遊年太歲又恰好位於限爻的吉旺之位,那麼吉與吉相會,預示著吉祥的徵兆。相反,如果限爻原本處於凶衰狀態,而遊年太歲又落在限爻的凶衰之位,那麼凶與凶相會,預示著將會有不祥之兆。

因此,遊年太歲在禍福的預測中起著至關重要的作用。通過觀察限爻與遊年太歲的相互關係,我們可以更準確地判斷未來的吉凶禍福。

黎評: 以上為太歲與大小限的配合推斷法,其中所講到的伏者不觸不發是卜筮學中伏神應用精華的內容,也是由唐至明中期筮法的關鍵。

附：《易隱》三限論原文

七 三限

《周易玄悟》曰：凡大限小限生旺，帶貴馬德合福祿龍喜財子者吉；大限小限遇死墓胎絕，加刑害剋破，虎蛇亡劫吊喪羊刃大殺者凶。大限小限生合身世者吉，沖刑剋害世身者凶。限凶，則宜見德合以救；限吉，則惡見刑害相殘。吉逢沖剋，吉中有凶；凶逢解救，凶中有吉。吉多凶少為半吉，吉少凶多為半凶，其或吉凶相半，則憂喜俱無也。又曰：限爻動，災殃易惹。限爻空，身若飄蓬。限值天羅辰地網戌，加鬼殺者，數年之間，作事昏迷如夢也。《穿壬透易》曰：限旺則胎福，限弱則孕禍，是猶懷孕在腹，乘時而生育也。故禍福之應，遇太歲觸之而動發。若問限中是何禍福，則以限神之性言之。貴人為福，則尊貴扶擢，朝廷徵召。驛馬為福，則馳騁四方，致身雲路。德為慶會，合乃成期。鬼主傷殘，墓多蒙昧，破須傾損，害必侵爭，刑則剋傷，沖多搖動。龍為婚姻孕育，雀見火燭官非，勾乃鬥爭訟獄，武則奸宄陰私，虎為疾病死亡，蛇有驚惶怪異，依此而斷萬無一失。

身命取三限法

主卦管三十年，變卦管三十年，互卦管三十年。每爻五年為一限，共九十年。如卦值六爻安靜而無變卦者，則主卦管三十年，互卦管三十年，再從主卦隨陰陽時取升降作卦管三十年。如何取之：凡在子寅辰午申戌陽時卜者，升初爻於上作卦，如主卦得天風姤，作澤天夬卦斷之；凡在丑卯巳未酉亥陰時卜者，降上爻於下作卦，如主卦得天風姤，作天火同人卦斷之。又如乾坤二卦，無互不可升降者，動則主卦管三十年，變卦管三十年，複以變卦隨陰陽時取升降作卦，如前法，管三十年。若乾坤二卦，又逢靜而無變者，則主卦管三十年，再以占人生命起卦。如甲子年五月十八日酉時生人，即從子上起正月，則五月在辰上，又於辰上起初一日，則十八日在酉上，又於酉上起子時，則酉時在午上，酉屬兌，午屬離，即以酉

臨午，得澤火革卦，管三十年。再以來占年月日時起卦，如甲子年正月十五日卯時占，便從子上起正月，則正月即在子上，又於子上起初一日，則十五日在寅上，又於寅上起子時，則卯時到巳上，卯屬震，巳屬巽，即以卯臨巳，得雷風恆卦，管三十年，共九十年。若年高至九旬以外者，再從主卦世爻，一年一位，以陰陽順逆行之，以定吉凶。按：此式出自龐眉道人《易學空青》抄本，言此式見於《八神筮法》及《李淳風占燈法》、《耶律氏錦囊集》三書，世人鮮得其傳，故至坤乾無互與不動不變之卦則不能通，惟此式為全備也。

大限行運法

大限五年一度，行運世應兼取，單論天干。如天山遯卦，世丙火，應壬水，火數二，水數一，共三數，則三行運也，即於世上起三歲至七歲，五年為一限，陽世順行，陰世逆行（甲丙戊庚壬為陽，乙丁己辛癸為陰）。如遯卦二爻陽世，則運宜順行，八歲至十二歲輪在三爻，十三歲至十八歲輪在四爻，餘仿此。如孩提未起運之前，即於世上起一歲斷之（此法出於《管公口訣》。管公曰：運，故從天干）。

小限行運法

小限一載一宮，亦世爻起數，陽順陰逆，亦主卦值三十年，變卦值三十年，互卦值三十年，其無互無變之卦俱從前式取之。

推流年月令法

陽世初爻起十一月，陰世初爻起五月，正變二卦並取，共成期年之運。

《易隱》三限飛行式

主卦、變卦、互卦各從世爻起，如卜得澤天夬卦化雷天大壯卦，互純乾卦為例。主卦世爻丁火二數，應爻甲木三數，五歲行運也。

	正卦	變卦	互卦
上爻	十歲至十四歲	四十五歲至四十九歲	世：六十五歲至六十九歲
五爻	世：起五歲限，五歲至九歲	四十歲至四十四歲	九十歲至九十四歲
四爻	三十歲至三十四歲	世：三十五歲至三十九歲	八十五歲至八十九歲
三爻	二十五歲至二十九歲	六十歲至六十四歲	應：八十歲至八十四歲
二爻	應：二十歲至二十四歲	五十五歲至五十九歲	七十五歲至七十九歲
初爻	十五歲至十九歲	應：五十歲至五十四歲	七十歲至七十四歲

小限每卦管三十年，亦各從世爻起一歲，不如前論五起運。

三限論

人生貴賤貧富不恆，或先榮後落，或先寂後響，皆以其時也。夫時者，旺衰刑德之所主也。旺相貴馬德合之爻，雖大象休囚，根基不厚，限逢旺爻吉神，亦主所為得意；凶剋刑破無氣之爻，縱大象旺相，根基殷厚，亦主蹇滯災危起自衰限也。故大限小限遇衰空刑破者凶，遇貴德合馬者吉。或限爻原有貴馬德合臨生旺之位，適其爻動變為死墓絕胎，或變為剋破刑害空亡退神，則吉化為凶，炎炎之際，忽爾寂寂，且有不測之禍；如刑沖剋害、空死墓絕胎之爻，化出貴馬德合與生旺生扶退神者，是為有救，禍雖發而可解也（按：長生訣於日辰取之，上文出自於《管公口訣》）。如寅日卜得坎宮革卦，四爻丁亥持世為兄弟，坎卦屬水，亥又水爻，寅日大象爻神俱入病鄉，故其人必多病而氣稟虛弱也。至於死墓絕胎四爻，凶尤甚，若貴馬德合扶之，猶不免於太歲衰敗刑破之年有重病災厄，若有刑破而無救，則將死之期也。蓋限之吉凶，必遇歲君相觸而始發。凡流年太歲與二限生合比和，更遇流年太歲貴馬入限旺

相，則主奮揚發福，凶限禍亦可輕。若限在死墓絕胎四凶之爻，更遇流年太歲臨限衰處，立便為災，更看流年太歲到處之限與世爻刑破之有無，有刑破而無貴馬德合救之，不可度也。如大限在寅，太歲在亥，限爻至長生處，其世雖處衰刑，亦主無事。若世在生旺貴馬德合之爻，更流年太歲貴馬德合入限，其年必大發財祿。如限在申爻，其爻屬四凶，流年太歲在戌，又值申金衰處，若世在辰未二位，戌年沖辰刑未，是有刑破也。其人主四月有病，為四月建巳刑申限也，世爻屬土，四月土絕，故有災病。又限在申爻，居四凶之位，看其爻是何親屬，有氣無氣，如值太歲無氣之年，又被太歲刑害剋破者，或爻屬父母，或爻屬兄弟妻子，則其年先有父母兄弟妻子之憂，後有自身之災難也。若限逢太歲旺相之年，更有流年貴馬德合入其爻上，則其年先須父母兄弟子孫發達，妻妾得喜，然後福澤得及其身也（看限爻上是何親好），並要與世不相刑害剋破，乃為吉耳。又如丁酉年戊申月甲申日，卜得雷天大壯卦，庚午持世，甲子臨應，庚金四數，甲木三數，共七數，乃七行運也。陽世順行，即從世上起七歲，乃午限也。申日火值病鄉，又午為匿刑，此人必多病。若飛宮六親同居此爻，即斷其親屬有病也。十二歲申限、十七歲戌限、廿二歲子限，俱生旺之爻為吉。廿七歲交寅限，寅木絕於日建申中，又申日刑沖剋寅爻，且臨官鬼，名伏刑之鬼，其人若遇太歲巳午之年，必有災凶（木病於巳，死於午也）。寅德在未，未年稍可，申年酉年，限入太歲絕胎處，若不逢流年太歲、貴馬德合解救，死更無疑。此命所以不死者，為申年驛馬在寅，酉年歲德在寅，故雖有極危之厄，瀕死而不至於死也。又如限在午，其爻無氣，又為匿刑，其人自入此限，必多憂危災病。如太歲在寅（火生）卯（沐浴）辰（冠帶）巳（臨官）午（火旺）未（火衰）申（火病）年，此數年雖行衰限，無甚危險，惟每年七月（火病）八月（火死）十月（火絕）十一月（火胎）有小災耳（九月午戌合，雖墓不凶），為流年太歲與限爻生合，未到四凶之處。若遇酉年子年，而限中本無貴馬德合相扶者，必不可度（為午死於酉，

胎於子也)。戌亥之年，尤可度者，以午戌三合，午德在亥，此為勅助耳。更看流年太歲之前後有何兇殺臨於世上，與限上或喪門吊客官符病符二耗亡劫之類，諸殺各隨其凶性言其禍福。察其限爻是何親屬，即知禍福臨於何人也。如限爻在午，太歲在申，吊客在歲後二辰，正值午上，申為火之病鄉，看午爻是何親屬，必其人七月後有親屬之災，後有己身之災也。又如限在巳，居四凶之爻，流年太歲在未，乃火限始衰處，流年吊客在歲後二辰，正值巳上，看巳爻是何親屬，必其人正月前先有親屬之憂，後有自身之憂也。《歸藏易》曰：限帶休氣，必多疾病；限帶囚氣，必多獄訟。吉神主限，凶災自輕；凶神主限，禍來難免。察其臨限之六神，則知禍福何自而起。

八　歲君

太歲之流年，禍福之吏神也。蓋身命之卦，限爻之吉凶，俱於占時四值上取之，以為異日禍福之驗。福伏於吉爻之中，禍伏於凶爻之中，伏者不觸則不發，故知禍福之發觸以流年之太歲也。如限爻本吉旺，而流年太歲又值限之吉旺處，則吉與吉會而應其吉也。限爻本凶衰，而流年太歲又值限之凶衰處，則凶與凶會而應其凶也。

三限法原文至此結束。

第九節　如何推斷帶疾延年

官鬼位於身爻、世爻或用爻的情況被稱為貼身鬼。如果官鬼帶有破碎煞，預示著會有破相之虞。如果官鬼位於乾卦，與頭部、面部以及咳嗽類疾病有關。位於兌卦與牙齒、缺唇等疾病有關。離卦則與眼睛、心經疾病相關。震卦與氣促、驚悸類疾病有關。巽卦關聯大腿、膝蓋疾病以及疝氣等。坎卦則與兩耳、腎臟疾病有關。艮卦與兩臂、鼻、背部疾病有關，如果還帶有四廢煞，會形成背駝。坤卦則與肚腹、胸、胃部疾病相關。

如果本命爻是官鬼爻，再增加天刑、四廢等凶煞，並形成刑害剋沖身爻或世爻的格局，那麼此人必定會患病。根據凶煞屬性不同，疾病也會有所區別：屬性為木會導致瘋癲；屬性為水會導致冷瘟；屬性為火與心臟、眼睛疾病有關；屬性為土而逢絕氣的會導致麻瘋病；屬性為金而逢絕氣的會導致癱瘓。

當用爻、世爻或身爻下伏有官鬼，若被日辰沖起，這意味著此人將患病。乾卦中的水爻下伏屬性為火的官鬼，會引發心血耗盡和形容枯槁。兌卦中的金爻下伏屬性為火的官鬼，會患口疔、唇缺等疾病。離卦中，火爻下伏屬性為水的官鬼與心臟、眼睛疾病有關，若再臨羊刃，則是青光眼。震、巽卦中的木爻下伏屬性為金的官鬼意味著四肢有病。坎卦中的金爻下伏屬性為土的官鬼會導致耳聾。艮、坤卦中的土爻下伏屬性為木的官鬼會引發腹脹或傷脾等疾病。

如果是動爻化出官鬼的情況，也遵循相同的規律。用爻、世爻或身爻下伏有官鬼，預示胎兒時就存在的宿疾。用爻、世爻或身爻化出官鬼，或者官鬼來剋用爻、世爻或身爻的，這是後天新得的疾病。

《五殺歌》中提到：蹺、啞、盲、聾、朔（上朔下首）五種凶煞最怕與孤鸞煞同時出現。當它們處於旺盛狀態時尤為危險，而衰弱時影響會稍減。即使遇到生扶或相合也只能是平平之兆。在這五煞中，只有地蹺煞在旺盛時會跛腳，衰弱時僅表現為膁瘡（小腿部的疾病）。其餘四煞不分強弱。

對於上述各種官鬼，如果能遇到天醫、天解、月解等吉星庇佑，或伏有子孫爻、化出子孫爻的，那麼就不應拘泥於上述規律了。

黎評：以上為疾病推斷總論，以世上鬼爻、世身與動爻伏鬼化鬼、鬼剋世爻為憑，由鬼爻所臨的八卦、五行、神煞細斷疾病所在與來源。

第十節　如何推斷性情多樣

一、根據八卦的特性來推斷

用爻與世爻位於乾卦：個性剛直、好勝，既有德行又有威嚴。位於兌卦：性格和悅且多嘴，多情善感，喜好聲色、飲酒。若無氣，則是卑躬屈膝之人。位於離卦：性情明朗剛烈，爽直有氣節。若無氣，則性格暴躁，行事有始無終。位於震卦：志向遠大，言語豪邁，追求聲名。若爻象逢凶，內心難以捉摸，胸無定見，心情急躁，行事遲緩。位於巽卦：性情柔和，謙卑迎奉。若無氣，則是隨波逐流之人。位於坎卦：心情邪曲不正，險惡而有威嚴。若爻象逢凶，則狡詐心亂，事情多變故。位於艮卦：爻象逢吉則安穩有主見。爻象逢凶則遇事退縮。位於坤卦：性情敦厚持重，不苟言笑，胸懷寬廣，能包容。

二、根據五行特性來推斷

子水：為人清高正直，不喜奸邪污穢之事。智謀深沉。若無氣，則為人虛誇放浪，行事有始無終。

丑土：性格寬宏、清廉、正直，耿介無私，多仁多義（木庫對應仁，金庫對應義）。若無氣，則會顯得愚鈍無能。

寅木：為人雍和，有才華與藝術天賦。若無氣，則會固執、散亂。

卯木：力量強健，豪放雄邁，剛直不阿。若無氣，則內心歹毒，多有機變。

辰土：為人厚重有威望，聰明正直，不信神物，不畏鬼怪。若無氣，則會天性殘酷陰毒。

巳火：注重容貌服飾，性情爽快不隱匿。若無氣，則性情暴躁輕慢，一生多有起伏。

午火：為人強敏無私，好勝，做事急躁而迅速。若無氣，則性情剛暴，有始無終或輕慢從事。

未土：同丑土。

申金：為人重義，注重聲譽。若無氣，則好勇好殺、喜好音樂。

酉金：為人嚴明不苟且。若無氣，則會是貪心欲求、嗜好酒色之輩。

戌土：同辰土。

亥水：性情圓通，能與周圍事物相融通。若無氣，則會譎詐輕淫。若正值生旺則性情平緩；值衰則性情急躁。逢衝動，內心多有機變；發動而逢生合或臨死、墓、絕、胎之位，則麻木無知。發動而逢衝散是搏激之水，為無恆志、惶惑不定之人。

三、以六親為依據來推斷

妻財爻發動：為人好奢望，不喜深入研究。父母爻化出：憂天下之安樂，而不為個人生計擔憂。子孫爻世爻逢空：外表強大，內心空虛。兄弟爻為世爻：平庸無能，僅能滿足口腹之欲。官鬼為世爻：表面和善，內心狠辣。官鬼逢空：易怒，但不陰險。

四、以六神為依據來推斷

用臨青龍：為人和善、明理、從容。臨朱雀：言辭犀利，好爭辯，易招是非。臨勾陳：行事穩重，不輕易改變。臨騰蛇：多心機，疑慮重，虛浮不實。臨白虎：性情急躁，不仁慈，好勇鬥狠。臨玄武：喜陰謀詭計，貪心，私欲重。

青龍與騰蛇相剋：為人諂媚不忠。白虎與青龍相剋：為人勇猛且有禮。朱雀受剋：常遭誹謗。騰蛇逢合、制：多智謀。妻財與玄武相合：貪財好色。子孫與玄武相合：多情嗜酒。兄弟與勾陳相合：為人愚鈍。子孫與青龍相合：為人清雅和氣。青龍衰而安靜：安貧樂道。白虎臨兄弟：小人得志。玄武加刃星：氣量狹小，見識短淺。

五、以沖墓刑胎等依據來推斷

《燃犀錄》中說：逢沖的為人伶俐，入墓的為人呆痴，逢刑害的多為人嗜殺成性，位於胎、養的為人不夠老成。逢空而動，同時沒有生、剋的，則為人率性猖狂；安靜而不受剋、沖的，則為人胸懷高尚。如果逢衰，而又臨時辰，則氣量狹小；如果當旺，而臨月令，則度量宏大。逢沖，則多好爭鬥；遇刑，則多好訴訟。如果臨貴人，則說明為人有威德而不狂妄；臨驛馬，則意味著志在四方而喜歡遨游。帶德星則為人恭儉溫良，逢合（三合或六合）則為人從容和雅。位於八純卦中，則性情大多急躁；位於六合卦中，則性情必定寬和。

黎評： 以上為性情推斷總論。以世爻所在卦宮、所臨五行地支、旺衰長生、六親六神的生剋配合、刑沖合害、神煞組合，綜合推斷求測者的性情品格。

第十一節　如何推斷身體容貌

鬼谷分爻

六爻	頭髮		
五爻	耳目口	面須手	鼻人中
四爻	胸	背	乳
三爻	腹小腹	臀肛門	腰小便
二爻	股膝		
一爻	足		

黎評： 以上為身體容貌的分爻總論。其以爻位為主，分別類象於身體容貌各部位，此為《易隱》獨傳的分爻斷法。

一、形體

以卦身爻作為判斷依據。卦身爻屬性為金：身形瘦小。屬性為火：身形尖細。屬性為木：身形高大。屬性為土：身形矮小。屬性為水：身體柔軟且健壯，容易出汗。

木屬性且當旺：身形肥胖高大，值衰則瘦而高。土屬性且當旺：身形矮胖，值衰則既矮又瘦。有臨勾陳的兄弟爻來刑、剋：必是矮子。金、木屬性，且臨死、絕之位，又被刑、害、剋、沖：非常消瘦。化出屬性為水或木的官鬼：身體多濕氣，有風濕病。土、金屬性逢合：行、坐姿從容。

黎評：以上為推斷形體的方法，以卦身為用，參五行之旺衰沖合推斷形體之高低胖瘦。

二、頭

以上爻乾宮父母爻為用。

地支為辰、戌的官鬼爻，帶有刑、害、發動等特徵，或遇臨勾陳的兄弟爻來合住：縮頭。

臨金爻，頭部有異骨突出。六神確定骨頭位置：朱雀前，玄武後，青龍左，白虎右，勾陳、騰蛇中間或四角。帶刑，頭上有角。

屬金的子孫爻發動：癩痢頭。

屬性為木而化出屬火的官鬼：白癬或長有節疤。屬性為土：頭形扁縮。屬性為木：頭形長。屬性為火：頭形尖且多汗。

化出屬木或水的官鬼：頭瘋病。化出屬火的官鬼：頭疼病。

位於乾卦：頭形圓。位於震卦：頭形長。位於巽卦：頭形直。位於坤卦：頭形方。

遇合則頭正，被剋則頭歪，逢沖則頭搖擺不定。

六爻帶有火朔煞是頭部疾病，忌諱臨官鬼爻。

黎評：以上為推斷頭部的方法，取上爻乾宮父母為用，參八卦與五行六親的旺衰沖合推斷頭部之形狀。

三、髮

以上爻或震、巽卦中的屬性為木的妻財為判斷依據。

當旺：頭髮多。值衰：頭髮少。

屬性為木：頭髮長。屬性為金：頭髮黑。屬性為水：頭髮白。屬性為土：頭髮短。屬性為戌土爻：頭髮稀疏。

六爻與初爻、二爻相合：髮長垂地。臨青龍：頭髮滋潤整齊。臨朱雀：顏色偏紅。臨勾陳：顏色偏黃。臨騰蛇：頭髮捲曲而蓬鬆。臨白虎：顏色偏白，如果是少年則意味著頭髮剛硬。臨玄武：顏色偏黑。

黎評： 以上為推斷頭髮的方法，取上爻震巽木財為用，以旺衰推斷髮量多少，以六神推斷髮量顏色品質。

四、面

以五爻或父母爻為判斷依據。

位於乾卦：圓臉。位於坤卦：方臉。

地支為寅、申、巳、亥：臉型尖。地支為子、午、卯、酉爻：臉型圓。地支為辰、戌、丑、未爻：臉型方而肥厚。

為父母爻：臉型大。為妻財爻：顏面秀美。為子孫爻：福相。為兄弟、官鬼爻：面相醜陋，或破相、長有麻子、大痣。

屬性為水：浮腫。屬性為金：有骨感的瘦臉。屬性為火：尖削枯燥。屬性為土：額頭豐滿、鼻樑高挺。屬性為木：面色發青而長。

官鬼爻且臨騰蛇：面部多皺紋。臨玄武的官鬼：面部有黑斑痣。

屬性為火的官鬼且發動逢合：面部有傷疤。地支為卯的官鬼且發動：面部有麻子。

黎評： 以上為推斷臉面的方法，取五爻父母為用，以八卦推斷臉面之形狀，取五爻之地支五行及六親推斷臉面之美醜、胖瘦、潤枯，以六神及鬼爻推斷臉面痣疤所在。

五、相貌

以五爻作為判斷依據。臨青龍：相貌細膩豐潤。臨朱雀：常帶笑容，逢沖則神色粗暴急躁。臨勾陳：相貌局促，眉眼五官聚攏。臨騰蛇：相貌古怪。臨白虎：相貌粗丑。臨玄武：常面帶憂愁，受刑剋則是哭相。

根據來沖的神煞進一步推斷。玄武來沖：下頜尖。朱雀來沖：眼睛外凸。青龍來沖：左耳異常。白虎來沖：右耳異常。勾陳來沖：鼻子古怪。

無沖爻時，根據五行推斷：水對應口，火對應眼睛，木對應左耳，金對應右耳，土對應鼻子。

五爻不臨騰蛇，而騰蛇爻發動沖剋五爻的，根據五類（六親中除我以外的五親）進一步推斷。兄弟爻：喉結凸出。父母爻：面有麻子、黑痣。妻財爻：頭髮蓬鬆，鬍鬚捲曲。官鬼爻：有麻子或破相。子孫爻：耳、目、口、鼻等處破相。

黎評： 以上為推斷相貌的方法，取五爻為用，取五爻所值六神推斷相貌之形態，以五爻騰蛇、相剋五爻的騰蛇所臨六神與六親推斷相貌怪異之處。

六、目

以五爻，或者離卦中屬火的子孫爻為判斷依據。

臨青龍：瞳孔漆黑。臨朱雀、勾陳：眼睛突出。臨騰蛇：患有眼病。臨騰蛇且值衰：鼠眼，小而突出且目光鬼祟。臨騰蛇且值衰，又是官鬼爻，或者臨騰蛇的官鬼發動來沖、合五爻：吊眼。逢月、日建來沖：眼睛轉動不定。發動又逢沖：頻睫眼。臨白虎，或臨白虎的爻當旺發動來剋：白眼。臨玄武：淚眼。臨青龍或玄武，被臨白虎的爻沖剋：瞳孔中有白點。

離卦中屬火的官鬼，帶有刑害發動來傷屬土的用爻：瞎眼。屬性為木：花眼，或吊眼。屬性為金：瞎一只眼。屬性為水：眼睛潰

爛。屬性為火：外凸或得紅眼病。用爻當旺而逢空：一只眼睛有病。值衰而逢空，或者遇合住：眼睛微小或近視。屬性為火，當旺發動：目光如電。屬金的官鬼且發動：帶有疾病。官鬼爻，帶有月盲煞而發動：帶有疾病。

黎評：以上為推斷眼睛的方法，取五爻離宮火福為用，以其所臨六親六神、八卦五行、沖合刑害、月盲凶煞共同推斷眼睛之健康與形狀。

七、耳朵

以五爻，或者坎卦中的子孫爻為判斷依據。

屬性為木且臨青龍的，對應於左耳。屬性為金且臨白虎的，對應於右耳。

屬性為土的官鬼帶刑、害而發動的。臨勾陳、騰蛇的爻發動來合住的，耳朵會聾。

如果屬金的官鬼化出屬水的官鬼，則意味著膿液不斷。如果屬木的官鬼化出屬火的官鬼，則耳朵會生瘡。如果屬水的官鬼化出屬木的官鬼，則會導致耳朵癢痛。如果屬火的官鬼化出屬金的官鬼，則會有流血的情況發生。

黎評：以上為推斷耳朵的方法，取五爻坎宮子孫為用，以六親五行官鬼六神綜合推斷耳朵狀態與健康。

八、鼻

以五爻，或艮卦中屬土的子孫爻為判斷依據。

用爻當旺則大，值休則小。

化出屬性為金、木爻而且有氣的鼾聲如雷。化出屬性為水的爻鼻涕多。化出屬土的官鬼，且帶刑害，鼻子塌陷。化出屬火的官鬼，有血液疾病。化出屬木的妻財，毫毛多。

黎評：以上為推斷鼻子的方法，取五爻艮宮土福為用，以用神旺衰及五行官鬼綜合推斷鼻子形狀與健康。

九、人中

以五爻，或兌卦中屬土，且發動來合四爻的子孫爻為用爻。

正值旺相：則深。正值休囚：則淺。

臨青龍：則較深。臨朱雀：則發紅。臨勾陳、螣蛇：則較短。臨白虎：則較淺。臨玄武：則偏黑，或者因為鼻氣進出而潮濕。

黎評：以上為推斷人中的方法，取五爻兌宮土福動合四爻者為用，以其旺衰及所臨六神推斷人中深淺與形狀。

十、口

以五爻，或兌卦中屬水的子孫爻為判斷依據。

位於乾卦：口型圓。位於坤卦：口型方。位於兌卦中的地支為丑、未的官鬼，且帶刑、害而發動的，如果是陰爻則口齒不清，如果是陽爻則有缺齒或缺唇。

化出屬金的爻，牙齒外露。化出屬木的爻，多鬍鬚。

屬性是陽土，且逢沖，嘴唇外翻。屬性是陰土，且逢沖：好說笑。

臨勾陳而遇合，少言寡語。臨朱雀當旺而逢空，多有謊言。

化出妻財的，不注重飲食。妻財爻而遇沖，吃飯迅速。遇合，飲食緩慢。妻財加臨有龍貴，愛吃佳餚。

屬水的妻財，又被臨螣蛇的爻所沖，飲食必如豬食。屬土的妻財，又被臨白虎的爻所沖，一定貪吃。

屬木的官鬼，是大舌頭。屬火的官鬼，聲音氣息短促。屬水的官鬼，言語多荒誕不經。屬金的官鬼，缺齒。屬土的官鬼，缺唇。屬土的官鬼又逢沖，結巴。

是兌卦中的金爻，且被傷，或有臨勾陳、騰蛇的爻發動來合住的，啞巴（兌卦的徵象為口，金的徵象是聲）。

四值上都沒有屬性為金的地支，而臨朱雀的爻又逢空、絕的，斷定為啞巴。否則，只是結舌，而非啞巴。

屬性為金而當旺發動的，聲音響亮。逢空而動，愈發地響亮。發動而逢合，聲音低微。

官鬼而加臨天啞煞發動，啞巴。

黎評： 以上為推斷口的方法，取五爻兌宮水福為用，以其所臨之卦推斷口形，以其所臨六親六神及五行神煞綜合推斷嘴唇口牙聲音之形狀。

十一、須

以五爻，或震、巽卦中屬木的妻財爻為判斷依據。

屬性為火又臨朱雀，鬍鬚發紅。屬性為水又臨玄武，鬍鬚發黑。屬性為土又臨勾陳，當旺的鬍鬚黑而短，值衰的黃而短。屬性為金又臨白虎的，鬍鬚發白，或者須髯如戟。屬性為木的鬍鬚長。如果是屬性為木的妻財，又當旺而發動，則鬍鬚濃密。臨騰蛇的長而彎曲。臨青龍的既長又直而不亂。

屬性為木又臨青龍，如果逢死、墓、卒、絕的，必定沒有鬍鬚；如果值死氣而逢胎、養之位的，則略微有鬍鬚。

用爻當旺，鬍鬚多，而值衰則鬍鬚一定少。

五爻為地支為亥的官鬼且發動，須嘴人。

黎評： 以上為推斷鬍鬚的方法，取五爻震巽木財為用，以用神所臨五行六親六神旺衰綜合推斷鬍鬚之形狀。

十二、手

　　以艮卦中的兄弟爻為判斷依據。位於六爻的兄弟爻，對應的是肩和上臂。位於五爻的兄弟爻對應的是小臂。

　　臨勾陳的金爻，必定聳肩。臨白虎的金爻，手臂有力。

　　化出屬火、土的官鬼，必患搭手。化出屬水、木的官鬼，或者被屬性為水或木的官鬼刑沖的，必患風濕。化出屬性為木的爻，手臂長。化出屬性為木的爻並且來生世爻剋應爻，必定精通拳術棍法。

　　臨騰蛇的官鬼，手部彎曲。臨白虎的官鬼又遇刑害的，以及位於艮卦中的兄弟爻無故逢空的，手臂必定會折斷。臨玄武的官鬼且是金爻的，手臂上必定有刺字。

　　屬性為金的官鬼加臨有刃星，意味著有刀傷。

　　屬性為木的官鬼加財星，意味著手臂酸疼。

　　木爻化出木爻，臂上青筋暴露。木爻發動且逢合，手臂上的筋必牽連，以致手難以伸縮。化出兄弟爻，飲食已不方便。化出土爻，手臂一定短。

　　位於四爻的兄弟爻，對應的是手掌。屬性為水，潤澤。屬性為火，枯燥，手心發熱。屬性為金，潔白。屬性為土，手掌肥厚，或者手指較短。屬性為木，毫毛多，或手指長。臨青龍，肌膚細膩潤澤。臨朱雀，掌心熱。臨勾陳，手掌肥厚。臨騰蛇，掌紋多而亂。臨白虎，手掌粗硬。臨玄武的官鬼，或帶有刑、害，手掌上多有裂傷。

　　黎評：以上為推斷手臂的方法，以艮宮兄弟為用，取四五六爻位之兄弟定其雙手、大臂、小臂，以其兄弟五行化出之五行六神推斷雙手健康色澤與厚薄。

十三、胸

以五爻，或屬火的父母爻為判斷依據。

當旺則胸膛寬闊。值休則胸膛狹窄。逢合則飽滿。遇剋則凹進。

屬性為火而化出官鬼，或發動化出屬性為火的官鬼，以及就是屬性為火的官鬼的，都意味著心氣痛，或有炙瘡。

屬性為水而化出官鬼，或發動化出屬性為水的官鬼，以及就是屬性為水的官鬼的，都意味著胸部有花斑癬。

臨白虎，有白癜風。臨朱雀、勾陳、騰蛇，有赤、紫癜瘋。

金爻依舊化出金爻的，胸部骨骼顯露。

由屬性為水的官鬼化出屬水的官鬼的，經常嘔血。化出屬金的父母爻，必定患結核。

黎評：以上為推斷胸部的方法，取五爻火父為用，以其旺衰推斷胸部之飽滿與否，以其化鬼五行六親推斷胸部之健康。

十四、背

以五爻，或艮卦中五行為陰土的父母爻為判斷依據。

五行為土臨勾陳而當旺，背部豐滿厚實。五行為土臨騰蛇而當旺，脊柱處有深坑。五行為金，臨白虎而當旺，背部骨骼顯露。

屬水的兄弟爻，或由水爻化出兄弟爻，以及化出屬水的兄弟爻時，意味著吃飯時背部喜歡出汗。

化出屬火的官鬼，或者有屬火的官鬼來刑、剋時，意味著曾患有背疽、炙瘡等。

屬性為陰土的官鬼，駝背。如果是又加臨勾陳或騰蛇，駝得更加嚴重。

黎評：以上為推斷胸部的方法，取五爻火父為用，以其旺衰推斷胸部之飽滿與否，以其化鬼五行六親推斷胸部之健康。

十五、乳

以四爻，或屬性為水的子孫爻為判斷依據。

當旺則乳房大，值休則乳房小。

屬性為金、水，則乳汁多。屬性為火、土，則乳汁少。如果是屬性為木的妻財，則上面有毫毛。如果被官鬼所刑、害，說明曾患過乳癰——乳腺炎。

黎評：以上為推斷雙乳的方法，取四爻水福為用，以其旺衰斷其乳之大小，以其五行斷其奶水多少，以其鬼爻刑沖剋害斷其乳部之健康。

十六、腹

以四爻，或坤卦中屬土的父母爻為判斷依據。

當旺則腹部肥大。值休則腹部小。

臨勾陳，高挺。臨騰蛇，凹陷。臨青龍而遇合，腹必下滿。臨玄武而化出官鬼爻，腹部經常冷痛。坤卦中臨玄武的屬水官鬼發動，腹部有黑斑。臨朱雀的火鬼發動，有紅斑。屬性為金且臨白虎的官鬼發動，白斑。

化出屬性為金或土的官鬼，腹部有硬塊。化出屬火的官鬼，曾患有腹癰，否則就是經過針灸，或生有瘡痍。

黎評：以上為推斷腹部的方法，取四爻坤宮土父為用，以其旺衰斷其腹之大小，以其所臨六神、鬼爻、五行綜合推斷其腹之形狀與健康。

十七、小肚

以三爻，或妻財爻為判斷依據。

如果是土爻，肚臍必深。如果是金爻，筋骨凸露。如果是屬木的妻財，丹田上有毫毛。如果又有位於二爻的子孫爻來合，則必與

陰毛相連。

如果占問女人，化出位於坤卦的子孫爻的，則必定是懷孕了。如果子孫爻逢沖，則將要分娩。如果臨胎位而發動，也一樣。

黎評： 以上為推斷小肚的方法，取三爻妻財為用，以其用神五行相合六親胎爻綜合推斷其小肚形狀與健康，懷孕之情況。

十八、腰

以三爻，或屬性為木的妻財爻為判斷依據。

如果是官鬼爻且發動，則腰部經常疼痛，或腰軟。

如果正值衰、絕而遇合，或無故——未受日、月令、動爻等來刑傷剋害而逢空的，都意味著腰軟。

如果是屬性為火的官鬼，腰部常有毒瘡。

如果有臨刃星的金爻來刑、害的，腰部必定經過刀斧傷。如果再臨螣蛇，則其傷痕尚在。

屬性為木，臨螣蛇而發動的，如果是女子，則必定腰細善舞。

黎評： 以上為推斷腰部的方法，取三爻木財為用，以其所值鬼爻及旬空刑害等狀態推斷身體之形狀與健康。

十九、臀

以三爻，或屬土的父母爻為判斷依據。

如果屬性為土而臨勾陳，臀部厚大。如果屬性為土而臨螣蛇，臀部尖削。

如果逢沖，則必凸起。

化出火爻而帶合的，臀部有節疤，如果是陽爻則在左邊，陰爻則在右邊。相合的爻在下面，疤在下邊。相合的爻在上面，疤在上邊。如果相合的爻是子孫爻，疤靠近小便處。如果相合的爻是屬土的妻財爻，疤靠近肛門。

發動而化出屬木的官鬼,或者屬木的官鬼來刑、剋的,曾受過杖責,如果同時臨騰蛇,則疤痕尚在。

黎評: 以上為推斷臀部的方法,取三爻土父為用,以其用神所臨六神刑沖陰陽綜合推斷臀部之形狀與健康。

二十、肛門

以三爻,或妻財爻為判斷依據。

如果是妻財而化出屬火的官鬼,或者屬火的官鬼發動,來刑、害妻財爻的,則必有瘡毒血症。如果化出屬金的官鬼,則有痔瘡、肛漏。如果化出屬水的官鬼,則有脾泄症。妻財爻帶有刑、沖,則有脫肛。

黎評: 以上為推斷肛門的方法,取三爻妻財為用,以其財化鬼爻及刑沖剋害推斷肛門之疾病健康。

二十一、小便

以二爻,或子孫爻為判斷依據。

如果是官鬼爻,或下伏有官鬼,則意味著有白濁、尿血、疝氣、淋帶等病。如果化出官鬼,則是遺精、蚌幹、疽瘡、天泡等病。

如果有位於巽卦的官鬼發動來刑、害的,則必患疝氣。

如果是屬土的官鬼,而化出子孫爻,則一定是偏墜——中醫指陰囊的一側腫大下垂的症狀。

占問女人,以三爻代表陰部。如果是官鬼、兄弟爻,或者化出官鬼、兄弟爻的,則不是女性。如果子孫爻逢空、墓、絕,而四值中都沒有子孫爻的,則一定是腹中有腫塊。

黎評: 以上為推斷下體的方法,取二爻子孫為用,以其用神化鬼之五行及旬空墓絕之狀態推斷下身的健康。

二十二、股

以二爻，或巽卦中的兄弟爻為判斷依據。

如果當旺，則腿部肥大。如果值衰，則腿部瘦弱。逢沖，則意味著善於行走。當旺而動，說明行走迅急，而且有耐力。

如果屬性為土，走得慢。如果屬性為金，步履穩健。屬性為水，步幅小而急。屬性為火，行走快而搖擺。

臨青龍，行止端莊。臨朱雀，行走如雀躍。屬性為金或土，而臨勾陳，緩步徐行。臨騰蛇，彎曲前行。臨白虎，昂首闊步。臨玄武，彎曲邪行。

如果發動而逢土爻來合，懶於急行。如果被父母爻所剋，腿瘦。如果是木爻而化出妻財，腿上多毛。

如果是官鬼而臨日辰，腿部有瘡。化出官鬼，和下伏官鬼的，也一樣。

黎評： 以上為推斷大腿的方法，取二爻與巽宮兄弟為用，以其旺衰斷其肥瘦，以其六神斷其行走，以及鬼爻與化出之六親六神推斷其他形狀。

二十三、膝

以二爻，或震卦中的兄弟爻為判斷依據。

如果是官鬼爻，或下伏有官鬼，化出官鬼爻，或者官鬼爻發動來刑、剋、害的，則意味著膝部有病，或者是有鶴膝瘋，如果是陽爻則在左邊，陰爻則在右邊。

屬金的官鬼臨陽刃而來刑、剋，也意味著有刀傷。

如果是官鬼發動而逢合，則膝部難以屈伸。如果是官鬼而化出屬土的妻財爻，則有功能性障礙。

黎評： 以上為推斷膝蓋的方法，取二爻與震宮兄弟為用，以其所持所伏、化爻動鬼推斷膝蓋健康疾病所在。

二十四、足

以初爻,或震卦中的兄弟爻為判斷依據。

如果屬性為陽土,腳背肥厚。如果屬性為陰土,腳底厚。屬性為火,腳型尖削。屬性為金,骨骼突出。屬性為木,腳板長。屬性為水,腳汗較多。

用神當旺則腳大,值休則腳小。

如果是屬性為木的官鬼且發動,有腳氣。如果是屬性為火的官鬼而發動,有燒傷的傷疤。如果是屬性為水、土的官鬼且發動,腳部會糜爛。

如果臨騰蛇或白虎,又被刑、害,以及位於震卦中無故逢空的,都意味著腳骨折斷。

由水爻化出屬木的官鬼,或者由屬木的官鬼化出屬性為水的爻,都意味著風濕酸疼,不便於行走。

如果是屬木的官鬼又化出屬木的官鬼,或者有兩個屬木的官鬼來刑剋,則必定受過夾棍之刑。

如果是臨騰蛇的土爻,又是屬性為陰的官鬼,足底內凹。

如果是兄弟爻,逢空而發動,或者爻當旺逢空而發動時,遇四值來沖的,腳跟不著地。

如果是兄弟爻化出子孫爻,對應的是足趾,如果逢刑則尖,逢合則正或者是纏足。屬性為金,對應的是指甲。如果化出的爻屬土,腳指頭和指甲相平。如果化出的爻屬水,腳指頭比腳指甲長。如果化出的爻屬火且臨白虎,指甲尖利。如果化出的爻是官鬼,必受損傷。

初爻是官鬼,又加臨地蹺煞而發動的,如果逢空則跛腳,如果值衰,也會生有癢瘡。

占問女人,初爻如果是單,也就是不動的陽爻,意味著腳小;如果是拆,也就是不動的陰爻,意味著是大腳;如果是重,也就是發動的陽爻,意味著先纏足,後來又放開了;如果是交,也就是發動的陰爻,先前是大腳,後來纏小了。初爻如果受刑、沖、剋、

害,也意味著是先纏後放。如果是父母爻,腳大;如果是子孫爻,腳小;如果是妻財爻,則是半纏腳;如果是兄弟或官鬼爻又被剋,則不是歪腳,也一定有腳部的疾病。

黎評: 以上為推斷足部的方法,取初爻震宮兄弟為用,以其旺衰、六親、六神、所臨五行綜合推斷足部之形狀與健康,至於後面的女人纏腳一說,不與時代同步,讀者只需學習裡面的批斷理念即可。

第十二節　如何推斷壽命長短

以父母爻代表壽數。

凡是世爻、用爻、父母爻當旺而安靜,又沒有被刑、害、剋、破的,則必定能夠高壽。

雖然正值衰弱卻發動變出正值生旺之爻,又不受剋制的,或者正值衰弱,卻得到月令、日建、動爻來生合的,都意味著能長壽。

如果正值空亡、死、墓、絕、胎,又逢月令、日建、動爻來刑、害、剋、破的,或者用爻本來就正值衰弱,又發動變出正值空亡、死、墓、絕、胎之爻,以及被刑、害、剋、破,而原神不出現的,或者原神雖然出現,但也被傷害的,都意味著早死。

占問終壽之年死亡之年,一定是用爻正值流年太歲所在旬的空亡的那一年,或者雖然不是太歲旬的空亡,但被流年天剋地沖——天干、地支分別相沖的,也意味著會死亡。

根據流年,與月、日會局來剋世爻的時間,來確定其死期。或者流年太歲帶亡神、劫煞、喪門、弔客、陽刃、大殺等凶煞,來刑、沖、剋、害世爻,而世爻的死、墓、絕、胎位(至少其一),又在於流年、月令、日建中的,則可知死亡於此年此月此日。

黎評: 以上為推斷壽命的方法,取父母爻與世爻為用,以其長生十二決、日月動爻及刑沖剋害、流年旬空、吉凶神煞、原神旺衰,綜合分析來人之壽命幾何。

壽數經驗斷例

在丙辰年丙申月己丑日庚午時，兒子占問父親的壽數，得出水澤節卦。

```
六神    伏  神    坎宮：水澤節
勾陳  兄弟  戊子水  ▬▬ ▬▬  兄弟  戊子水
朱雀  官鬼  戊戌土  ▬▬ ▬▬  官鬼  戊戌土
青龍  父母  戊申金  ▬▬▬▬▬  父母  戊申金  應
玄武  妻財  戊午火  ▬▬ ▬▬  官鬼  丁丑土
白虎  官鬼  戊辰土  ▬▬ ▬▬  子孫  丁卯木
螣蛇  子孫  戊寅木  ▬▬▬▬▬  妻財  丁巳火  世
```

此卦中，父母爻戊申正值當旺，並且得到辰年建與丑日辰的生助，理應長壽。然而，父親在戊寅年甲子月癸卯日去世。這一年的父母爻戊申正值上甲戌旬的空亡，同時處於歲建寅木的絕地、月令子水的死地和日建卯木的胎地。原神土爻被寅年卯日的木所傷，因此導致了父親的死亡。

在戊辰年己未月戊戌日戊午時，丈夫占問妻子的壽數，得出地水師卦。

```
六神    伏  神    坎宮：地水師
朱雀  兄弟  戊子水  ▬▬ ▬▬  父母  癸酉金  應
青龍  官鬼  戊戌土  ▬▬ ▬▬  兄弟  癸亥水
玄武  父母  戊申金  ▬▬ ▬▬  官鬼  癸丑土
白虎  妻財  戊午火  ▬▬ ▬▬  妻財  戊午火  世
螣蛇  官鬼  戊辰土  ▬▬▬▬▬  官鬼  戊辰土
勾陳  子孫  戊寅木  ▬▬ ▬▬  子孫  戊寅木
```

此卦中，妻財爻有氣，年建、月令、日建都剋制忌神兄弟爻，目前並無不利。然而，妻子在丙子年丙申月庚辰日去世。雖然妻財爻戊午並未位於甲戌旬的空亡申、酉之中，但遭遇了流年子水對午火的沖剋，以及歲、月、日相會而成的申子辰水局對午火的剋制。因此，妻子在那一年去世。

在庚寅年庚辰月丁卯日甲辰時，占問自己的壽命，得出山雷頤變地雷複的卦象。

六神	伏神	巽宮：山雷頤		坤宮：地雷複
青龍	兄弟 辛卯木	▅▅▅ 兄弟 丙寅木	○→	▅ ▅ 官鬼 癸酉金
玄武	子孫 辛巳火	▅ ▅ 父母 丙子水		▅ ▅ 父母 癸亥水
白虎	妻財 辛未土	▅ ▅ 妻財 丙戌土 世		▅ ▅ 妻財 癸丑土 應
騰蛇	官鬼 辛酉金	▅ ▅ 妻財 庚辰土		▅ ▅ 妻財 庚辰土
勾陳	父母 辛亥水	▅ ▅ 兄弟 庚寅木		▅ ▅ 兄弟 庚寅木
朱雀	妻財 辛丑土	▅▅▅ 父母 庚子水 應		▅▅▅ 父母 庚子水 世

此卦中，世爻發動，化出丑爻，對太歲寅形成刑剋（黎注：原文指發動，實際沒有發動）。同時，丙寅兄弟爻也發動，剋制世爻丙戌。此外，遊年的神煞飛廉、大殺、白虎等在戌位，同時月令、日建和時辰的白虎都在戌位，形成四虎改牙的極凶之卦，預示著難免一死。因此，占問者在寅月發病，至巳月癸卯日去世。這是因為世爻病於寅、絕於巳、死於卯的緣故。為什麼不在辛卯日而在癸卯日去世？因為當時日辰的天干癸水剋制世爻的天干丙火，地支卯木剋制世爻的地支戌土，所以應驗在這一日。

在丙寅年丙申月丁巳日丙午時，占問自己的壽數，得出澤天夬變雷天大壯的卦象。

六神	伏神	坤宮：澤天夬		坤宮：雷天大壯
青龍	子孫 癸酉金	▅ ▅ 兄弟 丁未土		▅ ▅ 兄弟 庚戌土
玄武	妻財 癸亥水	▅▅▅ 子孫 丁酉金 世	○→	▅ ▅ 子孫 庚申金
白虎	兄弟 癸丑土	▅▅▅ 妻財 丁亥水		▅▅▅ 父母 庚午火 世
騰蛇	官鬼 乙卯木	▅▅▅ 兄弟 甲辰土		▅▅▅ 兄弟 甲辰土
勾陳	父母 乙巳火	▅▅▅ 官鬼 甲寅木 應		▅▅▅ 官鬼 甲寅木
朱雀	兄弟 乙未土	▅▅▅ 妻財 甲子水		▅▅▅ 妻財 甲子水 應

此卦中，世爻丁酉有氣，原神土爻得月令申金長生，忌神火爻未出現，目前無礙。然而，占問者在戊寅年戊午月壬戌日去世。此時

世爻正值甲戌旬的空亡，受年、月、日會成的火局剋制，金被火剋。同時，世爻絕於歲建、敗於月令、衰於日建，因此應在這一年去世。

黎評： 以上為推斷壽命的實例，其第一例占父壽命，以旬空、十二長生訣、四值剋制原神之時推斷死亡之期；第二例占妻壽命，以流年天剋地沖，歲月日合局剋制用神之時推斷死亡之期；第三例占自己壽命，以十二長生訣與神煞所值之時推斷死亡之期；第四例占自己壽命，以年月日合局剋世、世爻又值太歲旬空、絕敗衰於年月日之時推斷死亡之期。

第十三節　如何推斷人生十二方面

一、陳希夷安命宮法

安命宮的方法不分男女，都從正月對應於寅開始，順數到本人出生之月為止，然後從出生之月對應於子開始，逆數到本人出生的時辰來確定命宮的地支。先確定命宮的位置，然後再依次排定十二宮。

一命宮	二兄弟	三夫妻	四子息	五財帛	六疾厄
七遷移	八奴婢	九官祿	十田宅	十一福德	十二父母

首先，我們需要將正、變、互三卦，排定十二地支的位置。

如果世爻屬性為陽，則以初爻對應於子，然後依次順行。如果世爻屬性為陰，則以初爻對應於午，依次逆行。這樣輪定命宮。

命宮的位置既然已經定出，就可以根據世爻屬性為陽則順行、世爻屬性為陰則逆行的規則，來（數）排定其他十一宮。假如世爻屬性為陽，子爻正值命宮，就從主卦的初爻開始排；如果世爻屬性為陰，子爻正值命宮，就從變卦五爻開始排。在正、變、互三卦連環排定十二宮，用過一卦，則進入下一卦重新開始。

二、陽世陰世宮位速查表

排十二宮法

爻位	主卦	變卦	互卦
上爻	六宮		
五爻	五宮	十宮	
四爻	四宮	九宮	十二宮
三爻	三宮	八宮	十一宮
二爻	二宮	七宮	
初爻	一宮		

陽世順行法

爻位	主卦	變卦	互卦
上爻	六巳		
五爻	五辰	十酉	
四爻	四卯	九申	十二亥
三爻	三寅	八未	十一戌
二爻	二丑	七午	
初爻	初子起		

陰世逆行法

爻位	主卦	變卦	互卦
上爻	二未		
五爻	三申	七子	
四爻	四酉	八丑	十一辰
三爻	五戌	九寅	十二巳
二爻	六亥	十卯	
初爻	初午起		

三、十二宮斷法

首先，命宮（對應的爻位）的最佳狀態是正值旺相。如果還有貴人、祿馬等吉神加臨，那麼個人的福祉將難以估量。然而，如果命宮正值休、空亡，那麼一生中會遭遇許多困難，行為也容易顛倒，導致災殃頻發。

對於兄弟宮來說，最佳的狀態是正值旺強。如果兄弟宮能來生、合身爻或世爻，那麼兄弟關係將十分和睦。但如果正值衰、空亡，尤其是官鬼爻所在之地，那麼與這些兄弟的關係並不親密。如果兄弟宮來沖、剋身爻，那麼這些兄弟並非良善之輩。

夫婦宮的最佳狀態是正值生旺，尤其是位於妻財或子孫爻之地，這將有助於個人的發展。然而，如果臨刃煞，會有怪疾；如果正值衰、空亡，會面臨婚姻破裂的風險，難以保持長久的和諧關係。

子息宮如果有吉神加臨，預示著子孫在幼年時期就十分聰慧有活力。但如果子息宮來沖、剋身爻或世爻，這些子孫比較忤逆。如果逢衰、空又臨刃煞，會面臨子嗣稀薄的問題。

財帛宮最忌諱的是破、空之位，如果是當旺的妻財爻，則福祉無窮。然而，最怕的是臨大、小耗，玄武、劫煞等凶星，這意味著一生都會被小人侵擾，財運不佳。

疾厄宮如果正值休、空反而稱心如意，如果來生身爻或來合世爻，會有疾病侵襲。但如果身爻來剋、世爻來沖疾厄宮，則不會遭遇嚴重的疾病。最不願見到的情形是疾厄宮正值帝旺與長生位。

遷移宮如果位於身爻或世爻，意味著遷移不定，甚至喪失祖業。但如果遷移宮有吉神加臨，則遷移會帶來好運；反之，如果凶星加臨，則會只是徒勞奔波。

奴婢宮適宜正值旺相而發動，如果來生、合身爻或世爻，則奴婢對主人有深厚的情意。如果奴婢宮位於子孫爻或妻財爻，又有吉神加臨，那就如同遇到了陳琳一樣。

官祿宮要有吉星加臨，如果臨吉星而正值生旺，那麼會顯貴榮耀。但如果正值休、衰且臨凶煞，尤其是兄弟、子孫爻位在此，那

麼即使努力也會到老仍是平民。

田宅宮適宜是土爻或金爻之地，子孫能夠繼承豐厚的家業。如果是水爻、火爻或木爻之地，則財產多有進退變化。如果正值休位，那麼到老都是貧寒之人。

福德宮如果正值旺相發動且來生世爻的，一生中會經常得到貴人相助。但如果正值衰、空亡之地，那麼一生都需勤奮努力。如果臨凶煞的福德宮，即使再忙碌也會仍然貧困。

父母宮適宜正值生旺之地，如果來生、合身爻或世爻的父母宮，那麼福德能蔭及子孫。但如果正值衰、空亡之地且受剋制，那麼子孫無法依靠他們。如果父母宮來傷世爻或沖身爻的，那一定為人不仁。

附：《易隱》十二宮法原文

陳希夷安命宮法

安命不論男女，正月起寅，順數至生月止，即於生月上起子，逆數至本人生時安命。先輪定命宮，後排十二宮。

一命宮	二兄弟	三夫妻	四子息	五財帛	六疾厄
七遷移	八奴婢	九官祿	十田宅	十一福德	十二父母

先將正變互三卦，排定十二支神，陽世初爻起子順行，陰世初爻起午逆行，輪定命宮。命宮既定，遂從陽世陰世順逆數之。假如陽世子爻值命宮，即從主卦初爻起數。陰世子爻值命宮，即從變卦五爻起數。凡正變互三卦，連環而數十二宮，過而複始。

排十二宮法

爻位	主卦	變卦	互卦
上爻	六宮		
五爻	五宮	十宮	
四爻	四宮	九宮	十二宮
三爻	三宮	八宮	十一宮
二爻	二宮	七宮	
初爻	一宮		

陽世順行法

爻位	主卦	變卦	互卦
上爻	六巳		
五爻	五辰	十酉	
四爻	四卯	九申	十二亥
三爻	三寅	八未	十一戌
二爻	二丑	七午	
初爻	初子起		

陰世逆行法

爻位	主卦	變卦	互卦
上爻	二未		
五爻	三申	七子	
四爻	四酉	八丑	十一辰
三爻	五戌	九寅	十二巳
二爻	六亥	十卯	
初爻	初午起		

十二宮斷

《黃金策》曰：首論命宮宜旺相，貴人祿馬福難量，若值休空多患難，一生順倒惹災殃。兄弟宮中喜旺強，合生身世棣華芳，衰空帶鬼無同氣，沖剋身爻定不良。夫婦宮中喜旺生，財臨子值助吾身，殺刃臨爻多怪疾，衰空難保百年姻。子媳宮中吉曜臨，子孫岐嶷有精神，沖剋身世多忤逆，衰空殺刃嗣伶仃。財帛宮中忌破空，旺臨財位福無窮，最怕耗神兄武劫，一生得失小人侵。疾厄休空反稱心，生身合世必相侵，身剋世沖總不犯，最嫌帝旺與長生。遷移身世坐其爻，遷徙無恆祖業拋，吉曜臨之遷則吉，凶星如值枉奔勞。奴婢宮中喜旺興，生身合世必多情，福德養奴財養婢，吉神會遇似陳琳。官祿宮中要吉星，吉星生旺必榮身，休衰惡殺兼兄子，皓首依然一白丁。田宅宮中喜土金，子孫奕業得相承，水火木星多進退，休空到老素寒人。福德旺興生世象，一生長得吉人欽，衰空終歲身勤動，凶曜奔忙也是貧。父母宮宜生旺臨，合生身世蔭垂深，衰空受剋無瞻依，傷世沖身定不仁。

分宮法原文至此結束。

《易隱》卷二

第二章　僧道占

第一節　如何推斷安心與否

遊南子說：在探討僧道占卜時，我們需要關注多個方面。

首先，如某人有意出家，若其身世命爻遭遇孤辰華蓋，且卦中子孫爻逢空、妻財爻遇絕，則此人適合投身僧道。然而，若子孫、妻財爻當旺而發動，或卦逢六沖，則預示此人即便出家，日後也還俗。

對於已出家者，我們需側重子孫爻的動向。又自己占測看世爻，代占他人看應爻。若用爻當旺而靜，且臨龍喜、德合，則吉兆明顯。此外，內外卦中世爻與應爻均呈旺相，且相生、合、比和，不受刑、害、剋、破者，也屬吉相。若用爻得財子、福祿且正值生旺，則預示此人將富有；若得官貴且臨長生，則成為僧道之官。特別地，用爻逢官貴、祿馬、德合但正值空亡，對於玄門道教意味著成為法師，對於空門佛教則成為掌教者。

此外，卦逢六合、六爻安靜、世爻當旺而身爻逢空等情形，均預示著安享清福、長壽而終的命運。而世爻與應爻均逢空，則表示身心不定；受兩個父母爻所剋，被俗家所牽累；受兩個官鬼爻所剋，則災病纏身。世爻為兄弟爻而發動，則預示貪財好色。

世身爻臨青龍而發動，會得到貴人扶持；臨朱雀而發動，易招惹口舌是非；臨勾陳而發動，會思鄉心切；臨騰蛇而發動，做事急促且易受驚嚇；臨白虎而發動，則有官非纏身；臨玄武而發動，被賊人誣陷。

值得注意的是，子孫爻逢空亡在僧道占卜中稱為「身落空亡」，意味著大難臨頭。如得日辰或動爻來沖，或許能逃過一劫。《管公口

訣》中有言：用爻為金爻遇木的官鬼，可得朝廷冊封；遇木的子孫爻，成為高人；遇木的兄弟爻，有兄弟糾纏；遇木的妻財，得財後還俗；用爻為火爻遇火的子孫爻，定會還俗。

第二節　如何推斷建造寺觀

首先，觀察用神的干支屬性。若干支都屬木，或卦和爻都屬木，這意味著寺觀的房屋會重重疊疊。金見金，則樓臺會層疊林立。水見水，適宜修繕佛殿。土見土，需整修僧房。火見火，遭遇火災。（黎注：此處五行並見在本書家宅占中常見，注意其首次用法。）

其次，考慮父母爻與干支的關係。若父母爻與同屬性的干支相配，會承蒙皇帝的賞賜。若父母爻當旺，並能生助世爻，那麼寺觀的殿堂樓宇會顯得巍峨壯麗。當父母爻發動並化出父母爻，或者父母爻當衰而化出當旺之爻時，需要重建寺觀。

再者，根據父母爻所在的卦位來判斷適宜的建造地點。位於乾卦的父母爻，適宜建在大都市中。兌、坎卦中的父母爻，適宜靠近江河或在泉水、深澗附近建造。離、震卦中的父母爻，適宜建於鬧市區。巽、艮卦中的父母爻，適宜建在山林中。坤卦中的父母爻，適宜建在田野鄉村。

此外，我們還需考慮其他因素：官鬼發動來生合世爻的，適宜去拜謁顯貴。妻財當旺來生合世爻的，適宜去化緣。若妻財、官鬼逢空絕，或卦中沒有妻財、官鬼爻的，意味著缺乏齋飯糧食。應爻逢空絕的，意味著沒有施主。世爻、妻財逢空絕的，則不宜買入產業。

第三節　如何推斷老師狀態

如果卦中出現貴人臨父母爻，這意味著這個人的老師已經得道，他的教導和指引都是非常有價值的。如果父母爻剋制自身，表示這個人受到了老師的引導和幫助。如果世爻處於絕地，但遇到

生扶,這意味著得到了別人的點化,是在某個關鍵時刻得到了別人的幫助或啟示。如果世爻被墓所困,但遇到沖破,這意味著得到了別人的開導或啟發,思路變得開闊。如果兄弟爻旺盛並且化出兄弟爻,這意味著會得到眾人的支持或跟隨。如果年歲臨火父持世並且生合世爻,這意味著會突然得到別貴人的賞賜或榮譽。

第四節　如何推斷徒弟優劣

如果子孫爻旺盛並且生合世爻,這意味著這個徒弟是有能力的。如果子孫爻處於死地、墓地、絕地或胎養位,並且刑沖剋害世爻,這意味著這個徒弟是愚昧或背逆的。如果子孫爻處於空亡或破敗之地,這意味著這個徒弟會遭遇災禍。如果子孫爻被鬼爻所伏並且化出鬼爻,這意味著這個徒弟帶有某種疾病或隱患。如果卦值遊魂或歸魂,並且六爻相沖,這意味著這個徒弟不會久留,會很快離開。

第五節　如何推斷雲遊訪道

首先,觀察爻位是否臨於日辰對應的青龍與月令對應的白虎,或者臨於日辰對應的白虎與月令對應的青龍,且為身爻、世爻、命爻。這樣的爻位被稱為「龍虎交馳」,意味著適合訪道。其次,如果卦中遇到遊魂,而世爻帶有劫刃煞,或者世爻位於五爻且帶有亡劫煞,這意味著在道路上會遭遇災禍困頓。再者,觀察世爻和應爻的關係。如果它們相隨相合,意味著不會返回家鄉。此外,如果身爻、世爻、命爻臨龍馬,這意味著在江湖上能夠得志。若為子孫爻而合官鬼爻,則會四海馳名。如果為兄弟爻而合臨勾陳的爻,預示著將死無葬身之地。臨玄武又是妻財爻,則會在波濤中喪命。若為官鬼爻而合臨白虎的爻,中途會遇到強匪。若為父母爻而合臨白虎的爻,則預示著將榮耀歸鄉。

第六節　如何推斷密地修證

如果世爻持福德生旺在既濟未濟卦,或者在壬午癸巳丙子丁亥四爻,或者世持火子伏水化水,或者世持水子伏火化火,這都意味著坎離既濟,適合進行參禪坐關打坐等修行活動。其次,如果子孫爻旺盛並且生合臨持身世命,這意味著修行成功,可以圓滿完成修行任務。而如果身世命爻值空死墓絕胎,或者被四值與動爻刑害剋破,則難以守住戒行。如果身沖世動與六爻亂動,這意味著心神不定,容易產生疑惑。此外,如果兄弟爻發動剋世,則會有誹謗發生;如果鬼爻發動剋世,則會有災禍和官司。如果卦中上爻和父母爻動來生合身世命,這意味著會得到天佑和人護。

第七節　如何推斷修真煉性

首先,根據所占之人身份的不同,選擇不同的五行作為主宰。對於僧人,以金為主,若身爻、世爻、命爻位於乾、兌兩卦,且地支為申、酉,則為吉兆。而對於道士,則以木為主,若身爻、世爻、命爻位於震、巽兩卦,且地支為寅、卯,則為吉。其次,觀察身爻、世爻、命爻的狀態。若它們安靜且當旺,則為吉。若卦中沒有身爻,意味著難以修成正果。世爻若逢空破,則表示難以取得大的成就。此外,根據官鬼與子孫爻的關係,也能推斷出修行的吉凶。若官鬼化出子孫爻,則表示先難後易;若子孫爻化出官鬼,則意味著修行有始無終。再者,觀察日辰對應的青龍與月令對應的白虎,或日辰對應的白虎與月令對應的青龍,是否同臨於身爻、世爻、命爻。若如此,則稱為降龍伏虎,意味著必定能通過煉丹得道。同時,內卦與外卦的五行關係也值得注意:卦象值內卦為水、外卦為火(未濟),或內卦為火、外卦為水(既濟),稱為火降水升,預示著可通過面壁修行而成功。

此外,根據世爻的狀態,也可以推斷修行的結果。世爻為升爻,表示能登臨仙界;身爻如果是降爻,則會墮入阿鼻地獄。如果世爻是屬水的子孫爻,而下伏火爻、化出火爻;或者是屬火的子孫

爻，而下伏水爻、化出水爻，則都有飛升的可能。世爻是屬水的官鬼，而下伏火爻、化出火爻；或者是屬火的官鬼，而下伏水爻、化出水爻，則會實現坐化的境界。

最後，根據世爻與青龍、白虎的關係，也可以進行推斷：世爻是屬水的子孫爻而臨青龍發動，可羽化成仙；世爻是屬火的子孫爻而臨白虎遇合，則會遺骸不壞。管公提到：若身爻逢空而遇火日，有火焚之災。

第八節　如何推斷僧道還俗

首先，觀察子孫、妻財兩爻是否發動。如果這兩者之一發動，則適宜還俗。其次，觀察卦象是否遇遊魂化出歸魂。如果是這樣，也適宜還俗。另外，還可以考慮子孫、妻財正值生旺，且持世世爻來生身爻、合命爻的情況。若符合這些條件，也可以考慮還俗。此外，官鬼發動也會帶來一些不利影響。如果官鬼剋身爻、世爻、命爻，這會導致多有災禍訴訟。而兄弟爻發動則會耗散資產。最後，需要關注身爻、世爻、命爻的狀態。如果它們臨於空、死、墓、絕、胎等位置，或者被刑、害、剋、破，那麼在還俗之後會遭遇各種災難和晦氣。同時，還需要注意隨官入墓和助鬼傷身的情形。如果身爻、世爻、命爻為官鬼爻且正逢臨墓位的日辰，則災禍難以擺脫。而如果妻財爻又發動或臨日建、月令來助鬼，則會因為貪淫而受累。

黎評： 以上為論述出家僧道的推斷方法，其以身世所值孤辰華蓋，參考子空財絕等狀態推斷適為僧道。又以世身六親、六神及旬空旺衰推斷其僧道職位。父母爻代表廟宇，以父爻所入八卦旺衰推斷其廟宇之形狀與形勢。子孫爻代表徒弟，以子孫爻之旺衰及與世身之生剋沖合，推斷師徒之關係。以子孫爻所臨五行推斷適合修煉之功法，而修煉的結果以世爻五行斷之。又論還俗之吉凶，則是以世爻的生剋組合來做推斷。

第三章　家宅占

總論　兩種家宅論法

　　遊南子道：關於家宅的占問可以分為兩種。

　　首先，對於已經安居的家庭進行占問。觀察內卦和外卦的卦象，內卦代表宅，外卦代表人。如果內、外卦正值旺相，則預示人宅興旺，充滿生氣；若正值休、囚、死，則表示居住環境缺乏生氣，人丁和牲畜有所減損，家道難以昌隆。若內、外卦之間相互生、合、比和，則吉；若相互刑、沖、剋、害，則凶。若正值空亡，則尤為兇險。

　　其次，若卦象正值衰、空，則進一步觀察二爻和五爻的狀態。二爻代表宅，五爻代表人。若人（五爻）剋宅（二爻），則說明住宅佈局合理；若宅剋人，則預示住宅不能為家庭帶來興盛，家庭成員面臨困境。若二爻當旺，則預示住宅多；若五爻當旺，則預示人口多。若二爻和五爻逢休、囚、死或相互刑、沖、剋、害，均是凶兆。若爻也逢空，則是「空而又空」，預示將有滅門之禍。

　　此外，還要考察六親與各爻的關係。世爻代表自己，應爻代表妻子，陽爻的父母爻代表父親，陰爻的父母爻代表母親，陽爻的兄弟爻代表兄弟，陰爻的兄弟爻代表姐妹，陽爻的妻財對應妻子，陰爻的妻財對應妾、婢、僕，陽爻的子孫爻對應兒子，陰爻的子孫爻對應女兒，陽爻的官鬼對應祖父，陰爻的官鬼對應祖母。用爻出現在卦中為吉；用爻正值旺相且得歲、月、日建生合為吉。用爻若正值休、囚、死、空亡或伏藏則凶；若帶凶煞發動且被三傳刑、害、剋、破則更凶。特別的，用爻是官鬼（黎注：此處用了變六親法）或其下伏有官鬼或化出官鬼時，若官鬼屬性為陽則預示有官司訴訟，屬性為陰則預示有災禍病患。凡是用爻伏於官鬼下的，意味著必有病患或訴訟，行事多受阻礙，出入不便。

最後，將一年分為四季。若用爻是屬性為木且帶吉神的爻，則預示春季有喜慶之事；屬性為火的官鬼帶凶煞則預示夏季災禍；屬金的妻財應在秋季得利益；屬水的兄弟爻會在冬季破財難免。土爻若帶有吉凶征應，則根據其旺相的時間判斷（辰在三月，未在六月，戌在九月，丑在十二月）。遇空亡時，帶有吉兆的爻逢空是凶，帶有凶兆的爻逢空卻是吉祥。

除以上主要環節外，還會針對井、灶、床、廁、門戶、道路、香火、棟樑、墳墓、六畜等進行吉凶考察。

對於臨事來占問的情況，首先要觀察眼下有何吉凶。如果遇到父母爻發動，這意味著子孫將受到傷害，牲畜受損。若兄弟爻發動，妻子和財產都將面臨危險，遭受損失。而官鬼爻發動則會傷及兄弟，導致整個家庭不安，官司是非也會隨之而來。子孫爻發動則會剋丈夫，會導致削職。

臨事吉凶方面，若官鬼臨青龍，則喜慶之處產生災禍。若官鬼、兄弟爻臨朱雀，將有口舌是非和財產損失。臨勾陳的官鬼預示田土邊界問題或契約糾紛。騰蛇則常常預示虛驚。白虎代表喪孝、刀兵、鬥傷或跌傷等禍患。而玄武則預示盜賊或奴婢逃亡。

爻位吉凶方面，二爻逢凶則灶神不安穩。三爻逢凶則床、席不寧。五爻逢凶則供奉神佛處不寧。對於其他方面，如廁、碓、門、路、墳墓和六畜等，可以根據所對應的爻位逐一推詳其吉凶狀況。

黎評： 以上為論述家宅占的推斷方法，其共有二法，一是以卦來講，內卦為宅，外卦為人，二是以爻來講，二爻為宅，五爻為人。以其內卦外卦的旺衰狀態、生剋組合，二爻五爻的六親旺衰、生剋沖合，共同推斷人宅相配的吉凶與否。又以各爻位代表宅中不同之事物，以其爻位、動爻、卦氣、六神、飛伏、神煞，綜合判斷宅內各項事物吉凶。以下為分爻類象、一卦細斷家宅之法。

鬼谷分爻表

爻位	六親類象	家人類象	住宅類象	院落類象	內宅類象	六畜類象
上爻	祖妣	奴婢	宗	棟柱	牆籬	馬
五爻	父	宅長	香火	道路	人口	牛
四爻	妻	坑廁			外戶	羊
三爻	伯叔	兄弟	正門	閣房	床碓	豬
二爻	母	宅母		學堂	廚灶	貓犬
初爻	子孫	基址		溝	井	雞鴨

第一節 如何推斷宅基形態

以月卦身為基準，身爻作為關鍵用爻。若身爻正值旺相，則宅基寬大，象徵著穩固與寬闊。相反，若身爻正值休囚，則宅基顯得狹小，暗示著空間的局促。此外，身爻屬性為陽時，宅基多呈方形；屬性為陰時，宅基則多呈圓形。

身爻若位於乾卦中，預示著宅基較高，位於山地或高地。若在兌卦，則宅基靠近池塘或湖泊，水景優美。在離卦，宅基則是乾燥且向陽，靠近窯場或冶煉場所。震卦則表示宅基靠近熱鬧的市區或樹林。巽卦意味著宅基附近有竹園、樹木或菜園。位於坎卦的宅基低窪，緊鄰湖泊、沼澤、池塘等地。艮卦的宅基靠近山陵或墳墓。坤卦則表示宅基靠近平原、郊區或曠野墳墓。

身爻地支為子，預示著宅基兩端尖中間寬。丑爻則宅基前面狹小後面寬大。寅爻表示需要在較遠的地方打下樁基以穩固宅基。卯爻表示兩家宅基相連。辰爻預示著宅基較高。巳爻表示宅基被他人包住後面。午爻則是前面大後面尖。未爻的宅基呈長型，後面如同鑰匙一樣勾轉。申爻表示石階中間寬。酉爻意味著四方不開闊。戌爻預示著宅基呈橫向發展。亥爻則表示宅基位於水流彎折處，需特別注意水患問題。

身爻為陽爻動時，宅基彎曲且呈圓形，象徵著和諧與圓滿。若身爻為陰爻動，則宅基方正且直，代表著穩定與正直。

若身爻逢刑沖，宅基會出現高低不平的情況，周邊也會有破缺之處，需特別留意。若逢生合，則宅基方圓整齊，象徵著和諧與平衡。

若身爻與日辰、動爻之間形成三合關係，但遭遇到刑、沖、剋、害的情況，意味著宅基在某一方位上存在缺憾。例如，子日或子爻發動來傷害身爻，預示在北方有缺。

若身爻遭遇三刑，宅基位於尖角位置，這在風水上被視為不佳之地。而六害的出現則表示宅基位於崩敗之處，需要警惕。

當卦逢六合時，宅基位於中央地帶，意味著中庸與平穩。然而，若卦值六沖，則宅基位於街頭巷口處，面臨較多的外部干擾和變化。

若身爻為父母爻，宅基上存在舊屋。身爻為兄弟爻時，只有一半的財產權。若身爻逢空且伏有官鬼，則宅基全部屬於他人。

若身爻下伏有官鬼，這不是官府的基址，便是帶來災殃的絕地，應小心規避。下伏有子孫爻，是道觀或僧房的基址，動爻對應的是道觀，靜爻對應的是廟、庵。若身爻未出現或不在伏爻中，且身爻臨空、絕，這並非絕戶之地，便是他人之宅基。

若父母爻化出官鬼，這是絕戶之地或官府的基址。身爻為衰弱的木爻，意味著此處曾是茅草小路。若身爻為金爻且化出金爻，需要拆除房屋來開闢宅基。身爻為土而化出金爻的，則需要移除高岡並填塞低窪。而身爻為土且化出土爻的，需要填塞低窪並與高處看齊。

還可以從特定情況來看。若臨青龍的父母爻當旺發動，剋身爻的，東邊有房屋逼迫宅基。臨白虎的父母爻當旺發動，剋身爻的，右邊已賣出。

屬水的官鬼來剋身爻的，地基潮濕。朱雀的妻財化出父母爻的，地基曾被火焚燒過。

二爻來剋身爻的，宅基狹小。身爻剋制二爻的，宅基不方正。三、四爻來剋身爻的，門戶與宅基相沖。五爻來剋身爻的，有道路與宅基相沖。六爻來剋身爻的，有牆壁與宅基相沖。

帶有土屬性的初爻與應爻來生合卦身的，能併入宅基地。

地支為子的兄弟爻發動來剋身爻的，有北方人來爭宅基地。地支為午的兄弟爻發動來剋身爻的，有南方人來爭宅基地。東、西方向以此類推。

黎評：以上為論述宅基的推斷方法，取月卦身為用。以月卦身之旺衰推斷宅基之大小，以月卦身所在八卦推斷宅基所在之地理環境，以月卦身所臨地支推斷宅基形狀，以月卦身所值之爻位、六親、沖合、六神、化爻、伏爻等綜合推斷宅基各方形狀、安穩否泰。

第二節　如何推斷水井水管形態

井位以初爻為基準，也可以考慮臨白虎的子孫或申金爻作為用爻。

井的位置：初爻的干支為庚子時，意味著井位於屋下。若為甲子，則井位於門前。若日辰、父母爻來生合初爻，則井位於坡下。初爻若臨勾陳且逢三合，井在牆角處。內卦為坎卦而變離卦，以及水爻化火或火爻化水，均表示井與灶相連。初爻與三爻相合，表示房屋與井相連。

井的狀態：初爻臨青龍且當旺，但逢沖，是新井。臨白虎且逢衰、死，是舊井。

初爻逢空且發動，井未打完。旬空且逢沖，打井不久。

初爻為官鬼且逢空，是廢井。水爻逢死氣，井室常閉。

土爻帶煞發動，刑、沖、剋初爻，井堵塞。青龍水爻帶墓、絕，枯井應打開。

父母爻化兄弟，繼承的井。兄弟又化兄弟，與人共用一井。

父母爻表示有井亭或肋下井。

在占卜中，初爻的解讀至關重要。初爻臨月令、日建對應的白虎，這意味著這是一口虎眼井。如果初爻由水爻化為水爻，那麼這就是一口雙眼井。如果初爻、伏爻、化爻相同，那麼這就是一口三眼井。如果初爻與三傳相並、合，那麼這就是一口四眼井。

初爻如果是臨青龍的妻財、子孫爻，那麼這口井的水質將會清澈且充足，能造福周邊的百姓。相反，如果初爻是臨朱雀的火爻，那麼這口井會一直處於乾枯的狀態。而如果初爻是臨朱雀的水爻，那麼這口井則能給人們帶來長久的福祿。

初爻如果臨勾陳的土爻，那麼會有接連不斷的官司糾紛。如果初爻是屬性為金，且臨騰蛇的動爻，那麼意味著井中埋有屍骨。如果初爻是地支為巳，且臨騰蛇的動爻，那麼意味著井中有蛇怪出沒。如果這種情況還加臨大殺，那就意味著有毒蛇存在。

初爻如果是臨白虎的官鬼爻，那麼會因為這口井而引發周邊的災禍，甚至波及周圍的十室。初爻如果臨玄武，並且是臨朱雀的水爻當旺而發動，那麼這口井的泉眼不會乾涸。但是，如果同時臨玄武和大殺而發動，那麼井中的水會變得黑濁。

當壬戌、癸亥爻發動來合初爻時，井中的水味會偏鹹。而當丙午爻發動來合初爻時，水味則會偏淡。如果臨大殺的丙丁爻發動，那麼井中沒有水了。如果初爻是壬癸爻且發動，那麼泉眼數量會很多。如果初爻為水爻且正值長生，那麼井水會經常氾濫溢出。當合動來生合初爻時，井水會變得清澈並溢出。如果初爻是水爻且發動，那麼水無法積蓄。如果是土爻且發動，那麼水質會變得渾濁；如果是土爻且逢空，那說明這是一個水池。而如果初爻是臨咸池煞的土爻，那意味著井中的水已經腐臭，不能食用。

二爻代表井欄，若父母空亡，則意味著井欄不存在。若父母爻受到刑沖，則井欄受到損壞。二爻與虎金相合，表示是石制井欄。辰卯相旺且合，則會是竹制井欄。庚寅旺合，則是木制井欄。戊寅旺合，則是竹制井欄。如果二爻武旺或武動且逢沖，那麼井欄會被盜。

初爻代表井的狀態和位置。若初爻勾陳遇到刑破，則井下的柵欄已經破損。初爻受土剋，則會發生水洩漏。初爻臨丑土並加勾陳，表示井邊有半片磨石。金虎動合初爻勾陳，表示井旁有頑石。初爻臨辛丑而逢勾金動合，表示井旁有舊缸底。初爻加旺虎在艮宮，表示井旁有灰堆。初爻加天河、天井、小殺動，表示有小兒落入井中。

初爻下伏鬼，表示井中有枯骨。下伏卯，則會表示井中有竹物。金動沖合初爻，表示瓦罐掉入井中。初爻加勾殺動，表示窯器掉入井中。庚戌、辛亥沖初爻，表示首飾掉入井中。初爻持金蛇動，表示鐵鉤掉入井中。壬申、癸酉沖初爻，表示劍掉入井中。虎加土煞動，表示石塊掉入井中。酉金沖合初爻，表示雞飛入井中。初爻加寅虎動，表示貓掉入井中。丙辰加龍德動，表示井中有魚龍。金虎加大殺動，表示井中有鐵器精怪。初爻加光影殺動，表示井中有異象。初爻加天燭殺動和雀臨丁巳動且受刑的，表示井中有火光作怪。

此外，二爻代表宅母，而初爻代表宅子（井），二者相生合為吉兆，相刑剋則為凶兆。

卜卦問及開井事宜時，若遇玄武水旺動或申金旺動，則泉水容易湧出。日辰與水動合的爻位對應的地支方位有泉源。

耶律楚材在研究卦象時指出，當卦中出現申金爻且處於旺相狀態時，意味著該處有井的存在。這是由於水五行長生於申的緣故。然而，如果申金爻處於死、墓、空、絕等不利的狀態，則預示著這是一口枯井。進一步觀察，如果申金爻下伏有官鬼，則表示該井沒有井欄。若下伏帶有殺星的爻，這意味著水質惡劣。相反，如果下伏的是妻財，則表示水質清澈。至於爻位的具體位置，下伏父母爻的為屋簷下的井，而下伏子孫爻的則是位於道路旁的井。如果下伏的是兄弟爻，則表示該井是與人共用的。當卦中出現兩個申爻時，意味著存在兩口井。有種說法，如果日辰與申爻相合，那麼只有一口泉眼可以出水。如果在卦中完全看不到申爻的存在，那麼就意味

著該處沒有井。即使申爻臨玄武並處於旺相狀態，如果缺少水爻的支持，也不能算是真正的井。但當臨玄武的爻旺相，再遇到臨勾陳的爻來並、合時，預示著這口枯井可以開鑿出水源。還有種說法，井爻不動不發達，這句話是經驗。

黎評： 以上為論述水井的推斷方法，取初爻與白虎子孫申金為用。以其初爻六親、地支推斷水井所在地理位置，以其內卦五行、六神、旺衰、刑沖、化爻六親、伏爻六親，六神所臨六親等，綜合推斷水井的形狀與吉凶。

第三節　如何推斷住宅區域與二十七項細節

在判斷住宅吉凶時，我們以二爻作為主要用爻，同時也參考父母爻。父母爻代表正堂，即正房；官鬼爻代表廳堂；妻財代表廚房和倉庫；子孫則代表走廊、廂房、披屋和道路；兄弟爻代表門戶和牆壁。特別地，臨玄武的水爻代表廁所。

如果這些用爻正值旺相，並且得到四值（即年月日時）的生合，同時有貴馬、龍喜、德祿、財福等吉神動來相助，那麼這表明新建造的房屋佈局合理、整齊有序。反之，如果用爻正值休、囚、空、死、墓、絕、胎等不利狀態，又受到四值的刑、沖、剋、害，再加上騰蛇、白虎、亡劫、刃殺等凶煞發動，這表示舊居已經破敗不堪。

特別注意，宅爻或用爻一旦發動，會對財運產生負面影響。如果宅爻逢空，則預示將遭遇災禍。而當宅爻空動時，更是不祥之兆，預示著家族將走向衰敗甚至絕戶。當宅爻當旺而動時，意味著需要重建住宅。若宅爻正值旺相，則預示家族將繁榮昌盛。但若宅爻值休，則會需要遷移。而宅爻值囚，則會預示家中有人去世。至於宅爻值死位，則預示房屋將被出售。

在干支配置方面，如果宅爻為水而配屬火的天干，這意味著能發揮家業。若宅爻為木而配土干，則會得到資助。相反，宅爻為火而配金干，意味著住宅需要翻新。至於宅爻為土而配木干的情況，

則會表示房屋已經出現破損。如果宅爻的干支都屬木,這意味著住宅中樓閣建築重重疊疊。如果又是木命的人前來占問,那麼這座住宅豪華如宮殿,擁有五個門洞。

如果貴人、福德加臨於宅爻之上,那麼這家人是名門望族。若華蓋、文昌加臨於宅爻,則這家人是當今社會知名的官宦的家庭。另一方面,如果宅爻的干支都屬火而沒有水,那麼這是一座貧寒之居;而宅爻的干支都屬水(黎注:或是宅爻屬水見動爻水,以下類同)而沒有金,則意味著這所住宅的主人較為貧困。若宅爻的干支都屬水且遇到兩金的關係,那麼這家人中有出任禦史的人才。若宅爻屬性為木且逢兩土的關係,那麼這家人中有成為宰輔的人才,從而千古流芳。

在家庭關係方面,如果宅爻臨水見火,並且是兄弟爻的配置,這表示這是一個和睦相處的家庭。另一方面,如果宅爻臨水見金,並且是父母爻的配置,那麼這是一個和睦融洽的家庭。然而,如果宅爻是官鬼爻且逢空而發動,那麼這將預示著有大難降臨。特別是當宅爻臨太歲且逢空而發動時,家人面臨嚴重的生命威脅。另外,如果宅爻臨白虎且逢空而發動,那麼這家人將遭受嚴重的損失,無論是人還是牲畜都會受到傷害。(以上內容摘錄自《管公口訣》)

若父母爻呈現空亡狀態,則表示正堂不存在。當父母爻處於囚或死這兩種衰弱狀態時,表示堂屋已經崩塌或頹敗。

若父母爻化出父母爻,這意味著存在兩個堂屋,或者是樓房,甚至是拆除舊屋以重建更大房屋的跡象。如果父母爻轉化為子孫爻,那麼意味著舊的房屋被拆除,並且建造了更小的房屋。當父母爻轉化為妻財爻時,意味著舊的房屋被改造為廚灶、閨房或倉庫。若父母爻轉化為官鬼爻,則表示堂屋被改建為廳。若父母爻遇到凶煞並且處於衰弱狀態,則會表示該房屋被官府沒收。若父母爻轉化為兄弟爻,則會表示要安裝門或修建廁所。

若父母爻伏於子孫爻之下,則會表示偏屋被用作正屋。當父母爻伏於妻財爻之下時,表示爐灶被設置在房間內部。

若父母爻下伏有兄弟爻，則會表示有兩家人共用一個出入口。若父母爻下伏有子孫爻，則會表示從屬地位的房屋高度較高，而正屋反而較低矮。若父母爻下伏有官鬼爻，如果不是官宦人家，則會住在官府的房屋裡。

若所伏的官鬼爻與父母爻相合，則會表示停放靈柩在正堂。若所伏的官鬼爻屬木且帶有凶煞而呈現空亡狀態，則會表示是草屋。若所伏的官鬼爻屬火且處於衰弱或死亡狀態，也是草屋的跡象。若所伏的官鬼爻屬水，則會表示房屋下潮濕並漏水。若所伏的官鬼爻屬土且處於旺盛狀態，則會表示屋簷下有斜坡。若所伏的官鬼爻處於死或墓的狀態，則會表示屋下有埋藏的屍體。若所伏的官鬼爻屬金且處於生旺狀態，則會有城塔存在；而當其處於衰弱狀態時，則是草屋的跡象。

如果官鬼爻位於朱雀方位，則會在前方；若位於玄武方位，則會在後方；位於青龍方位，則會在左邊；位於白虎方位，則會在右邊。

若官鬼爻呈現空亡狀態，則表示沒有廳的存在。當官鬼爻化出另一個官鬼爻時，意味著存在兩個廳。如果官鬼爻帶有殺星，則會表示住宅所在地不吉祥，夜間容易遭遇怪夢。如果官鬼爻對身爻或世爻進行刑、沖、剋、害，則預示著將面臨重大的災禍和訴訟。若官鬼化出兄弟爻，會損失財物並招致盜匪。若官鬼化出父母爻或其下伏有父母爻，即使不是官宦他人，也極有可能是官府的房屋，或者是沒入官府的房屋。同時家中有病人或鬼祟作祟，容易招致口舌是非。然而對於顯貴的官員來說，這並無妨礙。

若兄弟爻化出兄弟爻，則會表示門戶安全防範得當，但也預示著因小人搬弄是非而導致的災禍。若兄弟爻化出官鬼爻，則會表示將面臨官司和口舌是非，並會損傷妻妾或財物。

當屬於木屬性的官鬼爻剋制宅爻時，這預示著家中會出現患有瘋癲、癱瘓、燥癢或麻風等疾病的人。同樣地，若屬水的官鬼爻對宅爻產生剋制作用，則暗示家中將有人受到冷瘟、濕氣、崩淋等疾

病的困擾。火屬性的官鬼爻剋制宅爻時，預示著白目、癲癇等病症的出現。土屬性的官鬼爻剋制宅爻，則暗示著蠱脹、黃腫、喘急等病患。而金屬性的官鬼爻剋制宅爻時，意味著家中將有人患上癆瘵、癱瘓、啞症、聾症、喘氣或咳嗽等疾病。然而，這些推斷僅在宅爻處於絕氣狀態時有效，若遇到有日辰或動爻來生合的情況，則不能輕易作出這樣的結論。此外，若宅爻本身為官鬼爻且發動來剋制世爻、身爻或命爻，情況亦是如此。

要瞭解家中誰患病，需要觀察官鬼爻與哪些爻存在刑、害、剋、沖的關係。具體來說，官鬼爻所屬生肖的人，以及被官鬼爻刑、害、剋、沖的爻所對應的生肖的人，都會患病。例如，若官鬼爻屬子（即鼠），則屬鼠的人會患病；由於子與午相沖，因此屬馬的人也會受影響；子又剋制巳，所以屬蛇的人需要留意；同時，子還與卯相刑，這意味著屬兔的人也會面臨健康問題。

根據《畢法賦》的論述，如果臨病符的爻對宅爻產生剋制作用，那麼全家人都會患病。特別是當這種情況出現在月令所對應的生氣方位時，全家人患病的概率更高。若出現在月令所對應的死氣方位，則意味著家中有人會離世。此外，如果人口爻（即五爻）是帶有白虎屬性的官鬼且處於發動狀態，那麼這種預示將尤為靈驗。

黎評： 以上為論述家宅占的推斷方法，取二爻與父母爻為用。父母為堂，官鬼為屋，妻財為倉灶廚房，子孫為走廊廂房、披屋道路，兄弟為門戶、牆壁，若值玄武水爻則為坑廁。以其旺衰生合、十二長生、六神神煞等，綜合推斷宅之與運氣。以二爻五爻推斷宅居之富貴貧賤、謀望吉凶，以二爻之六親所化六親與六神推斷宅居之吉凶，以六親之飛伏推斷宅之堂、廳、倉、灶、廚、廊、廂門之形狀變化。而一個家宅又由正堂、灶、廳、廁、走廊組合，由卦中爻位及其他吉凶組合分別推斷其各項形狀。又以六親及化爻六親及六親伏神，配六神旺衰神煞，綜合推斷家宅狀態與所居何人吉凶。以下詳論其家宅細節之法。

一、如何推斷住宅方向

在占卜中確定住宅的朝向時，世爻被用來表示房屋的坐向，而與之相沖的方位則代表了房屋的朝向。具體而言，世爻之前的兩爻象徵著住宅的前方，世爻之後的兩爻則對應住宅的後方。但歸魂卦是個例外，它反映的是從外部回歸內部的情形，因此僅將二爻和初爻視為宅前，而四爻和五爻則代表宅後。舉例來說，如果世爻是子，那麼房屋的朝向就是午。

然而，這種推斷僅在世爻為當旺的靜爻，並且得到日辰的生扶時才有效。如果世爻發動，或者受到日辰的沖剋，那麼就需要利用與世爻相生的前一爻來確定朝向。例如，如果世爻前面的爻是寅（因為子水生寅木），那麼朝向就應該是申（因為寅與申相沖）。

如果前面的爻與世爻存在相剋關係，那麼就需要顛倒前後關係，取與世爻相沖的爻來確定朝向。例如，如果世爻原本屬於子（即子爻），在這種情況下就應當認為房屋的朝向是午而坐向是子。

吉利的朝向與龍德、貴喜等吉神相關聯，或者是妻財、子孫等爻且處於生旺狀態，以及與四值（年、月、日、時）相生合的方位。相反地，凶煞的朝向則與白虎、亡劫、刑刃等凶神有關，或者是兄弟、官鬼等爻且處於空亡、死、墓、絕等不利狀態，以及被四值（即年月日時）刑、害、剋、破的方位。

黎評： 以上為論述家宅方向的推斷方法，取世爻為宅，沖者為向，參世前之爻、世後之爻推斷家宅前後之方向，又配其向在卦中所臨吉神凶星、生剋刑沖推斷方向之吉凶，開門之優劣。

二、如何推斷住宅前後有物妨礙

在占卜中，若要瞭解住宅前後存在的妨害因素，需仔細觀察世爻前後的爻象。

若臨日辰的父母爻與世爻相沖剋，則預示著屋宇存在問題或妨害。

若臨日辰的子孫爻沖剋世爻，且處於旺盛狀態，則意味著道路方面存在妨害；若其處於衰弱狀態，則會是私街或冷僻的道路帶來的妨害。

當臨日辰的妻財爻與世爻相沖剋時，若該爻為陽爻，表明樓屋、女戶（牆）或喬木對住宅有不利影響；若為陰爻，則會是廚灶、閨房或倉庫等方面的問題。

臨日辰的兄弟爻沖剋世爻時，若其旺盛，暗示門戶位置不佳；若其衰弱，則會是廁所或簷角的位置不當所致。

至於臨日辰的官鬼爻沖剋世爻，旺盛時意味著街坊或廳廊的不利影響，而衰弱時則會與廟社有關。

如果世爻下有官鬼伏藏，預示著墳墓帶來的妨害。特別是當臨日辰的屬金或火的官鬼爻沖剋世爻時，是石敢當（古代的一種辟邪物）的位置不當所致。

屬金的官鬼爻在不同狀態下也會帶來不同的妨害：如長生狀態下暗示巷牌的影響；衰弱或被剋時是破敗的社壇或廢棄房基的問題；受刑沖時與社壇、學館有關；旺盛發動且受日辰沖並時，則會是石岡的不利影響。

對於屬火的官鬼爻，若臨朱雀且長生發動沖剋世爻，與窯灶有關；屬水的官鬼爻臨玄武且生旺沖剋世爻時，與瓦流相關；若該水爻處於死、墓、絕、胎等狀態，則會與乾枯的水池或水井有關。

屬木的官鬼爻臨青龍且長生沖剋世爻時，是松柏的影響；若處於死、絕狀態則與竹林有關；入墓時則會是墳墓附近的樹木帶來的問題。一般情況下木爻沖剋世爻與橋樑、道路有關；若生旺則會是墩坡或城角的影響。

最後，屬土的官鬼爻在旺盛發動沖剋世爻時與神廟有關；若衰弱發動則會與伏屍、古墓等不利因素相關。（根據《耶律氏錦囊集》整理）

黎評：以上為論述宅前後妨礙物的推斷方法，取臨日辰與動鬼沖剋世爻的世爻前後爻推斷宅之前後何物相妨，再推妨物形狀，並可由此推斷出相妨風水所導致的後果。

三、如何推斷蓋房與工匠情況

在占問房屋建造之事時，有若干跡象可尋。若宅爻位於震、巽卦中且旺盛發動，或初、六兩爻為木爻且同樣旺盛發動，這預示著新居的興建。若這些爻旺盛卻安靜，則意味著住宅已建造完成。

要探究建造或修繕住宅的動機，可觀應爻與世爻的關係。若應爻沖世爻，表示陰陽有所妨礙。世爻旺盛併發動，往往因追求富貴而興土木。若世爻發動又遇合爻，暗示有人從中作梗。世爻安靜卻逢沖，則會是受他人鼓動影響而建造。若臨日辰的父母爻來剋世爻，修葺之因是風雨災害。世爻為父母爻卻逢空，建造則是為了有個棲身之所。

金爻與木爻的同時發動顯示修整動作迅速，若一動一靜則進度稍緩。木爻旺盛而金爻衰弱時，表示工程已近尾聲。土爻和金爻旺盛併發動，意味著將進行鑿井、挖池或堆砌假山等工程；若它們衰弱而發動，則會是門牆改造。金爻旺盛而木爻逢空，表明雖有開工之意卻難以實現。若有日辰來生合這些爻，則工程必將完成。相反，若日辰來刑沖，所有努力白費，勉強完成也會帶來人口或財力上的損失。更甚者，若遇太歲沖剋，則家中將很快遭遇悲痛惶恐之事。

在占問修造過程中涉及的人手選擇時，間爻代表匠人，兄弟爻代表工人。需避免刑傷妻財爻，因妻財代表工程成本，不能讓其逢絕。旺盛的子爻顯示酒食供應充足。應爻逢空則工程進度緩慢。旺

相發動的辰、戌爻意味著磚瓦已備齊。寅、卯爻若逢空或伏藏，表示木料尚未就緒。屬土的官鬼發動暗示石灰質量不佳。金爻逢空則說明釘子供應不足。世爻逢合而間爻逢長生，表示雖然工程未動工但計畫已完善。間爻為父母爻且逢空發動時，材料雖齊但工匠尚未開工。

子孫爻作為應爻時表示工匠技藝高超（單獨占問時以應爻代表工匠）。兄弟爻為應爻則工匠手藝笨拙。臨青龍的工匠才華橫溢、手藝精巧；臨朱雀的則多言多語；臨勾陳的必然動作遲緩；臨騰蛇的官鬼爻要提防工程倒塌的風險；臨白虎的則性格粗魯、行為放蕩；臨玄武的官鬼爻需防範工匠偷竊行為。

黎評： 以上為論述家宅動土的推斷方法，以其世應組合、五行旺衰、六親六神綜合進行推斷。

四、如何推斷住宅的設計形式

在占問住宅的形式時，不同的卦象展現了房屋的各種形態。乾卦象徵著圓形的房屋，兌卦則意味著有缺陷的房屋，離卦代表著空虛的房屋。震卦與長形房屋相對應，巽卦則與直形房屋相符。坎卦象徵著重實之宅，艮卦代表著多重的結構，而坤卦則與方形房屋相應。

當勾陳臨父母爻時，這表示房屋半邊已經破損。若騰蛇臨父母爻，則意味著房屋相互牽連。玄武臨父母爻時，描述的是彼此披搭的房屋形態。朱雀臨父母爻代表著間口的房屋。白虎臨父母爻則顯示房屋已有破損之處。青龍臨父母爻時，房屋的長短則不齊整。若父母爻為臨騰蛇的水爻且處於休囚狀態，這表示的是草屋。當父母爻臨白虎且發動時，則代表有搭角的房屋。

宅爻若屬土又化出土爻，意味著房屋前後拖長。木爻化出木爻則代表橫向的房屋，且樓閣重重。火爻化出火爻時，房屋則有龜頭之形。

在宅爻與方位神獸的關係中，也透露了房屋的形態信息。例如，宅爻臨朱雀的爻剋制臨玄武的爻時，表示房屋前高後低。若臨青龍的爻剋制臨白虎的爻，則房屋左高右低。宅爻屬金而遇臨勾陳的爻來生時，顯示房屋中間突起而四周低矮。當宅爻正值死位且有臨白虎的爻來生時，意味著房屋西高東低。若宅爻值衰發動而化出當旺之爻，這表示房屋前窄後寬。最後，當土爻旺強而木爻衰弱時，這必定代表著平房的形態。

黎評：以上為論述家宅外形的推斷方法，以其八卦、六親、六神、五行組合綜合進行推斷，讀者理解其中的技法，則可圓融通變，靈活運用。

五、如何推斷住宅大小與品質

首先，當宅爻處於旺相且充滿生氣的狀態時，這往往意味著住宅寬敞。其次，如果妻財爻發動並與宅爻形成生合關係，或者妻財爻本身當旺而動化出父母爻，這也指向一個較大的住宅。再者，若父母爻正值旺相並多次出現，同樣表明是大宅院。

然而，如果父母爻值衰並遇到騰蛇、白虎等不利因素，那麼住宅是簡陋的茅屋。但如果旺相，那麼茅屋之上還覆蓋有瓦片。此外，當父母爻當旺而臨朱雀休囚時，住宅的前部是黃瓦所蓋，或者用草料覆蓋（黎注：以朱雀當前之論）。

在判斷方位時，如果涉及子爻，對應的是北方；而丑爻則對應東北方。其他方位的判斷也可以依此類推。

黎評：以上為論述家宅大小的推斷方法，以其旺衰、六親、六神綜合進行推斷。

六、如何推斷住宅新舊

首先，如果父母爻和宅爻都處於旺相狀態，這意味著住宅是新建的。相反，如果這兩個爻處於休、囚、死等衰弱狀態，則表明住宅較為陳舊。

其次，當父母爻衰弱而宅爻旺強時，這往往表示住宅是半新半舊的。也就是說，住宅經過了一定的修繕或更新，但並非全新。

另外，如果某個爻當旺但其所臨的六神衰弱，這提示著房屋新舊相接。也就是說，住宅會在某些部分進行了翻新或擴建，而其他部分則保持了原狀。

此外，還有一些爻象可以揭示住宅不同部分的新舊程度。例如，有當旺化出值衰之爻的，這意味著住宅的前面部分較新，而後面部分較舊。相反，如果正值衰弱而化出當旺之爻的，則表明住宅的前面部分較舊，而後面部分較新。

最後，妻財發動化出父母爻的情況意味著拆舊換新。

黎評： 以上為論述家宅新舊的推斷方法，以其父爻、宅爻之旺相休囚綜合進行推斷。

七、如何推斷住宅要傾倒

首先，如果父母爻值衰，而妻財爻當旺發動，這意味著房屋會傾倒。此時，需要通過地支來確定其傾倒的日期。具體而言，可以通過年、月、日、時來剋、沖地支，從而確定具體的日子。

世爻、宅爻和父母爻逢空、破、墓或絕等不利狀態時，也預示著住宅會出現破損的情況。另外，若妻財爻臨白虎且發動，則表示房屋已經破損。

最後，當父母爻、宅爻和世爻三者同時逢空時，這往往預示著住宅會經歷多次搬遷，或者乾脆就是逃亡者或絕戶他人留下的無人居住的空屋。

黎評： 以上為論述家宅傾倒的推斷方法，以其父爻財爻之旺衰綜合進行推斷。

八、如何推斷住宅周圍環境

在占問住宅周邊環境時，卦象和爻象提供了豐富的線索。若子爻位於乾、兌卦且發動，意味著住宅靠近庵堂或寺觀等宗教場所（黎注：高檔幼稚園或學校）。若遇到的是臨白虎的屬金官鬼爻，則會暗示住宅鄰近屠戶、獵戶、軍戶或匠戶等他人。

另外，如果兄弟爻臨白虎且發動，這表示住宅附近有賭坊。當父母爻發動並化出官鬼爻時，意味著住宅靠近公館或類似官方建築。

參考《管公口訣》的解釋，初爻和二爻若為入墓且發動的官鬼爻，意味著屋後有墳墓；三爻和四爻若臨白虎入墓且發動，則會表示住宅兩側有墳墓。五爻和六爻若是屬土的發動官鬼爻，則意味著開門即見墳墓。

地支的信息也能提供墳墓的具體位置線索。當地支為寅、申、巳、亥時，墳墓會在住宅的四角；當地支為子、午、卯、酉時，墳墓會在住宅的四旁；而當地支為辰、戌、丑、未時，則意味著墳墓在住宅的兩肋。

黎評： 以上為論述家宅近處何物的推斷方法，以其八卦之宮、十二支神、六親六神綜合進行推斷，並以鬼墓動之爻位地支推斷住宅旁邊墳墓之所在。

九、如何推斷自房出租與租客人品

首先，如果位於內卦的父母爻和宅爻與應爻相合，或者應爻剋制位於內卦的宅爻和父母爻，這都意味著住宅已經被典押給他人居住。另外，應爻如果恰好位於二爻的位置，或者應爻的地支與宅爻的地支相同，同樣可以推斷出房屋已被他人居住。

進一步地，如果應爻臨近日辰，這表示房屋是被暫時寄居而非長期典押。然而，如果應爻臨玄武、刃星、白虎等凶煞並剋制宅爻，這意味著居住在房屋內的人品行不端，具有奸惡之性。

相反地，如果應爻臨龍德、福喜等吉神並生合宅爻，這則表明居住在房屋內的人是奉公守法、品性善良的。這些判斷依據可以幫助我們更全面地瞭解住宅的典押情況和居住者的品性特徵。

黎評： 以上為論述家宅鄰居與宅中人物品性的推斷方法，以其六親六神、吉凶神煞綜合進行推斷。

十、如何推斷出租別人的房子

首先，如果宅爻為父母爻且逢空，這意味著有可供租賃的住宅。同樣地，如果父母爻不出現，或者身爻、世爻與位於外卦的父母爻相合，這些也都預示著能夠找到租賃的住宅。

另外，根據《管公口訣》的提示，土爻逢空也是租賃房屋居住的標誌。

除此之外，如果占得的是水天需卦或山雷頤卦，這意味著只能住店而無法找到長期租賃的住宅。

黎評： 以上為論述租賃他人宅的推斷方法，以其宅爻父爻的狀態綜合進行推斷。

十一、如何推斷自己是離祖過房

首先，如果世爻逢空或者世爻逢沖，這預示著個體將要離開原生家庭，甚至會遠走他鄉。同樣地，如果身爻或世爻位於五、六爻並且發動，也暗示著離祖過房的概率。

此外，當世爻位於外卦且與宅爻的地支相同時，被稱為世爻臨外宅。在這種情況下，如果世爻發動，則意味著個體將離開祖屋並與家人分居；即使世爻安靜不動，也表示個體會居住在偏宅而非祖屋。

另外,《指掌訣》中也提到了一些相關的爻象解釋。例如,六爻逢沖意味著個體將會改變祖宗,即過繼到其他人並隨之遷移。卦中如果出現兩個官鬼或兩個妻財爻象,則會預示著個體將承繼兩個宗祀。而有兩個父母爻且它們的旺衰程度相當時,則意味著個體會重新認拜雙親。

黎評: 以上為論述家宅中有離祖過房的推斷方法,以其世應卦宮、六親動變綜合進行推斷。

十二、如何推斷住宅的吉凶方位

《管公口訣》對於住宅吉凶的辨別有如下詳細敘述。

當金爻發動時,正西、西北和西南方向都被視為不吉,因為這些方位容易出現逃亡和流放的情況。相對地,東方則是吉利的居住方向,有助於子孫的留存。

若水爻逢空,東北方位的居住會導致家中出現寡婦,西南方位則會導致孤老的情況,而西北方位會出現足部有疾的人。在這種情況下,只有正南方被視為適宜的居住方向。

火爻發動時,東方居住會遭遇多年的困境和疾病纏身,床被燒,西北方位則會導致兩代人連續遭遇孤寡的命運,西南方向甚至會出現逃亡的情況。相對而言,東南方位則較為吉利,適合居住。

對於土爻,如果不逢空也不發動,正西方位則不宜居住,因為這預示著家中連續三代出現老年寡居的情況,甚至有兩房的孩子在幼年時就會寡居。儘管如此,這樣的住宅還是能夠留下子孫,不至於絕戶。在這種情況下,東北和正東方位則是較為適宜的居住方向。

當木爻發動時,正東、西北和東北方位都被視為有子的吉兆。然而,東南和正西方位則預示著孤老的情況。特別需要注意的是,正西方位不僅不宜安床,而且居住在西南方向還會帶來禍患。此外,《管公口訣》還指出,如果木爻正值洩氣狀態,那麼正東方位也不宜居住;但如果木爻當旺且得到生助,那麼正東方位則會帶來福祉。

在選取天干來合地支五行時，也應採用相同的方法來推斷住宅的吉凶。

黎評： 以上為論述家宅中各方位吉凶的推斷方法，以其五行動爻、六親神煞綜合進行推斷，此為秘訣，宜珍視之。

十三、如何推斷住宅的分合

首先，宅爻的狀態至關重要。如果宅爻逢合，則意味著住宅會合併；若逢沖，則預示著分開。此外，兄弟爻的發動意味著分開，而官鬼爻的發動則預示著合併。

世爻和身爻的狀態也提供了重要線索。如果它們安靜且正值墓位，這意味著合併後的居住將會長久穩定。若遇到日辰合出的情況，則意味著離開原來的宗族或群體。特別地，如果世爻或身爻為兄弟爻併發動，這也預示著分開。然而，若再遇到日辰合進，則會先經歷分開，但最終還是會合併居住。

另外，如果世爻或身爻受到臨白虎凶神的爻沖剋，但同時得到日辰的合出，這意味著會重新改建舊居。當世爻或身爻為金爻或木爻並暗動時，這表明個體有重新更改然後再分開的意願。特別需要注意的是，如果二爻逢空亡並帶有殺星，這預示著分開將帶來不利影響。

在卦象中，衰旺和生剋關係也提供了重要信息。如果某個爻值衰但化出生扶，這意味著先經歷貧困後將會富裕。相反地，如果某個爻當旺但化出逢沖或剋，則預示著先富裕後將會陷入貧困。

最後，正卦（前卦）和變卦（後卦）中的妻財爻狀態也影響著分開後的家道興衰。如果正卦中沒有妻財爻而變卦中有，這意味著分開後家道能夠興隆。相反地，如果正卦中有妻財爻而變卦中沒有，則預示著分開後家道將會蕭條。

黎評： 以上為論述家宅分合的推斷方法，以其世應狀態、六親六神、神煞日辰綜合進行推斷。

十四、如何推斷住宅前的樹木情況

首先,如果木爻位於外卦並且當旺發動,同時與宅爻或父母爻相合,這預示著住宅周圍會有大樹提供遮蔭。

如果日辰來刑木爻,這意味著樹木剛剛被砍伐過。更進一步地,如果月令也來刑剋木爻,那麼可以推斷出樹木已經被砍伐很長時間了(黎注:此處可見月日的力量區別)。

當屬木的官鬼爻臨騰蛇且帶有光影煞發動時。這種組合意味著住宅附近有枯樹成精的情況存在。

黎評: 以上為論述家宅中樹木的推斷方法,以其宅爻木爻的生剋沖合刑害、騰蛇木鬼綜合進行推斷。

十五、如何推斷家宅的裝飾情況

在占問宅飾時,我們需要根據宅爻的天干來進行推斷。具體而言,若天干逢甲,則意味著宅內有板閣架;逢乙,則表示有板柵;丙丁則暗示宅內裝飾有彩畫;戊、己則會表明宅內經常有塵土;庚、辛則意味著宅內有畫飾;而壬癸則會表示宅內塗有油漆或者宅下有水池。

同時,我們還需關注子孫爻與父母爻的關係。如果屬金的子孫爻發動來生合父母爻,或者屬金的子孫爻發動後化出父母爻,這都預示著宅內有玉砌的雕欄作為裝飾。若屬火的子孫爻發動來生合父母爻,那麼我們可以推斷宅內必定懸掛著圖畫作為裝飾。

最後,如果父母爻下伏藏有官鬼爻,這意味著宅內供奉有神佛像。

黎評: 以上為論述家宅裝修的推斷方法,以其天干五行、六親伏神綜合進行推斷。

十六、如何推斷宅有魔魅暗算

　　首先，如果官鬼臨白虎或玄武，或者官鬼是金爻且暗動，同時刑沖剋害父母爻、世爻或宅爻，這些都預示著房屋裡有鬼魅存在。

　　官鬼在不同爻位的發動也對應著鬼魅在住宅中的不同位置。例如，如果官鬼在初爻暗動，那麼鬼魅位於房屋後面的金柱上；在二爻發動，則會在中間的欄柱上；在三爻發動，會在大金柱上；在四爻發動，鬼魅會在前面的金柱上；在五爻發動，則位於前面的小金柱上；而在六爻發動時，則會位於前面的步柱上。同時，陽爻代表左邊，陰爻代表右邊。

　　官鬼的五行屬性也能提供關於鬼魅的線索。屬金的官鬼與銅鐵器物有關；屬木的官鬼對應竹木雕刻物；屬土的官鬼則會與磚瓦雕琢成的物件或泥土有關的物品有關；屬水的官鬼對應字畫、畫像；而屬火的官鬼則會與骨製品有關。

　　此外，官鬼臨不同的六神也有不同的含義。例如，官鬼臨青龍會導致流產；臨朱雀則會對應飛禽，需要顧慮官司是非；臨勾陳則意味著田產或桑蠶會有損耗；臨騰蛇則會多有怪夢和虛驚；臨白虎意味著需要預防與走獸相關的疾病；臨玄武則預示著姦淫盜竊的概率。

　　如果官鬼正值月令或日建，那麼會有木刻的人形作祟，給未成年人帶來災難。然而，如果官鬼逢沖，那麼家人會平安無事。另外，如果官鬼發動但遇到合的情況，那麼災害不會形成。

　　這些方法據說是一位遊歷於燕、衛之間的秦人鄒道岸所使用的驅除鬼魅的十種方法中的一部分。他通過這些方法專門為人驅除鬼魅，並因此獲得了豐厚的回報。

　　黎評： 以上為論述家宅鬼神的推斷方法，以其鬼爻五行、刑沖剋害世父身爻，配六親神煞綜合進行推斷。

十七、如何推斷住宅有伏屍藏物

如果二爻作為妻財爻的墓位，那麼這預示著住宅下方埋藏有財寶。相反，如果官鬼爻墓於二爻，則意味著住宅下方有伏屍存在。

當子孫爻入墓時，這暗示著下方埋藏的是小兒或和尚的遺體。特別地，如果屬性為陰的妻財爻入墓，那麼其下方埋藏著婦女或奴婢的遺體。而父母爻入墓，則預示著下方埋有老人、衣冠或文書等物品。

此外，兄弟爻的狀態也提供了重要線索。如果兄弟爻入墓，這意味著住宅下方有填埋的孔竅、坑井等結構。進一步地，根據所臨六神的不同，我們可以更精確地判斷這些隱藏物的位置：臨青龍則在住宅的左邊，臨白虎則在右邊，臨朱雀則在前方，臨玄武則在後方，臨勾陳則在中間位置，而臨騰蛇則位於邊角地帶。

黎評： 以上為論述家宅伏屍藏物的推斷方法，以其六親墓於二爻推斷埋藏之物，配六神推斷埋物之方位。

十八、如何推斷宅有怪異

在占問住宅是否存在怪異現象時，我們主要關注官鬼爻的發動狀態，因為若官鬼爻安靜，則意味著沒有怪異。在不同的月份中，怪爻的位置也會有所變化：孟月時，三、四爻為怪爻；仲月時，二、五爻為怪爻；季月時，則以初、六兩爻為怪爻。

當怪爻為官鬼爻，同時又是身爻或世爻，並且發動時，或者當官鬼爻發動來刑、害、沖、剋身爻或世爻時，再或者當妻財爻發動生助官鬼爻從而傷害身爻或世爻時，以及身爻或世爻隨官入墓時，這些都預示著災難難以避免。

怪爻在不同的卦象中也對應著不同的方位：乾卦對應西北方，兌卦對應西方，離卦對應南方，震卦對應東方，巽卦對應東南方，坎卦對應北方，艮卦對應東北方，坤卦則對應西南方。

此外，官鬼爻伏於不同的爻下發動時，也對應著怪異現象出現在住宅的不同區域。例如，伏於父母爻下發動則怪異出現在正堂，伏於官鬼爻下則怪異出現在廳堂，伏於妻財爻下則怪異出現在廚灶、臥房或倉庫等地方，伏於福爻下則怪異出現在廊廡或廂房等地方，而伏於兄爻下則怪異出現在門戶或廁所等處。

官鬼的屬性也決定了怪異現象的來源和特徵：屬金則怪異從土中出現，屬木則從水中出現，屬水則從金屬中出現，屬火則從木中出現，屬土則從火中出現。

同時，官鬼所臨的六神也為我們提供了怪異現象的具體描述和形態。例如，臨青龍則怪異呈青黑色、長嘴、發微聲、有足有尾、善於變化；臨朱雀則怪異呈赤黃色、尖小有嘴口、能快速飛行或是鳥怪；臨勾陳則怪異呈黃黑色、形體矮而扁或是山魅野魅；臨騰蛇則怪異呈紅黃色、善於走動或是蛇與狐狸；臨白虎則怪異呈白色、有鬍鬚而無頸項或是伏屍作祟；臨玄武則怪異呈黑色且活動不定或是獺怪。

神煞	寅月	卯月	辰月	巳月	午月	未月	申月	酉月	戌月	亥月	子月	丑月
犬怪殺 蛇怪殺	戌	未	辰	丑	戌	未	辰	丑	戌	未	辰	丑
鳥怪殺	未	午	巳	辰	卯	寅	丑	子	亥	戌	酉	申

黎評：以上為論述家宅怪異的推斷方法，以其動鬼配合宮位斷其方向，配合六親伏神斷其怪起房中何處，配合五行斷其來源，配合六神斷其形狀。

十九、如何推斷田產進退

首先，如果屬土的妻財爻能夠生合世爻或身爻，這預示著田產會增加。同樣地，如果臨勾陳或天喜的爻也能生合世爻或身爻，也

是增進田產的好兆頭。此外，如果臨勾陳的爻剋制了世財爻，同樣暗示著田產的增加。

如果它們當旺，那麼田產增加會比較多；如果值衰，則增加得較少。如果逢空，那麼雖然有增進田產的名頭，但實際上沒有實質性的收益。

如果它們位於外卦或他宮卦中，並且能生合世爻或身爻，這意味著住宅主人將得到外家分贈的田產。相反，如果這些爻位於內卦或本宮卦中並且生合相應的爻位，那麼這更是住宅主人自己購置的田產。

要確定田產的來源和方位，可以進一步參考六親和八卦的信息。六親可以幫助我們判斷田產是來自哪些親屬或關係人，而八卦則能指示田產所在的方位。

最後，要確定何時能得到這些田產，我們需要關注正值生旺的月、日信息。

在占卜中，如果臨勾陳的爻正值太歲而發動，或者世爻來剋發動的臨勾陳的爻，或者是妻財發動來剋臨勾陳的爻的，這些都預示著要退賣田產。為了瞭解具體原因，我們可以通過六親、六神來判斷。

如果臨青龍的官鬼來剋世爻，那麼這是因為婚姻問題而導致退賣田產；如果朱雀官鬼來剋世爻，則會是由於訴訟糾紛而導致了退賣田產；騰蛇官鬼來剋世爻，則會是因為求簽或信佛等原因導致退賣田產；白虎官鬼來剋世爻，則會是因為喪葬等事宜導致退賣田產；玄武官鬼來剋世爻，則會因為姦淫、盜賊等不良行為導致退賣田產。

另外，如果宅爻為土爻並且逢空而發動，這也意味著沒有田地，暗示著無法增加田產。如果動而不空，能存在產業。

黎評： 以上為論述家進田產的推斷方法，以其土財勾喜生剋世爻，參卦宮推斷田產增減。

二十、如何推斷家宅得財

首先，如果之卦（黎注：應為本宮）內卦中有妻財發動，並且能生合身爻或世爻，這意味著住宅主人能得到至親的財產。而如果這個妻財爻位於本宮卦的外卦中，那麼財產來自遠親。

如果妻財爻位於他宮卦的內卦中，那麼這暗示著財產將從鄰里處獲得。相反，如果妻財爻位於他宮的外卦中，那麼財產則會來自遠方之人。在這些情況下，妻財爻的旺衰狀況也會影響所得財產的多少：當旺時則財產多，值衰時則財產少。

為了更具體地瞭解這些財產的性質和來源，我們可以利用五行來推定是什麼財物，八卦來確定財物來自什麼方位，以及六親來確定提供財物的是什麼人。

如果在卦中沒有出現妻財爻，我們則需要看廳（黎注：即官）爻是否能變出妻財爻來生合世爻。如果這種情況發生，這意味著住宅主人會在不經意間獲得意外之財。這些解析方法和細節可以在身命、貧富占等相關內容中找到更詳細的說明。

黎評：以上為論述家宅進財的推斷方法，以其財合世身，參內卦外卦、旺衰生剋綜合進行推斷。

二十一、如何推斷家宅有嫁娶之事

首先，如果卦中妻財、官鬼兩爻同時發動，並且能夠生合世爻和宅爻，或者日辰也與妻財或官鬼相生合，這意味著住宅對婚姻有利。如果財鬼二爻發動，變出生合世爻或宅爻，那麼也有利於婚姻。

另外，如果卦中有妻財爻而沒有官鬼爻，或者有官鬼爻而沒有妻財爻，這也會預示著不利婚姻的情況。

最後，如果住宅本身處於空亡狀態，那麼其影響力也會減弱甚至無效。

黎評：以上為論述家宅嫁娶的推斷方法，以其財鬼同動生合宅爻世爻，以日辰與財官互相生合等綜合進行推斷。

二十二、如何推斷家宅懷孕之事

在占問住宅是否有利於懷孕時，我們主要關注胎爻的狀態。以乾卦為例。

```
       伏  神      乾宮：乾為天
 兄弟  癸酉金  ━━━  父母  壬戌土  世
 子孫  癸亥水  ━━━  兄弟  壬申金
 父母  癸丑土  ━━━  官鬼  壬午火
 妻財  乙卯木  ━━━  父母  甲辰土  應
 官鬼  乙巳火  ━━━  妻財  甲寅木
 父母  乙未土  ━━━  子孫  甲子水
```

其中水爻為子孫爻，而午爻則作為胎爻。當卦中午爻發動，或化出午爻時，都預示著家中將有懷孕之喜。

要確定是何人懷孕，我們需借助六親進行推斷。若胎爻是父母爻，則暗示叔伯母懷孕；若胎爻為妻財爻，則指向妻子、妾室或婢女；胎爻為兄弟爻時，是嫂子、弟媳或姐妹有孕；而當胎爻是子孫爻時，則意味著女兒或兒媳將懷孕。特別地，如果胎爻是官鬼爻，或由官鬼化出胎爻，這被稱為「鬼胎」，預示著會空歡喜一場。

此外，胎爻的發動與否也能提供關於孩子出生時間的線索。若胎爻發動，則意味著孩子即將出生；反之，若胎爻安靜不動，則表明距離孩子出生還有一段時間。

黎評： 以上為論述家宅懷孕的推斷方法，以其胎爻所臨六親動變綜合進行推斷。古代家族人員眾多，所以機率較大。另六親與動靜形容了人員與時間迭迭而進的思路。

二十三、如何推斷宅內要添人口

如果應爻為妻財或子孫爻，並且能夠生合宅爻和世爻，這意味著住宅對增加人口有利。

另外，如果世爻發動並剋應爻上的妻財或子孫，則暗示著有買賣人口的行為。而如果應爻為妻財或子孫爻但逢空亡，則表示所謀之事難以成功。

在具體判斷時，我們還需要結合六親關係進行推斷。如果應爻是父母爻，那麼將有利於叔伯母的生育；如果是兄弟爻，則會涉及嫂子、弟媳或姐妹的懷孕；如果是子孫爻，則與女兒、兒媳有關；如果是官鬼爻，或官鬼化出妻財爻，則會預示著會失望或出現其他波折。

黎評： 以上為論述家宅添人進口的推斷方法，以其應臨財福生合宅爻世爻綜合進行推斷。

二十四、如何推斷住宅要遭火災

當人爻（五爻）與宅爻（二爻）相沖，並加臨燭火、天燭、天火、天禍等凶煞，或官鬼爻臨殺星發動剋世爻、宅爻時，火災之兆已顯。若世爻、宅爻是臨朱雀的火爻，發動化出官鬼爻，或朱雀爻發動化出屬火官鬼臨日辰，或屬火官鬼爻臨日辰、朱雀沖剋世爻、宅爻，亦主火災。日辰所對應的朱雀爻與月令所對應的朱雀爻同時發動，或月令所對應的朱雀爻是官鬼爻遇日辰沖併發動，同樣預示火災。

要確定火災地點，需依據八卦推定方位。若兆示火災的爻是世爻，則火起於家中；是應爻，則火在對門。位於內卦，火災在本宅；位於外卦，則起於鄉鄰。臨騰蛇的巳火爻在二爻或六爻逢空發動，表示曾遭火災；若不空，則十日內必有火災。屬火的官鬼暗動剋宅爻、世爻、身爻，或動爻化出屬火的官鬼刑剋宅爻、世爻、身爻，或應爻是臨朱雀屬火的官鬼發動刑剋宅爻、身爻、世爻，都意味著有仇人放火。

然而，若官鬼爻不發動或逢空、死、墓、絕、胎，以及水爻當旺發動充當世爻，則無火災之憂。即使官鬼爻發動但不剋宅爻、身

爻、世爻的也可通過祈禱免災。但郭雍指出：逢月破的爻又臨與火有關的凶煞，或歲君沖臨朱雀官鬼使之發動刑身爻、剋宅爻或宅爻逢空則祈禱難解其禍。

黎評： 以上為論述家宅火災的推斷方法，以其人宅相沖、燭殺、天燭等火星煞持鬼動剋世爻宅爻，並取六神、世爻、宅爻、沖並、動化、六神綜合進行推斷。其中，神煞、內外卦宮、六神五行是運用重點。

二十五、如何推斷家宅要有失盜之事

坎卦中若有屬水的官鬼爻發動，或者兄弟爻化為官鬼、官鬼爻又化為兄弟爻，這都是失竊的徵兆。此外，臨玄武的官鬼爻若同時臨天賊煞併發動，或其下伏有暗動的官鬼爻，特別是因臨日辰而暗動的，且這些爻傷害了宅爻、世爻或身爻，也都預示著住宅會被盜。其中，暗動的爻尤為顯著，常在與其地支對沖的月份應驗。

若這些不利的爻僅傷害宅爻而不傷身爻或世爻，則只是家中會有小損失。當官鬼爻處於休囚狀態時，意味著盜賊只是偶然闖入。然而，若臨玄武的官鬼同時臨天盜、劫殺等凶星煞並當旺發動，來剋身爻或世爻，則暗示著是團夥作案的盜匪，導致自己受害。

另外，妻財爻化出另一個妻財爻且臨玄武時，也要特別提防盜竊事件。如果臨玄武的妻財爻發動，可以通過查看天賊星在哪一月當值此爻的地支，再結合與該爻神六合之日來推斷遭遇盜賊的具體日期，這種方法在實踐中被證明是非常靈驗的。

黎評： 以上為論述家宅失賊的推斷方法，以其坎宮水鬼、動兄化爻、玄鬼天賊、日辰臨鬼傷剋世爻宅爻綜合進行推斷。卦身應用、水爻進入是其亮點。

二十六、如何推斷家宅要出官司之事

若有臨朱雀的官鬼爻出現，並剋宅爻或世爻，當旺時預示有官司，衰時則會有口舌之爭。父母爻化為官鬼爻，或官鬼爻化為父母爻，以及臨朱雀的官鬼爻沖剋三、四爻（分別對應門和戶），不論陰陽，均暗示有戶役或官司。

臨朱雀的父母爻發動，預示與文書尊長相關的訴訟；臨朱雀的福爻發動，則與少年、僧道有關；臨朱雀的妻財發動，涉及女人或錢財的糾紛；臨朱雀的兄弟爻發動，則是兄弟、朋友間的訴訟。若臨朱雀的爻下伏有官鬼或化出官鬼爻，意味著因牽連而捲入訴訟。臨朱雀的官鬼爻發動並化出官鬼，則疾病與訴訟接踵而至，或一事未了又生一事。

這些爻象若出現在本宮卦中，則指家內之事；若在他宮卦中，則是外地之事。若再臨太歲，則訴訟經年不斷。

此外，官鬼爻伏於兄弟爻下並暗動剋世爻或身爻的，必定是受到牽連的訴訟。若官鬼爻伏於妻財下且是陰爻與用爻相合則受婦人牽連；若是陽爻與用爻相合則因財產而起。

黎評： 以上為論述家宅官訟的推斷方法，以其雀鬼持世剋制世爻宅爻，或雀鬼沖剋三四爻來定家有官訟，又以六親定宅內何人犯訟，以本宮外宮之六親六神推斷與何人打官司。其爻位應用是亮點。

二十七、如何推斷家宅要有瑣碎之事

若宅爻雖安靜，但被日辰並起或沖起，則預示著會有不同性質的麻煩。具體而言，若並起或沖起的是官鬼爻，則需擔憂與官方相關的事務；若是兄弟爻，則會與兄弟或相識之人有關；若是妻財爻，則涉及女性或錢財方面的事宜；若是父母爻，則與尊長或文書事務相關；若是子孫爻，則會關於子孫或僧道等事宜。這些預測在來剋世爻或身爻的情況下尤為靈驗。

除此之外，日辰並或沖起官鬼爻也有特殊的預示意義。例如，若官鬼是子爻，則應避免渡海；官鬼是丑爻，則不宜食用牛肉；官鬼是寅爻，需防被虎咬；官鬼是卯爻，則不宜乘車；官鬼是辰爻，會被龍驚擾；官鬼是巳爻，則要防被蛇咬傷；官鬼是午爻，應避免騎騾馬；官鬼是未爻，則不宜牽羊；官鬼是申爻，應避免舞劍；官鬼是酉（黎注：字形通酒）爻，則應減少飲酒；官鬼是戌爻，需防被狗咬；官鬼是亥爻，則應避免靠近河流。

黎評： 以上為論述家宅瑣碎的推斷方法，以其宅爻被月日沖並起，配其六親推斷家中瑣碎是家中何人而起，又附總論家宅忌諱的推斷方法，取日辰沖剋官鬼為用，以鬼爻所臨地支生肖推斷宅內犯何忌諱。「並」指月日與卦爻地支一致，力增站挺。酉亥沒用動物的雞豬表示，畫風忽然一變。

第四節　如何推斷廚灶形態與吉凶

以二爻和妻財爻作為用神。

如果二爻正值旺盛，那麼這是新灶；如果正值衰弱，則是舊灶。如果遇到衝撞，則是破損的灶。如果當即旺盛而發動，廚房灶台會顯得熱鬧非凡——生活充滿活力。如果正值衰弱、閉塞、耗竭而靜止不動，灶頭就會顯得冷清。

二爻如果是父母爻，那就意味著樓房將要重建；是子孫爻，產業將得到提升；是兄弟爻，必然會分家；是妻財爻，則必定會孤寡。如果官鬼爻發動，則必定會遭遇災禍。如果官鬼爻逢空，則家人容易感染瘟疫。

用爻若臨青龍，在木年會有喜事降臨。臨朱雀，會有持續的官司糾紛。臨勾陳，如果不發動則會帶來財富。臨白虎、騰蛇，如果發動則意味著有禍患。臨玄武，安靜則吉，一旦發動，則遭遇盜賊。

如果用爻正值太歲而發動，意味著女性和未成年人將有災厄。如果值太歲而逢空，則家中的男女主人將面臨災禍。

如果用爻當即旺盛，應該保持舊居；如果逢空，需要遷移。

屬水而發動則廚灶明亮，逢空則缺少牆壁。屬木而發動則煙氣彌漫，逢空則缺少窗戶。屬土而發動則會傷害豬和牲畜，逢空則家庭不和。屬火而發動則盛飯用的竹器、房梁等處有問題，逢空則家境貧寒。屬金而發動則鍋會破損。干、支都屬金而發動，則中等大小的鍋會破損；天干屬土、地支屬金而發動，則大鍋會破損。如果值衰弱，則小湯鍋會破損；值衰囚，則小尺寸的鍋會破損。屬金而逢空，則鍋的數量不足。三金並見，即干、支都屬金，本命又屬金，則是五口鍋的人家。干、支都屬火而發動，則會有許多口舌是非。

二爻若為屬火官鬼發動，預示著燙傷或火災的災難。觀察其刑剋的是何人的命爻，便可知道是何人將遭災。如果是位於坤卦的乙巳火爻發動，則在四（巳）月、十（亥）月需要警惕火災（巳沖亥）。如果是位於艮卦的丙午火爻發動，五（午）月、十一（子）月需要防火災（午衝子）。

如果干支都屬木而發動，那麼會有許多樓閣聳立。如果干支都屬金而發動，則必然會有孤獨或寡居之人。如果干支都屬水而發動，則權力地位難以保持。如果二爻是戊辰、己丑爻而發動，則灶前會出現奇怪的石頭。如果正值休囚，則必定會有土堆出現。

此外，灶的左邊（上面即三爻）與門相對應，灶的右邊（下面即初爻）與路相對應。如果三爻為兩個木，（如坤卦中的乙卯爻），則意味著有兩個門與之相沖。如果初爻中有一個土，（如艮卦中的丙辰爻），則有一條路與之沖犯。（出自《管公口訣》）

二爻臨咸池煞而發動，則灶前會有泥土、磚石堆，預示著家人將面臨膿血之災。如果臨天火、天燭、燭火等煞，則要小心灶下起火。如果干支都屬火而逢空，則爐灶沒有煙囪，或者沒有大灶臺，甚至有廢棄的灶台。

二爻是屬火的官鬼爻而發動，則灶必定漏煙；如果逢空，則是灶神不安。二爻為火爻而化出水爻，則灶前會潮濕並漏水。二爻屬土而逢空，則缺乏泥土修葺。如果是臨勾陳的官鬼，則是泥打的灶

台。如果是臨勾陳的金爻，則是半泥半磚的灶。屬土的官鬼而發動，則是用石頭和磚混建的灶。灶爻入墓，則其下有伏屍。

如果用爻是木爻，當其旺盛而發動，則灶台上方有橫樑；如果遇到衰敗或受刑、沖的，則是旁邊有橫木；如果正值死、絕之地，則家中缺乏柴米；如果正值生旺，則儲備豐富的薪、穀。

如果是寅爻而逢空，則沒有提桶；如果是卯、辰爻而空，則沒有籠和笊籬。如果天干屬水地支屬木而逢空，則家中沒有鉤桶。如果日辰剋水庫——辰土爻，則水缸破損；如果日辰剋火庫戌土，則火缸破損。

妻財發動化出妻財爻，又下伏妻財的，意味著家中擁有三個灶台；如果妻財下伏官鬼的，則灶台必定損壞。如果是金爻，則是磚砌的灶台；如果是臨白虎的金爻而逢空，則沒有灶梁。由金爻化出火爻，則鍋具破損；是臨白虎的金爻，而臨殺星逢空發動，則灶台和鍋具都會崩壞。屬金的官鬼臨朱雀而發動，則火勢會將鍋燒裂。金爻發動來沖二爻，則鍋破；水爻發動沖二爻，則瓶、罐破。酉金爻來沖臨朱雀的二爻，則木杓破碎。

是臨朱雀的土爻而發動，則爐灶多有蟲蟻出沒。官鬼臨咸池煞而發動，如果是亥爻，則爐灶靠近豬圈；兄弟爻臨咸池煞而發動，則靠近廁所；為臨玄武的水爻而發動，則靠近水池、水坑；為臨玄武的屬水的官鬼爻逢沖，則灶下有神龕；兄弟爻臨玄武，又臨咸池煞而發動，則環境污穢不堪；臨玄武而逢空，則是別人的爐灶；臨勾陳而發動，則靠近牆壁。為臨騰蛇的官鬼而逢空，則家中無煙囪；如果又是水爻而發動，則是煙櫃漏煙。為臨朱雀的兄弟、官鬼爻而發動，則灶下有詛咒之物。

為臨白虎的官鬼而發動，則家人會遭受膿血之災。為臨朱雀的兄弟爻，則是與他人合用同一個灶台。為官鬼爻而逢臨騰蛇的爻來合，則家中不供奉灶君神像。

初爻與申爻發動，並與二爻相合，意味著井與灶相連。三爻來合用爻，則是房與灶相接。

二爻為父母爻且當旺，則灶位於大屋之下。為子孫爻且當旺，則灶位於兩廂之下。

四爻為兄弟爻，臨咸池煞發動，來剋二爻，則是廁所欺淩灶台，或灶下有坑、磚。

二爻為兄弟、官鬼爻，且為臨勾陳殺以及騰蛇而發動的土爻，則爐灶一帶早年一定是土坑、地基。

三爻發動來沖二爻，則是房門正對著灶台。三、四爻發動來沖、剋二爻，則有兩個門朝向灶台，預示著有關於門戶的官司是非，而且不能聚財。三爻臨白虎，來沖、剋二爻，碓房妨害爐灶。如果為臨騰蛇、驛馬的金爻發動來沖、剋，則是磨房妨害爐灶。如果是屬木的妻財，或者是臨騰蛇、驛馬的子孫爻發動來沖、剋，則是窗枕妨害爐灶。

五爻來沖、剋二爻，則是道路與爐灶相沖，陽爻對應於前，陰爻則說明在後面。二爻來沖剋五爻，則說明在供奉神位的香火下面不宜安灶。六爻沖剋二爻，則是棟樑與灶相沖。二爻沖剋六爻，則是不宜將灶安於棟下。

二爻得到生扶，則意味著是二眼的灶；如果逢生合，則是三眼灶；如果臨四值，則是四眼灶；如果正值休囚，而沒有生扶，則是獨腳灶。

木爻當旺而發動，來合二爻，初爻又逢空的，乃是行灶——可移動的灶。臨白虎的金爻發動來合二爻，而逢沖的，則是缸灶。二爻臨勾陳，而逢空、沖、剋的，則是冷灶。臨朱雀，而逢空、沖、剋的，則灶無煙囪。

當世爻與二爻相生合時，這表示家中的主人會親自下廚烹飪。若妻財與二爻相生合，則意味著家中的奴婢會負責下廚。二爻與正財相合時，暗示著灶台下方有婢女的臥榻。若二爻與五福相合，表明灶下有小廝的睡床，這種情況下最好將其遷走。

在乾宮卦中，如果二爻與金爻相沖或相合，或者乾宮卦中臨騰蛇的金爻發動來沖二爻，這都預示著煙櫃是歪斜的。

當二爻與位於六爻的子孫爻相合時，這表示灶台前掛有醃制的臘肉。子孫爻位於不同的卦象還對應著不同的食物：在巽卦中，子孫爻對應的是熏雞；在艮卦中，對應的是野獸及狗肉；在坎卦中，對應的是風魚火腿；在兌卦中，對應的是熏羊肉；在坤卦中，對應的是醃牛肉；在震卦中，對應的是蹄肉野味；在離卦中，對應的是薰雉；在乾卦中，子孫爻則對應著馬肉，包括連頭帶骨的部分，以及乾燥珍味。

黎評： 以上為論述廚灶的推斷方法，以二爻財爻為用，以其十二長生訣、神煞、六親、六神、五行綜合推斷其灶之新舊損破、大中小及廚灶形狀與廚內環境。

第五節　如何推斷床鋪形態與吉凶

當三爻與交拆相遇，代表床。如果它當旺，那麼是新床；如果值休，則是舊床；如果逢沖，則是破床。

如果它是妻財爻或子孫爻，那麼是吉利的；如果是兄弟爻或官鬼爻，則不吉。如果它臨天喜和青龍，那麼意味著床位遷至了安穩的地方；如果臨白虎，則說明床位安在了險惡之地。如果是臨勾陳的官鬼發動，那麼嬰孩將有夭折的危險。如果是臨白虎的子孫爻發動，那麼老父面臨孤獨，母親早逝。如果是臨騰蛇的官鬼爻發動，那麼男性壽命將受影響。如果是臨朱雀的妻財爻發動，那麼女性壽命將縮短。

如果妻財爻逢空，則意味著有三個妻子。如果子孫爻逢空，則所有的兒子都名不副實。如果兄弟爻逢空，則是孤身一人的象徵。如果父母爻逢空，則是借用其他床鋪安身。如果官鬼爻逢空，則需要儘快遷移。

如果官鬼爻當旺，則女性將有損傷；如果官鬼爻值衰，則家中的未成年成員將面臨危險。

如果是金爻發動，則預示著多有魔怪作祟；如果是金爻逢空，

則預示著孤獨。如果是酉金爻發動，則對妻子有利。

如果是木爻發動，則意味著後代繁榮昌盛。如果是木爻逢空，則表示自己沒有根基。如果是屬木的妻財爻正值生旺期，則床席整齊有序。

干支都屬於木的爻來衝床爻，預示著命中註定孤獨無子。正南方是最兇險的方位。如果住在正東方，那麼還能留下一些子嗣。

如果是屬木的妻財爻逢沖，那麼床席會破損；如果逢空，則表示上面沒有屏風。

火金的官鬼，意味著刀刃交加。水木的官鬼，則代表書筆堆積。若水鬼發動，則有水滲漏、滴流之象，導致床席破損，同時預示著女人將患有憂傷之疾。而火爻一旦發動，則會引發災禍。如果火爻逢空且發動，則預示著家中將有兩三位妻子，而火爻逢空則表示下方無踏凳。

當土鬼發動時，床鋪不穩，建議移至乾淨之地。若土爻逢空，則意味著家中無父，是孤兒之象。如果土爻當旺，則會子嗣稀少；若再發動，則應考慮收養繼子；如果逢空，則會抱養兒子。

如果三爻是木爻，且其下伏有木爻，再化出木爻，或者有屬性為木的四值來生合三爻，那麼房內有三四張床（三爻代表第一張，四爻代表第二張，五爻代表第三張，六爻代表第四張，初爻代表第五張，二爻代表第六張）。若某爻為申金爻且逢空且發動，那麼這張床不會誕生子嗣。

三爻的干支如果都屬土，則表示這是一張地榻。如果干支都屬木，則是八個面的深床。干支分別屬水、火則床席端正。天干屬金而地支屬水，預示房屋滲漏。

干支都屬金而缺水時，東邊出現刀斧；南邊有大缸、古甕以及舊書堆積。干支都屬木而缺金時，東邊有古桶作祟；牆壁上有大鹿角；如果逢空則無物懸掛。

干支都屬火而缺水時，床廳和床腳被燒損。春季和夏季出現災苦情況，東西應當及時移走；如果是高閣床則建議放回原處。

干支都屬水而缺火時，預示女人有胎產、淋帶之病，或者咳嗽、腹部疾病等；小兒臍部腫大；男子患有瘋熱或目染飛絲等病患。

干支都屬土而缺木時，此床乃是親舍之床。剋妻害子，導致腹脹、足部潰爛、不能聚財等後果。

若三爻的屬性為木且處於旺盛狀態，那麼將床位安置在東南方向會有助於生育更多的子女。而當木爻處於衰弱狀態時，若將其置於東北方，會導致孤獨。對於火爻，當其處於旺盛狀態時，選擇巳、午方向安床能增加子嗣；然而，若火爻處於衰弱狀態，則安置在正南或正北方向會帶來困厄和孤獨。金爻旺盛時，西南方位是最佳選擇；而金爻衰弱時，西北方位會導致無後。水爻旺盛時，正西或正南方位能帶來好運；若水爻同時是子孫爻且發動，則特別有助於生育男孩。但當水爻衰弱時，安置在正北、東北或東南方向會使人孤寡。土爻旺盛時，生育較為困難；若土爻是兄弟爻且發動，則會需要收養同族子孫。至於正東、東南和東北等方位，並不適宜安床。

當日辰衝撞三爻時，意味著日光或月光會照在床上。如果日辰對三爻施加刑剋，則意味著屏風中有妖怪或出現異響。當床爻屬木則東邊有聲響，屬金則西邊有聲響，屬水則北方有聲響，屬火則南方有聲響，而屬土則四角會有聲響。

如果太歲對床爻施加刑、沖、剋、害的影響，且該爻為陽性，則代表男人將遭遇災禍；若為陰性，則意味著女人會憂傷。例如，太歲為庚午時，由於庚與甲相沖、午與子相沖、午刑午、午害丑，因此屬鼠、牛和馬的人會受到傷害。其餘的天干相沖情況以此類推。如果太歲與床爻相合（特指戊己土），則該年家中的情況將極為不利。

三爻遇到長生（黎注：長生訣基於日辰推斷的），表示是新床；處於帝旺階段則是好床；而沐浴階段則代表破舊的床或者該人生活放縱；衰弱階段則是接腳床；病處則是說明床上有人生病；遇到死處則表示床上曾有死人。陽屬性代表是男人的床；陰屬性則是女人

的床。墓處代表床下有伏屍或墳磚插墊在床腳。對於空亡的陽爻且遭受刑剋破壞，則意味著柱礎插墊在床腳；而空亡的屬金妻財爻則意味著床下埋有金銀財寶。至於絕處，則是絕戶他人的床；胎處表示床上有懷孕的婦人；養處則說明是生育之時。

當三爻與青龍、天喜相遇併發動時，預示著有懷孕的喜訊。如果子孫爻正處於生長的階段，則意味著多子多孫，家族繁榮。

若三爻處於旺盛狀態而初爻為空，則說明床邊沒有踏腳凳。當三爻健旺而四爻為空，則意味著床邊缺少帳架。如果四爻代表父母且為空，則床邊缺少帳幔的裝飾。

當上爻屬木並衝撞三爻時，房間內會有橫木存在。而上爻屬火拼與三爻相合時，房屋的天窗將會開啟。若五爻衝撞三爻，則房門正對著道路。若三爻衝撞二爻，則床與灶台相對。若三爻與二爻相合，則灶台位於房間內。

三爻作為父母爻，代表住房位於正堂位置。若三爻為官鬼，則住房位於廳堂。當三爻為妻財爻時，住房更靠近灶台。若三爻為子孫爻，則住房在走廊的末端。而三爻為兄弟爻時，住房靠近廁所。

當三爻發動並與陰爻相合時，床的背面將對著鋪首，即床頭朝向房門。

特別的是，當三爻為當旺的木火父母爻，同時有龍德星，這將是富貴人家的花床。若三爻為妻財爻，下伏有妻財爻，再化出妻財或干支都是妻財，且四值上有妻財來增添吉祥的，都意味著家中妾僕眾多，生活富裕。

若三爻屬木並且發動，則床腳會出現蹺起的現象；而屬木的三爻如被刑剋或衝撞，床框會出現破損。屬金的大殺如被發動，床框上釘子會很顯眼。

當光影殺臨到三爻並被發動時，床上會出現怪異的現象。若再遇到騰蛇發動，會有蛇出現在床上；而如果是戌爻發動，那是狗跳上了床。騰蛇臨到三爻並且發動時，床上會出現被繩索捆綁的地方；若又是官鬼爻發動，那在床上會有怪夢發生。天干屬金時，夜

間會有呻吟聲出現；而地支屬金時，夜間會有爆裂聲或工匠帶來的夢魘鬼魅。

當三爻臨騰蛇的金爻發動時，床頭會伴隨著鈴聲。而當酉金爻發動並化出水爻時，床頭附近會有酒缸。如果這金爻又恰好是臨朱雀的官鬼爻，那麼酒的味道是酸的。

當金爻作為子孫爻且處於旺盛狀態時，房間內會有明亮的鏡子。但如果該金爻發動而化出火爻的，那它的反射效果會顯得昏暗。

當金爻作為官鬼且處於旺盛狀態時，房間內會有錫制的夜壺。這個壺的狀態與金爻的旺衰有關：當旺時它是新的，休止時則是舊的；而當它被沖時，是有破損的。

如果遇到卯木爻發動並刑剋子水爻的情況，那麼屋內會有木制的貓玩具或工藝品。而當屬水的父母爻受到衝擊時，床鋪上會有破損的被子。

當木爻受到其他動爻的刑剋時，會有斷裂的木梳出現。而三爻如果發動並衝撞子孫爻，房間內的窗戶會破損。另外，如果艮卦中的子水爻發動並衝撞三爻，床下會發現鼠穴。

當青龍與官鬼帶殺星發動並衝撞三爻時，床鋪上會有生產後的婦女或患病的婦女。而當三爻作為屬火且臨朱雀的官鬼發動時，家中會有外來的床具，同時家人患有結核病。

除此之外，任何卦中寅、卯爻作為官鬼發動，或雖未發動但受到衝撞而暗動的，都預示著這些來自絕戶家的木器、箱桶會帶來災禍。為了安全起見，應儘快移除它們。這樣的推斷是準確無誤的。

黎評：以上為論述臥床的推斷方法，取三爻交拆為用，以其三爻之六親、六神、空亡、旺衰、五行及刑沖剋害、化爻伏爻、四值屬木綜合推斷床之新舊破損與床位吉凶，並參天干地支論斷屋中所位之物，以斷居住家人之安泰，並且床位三爻之十二長生訣推斷床下藏物，以爻位組合推斷臥床環境及房門所對之道路、廚灶、怪異。其中一步步的細化聯想，是值得關注的地方。

第六節　如何推斷廚灶形態與吉凶

以三爻為主要參照。碓與床一個位置。如果發動，就意味著床或碓一方會衝撞另一方。如果一方逢空，則意味著是另一方衝撞它。只要床與碓發生衝撞，就難免會有災禍發生。

若木爻發動並衝撞金爻，這意味著官司、是非等紛爭將持續不斷。而當水爻發動去剋制火爻時，災患會長期存在。

在干支配置方面，如果干支都屬木（黎注：或卦中出現兩個木）且臨青龍，則寅方被視為吉利。如果干支都屬金（黎注：或卦中出現兩個金）且臨白虎，則申方被視為吉利。若干支都屬水（黎注：或卦中出現兩個水）且臨青龍，則兩個方向都被視為吉利。然而，如果干支都屬火（黎注：或卦中出現兩個火）且臨朱雀，且安置在南方，那麼會有災禍發生。

在卦象方面，位於乾卦的金爻為凶煞之中再添凶煞。而位於兌卦中的金爻若再遭遇火來攻剋，將遭受傷害。在離卦中的火爻若再逢水來剋制，會遭遇許多魔怪之事。位於震、巽卦中的未爻則預示著幸運和平安。至於位於坎卦的水爻，它表示空上加空的狀態。而位於艮、坤卦中的土爻則會預示著會受到驚嚇。

當水爻逢空時，這表示碓上沒有木料。金爻逢空則意味著碓上沒有鉗子。火爻逢空說明家庭經濟狀況不佳。水爻逢空則碓上有灰塵。而土爻逢空則意味著不會發財。

此外，當碓爻與棟宇爻（黎注：上爻）發生衝撞時，這意味著在留下兒子之後，妻子會去世。（以上內容摘自《管公口訣》）

黎評： 以上為論述碓的推斷方法，取三爻為用，以其爻位動變、五行沖剋、六神卦宮綜合進行推斷。碓者，古時搗米的器具，現代陽宅中可定為是廚灶機器之類。

第七節　如何推斷門戶形態與吉凶

以三爻作為主要的判斷依據。如果三爻是單重，則視為正門；如果四爻是妻財或兄弟爻，則視為外戶。當三爻處於旺盛、新鮮的狀態時，它代表新的門戶；當三爻處於休止狀態時，代表舊的門戶；如果三爻被衝破，則代表破損的門戶。

龍宜正出，即龍位應位於正門；虎利斜行，即虎位應位於側門。如果四值（年、月、日、時）生合於門戶爻，則表示方向有利且人口興旺、家宅安寧。如果四值刑沖剋害於門戶爻，則表示方向不吉，會導致家庭破敗、財產損耗。

如果三四爻帶著龍、喜、德、貴、祿、馬、財、福等吉神，且生合世爻和宅爻，則表示家中將有喜事，如婚姻、孕育等。在外則預示仕宦升遷、增加官祿或財源廣進。如果日青龍與月青龍同時臨門戶爻而動，則預示著多重喜慶。但如果遇到日辰衝破，雖然一時欣喜，最終並不圓滿。在仕途、婚姻、進人（增加人口）、求財等方面都會有初喜後憂的情況。如果生男孩，臨盆即夭折。

鬼臨門戶爻動，成為門戶鬼，這是非常不吉利的占斷。更糟糕的是，如果再遇到財動生扶以及三傳（年、月、日）來剋世、剋身、剋宅爻的情況，必然會有橫禍發生。

雀鬼代表官司口舌，如果再加上天火、燭火、天燭等殺星發動，必然會遭遇火災。如果雀鬼空亡，則表示過去已經發生過類似的事情；如果不空亡，則表示將來會出現類似的情況。蛇鬼代表牽連不斷的事情。虎鬼代表疾病和死亡（空動的情況尤其應驗）。勾鬼代表田產和婚姻方面的爭鬥訴訟。玄武鬼則要警惕家中的走失事件和外界的爬牆盜竊。如果玄武鬼與咸池星同時發動，主有淫亂之事。

如果玄武鬼來合世爻，表示家中主人品行不正；如果來合應爻，則表示對方主人品行不正；如果來合父母、兄弟、妻子等，則可斷定其家人品行不正。如果六爻動合，則表示家中奴婢有私下裡的紛擾。當玄武鬼逢生旺時，事情會暴露；但當它休囚時，還可以隱藏不露。如果遇到衝破，則會被人撞破秘密。

兄弟臨門戶爻發動時，會帶來財物的損耗（詳見身命斷貧富內）。

另外，如果旺金遇到火則會大富大貴；而旺水遇到土則會變得貧困寒酸。金見木時巽門吉利；木見金時兌門有利。火見木時離門興旺；火見金時兌門有利。金見金時正西方向宜關閉，以免傷及手足；水見水時西南方向宜關閉，以免影響母親壽命。水逢火時北方成為財門。木見土時艮宮不宜居住。

太歲值守門戶，難免會有災禍；喝散值守門戶，口舌紛爭得以消除。貴人福德臨於爻位，象徵著顯貴的府邸；華蓋文昌值守方位，則象徵著高貴的門第。遇到太歲或旬空帶來災禍或殃氣。（以上內容摘自《管公口訣》）

三爻四爻之間兄弟爻相沖，這意味著肋下有門與對面門形成對沖，這種情況下不利於聚財，並且對女性造成不利影響。

五爻若剋制三爻四爻，預示著家庭成員會分家，或者門前有道路直沖門戶。六爻剋制三爻四爻，則代表棟樑與門戶形成衝突。

若三爻四爻為屬木的兄弟爻併發生變動，則門可以暢通無阻，沒有阻礙。而當兩個父母發生變動時，門則會同時供兩家使用。

三爻四爻剋制五爻，打開門會驚動供奉先人的神龕（因為五爻與香火有關），這種情況下會引發家庭成員的災禍。若三爻四爻剋制六爻，在棟樑下開門則被認為不吉利。

初爻衝擊三爻的位置，正對門口有一口井。如果勾陳官鬼帶咸池煞並啟動來剋制三爻四爻，則正對門口有廁所。

當三爻四爻是臨勾陳的世爻時，正門關閉，需要從旁門進出。若三爻四爻之間發生刑、害的情況，兩個門會相互衝突，不建議同時開啟。

三爻與六爻為官鬼爻並遇到墓位時，開門即見墳墓。

當木爻處於當旺狀態並啟動來合三爻四爻時，門外有茂盛的樹木。土爻當旺且安靜來合時，門外有田園。臨白虎的兄弟爻啟動來合時，門外有灰堆。臨朱雀、土煞的爻如果逢空來合，門外有被

火燒過的空地。臨騰蛇、土煞的爻如果來沖，門外有漕堰。臨白虎當旺的金爻啟動來沖或者有臨日虎、土煞的爻來合時，門外有石敢當。遇到木爻發動來沖且處於絕的狀態時，門外有柱子。位於坤卦中的屬金的妻財，如果臨勾陳、驛馬、破碎煞啟動來沖合，則門前有牛磨。臨玄武的水爻啟動來合木時，門前有橋。臨勾陳的木爻啟動來生扶時，門外有屏風。臨玄武的水爻來沖時，門朝向水流方向。四爻是臨朱雀的土爻且當旺發動時，門上有鳥巢。

朱雀如果臨於屬木且位於初爻的兄弟爻並啟動，則會將後門當作前門使用。而玄武如果臨於位於六爻的屬水的兄弟爻並啟動，則會將前門當作後門使用。

如果三爻四爻是屬金的官鬼爻，那麼門上沒有門環，或者門環鬆動需要重新釘過，否則會是被刀損傷的門。

如果三爻四爻是屬水的官鬼爻，則門樞腐爛，或者大門濕漏，或者門前有凶水。如果是屬木的官鬼爻，則會出現門扇破損。若屬木的官鬼爻化出屬木的官鬼爻，則為兩處湊合的門。屬火的官鬼爻則門被火燒過。屬土的官鬼爻則門上有泥土塗鴉。

三爻四爻為木爻且逢空發動時，門的轉軸鬆動脫落。如果是臨騰蛇的木爻發動，則門戶自行開合。臨騰蛇的金爻逢空發動，則門上出現不吉祥的聲音。

木爻發動來合時，則是經過修補的門。如果是屬木的兄弟爻發動逢死廢，則是斜側的門。

三爻四爻若逢歲、月、日破，以及臨破軍（午爻）、破碎煞而發動，則門必定破損。臨吉神的爻發動來生合，則門新修過。用爻如果逢墓絕，則門戶閉塞。發動而逢合，則門戶受阻不通。發動而逢沖，則意味著關鎖不牢固。合處逢沖的，則是窗櫺不齊全。臨玄武的爻發動來沖剋，則門被盜走。

如果四爻逢空，則是外戶不關閉。卦中沒有兄弟爻而三爻四爻又受傷，則是沒有門。

父母爻化出父母爻則是兩種門，兄弟爻化出兄弟爻則是雙扇

門。用爻地支為子、午、卯、酉則是正門；辰、戌、丑、未則是橫門；寅、申、巳、亥則是石角門。

臨騰蛇的官鬼爻且位於巽卦的，則用繩子捆綁門扇。卯爻發動來合則是蘆葦門。辰爻發動來合則是竹門。如果逢空亡而遇合，則是有花格的門。

如果是官鬼爻而逢空，則沒有門神。地支為午的官鬼爻則是騎馬門神。屬金的官鬼爻則是波獅門神。臨白虎的官鬼當旺且臨將星則是將軍門神。臨貴祿的官鬼則是加冠進祿門神。臨福德而逢胎、養則是童子門神。臨華蓋、福德則是善人門神。臨白虎、大殺、刑刃的官鬼則是鍾馗門神。臨福祿而正值旺相，則有福祿字貼在門上。

黎評： 以上為論述門戶的推斷方法，取三爻單重代表正門，四爻財兄代表外戶，以其旺衰斷其新舊，以其四值生合刑沖門戶宅爻世爻及所值六神推斷吉凶禍福。又以其他爻位五行六親天干地支等綜合推斷其為正門側門單扇門雙扇門，以及竹門木門石門鐵門新舊門殘破門，以及開門定向之吉凶好壞，並配五行六親十二長生神煞旺衰推斷門神畫像。波獅指踩球之獅。

第八節　如何推斷衛生間的形態吉凶

以四爻和臨玄武的屬水兄弟爻為用神。當旺時是新廁所，值休時是舊廁所，逢沖則廁所已破損，逢空則沒有廁所。

若屬金的動爻發動，則廁缸破損，長子有憂傷之疾。屬火的動爻發動，則會產生瘟疫，女主人有災。屬木的動爻發動，牆壁上沒有泥。屬水的動爻發動，會弄濕衣服。帶刑的土爻當旺而發動，則牆壁明亮。

天干屬金的木爻而逢空，則是高缸。如果是火爻而逢空，則沒有牆壁。屬土而逢空，則預示著絕嗣，廁坑也會廢棄。屬木而得生扶，則廁所內部潔淨。干支都屬木（位於木卦中的木爻也一樣），則板鋪齊整。干支都屬水，則經常泥濘潮濕。屬水當旺臨咸池而發

動，污穢不堪。

兄弟爻為金爻而發動，則會有口舌是非、官司纏身。兄弟爻被太歲所沖，則意味著將染瘟疫、痢疾。卦爻臨青龍而發動，則多喜慶之事；臨白虎而發動，則災禍會遲緩發生。臨騰蛇的父母爻發動，則事業亨通；臨玄武的父母爻發動，則被小人妨害。兄弟爻臨朱雀而獨發，則會導致財產散盡、妻子受災。臨青龍的妻財爻而逢空，則預示著既無妻又無子。臨勾陳的子孫爻而發動，則即使有訴訟也沒有關係。

兄弟爻為寅、申、巳、亥爻時，廁坑位於外面。兄弟爻為子、午、卯、酉時，廁坑在屋簷下；兄弟爻為辰、丑、戌、未時，則是屋下坑。臨青龍則廁坑靠左，臨白虎則偏右，臨朱雀則在前，臨玄武則在後，臨勾陳則在中央，臨騰蛇則在邊角。

兄弟爻發動化出兄弟爻，或者兄弟爻下伏有兄弟爻的，以及卦中有兩個屬性為陰的水爻來剋兄弟爻的，都預示著有兩個廁坑。若兄弟爻下伏有屬火的官鬼，則沒有廁屋，下伏屬水的官鬼也一樣。

若臨天缸而下伏臨騰蛇的官鬼，則是用草苫蓋頂的廁坑；下伏臨勾陳屬金的官鬼，則廁缸缺損一半；下伏臨白虎屬金的官鬼，則廁坑沒有牆壁；勾陳臨於值月勾、日勾的爻上，則在肋下有外姓人的枯坑。

若兄弟爻下伏有妻財爻，則廁坑與爐灶相連；屬水的兄弟爻化出屬金的官鬼，又臨白虎、騰蛇、馬星的，則是碓與磨相連。

兄弟爻伏於地支為丑的官鬼下，則靠近牛欄；伏於地支為午的官鬼下，則廁坑連著馬廄；伏於地支為未的官鬼下，則靠近羊欄；伏於地支為酉的官鬼下，則廁坑連著雞窩；伏於地支為亥的官鬼下，則廁坑連著豬圈（出自《管公口訣》）。

黎評：以上為論述坑廁的推斷方法，取四爻玄武水兄為用，以其所值六親五行六神旺衰刑沖等綜合推斷坑廁之形狀位置及家人吉凶。十二地支與六神所示的位置，及飛伏水火來形容缺失的廁坑是其精彩之處。

第九節　如何推斷香火人丁形態吉凶

以五爻和子孫爻為用神。如果臨龍福、德貴正值生旺，並且有四值來生合，而不被刑、害、剋、破的，則意味著可以得到神的佑助，人丁興旺，牲畜安康。

五爻為父母爻，則多子多孫。為兄弟爻，則後人出農、工、商、賈等普通人。為子孫爻，意味著無後代。為官鬼爻，如果當旺則財富豐厚。為妻財爻，如果當旺則可富有，如果值衰則會貧窮。

用神屬土而發動，則香案上滿是塵土。屬木而發動，則棟樑損傷。屬金而發動，則香爐破損。屬火而發動，則遭遇瘟疫魔怪，房屋也會被燒毀。屬水而當旺，則房屋光明潔淨。屬水而發動，則神堂潮濕漏水。

此外，用爻有二金而無火，則要典賣房屋重新立火。二木無金，則要自己動手更新。二金無木，則要借房子安身。二土無木，則是茅草遮蔽的房屋。二水無火，則會孤燈獨坐，沒有依靠。（以上出自《管公口訣》）

五爻為子孫爻，其下伏有兄弟爻，和子孫爻發動來合五爻的，都意味著有兩家香火。五爻為父母爻，其下伏有父母爻的，意味著單獨設立家廟。五爻為兄弟爻，其下伏有兄弟爻，則是共同使用一個祠堂。五爻為臨勾陳的官鬼而發動，則有來自土地的禍端。如果又剋世，則會家道破敗，家人受災。為臨朱雀的兄弟爻，且臨大殺而發動，則在神案下有詛咒，預示著家人不安，有關於田產土地的口舌是非。子孫爻下伏有父母爻，叫做食虎傷人，對香火神位不利，意味著前輩中有孤寡，下一代中將出遊蕩之人。如果臨祿馬、貴人，則不能這樣占斷。子孫爻下伏妻財，當旺則富有，值衰則貧窮。如果能得日辰生助，則吉。子孫爻下伏有子孫爻，叫做相並，意味著香火不安。子孫爻下伏有官鬼，如果發動則要當心未葬的棺槨。（黎注：同者為並，地支相見是，飛伏也是。）

當日辰臨木鬼爻發動並沖向子孫爻時，這意味著在前方有建築物與子孫爻相衝突，導致家族人丁和牲畜的損失。當日辰臨金鬼爻

發動並沖向子孫爻時，這表示在前方有山峰破碎或靠近石岡的情況，會引起神靈住所的不安。當日辰遇到屬水的官鬼爻發動並沖向子孫爻時，這表明前方有危險的水流，如果遇到刑沖、並、墓等情況，就是有沼澤或池塘。如果情況不佳，正對著大門的房屋會有漏水的問題。當日辰臨火鬼爻發動並沖向子孫爻時，這表明正面的房屋會崩塌或破損，如果情況不佳，會與正廳的爐灶或牌位產生衝突，甚至被火燒。當日辰臨土鬼爻發動並沖向子孫爻時，這表示會有工程建設的衝突，如果情況不佳，會與修繕石材、改門、修牆等工程產生衝突。如果遇到並墓爻等情況，會與挖井、挖池等工程產生衝突，將導致家族生活的困擾和損失。（出自《錦囊集》）

五爻為屬火的子孫爻，如果發動並有化出火爻的情況，那麼在神龕處就會發生火災。如果這種情況逢空，則代表火災發生在過去；如果不逢空，則表示火災將在未來發生。

如果五爻為屬金的官鬼爻，並且化出火爻，那麼香爐將會破損。如果五爻為屬木的官鬼爻，並且化出金爻，那麼神堂的釘子將會破損。

當官鬼爻當旺併發動時，夜間會有鬼神出現。如果臨白虎的妻財逢空、絕，則幡蓋等供奉器具不完備。如果臨朱雀的官鬼爻當旺而發動，則供奉器具會被焚燒。如果臨勾陳的官鬼爻當旺而發動，則神龕會滿是塵垢。如果臨玄武的官鬼爻當旺而發動，則神堂會潮濕漏水。如果臨白虎的官鬼爻，又臨殺星而發動，則神像會不安穩。如果臨騰蛇的官鬼爻，又臨殺星而發動，則神像會破損。如果臨騰蛇的官鬼爻發動而逢合，則會有被卷起的神像。

如果子孫爻下伏有官鬼爻，或者子孫爻發動化出官鬼爻，則表示佛像和神圖相互混雜。

如果子孫爻屬木，則供奉的不是木牌就是木雕像。如果子孫爻屬金，則供奉的不是觀音就是金妝像。如果子孫爻屬火，則供奉的是披著紅衣的牙骨像。如果子孫爻屬水，則供奉的是真武神君的紙繪像。如果子孫爻屬土，則供奉的是土地或泥塑像。

如果沒有六爻中的子孫爻，或者子孫爻逢空亡、死、墓、絕、胎的，表示不是沒有香火神位就是不敬香火。如果世爻來沖、剋五爻，則是主人不敬香火。如果應爻來沖、剋五爻，則是主母不敬香火。如果官鬼爻來沖、剋五爻，則是公婆不敬香火。如果父母、兄弟、妻財、子孫爻來沖、剋五爻的，則各自根據用爻來推斷是誰不敬香火。（以上內容出自《錦囊集》）

　　五爻為子孫爻，當它發動時，香火神位應當分立。如果遇到屬水的官鬼逢空、合的情況，則水盂會破損。對於屬木的官鬼逢空、合，如果屬性為陰，花瓶會破損；如果屬性為陽，燭臺、牌位會破損。當屬木的官鬼受到剋制時，神龕會破損。屬木的官鬼若逢沖，燭臺和花瓶不會成對。而屬金的官鬼逢沖，香爐會破損。

　　五爻為屬水的官鬼爻，同時臨玄武、咸池而發動，則有污穢之物逼迫神位。若臨白虎的子孫爻發動，或臨朱雀的父母爻發動而化出官鬼爻，或是官鬼爻下伏有子孫爻且為陽而發動，或子孫爻伏於臨歲殺的爻下而發動的，都意味著舊願未還。具體來說：如果子孫爻伏於水火的官鬼爻下，則是向佛許下的願；子孫爻帶凶殺，伏於屬火的官鬼爻下，則是向神許下的願；子孫爻伏於臨朱雀的父母爻下，則許的是捐獻經書的願；子孫爻伏於妻財爻下，則許的是捐獻福禮的願；子孫爻伏於臨青龍的父母爻下，則許的是素願；官鬼爻化出亥、未爻的，則許的是捐獻一頭豬（黎注：還有羊）的願；子孫爻化出申、辰的，則許的是捐獻燈油的願。

　　黎評：以上為論述香火的推斷方法，取五爻福德為用，以其旺衰與四值生合刑沖剋害推斷神佛之庇佑與否，以五爻所值六親及六親五行生剋刑沖綜合推斷神位在屋中的環境與狀態，以六親六神之組合推斷還願情況。

第十節　如何推斷家中人口形態吉凶

以五爻為關鍵用爻。當五爻發動時，家人會遭遇災禍。如果五爻逢空，家中人口將散失或逃亡。

若五爻屬土且當旺，則家庭人口不多，意味著子嗣傳承面臨困難。若屬土而發動，則預示著將有絕戶之危，但會有繼子繼承家業。若逢空，則會有抱養子。如果屬土的子孫爻保持安靜，則只是單傳家業。

若五爻屬木且當旺，則意味著後代在學識和財富方面都出類拔萃。若屬金且當旺，則預示早發家致富，但容易衰敗。如果是申金爻發動，則必定對兒子造成剋害。屬水且當旺，則表示雖然發家較晚，但運勢長久。屬火且當旺，則預示家人將遭受疾病和災難。

在五爻與相關屬性的關係中，木多無火會導致人丁受損；金多無土則子孫夭折；火多無水則無法聚財；土多無火則錢財和糧食將耗散；水多無金則貧困無資。火旺土衰會導致田園受損；火多土旺則家業興旺，無可限量。（以上內容來自《管公口訣》）

五爻若遭遇刑、沖、剋、害，需要根據爻的屬性來判斷家中成員的吉凶。如果遇到子孫爻，則未成年成員將有災禍；如果是父母爻，則父母將有災禍；如果是兄弟爻，則兄弟將有災禍；如果是妻財爻，則妻妾、奴婢將有災禍；如果是官鬼爻，則公婆將有災禍。這些吉凶情況還需根據爻的陰陽屬性來區分男女。

當五爻為父母爻且發動時，預示子孫將有災禍。如果是子孫爻而發動，則公婆將有災禍。如果是兄弟爻而發動，則妻妾、奴婢將受影響。如果是妻財爻而發動，則父母將遭殃。如果是官鬼爻而發動，則兄弟將受影響。

另外，如果五爻為官鬼爻且安靜，但被日辰沖、並而暗動，這表示家人將有災禍。要確定具體是哪種災禍，需要根據六神來推斷。例如，如果官鬼屬土，由於火生土的關係，五（午火）月或午日會出現災禍。由於土長生於申，所以在七（申）月或申日也會有災禍。此外，三、六、九、十二月以及辰、戌、丑、未（土）日也

會出現災禍。其他如金、木、水、火等屬性也可依此類推。

如果五爻隨鬼入墓，表示家中有病人。當墓位的官鬼臨白虎而發動，來剋五爻時，表明眼下有家人感染瘟疫的風險。

當五爻臨太歲而發動時，如果是陽爻，男性成員遭遇不幸；如果是陰爻，女性成員遭遇不幸；如果遇到沖而暗動的情況，未成年人將面臨不幸（若刑、害、剋、沖本命則更凶）。

如果五爻為父母爻且發動，意味著家中無子，若有子則會剋子。

若五爻臨青龍而發動，且臨水、土的，則預示著少年能夠完成婚姻，婦人能夠孕育，庶民可以進財，官員可以得祿；臨土則意味著進財逢喜；臨金則會剋害妻子，女性成員將遭遇不幸；臨火則父母會擔憂子孫的安全，會有災禍驚恐。如果是巳火爻，則會表示子孫不和。

五爻若臨朱雀併發動，屬性為火，則對官員而言有升遷之喜，而對平民則會有官司、災禍。屬性為水，預示女性將遭遇疾病之苦。屬性為金，因口舌是非或財物糾紛而涉訴。屬性為土，則與公門文書有關的事務需留意。屬性為木，雖有小利可得，但家中有不祥之事，若加防範可免。若臨朱雀的官鬼爻逢空而發動，家中將有巫師出現。

五爻臨勾陳而發動，屬性為木，需退賣田產。屬性為金，預示疾病纏身且用藥無效，同時有口舌是非。屬性為水，則會遭遇膿血、疥瘡等病患。屬性為火，女性牙痛難忍。屬性為土，則與文書訴訟有關，同時家眷不安寧。若同時為官鬼爻，則家中瑣事繁多，甚至涉及田產分割。

五爻臨螣蛇而發動，屬性為木，家人遭遇災禍，生活不安定。屬性為土，家人受夢魘困擾，家中也多有怪事發生。屬性為火，未成年人出痘疹，同時需警惕燙傷、火災等災禍。屬性為水，孕婦需特別小心，以防災禍。屬性為金，女性需防突然之疾或飲食不當引發的疾病，家長有眼疾。若為子孫爻，則會要養育他人之子。若為妻財爻，則家庭經商。

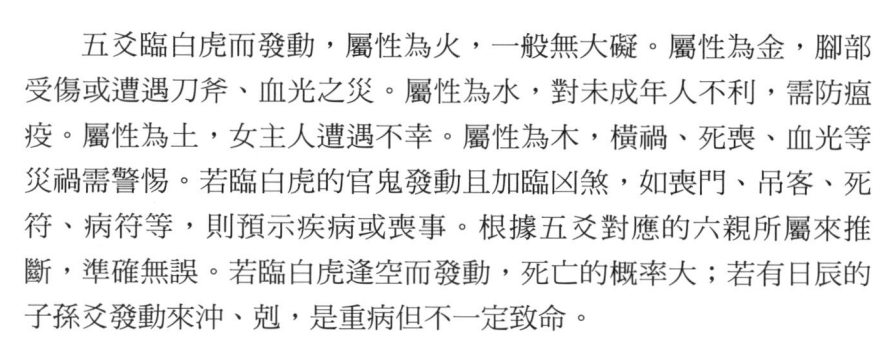

五爻臨白虎而發動，屬性為火，一般無大礙。屬性為金，腳部受傷或遭遇刀斧、血光之災。屬性為水，對未成年人不利，需防瘟疫。屬性為土，女主人遭遇不幸。屬性為木，橫禍、死喪、血光等災禍需警惕。若臨白虎的官鬼發動且加臨凶煞，如喪門、吊客、死符、病符等，則預示疾病或喪事。根據五爻對應的六親所屬來推斷，準確無誤。若臨白虎逢空而發動，死亡的概率大；若有日辰的子孫爻發動來沖、剋，是重病但不一定致命。

五爻臨玄武而發動時：臨木，預示有盜賊侵擾、小人陷害和水患之憂；六甲時間會有災禍。臨火，財物損失的風險增加。臨水，產婦需特別小心，以防災禍；同時提防火災。臨金，女性間有閒言碎語或饒舌之事。臨土，需留意奴婢流失或病痛、盜賊等問題。（若六神臨世爻或宅爻，同樣適用上述占斷。）

要預測人口的多少，首先要關注五爻的屬性。如果五爻屬性為陽，則表明男性較多；若屬性為陰，則女性居多。當五爻正值生旺之時，成年男子數量較多；而當其處於衰、死、墓、絕的狀態時，則丁男較少。如果四值來生合五爻，這表示人口眾多；反之，若遇刑、害、剋、沖，則人口減少。當五爻處於旺相狀態時，若卦中六親不全，這表明近親較少，而遠房親戚較多。要確定家中具體有幾口人，對於大戶他人，可以按照以下方式計算：甲己子午為九，乙庚丑未為八，丙辛寅申為七，丁壬卯酉為六，戊癸辰戌為五，巳亥為四。按照先天干後地支的順序來計算。而對於小戶他人，則按照一水、二火、三木、四金、五土的數字來推算。在計算時，如果正值旺相則人數加倍計算，值休則按本數計算，而正值囚、死則減半。通過這些方法，可以較為準確地預測家中的人口數量。

黎評：以上為論述人口的推斷方法，取五爻為用，以其五爻位所臨五行、六親六神、四值生合、刑沖剋親等綜合推斷家中財官福祿與吉凶進益，並以周天甲子與五行數推斷家人之數量。時間的應期判斷是重點。

第十一節　如何推斷家長形態與吉凶

以五爻為關鍵用爻。若五爻正值旺相，則家長正值少年時期。若五爻正值休囚，則家長已步入老年。在陽日占問時逢陰爻，意味著家長是女性。在陰日占問時逢陽爻，則家長是男性。

若五爻為父母爻，且又化出父母爻，則伯、叔父當家；若由父母爻化出官鬼爻，則是與家人同住的外姓人或女婿當家；若由父母爻化出兄弟爻，則是兄弟當家；若由父母爻化出子孫爻，則是子侄當家；若由父母爻化出財，則是女性當家。

若五爻逢空，則家中無主事之人。若世爻位於五爻，則當家較早。

若卦中逢八純或六沖卦，則表示家長之間不和睦。

黎評： 以上為論述家長的推斷方法，取五爻為用，以其五爻陰陽旺衰、旬空化爻、日辰屬性、卦象沖合等綜合推斷家中當家之人的情況。

第十二節　如何推斷道路形態與吉凶

以五爻和臨螣蛇的子孫爻為用神。

若從臨青龍的妻財、子孫爻所對應的方位出入，則為吉兆；相反，若從臨螣蛇、白虎的兄弟、官鬼爻所對應的方位出入，則為凶兆。

當五爻臨德貴、祿馬、喜神、喝散等吉神，且得到四值的生合時，道路必定是吉利的，而且人丁興旺、牲畜繁盛，一年四季都充滿福氣。

若五爻遇到亡劫、破耗、大殺的爻來剋，或者被四值刑、害、沖、並，則道路不吉，會導致人丁和牲畜的衰滅，一年四季都面臨困境。

若大殺與身爻、世爻相並或相沖，家中的一家之長將遭受疾病之苦。

子孫爻若臨亡劫、耗殺、羊刃等凶煞,並且來刑、並身爻、世爻,則家中有孤老或孀居之人患病,或者生出浪蕩之子。

若子孫爻臨白虎,並且剋身爻、世爻,這表示有白虎災星降臨,會導致家中的衰亡。當子孫爻為臨白虎的爻,且正值衰、死、墓、絕、胎的狀態時,道路充滿風險,不利於出入,會導致人丁和牲畜的損失。相反地,當子孫爻為臨青龍的爻,並且來生合身爻、世爻時,道路將彎轉有情致,預示著前來的龍脈。

此外,還有一些特定情況需要注意:若五爻為屬火的子孫爻且逢空,則主人將面臨災禍。若為屬木的子孫爻且逢空,則女主人將有憂傷之事。若為屬水的子孫爻且逢空,則人丁和財產將有進退得失的變化。若為屬金的子孫爻且逢空,則女人蒙受冤屈而被訴訟。若為屬土的子孫爻且逢空,則田土存在虛誇不實的情況。用爻若臨喝散,則口舌是非可以得到化解。若臨三殺,則家中產生兇暴強橫之人。若逢囚,有人死亡是可以預料的。若被太歲所沖,則災難不斷。

當五爻的子孫爻逢合,或子孫爻發動後化出子孫爻,以及子孫爻下伏有子孫爻時,都意味著有兩條路可供選擇。根據子孫爻所臨的神煞,可以判斷路的方向:臨青龍,則路從左方而來。臨白虎,則路從右方而來。臨朱雀,則路從前而來。臨玄武,則路從後而來。臨勾陳,則路從辰、戌方來。臨騰蛇,則路從丑、未方來。

當子孫爻臨騰蛇時,這條道路必然彎曲。在不同的卦位上,路的方向也不同:在乾卦中,路從西北來。在巽卦中,路從東南來。在艮卦中,路從東北來。在坤卦中,路從西南來。在坎、離、震、兌卦中,分別從北、南、東、西方來。

此外,還有一些特殊情況:子孫爻臨騰蛇,若遇到六沖,則道路四通八達。根據相沖的方位,寅與申、巳與亥相沖為斜行路;子與午、卯與酉相沖為中心路;辰與戌、丑與未相沖為兩肋路。

五爻受刑,代表三曲路。五爻逢三合,則是盤旋路。合於丁己爻,則是丁己路。日辰來合五爻,則是穿心路。五爻來沖身爻、世

爻，則是直來路。臨驛馬，則是官塘路。有卯爻來合，則是草塞路。五爻臨勾陳，則是圓轉、三岔路。旺相則代表新路、大路；休囚則為舊路、小路；衰敗則為破敗路；絕則斷頭路；隨鬼入墓則為近墳路；長生官鬼為古路；暗沖為暗箭路；土在艮為近山路；土在坤為田間路。

　　用爻臨金爻代表磚砌石鋪的路或路旁有石頭；木爻代表路旁有樹木。臨子水旁有浩大河流，亥水旁有彎轉水。水靜逢合為死水或閘截水，發動逢沖為急流，木動合水為橋。臨子水騰蛇陽溝，亥水騰蛇陰溝。

　　五爻旺父被日沖是騎路屋；五爻子孫被日沖道路破；五爻與初爻水合，代表路旁有井；青龍臨父母旺相者井上有亭；五沖兄世沖犯門戶；華蓋子孫路旁廟；父母五爻傍正屋；白虎兄傍灰堆；白虎金合傍石碑；火官近火化壇。

　　黎評： 以上為論述道路的推斷方法，取五爻配騰蛇子孫為用，以其四值生合、刑沖剋害、卦宮太歲、五行動變、神煞空亡、飛伏六神綜合推斷道路位置之吉凶數量、道路形狀、路面土石、路旁建築、路面環境新舊等相關情況。勾主辰戌，蛇為丑未是亮點。

第十三節　如何推斷棟樑形態與吉凶

　　以六爻或屬木的父母爻為用神。若屬性為陽，則代表棟柱；若屬性為陰，則代表棟樑。若臨貴馬、龍德、祿喜，並且得到四值的生合，則表示房屋是新建且整齊的。若臨白虎、破軍、破碎，或者位於午爻，並且受到四值刑、害、剋、沖，則代表房屋已經破敗、傾斜、空虛。

　　當卦中出現三木並見的情況，即在屬木的卦中遇到木爻，並且還有木爻來合，則表示樓閣重重。三土並見，預示在即將有新建造的時候，兒子會遭遇不幸。三金並見，代表在改建中堂的時候，妻子會遭遇不幸。

如果臨三殺，難免會有官司是非。

如果三爻來沖棟爻（即上爻），則意味著在留下兒子之後，妻子會遭遇不幸。

當卦和爻的屬性都是水，或者爻的干支都屬水時，房屋會出現破裂漏水的問題。火見火的情況，則表示房屋會傾斜。

如果為子孫爻且當旺發動，則預示會孕育麒麟子。如果為官鬼且當旺發動，則表示夫妻關係和諧如琴瑟相和。如果為值衰屬水的妻財爻，則意味著會離鄉背井，不再回來。如果是當旺屬火的兄弟爻，則所求能夠實現。如果是火爻而發動，則會經常遭遇官司。如果是木爻而發動，則應當重修房屋棟樑。

父母爻為臨騰蛇的水爻而發動，則表示房屋的棟樑下漏水。如果父母爻臨騰蛇，又同時遇到破碎煞發動，以及父母爻下伏有官鬼或六爻為官鬼而逢空，都意味著房屋的梁棟會崩塌。

父母爻下伏有屬水的官鬼，則表示房屋的棟樑一定會漏水。如果屬木的父母爻臨白虎而發動，或者臨日雀、日虎等爻發動來沖剋屬木的父母爻，如果是陰爻，則表示棟樑被蟲蛀；如果是陽爻，則是柱子被蟲蛀。如果父母爻下伏有屬土的官鬼，則在墩礎下會有怪異發生。

如果有屬金的官鬼爻暗動，來刑、沖屬木的父母爻，或者有臨騰蛇、白虎的官鬼暗動，來刑害剋沖或官鬼伏於六爻下而暗動的，都表示在梁門上有鬼魅存在。（用鄒道岸的方法去推斷，極為靈驗。）如果有臨日辰的兄弟爻來沖，則意味著會被風雨摧倒。位於六爻的父母爻，被屬木的官鬼沖動，去刑剋身爻、世爻的，或者六爻為屬木的父母爻，化出的官鬼爻刑害身爻、世爻的，都意味著有被斷裂的棟梁傾壓之患。父母爻逢死絕的，說明應當增梁換柱，或者改接。六爻為逢空的土爻，而與木爻相合的，則需要用茅草覆蓋來連接房屋。父母爻下伏的屬火的官鬼暗動，和臨朱雀的官鬼爻，同時臨天火、燭火、天燭等煞，發動來剋沖六爻，以及身爻世爻的，則意味著有火災。（如果發動，則發生在已往；如果安靜，則

發生在將來。）

　　初爻來剋六爻，則正對門有井或者空地。二爻來剋六爻，則在棟下設爐灶將會不安。五爻來剋六爻，則香火神龕會被高高地擱置，或在棟下有路。四爻來沖六爻，則在棟下有門，而且不吉利。

　　父母爻屬木臨勾陳，則棟梁由多節組成。六爻屬土且臨勾陳，則梁上有污泥。六爻屬金當旺發動，則梁上有銅環。有金爻來沖屬木的父母爻，則梁柱上有刀斧痕。有火爻來沖屬木的父母爻，則有火燒的傷痕。屬木的父母爻正值衰敗而逢沖，則說明棟梁將要折斷。如果正值旺相而逢沖，則在棟柱上有眼。

　　如果是臨青龍的子孫爻，則梁上繪有圖畫。如果是屬金的官鬼爻，且值衰，則梁上有寶鈔。為屬火的子孫爻而臨螣蛇，則梁上有寄名符。有卯木爻發動來合，則梁上有稻種。為臨螣蛇的木爻，且帶福祿，則梁上有福祿字。臨白虎且喜星而發動，則梁上有嬉窠。如果是臨朱雀的土爻當旺發動，則上面有燕巢。為臨螣蛇、光影煞的巳爻而發動，則梁上有蛇。為臨青龍的金爻，發動逢日沖，則棟上有虛聲。為臨青龍的屬木的官鬼爻而逢破，則有雲梯在上面作祟。

　　黎評：以上為論述棟樑的推斷方法，取六爻木父為用，以其神煞五行、飛伏六神、六親爻位、宮位合局綜合推斷棟樑形狀、風水吉凶、家人影響，並以各爻位與六爻之生剋細緻斷其棟樑環境與房內各部位之影響，其中並講解了水與水及水見火類的查詢方法，是以卦象與卦爻五行相配或是卦爻天干與地支的五行相配。

第十四節　如何推斷牆壁形態與吉凶

　　以六爻或屬土的兄弟爻為用神。

　　若正值旺相，則牆壁堅固；若正值死、絕，則牆壁傾塌；若正值墓、胎，則牆壁低矮；若被刑、害、剋、破，則牆壁崩倒。

　　若用爻臨勾陳且逢六合，則四周有牆環繞。若有臨日辰的爻發動，來剋屬土的兄弟爻，則在所剋的方位有缺口。（按地支推斷。）

三爻來沖六爻，則牆上有一缺口可出入，並有奴婢逃亡。若床爻來剋牆垣爻，則會命犯孤辰，子嗣稀少。（三爻代表床爻。）

位於六爻的兄弟爻若被屬土的官鬼爻動沖、去刑、害、剋、破身爻、世爻的，或位於六爻的屬土的兄弟爻發動，化出的官鬼爻傷身爻、世爻的，或者身爻、世爻為兄弟爻而發動，化出屬土的官鬼爻，回頭來剋的，都要小心牆壁傾壓的風險。

屬土的兄弟爻若逢空且被沖，則是四邊無牆。用爻屬土且當旺而臨勾陳，則是泥牆。屬金且當旺而臨白虎，則是石蕭牆。屬土且當旺而臨白虎，則是磚牆。臨白虎的巳爻且當旺，則是粉牆或畫有麒麟。

為臨白虎的土爻且當旺，且與門爻相合，則是照壁。臨青龍的父母爻且當旺，則牆壁上有題詩。臨青龍的土爻且當旺，則牆壁上畫的是龍。臨朱雀的酉爻且當旺，則牆壁上畫的是鳳凰與孔雀。如果臨朱雀且帶喜，則牆壁上畫的是鵲。臨勾陳的酉爻則是牆壁上畫的是鷹。

騰蛇臨屬土的官鬼爻暗動，則是匠人在作祟。臨白虎的土爻且當旺，則牆壁上畫的是虎。臨官祿的土爻則是牆壁上畫的是鹿。臨白虎的酉爻且當旺，則牆壁上畫的是鶴。臨玄武的木爻則是牆壁上畫的是松柏。

黎評： 以上為論述牆壁的推斷方法，取六爻土兄為用，以其六親六神、伏用化父、日辰生剋、五行地支綜合推斷牆壁之高低堅斜崩倒，牆壁上圖案有無與圖案景色。

第十五節　如何推斷圍欄形態與吉凶

以六爻或屬木的兄弟爻為用神。

當它們正值旺相時，代表新制；若值衰弱，則代表舊物。若遭遇沖剋，則表示已經破損；若逢胎養，則表示低矮。

若屬木的兄弟爻值衰，再加上破軍、破碎等凶煞發動，則代表籬笆已經破損。

若兄弟爻下伏有其他的兄弟爻，表示籬笆堅固。若下伏有妻財

爻，則樹木蓊鬱；若下伏有子孫爻，則竹林茂密。若下伏有官鬼爻，則有空隙存在。

黎評： 以上為論述籬落的推斷方法，取六爻木兄為用，以其旺衰伏神綜合進行推斷。

第十六節　如何推斷房屋形態與吉凶

以六爻或屬木的官鬼爻為用爻。

若官鬼爻下伏有子孫爻，則意味著房屋頹敗破落。

若臨朱雀的屬火的官鬼，與屬金的官鬼、子孫爻發動，則表示房屋是用草苫覆蓋的。

黎評： 以上為論述屋宇的推斷方法，取六爻木鬼為用，以其爻位飛伏、六神五行綜合進行推斷。

第十七節　如何推斷庭院形態與吉凶

以間爻為用神。

若正值旺相，則明堂寬闊。若正值休囚，則明堂狹窄。若逢空絕，則明堂不存在。若間爻當旺且臨官貴，則為甬道。若合處逢沖，則明堂分為兩半。

若間爻為臨青龍的子孫爻且正值旺相，則明堂寬敞潔淨。若間爻為臨白虎的金爻且當旺，則是石鋪地面。若間爻為臨白虎的土爻且當旺，則是磚砌地面。若間爻為屬木的妻財爻且正值旺相，則庭院裡栽有花卉。

若間爻為癸亥爻且當旺而發動，則庭院裡養金魚。若間爻為壬午爻且當旺而發動，則庭院裡養麋鹿。若臨玄武、咸池，則明堂污穢不淨。

黎評： 以上為論述明堂的推斷方法，取間爻為用，以其間爻旺衰、空絕沖合、六神五行綜合推斷院落之潔淨寬敞、院落風景。

第十八節　如何推斷窗戶形態與吉凶

以間爻或屬木的子孫爻為用神。

若屬木的子孫爻當旺而發動，或父母爻下伏有屬木的子孫爻，或父母爻發動化出屬木的子孫爻，則表示窗戶明亮整潔。

若值衰，則窗戶陳舊。若逢沖，則窗戶破損。若逢空絕，則表示沒有窗戶。若合處逢沖，則說明窗櫺不全。

黎評： 以上為論述窗戶的推斷方法，取間爻木子為用，以其旺衰空絕、沖合飛伏綜合推斷窗戶之形狀與環境。

第十九節　如何推斷巷子形態與吉凶

二爻代表宅第，而穿（害）二爻之爻則對應於宅中的巷道。

若寅爻與巳爻相害，則表示左邊有一條巷道。若申爻與亥爻相害，則表示右邊有一條巷道。若午爻與丑爻相害，則宅中有一條穿心巷。若未爻與子爻相害，同樣說明宅中有穿心巷。若戌爻與酉爻相害，則表示右邊有巷道。

黎評： 以上為論述拱的推斷方法，取穿二爻者為用，穿即害，以其與二爻相害之地支綜合推斷拱之左右穿心狀態。

第二十節　如何推斷倉庫形態與吉凶

財伏於父母爻下，和由妻財化出妻財、妻財化出父母爻的，意味著建造倉庫。

如果妻財是臨青龍的庚申、丁酉、癸酉爻，且相生有氣的，則是倉庫，如果動變的則不是。

黎評： 以上為論述倉庫的推斷方法，取財爻為用，以其財爻之飛伏六神綜合推斷倉庫之狀態。

第二十一節　如何推斷鄰里關係與吉凶

管公以初爻和六爻來判斷鄰居的情況。

如果初爻和六爻是空的，那麼可以確定此處沒有鄰居。例如，如果初爻是子爻，屬水並且為空，那麼北邊沒有鄰居。同樣地，如果六爻是戌土爻且為空，那麼西北沒有鄰居。其他的方向也可以以此類推。

耶律楚材則以世爻作為推斷依據。例如，如果世爻是子水爻，而午爻發動來沖，那麼前面的鄰居會欺淩我。如果日辰是子，並且臨日辰，那麼後面的住戶會來侵擾或者協助（當旺比和則是協助，逢刑則是侵擾）。如果酉金爻來相生，那麼西邊的鄰居關係深厚。如果卯木爻來刑，那麼東邊的住家心存嫉妒。如果巳爻處於逢墓絕之地（子水絕於巳），即使對面而居也沒有感情。如果未申爻處於逢生養之地（子水長生於申），那麼就像姻親一樣可以託付。如果丑爻發動，則是相合（子與丑合）；如果寅爻動，則是洩氣（子水生寅木）。由此，東北的鄰居的善惡就可以分辨了。如果戌爻發動，則是相剋；如果亥爻發動，則是比和。由此，西北的鄰居的親疏就可以判明了。（其他的方向也可以以此類推。）

此外，如果爻位正值旺相，則表示鄰居富有；如果正值休囚，則表示鄰居貧困。

如果初爻和六爻臨青龍的土爻，則鄰居家會凋零。如果臨青龍且當旺，則說明鄰家熱鬧。如果臨青龍且逢空，則在破敗的宅院上會重新興盛起來。如果臨朱雀的金爻，則鄰居會散逃。如果臨勾陳的水爻，則鄰居會衰敗。如果臨白虎的木爻，則鄰居完全廢棄。如果臨玄武的火爻，則鄰居會先興隆而後沉寂。如果臨四值的爻位又分別屬土木的爻，又臨勾陳、朱雀，則說明鄰家是萬戶的家庭。為臨騰蛇、白虎，逢休、空的屬金的官鬼爻，則人丁稀少。臨祿馬、官貴的，則是仕宦的家庭。為臨祿喜的妻財、子孫爻，則是富豪。臨龍德的，為人忠厚。臨白虎的，為人兇狂。同時臨玄武、咸池的，則是淫亂的家庭。臨四廢的兄弟、官鬼爻，則是荒涼的家庭。

臨玄武、天賊而發動的，則鄰居家有偷竊之人。臨天燭發動來剋位於內卦的世爻，則說明其家的火災會波及我的住宅。

黎評：以上為論述鄰居的推斷方法，取初爻六爻為用，以其爻所臨五行地支生剋推斷鄰居方位，以其六神神煞綜合推斷鄰居之性格身份。

第二十二節　如何推斷墳墓形態與吉凶

在《管公口訣》中，主要關注的是世爻。通過世爻，我們可以推斷出與家族墓地相關的信息。具體地，世爻上方的爻對應於祖墓，再往上的爻對應於曾祖墳，再往上的爻對應於高祖墓。世爻下方的爻則對應於父母墳，更下方的爻對應於兄弟墳。

如果某個爻來生合世爻，則表示吉利；如果某個爻來刑、沖、剋、害世爻，則表示不吉。如果某個爻臨六神且安靜，並且來生合穴爻，同樣表示吉利；但如果這個爻發動並沖剋穴爻，則表示不吉。特別地，如果墳爻是月虎或月勾且逢空發動，這意味著家族將會絕戶。

如果墳爻是臨青龍的木爻，則預示下一代將興隆；如果是臨白虎的金爻，則預示下一代將出現強暴之人；如果是臨青龍的水爻，則預示在朝廷為官；如果是臨白虎的子孫爻，則預示將隱居山野。

如果墳爻連續逢合，這意味著墳前有水繞沙回的美景。但如果逢空發動又逢沖，則意味著穴中的生氣被風吹散，不能藏風聚氣。如果墳爻是屬水的官鬼爻且發動，則是奇形怪穴的標誌。如果是屬木的父母爻且發動，則是有小路環繞穴山的跡象。如果火見金，或卦和爻的屬性分別為火和金，則預示墳墓高大醒目。如果水合火，則預示每一條水流都來相朝。

如果墳爻屬木且逢空，則預示有死樹；如果屬木且當旺，則預示有大木蓋墳；如果木見木且正值休囚，則預示亭子已經破損多年。如果墳爻屬金且發動，則預示有白石；如果屬水且值囚，則預

示水法已經破裂。如果金見金且臨玄武，則預示旁邊有泉眼；如果土見土且臨騰蛇，則預示有交錯的橫路（原文：金見金臨玄武，傍有岩泉。土見土，橫路交加）。如果有水爻來沖、剋、刑、害墳爻，則是預示墳前有斜向的水流相沖。

如果墳爻臨官貴或祿馬，這意味著能夠發越顯貴。如果墳爻是臨德祿或生氣的妻財、子孫爻，且正值旺相，則預示著能夠發揮財富。然而，如果墳爻逢空、休、死、敗，或者被四值刑、沖、剋、害，那麼將會出貧賤的後人。此外，如果墳爻臨孤辰、華蓋、羊刃，則預示著將出僧道。當墳爻是當旺的子孫爻時，人丁將會得到增進。然而，如果墳爻是子孫爻且逢刑、害、剋、沖，那麼子孫多半不肖，且多為殘疾。如果子孫爻逢空絕，則預示著絕戶。

進一步地，根據墳爻的五行屬性，可以判斷墳墓周圍的環境和後遺症。如果墳爻屬木，且下一爻也是木爻，這意味著墳下有小墳。這會預示著女人腹部患上各種雜症，幼童驚叫，長年累月小祈小禱不絕。如果墳爻屬水，且下一爻也是水爻，這表示穴下有水。這意味著將出惡毒的婦人，以及淋漓、產傷等病患，幼童嘔吐脫水。如果墳爻屬金，且下一爻也是金爻，這表示穴下有石頭。多年前遭受雷傷，眼下已經痊癒，但祖宗牌位會破裂，有人會患肺癰而死。如果墳爻屬土，且下一爻也是土爻，則會有交錯的橫路。後代中有大腹肥胖之人，有因蠱而亡或溺水而死之人。如果被日辰所傷，即使不死，也會因為爭田奪地而起官司。如果墳爻屬火，且下一爻也是火爻，這預示著將遭火災。家中出現忤逆的婦人為非作歹，子孫也會變得橫暴，甚至有刀傷人命之類的事情發生。

除此之外，我們還可以通過觀察穴爻受傷的情況來進一步分析吉凶。通過八卦可以確定穴爻在哪個方位受傷；通過五行可以確定是什麼事物傷害了穴爻；通過六親可以確定是誰傷害了穴爻。這種具體的分析方法可以幫助我們更全面地瞭解墳墓的吉凶情況。

如果想要瞭解子孫各個房系的盛衰情況，可以通過觀察墳爻及其上下爻來推斷。以墳爻為核心，上面的爻代表長房，墳爻本身代

表次房,下面的爻代表三房。墳上第二爻代表四房,墳下二爻則代表五房。繼續往上,第三爻則代表六房。這樣的上下關係需要清晰地輪飛流轉,不能混淆。

接下來,我們可以根據各爻的旺衰情況來推斷各個房系的盛衰和發達程度。例如,如果墳爻當旺,而其上下兩爻值衰,那麼中房將會是發達的一房。如果墳上一爻當旺,則長房將興盛;如果墳下一爻當旺,則三房將興盛。同樣的邏輯也可以觀察其他爻的旺衰情況,以此推斷四、五、六房的發達。

這些推斷方法雜見於《易學空青》和《管公口訣》等經典中,為我們提供了理解和預測子孫房系盛衰的有力工具。

黎評:以上為論述墳墓的推斷方法,取世爻為主,以飛限六親推斷墳爻情況,又以神煞六神、六親五行、伏神動變等推斷墳墓環境形狀。其墳位又以分宮來定,世上一爻為祖墳,世上二爻為曾祖墳,世上三爻為高祖墳,世下一爻為父母墳,世下二爻為兄弟墳,世下三爻為子孫墳。又以上各墳位生合世爻者,說明自己得以上長輩墳墓之庇護;沖剋世爻者,說明自己得以上長輩墳墓之損害。又將爻位細分各房,以其旺衰推斷後代後房富貴貧賤。其飛法也是以人倫遠近來分辨。

《易隱》卷三

第四章　遷移占

　　遊南子說：人們遷移住址，有時是為了避開兇險，尋求吉祥之地；有時則是為了離開舊居，追求更好的環境。總的來說，都是希望生活能更加安寧、幸福。然而，我們常聽到一些例子，有些人搬遷後並未如願迎來吉祥，反而接連遭遇不幸。當家人聚集在一起回首過去，他們常常後悔當初的決定，認為不如守在原來的地方。但那時已經晚了。因此，在做出遷移的決定時，我們必須慎重考慮。

鬼谷分爻表

六爻	省道、山林
五爻	州府
四爻	縣郭
三爻	場鎮
二爻	市井
初爻	鄉村

　　占卜方法：要判斷一塊土地是否適宜居住，可以根據相應的爻位的狀態來判斷。如果該爻位臨妻財、子孫兩爻且正值旺相，且臨青龍或天喜，同時遇到四值來生合的，則可以知道此地吉利，可以移居。但如果遇空、死、墓、絕、胎等不利之位，為兄弟或官鬼爻，並且臨騰蛇、白虎、勾陳、朱雀、玄武而發動，又遇到四值刑、害、剋、沖等凶神，則可以斷定此地不宜居住。

如何推斷遷後吉凶

　　若未定居，以五爻（外卦）定宅，二爻（內卦）定人。

　　若外卦值旺，則吉；值胎次之，死、囚、休、廢則凶。內卦值

旺不宜遷；胎則仍可居；死、囚、休、廢則應遷。

人爻（二爻）剋宅爻（五爻），可遷；宅剋人，不可遷。人、宅皆當旺，遷與不遷皆安。皆空，皆凶。

世剋應，新宅不如舊居；應剋世，舊居不如新宅。世應生合、比和，可遷可留。皆空，新舊皆凶。

宅臨青龍、妻財、子孫，且旺動，宜遷。騰蛇、白虎、勾陳、朱雀、玄武或兄弟、官鬼發動，宜留舊宅。

遇六沖、八純、遊魂卦及世居五爻，宜遷。六合、歸魂及卦靜或亂動，宜留。

二爻、世動，化妻財、子孫，且生旺合扶，遷吉。化兄、鬼、金且逢死、墓、絕、胎及刑、害、剋、沖，遷凶。

六沖變六合，遷後吉。六合變六沖，遷後凶。

當旺變衰凶，衰變當旺吉。

世逢空動，決心未定。逢墓、胎，欲遷不能。動逢合，欲遷受阻。動逢沖，欲遷忽止。遊魂化歸魂，猶豫不決或懷舊不搬。

示例如下

例一

庚寅年、戊寅月、癸亥日，得到夬之大過卦。

六神	伏神	坤宮：澤天夬		震宮：澤風大過	
白虎	子孫 癸酉金	▬ ▬ 兄弟 丁未土		▬ ▬ 兄弟 丁未土	
騰蛇	妻財 癸亥水	▬▬▬ 子孫 丁酉金	世	▬▬▬ 子孫 丁酉金	
勾陳	兄弟 癸丑土	▬▬▬ 妻財 丁亥水		▬▬▬ 妻財 丁亥水	世
朱雀	官鬼 乙卯木	▬▬▬ 兄弟 甲辰土		▬▬▬ 子孫 辛酉金	
青龍	父母 乙巳火	▬▬▬ 官鬼 甲寅木	應	▬▬▬ 妻財 辛亥水	
玄武	兄弟 乙未土	▬▬▬ 妻財 甲子水	○→	▬ ▬ 兄弟 辛丑土	應

解析：

1. 世爻代表求測者，臨騰蛇表示心中不踏實，容易因變動而產生虛驚。

2. 應爻代表所居之地，臨鬼說明宅運不吉，居住難以長久，又大象變出遊魂卦，預示搬家是必然趨勢。
3. 卦象已經表明遷移已定，接下來要考慮選擇有利於自己的方向。持世的子孫代表福神，臨酉金代表西方，搬遷至西方會帶來好運。
4. 南方的火能剋制世爻酉金，說明遷至南方會帶來不利影響，對自身及子女都不利。
5. 官鬼爻代表禍患，臨寅代表東北方，不宜居住，否則會有禍患。
6. 土能生助世爻酉金，看似吉象。但因土爻在卦中是兄弟爻之主，代表破耗，所以遷往兄弟之方也不利，會傷妻破財。同時，兄弟丑土是世爻的墓地，代表東北方，兄弟戌土刑害世爻，代表西北方，這兩個方向都不宜居住。
7. 北方是財爻子水之位，本應吉利，利財利妻。但因數水動化回頭之剋，會有傷妻與破財之意。因此推斷北方不宜居住。
8. 二爻宅位剋制五爻人位，這是宅剋人的凶象，說明現居之屋仍有禍患之事。如果不選擇子孫旺地以制鬼，恐仍難免災。

例二

庚寅年、庚辰月、丁巳日，得到豫之小過卦。

六神	伏神	震宮：雷地豫		兌宮：雷山小過	
青龍	妻財 庚戌土	▬ ▬ 妻財 庚戌土		▬ ▬ 妻財 庚戌土	
玄武	官鬼 庚申金	▬ ▬ 官鬼 庚申金		▬ ▬ 官鬼 庚申金	
白虎	子孫 庚午火	▬▬▬ 子孫 庚午火 應		▬▬▬ 子孫 庚午火 世	
螣蛇	妻財 庚辰土	▬ ▬ 兄弟 乙卯木	×→	▬▬▬ 官鬼 丙申金	
勾陳	兄弟 庚寅木	▬ ▬ 子孫 乙巳火		▬ ▬ 子孫 丙午火	
朱雀	父母 庚子水	▬ ▬ 妻財 乙未土 世		▬ ▬ 妻財 丙辰土 應	

解析：
1. 世爻旬空表示自己已經無心繼續居住在舊房子裡。卦變遊魂

預示著搬遷的跡象已經出現。
2. 世爻臨財本是吉象，但不宜卯木發動剋制它。這表明不宜往東遷移，否則會傷妻破財。
3. 西北方的戌土相刑世爻未土，因此西北方也不宜居住。
4. 鬼作為禍患臨頭，臨申金表示西南方是最忌諱的地方，居之必有禍患。
5. 世爻為土靠原神火來生助，巳火雖然生助世爻，但同時也為世爻的絕地。這表明東南方巳火之位居之會傷及家中人口。
6. 卦象六合為吉兆，喜神子孫臨午火生合世爻。並且子孫在應爻代表新的居住地，這表明只有午火正南方之位居之最吉利。

第五章　樹藝占

遊南子說：預測種植五穀的吉凶，首先要觀察天時，瞭解氣候條件是否適宜種植。然後考察田地，瞭解土壤的品質、肥力和地勢等因素，接下來要考慮人的勤奮懶惰，接著關注苗的生長狀況，最後預測收成的數量和品質。通過綜合這些因素，關於種植的占問就完備了。

第一節　如何推斷天時順逆

在預測種植五穀的吉凶時，需要綜合考慮多個因素。屬木的官鬼爻當旺發動，來剋世爻，會導致澇災。屬火的官鬼爻當旺發動，來剋世爻，則會導致旱災。如果屬水的官鬼爻化出屬火的官鬼，或者屬火的官鬼爻化出屬水的官鬼爻，則預示旱澇無常。干支屬性分別為水火的爻，來生合世爻，則預示晴雨適時。

此外，屬木的官鬼爻當旺發動，來剋世爻，會導致禾苗被風吹壞。屬木的官鬼爻化出屬水的官鬼，或屬水的官鬼化出屬木的官鬼爻，則預示風乾、潮濕不定。屬金的官鬼爻，當旺發動剋世爻，則

會有蝗災。屬土的官鬼爻當旺發動,來剋世爻,則多有陰暗的天氣,水旱不協調。

在卦象中,如果沒有水爻,或者水爻逢空、墓、絕、胎,則預示旱災。如果沒有火爻,或者火爻逢空、墓、絕、胎,則預示澇災。

如果六爻的屬性都為陰,則不生;都為陽爻,則不長。一半為陰,一半為陽,則意味著是豐收年。

如果太歲臨於臨青龍、天喜的妻財、子孫爻,且當旺發動來生合世爻,則是豐收年。如果太歲臨於臨白虎的兄弟、官鬼爻,來沖剋刑害世爻的,則是饑荒年(在占測年景時,以太歲為主)。

同時,世爻的狀態也能反映收成的狀況。世爻為臨青龍的妻財、子孫爻,且正值旺相,和世爻為屬木的妻財,且當旺安靜的,意味著是豐年。世爻逢歲破、月破的,則沒有收成。妻財臨二耗而發動的,則半收。妻財、子孫爻化出逢空的爻,則穀中秕子較多。

另外,五行臨官鬼爻而發動,且臨大殺的,則意味著沒有收成;臨喜神的,則會有一半的收成。如果官鬼雖然發動,而逢空、墓、絕、胎,及被刑、害、剋、沖的,則對收成無害。

黎評: 以上為論述天時的推斷方法,以官鬼與世爻之生剋、鬼爻之旺衰與五行,配太歲卦宮世爻六神神煞綜合推斷天時之旱澇順逆。

第二節　如何推斷田畝狀態

世爻對應於田地,而父母爻對應於田地的主人。應爻如果是父母爻,表示租佃他人的田地。

如果世爻下伏有兄弟爻,或者世爻發動化出兄弟爻,或者父母爻化出兄弟爻、兄弟爻化出父母爻,都意味著與他人合種田地。如果世爻上化出官鬼爻,或者為世爻的父母爻化出官鬼爻,則表示這是官家的田地。

如果月令、日建、動爻來沖剋世爻的父母爻,則意味著有人來

爭奪田產。如果世爻合處逢沖，則田產會被分成兩份。如果世爻沖中遇合，則兩塊田地將合為一處。如果世爻發動而逢合，則別人無法爭搶。

如果世爻為父母爻且正值旺相，則田地寬闊；如果正值休囚，則田地狹窄；如果受到刑、害、剋的傷害，則田地被侵佔。

如果為妻財、子孫爻且正值旺相，則田地肥沃。

如果為兄弟、官鬼爻且正值休囚，則田地貧瘠。如果世爻為金爻且當旺，則田中石頭較多；如果為土爻且當旺，則田地位置較高；如果為水爻且當旺，則田地位置較低；如果為火爻且當旺，則是沙田。如果為水爻且當旺發動，則田邊有禽類。如果世爻為子爻發動來沖剋，則田中有鼠害；如果有丑爻發動來沖剋，則有牛來擾田；如果為卯木爻且當旺，則田中雜草較多；如果有未爻發動來沖剋，則有羊踐踏田；如果酉爻當旺而發動，則多有青蛙（田雞）。

關於田地的形狀，可以根據父母爻的屬相來判斷。例如：屬子則兩頭尖中間寬，屬丑則前狹後寬，屬寅則呈鼓形或有樹木圍繞，屬卯則兩塊田相連，屬辰則地勢較高，屬巳則形如靴腳，屬午則前大後尖，屬未則細長，屬申則兩頭尖中間寬，屬酉則形如響板，屬戌則橫長，屬亥則位於水流的曲折處。

此外，根據六親與方位的關係，也可以判斷田地的形狀。例如：臨玄武而剋臨朱雀的爻的，則後高前低；臨青龍而剋臨白虎的爻的，則左高右低；臨勾陳、騰蛇而正值生旺的，則中間凸四周低；臨勾陳、騰蛇而正值休、死或受傷的，則中間凹四周高；臨青龍而當旺，臨白虎的爻當衰的，則東高西低；臨朱雀而當旺，臨玄武的爻值衰的，則前高後低。

另外，如果臨勾陳、騰蛇而隨鬼入墓的，則田中有墳墓；如果臨朱雀、玄武、青龍、白虎而隨鬼入墓的，則分別是前、後、左、右有墳墓。

要確定田地的畝數，可以根據甲、己、子、午為九，乙、庚、丑、未為八，丙、辛、寅、申為七，丁、壬、卯、酉為六，戊、

癸、辰、戌為五,巳、亥為四的計算法則來確定。例如:世爻為甲子爻,則是二九一十八畝。如果正值旺相則加倍計算,值休囚則按原數計算,值囚死則減半計算。如果世爻逢空亡,可以用父母爻來確定畝數。

黎評: 此處酉做雞,又做田雞,也即是青蛙,是一有趣變通。

第三節　如何推斷人事收成

鬼谷分爻表

爻位	爻位類象	
六爻	水	田夫、晚禾
五爻	天	早禾、收成
四爻	牛	秋苗、大麥、豆
三爻	人工	夏苗、小麥、棉花
二爻		苗秧
初爻		穀種

首先,我們要關注初爻,如果初爻為官鬼爻,則表示種子尚未種植或未能發芽。若初爻逢空,則意味著沒有種子可用。

如果二爻為官鬼爻,那麼秧苗受損或者需要再次種植。如果二爻逢空,那麼秧苗的數量不足。

如果三爻為官鬼爻,那意味著夏天的苗木有受損,難以進行除草工作。如果三爻臨白虎併發動,那是工人患病。若三爻逢空,那是因為人力不足導致苗受損,同時棉花和小麥也會受損。

四爻為官鬼爻時,秋天的苗受損,耕牛也會遭遇不幸。如果官鬼爻又化出官鬼爻,或者兄弟爻化出官鬼爻,那表示是與他人合作種植,導致牛的工作不便。若四爻逢空,那是缺乏肥料或者沒有牛,同時豆類和大麥等農作物也會受損。

當五爻為官鬼爻時，表示天時不佳，收割困難。如果五爻逢空，那意味著收穫的穀物多為不飽滿，而早稻也會受損。

再看上爻，如果上爻為官鬼爻，田夫即種植者有疾病之災，還伴隨水災或缺水的情況。若六爻逢空，那會家中無人照看，晚稻也會受損。

在《玉靈經》中，甲乙對應的種子，丙丁對應秧苗，戊己對應田地，庚辛對應秋收，壬癸對應冬藏。

此外，子孫爻代表苗禾，妻財爻代表穀物，兄弟爻代表耗損之神，而官鬼爻代表災禍之神。父母爻發動時，表示耕種工作費力。若妻財爻化出官鬼爻，則意味著沒有收成。而官鬼爻化出妻財爻時，則適合晚種。

若青龍之妻財爻在內卦中發動，適宜早種；若在外卦中發動，則適宜晚種。騰蛇之爻逢長生且玄武之爻發動時，應儘快鋤地（黎注：此處取騰蛇為草玄武為澇）。青龍之爻逢合而白虎之爻逢沖時，日後有災禍。當世爻為臨朱雀或白虎的發動時，或者應爻為臨朱雀或白虎的發動並剋世爻時，有蝗災。同樣的情況也適用於屬金的官鬼爻為世爻的情況。若玄武的官鬼爻發動剋世爻時，則意味著未收穫的農作物需要防範被竊取，已經收割的糧食僅夠上交。如果世爻是臨勾陳的土爻併發動剋應爻時，那表示水源稀少。

當妻財臨二耗併發動時，收成只有一半。而官鬼爻發動時，需要還神願。

黎評： 以上為論述人事稼穡的推斷方法，以各爻位狀態與六親六神動變生剋推斷種植順逆與人事否泰。

第六章　育蠶占

遊南子指出：蠶桑事宜，通常由婦女主導。因此，首先要觀察蠶婦是否適宜，從而推斷蠶命的吉凶。在確認蠶命為吉的基礎上，我們才能進一步考慮蠶種、蠶苗、在筐中的生長過程，以及上簇、結繭和梳理成絲的利弊。此外，蠶絲的價格也是不可忽視的因素，必須進行占問。

黎評： 以上為育蠶占總論，其共由蠶婦、蠶命、蠶事、價格四部分組合。

第一節　如何推斷蠶婦吉凶

內卦與世爻代表蠶婦，外卦與應爻對應於蠶。內、外卦之間若相生合或比和，則吉利；若相刑、害剋或沖，則不吉。同時，蠶婦的本命與巳午之蠶命以及應爻相沖的，則凶。

若世爻和蠶命爻均為臨龍喜的妻財或子孫爻，且沒有刑、害、剋、沖等不利因素，則大吉大利。另外，四值與動爻，以及臨龍喜的妻財或子孫爻發動來生合世爻或蠶命爻的，亦為吉祥之兆。

官鬼為應爻，象徵著蠶會有損傷。若官鬼持世，世臨鬼爻又空又衰，養蠶婦女有損傷。如果官鬼來剋世爻，則蠶婦容易生病，應當向神靈祈禱以祈求平安。

若世爻逢空或衰弱，則表示蠶婦自身有損傷。而內卦與世爻旺盛的，則意味著人工較多。反之，外卦中應爻旺盛的，則表示蠶多。

黎評： 以上為論述蠶婦的推斷方法，取外卦與應爻為蠶，內卦世爻為蠶婦，以世應卦象的旺衰生剋、刑沖龍喜綜合推斷蠶與蠶命吉凶。

第二節　如何推斷蠶命吉凶

蠶命的象徵由巳、午爻以及子孫爻來表示。若命爻，即蠶命爻出現在卦中，那麼這是吉利的。

當四值、臨青龍、天喜的妻財或子孫爻的動爻，能夠生合命爻時，這同樣是吉利的；然而，如果它們對命爻施以刑、害、鬼、沖，那麼這將是不吉利的。如果命爻臨到耗煞，或者是兄弟、官鬼爻並且處於逢空、死、墓、絕的狀態，這將是不吉利的。如果卦身與四、五月的月份相符合，那麼這也是吉利的。

黎評： 以上為論述蠶命的推斷方法，取巳午二爻與子孫為蠶，以其生剋刑沖、四值神煞、十二長生、卦身所值綜合進行推斷。

第三節　如何推斷蠶絲生產過程

鬼谷分爻表

爻位	爻位之象
上爻	繭
五爻	簇
四爻	筐
三爻	葉、人
二爻	苗
初爻	種

如果這些分爻正值旺相，並且為臨龍喜的妻財或子孫爻，那麼這個環節是吉祥的。但如果它們處於死、墓、絕、空的狀態，或者受到刑、害、剋、沖的影響，或者臨到耗煞發動，那麼這將是不吉利的。

此外，初爻為官鬼爻時，蠶子無法順利孵化；二爻為官鬼爻時，蠶苗會受損；三爻為官鬼爻時，蠶絲的價格會上漲，養蠶的婦

人容易生病；四爻為官鬼爻時，在筐上的過程中會有損失；五爻為官鬼爻時，在上簇時有損失；六爻為官鬼爻時，繭絲較薄且難以出絲。

《玉靈經》說，如果臨青龍的官鬼爻當旺而發動的，則孕育過程會受到鼓聲歌聲的妨害；臨朱雀的官鬼爻當旺而發動的，則會被喧嘩打鬧所妨害；如果臨天火、天燭、燭火煞等煞星，則要防火災；臨勾陳的官鬼爻當旺而發動，則是受到建築動土的妨害，導致蠶變黃腫；臨騰蛇的官鬼爻當旺而發動的，則受到驚嚇的妨害；臨白虎的官鬼爻當旺而發動的，則受到死喪的妨害，從而導致蠶白僵死亡；臨玄武的官鬼爻當旺而發動的，則觸到了穢氣；如果加咸池煞星，則會受到女人穢氣的壓迫而導致蠶多受水濕。

如果鬼爻有動靜，但是蠶絲沒有受到傷害，那麼祈禱就會有所收穫。也說明，蠶在養殖過程中出現了問題，但是最終還是能夠成功養殖。如果鬼爻是空的或者不存在，也就是說，蠶在養殖過程中沒有任何問題或障礙。如果鬼爻轉化為財爻或福爻，那麼就會獲得雙倍的利益。如果鬼爻轉化為兄弟爻，那麼收益就會減半，說明中途出現了競爭或不利因素。如果鬼爻轉化為父母爻，那麼，蠶在養殖過程中出現了困難或問題，但是最終還是能夠成功養殖。

如果父母爻是安靜的，也就是說，蠶在養殖過程中沒有受到干擾或阻礙。

如果財爻隱藏在鬼爻之下，或者鬼爻隱藏在財爻之下，那麼蠶在養殖過程中出現了隱藏的問題或障礙，會導致損失。如果財爻加上兩個耗爻發動，或者財爻隱藏在父爻之下且旺盛有力，那麼收益就會減半。

如果月日與財爻相合，那麼就會獲得雙倍的利益。

黎評： 以上為論述蠶事的推斷方法，以鬼爻所值爻位來推斷育蠶過程中的順逆吉凶，又以鬼爻所臨六神推斷育蠶時易出之事故，參鬼之化爻飛伏推斷蠶事之利害。

第四節　如何推斷蠶絲價格高低

在預測中，我們選取屬性為火的爻作為用神。

當妻財爻為木爻或火爻時，蠶絲的價格會相對較高；而當其為水爻、金爻或土爻時，價格則相對較低。

當妻財爻當旺且能夠生剋世爻時，蠶絲的價格相對較高；相反，如果妻財爻值衰且受世爻剋制，則價格相對較低。

值得注意的是，如果妻財爻的屬性為火，那麼蠶絲的價格會隨著時間的推移而逐漸上升；而如果其為水爻，則價格會逐漸下降。

通常情況下，在生旺之日，蠶絲的價格會相對較高；而在逢空、敗、死、墓、絕、胎的日子，價格則會相對較低。

此外，如果妻財爻化出兄弟爻或官鬼爻，或者子孫爻化出父母爻，那麼蠶絲的價格會出現先高後低的情況。相反，如果妻財爻化出子孫爻，或者官鬼爻化出妻財爻，則價格會出現先低後高的情況。

最後，我們需要綜合考慮內卦和外卦中妻財爻的旺衰狀態，以及正卦和變卦中妻財爻的有無。如果內卦的妻財爻當旺而外卦的妻財爻值衰，或者正卦中有妻財爻而變卦中沒有妻財爻，那麼外鄉的蠶絲價格會較低，但後來賣出的價格也會降低。相反，如果內卦的妻財爻值衰而外卦的妻財爻當旺，或者正卦中沒有妻財爻而變卦中有妻財爻，則本處的蠶絲價格會較低，但先賣出的價格也會降低。

黎評：以上為論述價格的推斷方法，取財爻為用，以財爻所臨五行、財爻與世爻之生剋、財爻之十二長生訣、財爻伏爻化爻變爻綜合推斷價格貴賤，以主卦變卦、內財外財推斷易地交易的價格落差。

第七章　六畜占

鬼谷分爻表

爻位	六畜占爻位之象	
上爻	馬	主人
五爻	牛	人力
四爻	羊	馬牛
三爻	豬	水草
二爻	貓犬	犁鞍
初爻	雞鵝鴨	欄殿

　　遊南子提到，在預測六畜產業時，要根據其本命所屬來確定用爻。例如，養牛用丑爻，養貓用寅爻，養馬用午爻，養羊用未爻，養雞用酉爻，養狗用戌爻，養豬用亥爻。如果卦中沒有相應的生肖爻，則在伏神中選取。如果伏神中也沒有，則通過相應的爻位來推斷。

　　對於多年的牲畜，可以根據乾卦對應馬、坤卦對應牛、坎卦對應豬、艮卦對應狗、巽卦對應雞、兌卦對應羊等來推斷。

　　用爻和相應的爻位逢沖，以及動爻帶吉神來生合的，則吉；帶凶煞來刑、害、剋、沖的，則凶。臨妻財、子孫爻並值生旺的，則吉；為兄弟、官鬼爻且正值休囚的，則會受災。

　　此外，還有一些特殊情況：妻財、子孫爻二耗發動，既有增益也有損失。臨白虎的官鬼爻逢刑、害、剋、沖，起初受損，而後得益。父母爻發動，應當改造圈棚。父母爻化出父母爻，意味著頻繁易主。兄弟爻亂動，不合群。子孫爻化出官鬼爻，會被偷去。官鬼爻化出子孫爻，是偷竊而來。妻財爻化出官鬼爻，沒有收益。子孫爻遇刑、害，瘦弱。屬金的官鬼爻發動，會咬人。

臨青龍的子孫爻當旺，六畜會興盛。臨朱雀的官鬼爻發動，會招致訴訟。臨勾陳的官鬼爻發動，會有災病。臨騰蛇的官鬼爻發動，會作怪。臨白虎的官鬼爻發動，會被狐狸、老虎所傷。臨玄武的官鬼爻發動，會走失。

　　臨刑刀、刀砧煞發動，必遭屠宰。有臨四值、胎、養的爻發動，來生合的會旺盛；來刑、害、剋、沖的，則衰弱而死。

　　子孫爻為胎爻且正值生旺，必懷胎、抱卵；臨空、死、墓、絕的，則會病死。

　　卦遇六合，可以畜養；卦遇六沖則不可以畜養。合處逢沖，畜養不會持久。

　　用神臨吉神發動說明牲畜馴良；臨凶煞發動則頑劣。當旺則肥壯；值衰則瘦弱。臨劫殺發動大多是閹割過的牛、羊、雞；貓善於捕鼠；豬剛被閹過；犬、馬兇狠頑劣。

　　妻財、子孫爻來生世爻、命爻的能夠得利；妻財、子孫爻化入空、破、死、絕的會折本。值休而逢空的會死；當旺而逢空的會病；為官鬼爻而逢空的會受傷。

　　卦中有寅爻來剋丑、未、戌爻的，說明有虎來傷牛、羊、犬；有戌爻來剋二爻的，有犬來傷貓；有寅爻來剋初爻的，有狸貓來傷雞、鵝、鴨；有巳爻來剋酉爻的，有蛇來傷雞（黎注：此處取地支與爻位同論）。

　　用神正值四墓（辰、丑、未、戌）爻的是老牲畜；正值生旺則正值強壯；逢胎、養則是年齡小的牲畜。

　　用神為兄弟爻又化出兄弟爻的是與人合養。

　　用神屬性為陽的多是雄性；屬性為陰的多是雌性。

　　屬金的官鬼爻逢空發動，會有不正常的夜間鳴叫。屬水的官鬼爻會壞肚子；為屬木的官鬼腳受傷；為屬土的官鬼遭時瘴；為屬火的官鬼得喘熱、瘡疽等病。父母、官鬼若逢衰絕且有剋制的，病症可以醫治。

《管公口訣》有言：若丑爻同時與白虎、月殺相臨，則預示著牛將遭遇不幸；若午爻與騰蛇、日殺同時相臨，則預示馬將有災禍。若寅爻碰上月殺，並且傷害到牛的位置（黎注：五爻），則牛會遭虎傷害；若寅爻碰上日殺，並且傷害到馬的位置（黎注：上爻），則馬會遭虎傷害（黎注：此處可看到牛在古代地位，及馬行千裡的意象）。另外，白虎爻發動時，鴨子難以飼養；騰蛇爻發動時，豬難以飼養。

李淳風曾說：占卜馬的情況要看騎馬人的本命。占卜豬的情況要看妻子的本命。占卜牛、羊、犬、貓、雞、鵝等要看主人的本命。如果六畜對應的爻遇到生合，則預示吉兆；若相刑、沖剋、害，則預示凶兆。

當占得澤水困、山雷頤、火雷噬嗑、地火明夷等卦時，這是飼養豬、羊、雞、犬所忌諱的。若遇到官鬼爻發動，則預示將被宰殺。即使有臨青龍的動爻來生助，也預示著牲畜憔悴羸弱。當占得地天泰、風雷益、澤山咸、水天需、地山謙、坎、離、澤風大過、天雷無妄等卦時，這是飼養牛、馬所忌諱的。若遇到官鬼爻發動，則預示將被宰殺。而風澤中孚、雷天大壯卦則是吉兆。

在判斷六畜的顏色時，我們可以依據用爻所臨的六神來判斷基本顏色。青龍與玄武代表黑色，朱雀、勾陳和騰蛇代表黃色，而白虎則代表白色。

如果用爻安靜不動，沒有受到沖、破、生、剋等關係的影響，那麼顏色就是單一的。但如果有動爻對它產生生剋關係，那麼顏色就會是雜色。

例如，如果用爻臨玄武，並且有臨白虎的動爻與之產生生剋關係，那麼六畜的顏色就會是黑白相間。當玄武爻當旺時，六畜的黑色部分會偏多；而當白虎爻當旺時，白色部分則會偏多。如果兩者衰旺程度相同，那麼六畜的顏色就會黑白各半。若還有臨勾陳的動爻參與生剋關係，那麼顏色就會變為黑、白、黃三色相間，這種顏色就像玳瑁斑一樣豐富多樣。

另外，我們還可以根據白虎爻所在的卦位來判斷六畜的具體部位顏色：當白虎爻位於乾卦時，六畜的頭部會是白色。位於兌卦時，口部和尾部會是白色。位於離卦時，眼睛會是白色。位於震卦時，後足會是白色。位於巽卦時，腰部會是白色。位於坎卦時，耳朵會是白色。位於艮卦時，前足、背部和鼻子會是白色。位於坤卦時，腹部會是白色。

其他部位的顏色也可以按照這種方式進行類推。

當預測六畜走失時，我們只需關注對應的生肖爻與子孫爻。

如果遇到生肖爻或子孫爻逢空、絕的情況，這表示六畜難以尋回。而當它們逢胎、墓時，則會表示六畜被某些障礙物所困住。如果臨生氣，這暗示六畜仍然存活；但若臨死氣，或是遇到刀砧煞，則意味著六畜已被宰殺或烹飪。

為了找回走失的六畜，我們可以從用爻正值生旺的方向進行搜尋。而且，選擇用爻正值生旺的日子和時間，會增加找回六畜的機會。

黎評： 以上為論述六畜的推斷方法，取本命所屬之爻為用，以其爻所屬十二長生、世爻生剋、吉凶神煞、刑沖剋害、化爻變卦、四值六神，綜合推斷六畜健康與是否有利於家人。

示例如下

庚寅年辛巳月戊申日占六畜,得蒙之師卦。

六神	伏神		離宮:山水蒙		坎宮:地水師	
朱雀	兄弟 己巳火	▬▬▬	父母 丙寅木	○→	▬ ▬ 妻財 癸酉金	應
青龍	子孫 己未土	▬ ▬	官鬼 丙子水		▬ ▬ 官鬼 癸亥水	
玄武	妻財 己酉金	▬ ▬	子孫 丙戌土 世		▬ ▬ 子孫 癸丑土	
白虎	官鬼 己亥水	▬ ▬	兄弟 戊午火		▬ ▬ 兄弟 戊午火	世
螣蛇	子孫 己丑土	▬▬▬	子孫 戊辰土		▬ ▬ 子孫 戊辰土	
勾陳	父母 己卯木	▬ ▬	父母 戊寅木 應		▬ ▬ 父母 戊寅木	

解析:

在預測家中六畜的狀況時,我們可以從卦象中的子孫爻來觀察。子孫爻代表了家中的牲畜。如果子孫爻持世,說明家中確實有飼養牲畜。但要確定牲畜的吉凶,還需觀察子孫爻的狀態。

此卦中,子孫爻得到了月令的生扶和日建的長生,雖然有父母爻發動剋之,但父母寅木是空破三刑的狀態,所以難以剋傷子孫爻。這意味著六畜雖有些小問題,但總體上是安全的。

根據地支的狀態,我們可以推斷出各畜的種類。例如,寅支代表貓,戌支代表狗,未支代表羊,酉支代表雞等。

在上爻的寅支代表了家中的貓。雖然寅支值旬空,但幸而因旬空而避開了日建變爻的剋害,所以寅支並未受傷,這說明家中有貓。寅貓臨太歲父母爻,身體肥大。寅貓臨陽宮陽爻,說明這是一只雄貓。主卦上卦為艮,代表房梁屋頂,寅貓在艮卦上爻發動,正是說明此貓翻牆走壁之象。此外,寅貓在本宮動化入他宮,說明此貓喜歡到別人串門。但寅貓與月日三刑,又動化財爻回頭剋,這表示此貓有些損傷或疾病,不能很好地捕鼠。

再看戌爻,代表家中的狗。戌爻臨子孫福神持世,得月令相生日建長生,旺相無傷,說明家中有一只健康的狗。由於是陰爻,所

以這是一只母狗。同時，戌土生伏神金，表示母狗生育能力強。

午火代表馬，臨兄弟爻有破損之象。又因為午爻下伏亥鬼，這是暗藏的禍凶。伏鬼為大凶之象，且午爻更絕於亥水，說明家中沒有馬或馬已經病死。

亥水代表豬，臨白虎說明豬有傷病。又臨鬼說明豬有疾病損傷。而且被月令衝破、日建生之不起反為刑象，說明家中豬已經因瘟疫而死亡，求測者因此破耗錢財。

未土代表羊，伏於鬼下為凶象，說明家中如果有羊則必然是多病難養。

丑爻代表牛，臨子孫吉神且伏於子孫爻之下，說明家中養有牛。丑爻在日建長生，表示這是小牛。同時丑支臨陰爻表示這是母牛。

酉爻代表雞，臨財伏於世爻之下，得飛神相生、日建相幫、月令長生、旺相無傷，這說明家中的雞群種類繁衍興旺、助我得到財富。

初爻的寅木既犯旬空、又與月日構成三刑日破之勢，這是凶象。初爻在六畜占中代表雞鴨與鵝，初爻受傷則此三畜都不利。但因為酉金雞象在卦中已明現吉祥，所以初爻舍去雞象而顯鴨鵝之象。這說明家中的鴨鵝必然是飼養不利、疾病損傷不斷。

早期的筮書常有分爻占法之說，而後期的筮書如《卜筮正宗》《增刪卜易》等對此持反對態度。但從本卦來看，分爻占法也並非完全不可取。正確用法應是在主卦無用神與主象時才可使用分爻占法作為補充。如果不論用神五行而隨意使用分爻斷法則會失去古易本義了。在術數諸書中常有隱而未發之言，學者不要以為這是字體脫漏或遺漏的內容。這些隱含的道理必須仔細斟酌和詳細研究。

第八章　納奴婢占

遊南子說：納入婢女僕人的，是希望能得其助力，所以要先問其為人是否賢良，其次考察其心是否信服喜悅，再推其人做事是否有始有終，最後再占斷今日之事是否能成。

第一節　如何推斷奴婢品行

在預測奴婢（保姆、員工）的品性時，我們以妻財爻作為用神。

如果卦中沒有妻財爻，則從伏藏的妻財爻中選取。若伏藏的爻中仍無妻財爻，則將應爻作為用神（管公以子孫對應於奴僕，以妻財爻對應婢女）。

當用神正值生旺之時，且又臨龍喜、德合，這說明奴婢賢良。如果四值、動爻能夠生合用神，這也表示其為人賢良。相反，用神若逢死、墓、絕、胎、破等不利之地，則意味著奴婢頑劣。如果用神被四值、動爻刑、害、剋、沖，這也顯示其性格頑劣。

用神臨青龍，則表示奴婢和雅秀氣，靈巧聰明。臨朱雀，則多言，喜歡招惹是非。臨勾陳，則顯得遲鈍。若臨吉神，則有規矩；若又為土爻，則會愚蠢、癡呆。臨騰蛇，則多有心機，但虛浮而少有誠實。臨白虎，則性情強悍，好勇鬥狠。臨玄武，如果是奴僕，則會多陰謀詭計；如果是婢女，則多有曖昧陰私。若臨咸池，則必定淫邪無度。

如果用神逢空或化出逢空之爻，則表示不誠實且懈怠懶惰。

若妻財爻伏於父母爻下或化出父母爻，則表示伶俐好學，為人厚重，能書寫計算。若妻財爻伏於子孫爻下或化出子孫爻，則性情善良，不損物，好打扮。若妻財爻伏於兄弟爻下或化出兄弟爻，則相貌醜陋，性情貪淫，且好賭。若妻財爻伏於官鬼爻下或化出官鬼爻，則性情酷烈，且有疾病。若妻財爻伏於妻財爻下或化出妻財爻，則相貌美麗，性情安和，有才識，能掌管財物。

若妻財爻下伏有官鬼爻的，則帶有疾病。若妻財爻下伏有父母爻的，則短命。若妻財爻下伏有兄弟爻的，則多有災禍。若妻財爻下伏有子孫爻的，則性情好善不猜忌（黎補：若妻財爻下伏有妻財爻的，貌美性和，有才掌管物。此節多察用下伏神，以其示隱藏之因）。

黎評：以上為論述保姆賢奸的推斷方法，取財爻為用，以其四值生剋、六神神煞、用爻五行、飛伏六親綜合推斷保姆人品忠奸。

第二節　如何推斷保姆關係

若外卦生合內卦，且應爻、妻財生合世爻、身爻，則表示能得其助力。若外卦與應爻刑、害、剋、沖內卦及世爻、身爻，則難以收服其心。

若世爻剋用爻，則表示服從於我的差使。若世爻生用爻，則表示能蒙受主人的眷顧。若世爻合用爻，則得主人的歡心。

若用爻逢空、破，則表示無能。若用爻發動而逢沖，則說明其心已變。

若卦遇遊魂，而用爻發動，則有離去之心。

若卦遇六合，而用爻靜止，則無二心。若卦遇六沖，而用爻發動，則情意已經背離。若合處逢沖，則先服悅而後變心；由逢沖化出相合，則先變心而後服悅。

若用爻臨驛馬而發動，則意味著想逃亡。同時又臨玄武，則會竊取物品後潛逃。如果還臨咸池，則是拐帶婢女而逃。

若妻財爻臨玄武而發動，化出兄弟爻的，則要防其有陰私之事。若妻財爻臨青龍而發動，化出福爻的，則可以信任託付。

黎評：以上為論述保姆與主人關係的推斷方法，以內卦外卦、世爻應爻、六沖六合、六神神煞綜合推斷主奴關係以及保姆居家損益。

第三節　如何推斷聘用成否

世爻、應爻都逢空的,則不成。世爻、應爻都逢空,但相合的,則是虛空無用的合約。

妻財爻來生合世爻,而日辰合於妻財爻的,則意味著有人爭討。應爻、妻財爻發動來生合世爻,而月令、日建與動爻來沖應爻、妻財爻的,則意味著被人破壞。應爻、妻財爻發動來生合世爻,或臨退悔煞,或化出退神的,則意味著起初應允,而後又反悔。

間爻為兄弟、官鬼爻,而兩爻同時發動的,則是中間人在作祟。間爻發動來傷世爻的,則是中間人設局行騙。官鬼、兄弟爻逢空發動的,則賣主爭財。

卦中六爻亂動的,則多有變更。六爻安靜的,則沒有欺詐。

父母爻化出兄弟爻的,則是虛假的契約。父母爻化出父母爻的,則要重改契約。父母爻空絕的,則無人執筆。父母爻化入胎、墓的,則押契不發出。

黎評： 以上為論述招聘保姆的推斷方法,以世應之空旺、財爻之生合、間爻之動靜、化爻之進退,綜合推斷招聘之順逆情況。

第九章　脫禍占

遊南子說:人們之所以占問脫禍,乃是因為內心不安,生出諸多疑慮。面對疑慮,我們應展現誠信,先揭示禍患的起因,再徐徐說明哪些因素可以擺脫,哪些無法擺脫。當得知可以擺脫禍患時,還需進一步指出在此地可以脫險,而在彼地則不可。若自身能夠倖免,卻會使親屬受到連累,這樣的情況下,我們又怎能心存隱瞞而不告知呢?

黎評： 以上為脫禍占之總論,術者先析其禍端,再占其脫否,再占宜避之方位地點,再占此禍是否延及家人。

第一節　如何推斷禍端所在

　　當卦象安靜時，若遇日辰沖、並官鬼爻，使其暗動，則表明禍患已至。要確定具體的禍患類型，需參考六神。

　　若兄弟爻發動化出官鬼爻來剋世爻，或官鬼爻伏藏，被發動的兄弟爻沖、並而起的，則禍患由兄弟、姐妹、朋友等引發。若妻財爻發動化出官鬼爻剋世爻，或官鬼爻伏藏，被發動的妻財爻沖、並而起的，則禍患由妻妾、奴婢、買賣、借貸等引發。若子孫爻發動化出官鬼爻剋世爻，或官鬼爻伏藏，被發動的子孫爻沖、並而起的，則禍患由子孫、僧道、醫藥、六畜、飲食等引發。若父母爻發動化出官鬼爻剋世爻，或官鬼爻伏藏，被發動的父母爻沖、並而起的，則禍患由尊長、文書、房屋、墳墓、舟車、衣服等引發。

　　黎評： 以上為論述禍端的推斷方法，取動變之鬼與日月沖並之鬼為用，以其化鬼六親及鬼爻飛神共同推斷災禍源起於何事。

第二節　如何推斷是否可逃

　　若身爻、世爻出現空亡，且子孫爻成為身爻或世爻，同時子孫爻呈現旺盛狀態並主動生助世爻或身爻，又或者世爻處於旺盛狀態而應爻卻呈現衰弱態勢，以及官鬼爻保持安靜而妻財爻出現空亡的情況，又或者卦中不存在妻財爻和官鬼爻，又或者月令、日建對官鬼爻產生剋制作用，再或者代表世爻的官鬼發動並轉化為子孫爻或逢空之爻，以及官鬼爻處於死、墓、絕、胎狀態，或官鬼爻發動後進入死、墓、絕、胎狀態，又或者世爻受到龍喜、喝散、解神等吉神的庇佑而發動，以及外卦屬於震卦或巽卦但缺乏生氣，這些都預示著平安無事。

　　然而，如果外卦剋制內卦，導致應爻傷害世爻，或者日建、月令緊臨官鬼，又或者代表世爻的官鬼轉化為妻財爻，以及身爻、世爻本身就是官鬼爻且下伏官鬼並進一步轉化為官鬼爻，再或者官鬼呈現旺盛狀態並主動對身爻、世爻進行刑、害、剋、破，以及世

爻、身爻隨同官鬼進入墓地，又或者妻財發動並助力官鬼對身爻、世爻造成傷害，以及官鬼與世爻、身爻形成三合或六合關係，再或者用爻面臨月破的困境，這些都意味著難以擺脫災禍。特別是當世爻臨官鬼爻並進一步轉化為官鬼時，將導致嚴重的災禍，全家都會受到牽連。

黎評： 以上為論述脫逃難易的推斷方法，其以身世空亡為避脫，以子孫持世與官爻無氣為可脫，鬼爻合世傷身為難脫。

第三節　如何推斷避禍之所

如果官鬼爻為子、午、卯、酉爻，應避免前往北、南、東、西方向。

當官鬼爻位於乾、坤、巽、艮卦中時，應避免前往西北、西南、東南、東北方向。

若官鬼爻屬水且發動，應避免進入江河湖海和浴室。若官鬼爻屬火且發動，應避免進入制陶冶金場所和鬧市。若官鬼爻屬木且發動，應避免進入山林或樹場。若官鬼爻屬金且發動，應避免進入戰場或兇殺之地。若官鬼爻屬土且發動，應避免進入田園、山嶺、墳墓。

若官鬼爻臨青龍且發動，應避免擔任保人或媒人。若官鬼爻臨朱雀且發動，應避免發言或寄送信件。若官鬼爻臨勾陳且發動，應避免開工動土。若官鬼爻臨騰蛇且發動，應避免與光棍交往。若官鬼爻臨白虎且發動，應避免屠宰或參加吊喪活動。若官鬼爻臨玄武且發動，要特別提防陰私和盜賊。

除此之外，如果子孫爻正值生旺的方位，則這些地方是可以考慮居住的吉地。

黎評： 以上為論述趨避所在的推斷方法，其以鬼爻為災方，不可近之。以鬼爻所值地支、卦宮、五行、六神推斷不可與何人交往，不可入於何地，又以子孫生旺之方推斷趨避的吉利之方。

第四節　如何推斷牽連之人

　　占卜時，如果日辰剋子孫爻，並且子孫爻下伏有官鬼爻或化出官鬼爻，則意味著會連累子孫。如果日辰剋父母爻，並且父母爻下伏有官鬼爻或化出官鬼爻，則意味著會連累父母二人。如果日辰剋兄弟、妻財爻，並且這些爻位下伏有官鬼爻或化出官鬼爻，則意味著會連累兄弟、妻妾。

　　另外，如果卦中的某個爻位處於本宮，那麼它所代表的親屬也會受到牽連；如果該爻位處於其他宮卦的內卦，則意味著連累近鄰；而如果位於其他宮卦的外卦，則意味著連累住在遠方的人。

　　黎評：以上為論述牽連他人的推斷方法。以卦宮與六親來論。

示例如下

例一

　　在庚寅年己卯月庚寅日，有一個人因為擔心火災而進行了卜卦，得到了萃之困卦。

六神	伏神	兌宮：澤地萃		兌宮：澤水困	
螣蛇	父母 丁未土	▬▬ ▬▬ 父母 丁未土		▬▬ ▬▬ 父母 丁未土	
勾陳	兄弟 丁酉金	▬▬▬▬▬ 兄弟 丁酉金	應	▬▬▬▬▬ 兄弟 丁酉金	
朱雀	子孫 丁亥水	▬▬▬▬▬ 子孫 丁亥水		▬▬▬▬▬ 子孫 丁亥水	應
青龍	父母 丁丑土	▬▬ ▬▬ 妻財 乙卯木		▬▬ ▬▬ 官鬼 戊午火	
玄武	妻財 丁卯木	▬▬ ▬▬ 官鬼 乙巳火	世 ×→	▬▬ ▬▬ 父母 戊辰土	
白虎	官鬼 丁巳火	▬▬ ▬▬ 父母 乙未土		▬▬ ▬▬ 妻財 戊寅木	世

解析：

1. 世爻代表求測者本人，現在持有了官鬼，這正好對應於他自身的憂慮之事。

2. 官鬼爻代表災禍，現在它持世並且被太歲、月令和日辰生刑，使得世爻之鬼的凶勢更為熾烈，這是凶禍的象徵。另

外，世爻持鬼處於極旺的狀態，也是自身災禍的象徵。
3. 卦中出現了兩重父母爻，代表房屋，並且它們都被日建所旬空，無緣無故的自空是凶象。同時，卦象顯示出火烤土焦，預示著房屋將被火燒，正對應於房屋失火之事。
4. 世爻臨官鬼巳火，居於二宅爻並受到歲月日建的生刑和旺動，動而化出父母辰土，這正是自家房屋失火的象徵。
5. 官鬼的旺火動來合制應爻兄弟，應爻代表鄰人，臨支為酉代表西方。此災必定會遺禍給西鄰。
6. 卦中的四爻為戶，臨子孫亥水自刑，又被二爻的旺鬼巳火反剋。另外，鬼爻化出的父母辰土動剋子孫亥水，這預示著火災會延至戶內，禍及子女。四爻的子孫亥水自處本宮，多代表自家的小兒。

最後的結果是家中失火，一切應驗，小兒被燒死。

例二

在庚寅年庚辰月戊辰日，有一個人擔心盜賊入侵，進行了卜卦，得到了井之節卦。

六神	伏神	震宮：水風井		坎宮：水澤節
朱雀	妻財 庚戌土	▬ ▬ 父母 戊子水		▬ ▬ 父母 戊子水
青龍	官鬼 庚申金	▬▬▬ 妻財 戊戌土 世		▬▬▬ 妻財 戊戌土
玄武	子孫 庚午火	▬ ▬ 官鬼 戊申金		▬▬▬ 官鬼 戊申金 應
白虎	妻財 庚辰土	▬▬▬ 官鬼 辛酉金 ○→	▬ ▬	妻財 丁丑土
螣蛇	兄弟 庚寅木	▬▬▬ 父母 辛亥水 應		▬▬▬ 兄弟 丁卯木
勾陳	父母 庚子水	▬ ▬ 妻財 辛丑土 ×→	▬ ▬	子孫 丁巳火 世

解析：
1. 在爻位中，三爻代表門戶。此卦中三爻發動正意味著門戶將要有所動作，這明顯是家門遇盜的徵兆。
2. 內卦的鬼爻得到了日月生扶而旺動，說明此盜賊的來犯必然對家宅構成嚴重侵犯。相合鬼爻代表團夥作案，而鬼爻臨白

虎旺動則顯示這是一夥亡命之徒。
3. 卦中的財爻發動，既生扶鬼爻又刑剋世爻，並且又化出子孫巳火來刑剋世下伏神官鬼申金。這說明此盜賊之事必是因為錢財或女人而引發，並且與內外勾結、多鬼牽連有關。世爻下伏本宮之鬼，意味著此禍隱藏得很深，是內外勾結所引發的禍患。
4. 世爻代表求測者本人，被日月衝破，原神也不出現，這說明他必定會因為盜賊之事而導致凶災和損傷。

在占測憂疑之事時，卦象宜沖不宜合。此主卦雖有衝破之象，但卻是世爻被衝破而非鬼爻被衝破，這是災禍的凶象。而變卦六合則預示著此人日後必有憂疑加深之事。

例三

在庚寅年庚辰月辛巳日，有一個人擔心官司牽連拖累，進行了卜卦，得到了需之蹇卦。

六神	伏神		坤宮：水天需			兌宮：水山蹇	
螣蛇	子孫 癸酉金	▬▬ ▬▬	妻財 戊子水		▬▬ ▬▬	妻財 戊子水	
勾陳	妻財 癸亥水	▬▬▬▬▬	兄弟 戊戌土		▬▬▬▬▬	兄弟 戊戌土	
朱雀	兄弟 癸丑土	▬▬▬▬▬	子孫 戊申金	世	▬▬ ▬▬	子孫 戊申金	世
青龍	官鬼 乙卯木	▬▬ ▬▬	兄弟 甲辰土		▬▬ ▬▬	子孫 丙申金	
玄武	父母 乙巳火	▬▬ ▬▬	官鬼 甲寅木	○→	▬▬ ▬▬	父母 丙午火	
白虎	兄弟 乙未土	▬▬ ▬▬	妻財 甲子水	應 ○→	▬▬ ▬▬	兄弟 丙辰土	應

解析：

1. 當要占卜關於官司或憂慮的疑問時，以官鬼爻作為關鍵的用神。
2. 卦中的二爻官鬼發動，並且與世爻相沖。同時，財動生鬼，形成了「助鬼傷身」的凶象。而且，日建巳火與世爻、動爻構成三刑，這是凶事逢合逢刑的凶象，更加強調了此人將被官禍纏身的象徵。

3. 二爻官鬼發動，化出父母午火自刑相剋世爻，並且帶出了鬼下伏神巳火。父母巳火臨日建發動，進一步刑剋世爻，這更加呈現了凶象。這說明此人的官災大多是由文書引起的。
4. 雖然卦中世爻受到官鬼之沖和父母之剋，看起來是官災難逃、大凶之象。但幸好世爻旬空，這稱為旬空避剋，說明此人已經成功逃匿，避開了這場災難。
5. 此卦雖然預示著自身逃匿，但兄弟卻會受到牽連。這是因為此卦中兄弟兩現，一個在五爻被月令衝破，被動鬼相剋；另一個在三爻，月令自刑，同時又被動鬼相剋。這些現象都預示著兄弟將被禍事牽連。

最終的結果是有官方進行捉拿，而此人成功逃匿，但他的兄弟卻受到了牽連。

例四

在庚寅年己卯月甲辰日，有一個人涉嫌拐賣女子，進行了卜卦，得到了井之臨卦。

六神	伏神	震宮：水風井		坤宮：地澤臨	
玄武	妻財 庚戌土	▬▬ ▬▬	父母 戊子水		▬▬ ▬▬ 官鬼 癸酉金
白虎	官鬼 庚申金	▬▬▬▬▬	妻財 戊戌土 世 ○→	▬▬ ▬▬ 父母 癸亥水
螣蛇	子孫 庚午火	▬▬ ▬▬	官鬼 戊申金		▬▬ ▬▬ 妻財 癸丑土 應
勾陳	妻財 庚辰土	▬▬▬▬▬	官鬼 辛酉金 ○→	▬▬ ▬▬ 妻財 丁丑土
朱雀	兄弟 庚寅木	▬▬▬▬▬	父母 辛亥水 應	▬▬▬▬▬ 兄弟 丁卯木
青龍	父母 庚子水	▬▬ ▬▬	妻財 辛丑土 ×→	▬▬▬▬▬ 子孫 丁巳火 世

解析：
1. 此卦與前一卦有些相似，鬼居三爻門戶發動，內卦又三合鬼局。其中神酉金雖被月令衝破，但同時也被日建生合，以合解救，使得酉金仍然有用，鬼局得以形成。
2. 此卦初爻財動助鬼，合成鬼局，使得此災禍之神更加旺相，這是有禍的象徵。

3. 世下伏鬼，這是暗藏隱伏的凶災憂患。
4. 初爻財動化子，子孫動來刑剋世下申金，這是牽連的災禍。同時因為財動化子，說明是因為女人而導致的凶事。
5. 世爻代表求測者本人，月剋日沖為破散，自身受傷是凶象。
6. 以上跡象均已顯示，此人必定會因女人而導致官災凶禍。

後來此人果然因拐賣女子而被捉捕，被人上訴於政府，受到了政府的責罰。

例五

庚寅年己卯月甲申日，有一個人面臨困境，想要投奔於一位朋友。他進行卜卦，得到了大畜之損卦，詢問投奔的吉凶。

六神	伏神	艮宮：山天大畜		艮宮：山澤損
玄武		官鬼 丙寅木 ▬▬▬		官鬼 丙寅木 應
白虎		妻財 丙子水 ▬ ▬ 應		妻財 丙子水
螣蛇		兄弟 丙戌土 ▬▬▬		兄弟 丙戌土
勾陳	子孫 丙申金	兄弟 甲辰土 ▬▬▬ ○→		兄弟 丁丑土 世
朱雀	父母 丙午火	官鬼 甲寅木 ▬▬▬ 世		官鬼 丁卯木
青龍	兄弟 丙辰土	妻財 甲子水 ▬▬▬		父母 丁巳火

解析：

1. 此卦以世爻代表求測者本人，應爻代表所要投奔的人。
2. 此卦應爻臨子水，相生世爻寅木，看似吉利。然而，仔細分析後發現並非如此。
3. 卦中財爻子水與動爻兄弟辰土作合入庫，不易生世。而兄弟辰土之下伏藏子孫申金，因兄弟辰土之動而被引出，動而暗中刑剋世爻寅木。飛神為顯露之用，伏神為隱匿之機，如今伏神申金動來刑剋世爻，此乃是暗藏之禍患，因此視為凶象。這說明子孫凶神是由兄弟爻發動引起的，暗示所托非人，暗中算計之意。
4. 此卦應爻子水與日建動爻三合水局，直剋世下伏神父母午

火，此為凶象。此應爻表面生世，暗中卻是去剋世下伏神，此乃明幫暗損之象，是朋友算計之事。
5. 卦中世爻飛伏神俱為受傷難救，視為凶象。因此建議不要去投靠，否則會有危險。

這個人沒有聽從建議，還是前往投奔。結果被託付之人背叛，反而受到拖累。

第十章　征戰占

遊南子指出：戰爭是一種極其兇險的行為，它關乎著無數人的生命，甚至會影響到整個國家的命運。因此，古人對戰爭持慎重態度，深知其重要性。

為了更好地瞭解戰爭的走勢和結果，古人運用八卦來預測方向，通過觀察世爻和應爻的關係來分析敵我雙方的態勢。同時，他們還會考察六親關係，以瞭解軍隊內部的團結和協作狀況。五行學說也被用於預測戰爭中的吉凶和勝負。日辰的考察也是必不可少。

黎評：以上為征戰占之總論。征戰占共分為五處，以八卦知方向，以世應知彼己，以六親知師徒，以五行知兵器，以日辰知敵我兵士的戰鬥力。

第一節　如何推斷戰爭方向

內卦代表我方城寨，外卦代表對方營壘。

內卦處於旺盛狀態則吉，若逢胎、沒次之，若逢死、囚、伏、廢則凶。

立春後，艮卦最旺盛、震卦次之、巽卦值胎、離卦值沒、坤卦值死、兌卦值囚、乾卦值休、坎卦值廢。春分後，震卦最旺盛、巽卦次之、離卦值胎、坤卦值沒、兌卦值死、乾卦值囚、坎卦值休、

艮卦值廢。立夏後，巽卦最旺盛、離卦次之、坤卦值胎、兌卦值沒、乾卦值死、坎卦值囚、艮卦值休、震卦值廢。夏至後，離卦最旺盛、坤卦次之、兌卦值胎、乾卦值沒、坎卦值死、艮卦值囚、震卦值休、巽卦值廢。立秋後，坤卦最旺盛、兌卦次之、乾卦值胎、坎卦值沒、艮卦值死、震卦值囚、巽卦值休、離卦值廢。秋分後，兌卦最旺盛、乾卦次之、坎卦值胎、艮卦值沒、震卦值死、巽卦值囚、離卦值休、坤卦值廢。立冬後，乾卦最旺盛、坎卦次之、艮卦值胎、震卦值沒、巽卦值死、離卦值囚、坤卦值休、兌卦值廢。冬至後，坎卦最旺盛、艮卦次之、震卦值胎、巽卦值沒、離卦值死、坤卦值囚、兌卦值休、乾卦值廢。

　　在臨青龍的妻財和子孫爻最旺盛發動的方位，可以駐留。在臨白虎、飛廉等凶神所在的地方，以及兄弟和官鬼爻旺盛發動的方位，不可以駐留。

　　如果日辰與動爻來刑剋害破，或者遇到旬空月破，以及發動化入死墓絕胎的方位，不可以駐留。

　　如果世爻處於死墓絕胎的方位，不可以駐留。

　　如果占問出戰的情況，內卦最旺盛而外卦衰弱的，則可以出戰。內卦衰弱外卦旺盛的，則適宜防守。內卦剋制外卦的，則可以出戰；外卦剋制內卦的，則適宜防守。在內卦對應的方位，則可以出戰或進攻。

　　在世爻正值生旺的方位，則可以逃遁躲避；在應爻和官鬼爻正值生旺的方位，則適宜避其鋒芒；在正值敗死絕的方位，則適宜出擊其懈怠；在正值墓胎的方位，則應當防備其設伏。

　　黎評： 以上為論述征戰方向的推斷方法，以內卦為我，外卦為他，以內外旺衰世應生剋推斷方向吉凶、駐營吉凶、出戰吉凶、以世應六神的生剋旺衰十二長生訣推斷營地吉凶，以應爻鬼爻生旺之地為對手強方，衰敗死地為弱處，由此推斷戰爭之有利方位與時機。

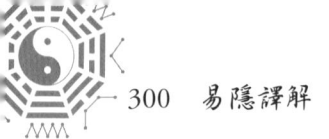

第二節　如何推斷敵我戰情

世爻代表我方的元帥，應爻則對應於對方的將領。如果世爻逢空，我們應取子孫爻作為用爻；同理，如果應爻逢空，則取官鬼為用爻。

當世爻處於旺盛狀態，而應爻值衰時，說明我方強大而敵方較弱，此時適宜進攻。若世爻值衰，應爻當旺，則表示我方較弱而敵方強大，此時更適合防守。

如果世爻能夠剋制應爻，則可以選擇開戰；相反，如果應爻剋制世爻，則更適合防守，同時要提防敵軍進犯。

如果世爻屬性為陽且發動，這意味著適合出兵作戰。若世爻屬性為陰且安靜不動，則更適合堅守陣地，避免與敵軍正面衝突。

如果世爻逢空，這暗示著我方將面臨困境。若應爻逢空，則意味著對方將受到傷害。當世爻和應爻都逢空時，這意味著雙方將選擇休戰。

如果世爻正值墓、胎的方位，此時適宜選擇撤退。

當世爻、應爻都當旺或者相互生合、比和時，雙方不太可能交鋒，即使開戰也很難分出勝負。

如果世爻、應爻是屬金、火的官鬼爻且當旺發動，這意味著雙方都會受到重創。如果世爻是臨白虎的子孫爻且正值旺相，這將使我們在戰場上取得決定性的勝利；若再得到日辰的生扶，則幾乎可以百戰百勝。

當世爻是臨青龍的子孫爻，並且又臨將星發動時，這意味著我方有一位出色的將領。如果世爻是臨朱雀的子孫爻，這將使號令嚴明。如果是臨勾陳的子孫爻，這意味著奉行秘密命令捉拿敵人。如果是臨騰蛇的子孫爻，這將使戰術變幻莫測。如果是臨白虎的子孫爻，這將使成為勇猛的將領。如果是臨玄武的子孫爻，這將使我軍善於運用特殊戰術，善用囊沙背水之術，或善於偷營劫寨。

如果世爻遇到往亡、歸忌、受死、大敗、四廢、月厭、飛廉、大殺、亡神、劫殺等凶煞而發動，那麼應當堅守不出，如果出戰必

定會失敗。

如果官鬼爻剋制世爻，這將導致對方獲勝。如果官鬼爻剋制應爻，這意味著對方想要撤退。如果官鬼爻與世爻相同，此時要小心被圍困。如果官鬼爻暗動，並且臨大殺、劫殺、刑刃等凶煞剋制世爻，此時要提防刺客。

如果遇到子孫爻發動，那麼刺客必將被擒獲。如果日辰沖剋世爻下伏的官鬼爻，並且刑害飛神（黎注：世爻），此時要小心下人謀害。如果沒有子孫爻發動來救助，在官鬼爻正值生旺之日，將會有禍患發生。

如果世爻處於衰弱狀態，而官鬼爻當旺發動，軍機將會洩露。內外卦中有兩個官鬼爻發動，剋制世爻的，要提防裡應外合。

如果世爻被日辰、動爻刑、害、剋、沖，要小心奇兵衝擊。如果世爻化出之爻，逢空、死、墓、絕、胎等不吉之地，將無法逃遁並面臨死亡。當世爻和應爻都當旺時，需要觀察日辰對哪一爻產生生合、刑、害、剋、破等作用，以此來決定勝負。

黎評：以上為論述征戰彼己的推斷方法，取世爻為我師，應爻為他將，世空則取子，應空則取鬼，以其世應子鬼的旺衰生剋、六神鬼爻綜合推斷彼己實力與各方優勢。

第三節　如何推斷征戰狀態

在占卜中，父母爻對應於軍師和旌旗，妻財爻對應於糧草，子孫爻對應於先鋒，兄弟爻對應於埋伏，而官鬼爻對應於敵人。

如果父母爻下伏有子孫爻，那麼眾將領都會懾服於軍師的指揮，運用得心應手。如果父母爻下伏有妻財爻，這意味著裝備和糧餉都十分充足，軍師智謀過人，但需要提防身邊有潛伏的武人。如果父母爻下伏有兄弟爻，這將導致軍師貪財、好色，輕慢並侮辱部下。如果父母爻下伏有官鬼爻，說明軍師的智謀不足，並且經常會犯疏忽。

當父母爻處於衰弱或入墓狀態時，軍師是一位老人。當父母爻正值生旺之時，軍師正處在少壯的年紀。如果父母爻逢胎、養之地，那麼軍師不夠威武莊嚴。如果父母爻受到刑、害，這意味著軍師無法體恤兵眾。

當父母爻當旺且位於外卦而發動時，這表示對方正在興兵。當父母爻當旺且位於內卦而發動時，意味著我方將出兵。

如果父母爻臨白虎且位於外卦而發動，這意味著戰鬥對我方不利。當父母爻位於外卦而發動來剋制世爻時，意味著對方將侵略我方。而當父母爻位於外卦而發動來剋制應爻時，對方會自行撤退。如果世爻為父母爻且發動，這表示將領不太愛護自己的士兵。如果臨大殺、劫殺而發動，那麼由於不愛惜士兵，需要提防發生的兵變。

當父母爻正值旺相時，旗幟是嶄新的，並且如果再臨青龍、朱雀，旗幟上會有鮮麗的圖畫。如果父母爻正值衰、墓之地，旗幟將是舊的。並且如果再臨勾陳、騰蛇、白虎或玄武，旗幟將會顯得破舊、污垢滿面，失去了原本的顏色。如果沒有卦中沒有父母爻，或者父母爻逢空、絕的，這表示旗幟並不完備。如果父母爻受到刑、害、剋、破等作用，那麼應當考慮更換旗幟。

當父母爻安靜而妻財爻發動時，這意味著能夠成功地奪取敵人的旗幟。如果妻財爻位於內卦併發動，來剋位於外卦的父母爻，那麼是我方奪得了對方的旗幟。如果妻財爻位於外卦併發動，來剋位於內卦的父母爻，那麼是對方奪走了我們方的旗幟。

此外，如果妻財爻正值旺相，則說明糧草充足。如果妻財爻正處於衰敗或墓、胎狀態，則表示已經沒有糧草了。如果妻財爻處於空、絕之地，或者卦中沒有妻財爻，則說明糧草缺乏或中斷。

子孫爻化出妻財爻的，則意味著向鄰國借糧。而如果妻財爻臨玄武發動，則會發生下人偷竊事件。

另一方面，兄弟爻也能影響糧草問題。如果兄弟爻位於內卦併發動，來剋妻財爻，那是督餉的人侵佔了糧餉。如果是兄弟爻位於外卦併發動，來剋妻財爻，那麼是敵人劫掠了我們的糧草。

至於子孫爻，它代表先鋒軍的勇氣和謀略。

如果子孫爻正值旺相，則說明先鋒軍勇敢有才幹。但如果子孫爻正處於衰墓狀態，則先鋒軍懦弱無能。如果子孫爻處於空絕之地，則先鋒軍會遇到困難。

要注意的是，子孫爻化入敗、死、墓、絕、胎等不吉之地的，先鋒必定失敗。而如果子孫爻臨大殺發動來剋應爻的，則先鋒突擊可以取得勝利。另外，如果子孫爻受刑、害、剋、沖等不利因素影響，則不要輕易出戰為宜。

當兄弟爻處於旺盛狀態併發動時，這意味著存在埋伏。如果兄弟爻來沖世爻或衝子孫爻，那麼需要警惕敵軍劫營。如果兄弟爻暗中發動來沖剋，要小心有奸細潛入。要知道敵軍何時來犯，通常是在兄弟爻正值生旺的日期。

如果官鬼爻處於衰弱狀態且安靜不動，這意味著敵人心生膽怯。當官鬼爻旺盛有力併發動時，敵人的勢力會顯得非常強大。如果同時有妻財爻發動來生助官鬼爻，那麼敵人會變得詭計多端，各種欺詐手段層出不窮。

如果官鬼爻逢空亡，那麼敵人最終必將走向滅亡。如果內卦和外卦中都沒有官鬼爻，或者官鬼爻逢墓、絕、胎等狀態，那麼敵人會選擇撤退。如果官鬼爻處於衰弱狀態但得到生扶，那麼我們不應過分追擊敵人。

當官鬼爻臨到亡神、劫殺，且在內卦中發動時，要小心提防奸細。如果得到旺盛的世爻發動來傷剋官鬼爻，這意味著奸細最終將被擒獲。

如果世爻與官鬼爻相同併發動，來生合應爻，那麼因為缺乏援軍而選擇投降。

最後，如果卦中沒有妻財爻，而應爻剋世爻，那麼是因為糧草斷絕而導致的死亡。

黎評： 以上為論述征戰的推斷方法，取父爻為軍師、旗幟，財爻為糧草，子孫為先鋒，兄弟為埋伏，官鬼為敵人。再以六親飛

伏推斷雙方將士之高低智愚，以內卦外卦、內親外親、神煞生合、刑沖剋害、十二長生綜合推斷戰爭進退勢力。

第四節　如何推斷軍備優劣

木爻代表舟船，火爻代表營寨，土爻代表炮石，金爻代表刀刃，水爻代表水泉。

當木爻旺盛發動時，這有利於水軍行動。木爻旺盛，意味著船隻體積大。如果木爻衰弱，則船隻體積較小。如果木爻逢空亡或絕地，則表示沒有船隻。

根據六親與六獸的對應關係：臨青龍的爻對應的是船柱和左舷。臨朱雀的爻對應的是煙灶和船頭。臨勾陳的爻對應的是平基、跳板和中倉。臨騰蛇的爻對應的是繩纜。臨白虎的爻對應的是檣帆、錨鏈和右舷。臨玄武的爻對應的是撓頭、擋浪和後稍。

如果正值旺相，則代表新船；如果正值休囚，則代表舊船；如果逢空，則表示沒有船隻；如果逢沖，則表示船隻破損或滲漏。

如果該卦爻受到刑、害、剋，或者木爻為發動的官鬼爻，以及木爻下伏有官鬼的，都意味著必有損傷。如果下伏的是屬土的官鬼，則船隻擱淺。如果下伏的是屬火的官鬼，則船隻乾燥開裂。如果下伏的是屬金的官鬼，則釘眼處破損。如果木爻為官鬼爻，則是賊兵的船隻。

有火爻發動來生合世爻的，則立營之處得地利。如果有火爻發動來沖剋、刑、害世爻的，則立營之處失地利。如果屬火的官鬼爻為世爻且發動，則意味著被賊兵圍困。如果有屬火的官鬼爻緊貼世爻，則賊寨距離很近。火爻當旺則說明營寨規模大，火爻值衰則營寨規模小。火爻逢空則營寨有危險，火爻逢絕則沒有出路。火爻發動則有利於遷營。如果有屬火的官鬼來傷世爻，則要防劫營——臨青龍則賊兵從左邊來；臨朱雀則從前邊來；臨白虎則賊兵從右邊來；臨勾陳、騰蛇則從四角來臨；玄武則從後面來。

如果有屬性為陽的土爻官鬼當旺發動，臨大殺來刑、害、剋、沖世爻的，則要防火炮攻擊。如果有屬性為陰的土爻官鬼當旺發動，臨陰殺來沖、刑、害世爻的，則要防有陷阱。如果世爻為子孫且為屬性為陽的土爻，傷應爻、傷官鬼爻的，則有利於用炮攻擊；如果為屬性為陰的土爻，傷應爻和官鬼爻的，則有利於用機井攻擊。應將伏兵設於應爻、官鬼爻正值死、墓、絕、胎方位的右邊位置。

金爻當旺則兵甲嶄新，又臨青龍、朱雀、白虎的，則明亮耀眼。金爻值衰則兵甲陳舊，又臨勾陳、騰蛇、玄武的，則破舊不鋒利。金爻逢胎、墓則停戰。金爻發動則將開始戰鬥。金爻發動而臨刑刃，則意味著開戰必定傷人。金爻逢空而發動，則征鼓齊鳴，兵刃既接，已經開戰。水爻當旺則水泉充盈，值衰、絕則乾涸。申爻當旺而發動的，則意味著有水源，通過八卦來確定具體方位。初爻當旺而發動的，則意味著該處有井，以十二地支來確定具體方位（申爻代表水源，初爻代表井口）。初爻為庚子爻則在屋下有井口；為甲子爻則說明門前有井口。初爻屬木而發動，則樹下有井口。初爻屬土則水質渾濁。初爻屬火則井已乾涸。初爻屬土空則有一水池存在。屬性為陰的水爻為兄弟當旺發動剋應爻的，則在冰天雪地中趁夜間昏暗而擒拿賊人。

黎評： 以上為論述征戰兵器的推斷方法，以五行的旺衰生剋、刑沖合害綜合推斷戰爭中的各種武器使用情況。

第五節　如何推斷兵士吉凶

在占卜中，可以通過觀察日辰來瞭解我方士兵的情況。日辰對應於我方的士兵。

日辰來生合世爻、子孫爻的，則士卒用命；來沖剋世爻、子孫爻的，則兵士驕橫難制。

世爻、子孫爻剋日辰的，則長官不愛惜部下；臨龍德、喜神發動的，則將帥統禦下屬嚴肅。

日辰來剋應爻、剋官鬼爻的，則我方士兵更勝一籌。應爻、官鬼爻來剋日辰的，則敵方士兵更強。

日辰臨於臨青龍的爻，而發動來生世的，如果在內卦，則意味著士兵守紀律；在外卦，則說明作息聽命令。

日辰臨於臨雀喜的爻而發動的，則善於充當間諜。臨日雀的官鬼爻發動而逢空的，在內卦則喜歡散佈謠言，在外卦則愛探聽消息。

日辰臨於臨勾陳且屬土的官鬼爻而發動的，在內卦則不遵守命令，在外卦則退縮不前。

日辰臨於臨騰蛇的官鬼爻而發動的，在內卦則詭詐多端，在外卦則妖言惑眾。

日辰臨於臨白虎的官鬼爻而發動的，在內卦則倔強難馴，在外卦則輕敵壞事。

日辰臨於臨玄武的官鬼爻而發動的，在內卦則喜歡竊聽消息，在外卦則爭功利己。日辰臨於臨玄武的官鬼爻，又臨天賊、天盜、劫殺等凶煞，當旺而發動來剋世的，在內卦則意味著會竊取官印，在外卦則意味著劫掠婦女錢財。

黎評： 以上為論述將士的推斷方法，以子孫與日辰配合世應內外六神推斷敵我雙方將士表現。

《易隱》卷四

第十一章 墳塋占

墳塋是風水的吉凶所在,它關係到家族的盛衰。如果墳塋選得好,子孫後代就會昌盛,福壽雙全;反之,如果墳塋不利,家族就會衰微,後代也會凋零。因此,通過觀察墳塋的景象,可以預測吉凶的徵兆。

占法:選取墳塋之地,觀察其整體形狀、方位、山水走勢等,以確定吉凶。

遊南子認為,在風水占測中,首先要關注的是山局的完整與虧缺,這關係到整個地理環境的穩定性和氣場的流動;其次,要推斷山運的好壞,也就是判斷山脈的走勢和氣勢是否符合風水學的要求;第三,考察地形的壯麗程度,這關係到居住環境的美觀和舒適度;第四,考察房屋的坐向是否吉利,這是決定風水好壞的關鍵因素之一;第五,審視人與地之間的生剋關係,即人與自然環境之間的關係是否和諧;第六,看龍穴融結的真假。

在完成以上六個方面的考察後,還需要依次審察案山、明堂、龍虎、靠山、來龍、水口等環節的順逆關係。最後,要判斷這些環節中哪些優劣,哪些缺陷,這時才能說堪輿的占測已經完備。

黎評: 以上為墳墓占之總論,墳墓占共分為三十個小節,下面詳論如下。

第一節 如何推斷買地成否

以世爻和身爻為用神。如果世爻得到生扶,而身爻卻逢空,這表明墓地雖然風水上佳,但事情(購買墓地)恐怕難以成功。另一方面,如果身爻沒有受到損傷,而世爻卻逢空,這表示墓地的風水

沒有問題，但主人因為某些原因不願意出售或轉讓。需要注意的是，如果卦身沒有出現或伏藏，則不必進行討論。

黎評： 以上為論述買墳的推斷方法，以身爻世爻為主，以生合拱扶旬空之法推斷買地情況。

第二節　如何推斷六親優劣

鬼谷分爻表

爻位	爻位代表之象	
上爻	祖墳	曾祖墳
五爻	父墳	父墳
四爻	妻墳	祖墳
三爻	叔伯兄弟墳	曾祖妣墳
二爻	母墳	母墳
初爻	子墳	祖妣墳

根據分宮來看哪一爻傷剋身爻、世爻，又看哪一爻逢空、死、敗、絕，以及被四值、動爻刑、害、剋、沖，即可知所對應的墳墓風水不佳，不利於家族的運勢。如果所處的分宮——爻位正值旺相，而沒有受傷，且來生合身爻、世爻，則此墓地為好墓地。

占測已經下葬的墓穴時，以官鬼爻對應屍體。如果官鬼爻當旺來生合身爻、世爻，則表示吉兆；反之，如果官鬼爻沖、傷身爻、世爻，則意味著兇險。如果官鬼爻無氣，而世爻有氣，則表示已經不再受此地的蔭護。而如果世爻無氣，而官鬼爻有氣，則表示墳墓必定蔭護了其他的枝脈——親屬。

黎評： 以上為論述六親墳墓的推斷方法，以爻位斷為主，參身世之爻、四值生剋、鬼爻旺衰、流年卦氣綜合進行推斷。

第三節　如何推斷墳穴運氣

在占測墳地時，首要任務是以局數為考察重點。如果大象有情，則可以推斷為穴場山明水秀，家族人傑財旺。然而，如果本局受到三傳刑、破、剋，或逢空，則預示著人丁、財運的凋敝衰落。

為了瞭解哪一年興敗，我們需要根據局中的屬性所對應的爻來起運，並結合占問之人的本命來推斷。例如，如果世爻所決定的局屬於木局，而占問之人的本命屬土，則意味著對土命的子孫不利。在運限所對應的爻為妻財、子孫爻，且正值旺相，帶有進神的情況下，可知此時地運發達，家族財運、人丁興旺。然而，如果運限爻為父母、兄弟爻，且逢刑、害、破、空、敗、絕，化出退神，則可知此時地運衰退而人丁、財運也將消損。臨財祿、德合，正值生旺的，則能發富。臨官貴、祿馬，正值生旺的，則能發貴。如果是官鬼爻，且臨羊刃、天刑、亡劫、孤寡、二耗、大殺等凶煞的，則必定有重重的災禍，家族中出孤寡之人、衰敗絕滅之戶。

以占得水火既濟卦為例：

```
       伏　神　　坎宮：水火既濟
兄弟　戊子水　▬▬　▬▬　兄弟　戊子水　應
官鬼　戊戌土　▬▬▬▬▬　官鬼　戊戌土
父母　戊申金　▬▬　▬▬　父母　戊申金
妻財　戊午火　▬▬▬▬▬　兄弟　己亥水　世
官鬼　戊辰土　▬▬　▬▬　官鬼　己丑土
子孫　戊寅木　▬▬▬▬▬　子孫　己卯木
```

世爻屬性為水，按照三合局來論，應屬於亥卯未合成的局，乃是木局。世爻亥水對應的數字是一，應爻子水對應的數字也是一，共計為二，因此以二行運。即從世爻上開始起兩數，按照陰陽順逆的規則進行，每限管二十年。小限五年，一宮（黎注：原文二字可刪）以世爻相生的五行所對應的數字來確定。如在既濟卦中，世爻

為亥水，水生木，木所對應的數字是三，也是從世爻上開始起數，按照陰陽順逆的規則進行。則大限所對應的爻位在四爻，小限所對應的爻位在五爻。相關的興敗榮枯，根據所臨的神煞來推斷。（出自郭璞《八神筮法》）

高鶴滄道：三合局體現的是始生一中旺一後墓的關係。因此，只要世爻為子、午、卯、酉爻，且得到四值、動爻來會合成局的，則預示富貴長久，綿綿不絕。如果局中有「始生」，而沒有「後墓」，則意味著先期會發揮，後期將衰敗。反之，有「後墓」而沒有「始生」的，則意味著先期衰敗，而後發越。如果世爻不居於四正——不是子、午、卯、酉爻，而位於一局中的「始生」或「後墓」位置，也得到四值、動爻來會合成局的，則意味著只能得到此山的餘氣，而發揮出一定的福祉，而不是所謂的真龍正穴。至於卦中只有屬於「始生」和「後墓」位置的爻，而沒有主象所對應的爻，則是假局而已，那麼就不能希望子孫繁衍昌盛，家業奮發向上。

黎評： 以上為論述山局山運的推斷方法，以世爻三合之局定山局之順逆否泰，以世應爻地支五行數之和定大限起運歲數，以世爻相生之五行定小限歲數，以六親六神、神煞十二長生訣推斷此墳家境運氣。

第四節　如何推斷墳穴形勢

根據卦身的占斷：

身爻在乾卦中，象徵穴場周圍山巒的形勢如龍馬奔騰，充滿活力與氣勢。在兌卦中，身爻則如同紛紜的羊群，給人以平和、寧靜的感覺。在離卦中，身爻如飛鳥或趴伏的老龜，暗示著一種靈動與長壽的意象。在震卦中，身爻如蟠曲的龍蛇，展現出一種力量與變化的特性。在巽卦中，身爻如錦雞振翅，寓意美麗與和諧。在坎卦中，身爻如被小豬站在水邊，給人以清新、自然的感覺。在艮卦中，身爻如俯臥的虎或狗，傳達出一種忠誠與守護的信息。在坤卦

中，身爻如臥牛一樣平坦，象徵著穩健與厚重。

隗焰的《形勢歌》進一步豐富了身爻的象徵意義：

身爻為子爻，如直來的山隴上的橫簪，顯得堅硬而有力。為丑爻，則是在形如華蓋的橫向山體的中心，寓意平衡與穩定。為寅爻，則是形如大鼓位於側頂，代表著力量與震撼。為卯爻，周圍形勢猶如旗翼招展，或像腰帶、裙帶蜿蜒舒展，給人以動態與優美的感覺。為辰爻，像寶釵插在頭上，又似飛禽和落雁，展現出高貴與優雅。為巳爻，像在簸箕中，給人以聚集與繁盛的意象。為午爻，如同龜背參差羅列，寓意長壽與智慧。為未爻，有鑰匙灣裡穴，象徵著開啟與發現的機遇。為申爻，如同在荷葉的中心，寓意清新與純潔。為酉爻，如同彎刀和響板，代表著決斷與力量。為戌爻，如同鴛鴦定藕心，傳達出和諧與美好的願景。為亥爻，如同在蓮心邊外立，給人以高潔與超脫的感覺。

郭璞補充了一些象徵意義：為戌爻，形勢猶如老人扶拄杖，寓意智慧與經驗。為亥爻，如同戴著斗笠的仙人，代表著超脫世俗的境界。

黎評： 以上為論述墳墓形勢的推斷方法，以卦身與地支推斷墳墓山勢形狀與局勢。

第五節　如何推斷坐山形態

根據世爻來判斷。

當世爻正值生旺時，象徵坐山高大厚重；而當世爻逢死、墓、絕、胎時，則象徵山矮小單薄。

若世爻為寅、申、巳、亥，則山勢雄偉，地勢壯麗；若為子、午、卯、酉爻，則山勢正大開朗；若為辰、戌、丑、未爻，則為寬闊的平地。

若世爻逢生合，則象徵兩邊夾輔的山巒有情，呈現和諧之勢。若臨凶煞、逢沖，則象徵山形歪斜破相，有煞氣或不吉之兆。若臨

破軍、破碎等煞,也是一樣。

世爻若臨貴喜、龍德,則象徵坐山尊嚴,貴氣十足。若世爻為子孫爻,則坐山秀氣,再臨青龍,則形狀巍峨。若為妻財爻,則山形尖利奇特,再臨青龍,則有兩條龍脈同來。

若世爻正值長生的木爻位於震、巽卦,則必定靠近繁茂的樹林;值衰則樹木必定凋落。若世爻會成金局且位於艮卦且正值旺相的,則四邊有重重的石嶺。若會成土局且位於坤卦且正值旺相的,則靠近田園農舍。若會成火局且位於離卦且正值旺相的,則山上沒有樹木或靠近窯場、冶煉爐、鬧市等。若會成水局且位於坎、兌卦且正值旺相的,則靠近水邊。

黎評:以上為論述坐山的推斷方法,取世爻為用,以世爻旺衰、所持地支、神煞合局、卦宮所在推斷坐山形勢與周圍環境。

第六節　如何推斷墳墓方向

在風水學中,內部的是穴,以世爻來表示。外部的是墓,以世爻的墓位所對應的地支來表示。穴向是與世爻相沖的方位,而墓向則是與墓爻相合的方位。值得注意的是,向爻、墓爻在卦中不必明確出現。

以天風姤卦為例,進行分析。

```
        伏　神      乾宮:天風姤
    父母　壬戌土　▅▅▅　父母　壬戌土
    兄弟　壬申金　▅▅▅　兄弟　壬申金
    官鬼　壬午火　▅▅▅　官鬼　壬午火　應
    父母　甲辰土　▅▅▅　兄弟　辛酉金
    妻財　甲寅木　▅▅▅　子孫　辛亥水
    子孫　甲子水　▅　▅　父母　辛丑土　世
```

在這個例子中,世爻是丑土。與丑土相沖的地支是未,因此未是穴向。丑土的墓位是辰,與辰相合的地支是酉,所以酉是墓向。

如果某一屬相的日辰或動爻隔斷了未和酉這兩個方向，那就意味著金井（穴）與墓門的朝向不同。

另外需要強調的是，墓和穴的朝向本身是一樣的，只要沒有被隔斷，就可以說是內外同向的，不必過於拘泥。這就是根據《八神筮法》對墓與穴的朝向進行的詳細解讀。

黎評： 以上為論述墳墓方向的推斷方法，以世為穴，世墓為墓，類同於《易隱》占妻子內外與兄弟情況一樣，以間爻論隔斷，以世爻動靜沖合、十二長生綜合進行推斷。

第七節　如何推斷穴內方向

在風水學中，世爻代表的是穴位的位置。與世爻相沖的地支，則被視為穴向。此外，世爻前兩爻對應於穴前環境，而後兩爻則對應於穴後環境。值得注意的是，只有歸魂卦展現的是游離後回歸的徵象，此時穴前環境由二爻、初爻代表，而穴後環境由四爻、五爻代表。

舉例來說，如果世爻是子爻，那麼穴向就是午。但這一推斷原則僅適用於世爻當旺且安靜，同時得到日辰生扶的情況。如果世爻發動或受到日建的沖剋，那麼穴向的確定則需依據世爻前一爻相生的方向。如果前一爻又與世爻相剋，那麼前就變成了後，後變成了前，穴向則以世爻對沖的方向來確定。

關於穴向的吉凶，如果穴向與四值相生合，或者臨貴、福、德、祿且正值生旺，那麼這是迎官就祿的吉兆。反之，如果穴向被四值刑、害、剋、破，或逢空、敗、死、絕，或臨亡劫、殺刃，那麼就是凶向。

在二十四向中，辰、戌二向被稱為天罡河魁、天羅地網，是不利於貴人降臨的方位，因此以之為向是不吉利的。

黎評： 以上為論述穴向的推斷方法，以世為穴，沖世為向，參爻位四值、十二長生、刑沖剋害、神煞吉凶綜合進行推斷，如世動或世逢日建沖剋則另取斷法。

第八節　如何推斷前後有物妨害

在占卜中，爻象代表了穴場的前後環境。

如果父母爻臨日辰而發動，並刑、害、剋、破世爻，那麼穴場周圍有屋宇對墳墓造成妨害。子孫爻臨日辰而發動，並傷及世爻，這意味著道路對墳墓造成妨害。妻財爻臨日辰而發動，並傷及世爻，這意味著樓閣或喬木對墳墓造成妨害。兄弟爻臨日辰而發動，並傷及世爻，這意味著水口或門戶對墳墓造成妨害。官鬼爻臨日辰而發動，並傷及世爻。陽屬性意味著廟社的妨害，而陰屬性則會表示其他墳墓的妨害。

針對不同屬性的官鬼爻發動的情況：屬木的官鬼爻來傷世爻，若正值長生，是松柏造成的妨害；逢死、絕時，是竹林造成的妨害；遇墓時，則是墳墓造成的妨害；若再臨青龍，則會有橋造成的妨害。屬火且臨朱雀的官鬼爻來傷世爻，若正值長生，是窯場或爐灶造成的妨害。屬土且臨勾的官鬼爻來傷世爻，當旺時是古廟或城郭造成的妨害；值衰時則是古墓造成的妨害。屬火且臨蛇的官鬼爻來傷世爻，則會是道路造成的妨害。屬金且臨虎的官鬼爻來傷世爻，則會是石崗或如刀刃的山峰造成的妨害。臨玄武的水屬官鬼爻來傷世爻，若正值生旺，則會是流水泉眼造成的妨害；若逢死、墓、絕、胎，則會是乾涸的池塘造成的妨害。

至於妨害的具體方位，可以通過八卦來進行推斷。

黎評： 以上為論述墳墓前後妨害的推斷方法，以世爻的前後爻與日辰動而剋害世爻為主，以日辰所臨六親六神、五行旺衰推斷墳墓前後環境有何物妨害。

第九節　如何推斷後人吉凶榮枯

在陰宅占卜中，內卦代表墳地，外卦則對應家人。通過觀察內卦和外卦的旺衰狀態，可以推斷墳地的吉凶以及家族的命運。

如果內卦和外卦都處於旺盛的狀態，那麼認為墳地具有生氣，家族中人才輩出。相反，如果內卦和外卦都處於衰弱的狀態，那麼墳地缺乏生氣，家族的財運和人丁都將受到損害。

此外，通過比較內卦和外卦的生剋關係，也可以推斷家族的命運。如果內卦剋外卦，意味著家族中有人丁損失。如果外卦剋內卦，則被視為吉祥的徵兆。內卦生外卦，表示子孫繁衍興盛。而外卦生內卦，則意味著後代表現平平。

為了瞭解各支脈的興衰情況，可以觀察外卦所代表的卦象。乾、坤兩卦代表父母，能夠涵蓋各房的後人。如果外卦為乾坤且受內卦相生，則各房都可得吉。對於長房，外卦為震、巽卦對應，如果受內卦相生則長房得吉。對於二房，外卦為坎、離卦對應；對於三房，艮、兌卦對應。如果這些卦受內卦剋制，則中房和三房將面臨不利的局面。具體的禍福應驗需要根據所臨的神煞性情進行推斷。（詳見《家宅占》）

要確定應驗的年份，可以使用一坎、二坤、三震、四巽、五寄坤、六乾、七兌、八艮、九離的規則，通過呈現的卦象推知幾年後應驗。

如果大象處於休、空的狀態，可以將二爻對應於地，五爻對應於人。二爻旺盛是吉利的兆頭，表明墳地將帶來興隆。如果五爻旺盛，則家族人丁茂盛。相反，二爻處於休囚狀態則意味著墳地無法帶來福祉。五爻衰弱則人丁稀少；若逢空亡則人丁滅絕。如果人爻剋地爻，需要修改或培植；地爻剋人爻則會預示著家眷將有災困。只有當二爻與五爻相互比和或生合時，才是吉兆。

要瞭解各支脈的興衰情況，主要考察墳爻的變化。（注意不同的分宮爻位。）墳爻上面一爻對應長房，上面第二爻對應四房，上面第三爻對應六房。墳爻本身對應二房，下面第一爻對應三房，下面第二爻對應五房。具體的禍福應驗需要根據所臨的神煞性情來判斷。

要確定應驗的年份，可以使用一水、二火、三木、四金、五土的數理，根據爻的五行屬性進行推斷。如果爻處於旺盛狀態則加倍計算；若處於休囚狀態則按原數計算；若處於囚死狀態則減半計算。（詳見家宅章墳墓占。）

黎評：以上為論述墳墓與人物的推斷方法，以內卦為墳，外卦為人，卦空則論二五爻，以其飛宮飛限五行數綜合推斷後人損益與流年吉凶。

第十節　如何推斷已葬之穴形態吉凶

要預測已葬之地的情況，我們可以使用一些符號作為對應關係。例如，世爻代表墓穴，官鬼爻對應於亡人，父母爻對應於一家之長，兄弟爻對應於地位較低和年紀較小的家人，妻財爻對應於家業，而子孫爻則對應於主持祭祀的人。

如果世爻出現空位，這意味著墓穴的位置不正。如果世爻屬於水屬性或位於坎卦的水爻位置，那就說明墓穴內有水存在。如果世爻與勾陳殺的辰、巳爻相臨，並且位於巽卦的屬木的兄弟爻發動的地方，那就表示墓穴內有地風。（巽卦的象徵是風，兄弟爻也與風有關，而木爻的發動也代表著風的存在。）

如果世爻與白虎相臨並且出現空位，這意味著墓穴中有白蟻出沒，或者有貓、狸等動物在墳塚上打洞。如果世爻位於龍德、貴喜的方位，那就表示墓穴內部很乾淨；而如果此時正值長生之地，那就意味著這裡是一個吉祥的壽域。

如果世爻的屬性為陰，並且位於屬性為陰的卦中，那就意味著這個地方比較寒冷。相反，如果世爻的屬性為陽，並且位於屬性為陽的卦中，那就意味著這裡地勢較高，氣候乾爽。

如果官鬼爻出現空位，那就說明亡人的屍體已經腐敗毀壞。如果官鬼爻處於敗絕之地，那就表示這是一個荒廢的墳墓。但如果官

鬼爻雖然空位但很旺盛，那就說明雖然墓穴破損，但亡人的屍骨仍然存在。

在卦象中如果沒有官鬼爻，或者在遊魂卦中有官鬼爻發動，那就說明亡魂沒有歸宿。如果沒有子孫爻，或者子孫爻出現空位或絕位，或者世爻是當旺的父母爻並有所發動，那就預示著後人中將出現沒有子孫的人。如果沒有妻財爻，或者妻財爻出現空位或絕位，或者世爻是當旺的兄弟爻並有所發動，那就預示著後人中將出現沒有妻室或財富的人。

如果卦象中沒有官鬼爻，或者官鬼爻出現空位或絕位，或者子孫爻是當旺的世爻並有所發動，那就預示著將出現寡婦。如果沒有父母爻，或者父母爻出現空位或絕位，或者妻財爻是當旺的世爻並有所發動，那就預示著將出現孤兒。如果沒有兄弟爻，或者兄弟爻出現空位或絕位，或者官鬼爻是當旺的世爻並有所發動，那就預示著將出現單身漢。

如果三傳與子孫爻相生相合，那麼子孫中男孩的數量會比較多。如果子孫爻正值生命力旺盛的階段，那麼子孫會顯得聰明過人。如果子孫爻處於衰弱狀態但逢合，雖然家族人數較少，但不會導致家族的消亡。如果子孫爻與官貴相應，那麼子孫會在科舉考試中獲得功名。如果子孫爻與龍貴相應，那麼子孫將擁有豐富的財產和技藝。如果子孫爻與刑刃相應，那麼子孫中會出現兇惡之徒。如果子孫爻與德喜相應，那麼子孫將會是善良之人。

如果子孫爻受到衝擊而發動，這意味著子孫需要離開祖籍，進行過繼等情況。如果空亡的子孫爻能夠生扶世爻，那麼非親生的子孫會興旺發展。如果屬性為陰的子孫爻下伏有官鬼爻，或者屬性為陰的子孫爻轉化為屬性為陽的子孫爻，那麼意味著家族將通過招婿來延續香火。

如果妻財爻處於祿位且旺盛安靜，這將有利於財富的增長。然而，如果妻財爻轉化為官鬼、兄弟爻，並且遭遇空亡、破敗、衰絕

等不利因素,那麼意味著家族的貧窮。如果子孫爻遭遇劫煞或墓位的影響,這表示子嗣會受到傷害。如果父母爻處於空亡狀態且發動時帶有劫殺之氣,會對父親或母親造成損害。陽為父,陰為母。如果妻財爻處於墓地且發動時帶有陰氣,會對妻子或妾室造成不利影響,陽為妻,陰為妾。

如果世爻為妻財爻且帶有勾陳煞氣而發動,這意味著被發掘或隱藏的秘密將被揭開。如果子孫爻再次化出子孫爻,則家中未成年人會遭遇災難或困境。如果妻財爻再次化出妻財爻,則有妻子或奴僕離家逃走或失蹤。如果父母爻再次化出父母爻,則是舊墓新葬或重新安葬逝者的情況。如果官鬼爻再次化出官鬼爻,則所葬之地存在不祥或不吉利的因素。如果兄弟爻再次化出兄弟爻,則家庭會出現紛爭、爭吵等矛盾。

官鬼爻當旺安靜,則亡人獲得吉祥。太歲與五爻來生子孫爻的,則子孫顯貴。(太歲、五爻,都代表天子。)世爻當旺,身爻正值長生,官鬼入墓的,屬陽則能發達,屬陰則可安泰。(富貴、貧賤、是否帶疾等推斷,詳見身命占。)

關於富貴、貧賤以及是否帶疾等方面的推斷,需要結合身命占的相關內容來進行綜合分析和判斷。

黎評: 以上為論述已葬之穴的推斷方法,以世為穴,鬼為亡人,綜合持世之卦宮地支推斷穴中乾濕,以世爻鬼爻之陰陽空亡、德合殺刃、六親六神共同推斷未來後人中的孤寡人丁官運財運等情況。

第十一節　如何推斷未葬之穴形態吉凶

在風水占卜中,對於未葬之地,我們可以根據以下方法判斷。

首先,世爻代表主山,二爻代表正穴,蛇為旁爻,父母爻為墳地。如果二爻逢空、破、絕,則說明正穴的位置不佳。同時,如果臨騰蛇的爻逢空、破、絕,則意味著沒有旁穴在旁陪伴。

卦中沒有子孫爻，意味著穴場的風水散亂，缺乏生氣和凝聚力。沒有兄弟爻，則說明地勢不佳，沒有龍脈經過。沒有父母爻，則說明龍穴不融結，不是理想的穴位。沒有官鬼爻，則意味著穴中沒有生氣，不是一塊有生機的土地。沒有妻財爻，則山上沒有樹木，同時子孫的運勢不佳，難以出現顯貴之人。

穴爻臨月破、白虎，則意味著此處有古墓存在。穴爻逢空且為官鬼爻，則必是一處廢穴，不宜選擇。穴爻為官鬼爻而逢墓位，則意味著有舊墳佔據了穴位，也不是理想的選擇。穴爻上下爻逢空，則說明有風吹襲龍穴，破壞了風水格局。穴爻逢四廢，則意味著該穴位將廢棄不用，不宜選擇。

黎評：以上為論述未葬之穴的推斷方法，取世為主山，二爻為穴，以其所臨六親五行、四值旺衰推斷其穴之風水好壞。

第十二節　如何推斷墳穴安葬高低環境

在風水占卜中，世爻是重要的參考因素，用於判斷墓地的吉凶情況。

如果世爻與其他爻位相生相合，則意味著墓地位於低窪地帶。世爻逢沖，則墓地位於高處。

如果世爻位於初爻或二爻，則墓地位於低處。如果世爻位於三爻或四爻，則墓地位於半山腰。如果世爻位於五爻或六爻，則墓地位於高處。如果世爻處於當旺狀態，都可以根據上述信息進行占斷。

如果世爻正值死、墓、絕、胎等不利狀態，或者被三傳刑、害、剋、沖，那麼墓地位於平原地區。

如果卦象為八純卦或遊魂卦，這表明陰陽反背，是墓地位於山城背後或石崗之上的徵兆。

如果卦象為六沖卦，這表明穴場形勢不佳，是「水走沙飛」，不朝穴的情況。

如果世爻屬性為純陰或純陽，這意味著無法獲得福祉。即使安靜也不適宜選擇這樣的墓地。

如果世爻發動並化出水爻回頭來沖，這意味著墓地被洪水浸泡毀壞。

黎評： 以上為論述穴之高低的推斷方法，取世爻為用，以其沖合爻位旺衰卦象推斷其穴之高低環境、砂水情況。

第十三節　如何推斷墳穴對案形態觀感

在風水占卜中，案山的位置和形態對於墓地的吉凶有著重要的影響。

首先，應爻和臨朱雀的爻可以代表案山的位置和形態。應爻臨朱雀，說明有兩重案山。如果應爻和臨朱雀的爻處於旺相狀態，而世爻值衰，則坐山低矮，案山高大。相反，如果應爻和臨朱雀的爻逢死、墓、絕、胎，而世爻正值生旺，則坐山高大，案山低矮。

如果臨朱雀的爻、應爻來生合世爻，則說明案山端正有情；如果逢空而動，則說明案山不正。如果臨殺逢沖，則案山歪斜破相。帶有祿而正值生旺的，則案山聳列秀麗。

根據五行屬性，案山也有不同的形態：案爻屬金，則圓滿秀麗，如同倒扣的鍋。位於艮卦的，則前面有石頭。案爻屬木，則案山頭圓身尖，當旺則形如文筆，值衰則是書筆。案爻屬水，則案山低矮彎曲而遊動，如同有波浪起伏。案爻屬火，則案山尖秀有尖峰，當旺則是筆架峰。案爻屬土，則案山方平臃腫，當旺則形如禦屏，值衰則如同橫著的幾案。

此外，應爻臨青龍，則是盤龍案；同時又臨貴星，則是秀傑的文峰。如果應爻是臨朱雀的火爻且當旺發動，則案山必定經過火燒，四邊偏而狹窄，朝山高而坐山低。如果有水爻發動來剋制的，則可以得吉。火爻臨朱雀而安靜，則氣色崢嶸。火爻臨朱雀且為父

母爻的，則必是所謂的文筆案。土爻臨朱雀發動，而逢月令、日建刑、沖的，則是所謂的朱雀開口。臨朱雀的爻發動的，則說明案山有人行路。臨勾陳，則四周山巒環聚。臨騰蛇，則案山形如蜈蚣、蜓蚰。臨白虎，則案山峰如刀劍，且有巨石。臨玄武，則是回龍顧祖形成的案山；值衰，則形態探頭側面。

如果應爻為官鬼且入墓，則說明對山上有眾多的吉地。

黎評：以上為論述案山的推斷方法，取應爻與朱雀為用，以其旺衰五行、八卦神煞、十二長生訣推斷案山形勢與環境。

第十四節　如何推斷明堂寬窄周邊環境

間爻用於判斷明堂的吉凶情況。

如果間爻正值旺相，則明堂寬闊，環境開闊。間爻正值休囚，則明堂狹窄，空間有限。

如果應爻來生世爻，則明堂開闊平坦，環境優美。如果應爻來沖世爻，則形勢逼迫，環境局促。

如果間爻逢空、墓、絕、胎等不利狀態，則局促，缺乏生氣和活力。間爻安靜：如果間爻安靜，則形勢窩聚，有聚氣之象。如果間爻發動，則形勢泄瀉，缺乏凝聚力。

如果間爻臨月令，則明堂能容萬馬，氣勢恢宏。如果有臨貴祿、青龍、天喜的水爻，發動來生合間爻，則是「四水歸堂」的吉相。

如果間爻為庚寅、辛卯爻且正值旺相，則明堂上松柏蓊鬱，環境清幽。戌、辰代表竹子，巳、未代表桂樹。

如果是位於乾宮卦的午爻當旺，則有石馬。如果是寅爻當旺，則有石虎。如果臨貴祿的石雕的朝官當旺。如果是兌宮卦的未爻當旺，則有石羊。如果臨白虎的金爻為父母爻且當旺，則有石碑，表示此地有紀念意義或歷史背景。

如果應爻金爻化出金爻且正值旺相，則有華表柱。如果應爻土見土（干支一併而論），則明堂形勢關鎖緊密，環境安全。

黎評： 以上為論述明堂的推斷方法，取間爻為用，以其間爻的旺衰沖合斷其深淺寬窄，以其卦宮地支推斷墓旁之物。

第十五節　如何推斷龍虎強弱左右狀態

在風水占卜中，臨青龍和白虎的爻用以判斷龍脈和虎山的情況。

首先，如果臨青龍和白虎的爻呈現旺盛的狀態，這意味著龍山和虎山高大壯觀。反之，如果它們處於衰弱的狀態，則意味著這些山峰低矮且遠離。

如果臨青龍和白虎的爻遇到空亡的情況，這意味著這些山峰存在某些缺陷或缺口。如果這些爻被引發並活躍起來，則意味著山路遙遠且不易到達。

另外，如果遇到絕地的情形，這意味著周圍沒有龍脈和虎山的存在。

如果龍虎臨妻財或子孫爻，並且它們旁邊有吉神，這意味著山形端正、圓潤且秀麗。然而，如果它們是兄弟或官鬼爻，並且旁邊有惡煞，這意味著這些山峰形狀怪異或無生氣。

此外，臨青龍的爻代表真正的龍山，而臨白虎的爻則代表真正的虎山。當臨青龍的爻為辰爻，臨白虎的爻為寅爻時，或者當妻財爻轉化為妻財爻、子孫爻轉化為子孫爻時，或者當日建的龍虎與月令的龍虎相同時，這些都意味著有重疊的龍山和虎山存在。

當臨青龍和白虎的爻與世爻相生相合時，這意味著這些山峰是龍脈自身的分支形成的青龍和白虎山，它們環繞著龍穴並為其提供保護。位於世爻之前的是逆龍和逆虎，而位於世爻之後的是順龍和順虎。

當臨青龍的爻與世爻相沖，且臨白虎的爻來生合世爻時，這意味著龍山逃竄而虎山返回並環繞著它。相反地，當臨白虎的爻與世

爻相沖，且臨青龍的爻來生合世爻時，這意味著虎山逃竄而龍山返回並環繞著它。

如果臨青龍和白虎的爻與世爻相互平衡，這意味著這兩座山峰同時存在並共同作用。而當臨青龍和白虎的爻相互衝突時，這意味著這兩座山峰之間存在競爭對立。

臨青龍的爻剋制臨白虎的爻，這意味著龍山強大而虎山較弱。相反地，如果臨白虎的爻剋制臨青龍的爻，這意味著虎山強大而龍山較弱。

當青龍、白虎臨世爻時，這說明兩座山緊緊地環繞著穴位。如果這些山峰靠近世爻，那麼它們距離穴位很近；如果這些山峰對世爻產生剋制作用，那麼它們會以強勢的姿態逼迫龍穴。如果臨青龍、白虎的爻正值旺相，這表示左右兩座山峰高聳入雲，對穴位產生壓迫感。當這些爻正值旺相時又遇到衝撞，那麼龍虎山會顯得更加威猛。如果世爻剋制臨青龍、白虎的爻，那麼山巒會移動，不環繞龍穴。當臨青龍、白虎的爻被引發時，意味著左右兩邊有人走動。如果這些爻是官鬼爻並且進入墓地，那麼在左右兩邊的山上有墳墓；如果這些爻又遇到空亡，那麼意味著穴位已經破損。

當青龍、白虎臨木爻時，並且遇到空亡被引發時，這說明穴位周圍的左右山上有折斷的樹木。如果有臨玄武、金刃的爻來剋制木爻，那麼樹木會被盜伐。

當青龍、白虎臨水爻時，意味著附近有水源。當這些水爻正值旺相時，水是活水；然而當它們正值衰弱時，則是池塘之水。當這些水爻被月令或日建剋制時，那麼這是死水；然而如果有金爻被引發來生水，那麼雖然這是死水，但水流卻很長。此外，如果這些水爻是子爻，那麼水位於北方。如果遇到午日相沖，那麼水分為東西兩方。其他情況可以以此類推。（見《錦囊集》）

當青龍、白虎臨金爻時，當它們正值旺相時，附近有巨大的岩石，山勢顯得高峻；當它們衰弱時，則有城牆環繞。

當青龍、白虎臨木爻時，如果它們是妻財或子孫爻且正值旺相，附近有鬱鬱蔥蔥的樹木；如果它們是衰弱的兄弟或官鬼爻，那麼樹木已經凋零。

　　當青龍、白虎臨火爻時，當它們正值旺相時，左右兩邊有人居住；當它們遇到死、墓、絕、胎時，則有無人居住的冷屋。如果這些火爻是官鬼爻，那麼附近有庵堂或廟宇。如果火爻遇到空亡被引發，那麼這些山曾經被火燒過；如果火爻臨青龍被引發，那麼山勢猶如擺動的尾巴；而火爻臨白虎被引發，那麼附近有斷絕的墳墓。

　　當青龍、白虎臨土爻時，當它們正值旺相時，山峰顯得壯麗；當它們衰弱時，山峰矮小且有凹缺。如果土爻正值旺相且逢生，那麼左右兩邊有他人煙火；當它們衰弱時，且為官鬼爻，那麼附近要麼有古墓，要麼有冷清的廟宇。

　　根據《管公口訣》所述，如果干支屬性和卦象都為木，且位於震卦之中，這說明龍山的山勢呈現出回轉的形態。而當干支屬性和卦象都為金，且位於兌卦之中時，這表示虎山的山勢顯得高昂挺拔。

　　如果屬性為木且又見到木，那麼預示著龍山被多重包裹，福運將會長久地延續下去。而當屬性為木卻見到火時，這說明存在兩重的龍山，外部的龍山不會回轉，而源於本地的龍山則會有回轉的態勢。

　　如果屬性為木而見到土，這表示龍山位於東側。如果此時遇到空亡，那麼長房將會面臨絕戶的命運；而如果不出現空亡，則長房將會獲得吉祥。

　　當屬性為木而遇到水時，這意味著有多重的龍山進行守護，預示家中將會出現善良之人，並且他們不會遭受他人的嫉妒。

　　至於屬性為木遇到金的情況，如果在春天進行占卜，那麼不會出現滅絕的情況；但如果是在秋天進行占卜，那麼預示著將會出現絕戶的情況。

　　對於屬性為金且見到金的情況，預示著行事有始無終，三房將會面臨絕戶的命運。而當屬性為金遇到火時，則預示著能夠獲得財富，子孫們可以擔任各種官職。

當屬性為金遇到水時，表示存在多重的趴伏的龍山，而後代中將會湧現出賢能之人。而當屬性為金遇到木時，虎山的形狀將呈現出藏頭縮足的特點，中間部位會有斷裂現象導致透風，此時應該補種松樹和竹子。

至於屬性為金遇到土的情況，意味著存在三層虎山，這些虎山會回轉並靠近穴位，家族中世世代代都將湧現出傑出的人物。

黎評： 以上為論述龍虎的推斷方法，取青龍白虎二爻為用，以其旺衰四值、世爻化爻、五行生剋推斷其龍虎形勢、周圍環境、後代禍福。

第十六節　如何推斷後山形態

以臨玄武的爻為用爻，它對龍穴的影響如下。

如果臨玄武的爻是金爻，那麼山形圓潤秀麗；如果是木爻，則山形高大挺拔；如果是水爻，則山形彎曲；如果是火爻，則山形尖銳；如果是土爻，則山形方正平坦。

如果臨玄武的爻逢空，這意味著龍脈已被挖掘或斷絕。如果臨玄武的爻發動，那麼山後有道路。如果臨玄武的爻逢空且發動，那麼前來結穴的山體不正。如果臨玄武的爻屬土且逢空，那麼龍穴的後背感覺寒冷。如果臨玄武的爻屬土且發動，那麼龍穴後有水池或深潭。

如果臨玄武的爻屬水且位於坎卦中，那麼北方有水；如果它又發動，那麼水勢洶湧無情。

如果臨玄武的爻屬水且發動來沖世，那麼常有賊水出現。

黎評： 以上為論述後山的推斷方法，取玄武為用，以其所臨旺衰空亡、五行動靜共同推斷其後山之環境與形勢。

第十七節　如何推斷龍祖形態

以臨勾陳的爻為用爻，其影響如下。

如果臨勾陳的爻是世爻，那麼龍脈必然來自遠方。其形態一起一伏，仿佛一條活龍，顯得非常生動。

如果臨勾陳的爻為子爻，則形狀如大水奔流，沖起的波浪層層疊疊，給人一種壯觀的景象。如果臨勾陳的爻為丑爻，則形狀如掙脫了牛鼻繩的怒牛，一邊奔跑一邊回顧，顯得非常有力。如果臨勾陳的爻為寅爻，則形狀如老虎奔跑，足下跳躍而尾部搖擺，顯得非常矯健。如果臨勾陳的爻為卯爻，則形狀如脫兔，跳躍起伏，匆忙奔向前方，顯得非常敏捷。如果臨勾陳的爻為辰爻，則形狀如龍在行進，蜿蜒起伏，給人一種神秘的感覺。如果臨勾陳的爻為巳爻，則形狀如受驚的蛇，彎曲盤旋，顯得非常機敏。如果臨勾陳的爻為午爻，或又臨天馬、驛馬，則形狀如龍馬奔騰，逆上斜轉，給人一種威猛的感覺。如果臨勾陳的爻為未爻，則形狀如紛紜的羊群，踴躍爭先，顯得非常活躍。如果臨勾陳的爻為申爻，則形狀如牽扯的瓜藤，綿延不絕，給人一種連綿不斷的感覺。如果臨勾陳的爻為酉爻，則形狀如鳳凰翔舞，而有成群的鳥雀相隨，顯得非常和諧。如果臨勾陳的爻為戌爻，則形狀如步兵扛著兵戈，且戰且退，顯得非常勇敢。如果臨勾陳的爻為亥爻，則形狀如九曲的河流，在蜿蜒間生出情致，給人一種婉約的感覺。

如果臨勾陳的爻逢沖、剋，那麼說明龍脈受傷，對風水產生不良影響。如果臨勾陳的爻來生合世爻，那麼說明來脈有情，對風水有積極的影響。如果臨勾陳的爻逢空而動的，那麼應當依山淺葬，以免影響風水。

如果臨勾陳的爻同時又臨祿馬、官貴，且得到四值生扶的，那麼龍脈必然顯貴；但如果臨亡劫、刑刃、大殺等，且被四值剋、傷的，那麼龍脈必定兇險。

如果臨勾陳的爻有臨勾陳殺的，且位於坤、艮卦中，為官鬼爻而發動的，那麼龍脈下潛藏有邪魔妖祟，需要特別小心處理。

黎評： 以上為論述龍祖的推斷方法，取勾陳為用，以其勾陳所值地支推斷龍祖之氣勢，以其四值生扶拱合、刑沖剋害、神煞四值推斷龍祖周圍環境與形勢。

第十八節　如何推斷水口形態

以六爻為用爻，其影響如下。

如果六爻來生合世爻，那麼水口顯得有情致，給人一種和諧的感覺。如果六爻為臨貴馬、龍德的妻財、子孫爻，那麼水口有重重的關鎖，顯得非常神秘。如果六爻來刑、害、剋世爻，那麼水口無情，或是水流緊逼穴山腳下，給人一種壓迫感；來沖世爻，則水流沖射穴場心、肋，對風水產生不良影響。

如果有臨日辰，且帶貴祿、龍德的爻來沖六爻，那麼羅星（巨石、土丘）阻塞水口，顯得非常壯觀。

如果為火爻，而遇見水，且合於臨勾陳的爻，那麼這是一針水口，給人一種獨特的視覺效果。

如果為屬水的父母爻而發動，那麼水面上有土丘露出，顯得非常美麗。

如果為屬水的官鬼爻而發動，則叫做鬼把城門，給人一種神秘的感覺。

如果六爻為寅木爻，且五爻下伏有亥水爻的，則說明水口處有橋。當旺則高，值衰則低。這是因為寅對應的徵象是人、馬，所以說有橋道。如果寅爻下伏有子水爻，則水口有船舫，給人一種優雅的感覺。

又如果水爻當旺，木爻逢衰，則是橋；水爻值衰，木爻當旺，則為船舫、水閣，給人一種獨特的風味。

如果為臨騰蛇的子孫爻而發動，則水口有路，為交通要道。

如果為臨朱雀的妻財爻而發動，則水口有他人，為居民聚集之地。

　　如果為臨白虎的官鬼爻而發動，則水口有廟宇，為宗教祭祀場所。官鬼爻如果屬火，則是財神廟或五福祠，為祈福求財之地；如果屬水，則是供奉觀音、三官玄帝的廟宇或龍王祠，為祈雨求水的場所；屬土，則是土穀祠，為祭祀土地神的地方；屬木，則是東嶽帝祠，為祭祀山神之處；屬金，則是供奉關帝、釋迦的廟宇，以及供奉有金妝像的廟宇，為信仰崇拜的聖地。

　　六爻臨亡劫、刑刃、大殺等凶煞，來沖、剋世爻的，則意味著當山運衰敗的時候，必有禍患發生，需要特別小心。

　　坎宮中臨騰蛇而屬水的世爻，且發動的，則水流環繞四周，給人一種寧靜的美感。（根據水爻在哪一爻發動，即可知水在什麼方位。）

　　間爻為發動的水爻，則有腰帶水，形狀如同一條腰帶環繞山間。如果卦中沒有水爻的，則根據臨玄武的爻來推斷水勢情況。臨玄武的爻正值生旺，則水勢浩大，如同洪流奔騰；逢空、絕、墓、胎，則是乾枯的水流，幾乎斷絕；當旺而逢空，則水流散漫四溢；值休，則水淺且近岸；值囚、死，則是停蓄的死水，缺乏生機。

　　黎評：以上為論述水口的推斷方法，取六爻為用，以其六爻與世爻的生扶拱合、刑沖剋害，以及六爻所值水爻神煞、卦體六神共同推斷水口之形勢及環境。如卦無水，則以玄武爻代之。

第十九節　　如何推斷土壤顏色

　　以世爻為用爻，其顏色對應關係如下：

　　土對應的顏色是黃色，木對應的顏色是青色，水對應的顏色是黑色，火對應的顏色是赤色，金對應的顏色是白色。

　　青龍對應的是青色，朱雀、騰蛇對應的是赤色，勾陳對應的是黃色，白虎對應的是白色，玄武對應的是黑色。

如果是臨青龍的土爻，則土的顏色是青黃兩色相間。如果是臨朱雀、騰蛇的木爻，則土的顏色是紅青兩色交織。如果是臨勾陳的水爻，則土的顏色是黃黑兩色相融。如果是臨白虎的水爻，則土的顏色是黑白兩色混合。（其餘以此類推。）

世爻逢六合，則意味著五種顏色都具備；逢三合，則意味著土有三種顏色交融。

要判斷土的深度，則需要觀察世爻下的伏神。通過伏神的狀態和五行屬性，可以推斷出土的深淺程度。

黎評：以上為論述土色的推斷方法，取世爻為用，以其用神所值五行六神、沖合飛伏共同推斷墓穴泥土之顏色，又以世下伏神推斷深土之顏色。此處與占牲畜皮色法相同，現代人可用此推敲身穿衣物。

第二十節　如何推斷穴中之物

以墓爻的世爻和世爻下的伏爻為用爻，來探討墓穴的情況。

如果世爻是妻財爻的墓爻，這意味著墓穴中有財物。

如果世爻是金爻，那麼墓穴中有五金製品，如金屬器具或硬幣等。當這個金爻處於當旺的狀態時，是金銀製品；而當它處於值衰的狀態時，則會是銅鐵製品。

如果世爻是木爻，而且逢死、絕的狀態，那麼可以推斷其下有朽木，是古代葬禮中留下的木材或棺材朽爛後留下的痕跡。

如果世爻下伏有木爻，而且這個木爻對世爻進行刑、害、沖、剋的操作，那麼墓穴中有樹根侵襲棺木的情況。這是由於樹根在土壤中生長，逐漸穿透棺木而形成。

如果世爻是臨騰蛇的巳爻，那麼其下有蚯蚓或蛇。這是因為騰蛇在八卦中代表神秘、隱蔽的事物，而巳爻則代表蛇。

如果世爻是臨白虎的寅爻，那麼墳下有蟻穴。白虎在八卦中代表兇猛、力量和獨立，而寅爻則代表動物和昆蟲。

如果世爻是臨玄武的水爻，而且世爻所在的卦是離宮卦，那麼墳下有龜、蟹。玄武在八卦中代表隱秘、水性的事物，而水爻則代表流動的液體或水生動物。離宮卦則代表光明、智慧和美麗。

　　如果世爻是官鬼爻而逢墓，那麼墳下有伏屍、古墓。官鬼爻代表官方、政府或權力，而墓則代表死亡或結束。

　　如果世爻是兄弟爻而逢墓，那麼墳下有另外的孔竅或通道。兄弟爻代表兄弟姐妹或平輩關係，而墓則代表聚集或封閉。

　　如果世爻是金爻，而且伏爻也是金爻，並且這個金爻還臨月令、日建、長生的狀態，那麼墳下有石頭。金爻代表金屬或堅硬的事物，而月令、日建、長生則代表持續增長或發展。

　　黎評： 以上為論述穴中物的推斷方法，取世墓爻、世下伏爻為用，以其旺衰五行、地支伏藏共同推斷其穴中所藏之物。

第二十一節　如何推斷何物傷穴

　　如果寅爻臨劫殺，並且來沖、害穴爻，當它處於當旺的狀態時，會有狸貓穿穴的情況。而如果它處於值衰的狀態，則會有白蟻出現。

　　如果寅爻是子爻，那麼是老鼠在附近活動。如果是丑、未爻，則會有牛、羊等牲畜來踐踏此地。如果是卯爻，則是野兔出沒的地方。如果是辰、巳爻，則會是蛇或蚯蚓等動物的棲息地。如果是申、酉爻，則要注意石角對墓穴造成侵傷。如果是戌爻，則會是獐、狗等動物的出沒地。如果是亥爻，則要小心野豬對墓穴造成破壞。

　　黎評： 以上為論述何物傷穴的推斷方法，以其臨劫殺沖害穴爻的地支推斷何物傷穴。

第二十二節　如何推斷棺槨形態

如果妻財爻是世爻，位於辰、戌、丑、未這四個地支，那麼是土槨。如果妻財爻位於寅、申、巳、亥這四個地支，那麼是石槨。如果妻財爻位於子、午、卯、酉這四個地支，那麼是火化後安葬。

如果妻財爻和官鬼爻都不出現，那麼是既沒有棺也沒有槨的情況，即墓葬非常簡單或者沒有槨棺。

如果官鬼爻受傷，即官鬼爻的狀態不好或者受到其他因素的影響，而妻財爻又逢空，那麼是槨棺粗糙簡陋。

黎評： 以上為論述棺槨的推斷方法，取世財為用，以其所臨地支及財鬼配合推斷棺槨之品質材質。

第二十三節　如何推斷入葬之法

對於已經安葬的墳墓，我們可以通過觀察官鬼爻的伏神來判斷其葬法。如果官鬼爻下伏有金、火爻，那麼是骨葬，即死者經過火化後安葬。而如果官鬼爻下伏有水、木、土爻，那麼是使用棺槨進行埋葬。

對於尚未安葬的墓穴，我們可以通過觀察官鬼爻所生的五行來判斷其適宜的葬法。如果官鬼爻生金、火，那麼適宜採用骨葬的方式。而如果官鬼爻生水、木、土，那麼適宜使用棺槨進行埋葬。

黎評： 以上為論述葬法的推斷方法，以鬼下伏神與鬼爻長生之五行推斷埋葬之吉凶與選擇。

第二十四節　如何推斷墳穴多少

當世爻、穴爻為官鬼爻的當旺狀態時，即按照一水、二火、三木、四金、五土的順序進行推斷。如果官鬼爻的值處於休的狀態，則需減去三分之一的力量；如果處於囚、死狀態，則需減半計算。如果官鬼爻化出另一個官鬼爻，則需要相加進行推斷。

如果世爻、穴爻為辰土爻，那麼在年、月、日、時以及旁爻、伏爻、化爻中，凡是屬水、土的，都可以被視為與辰土同墓。如果這些因素位於三、四位，則表示有三、四座墓；如果位於五、六位，則表示有五、六座墓。如果屬性為陽，則代表是男性的墓；如果屬性為陰，則代表是女性的墓。對於金墓於丑、木墓於未、火墓於戌的情況，也可以按照上述規則進行推斷。

如果官鬼爻臨青龍且正值旺相，則代表是新墳；如果臨白虎且正值休囚，則代表是舊墳。如果官鬼爻發動但逢合，則代表是新墳；如果逢沖且逢空，則代表是舊墳。如果官鬼爻逢空、絕，則代表是絕墳；如果值胎、養，則代表是幼童的墳。如果世爻與官鬼爻的墓位相同，則代表是家人共葬；如果應爻與官鬼爻的墓位相同，則代表是與外人共葬。

黎評： 以上為論述墳穴多少的推斷方法，取世爻穴爻為用，以其五行旺衰、四值伏爻、化爻五行、十二長生訣共同推斷墳穴之數量情況。

第二十五節　如何推斷侵墳情況

當世爻臨日辰時，如果剋了應爻，則意味著我侵佔了別人的土地作為墳墓。同樣地，如果動爻與應爻臨日辰，來剋世爻、穴爻，那麼別人也會侵佔了我的土地作為墳墓。

黎評： 以上為論述因墳侵地的推斷方法，以其世應日辰的生剋組合推斷因墳侵地之主動被動。

第二十六節　如何推斷出殯情形

如果世爻正值衰、空的狀態，那麼出殯隊伍會顯得零落，缺乏生機。相反，如果世爻正值生旺的狀態，那麼出殯時會有熱鬧的場面，擊鼓鳴銳，聲勢隆重。

如果臨咸池、羊刃的爻來剋世爻，那麼在下葬之日需要警惕凶徒阻撓。如果有臨貴人、祿馬的爻來生世爻，那麼在埋葬時有貴客到來。

在乾、離卦中有屬火臨朱雀的子孫爻發動，那麼葬日是晴天。相反，在坎、兌卦中有屬水臨玄武的父母爻發動，那麼下葬時會下雨。對於巽卦中有屬木的兄弟爻發動的情況，需要特別注意防風暴。而坤、艮卦中有屬土兄的兄弟爻發動，則預示著一定是陰天。如果震卦中有屬木的官鬼爻發動，則會有風雷交加的天氣。

妻財爻發動的天氣情況是久雨之後開始放晴。而父母爻發動的天氣情況則是在久晴之後忽然下雨。

如果火爻化出水爻，而且是子孫爻化出父母爻的情況，那麼天氣會先晴後雨。內卦有屬水的父母爻而外卦有屬火的子孫爻的情況，則預示著天氣會先雨後晴。

黎評： 以上為論述出殯情形的推斷方法，以其世應旺衰、神煞六親、六神卦宮、五行動變綜合推斷出殯時送迎賓客的多少與地位、順逆天氣。

第二十七節　如何推斷遷墳吉凶

凡是占問有關葬後重新遷墳的問題，需要根據內卦和二爻對應於屍體，外卦和五爻對應於墓地來進行推斷。同時，還需要考慮到以下因素。

青龍代表的是吉祥之兆，因此如果官鬼爻位於外卦並且發動，那麼適宜進行遷移。而白虎則代表凶兆，因此如果官鬼爻位於外卦並且發動，那麼適宜留守原地。

如果內卦正處於衰、空的狀態，那麼適宜進行遷移；反之，如果內卦正值生旺狀態，那麼適宜留守原地。

如果官鬼爻化出子孫爻，那麼適宜進行遷移；反之，如果妻財爻化出官鬼爻，那麼適宜留守原地。

如果遭刑、害的爻變出逢生合的爻，那麼意味著遷後能夠亨通；而如果臨財祿的爻化入破敗的，那麼遷後運道將消耗。

官鬼爻發動的表示可以遷；父母爻發動的表示必須遷；妻財爻化出的妻財爻、父母爻化出的父母爻、官鬼爻化出的官鬼爻、兄弟爻化出的兄弟爻等都表示適宜遷移。

如果四值、動爻來沖，則適宜遷移。

如果遊魂卦化為歸魂卦或者六沖卦化出六合卦，則猶豫不決。

官鬼爻發動逢空又逢合的表示有人阻止；官鬼爻發動受日辰剋制的則表示沒有資金進行遷移。

黎評： 以上為論述遷墳的推斷方法，取內卦二爻為屍、外卦五爻為地，參龍虎動靜、動爻變爻、四值卦象、刑沖合害共同推斷遷墳之吉凶，以及遷後之人事變化。

第二十八節　如何推斷他鄉安葬

卦遇遊魂卦，又逢官鬼爻在外卦發動的，或穴爻逢空，而以位於外卦的應爻為墓爻的，以及官鬼發動，而以位於外卦的應爻為墓爻的，都意味著死後會葬在他鄉、官鬼空、穴爻空，墓爻逢空的，則意味著是「倒路死」，沒有埋葬之地，不然也是招魂附葬。

黎評： 以上為論述他鄉安葬的推斷方法，以穴爻應爻、遊魂鬼爻、墓爻空亡共同推斷客死於他鄉之情形。

第二十九節　如何推斷亡人死因

當官鬼爻臨日辰且屬火時，如果來剋亡命，則意味著亡命者感染瘟疫而死。

如果官鬼爻臨日辰屬金，並且來剋亡命，那麼亡命者是因刀兵、戰事而死。

如果官鬼爻臨日辰屬水，並且臨浮沉、風波、浴盆等煞，那麼亡命者是溺水而死。

如果官鬼爻臨日辰屬木,並且臨騰蛇,同時又臨勾絞、木狼等煞,那麼亡命者是上吊自殺而死。

如果官鬼爻臨日辰屬金,並且臨白虎,同時又臨吞叨煞,那麼亡命者是被虎咬至死。

如果官鬼爻臨日辰屬金,並且臨白虎,同時又臨病符,那麼亡命者是得肺結核而死。

如果官鬼爻臨日辰屬土,並且臨病符煞,那麼亡命者是因咽喉、脾胃、黃腫等疾病而死。

如果亡命來沖屬土的官鬼爻,那麼亡命者是被壓死。

如果官鬼爻臨日辰屬火,並且臨雷火、霹靂等煞,那麼亡命者是被雷擊而死。

如果官鬼爻臨日辰屬火,並且臨天火、燭火、天燭等煞,來剋亡命的,則亡命者被火燒死;如果處於衰的狀態,則會是因為熱病而死或被火葬。

如果官鬼爻臨日辰屬木,並且臨大殺、天刑、羊刃等凶煞,來刑、沖亡命的,則亡命者被毆打致死;如果還臨跌蹊煞的,則亡命者摔死。

屬性為金、木的官鬼爻,如果臨刑刃、朱雀、官符等凶煞來剋亡命的,則亡命者遭杖刑而死。

如果官鬼爻是白虎,並且加刑刃、大殺,同時與亡命的地支相同,那麼亡命者是自刎而死。

如果官鬼爻是玄武,並且又加天賊、天盜、劫殺、刑刃等凶煞,同時又臨亡命的,那麼亡命者被盜賊所殺。

如果官鬼爻是玄武,並且又臨咸池、紅豔等煞來剋亡命的,那麼亡命者是因為通姦致死。

如果官鬼爻是玄武,並且又臨暗金、陰殺、血刃等凶煞來剋亡命的,那麼亡命者是因為難產而死。

黎評: 以上為論述死因的推斷方法,以其日辰值殺沖剋亡命之五行,配六神玄武旺衰推斷亡人死因。

第三十節　如何推斷開棺盜墓

如果應爻臨玄武、天賊、天盜、劫殺等凶煞，同時又臨月令、日建，並且衝破世爻或穴爻，這表示有人意圖盜挖墳墓。如果應爻沖剋亡命的爻位，則意味著骸骨會暴露在外，無人掩埋。如果世爻衝破穴爻，這表示墳墓被自己移葬。如果世爻剋傷亡命的爻位，這表示骸骨暴露在外而沒有埋葬。

《黃金策》中提到，如果沖犯天地四大空亡的組合（即甲午、甲申、甲戌、壬子、壬寅、壬辰、乙丑、乙亥、乙酉、癸未、癸巳、癸卯），那麼骸骨會變得不明下落。

黎評： 以上為論述劫塚開棺的推斷方法，取其應加玄武盜煞天地殺日月衝破世爻為用，參世爻穴爻、亡命卦爻、四大空亡殺共同推斷劫塚開棺之吉凶。

第三十一節　墳墓之補遺占

郭璞在《八神筮法》中提到，當占問生者的墳墓時，希望本命能得到穴爻、山運的生旺之氣。這是我們所希望的。同時，我們要避免穴爻、山運與本命相刑、害、剋、沖，因為這些都不利於本命。另外，穴爻與山運自相傷剋，以及逢空的情況，也都在我們的忌諱之列。

耶律楚材在《錦囊集》中指出，位於乾卦的子孫爻當旺，則預示著家族人丁興旺，有百子千孫。而位於坤卦的子孫爻當旺，則預示有三男二女。震、坎、艮卦當旺，則男子會興盛。巽、離、兌卦當旺，則女人會比較多。如果卦遇遊魂、八純卦，特別是坎卦，情況會更加兇險，其餘卦也意味著子孫會衰敗而無福。

《易學空青》中的《福德旺空歌》說：子孫爻屬木，如果逢當旺之時，則意味著枝葉繁茂子孫眾多；屬水如果當旺，則更加繁盛。屬土逢當旺之時，能夠滋生萬物；屬金如旺，則必定銷鎔。（金象徵著殺氣，如果當旺則生意消潛，有火剋制才能有用。）

火爻的旺衰應當有所節制，火焰太高，則意味著在突然地綻放之後，霎時就會化為烏有。金爻如果逢空，則必有聲望。木爻如果逢空，則無人知曉。水爻如果逢空，則會漸至絕滅。火爻如果逢空，則意味著必定歸於平凡。土爻如果逢空，則人丁不會絕滅，但也會屢屢遭逢災困。

黎評：以上為論述墳墓補遺之處的推斷方法，以其本命穴爻山運三者的生合刑沖關係，以及卦體日月、旺衰動化、五行空亡共同推斷墳穴對於後代之影響。

示例如下

在丙辰年丙子月丁卯日，占問墳塋，得火澤睽變為雷澤歸妹。

六神	伏神		艮宮：火澤睽			兌宮：雷澤歸妹	
青龍	官鬼 丙寅木	▬▬▬	父母 己巳火	○→	▬ ▬	兄弟 庚戌土	應
玄武	妻財 丙子水	▬ ▬	兄弟 己未土		▬▬▬	子孫 庚申金	
白虎	兄弟 丙戌土	▬▬▬	子孫 己酉金 世		▬▬▬	父母 庚午火	
螣蛇	子孫 丙申金	▬ ▬	兄弟 丁丑土		▬ ▬	兄弟 丁丑土	世
勾陳	父母 丙午火	▬▬▬	官鬼 丁卯木		▬▬▬	官鬼 丁卯木	
朱雀	兄弟 丙辰土	▬▬▬	父母 丁巳火 應		▬▬▬	父母 丁巳火	

解析：

1. 在此卦中，官鬼爻代表墳墓中的亡人屍首。子孫爻代表子孫後代，父母爻代表棺木，妻財爻則代表產業。

2. 在占陰宅墳墓時，官鬼爻的旺相和靜止都是吉兆，表示亡人安眠並受到庇護。但在此卦中，主卦的官鬼並未發動，反而是上爻的父母巳火發動，並帶出了伏在下卦的本宮官鬼寅木。這種動態的官鬼並非吉兆，暗示墓中亡人不安寧，不太吉利。

3. 上爻的父母代表棺木，臨於巳火，表明地氣不陰。而父母爻休囚並動化空，說明此墳坐下無穴。此外，父母下伏藏官

鬼，說明此墳安在古墓旁。綜合這三點，均為風水不佳的跡象。

4. 本宮上爻的寅木象徵虎，伏於父母棺木之下，加上父母臨火、地氣不陰，暗示棺中存在白蟻或貓狸之物，導致亡人不安。

5. 本宮的子孫申金被動爻寅木沖之，又伏於丑土金墓之地。這表示此家的後代稀少，有人丁損傷。

6. 主卦中的子孫酉金臨世爻自刑，意味著有過房子孫或贅婿之類的人不利。然而，此卦也並非絕地。子孫申金雖伏於丑土之下入墓，但因土能生金，丑土墓中帶有生機，因此雖然子孫不旺，但也不至於絕後。

7. 本宮的財爻子水雖然旺相，表明家中財運不錯。但因為財爻伏藏於兄弟忌神之下，所以財運不易顯現。這暗示自從葬得此地後，此家會退財、多耗散和遭遇盜騙之事。

黎評：當使用六爻預測宅運風水時（包括陽宅和陰宅），需要遵循以下步驟：先觀察宅運風水的吉凶，再觀察人事的吉凶，是利財還是利官。進一步確定六親的吉凶情況，如父母、妻子、子女等。最後，根據六爻卦象進行風水調理，為人解憂、趨吉避凶。

第十二章　晴雨占

遊南子指出，長時間的好天氣之後，人們自然期望能有雨水的滋潤；而長時間的陰雨連綿後，人們則渴望陽光的普照。

然而，天氣的變化總是難以預測，這就引發了關於晴雨的占卜。關於晴雨的占卜說法眾多，各有千秋，但都缺乏明確的定論。有人根據爻位之間的生剋關係來預測晴雨，有人則依據五行動靜來推斷，還有人依據六親的動靜來進行預測。

此外，還有一些人根據六神、天干、內外卦、世應爻，甚至八卦來推斷晴雨，各種方法都有其獨特的徵兆和驗證方式。

總體來說，大多數預測者都是以其旺相狀態和無傷為依據進行推斷，這樣可以減少誤差，提高預測的準確性。（黎注：此處與神煞應用的思路一致。）

黎評： 以上為晴雨占之總論，晴雨占共分為七個小節。

鬼谷分爻占雨時

爻位	占雨時爻位之象
上爻	天
五爻	雨
四爻	雷
三爻	風
二爻	電
初爻	雲

觀察初爻的狀態，如果它處於旺盛的狀態，那麼預示著濃厚的雲層；如果初爻的力量衰弱，那麼看到的則是稀薄的霧氣。

當二爻處於旺盛狀態時，會有閃電出現；而當它力量衰弱時，天氣會顯得悶熱。

三爻如果旺盛，往往有大風刮起；而如果三爻的力量衰弱，那麼感受到的只是微弱的風。

四爻旺盛時，會有劇烈的雷聲；但當它力量衰弱時，聽到的雷聲則是輕微的。

當五爻處於旺盛狀態時，意味著大雨傾盆；而當五爻的力量減弱時，降雨則變為小雨。

如果上爻處於旺盛狀態併發生變動，那就意味著會出現翻江倒海的暴雨；而如果上爻力量衰弱，那只是普通的陰天。

特別地，如果三爻發動並剋制初爻，那風會把雲層吹散。相反，如果三爻發動並生助初爻，那風會推動雲層移動。

當二爻和四爻相互生助時，會出現雷電交加的天氣。而當三爻和五爻相互生助時，風雨會突然降臨。

另外，如果三爻發動並剋制五爻，那麼在起風之後雨勢會停止。

至於上爻，如果它遭遇沖剋，那會有大雨出現。而當日建來到並與上爻相合時，那就表示沒有雨了。

黎評： 以上為論述爻位推斷天氣的方法，以其爻位旺衰與動靜生剋綜合推斷天氣情況。

鬼谷分爻占晴時

爻位	占晴時爻位之象
上爻	天
五爻	日月
四爻	虹
三爻	霞
二爻	露
初爻	雲

觀察初爻的狀態，如果它處於旺盛的狀態，那麼天空晴朗且雲層密集；而當它力量衰弱時，稀薄的雲彩即將散去。

當二爻處於旺盛狀態時，露水顯得濃重；但當它力量減弱時，露水則變得稀薄。

三爻如果旺盛，會有美麗的朝霞出現；而當三爻的力量衰弱時，我們看到的則是晚霞。

四爻旺盛時，彩虹會出現，將陰暗的天空一分為二；但當它力量衰弱時，我們只能看到飄浮的雲彩。

五陽爻如果處於旺盛狀態，那麼明亮的太陽高掛空中；但如果

屬性為陽且力量衰弱，太陽則會顯得昏暗。

對於五陰爻，如果它處於旺盛狀態，月亮會顯得明亮；但如果屬性為陰且力量衰弱，月色則會暗淡。

當上爻處於旺盛狀態時，天氣晴朗明媚；但當它力量衰弱時，天氣則顯得陰沉。

初爻發動並生助二爻時，雲彩會散去，露水也會收乾。

而如果初爻發動並剋制五爻，那麼雲彩會遮擋太陽和月亮的照耀。

五爻發動並剋制二爻時，太陽出來後露水會迅速蒸發乾燥。

五爻發動並生助二爻時，月亮升起後天氣會變冷，露水也會隨之降下。

五爻發動並與三爻相生合時，彩霞會隨著太陽一同出現。

四爻發動並剋制五爻時，彩虹會橫貫天空。

初爻發動並剋制上爻時，密佈的雲層會將天空遮蔽。

黎評： 以上為久雨欲晴時的爻位占斷法，以爻位之旺衰與爻位之間的生剋組合預測天道之變。原文為文言，四字精批，盡顯文詞對仗之美。

第一節　以五行推斷晴雨法

在預測當前的天氣狀況時，我們主要依據的是水爻和火爻的狀態。

如果水爻發生了變動，那麼會下雨。而火爻的變動則預示著天氣晴朗。木爻的變動意味著會颳風。如果土爻發動，那麼是陰天。金爻的變動同樣也意味著下雨。

如果水爻處於安靜狀態但遭遇了沖剋，那麼也會有雨降下。當水爻處於旺盛狀態併發生變動時，雨勢會比較急促；而當水爻力量衰弱時，雨勢則會比較細緩。如果水爻發動，但同時遇到日辰、其他動爻對其產生刑、害、剋、破等作用，那麼即使下雨，雨量也不

會很大。當水爻和土爻同時發動時，同樣也預示著雨量不會很大。

當火爻力量衰弱，而水爻處於旺盛狀態時，會有雨降下。如果卦象中沒有火爻，或者火爻處於空亡、墓、絕、胎等狀態，這也預示著會有雨。當水爻和火爻都處於空亡狀態，或者卦象中沒有水爻或火爻，或者水爻處於安靜狀態而土爻發動時，預示著陰天。

當火爻處於旺盛狀態併發生變動時，天氣會非常晴朗；而如果火爻力量衰弱，那麼天氣則是慢慢轉晴。如果火爻處於安靜狀態但遭遇沖剋，天氣晴朗之後很快轉陰。當水爻處於衰弱狀態，而火爻處於旺盛狀態時，天氣會放晴。如果卦象中沒有水爻，或者水爻處於空亡、墓、絕、胎等狀態，這也預示著天氣會放晴。如果火爻發動，但同時遇到日辰、其他動爻對其產生刑、害、剋、破等作用，那麼晴朗的天氣不會持續太久（黎注：原文為「火動，而遇日辰動爻刑害剋破者，晴也」）。

當水爻和火爻同時發動時，如果水爻在內卦而火爻在外卦，那麼早晨會下雨，傍晚則會轉晴；反之，如果火爻在內卦而水爻在外卦，早晨會晴朗，但到了傍晚則會開始下雨。

如果水爻發生變化而化出火爻，那麼是先下雨後轉晴，或者是出現彩虹打斷陰雨天氣。相反地，如果火爻發生變化而化出水爻，那麼是先晴朗後下雨。

《管公口訣》中有言：如果水爻正處於生旺的狀態，則會有雨；如果火爻正處於生旺的狀態，則天氣會放晴。如果長時間處於陰雨狀態後，水爻發動，那麼天氣反而會轉晴。如果長時間處於晴朗狀態後，火爻發動，那麼天氣反而會下雨。

在《磨鏡藥》一書中提到：子爻代表雲彩，同時也與江湖中的水神有關；丑爻代表雨師；寅爻代表風伯；卯爻代表雷震；辰爻代表霧氣；巳爻代表彩虹；午爻代表電母；未爻對應於風伯；申爻代表水母；酉爻代表陰天；戌爻代表陰天；亥爻代表雨水，同時也象徵著天河。當這些各爻處於旺盛狀態併發生變動時，它們各自都有不同的表現和應驗。

此外，嚴君平還提到：箕宿掌管風的方向，對應的地支是寅；而畢宿掌管雨的方向，對應的地支是酉。如果寅、酉兩爻同時發動，那麼風雨將會突然來臨。如果木爻處於空亡狀態而發動，那麼不會有風而天氣會放晴（這是因為木朽則易燃的緣故）。如果金爻處於空亡狀態而發動，那麼即使不下雨也會有風（這是因為金空則發出聲響的緣故）。如果土爻處於空亡狀態而發動，那麼天氣不會經過陰天就直接下雨（這是因為土地崩裂會導致金氣出現的緣故）。

　　黎評：以上為論述五行推斷天氣的方法，以其五行旺衰與動靜生剋綜合推斷天氣情況。

第二節　以六親推斷晴雨法

　　在預測天氣時，我們使用不同的爻作為判斷晴雨的依據。如果預測晴天，我們主要關注子孫爻的狀態；而預測雨天時，我們則以父母爻為主要參考。子孫爻與日、月相對應，父母爻與雨水有密切關聯。此外，妻財爻代表雲霧，兄弟爻對應風和露水，而官鬼爻則與雷聲相關。

　　如果子孫爻是身爻或世爻，且沒有遇到空亡、墓、絕、胎等不利情況，也不受刑、害、剋、破等作用，即使它安靜不動，也意味著是晴天。當它當旺併發生變動時，意味著長時間晴朗；但如果它值衰發動，則只是暫時晴朗。如果它值日建，則表示連續一整天晴朗；如果值月令，則預示連續一整個月的晴天。

　　如果父母爻是身爻或世爻，且沒有遇到空亡、墓、絕、胎等不利情況，也不受刑、害、剋、破等作用，即使它安靜不動，也意味著是雨天。當它當旺併發生變動時，意味著有大雨；但如果它值衰發動，則有小雨。如果它值日建，則表示連續一整天陰雨綿綿；如果值月令，則預示連續一整個月的陰雨天氣。

　　子孫爻當旺而父母爻值衰時，是晴朗的天氣；而父母爻當旺而子孫爻值衰時，則是陰雨天氣。如果父母爻、兄弟爻和子孫爻都同

時發動，那麼天氣將不會晴朗，並且風力較強。子孫爻發動並化出子孫爻或兄弟爻的，意味著長時間的晴朗；但若子孫爻發動並化出父母爻的，則由晴轉雨。

父母爻化出父母爻的，預示著陰雨連綿；而父母爻化出兄弟爻的，則意味著風雨交加。父母爻化出官鬼爻的，則雨後會有雷聲。而父母爻化出妻財爻或子孫爻的，則由雨轉晴。如果父母爻化入空亡、墓、絕、胎等狀態，那麼在雨中會有短暫的晴朗時光。

如果妻財爻受到刑沖剋害的影響，那麼晴朗的日子還不可預期。

如果日辰或動爻來合父母爻，但隨後被官鬼爻衝開，那麼一旦雷聲響起就會下雨。相反地，如果日辰或動爻來合妻財爻，但隨後被兄弟爻衝開，那麼一旦風起就會放晴。

當父母爻和妻財爻同時發動時，預示著半晴半雨的天氣。而當妻財爻和官鬼爻同時發動時，則多霧多煙。

如果父母爻安靜並逢沖，那麼預示著天氣即將發生變化。

如果妻財爻化出官鬼爻，或者官鬼爻化出妻財爻，這意味著陰晴尚未確定。

兄弟爻化出父母爻的，則意味著風雨無常，沒有規律可循。如果兄弟爻正值長生狀態，那麼會有連續的大風。

有屬火的官鬼爻發動時，煙霧會逐漸升起。有屬水的子孫爻發動時，會有閃電和彩虹出現。有屬火的官鬼爻發動並且是世爻時，會有黃沙落下。

黎評：以上為論述六親推斷天氣的方法，以其六親旺衰與生剋動靜綜合推斷天氣情況。

第三節　以六神推斷晴雨法

預測當前的天氣狀況，除了之前提到的依據水爻和火爻的狀態外，還可以根據爻是否臨朱雀或玄武來進行判斷。

《磨鏡藥》一書中提及了各神祇所代表的天氣徵兆：青龍是雨師；朱雀為行火招風之神；勾陳為興雲之神；騰蛇為電母；白虎代表電雷、冰凍、大風；而玄武則是水神。如果所臨之爻處於旺盛狀態併發生變動，那麼會根據其屬性有所應驗。

具體來說：臨青龍的爻屬水而發動，則會有雨；如果屬木而發動，則是陰天。臨朱雀的爻屬火而發動，則天氣晴朗；屬水而發動，則是陰天；屬土而發動，則是半陰半晴的天氣，雲中可見陽光。臨勾陳的爻屬土而發動，則天氣陰沉且有霧；屬木而發動，則雲霧逐漸散去。臨騰蛇的爻屬金而發動，則雨中伴有閃電。臨白虎的爻屬木而發動，會有狂風，樹木會被吹倒；屬水而發動，會有雨；屬金而發動且當旺，會有雪或冰雹；值衰時，會有霰；屬水而發動，則會有大雨。臨玄武的爻屬土而發動，則會有陰霧。

當臨青龍的爻位於內卦，而臨朱雀的爻位於外卦時，天氣晴朗。相反地，當臨青龍的爻位於外卦，而臨朱雀的爻位於內卦時，則會下雨。臨朱雀的爻位於巢即午爻的位置，這是有風的徵兆。臨玄武的爻位於穴即亥爻的位置，這是有雨的徵兆。

黎評： 以上為論述六神推斷天氣的方法，以其六神旺衰與生剋動靜綜合推斷天氣情況。

第四節　以天干推斷晴雨法

根據天干的屬性，我們可以預測天氣情況。當天干為甲、乙的爻發動時，表示有風；天干為丙、丁的爻發動時，預示著晴朗的天氣；而天干為戊、己的爻發動時，則會為陰天；當天干為庚、辛的爻發動時，有雷電的徵兆；而天干為壬、癸的爻發動時，意味著會下雨。

東方朔提到：當天干為丙、辛的爻化出水爻時，會有雨；而當天干為戊、癸的爻化出火爻時，則是晴朗的天氣；當天干為甲、己的爻化出土爻時，是陰天的預兆；當天干為乙、庚的爻化出金爻時，有小雨的可能；而當天干為丁、壬的爻化出木爻時，會有風。

黎評：以上為論述天干推斷天氣的方法，以其旺衰與合化綜合推斷天氣情況。

第五節　內外世應推斷晴雨法

對於時間較遠的晴雨預測，我們主要依據內卦、外卦、世爻和應爻的狀態。外卦和應爻與天相對應，而內卦和世爻則與地相對應。

當外卦剋內卦或應爻剋世爻時，天氣為晴天；相反地，內卦剋外卦或世爻剋應爻時，則是雨天。

以卦變來論：如果外卦為乾或離卦，並且有臨朱雀的火爻發動，那麼意味著長時間的晴朗天氣。如果外卦為離卦，但化出坎卦，那麼天氣會由晴轉雨。外卦為離卦而化出乾卦，則天氣清朗。外卦為震卦而化出坎卦，會有雷電交加的天氣。外卦為震卦，並且有臨白虎的官鬼爻發動，那麼會有雷電傷人的情況。如果是在冬天沒有雷的季節，則會有大風怒號，林木振響的現象。外卦為巽卦，並且有臨白虎的兄弟爻發動，會有拔倒樹木的狂風。外卦為坎卦而化出巽卦，則會有風雨交加的天氣。外卦為坎卦而化出離卦，天氣會由雨轉晴。外卦為坎卦而化出兌卦，或者兌卦而化出坎卦，會有雨雪連綿的情況。外卦為坎卦或兌卦，並且有臨玄武的水爻發動，那麼會有長時間的陰雨。外卦為坤或艮卦，並且有臨白虎的兄弟爻發動，那麼會有煙霧籠罩的現象。

如果世爻逢空，那麼不會有雨。如果應爻逢空，那麼在求雨時不會下雨，在求晴時不會放晴。當應爻來生世爻時，上天的恩澤下降形成雨。世爻來生應爻時，地氣上升成為雲。如果已經長時間陰雨或晴朗，當應爻逢空時，天氣會停止。應爻來剋作為父母爻的世

爻時，在應爻值日——即與應爻地支相同的日期，是晴天。應爻來剋作為子孫爻的世爻時，在應爻值日時會下雨。當世爻、應爻與妻財爻形成三合局時，不會下雨；與父母爻形成三合局時，不會放晴。

黎評：以上為論述內外世應推斷天氣的方法，取外卦應爻為天，內卦世爻為地，以其內外生剋、卦體大象、世爻六神綜合推斷天氣情況。

第六節　六十四卦推斷晴雨法

預測晴雨時，如果得到純乾或純離卦，這表示天氣晴朗。

如果得到純坤或純坎卦，那麼就有陰雨。

占得純震或純巽卦，那就意味著會有飛沙走石、塵土蔽日的惡劣天氣。

如果是純艮卦，不論之前是長時間下雨還是長時間晴朗，都會立刻停止。

占得純兌卦，那麼就會開始下雨。

當得到火地晉、火天大有、天火同人卦時，天氣會晴朗。

如果得到風天小畜、雷山小過卦，則會有密雲聚集而不下雨的情況。

占得水火既濟、火水未濟卦時，日出時開始下雨，之後會出現晴雨交替的情況。

如果是澤雷隨、地澤臨卦，那就意味著很快會有雨。

占得水雷屯、雷水解卦，意味著會有雷雨。

地火明夷卦的出現，意味著天色會顯得陰暗。

當得到地天泰、水天需、水地比卦時，天空看起來會昏暗不明。

占得火雷噬嗑卦，象徵著即將有雷電出現。

風地觀、地風升卦的出現，則預示著起風。

風澤中孚、澤風大過卦的出現，則意味著雨夾雪的天氣。

山水蒙、澤山咸、水山蹇卦的占出，表示會有雨。

風水渙卦的出現，意味著風之後會有雨。

水風井卦的出現，則意味著雨後會有風。

澤地萃卦的占出，意味著會有細雨。

天地否卦的占出，表示不會有雨。

火山旅卦的出現，象徵著晴朗的天氣。

而天水訟、雷天大壯卦的占出，意味著會下雨，但在寅、午日會放晴。

鼎、家人晴也。

黎評： 以上為論述六十四卦推斷天氣的方法，以其六十四卦大象綜合推斷天氣情況。

第七節　如何推斷晴雨時期

如果用爻發動，則可以預期它將在與其六合的日期發生。

如果用爻安靜不動，那麼可以預計它將在被其他爻衝動的日期發生變化。

如果用爻伏藏且正值旺相，那麼可以預期在用爻值日的時刻發生。

如果用爻出現但正值休囚，那麼可以預期在其即將進入生旺之日的時期發生。

黎評： 以上為論述晴雨應期的方法，以其旺衰與動靜沖合綜合推斷天氣轉變的時間。其他方面的占測也可使用此法。

附：晴雨占神煞列表

神煞	正月	二月	三月	四月	五月	六月	七月	八月	九月	十月	十一月	十二月
八妖	午	未	申	酉	戌	亥	子	丑	寅	卯	辰	巳
晴朗	午	未	申	酉	戌	亥	子	丑	寅	卯	辰	巳
風煞	申	未	午	巳	辰	卯	寅	丑	子	亥	戌	酉
雨煞	子	卯	午	酉	子	卯	午	酉	子	卯	午	酉
雷煞	巳	申	亥	寅	巳	申	亥	寅	巳	申	亥	寅
月符	辰	辰	辰	未	未	未	戌	戌	戌	丑	丑	丑

附：應期表

狀態	時間
用爻安靜	用爻逢值或逢沖的時候
用爻發動	用爻逢合或逢值或應於變爻的時候
用爻太旺	用爻入墓的時候
用爻衰絕	用爻旺相或長生的時候
用爻入墓	沖墓或沖用的時候
用爻逢合	用爻待沖的時候
月破	逢值或逢合的時候
用爻旺相而受剋	沖去剋神時的時候
用爻化進	用爻逢值或逢合的時候
用爻化退	逢值逢沖時為兇險的時候
用爻發動化出變爻	變爻逢值的時候
用爻旬空	用爻出空或逢沖的時候
卦爻五爻俱動	取卦中靜爻地支值日的時候
卦爻五爻俱靜	取卦中動爻地支值日的時候

第十三章　朝廷占

遊南子表示：在朝廷的占卜預測中，其方法和臣民的占卜有所不同。

卦中的世爻代表國家整體狀況。如果國君自己進行占測，那麼世爻就是主要的用爻；而如果是臣民代為占卜，則五爻是關鍵的用爻。應爻則代表王后，而二爻也與王后有關。子孫爻代表國家的儲君。妻財爻代表後宮的妃嬪，同時也與國家的財富庫有關。父母爻象徵著城池和保護，而兄弟爻則代表潛在的危機或劫難。官鬼爻則是奸賊或敵人的象徵。

此外，初爻代表民眾，二爻代表士人，三爻代表大夫，四爻代表公卿，五爻代表天子，而上爻則對應於宗廟朝廷。

通過考察各爻之間的生剋關係和旺衰狀況，我們便可以深入瞭解國家的利弊與興衰情況。

至於卜世卜年的特殊方法，則需要採用另一種解讀方式。

黎評：以上為論述國事朝廷的方法，共分十一小節。取世爻所居之卦為國，世爻五爻為君。自占者取世爻為用，平民占者取五爻為用，應爻與二爻為皇后，子孫為忠臣，官爻為奸臣。

第一節　如何推斷國家一年禍福

對於國家狀況的預測，我們可以依據世爻所居的卦位來推斷。

如果世爻正值旺相，那麼國家安定，天下太平；如果世爻正值胎、沒，則次之；如果世爻正值死、囚、休、廢，則預示國運開始衰敗。如果世爻逢空亡，則會表示國君的巡遊無度。如果世爻逢沖、破，則疆域不穩固。如果世爻被刑、剋，則會有奸邪之人蠢蠢欲動。如果世爻受害，則會表示臣民離心離德。

如果世爻得太歲來生，且正值帝旺、臨官的，則預示國運昌盛。如果世爻被太歲所剋，且正值衰的，則會預示宗廟將傾。

當官鬼爻臨亡劫煞，在內卦發動的，要警惕有奸細活動。當官鬼爻臨亡劫煞暗動，來傷身爻、世爻的，有陰謀發生。

　　金爻官鬼臨大殺，位於當旺之卦而發動的，有戰亂發生。水爻官鬼臨大殺，位於當旺之卦而發動的，有洪災。火爻官鬼臨大殺，位於當旺之卦而發動的，有旱災肆虐。木爻官鬼臨大殺，位於當旺之卦而發動的，莊稼出現問題。土爻官鬼臨大殺，位於當旺之卦而發動的，有瘟疫蔓延。如果官鬼爻逢空而發動，雖然有凶象，但不至於造成傷害。

　　要知道哪個方位有災禍，可以通過八卦來確定。

　　此外，如果官鬼爻正值胎、養、長生的，意味著禍亂剛開始；正值臨官、帝旺的，禍亂正盛；正值死、墓、絕的，禍亂即將停止。

　　離卦發動，化出坎卦的，預示將要去北方巡狩。兌卦發動，化出震卦的，要考慮東遷。坎卦發動，化出離卦的，是想南遷。震卦發動，化出兌卦的，則必定是要西征。

　　如果卦逢六合而安靜的，意味著天下太平；如果逢六沖而亂動的，則會變故頻發。

　　黎評： 以上為論述大象的推斷方法，以其大象八卦的旺衰、太歲的生剋刑沖、鬼爻的五行生剋綜合推斷朝廷吉凶。

第二節　如何推斷領導人的狀況

　　當世爻和五爻正值旺相，且為陽爻位於陽卦之中時，這是明君的象徵。如果它們當旺且安靜不動，則意味著這是一位有福氣的君主。

　　如果它們帶有龍喜、德合、福貴等吉兆發動，那麼這將是仁德的君主。如果它們帶有刑殺之氣，那麼將對臣下和鄰國產生威懾。

　　如果它們是臨白虎的官鬼爻，並且又當旺且帶有大殺、刑刃等凶煞之氣發動，那麼這將是一位殘暴無道、肆意殺戮的暴君。如果它們帶有玄武、咸池等不正之氣發動，那麼這將是一位荒淫無度的君主。

如果兄弟爻臨二耗、羊刃等凶煞發動，那麼這將是一位奢侈無度的君主。

如果官鬼爻臨白虎，並且帶有死符、病符等凶煞發動，那麼這將是一位經常倦於政事的君主。

如果它們正值休囚，被太歲沖剋，或者隨鬼入墓，這意味著這位君主不久將離世。

如果土爻官鬼當旺且發動，來傷害世爻，那麼將有賊兵攻城之患。如果妻財爻臨陰貴、大殺發動，來傷害世爻或五爻，那麼將有婦人、宦官專權誤國之憂。如果父母爻臨祿貴、大殺發動，來傷害世爻或五爻，那麼將有功勳、貴戚尾大不掉之患。如果兄弟爻臨陰貴、大殺發動，來傷害世爻或五爻，那麼將有貴戚恃寵而驕的憂慮。如果子孫爻臨華蓋、大殺發動，來傷害世爻或五爻，那麼將有妖僧、方士蠱惑君主的憂慮。

黎評： 以上為論述國君的推斷方法，以其世爻與五爻所臨神煞與六親綜合推斷國主之品格，以傷剋世爻五爻的六親推斷何人誤國。

第三節　如何推斷領導人的妻子

應爻和二爻與世爻、五爻之間的關係，如果是相生相合或比和的，那麼它們之間的關係將是和諧的。如果應爻來剋制世爻，或者二爻來剋制五爻，那麼這將會打破束縛，促使人們進行規勸。

如果應爻和二爻臨龍喜、德合、福貴等吉兆，並且正值旺相，那麼這將意味著女中堯舜的存在；如果它們臨玄武、咸池等不正之氣，那麼這將是以美豔而得勢，氣焰正盛的象徵。

如果為父母爻且正值旺相，那麼這將意味著善於攻讀文章史籍。如果為子孫爻且正值旺相，那麼這將意味著子嗣眾多。

如果子孫爻發動，並且生出妻財爻，那麼這將意味著能控馭下屬。

如果應爻位於五爻的陽爻位置，且正值旺相，同時又臨太歲、紫微、華蓋、貴馬等吉兆，那麼這將意味著將有垂簾聽政的情況發生。

黎評： 以上為論述後妃的推斷方法，以其應爻與二爻所臨的六親、神煞、旺衰綜合進行推斷。

第四節　如何推斷接班人的情況

以子孫爻作為主要的用爻進行考察。

當三傳、動爻對子孫爻產生生合作用，或者子孫爻臨龍德、貴馬、福祿等吉兆且正值旺相時，這表明太子具有賢明和有德的品質。

如果子孫爻為木爻且正值生旺狀態，那麼儲君的品德將是仁厚的（因為青宮與木屬性相對應）。

如果世爻與子孫爻形成生合關係，這意味著太子能夠得到君主的眷顧。而當世爻對子孫爻產生沖剋、刑、害的作用時，這意味著忤逆了君主的心意。

如果子孫爻臨劫殺、大殺等凶煞發動，預示著發生重大的變更。

若子孫爻受到四爻的刑、害、剋、破，需要警惕發生的篡逆行為。當四爻臨龍德吉兆生合子孫爻時，這表示充當師保的人是賢明之人。如果四爻是臨玄武、咸池的官鬼爻並且與子孫爻相合，那麼這位師保是奸佞之人。

最後，如果子孫爻臨咸池，這意味著太子是由妃嬪所生。

黎評： 以上為論述接班人的推斷方法，以其用神與世爻所臨的六神、五行生剋綜合進行推斷。

第五節　如何推斷監察是否忠良

當以子孫爻作為用爻。

如果子孫爻發動來剋制世爻，這表示有諫淨之臣的存在，他們正直且行事謹慎。如果子孫爻發動來對世爻施加刑沖，這意味著有直臣，他們敢於觸怒君主的威嚴。如果子孫爻發動來與世爻相合，這意味著有諂諛之臣，他們傾向於順從君主的意願。如果子孫爻同時臨歲建、月令，發動來剋制四爻，並且生合五爻，那麼在子孫爻正值生旺之日，必然會有直臣出面糾劾權臣。

如果子孫爻發動來剋制四爻和五爻，並且與日辰相生合，那麼奏章能夠得到認可；但如果與日辰形成刑、害、剋、沖的關係，那麼奏疏不僅不會被允準，反而會招致貶責。

黎評： 以上為論述諫官的推斷方法，以其子孫爻與世爻的關係、四爻日辰的生剋沖合綜合推斷諫官之忠奸。

第六節　如何推斷國防是否牢固

當以父母爻作為用爻來分析。

如果父母爻正值旺相，並且得到生合，這意味著城池堅固，防禦能力強。如果父母爻正值休囚狀態，並且遭遇傷害或剋制，這表示城池稀疏破敗，防禦能力較弱。

如果父母爻下伏有官鬼爻，或者父母爻發動後化出官鬼爻，這需要警惕有奸細潛入。

黎評： 以上為論述城池國防的推斷方法，取父母爻為用，以其父母爻的旺衰、鬼爻動爻化爻綜合進行推斷。

第七節　如何推斷國家財產損益

當以妻財爻作為用爻。

如果妻財爻正值旺相，並且得到生合，這意味著國庫充盈，國家財政管理嚴謹有序。如果妻財爻正值敗、死、絕、空的狀態，並且又遭遇刑、害、剋、破，這表示國庫匱乏，國家的財政管理存在疏漏和不足。

如果兄弟爻當旺並且發動，這意味著國家財政會遭受多重侵蝕，會有財政損失。

如果官鬼爻當旺並且發動，則預示著國家財政會有更多的耗費，需要額外的開支。

黎評： 以上為論述國庫儲備的推斷方法，到財爻為用，以其鬼爻與兄爻的旺衰死絕、生合刑沖綜合進行推斷。

第八節　如何推斷奸賊吉凶方位

當以官鬼爻作為用爻進行分析。

如果官鬼爻臨殺刃發動，並且位於乾、坤兩卦中，那麼禍起於宮中；若位於坎、離、震、兌四卦中，則禍起於四方。

如果木爻為官鬼爻，那麼東方出現匪寇等威脅。如果是金爻為官鬼爻，那麼西方遭遇賊兵等侵擾。如果是火爻為官鬼爻，那麼南方有盜匪等不法分子活動。如果是水爻為官鬼爻，那麼北方有酋虜等異族勢力存在。如果是土爻為官鬼爻，那麼從四方散亂而起的情況需要特別關注。

黎評： 以上為論述奸臣的推斷方法，取官鬼為用，以其鬼爻所臨神煞、所居八卦及所臨五行綜合推斷其奸臣的方位。

第九節　如何以分爻法推斷社會各個階層

初爻為官鬼爻，則意味著百姓有災。逢空，則人民有背離之心；正值生旺，則物阜民安；值衰而受傷，則百姓遭受塗炭。

二爻為官鬼爻，則讀書人有災。逢空，則讀書人不樂意歸附；屬性為金而逢空發動，則讀書人多有爭議。正值生旺且臨文昌，則文運興盛；值衰而受傷，則讀書人多受壓抑。

三爻為兄弟、官鬼爻，則意味著官吏多有貪婪、嚴酷之輩。逢空，則沒有良吏；正值生旺，且臨龍喜、貴馬，或帶有進神而發動的，則多有善政傳至朝廷，越級晉升；值衰而受傷，且臨白虎、騰蛇、刃劫，或化出退神而發動的，則多有收受賄賂者，被貶官奪職。

四爻為官鬼爻，則公卿中多有奸偽之人。逢空，則鰥曠而不稱職。如果是子孫爻，則多有忠義之人。子孫爻逢空而發動，則忠義之人掛冠而去。正值生旺，且臨貴馬、龍德，並遇四值來生扶的，則老成穩重，能夠懾服內外；正值休囚，且為臨騰蛇、白虎、亡劫等的官鬼爻，又被四值刑、害、剋、破的，則是處事模稜兩可的陪襯者，令朝野失望。

（五爻為天子，見前《國君》一節。）

至於上爻的情況：當上爻處於旺盛狀態且與日辰、月令等相生相合時，這意味著宗廟安定、朝廷肅靜；但如果上爻發動而處於衰弱狀態且受到傷害，則會引發鬼神的憤怒和王綱的鬆弛。如果上爻逢空，則會影響祭祀活動的正常舉行和朝覲的秩序。

根據《萬金賦》的說法：當五爻發動來生初爻時，這意味著君主對百姓十分關心；當三爻發動來生初爻時，這意味著官吏能夠體恤百姓；當四爻發動來生初爻時，這意味著丞相能夠感同身受地關心民眾的疾苦。如果初爻能夠生助五爻，則意味著民眾對君主心懷擁戴；如果初爻能夠合中帶順地輔助三四爻，則意味著民眾服從官員的治理。

當三、四、五爻臨白虎而發動來剋制初爻的情況，這意味著民眾將遭受傷害。當初爻沖剋三、四、五爻時，民眾會散播讒言。

如果五爻生合二爻，則表示君主對讀書人禮遇有加。當三、四爻生合二爻時，這表明臣下非常賢明。而當三、四爻合二爻來生五爻時，這意味著臣下會向君主推薦賢能之人。二爻生三、四爻的情況出現時，意味著上級樂於接受諫言。如果二爻是父母爻並且剋制五爻，這時有書生向君主進言。

四爻既能生剋三爻，也意味著大臣能夠任用百官，選拔賢能而摒棄奸邪。如果三爻是妻財爻並且發動生世爻，則下級會賄賂上級。

當五爻生合三爻時，君主會獎勵那些優秀的官員。當五爻生合四爻時，君主會完全信任執政的大臣。四爻生合五爻，則表示公卿會全心全意地效忠君主。

如果四爻是臨騰蛇、白虎的兄弟、官鬼爻，並且遭遇亡劫、刑刃，但被五爻發動剋制，這表明君主能夠識別並遠離奸佞之人。如果四爻遭遇兇殺，而五爻發動來生合，則表示君主信任那些善於讒言的人。如果四爻是臨白虎的金爻官鬼並且發動來剋制五爻，這意味著大臣會對君主產生威脅。如果能得到日辰、動爻來合剋制四爻，不會發生大的禍患。當四爻臨玄武、咸池來生合五爻時，這表明大臣會用阿諛奉承的方式來取悅君主。

如果五爻是父母爻並且發動來剋制四爻，這是一些逆耳的忠言。如果四爻是臨將星的子孫爻，但被五爻刑、害、剋、破，這意味著那些優秀的將領會被冤枉致死。

黎評： 以上為論述國家各項的推斷方法，以鬼爻所臨爻位綜合進行推斷，參考用爻旺衰、神煞六神、六爻生剋推斷地方吉凶與官民關係。

第十節　如何以六十四卦象推斷國家狀態

　　鄱陽汪所性在《占例》中指出：當占卜得到水地比、水雷屯、雷地豫卦時，這有利於建立新的國家或封邦；風水渙、澤地萃卦，則有利於到宗廟祭祀祖先；風雷益、澤雷隨卦，有利於到郊外祭天祈福；地風升卦，則有利於舉行封禪大典；火地晉卦，適宜接受朝觀，展示國家的繁榮昌盛；水雷屯、雷地豫卦，有利於立儲君，確保國家的未來穩定；雷地豫、水火既濟、地水師、離為火、地山謙卦，有利於發動戰爭或征伐；乾卦，則有利於即位，開啟新的統治時期；地水師、雷水解、巽卦，有利於進行田獵活動，展示國家的強大實力；水地比、水雷屯、雷風恆卦，則不利於進行田獵活動；風水渙卦，有利於發佈號令，指導國家的運行；澤火革卦，有利於更改正朔，即調整曆法，象徵國家的文明進步；澤天夬卦，有利於去除小人，淨化國家的治理環境；地水師卦，有利於獎賞戰功，激勵國家的軍隊士氣；風火家人卦，適宜納後，接納新的成員加入國家；雷澤歸妹卦，適宜嫁妹，加強與鄰國的友好關係；山風蠱卦，有利於祈求子嗣，增加國家的人口；水風井卦，有利於改遷城鎮，推動國家的城市化進程；山地剝、天山遯卦，適宜選宮嬪宦官，豐富國家的宮廷生活；火風鼎卦，有利於考證位號，明確國家的官職體系；天風姤、巽為風卦，適宜頒撫恤詔書，安撫民眾的心靈；火天大有、雷火豐、地天泰卦，則象徵天下太平，國家繁榮昌盛；而天地否卦，則表示國運艱難，需要謹慎應對挑戰；澤風大過卦，則預示國家將面臨危機。

　　黎評： 以上為論述大象的推斷方法，以其六十四卦卦意綜合推斷國家所要發生之事。

第十一節　如何推斷國運長短

《易學主表》指出：當由天子親自進行占卜時，我們應以世爻來對應君主。

如果世爻發生了變化，那麼我們需要從世爻開始數，一直數到變爻，以此來確定世代數和年數。例如，在純乾卦中，世爻是壬戌，它變化成了澤天夬卦中的丁未爻。從壬戌數到丁未，就是四十六世。如果是預測年份，那麼就是四十六年。

如果卦象發生了變化，而世爻沒有動，那麼我們應參考正卦和變卦中的兩個世爻來進行計數。例如，占得乾卦變為天風姤的卦象，從乾卦的世爻壬戌到姤卦的世爻辛丑，總共是四十世。如果是預測年份，那麼就是四十年。

如果六爻都保持安靜，沒有變化，那麼我們只需從占卜的年份開始數，一直到世爻。例如，在庚寅年進行占卜，從庚寅數到壬戌，就是三十三世。如果是預測年份，那麼就是三十三年。

如果是臣子或民眾代為占卜，我們應以五爻為依據。例如，在甲子年進行占卜，五爻是壬申。從甲子數到壬申，如果是預測世代數，就是九世；如果是預測年份，就是九年（其他的也可以按照這種方式來類推）。

黎評： 以上為論述國運長短的推斷方法，以其世爻動爻、變爻五爻綜合推斷國運之長短時間。

示例如下

例一

在明正統己巳年（西元 1449 年），英宗皇帝被瓦剌俘虜，處於北方的囚禁之中。當時的仝寅進行了一次占卜，得出的卦象是乾變巽。

```
    伏  神      乾宮：乾為天              巽宮：巽為風
  兄弟 癸酉金 ▬▬▬  父母 壬戌土 世      ▬ ▬  妻財 辛卯木 世
  子孫 癸亥水 ▬▬▬  兄弟 壬申金        ▬ ▬  官鬼 辛巳火
  父母 癸丑土 ▬▬▬  官鬼 壬午火  ○→   ▬ ▬  父母 辛未土
  妻財 乙卯木 ▬▬▬  父母 甲辰土 應      ▬ ▬  兄弟 辛酉金 應
  官鬼 乙巳火 ▬▬▬  妻財 甲寅木        ▬▬▬  子孫 辛亥水
  父母 乙未土 ▬▬▬  子孫 甲子水  ○→   ▬▬▬  父母 辛丑土
```

仝寅解析道：乾卦象徵著龍，是一種變化無常的生物。根據初爻和四爻的動向，龍的潛藏與飛躍都與秋天息息相關。預測的結果顯示，一年後的庚午會發生變化。庚有更變的含義。於是，他預測在庚午年的中秋，皇帝將獲釋回國。然而，回國後他將面臨被幽禁的命運，無法再像以前那樣擔任皇帝。

乾卦的四爻辭提到了「或躍」，這裡的「或」帶有疑問的意味。仝寅進一步推斷，七八年後皇帝將有機會復辟。這是因為午火與丁、壬相合，丁丑年壬寅月壬子日的對應關係將在那時顯現出來。仝寅強調，經過這幾年的蟄伏，皇帝的事業將達到頂峰。九代表究極，意味著到達頂點，這是乾卦的功用所在。

此外，子與午相沖，代表南方，預示著皇帝的南歸和在南內被禁錮，最終成功復辟。後來英宗皇帝的命運完全印證了仝寅的預測。他南歸、被禁錮在南內，並最終成功復辟。這表明仝寅的占卜結果與實際情況完全相符。（黎注：《明史》記載，實為壬午日復辟。）

黎評： 本例及下例在古籍中出現多次，細節與真實不同，並非「完全相符」。

例二

在庚申年（西元960年）的戊子月甲子日，宋太祖即位，他召來陳摶進行占卜，詢問自己統治國家的時間長度。占卜得到的卦象是離為火變為地火明夷。

六神	離宮：離為火		坎宮：地火明夷
玄武	▅▅▅ 兄弟 己巳火 世	○→	▅ ▅ 妻財 癸酉金
白虎	▅ ▅ 子孫 己未土		▅ ▅ 官鬼 癸亥水
螣蛇	▅▅▅ 妻財 己酉金	○→	▅ ▅ 子孫 癸丑土 世
勾陳	▅▅▅ 官鬼 己亥水 應		▅▅▅ 官鬼 己亥水
朱雀	▅ ▅ 子孫 己丑土		▅ ▅ 子孫 己丑土
青龍	▅▅▅ 父母 己卯木		▅▅▅ 父母 己卯木 應

陳摶解析道：陛下所統治的國家位於中原地區，然而占卜得到的卻是南方火盛的卦象（離為火，且與南方相對應），這並不吉利。

宋太祖問：我能活多大歲數？

陳摶回答道：丙子年的庚子月子日，陛下將在火日之下離世。離卦象徵著火和太陽，這也意味著陛下的子孫將自此終結。

宋太祖又問：誰敢做這件事？

陳摶指向離卦的九三爻和明夷卦的九三爻回答：是這個人做的。這個人位於西北方，是陛下的親屬。

宋太祖再問：以後又會怎樣？

陳摶回答：此後一百零九年，南方將有邪惡勢力侵入中國，若中國採納此勢力，天下將從此多事。

宋太祖繼續問及宋朝的子孫未來如何。

陳摶說道：甲午年，會出現一個與金有關的人。在卦中己酉金是妻財爻，而子孫爻生它，這將使禍患變得更加嚴重。六年之後，這種情況將遍及整個中國。再過六年是丙午年，宋朝將面臨危險。屆時將有兩位君主實際承受這種禍害。宋朝是火德，此時火德仍然旺盛，因此宋朝的子孫應能在東北興盛，最終在東南衰敗。會有親近君主的人篡位。明夷卦六四爻的爻辭說「獲明夷之心，於出門

庭」，指的是東北的位置。而離卦六五爻的爻辭「出涕沱若」，則表示有復興的意願。即使有親近君主的人篡位，他們仍是火德，到丁巳年就會遭遇危險。

宋太祖又問：中原可以複得嗎？

陳摶回答：陛下在建國之初，占得的是東南當旺的卦象，但最終也以巳為終結。當歲建為癸巳時，滅我者將會衰敗。甲午年大宋應當會復興，若有賢人相助，則可以重新占卜。若非其人，即使能恢復，也會很快失去。庚申年，宋朝的國運將走向衰亡。自辛酉至庚申已有三百年，超過這個時間就不得而知了。

黎評：查《宋史・本紀四・太宗一》記錄：開寶九年冬十月癸丑，太祖崩（即西元 984 年，農曆丙子年己亥月癸丑日）。此卦的論述與《推背圖》等軌革卦影術極為相似。

第十四章　年時占

遊南子說：古代的君主和宰相，在每年的年初，都會讓太人預先占卜一年的吉凶情況，以瞭解全國各地的安危和百姓的禍福。這種做法並非是迂腐的。因為身居高位的人，應該關心百姓的疾苦和安樂，這種心意應該是真摯而深刻的。怎麼能忽視這種根據時令進行的占卜呢？

在預測一年吉凶時，以太歲作為主要參考依據。如果妻財、子孫二爻恰好落在太歲之位，同時又與青龍、天喜、貴赦等吉神相互配合，能生合身爻或世爻，則預示著四方平安無事。相反，如果臨太歲的兄弟、官鬼二爻與騰蛇、白虎、大殺、劫殺等凶煞一同發動，對身爻或世爻造成傷害，那麼就意味著九州將面臨災變。

此外，我們將內卦和世爻視為大地的象徵，而外卦和應爻則代表上天。當外卦、應爻剋內卦、世爻時，表明上天之意不順。相反，如果外卦、應爻生助世爻、內卦，則表示上天將賜福於人間。

當內卦、世爻處於空亡、死絕、入墓、受胎等不利狀態時，無論人或物都將遭遇困境與災禍。反之，如果內卦、世爻正值生旺階段，則預示著物產豐饒，人民安居樂業。

特別地，如果世爻正好是臨太歲的妻財或子孫二爻，這表示糧食豐收，人民生活安泰。而當世爻是臨太歲的兄弟或官鬼二爻時，則預示糧食歉收，年景艱難。

在六爻中，如果陽屬性居多，且遇到朱雀火爻當旺而發動，或者父母爻逢空、絕的情況，又或者妻財爻獨發，那麼有旱災發生。相反地，如果六爻中陰屬性占多數，並且玄武水爻當旺而發動，或者子孫爻逢空、絕，再或者父母爻獨發，那麼有洪澇災害。

如果臨玄武和風波煞的官鬼二爻發動，對身爻或世爻造成傷害，會導致大量民眾受淹死亡。而白虎金爻官鬼如遇大殺並當旺發動，則預示國家將受到戰爭的侵擾。朱雀火爻官鬼如遇到天火、天燭、燭火、天禍等煞並當旺發動，則會發生火災。勾陳土爻官鬼如遇到伏屍、病符等煞並當旺發動，則會有瘟疫蔓延。

如果勾陳的爻位逢空亡，同時遇到荒蕪煞而發動，將導致土地荒蕪，收成受損。騰蛇火爻官鬼如當旺發動，同時遇到小殺刑害子孫爻時，預示痘疹流行。騰蛇金爻官鬼如當旺發動並剋制屬性為木的世爻時，發生莊稼蟲害。

另外，如果臨騰蛇的金爻官鬼又與天怪煞一同當旺發動並剋制身爻或世爻時，妖魅會在白天出現。而玄武的官鬼二爻如與天賊、天盜、劫殺等煞一同當旺發動並剋制身爻或世爻時，將導致盜賊橫行。如果臨玄武的水爻官鬼當旺而發動，則預示年中陰雨偏多。

當五行屬木的兄弟、官鬼爻處於旺盛狀態併發動時，意味著一年中會頻繁出現狂風。

如果遇到臨白虎的官鬼爻，同時又與雷火、霹靂煞一同當旺發動，年中雷電頻繁，若再剋制世爻或身爻，許多民眾遭雷擊而亡。

當白虎的寅爻官鬼處於旺盛狀態併發動時，會導致虎狼出沒，威脅民眾安全。

如果騰蛇的巳爻官鬼當旺發動，道路上有毒蛇出沒，需特別小心。

金爻官鬼發動會導致民眾患咳嗽病。木爻官鬼發動會導致民眾患瘋症。火爻官鬼發動會導致民眾患熱虐、瘡痍、目疾等病症。土爻官鬼發動會導致民眾患時疫或與腹腔有關的疾病。水爻官鬼發動會導致民眾患寒虐、痢疾。

此外，初爻代表各種物品，二爻則對應於廣大民眾。如果恰巧是官鬼爻，有災禍發生；如果遇到空亡，則會有損傷；若臨天瘟煞，人畜都會感染瘟疫。

如果妻財爻遇到絕地，而兄弟爻發動，則人民遭受饑餓之苦。子孫爻逢空，而官鬼爻發動，會導致桑蠶業受損。

當臨天豬煞的亥爻當旺而發動時，豬會受災。當臨天牛煞的丑爻當旺而發動時，牛會受災。

若占卜的對象是某一地方，則通過十二支神來確定其具體方位。若占卜對象為全天下範圍，則通過八卦來確定其具體方位。

黎評： 以上為論述年時占的推斷方法，取太歲為用神，以其太歲所值六親六神、神煞世身與二爻的生剋，參考地支五行綜合推斷年時之吉凶否泰。

示例如下

戊寅月甲寅日，卜一方年時，得咸卦安靜。

```
六神    伏  神      兌宮：澤山咸
玄武  父母 丁未土  ▬▬  父母 丁未土 應
白虎  兄弟 丁酉金  ▬▬▬ 兄弟 丁酉金
螣蛇  子孫 丁亥水  ▬▬▬ 子孫 丁亥水
勾陳  父母 丁丑土  ▬▬▬ 兄弟 丙申金 世
朱雀  妻財 丁卯木  ▬▬  官鬼 丙午火
青龍  官鬼 丁巳火  ▬▬  父母 丙辰土
```

解析：

1. 在實際預測中，六神的應用可以分為四種：太歲六神、月令六神、日建六神和時辰六神。根據預測的時間長度，可以選擇合適的六神來使用。對於一整年的預測，將月令六神與日建六神結合起來使用，可以提供更廣泛的信息。

2. 卦中的兄弟爻代表劫財之神，現在它位於申酉地支。申代表西南方，酉代表西方。這表明這個地方的西方和西南方將面臨糧食短缺和收入減少的情況。特別是申金爻被月令日建衝破並帶有刑剋，說明西南方的情況尤為嚴重。

3. 子孫爻代表福神，現在它位於亥水地支。由於它被月日合起而呈現旺相，這意味著它可以生財。亥水代表西北方，而子孫爻的正位是子水，也代表北方。結合這兩個信息，可以推斷出該年北方的糧食將豐收，錢財將充裕，平安且吉祥，蠶桑和畜牧業都將有好運。

4. 父母爻代表辛苦，它是子孫爻的忌神。在一年的預測中，子孫爻代表蠶桑和畜牧業。這意味著父母爻所在的地方將不利於蠶桑和畜牧業的發展。在此卦中，父母爻位於辰未二支上，辰代表東南方，未代表西南方。這表明這兩年東南和西南方都不利於蠶桑和畜牧業的經營。

5. 鬼爻代表災禍和凶患，它位於正午的位置上，午代表南方。

這意味著這個地方的南方將會有較多的災禍發生。

6. 鬼爻午火加上朱雀火神，又得到月日寅木的生合，使鬼爻火勢旺盛。午火代表南方，而月日寅木代表東北方。這種現象預示著這兩個地方將面臨糧食短缺、災禍頻發的不利局面。特別地，由於是鬼方午火和兄弟申金（月破刑剋並臨白虎）的共同影響，這兩年南方和西南方的治安狀況將較差，盜賊活動頻繁。

7. 此卦中二爻官鬼午火臨騰蛇，得月日長生而作患。這說明有痘疹之類的疾病正在傳播。由於鬼爻臨午，這種傳染病主要在南方傳播。

8. 勾陳六神位於初爻辰土上，辰土代表父母。這意味著東南方的田地和糧食生產以及蠶桑和畜牧業都將面臨不利局面，會造成減產和損失。此外，初爻下伏本宮官鬼巳火，這是暗藏的凶禍。這也表明東南方會出現疾病和疫情的暴發。

9. 卦中的太歲朱雀六神臨福神而有氣。這表明此人將因尊重鬼神而獲得益處。因此，建議儘早進行禱告以求平安。

《易隱》卷五

第十五章 婚姻占

遊南子言：婚姻，作為人倫之基石，其決策過程絕不可輕率，必須借助占卜來審慎選擇。在考慮婚姻之前，往往是男方先有所求，故而對於選擇未來妻子的占卜就顯得格外重要。占卜的內容應該包括女方的家庭背景、道德品質、性格特點、相貌魅力，甚至要預測她未來是否能生育子嗣，還要考慮她入門後的吉凶禍福，以及嫁妝的豐厚與否。只有綜合考慮了這些因素後，才能進一步詢問婚姻是否能夠美滿成功。然而，即便所有占卜結果都指向吉利，若沒有媒人牽線搭橋，婚姻仍然難以成就。因此，對媒人的選擇和考量同樣需要謹慎。

黎評：以上為婚姻占之總論，婚姻占共分六節。

鬼谷分爻表

爻位	爻位之象
上爻	祖宗
五爻	父母
四爻	外氏
三爻	婿婦
二爻	媒妁
初爻	自身

第一節　如何推斷雙方門第高低

內卦和世爻代表的是男方的家庭背景和自身情況，當它們處於旺盛狀態時，這意味著男方家境富裕、家庭興旺。外卦和應爻則代表女方的家庭背景和自身情況，當它們處於旺盛狀態時，意味著女方家境富裕、家庭興旺。

如果應爻臨貴馬或德合，並且沒有空破剋傷等不利因素，那麼其家世顯貴；若逢月令旺相而日辰衰弱，則表示近年來運勢開始下降。

如果應爻和妻財爻都處於衰弱狀態，但外卦卻很旺盛，那麼這只是虛名富貴而已。如果應爻和妻財爻都處於旺盛狀態，但外卦卻很衰弱，那麼這會導致家庭貧困，女子本身也會缺乏品德修養。

對於富貴貧賤的占斷可以在《身命占》中查找相關信息，而對於德行、性情、容貌等的占斷可以參考「妻妾占」的內容。

黎評：以上為論述雙方家庭條件的推斷方法，取內卦世爻為男家，外卦應爻為女家，以其卦象世應爻的旺衰、六親、財爻、貴馬德合、刑沖剋破綜合推斷雙方家庭條件。

第二節　如何推斷婚後後代情況

在卦象中，若子孫爻缺失，或子孫爻出現空亡、絕地、破敗，同時妻財爻又帶有孤寡、天狗煞等不利因素，或整個卦象呈現純陽或純陰的狀態（即所有卦和爻的屬性均為陽或陰），這些都預示著無法生育後代，即無子。

當子孫爻和胎爻（代表胎兒位置的爻）同時出現在卦中時，這表示將會有子女。然而，如果子孫爻化為官鬼爻，或者胎爻是父母爻，那麼即使有子也難以養育。

卦中僅有胎爻而無子孫爻的，意味著雖然懷孕但無法成功生育；僅有子孫爻而無胎爻的，則會表示子女為庶出或領養。

子孫爻的屬性也揭示了子女的性別：陽性屬性多預示男孩，而陰性屬性則多預示女孩。此外，子孫爻所代表的五行數與其化出的官鬼爻相結合，還能預測不同胎次的生育難度。例如，屬水的子孫爻化出官鬼爻意味著頭胎難育；屬火的子孫爻化出官鬼爻則會表示二胎難育；屬木、屬金、屬土的子孫爻依此類推。

　　在預測子女數量時，可以遵循一水、二火、三木、四金、五土的數字規律進行推算。具體地說，若子孫爻正值旺相狀態，則子女數量加倍；若處於休狀態，則子女數量與原數相符；若處於囚或死狀態，則子女數量減半。

　　黎評： 以上為論述子孫的推斷方法，取子孫多爻為用，以其子孫爻的旺衰休囚、空絕破殺、陰陽卦體、胎爻化爻推斷子孫之吉凶；取子動化鬼為傷子之用，以其化鬼之子孫所臨五行推斷何胎傷損；取子孫爻所臨五行為用，以其五行之數參旺衰綜合推斷子孫之數量。

第三節　如何推斷婚後吉凶

　　妻財爻逢空、絕的，會剋傷妻子。官鬼爻逢空、絕的，會剋傷丈夫。妻財爻臨刑刃劫殺的，則妻子有災。官鬼爻臨刑刃劫殺的，則丈夫有難。

　　妻財爻化出逢破的官鬼爻的，則說明妻子帶有疾病。官鬼爻化出逢破的官鬼爻的，則是丈夫帶有疾病。

　　妻財爻發動，則與公婆不和諧。父母爻發動，則與年輕一代不和睦。兄弟爻發動，則妻子將有災。子孫爻發動，則丈夫將有災。官鬼爻發動，則妯娌姑嫂之間不和（丑未相沖也是一樣）。

　　子孫爻為世爻，且臨龍喜、德貴而發動的，則意味著妻子奪丈夫之權。子孫爻為世爻，當旺安靜的，則妻子必嫌棄丈夫。子孫爻為世爻，當旺發動的，則丈夫必遭到傷害。

　　妻財爻為世爻，當旺發動的，則剋公婆。

兄弟爻為世爻，當旺安靜的，則是丈夫嫌棄妻子。兄弟爻為世爻，當旺發動的，則妻子將遭到傷害。

卦中有兩個官鬼爻，且正值旺相，而月令、日建和動爻又刑、沖剋、害妻財爻的，意味著必定會生前離別，或改嫁。

世爻、應爻、妻財、官鬼爻，臨刑刃、鰥寡煞而發動的，則意味著夫妻做不久。世爻、應爻相生合，而妻財、官鬼爻逢空、絕的，則是半世夫妻。相合而相生的，則能白頭偕老；相沖而又相剋的，則必定在生前就離別。

前卦為六沖卦而變為六合卦的，意味著最初不和諧，後來變得和睦。前卦為六合化出六沖卦的，則先前和睦，而後不合。

世爻、應爻、妻財、官鬼爻相生合，而被日辰、動爻沖剋，則是因為入門而不和睦。

世爻、應爻、妻財、官鬼爻相沖剋，而日辰與動爻成合局的，則說明經人勸解而複和。

屬性為陽的官鬼爻，與屬性為陰的妻財爻，位於同一卦中且當旺安靜的，則必是親上加親，能夠舉案齊眉，白頭偕老。

有動爻來沖剋父母爻的，則家中的尊長不健全。有動爻來沖剋妻財爻的，預示著分離、耗費錢財、奴婢不得力。有動爻來沖剋子孫爻的，預示著無子，即使有也不多。有動爻來沖剋兄弟爻的，則姑嫂、妯娌、兄弟之間不和睦。有動爻來沖剋官鬼爻的，則不利於丈夫。

官鬼爻發動化出妻財爻的，女子妨害丈夫，否則也必定是再嫁。妻財爻發動化出官鬼爻的，男子妨害妻子，否則也必定是再婚。

占問娶妻，而遇到卦中有兩個妻財的，有妻並未離異，又與人正式結婚。占問出嫁，而遇到卦中有兩個官鬼爻的，則意味著是拋棄丈夫而改嫁。

官鬼爻發動的，則丈夫必定朝三暮四。

占得遊魂卦，則意味著夫妻離別。占得八純卦，則意味著夫妻反目。

占得澤山咸、雷風恆、水澤節、地天泰等卦，則意味著夫妻和諧。占得火澤睽、澤火革、雷水解、離為火等卦，則意味著關係忤逆不合。

女子占得坎、離卦，則意味著再嫁。男子占得震、巽卦，則意味著再娶。

由坤卦化為坎卦，則意味著男子已經破身。由乾卦化出離卦，則意味著女子不是處女。

對應於丈夫的爻，屬性為陽而當旺，則會剋傷妻子。對應於妻子的爻，屬性為陰而當旺，則會欺凌丈夫。

占得山水蒙卦，則迷失了彼此。占得風山漸卦，則意味著丈夫將戰死。

內卦為乾、坤卦而受傷，則公婆不喜歡；為坎、艮、震卦而受傷，則丈夫叔伯不喜歡；為巽、離、兌卦而受傷，則姑嫂妯娌不喜歡。

外卦為乾、坤卦而來生內卦，則公婆喜歡；坎、艮、震相生內卦，則丈夫叔伯高興；巽、離、兌相生內卦，則姑嫂姑嫂喜歡。

（有關擇婿的內容見「身命占」）。

黎評： 以上為論述婚後吉凶的推斷方法，取財爻與官爻為用，以其財爻官爻的空絕破殺、刑沖剋害、六親旺衰、六親持世、動爻變爻、內外卦旺衰、卦體象意綜合推斷婚後吉凶與六親親疏。

第四節　如何推斷聘物厚薄

在卦象中，若父母爻缺失，則預示著沒有禮金或婚書。而妻財爻的旺衰則直接關聯著禮金的豐厚程度：妻財爻旺盛意味著禮金豐厚，反之則禮金微薄。更進一步，若卦中無妻財爻，或其化出逢空、絕之爻，則同樣暗示沒有禮金。

不同的五行屬性與妻財爻的結合，還揭示了禮金的具體形式。例如，金爻妻財生合應爻，預示著聘金豐厚；木爻妻財生合應爻，

則暗示水果豐盛；火爻妻財生合應爻，意味著綢緞布匹眾多；水爻妻財生合應爻，則珠玉、魚酒等禮品豐富；土爻妻財生合應爻，則表明是以田產作為禮金。

此外，卦中的特定爻位與妻財爻的結合，還能反映出嫁妝的情況。如未爻妻財旺盛，預示著羊兒肥壯；亥爻妻財旺盛，則暗示著豬只肥碩。

青龍與旺相的妻財爻結合，意味著嫁妝精巧；而白虎與旺相的妻財爻結合，則暗示嫁妝粗糙簡陋。

若妻財爻衰弱，嫁妝也會相應微薄。同樣地，若卦中無妻財爻或其化出逢空、絕之爻，則預示著沒有嫁妝。

金、木、火、土、水五行屬性的妻財爻與世爻的生合關係，也揭示了嫁妝的種類。如金爻妻財生合世爻，多為寶玉五金器；木爻妻財生合世爻，則多為木器；火爻妻財生合世爻，多為錦繡綾羅；土爻妻財生合世爻，則多為資產；水爻妻財生合世爻，多為珍珠、布帛、衣飾等。

在卦象中，如果應爻為妻財爻且下伏還有妻財爻則暗示有隨嫁的婢妾。而應爻為妻財爻卻化出子孫爻的則意味著有僕從跟隨。

黎評： 以上為論述聘禮的推斷方法，取父爻為婚書，取生合世爻的財爻為用，以其旺衰空絕及財爻五行、十二地支推斷聘禮多少與何物。

第五節 如何推斷求婚成否

在卦象的解讀中，如果世爻、應爻、妻財爻和官鬼爻之間呈現相生合或比和的關係，那麼這預示著婚事能成功。當世爻屬性為陰時，意味著女方家主動提出婚配；而應爻屬性為陽時，則是男方主動求婚。世爻生應爻，表示男方追求女方；應爻生世爻，則是女方追求男方。若世爻剋應爻，則暗示使用強迫手段迎娶。

當世爻、應爻與日辰三者都相合時，表示有第三方促成婚事。若世爻、應爻和父母爻同時發動並相合，意味著雙方親家在歡宴中達成婚約。而世爻、應爻和子孫爻發動相合，則指腹為婚。

　　卦中官鬼爻化出父母爻，表示男方家長輩促成婚事；妻財爻化出父母爻，則是女方家長輩撮合。世爻與妻財爻相生合，暗示女方家親人促成婚事；世爻與官鬼爻相生合，則是男方家親人成全。

　　遇到六合卦象則婚事可成；遇到六沖卦象則難以成功。若原本的六合卦變為六沖卦，意味著成婚後出現退婚；而六沖卦變為六合卦，則會在退婚後重新促成婚事。當卦遇六沖或世爻、應爻發動被日辰合住時，表示欲退婚而不得。

　　在卦象中，如果世爻、應爻、妻財和官鬼等爻相沖剋，但得到日辰或動爻的生合之助，那麼原本不成的婚事得到他人幫助而促成。相反，如果這些爻相生合卻遭到日辰或動爻的沖剋，原本能成的婚事被人破壞。當這些爻如果涉及世爻或官鬼爻則暗示男方家不同意婚事；若是應爻或妻財爻則女方家不同意。

　　父母爻化出官鬼爻表示男方家長輩反對；父母爻化出妻財爻則是女方家長輩反對。父母爻逢空意味著沒有主婚人男女雙方私自結合。若父母爻剋世爻或應爻則表示父母出面阻止婚事。

　　兄弟爻沖世爻或應爻則是兄弟出面干涉。當兄弟爻臨殺星發動時預示著有競爭者出現。

　　在卦象的解讀中，若官鬼爻再次化出官鬼爻，這預示著男方家庭態度反覆，會在婚事上有所猶豫或變動。當兄弟爻又化出兄弟爻時，意味著婚事的進展會遇到阻礙，需要剋服這些障礙才能最終成功。

　　若卦中同時有兩個父母爻發動，這表示主婚人不止一位，會在婚事中有多個長輩或權威人士參與決策。當妻財爻與官鬼爻發動並相合時，這暗示著先發生親密關係後才正式結婚的情況（這種情況在自刑的條件下更為靈驗）。

如果卦中有兩個官鬼爻同時發動，這意味著有兩家同時來求婚。若有兩個官鬼爻來剋應爻，則表示女方已經許配給了兩家，這種情況下存在婚約糾紛。卦象若為純陽或純陰，則預示著婚事難以成功。

在卦中，臨青龍的爻發動並生世爻、應爻時，是好的兆頭，意味著婚事能成。然而，若臨朱雀的爻發動來剋，則預示著會有很多口舌是非；臨勾陳的爻發動來剋，表示會有小人攪局；臨騰蛇的爻發動來剋，意味著事情會糾纏不清且難以得到允許；臨白虎的爻發動來剋世爻、應爻，則直接預示著婚事不成；臨玄武的爻發動來剋，暗示會有女人從中破壞。

此外，還有一些特殊的卦象組合預示著入贅的情況：世爻位於外卦且為妻財爻而發動，身爻、世爻、命爻與應爻、妻財爻相合，或者命爻、官鬼爻伏於逢墓的應爻、妻財爻之下。當官鬼爻為應爻、妻財爻為世爻，並且世爻、官鬼爻的屬性為陰，而應爻、妻財爻的屬性為陽時，這預示著如果不是入贅的情況，那麼夫婦之間的關係會不和睦。

黎評： 以上為論述求婚成敗的推斷方法，取世應財鬼為用，以其日辰卦爻與用神之生合變化、刑沖剋害、六親動爻與化爻、六神與卦體綜合推斷求婚成敗。

第六節　如何推斷媒人情況

在卦象解讀中，以間爻作為用爻來進行分析。

當世爻生合間爻時，表示涉及的是男方家的親屬；而應爻生合間爻時，則指向女方家的親屬。若世爻和應爻都生合間爻，意味著與兩家都有親戚關係。

間爻的屬性也透露了媒人的性別信息：陽性代表男媒，陰性則代表女媒。根據間爻的旺衰狀態，可以推斷媒人的年齡，衰墓表示老年媒人，生旺則意味著年輕媒人。

　　當間爻屬性由陰轉為陽時，暗示是女性先提出的媒妁之言。若間爻逢空又化出另一個逢空的爻，預示著會更換媒人。間爻和兄弟爻同時發動，則表明有兩人爭相擔任媒人角色。

　　兄弟爻若臨騰蛇或玄武發動，意味著媒人詭詐不實；臨朱雀且當旺但逢空，則暗示媒人多說謊話。間爻臨白虎發動會帶來媒人的損害；而臨龍喜發動則依賴其誇大其詞的能力。若間爻臨勾陳發動，預示著會有許多阻礙出現。當間爻臨貴馬時，表示有官員或地位較高的人來充當媒人。

　　如果兩個間爻都逢空，則必然沒有媒人參與。間爻生合世爻或應爻時表示媒人擅長調解；但若間爻來刑、沖剋或害世爻、應爻則暗示媒人懷有欺詐之心。世爻和應爻沖剋間爻表示兩家都對媒人有怨言。臨白虎或朱雀的動爻若再臨日辰來刑、沖剋或害間爻則意味著雙方相互埋怨媒人。

　　要確定過聘下定的具體月份可以以身爻在月卦中所對應的月份為基準進行判斷。而若想單獨瞭解媒人的好壞則應以應爻作為用爻來進行分析解讀。

　　黎評：以上為論述媒人的推斷方法，取間爻為用，觀間爻與世應的關係推斷媒人為何方之親友，以間爻之陰陽旺墓推斷媒人之男女老少，以日辰六神與世應關係推斷媒人之品格與作用。

示例如下

例一

己丑年丁卯月戊寅日，女占姻，得剝之觀。

六神	伏　神	乾宮：山地剝		乾宮：風地觀
朱雀	父母 壬戌土	▬▬ 妻財 丙寅木		▬▬ 妻財 辛卯木
青龍	兄弟 壬申金	▬ ▬ 子孫 丙子水 世 ×→		▬ ▬ 官鬼 辛巳火
玄武	官鬼 壬午火	▬ ▬ 父母 丙戌土		▬ ▬ 父母 辛未土 世
白虎	父母 甲辰土	▬ ▬ 妻財 乙卯木		▬ ▬ 妻財 乙卯木
螣蛇	妻財 甲寅木	▬ ▬ 官鬼 乙巳火 應		▬ ▬ 官鬼 乙巳火
勾陳	子孫 甲子水	▬ ▬ 父母 乙未土		▬ ▬ 父母 乙未土 應

解析：

1. 本宮二爻妻財寅木伏於主卦明爻官鬼巳火之下，此官鬼巳火在卦中明現，又居於應爻，正是丈夫之象。此說明此女乃是已婚之女有夫之婦。

2. 此卦財官二爻寅巳相刑，此相刑必主此女婚姻生活並不和睦，故而打算改嫁。但寅巳二爻在相刑的同時也在相生，此說明該婚姻現在仍在維持，夫妻雙方雖有口舌不免，但仍是生活在一起。

3. 本宮妻財寅木與本宮四爻的官鬼午火相互生合，伏神乃是隱晦之神，此伏神官鬼午火暗藏，乃指暗昧的情人。此卦二位伏神相生，定是此女與情人暗中私通，故而打算改嫁。

4. 只是卦中世爻發動，帶出世下伏神兄弟申金動來沖剋本宮的妻財寅木，說明必會有人破壞此女婚事。

5. 主卦世爻子孫子水發動，動來沖剋本宮四爻官鬼午火，此本宮四爻的官鬼午火代表情人，受沖剋者必然也會遭到阻礙。

6. 況且本宮四爻的官鬼午火伏於戌土墓地而難出，世爻與應爻又互相沖剋，其伏神申金與寅木也因世爻之動而互相刑沖相剋，說明此女與其情人的婚緣必然不成。

例二

己丑年丙子月丁卯日,男占婚,得睽之歸妹。

六神	伏神	艮宮:火澤睽		兌宮:雷澤歸妹
青龍	官鬼 丙寅木	▬▬ 父母 己巳火	○→	▬ ▬ 兄弟 庚戌土 應
玄武	妻財 丙子水	▬ ▬ 兄弟 己未土		▬ ▬ 子孫 庚申金
白虎	兄弟 丙戌土	▬▬ 子孫 己酉金 世		▬▬ 父母 庚午火
螣蛇	子孫 丙申金	▬▬ 兄弟 丁丑土		▬ ▬ 兄弟 丁丑土 世
勾陳	父母 丙午火	▬▬ 官鬼 丁卯木		▬▬ 官鬼 丁卯木
朱雀	兄弟 丙辰土	▬▬ 父母 丁巳火 應		▬▬ 父母 丁巳火

解析:

1. 本宮五爻的妻財子水,代表此男所求之女。
2. 本宮妻爻臨子水四正之支,臨月令旺相,說明此女相貌必是美麗。子水為黑色,說明該女皮膚較黑。又水主圓潤,說明其長相為圓臉。
3. 本宮妻爻子水伏於兄弟之下,又臨日建桃花,此說明該女風流愛美,性急貪淫。
4. 本宮妻爻子水居於離宮,離宮的狀態即代表了該女的家庭條件。現離宮在月令元氣受剋,不是處於囚地即處於死地,此便說明該女本身的家庭條件比較貧困。
5. 卦中妻爻子水伏於兄弟忌神之下,遇阻而不易得出,又世應二爻均下伏兄弟忌神,俱來傷剋用神之水,此說明此事必是有人爭奪把持,造成阻礙。
6. 卦中世應相剋,而動爻化出之變爻又動來相沖應下伏神,俱是此婚不成之象。
7. 卦中本宮二爻父母午火,在太歲旬空,又被月令衝破,說明此事並無長輩的介紹人及主婚之人,此事必然難成。
8. 細看此卦本宮財官同居於外卦,說明只有親密長輩之女,方是其姻緣。財爻臨子水居於艮宮,子水為北方,艮為東北方,多此兩方尋之,必能成婚。

結論:男子所求之女貌美但條件不佳,婚姻受到阻礙且難成,無長輩支持。需在北方或東北方尋找姻緣。

例三

己丑年丙子月戊午日，男占婚，得困之解。

六神	伏神	兌宮：澤水困		震宮：雷水解
朱雀	父母 丁未土	▬ ▬ 父母 丁未土		▬ ▬ 父母 庚戌土
青龍	兄弟 丁酉金	▬▬▬ 兄弟 丁酉金	○→	▬ ▬ 兄弟 庚申金 應
玄武	子孫 丁亥水	▬▬▬ 子孫 丁亥水 應		▬▬▬ 官鬼 庚午火
白虎	父母 丁丑土	▬ ▬ 官鬼 戊午火		▬ ▬ 官鬼 戊午火
螣蛇	妻財 丁卯木	▬▬▬ 父母 戊辰土		▬▬▬ 父母 戊辰土 世
勾陳	官鬼 丁巳火	▬ ▬ 妻財 戊寅木 世		▬ ▬ 妻財 戊寅木

解析：

1. 此卦主卦六合，世應生合，測婚為易成。
2. 只是本宮的二爻妻財卯木，被兄弟酉金動來沖剋，而主卦世爻的妻財寅木，也被動爻酉金及化出之申金此相沖剋，此說明此婚必是難成，且是被他人破壞所致。
3. 此卦也正好說明了《增刪卜易》中野鶴老人之語：「占婚姻者，財官為重，世應為輕」。

以上如此三條不利，此事必是難成。

例四

庚寅年戊寅月癸亥日，男占婚，得複之頤。

六神	伏 神	坤宮：地雷複		巽宮：山雷頤
白虎	子孫 癸酉金	▬ ▬ 子孫 癸酉金	×→	▬▬▬ 官鬼 丙寅木
螣蛇	妻財 癸亥水	▬ ▬ 妻財 癸亥水		▬ ▬ 妻財 丙子水
勾陳	兄弟 癸丑土	▬ ▬ 兄弟 癸丑土 應		▬ ▬ 兄弟 丙戌土 世
朱雀	官鬼 乙卯木	▬ ▬ 兄弟 庚辰土		▬ ▬ 兄弟 庚辰土
青龍	父母 乙巳火	▬ ▬ 官鬼 庚寅木		▬ ▬ 官鬼 庚寅木
玄武	兄弟 乙未土	▬▬▬ 妻財 庚子水 世		▬▬▬ 妻財 庚子水 應

解析：

1. 《易隱》方法取此卦本宮五爻的妻爻亥水為用。

2. 卦中世應代表雙方家庭，現世應相合，說明此雙方家長俱願意，此方面大吉。

3. 卦象主卦六合，財官相生合，六爻子孫又動化出官鬼寅木與本宮五爻的用神妻財亥水相生合，且月日又值財官，卦中財官兩旺，此說明男女雙方感情融洽，占婚大吉之象。

4. 只是用神五爻妻財亥水，與日建亥水自刑，說明此女子性格稍有不良，有些冷峻刻薄。

5. 用神妻爻亥水臨日建旺相，又得年月合起，此說明該女子長相較美。用神臨水本主膚黑，但因此爻臨亥水，與臨子水稍有不同，亥水為偏，中藏木氣，稍有木之青色補救，故亥水只說明此女皮膚微黑而已。

6. 震宮初爻代表足位，現臨陽爻之單，必是足小也。此條亦是納甲高層分宮分爻斷法之應用。

第十六章 胎產占

遊南子說道：占問胎產的，首先要占測是否有孕，然後占測胎兒的男女，再占測生產之期，和臨盆的吉凶。

黎評： 以上為論述懷孕生產的推斷方法，胎產占共分為七節。

鬼谷分爻表

爻位	胎產占爻位之象
上爻	公姑
五爻	收生
四爻	夫身
三爻	看生
二爻	胞胎
初爻	產母

占卜胎產時，初爻代表母親的位置。如果初爻為官鬼爻，那麼母親會有災禍；如果初爻逢空，則表示母親的身體會受損。

二爻代表孩子，如果二爻為官鬼爻，那麼孩子會遇到災難；如果二爻逢空，則表示孩子會流產。

三爻代表生產時間，如果三爻為官鬼爻，那麼會難產；如果三爻逢空，則表示沒有看生婆。

四爻代表丈夫的位置，如果四爻為官鬼爻，那麼丈夫會有剋損；如果四爻逢空，則表示丈夫不在家時分娩。

五爻代表接生的位置，如果五爻為官鬼爻，那麼接生失誤；如果五爻逢空，則無人接生。

上爻代表公婆的位置，如果上爻為官鬼爻，那麼公婆會有剋損；如果上爻逢空，則看不到公婆。

黎評： 以上為論述爻位推斷婚姻方法，以其爻位臨鬼及旬空推斷生產時之環境狀況。

第一節　如何推斷胎孕有無

　　在占卜是否懷孕的情境中，子孫爻被用作關鍵用爻。然而，當兒子為母親占測懷孕時，則選擇兄弟爻為用爻。懷孕的跡象在以下情況中得以顯現：用爻呈現，或者用爻與二爻同時出現龍喜，並且處於旺盛狀態；胎爻出現（子孫爻如為水或土屬性，午爻便代表胎爻，因為水和土在午時得胎；若子孫爻屬金，卯爻為胎爻；屬木，則為酉爻；屬火，則為子爻）。卦象若為山天大畜或風水渙，也暗示著懷孕的可能。

　　反之，卦中若缺少用爻或胎爻，或者它們處於空亡、絕地，則表明沒有懷孕。如果二爻和胎爻都是官鬼爻，這意味著母親在懷孕期間會生病。若這些官鬼爻還受到日辰或動爻的刑、害、剋、破，那麼會提前墮胎。青龍臨子孫爻但逢空，同時二爻和胎爻發動，或者青龍臨子孫爻逢空而二爻和胎爻為臨白虎的官鬼爻且發動，都預示著墮胎的風險。二爻和胎爻如果臨白虎且發動，則會有漏胎之虞。

　　子孫爻、二爻、胎爻的發動若化出遭受刑、害、剋、破、空的爻，也會導致墮胎。子孫爻自身逢空而發動，則胎兒有受損的危險。這些爻若逢沖而暗動，意味著胎兒曾經轉過胎位。六合卦象往往預示著能夠足月生產且胎兒健康，而六沖卦則會預示著會提前小產。二爻和胎爻若為旺盛的土爻且臨勾陳，則懷孕的跡象會非常明顯。然而，若臨青龍的動爻來合這些爻，懷孕的跡象會難以被察覺。

　　關於小產的具體時間，可以觀察臨白虎的爻發動、臨青龍的爻逢空的日子，或者衝動子孫爻、二爻、胎爻的日子。此外，父母和官鬼爻所臨值的時辰，以及子孫爻遇到空亡、衰敗、死亡、絕地的時刻，也是小產發生的時候。

　　黎評：以上為論述懷孕情況的推斷方法，取子孫胎爻二爻為用，以其用爻所臨神煞、日辰生合拱扶、刑沖剋害、明動暗動、六神卦體綜合推斷懷孕吉凶與生產日期。

第二節　如何推斷受胎月日與安胎吉時

在占問受胎時間的過程中，我們主要關注卦中的子孫爻以及那些化出子孫爻的動爻。若子孫爻處於衰弱狀態，我們應選取子孫爻正值長生的月日作為受孕時機。以子孫爻屬水或土為例，這種情況下，申月戊申日便是理想的受孕時間。

當子孫爻處於旺盛狀態時，我們則依據子孫爻的胎月胎日來確定受孕時間。同樣以子孫爻屬水或土為例，午月或午日便是適宜的受孕時機。

如果卦象中沒有出現子孫爻，而是動爻化出了子孫爻，那麼我們便根據這個動爻所對應的月日來推斷受孕時間。例如，若金爻發動並化出子孫爻，那麼申、酉月日便是受孕時間。

在占問安胎方面，我們主要關注子孫爻正值生旺或所臨值的日期。選擇這樣的日期有助於剋制官鬼、安定妻財。另外，也可以選擇那些生合胎爻的日期，以確保胎兒的安穩與健康。

黎評： 以上為論述擇日懷孕與受胎月日的推斷方法，以動化子孫爻的六親為用，參考長生與所值用神的旺衰綜合推斷何日懷孕吉祥，曾經是何日懷的孩子，並取生合胎爻與子孫旺相之時為安胎吉利之日。

第三節　如何推斷懷胎男女

在預測胎兒性別時，我們首先要觀察子孫爻的變爻。若變爻屬陽，則預示將生男孩；若屬陰，則為女孩。同樣地，陽卦代表男孩，陰卦代表女孩。

卦中若有兩個同時旺盛發動的子孫爻，一個變為陽卦中的陽爻，另一個變為陰卦中的陰爻，這是雙胞胎的徵兆，且為一男一女。內外卦的關係也能提供線索：內陽外陰表示先兄後妹，內陰外陽則是先姐後弟。

若兩個變爻均為陽，則預示兩個男孩；若均為陰，則為兩個女孩。

當子孫爻靜止時，我們需根據卦象中陰陽的相互位置來推斷。例如，天澤履卦中陽爻包圍陰爻，意味著女孩；雷地豫卦中陰爻包圍陽爻，則預示男孩。

　　若陰陽不相包圍，便直接依據子孫爻的陰陽屬性判斷性別。卦中無子孫爻時，我們首先查看伏卦中的子孫爻屬性；若伏卦中亦無，則進一步觀察互卦。若互卦中仍無子孫爻出現，則意味著這次懷孕只是空歡喜一場。

　　當遇到八純卦且其旺盛有力，或有兩個氣勢充足的胎爻時，都是雙胞胎的吉兆。

　　黎評： 以上為論述懷孕男女的推斷方法，取子孫爻為用，以其子孫爻的陰陽動變、卦象陰陽互包等順序推斷懷孕男女。

第四節　如何推斷生產日期

　　若預期的產期還遠，我們可以以胎爻逢空的那個旬作為參考。若卦中並未出現胎爻，那麼便依據二爻來推算。

　　當產期臨近時，我們可以觀察沖臨青龍的爻、沖臨白虎的爻、或沖胎爻的日子，或是兄弟爻所對應的日辰，作為可能的生產日期。

　　如果子孫爻位於內卦，且處於旺盛狀態併發動，那麼預期在世爻逢胎、養之日分娩；若子孫爻雖發動但處於衰弱狀態，則預計在子孫爻逢長生之日降生。

　　有時卦中並無子孫爻，但在伏卦中卻可見到，此時便以伏卦中的子孫爻所對應的日辰為準。若子孫爻逢空或入墓，則分娩之日為其逢沖之時；若子孫爻逢絕，則會在其正值長生之日誕生新生命。

　　特別地，如果胎爻是臨勾陳的土爻，那麼分娩會跨過本月，延遲至下月；而若胎爻是臨玄武的水爻，則孩子將在這個月內降生。

　　黎評： 以上為論述生產日期的推斷方法，生產日期分為遠占與近占，遠占者取胎爻旬空推斷生產日期，無胎爻則取二爻；近占者取沖龍沖虎沖胎之日，或兄爻所值之日為生產時間，其中還一併參考十二長生訣與六神斷法。

第五節　如何推斷生產難易

以世爻象徵母親，以應爻映射孩子，卦象之間的關係揭示了母子的吉凶禍福。

當世爻生助應爻時，預示著孩子將享有吉祥的命運。相反，若應爻生助世爻，則是母親吉祥的徵兆。然而，世爻剋制應爻時，孩子會面臨兇險；而應爻剋制世爻時，母親則會遭遇不測。若世爻與應爻和諧相應，這表示母子都能享有吉祥和平安的生活。

在某些情況下，世爻和應爻都呈現空虛之象，這反而預示著母子都能平安無事。然而，當世爻活躍而應爻空虛時，這只是一場虛妄的歡喜。相反地，若世爻空虛而應爻活躍，則預示著即將迎來新生命的誕生。

內卦的象徵也為我們提供了關於生產過程的線索。乾、兌、坎、離四卦象徵著順生，分別代表頭、嘴、耳和眼睛。而坤、艮、震、巽四卦則預示著逆生，分別對應腹、手指、足和大腿。

在卦象中，兄弟爻與太歲相應且帶有暗金煞的活躍狀態，預示著母親將面臨災難。同樣地，父母爻與太歲相應且帶有陰殺的活躍狀態，則意味著兒子將遭遇不幸。

卦象中的妻財和子孫爻若被父母或兄弟爻的刑害所影響，這預示著母子都將面臨危險。此外，若妻財和子孫爻帶有陰殺並呈現活躍狀態，胎兒會難以順利出生。然而，在這些爻逢死絕的情況下，若能得到月令、日建或其他動爻的生扶之助，雖然情況危急但仍會轉危為安。

子爻和胎爻同時活躍而被父母或官鬼爻合住時，預示著難產的情況。同樣地臨白虎的爻若呈現空虛之象或胎爻為官鬼爻並帶有陰殺、飛廉、大殺等凶煞且呈現活躍狀態時也會導致難產的情況發生。

當妻財爻活躍，並轉化為官鬼爻，且該官鬼爻處於空亡、入墓或絕的狀態時，這預示著母親的生命將面臨終結。

若子孫爻發動，其化出的官鬼爻同樣遭遇空亡、入墓或絕的境地，這則是孩子不幸夭折的徵兆。

在卦象中，若胎爻隱匿不見，同時子孫爻又處於空亡、入墓或

絕的狀態，這意味著胎兒將無法存活，將胎死腹中。

當官鬼爻轉化為子孫爻時，象徵著母親的逝去。

然而，妻財爻若化為子孫爻，這則是順利生產的吉兆。同樣地，子孫爻的發動也預示著生產的順利進行。

官鬼爻的發動會帶來不穩定的因素，這暗示著胎兒有流產的風險。

父母和兄弟爻若遭遇空亡、死亡、入墓、絕、胎或衰敗的狀態，或受到刑、害、剋、破的影響，這將導致沒有合適的地方進行生產，預示著生產的困難或環境的惡劣。

當妻財爻和子孫爻與青龍、白虎相伴併發動時，這是順利生產的吉祥之兆。

然而，若某爻臨騰蛇且同時遭遇陰殺的發動，或者身爻、世爻臨玄武且伴隨浴盆煞的發動，這將是難產的凶兆。

最後，妻財爻若臨玄武併發動，這意味著由於胎兒的體溫偏低而導致生產的延遲。

黎評：以上為論述生產難易的推斷方法，取世為母，應為子。以其用爻的生合剋害、四值神煞、八卦大象、六親動變綜合推斷其生產吉凶難易。

第六節　如何推斷接生醫生

在卦象中，我們特別關注應爻和妻財爻的動向。當應爻與妻財爻對世爻、身爻，以及初爻、二爻、子孫爻和胎爻產生生助作用時，它們被視為有利且可用。然而，若這兩爻對世爻、身爻等其他關鍵爻位產生刑、沖剋或害的影響，則被視為不利且不可用。

進一步地，如果應爻或妻財爻處於空亡、入墓、死亡、絕滅或胎的狀態，這將導致它們無力發揮作用。而若這兩爻受到刑傷、害損、剋制或衝擊，這預示著將會引發埋怨和不滿的情緒。

黎評：以上為論述接生醫生的推斷方法，取應爻財爻為用，以其用爻與世爻二爻三爻胎爻的生合拱扶刑沖剋害綜合推斷其醫生的接生水準。

第七節　如何推斷乳母哺育

以應爻和妻財爻為用神。

當應爻或妻財爻來生合世爻、身爻、子孫爻時，則表示有利且可用。但是，如果這兩者刑害剋沖世爻、身爻、子孫爻，則不利而不可用。

應爻和妻財爻的屬性為金為水並且處於旺而發動狀態，則表示乳汁充足；反之，若它們值衰而安靜，則會存在乳汁不足的風險。卦中沒有出現金或水的應爻和妻財爻，以及這些爻位逢空亡、絕滅或胎的狀態，都意味著沒有足夠的乳汁供應。

另外，關於父母與嬰兒的關係。如果應爻是父母爻而發動，這暗示著父母在照顧孩子方面不夠得力。如果應爻是官鬼爻，或者官鬼爻下伏於其他神煞，或者化出其他神煞，或者妻財爻下伏官鬼，或者化出官鬼，都需要引起重視。因為這些神煞往往代表著潛在的問題或危險信號。

最後，需要關注的是玄武和咸池這兩個神煞。如果應爻臨玄武又發動來合世爻，這暗示著有隱私或不當關係的問題。而如果應爻臨咸池又發動來刑、剋、破世爻，則會預示著因私通行為而導致的工作荒廢或其他不良後果。

黎評：以上為論述哺乳以及奶媽的推斷方法，取應爻或子爻與世爻子孫爻的生合拱扶、刑沖剋害綜合推斷哺乳情況，參考六神動爻、動鬼伏鬼、生剋刑沖、六親動變綜合推斷奶媽情況。

第十七章　痘疹占

　　以官鬼爻作為主要分析對象，其在卦中的狀態對於預測結果至關重要。

　　若官鬼爻在卦中缺失，或其化出的爻遇到死、墓、絕、胎、空等不利狀態，以及受到刑、害、剋、破的影響，這些都預示著不會出痘疹。

　　然而，當官鬼爻雖然本身處於衰、死或受傷的狀態，但其化出的爻卻正值生旺，或者卦中雖無官鬼爻但月令為官鬼，或者官鬼爻安靜且臨日辰正值生旺，特別是屬火的官鬼爻臨騰蛇當旺發動時，這些都意味著有會出痘疹。

　　要確定出痘疹的具體時間，可以通過觀察官鬼爻正值生旺的年、月、日來進行推斷。

　　痘疹的疏密程度與官鬼爻和子孫爻的相對狀態有關。如果官鬼爻值衰而子孫爻當旺，或者子孫爻為身爻、世爻，那麼痘疹一定稀疏。相反，如果官鬼爻當旺而子孫爻值衰，或者官鬼爻為身爻、世爻，則痘疹必定稠密。

　　此外，父母爻的發動意味著病情較為嚴重，而兄弟爻的發動則相對較輕。特別需要注意的是，如果子孫爻逢空、死、墓、絕、胎或受到刑、害、剋、沖的影響，那麼生命會面臨危險。

　　黎評：以上為論述痘疹的推斷方法，取官鬼為用，以其用爻的十二長生、生合刑沖、六親持世與動變綜合推斷痘疹之有無，病情之輕重。

第十八章　取嗣占

　　在占卜子嗣的問題中，我們主要關注胎爻和子孫爻。胎爻象徵著懷孕的狀態，而子孫爻則代表著後代。

　　若卦中只有胎爻而無子孫爻，這預示著虛孕，即雖然有懷孕的跡象，但無法成功誕下子嗣。相反，若有子孫爻而無胎爻，這意味著收養的孩子，而非親生。當卦中既沒有胎爻也沒有子孫爻時，這被解讀為無子的預兆。然而，若兩者都齊全，則預示著有子嗣的喜悅。

　　子孫爻明顯出現在卦中，這意味著有子嗣。但如果它伏藏且處於衰弱的安靜狀態，那麼得子會較晚。相反，如果子孫爻顯現且處於旺盛活躍的狀態，那麼預示著早年就能得到子嗣。

　　子孫爻的旺衰還與其他因素有關。當子孫爻旺盛時，會在逢胎、養的年份有子；而若值衰，則會在兄弟爻所臨值的年份有子。但如果子孫爻既衰弱又化出逢空、死、墓、絕等不利狀態的爻，那麼即使有子也難以養育。

　　世爻和應爻的狀態也提供了關於生育的線索。世爻逢空表示男子的精氣衰弱，建議尋求醫療幫助。而應爻逢空則意味著妻子命中無親生兒子的緣分，可以考慮納妾。然而，如果世爻和應爻都不逢空，但子孫爻卻逢空或絕滅，那麼這是命中註定無子的情況，因此難以強求。

　　黎評：以上為論述求子的推斷方法，取子孫爻胎爻為用，以其用爻在卦中有無、旬空墓絕、六親組合綜合推斷生育能力與子孫有無。

第十九章　延師占

遊南子說：學生接受老師的教導，不能沒有學費作為支持。我們尊崇老師，主要是因為他們的學問。在老師和學生之間，最重要的是彼此合得來。老師盡心盡力地教，然後我們才能去考慮這一整年學到了什麼，有沒有收穫。

還有，當老師找學校教書的時候，有時候很難找到合適的，而且收入也不穩定。同樣地，手藝人找師傅學手藝，不同的師傅教的東西也不一樣。這些問題雖然和主要的占卜內容有點關係，但只是附帶提到的。

黎評：尋師求學的推斷方法，共分為三節。

第一節　如何推斷學生習性

以子孫爻作為用神，我們可以從其所臨的神煞和卦象中推斷出諸多信息。

當子孫爻與青龍相伴時，這預示著一個人聰明且英俊；若與朱雀為伍，則顯示其智慧之光；而與勾陳相遇，意味著較為愚鈍。如果子孫爻臨到騰蛇，那麼此人外表華麗但內心不實；而白虎的出現則會表示性格頑劣；玄武則暗示著輕薄放蕩的性格。

在占卜中，如果得到的是八純卦且子孫爻發動，這意味著此人的心思不夠專一。相反，六合卦中的子孫爻如果保持安靜，那麼這個人非常專注且好學。遊魂卦中的子孫爻若與驛馬一同發動，預示著此人喜歡四處遊玩；而歸魂卦中的相同組合則表明其對家庭有深厚的依戀。

健康方面，子孫爻如果臨到病符，或者其下伏有官鬼爻、又或化出官鬼爻，都是多災多病的預兆。此外，子孫爻遇到墓、胎的情況，則會表示此人對讀書缺乏興趣。

最後，子孫爻在卦中的陰陽位置也提供了有關智慧的線索。位於陽卦的陽爻代表著聰明機敏；而位於陰卦的陰爻則意味著較為癡呆或愚蠢。

黎評： 以上為論述子女情況的推斷方法，取子孫爻為用，以其用爻所臨六神、卦體大象、神煞旺衰綜合推斷子女的性情與靈氣。

第二節　如何推斷執教水準

在占卦中，父母爻常被視作文章學問的象徵。而應爻作為用爻，其狀態和所臨神煞會揭示出許多信息。

若應爻正值生機旺盛之時，且伴隨青龍、德貴等吉祥神煞，則預示著名師的降臨。相反，如果應爻遭遇死、墓、絕、胎等不利狀態，或受到刑、害、剋、破的困擾，則只是遇到一位平庸的教師。

當應爻被歲建、月令或日建所衝破，或陷入隨鬼入墓的境地時，往往預示著不是災禍將至，就是會捲入訴訟之中。

若應爻是臨朱雀的父母爻，且在生旺狀態下未受刑傷，這意味著八股文的寫作將非常精妙。而應爻所在的卦象也能給出不少線索：位於乾、坤、離三卦中的應爻，預示著才高八斗的特質。其中，應爻位於乾卦則顯示出剛正果敢且嚴肅的性格；在兌卦則表現出講課時的溫和與平易近人；處於離卦時則代表虛心明智；在震卦則會好動且易怒；位於巽卦心思複雜且不專一；坎卦的應爻則預示著信實和有所成就；艮卦則意味著沉靜謙卑；而坤卦的應爻則顯示出寬容大度的品質。

應爻如果作為官鬼爻而發動，往往意味著詭詐；作為父母爻發動時，表現出苛刻的性格；作為子孫爻發動則溫和而平易近人；作為兄弟爻發動時貪婪且行為妄為；而作為妻財爻發動時，則表明在閱讀文章時馬虎。

當應爻來生合子孫爻時，這意味著老師採取放任的態度，導致學生選擇離去。相反，如果子孫爻來生合應爻，這則預示著學生會出門去追隨老師。

在占問精通的經典方面：如果父母爻屬金，則會精通《春秋》；屬土則會擅長《周易》；屬木則會深諳《詩經》；屬水則會熟知《尚書》；而屬火則會精通《禮記》。

黎評：以上為論述老師情況的推斷方法，取應爻為用，父母爻為文書，以其用神所居八卦推斷老師的教學特點，以動爻之六親推斷老師性情，以父母爻所臨五行推斷老師擅長的學習科目。

第三節　如何推斷師生關係

在占卜中，世爻代表自己，而應爻則代表老師。這兩者之間的關係可以揭示出賓主之間的相處狀況。

當世爻與應爻之間相生合比和時，這表示賓主雙方相互投合，關係和諧。然而，如果它們之間相刑、沖剋或害，這意味著彼此之間存在猜忌和不信任。

若世爻逢空，這意味著自己對老師的態度輕慢，不夠尊重。相反，如果應爻逢空，這則會表示老師對主家懷有嫉恨之情。

當世爻和應爻都發動時，這表示雙方的心意都發生了轉變，是對彼此的看法或態度有所改變。但是，如果它們同時逢空，那麼這預示著雙方之間的感情冷淡，缺乏交流和互動。

卦象的變化也能提供重要的信息。如果卦逢六沖，這意味著賓主雙方彼此無緣，難以建立和諧的關係。相反，卦逢六合則預示著雙方的關係始終如一，穩定而持久。

然而，如果卦象由六合化出六沖，這意味著雙方的關係雖然有好的開始，但最終無疾而終。相反地，由六沖化出六合的卦象則預示著在最初的離棄之後，雙方後來又和好如初。

此外，卦遇遊魂且應爻發動時，這意味著老師的行為不夠穩定，朝三暮四。而如果卦遇歸魂且應爻發動，這則預示著老師經常回家，對家庭有著深厚的情感紐帶。

黎評： 以上為論述師生關係的推斷方法，取世為己，應為師，以其世應生剋組合、刑沖損害、旬空發動、卦體大象綜合過程學校與家長的關係。

附：覓館占

在占卜尋找書館的過程中，各爻象代表了不同的含義。世爻代表自己，而應爻則與東主相對應。父母爻象徵著書館，子孫爻代表著學生徒弟，妻財爻則指示薪酬情況，官鬼爻對應推薦人，兄弟爻則暗指那些企圖謀奪的人。

若世爻、應爻或父母爻出現逢空或絕的情況，那麼意味著當前沒有合適的書館可尋。父母爻若逢墓或胎，則表明書館的條件並不理想。同樣地，妻財爻逢空、墓、絕、胎，預示著薪酬將會微薄。子孫爻在這些不利狀態下，意味著徒弟數量稀少。官鬼爻和兄弟爻在相應的不利情況下，分別暗示著沒有推薦人和沒有謀奪者出現。

卦象的變化也提供了重要的線索。遊魂卦的出現，意味著適宜尋找新的書館。而歸魂卦則指示著最好留在舊的書館。六沖卦預示著當前沒有合適的書館，而六合卦則相反，預示著有書館可尋。合處逢沖意味著有人會破壞這一機會，而由合轉沖則會表示起初的允諾最終被拒絕。

官鬼爻若臨貴人，並與世爻、應爻形成三合局，則預示著有貴人將會推薦。兄弟爻若發動來剋世爻，則暗示著有人會爭奪這個機會。妻財爻發動化出兄弟爻，意味著推薦人會要求分享薪酬。世爻發動化出官鬼爻，則會表示需要求助於推薦人。官鬼爻發動化出兄弟爻，則會預示著推薦人會先索要謝禮。

子孫爻的合處逢沖意味著徒弟聚集後又散去，而子孫爻值衰但得助則預示著開始徒弟較少，但會逐漸增多。

　　要瞭解合同何時到來，可以以父母爻為用爻進行觀察。若卦中沒有父母爻，則會在父母爻所值的日辰到來；若父母爻當旺，則在相合的日辰到來；若父母爻值衰，則在生旺的日辰到來；若父母爻逢空或墓，則在出空或逢沖的日辰到來。此外，父母爻來生世爻或合世爻之日也是締結合同的可能時機。

　　黎評： 以上為論述老師求職學校的推斷方法，取世為己，應為東主，父母為學校，子孫為學生，財爻為學資，官鬼為宣傳與推薦之人，兄弟為壞事爭奪之人。以其各爻旺衰與生剋組合、卦體大象綜合推斷求職之吉凶情況。又以父母代表教學合同，以其旺衰生剋推斷合同簽訂日期。

附：投師占

　　占卜時，以父母爻為用爻來代表儒、釋、道三教的老師。同時，世爻和應爻也分別對應自己和老師。

　　如果世爻逢空或破，則表示自己的意向容易改變。而用爻和應爻逢空或破，則意味著老師無法傳授真正的技能或知識。

　　當用爻和應爻值旺相且得到其他神煞的生合時，會有更好的教學效果。反之，如果用爻和應爻刑害剋破世爻，則難以精通其技業。

　　卦逢六沖，則雙方之間缺乏良好的溝通與合作。而卦逢六合，則師生之間能夠相互促進並取得共同進步。

　　黎評： 以上為論述自尋老師的推斷方法，學校之師則取父母爻為用，技術之師則取兄弟爻為用，以其用爻與世爻的旺衰生剋推斷尋師吉凶與否。

第二十章 小試占

遊南子指出：無論是占問童子試還是參加科舉考試的情況，都應該以父母爻為用爻進行解讀。在這裡，父母爻象徵著文章或學問方面的表現，而官鬼爻則對應著考官的角色。

只要父母爻處於旺相狀態並且得到官鬼爻的發動來生合或者得到其他吉利的生合關係。如四值生合、月令合於官鬼爻來生身爻世爻以及三傳臨文書爻，同時身爻世爻臨雷火煞等。那麼占卜者就會高中。即使出現妻財、子孫爻的發動也不會對結果造成不利影響。

或者父母爻正值空亡，得當旺的用爻發動來生官鬼爻的，或者子孫爻發動化出官鬼爻來生世爻、父爻的，都預示著中選。

最忌諱父爻、官爻逢衰、空、刑、害、剋、破，或者身爻、世爻為兄弟、子孫、妻財爻而發動。

為兄弟爻而發動，則意味著文章雷同；為子孫爻而發動，叫做剝官殺；為妻財爻而發動，叫做阻滯神。如果有剋制則不形成妨害。

子孫爻臨歲建、月令而發動的，意味著一定不被錄取。

身爻、世爻臨二耗而發動的，則會多費錢財。

如果身爻、世爻逢三刑，或臨劫殺，或者臨劫殺且相刑的爻發動來剋身爻、世爻的，則必求榮反得辱。

此外，占問小試的，首先看各爻位的吉凶，再推測命題的難易，第三看文字的優劣，第四考察考官的好惡，第五確定名次的高下。

據此推而廣之到鄉試、會試、殿試、武試上，都是一樣的。

黎評： 以上為論述考試的推斷方法，小試占共分四節。取父為用神，官為考官，以其世身旺衰、六親動變推斷小試成績。

鬼谷分爻表

爻位	占考試時爻位之象	
上爻	考場	搜檢
五爻	試官	復試
四爻	謄錄	道考
三爻	三篇	府考
二爻	二篇	縣考
初爻	一篇	鄉考

通過分析分宮爻位，我們可以觀察到哪些爻位對身爻和世爻產生刑、害、剋、沖的影響，同時也能看出哪些爻位受到四值和動爻的刑、害、剋、沖作用。若存在這些不利關係，即可判斷在該環節中存在失誤或不盡如人意之處。

相反地，如果各分爻能夠生扶身爻和世爻，並且這些爻位處於旺相狀態且未受到任何傷害，那麼這就是一個令人滿意的、值得驕傲的環節。

黎評：以上為論述分爻推斷考試的方法，取其爻位代表考試過程，以其各爻旺衰生剋推斷考試過程之吉凶。

第一節　如何推斷題目生疏

在占卜中，父母爻作為用爻。

若父母爻隱藏在墓爻下，這預示著所面臨的題目將是前所未見。而當父母爻伏於空下時，則意味著儘管之前對此有所研究，但現在記憶已經模糊不清。

父母爻若藏於兄弟爻之下，表明題目深奧難懂。相反，如果父母爻伏於子孫爻下，那麼題目往往比較小巧精緻。

當父母爻隱藏在另一個父母爻下時，情況會有所不同：如果旺盛有力，則題目長篇大論；而若衰微無力，則會是巧妙設計的呼應題。

此外，若父母爻伏於妻財爻下，這常常預示著題目棘手且難以激發文思，甚至無法完整地完成篇章。然而，當父母爻正值旺相並直接出現時，則代表著這是一個莊嚴而宏大的主題或題目。

最後，如果父母爻與世爻相合，這意味著這是一個曾經遇到過的題目。

黎評：以上為論述考試題目的推斷方法，取父母為用，以其旺衰伏神推斷題目生疏情況。

第二節　如何推斷文字高低

以父母為用。以父母爻為用爻。

父母爻當旺，且臨青龍，則是緊扣主題的佳文。父母爻值衰，且臨白虎，則文章跑題。父母爻化出父母爻的，則文章中多有沖犯之處。父母爻化出官鬼爻的，則文思不夠奇特。父母爻沖父母爻的，則題目生疏。父母爻剋月令、日建，則主考官不喜歡。父母爻合月令、日建，合主考官之意。

當父爻進入子位時，文章風格清新純真，不浮華靡麗；但如果父爻衰弱，文章則會氾濫無根，缺乏深度。

若父爻進入丑未之位，文章會顯得淹雅浩落，氣質獨特；然而，一旦父爻衰微，文章就會變得拙鈍重實，缺乏靈動。

當父爻入寅位時，文章展現出雍和雅致的風貌；如果父爻衰弱，文章則會像葛藤一樣糾纏不清。

父爻進入卯位時，文章風格爽愷而氣雄銳，充滿力量；但父爻一旦衰弱，文章就會散漫無紀，失去條理。

若父爻入辰戌之位，文章氣韻古樸堅勁，體現出深厚的底蘊。不論父爻強弱，這一特點都較為明顯。（黎注：取其天罡、天羅地網的特殊意象。）

當父爻進入巳位時，文章辭藻華麗且典雅；但如果父爻衰弱，文章則會變得鄙俚無收拾，失去原有的風采。

父爻入午位時，文筆剛勁捷速，善用典故；然而，父爻一旦衰弱，文章就會美中不足，前緊後松。

若父爻進入申位，文章快速俐落且氣勢磅礡；但父爻衰弱時，文章則容易出現滯句，影響流暢度。

當父爻入酉位時，文筆矯勁有力，運局周匝嚴密；如果父爻衰弱，文章就會浮蔓無斷制，失去緊湊感。

父爻進入亥位時，文章婉轉深沉且多穎句逸致；但父爻一旦衰弱，文意就會變得纖細而詞句險峭。

父母爻為臨朱雀的火爻而發動化出水爻，則要防備弄髒試卷。父母爻臨玄武咸池發動，且受刑、害、沖剋的，則試卷必定有塗抹。月令、日建來剋父母爻，則因為違反規定而不被錄取。卦、父母爻、世爻三者都逢空，則試卷必被遺失。父母爻逢空絕的，則交白卷。父母爻值衰，而得日辰、動爻、變爻臨官貴來生合的，則必須通過求情才被錄取。

黎評：以上為論述答題文字的推斷方法，取父母爻為用，以其父母旺衰、所臨地支推斷答題文字的特點，以其所臨六神吉凶、旬空生剋推斷答題文字之優劣吉凶。

第三節　如何推斷考官評卷

月令為四季的時令變化，代表督學。日建為每日的晨昏作息，代表府縣官。它們生合世身就能入榜，刑、沖、剋、害者名落孫山。

如果父母爻當旺而官鬼爻值衰，則意味著考生在考試中未能入選；反之，如果官鬼爻當旺而父母爻值衰，則會被錄取。此外，還需要考慮兄弟爻、子孫爻等其他因素對結果的影響。

黎評：以上為論述批卷考官的推斷方法，取月令為督學，日建為市縣當場考官，以其與世身爻的生合沖剋推斷考官對試卷的印象。

第四節　如何推斷名次高下

在占卜預測中，父母爻和官鬼爻的旺衰以及它們與其他爻的關係，對於判斷考試名次至關重要。

當父母爻和官鬼爻同時旺盛，或者它們臨四值並成為身爻、世爻時，預示著考生的名次將會非常靠前。若父母爻臨月令、官鬼爻臨日建，這更是考中第一名的吉兆。

世爻作為父母爻，在生旺狀態下且臨貴馬、德祿、青龍等吉神，其位置也決定了名次的高低。位於五爻則考中第一；在二爻，則是第二；在六爻，則是第三；在三爻，則是第四；在四爻，則是第五；在初爻，則是第六（出自《穿壬透易》）。

父母、官鬼爻都當旺來生，或為身爻、世爻，妻財爻又當旺安靜，且兄弟爻不發動的，則必能得到補糧獎勵。

如果兄弟爻發動、妻財爻逢空，則只是二等。

父母爻、官鬼爻相氣沒有受傷的，則能考中二等。

父母爻值衰而逢沖剋，但得到官鬼爻發動來生合，如果是子水爻的，則是三等（子的徵象是海水，三等又叫入海）。

月令來剋身爻，木爻官鬼來刑世爻，位於三爻的，則是四等（三爻代表臀部，木爻來刑，象徵著責罰）。

世爻為子孫爻而發動，化出的官鬼爻來生身爻的，則其禍可以減半，所以是青衣（五等）。

如果世爻為父母爻而被傷，身爻又化出逢空、死、墓、絕之爻，月令、日建又臨妻財、子孫爻的，則為六等。

其他名次，以世爻上的干支來推斷。甲己子午，對應於九；乙庚丑未，對應於八；丙辛寅申，對應於七；丁卯壬酉，對應的是六；戊癸辰戌，對應的是五；巳亥，對應的是四。世爻發動，則連同變爻納甲一併計算，或者占問時的四值有與世爻相同干支的，也一併計算，經過累計之後可以達到幾十名。

以上是推斷一、二、四等的方法。

如果是三等，世爻當旺，則看其地支，以五行屬性所對應的數字。一水、二火、三木、四金、五土，——來推斷；如果值相，則根據世爻的干支來推斷；如果值休，則在根據干支計算之後再加倍，如一十三計作二十六名；正值囚、死的，則在根據干支計算之後再進位，如一十進為一百、三進為三十（出自《前知集》）。

此外，凡是雀喜臨門戶爻且發動的（三爻為門爻，四爻為戶爻），則意味著捷報馬上要到了。

黎評： 以上為論述名次的推斷方法，以父母官鬼、四值旺衰、六親六神、生剋沖合綜合推斷學生考試之名次。

第二十一章　鄉會試占

遊南子說：占卜考試結果時，應以父母爻為主要考察對象，同時以官鬼爻為輔助因素。

父母爻遇臨貴人的官鬼爻當旺來生的，或月令為祿馬、德貴，與官鬼爻相合，且來生世爻的，或官鬼、父母爻臨三傳且為身爻、世爻的，或官鬼、父母爻當旺發動，與身爻、世爻三合的，或卦中沒有官鬼、父母爻，而下伏、變出官鬼、父母爻臨三傳的，都預示著可以考中。

如果身爻、世爻來傷官鬼爻、剋父母爻的，或官鬼、父母爻值衰，而被刑、害、剋、破的，或者卦中有官鬼爻而沒有父母爻的，或者妻財、兄弟、子孫爻當旺發動而不受剋制的，或三傳臨妻財、兄弟、子孫爻，和官鬼、父母爻臨刑劫而發動的，都預示著考不中。

世爻值衰，而下伏當旺的官鬼爻的，則考中後必定生病。

官鬼爻臨劫殺，來剋世爻、身爻的，則考中後必死。

父母、官鬼爻正值旺相，而逢妻財、子孫爻，和臨白虎的爻都發動的，或者臨白衣煞而發動的，則考中後就會丁憂在家。

官鬼爻為升陰、升陽之爻，且值衰而受剋的，則本次考試不能考中，但下次一定能中。

官鬼爻臨貴馬，位於外卦，且來自他宮、六爻發動，而世爻的父母爻又正值生旺的，則冒充戶籍到外省考中。

父母爻無氣，但日辰、旁爻、變爻臨貴馬，來生父母爻、合官鬼爻的，則預示著通過請托而考中。

黎評： 以上為鄉會試占之總論，鄉會試占共分二節。

鬼谷分爻表

爻位	考試占爻位之象	
上爻	棘闈	終場
五爻	主考	試官
四爻	房考	監察
三爻	三場	同年
二爻	二場	伴人
初爻	一場	己身

當官鬼、父母爻臨貴馬、祿喜、龍德等吉神，並來生合身爻和世爻時，且正值旺盛而不受傷的爻位，這是吉祥之處。

然而，如果這些因素受到四值、動爻、變爻、伏爻的刑、害、剋、沖或自身臨凶神來剋世爻、身爻、官鬼、父母爻等情況，則預示著有疏漏的地方，需要謹慎對待。

黎評：以上為論述分爻推斷考試的方法，取其爻位代表考試過程，以其各爻旺衰生剋推斷考試過程之吉凶。

第一節　如何推斷考官評卷

在占卜考試中，被歲建衝破的爻常被用來代表考官，這寓意著外省禦史直接向京城的天子負責。同時，簾幕貴人也作為重要的用神，例如在白天占問時遇到夜貴的情況。

具體來說，甲、戊、庚日占卜時，未爻即為貴人；乙、己日則申爻為貴人；丙、丁日對應酉爻；壬、癸日則取卯爻；而在六辛日，寅爻便為貴人。這些都被稱為簾幕貴人。

當進行鄉試或會試的占卜時，如果被歲建衝破的爻和簾幕貴人爻能夠生合臨身爻、世爻的官鬼、父母爻，那麼預示著考生必定能高中；反之，如果這些爻刑、害、剋、沖身爻、世爻、官鬼、父母爻，則意味著考不中。

此外，如果身爻、世爻臨朱雀的父母爻發動，並剋制被歲建衝破的爻和逢簾幕的官鬼爻，這暗示著考生的文章不符合主考官的期望。

如果卦中沒有上述兩個用神出現，則可以轉而以四、五爻及官鬼爻作為用神進行解讀。這些方法和理論來源於《畢法賦》和《磨鏡藥》兩部經典的占卜著作。

黎評：以上為論述考官的推斷方法，取歲破爻為用，貴人神煞為輔，以其與世身官父爻的旺衰生剋綜合進行推斷。

第二節　如何推斷名次高下

當父母爻呈現為正值旺相的火爻，且臨朱雀，並作為世爻存在時，其吉兆尤為顯著。若此爻再得到四值的生合之力，同時臨貴馬與德合，且不受任何刑、害、剋、破的影響，這預示著考生能夠考試得位。

在占卜中，若丑、未兩個貴人分別出現在身爻和世爻上，這是中得魁首的吉兆。這是因為丑方位中藏有斗宿，而未方位中則有鬼宿，兩者相合便形成了「魁」字的象徵。

此外，當酉作為貴人出現，並且酉爻同時為身爻或世爻時，預示著考生能夠中亞魁，即第二名。這是因為酉在星宿中代表著從魁星，象徵著次一級的榮耀。

至於其他名次的預測，則可參照「小試占」中的方法來進行推斷。

黎評： 以上為論述名次的推斷方法，以父爻世爻、四值神煞及所值地支綜合進行推斷。魁是測字法的變通。

第二十二章　殿試占

在廷試中，以太歲為用神，因為殿試是由皇帝本人主持。若卦象中未見太歲，則以五爻代之作為用爻。

當太歲恰好為身爻或世爻，或生扶身爻、世爻時，若再有官貴、祿馬、龍喜、皇恩等吉神同臨一爻，其位置便決定了名次的高低。具體來說，位於五位或二位的爻預示著能中狀元；三爻或六爻則意味著能中榜眼；而初爻或四爻則代表能中探花。

若月令與各吉神臨或生扶為身爻、世爻的官鬼、父母爻，這預示著能夠躋身二甲之列。當月令和各吉神臨或生扶為世爻的父母爻時，則預示著能中三甲。至於在二、三甲中的具體名次，則可採用

「小試占」中的方法來進行推斷。

《畢法賦》的注解中提到,當德爻為亥爻,並且同時是身爻、世爻以及臨貴人的官鬼爻時,這預示著必定能夠高中。在這裡,「德」寓意著「得」,而「亥」則象徵著天門,意味著高中之路暢通無阻。

黎評:以上為論述殿試的推斷方法,相當於現代報考公務官員類的考試。取太歲五爻為用,以爻位配合神煞世爻官父推斷名次之高低。

第二十三章　武試占

鬼谷分爻表

爻位	武試占爻位之象
上爻	終場
五爻	主考
四爻	監察
三爻	策論
二爻	步射
初爻	馬射

在占卜鄉試的場合中,月令常被用來代表主考官,而日建則對應著監察的角色。對於會試的占卜,太歲則象徵著主考官,而被太歲衝破的爻則代表著監察。若卦中找不到臨太歲、月令或日建的爻,就需要關注相應的爻位來進行解讀。

在卦象中,巳爻代表弓,申爻代表箭,午爻則代表馬。當巳、申、午這三個爻處於生旺狀態,且未受到刑、害、剋、破的影響,

或者它們臨貴馬、財祿、青龍等吉神，並能生旺來助身爻、世爻時，這預示著考生在馬、步兩場考核中一定能取得好成績。

若身爻、世爻臨官貴、祿馬等吉神，同時又臨大殺、月殺、羊刃、白虎等凶神，但在當旺狀態下發動，也預示著考生能取得成功。

在占卜射箭的結果時，世爻代表射手自己，而應爻則對應著箭垛。世爻與應爻相合生，意味著箭能射中目標；世爻剋應爻也表示能射中；特別是當世爻合、剋地支為午的應爻時，箭能射中紅心，因為午代表著紅心。若世爻合、剋的應爻地支為寅、申、巳、亥，則箭會射中箭垛的四角；若為子、午、卯、酉，則會射中箭垛的中央。然而，如果世爻在應爻中逢敗、死、墓、絕、胎的狀態（申爻也同樣），則會脫靶。

射中的數目可以根據世爻的地支來推斷，遵循一水、二火、三木、四金、五土的數字對應規則。如果世爻正值旺相，則數目加倍；若值休，則數目不變；若正值囚、死，則數目減半。

在占卜三場策論的結果時，父母爻被用作關鍵的用爻。是否能考中以及所獲得的名次都與占卜文舉（即文試）時的推斷方法相同（出自《六壬磨鏡藥》）。

黎評：以上為武試占之總論，相當於現代的競技體育。取月令為主裁判，日建為助理裁判，太歲為會場。以其世應卦爻、用臨地支、十二長生訣、生扶拱合、刑沖剋害綜合推斷競技體育之成敗與名次。

第二十四章　官祿占

遊南子言：在預測官運的時候，針對那些尚未就職的人，我們需要關注他們未來擔任的官職、被選拔的具體月份、接到任命書的日期，以及他們的任職地點。而對於已經在職的官員，我們的預測

則聚焦於他們上任的吉凶、在任期間的表現如何、何時獲得晉升，以及何時被他人取代。

此外，預測官員的貧富與廉潔狀況，以及因失職後重新獲得職位、丁憂期滿後重新復職等情況，也都被包含在官祿預測的附加內容之中。

鬼谷分爻表

爻位	官祿占爻位之象
上爻	執政
五爻	朝仕
四爻	監司
三爻	長官
二爻	曹官
初爻	吏人

在預測官職時，我們主要關注的是具體的職位，並根據分爻來選擇相應的用爻進行推斷，以判斷其吉凶。這張表格便是為了幫助我們根據爻位來準確選擇用爻而設計的。

黎評： 以上為官祿占之總論，官祿占共分為十一節。

第一節　如何推斷職權範圍

當四值和貴馬同時出現在身爻或世爻上，並且得到臨德合的爻相生扶助，且為官鬼或父母爻的陽爻時，預示著此人必將出任至高的宰輔職位。若遇到刑刃或大殺，同樣也能成為出將入相的重要人物。若得太歲或五爻來生合，則必將受到皇家的宴飲賞賜，且恩澤能夠惠及子孫。

太歲和五爻若生合世爻或身爻，意味著此人將在朝廷擔任要職；反之，若沖剋世爻或身爻，則預示著將到外地去任職。世爻或

官鬼爻在內卦發動，預示著外地任職；而在外卦發動，則預示著在朝廷任職（考慮到五爻代表君主的位置，四、六爻均接近君主）。

世爻若臨官貴，並位於陽卦的陽爻上，預示著將擔任文職；若在陰卦的陰爻上，則預示著將擔任武職。世爻若持歲破殺，對於朝官而言，將在六部或重要的通都大邑擔任要職；對於外任官員而言，則會擔任布按都司等職位（考慮到太歲代表天子，歲破則象徵著與天子遙相對應的重臣）。

世爻若臨月令，則預示著將出任巡撫等職位（取其巡視四方的意義）。世爻若臨日建，則預示著將成為郡縣的長官（取其每日都能庇護百姓的意義）。

世爻若為臨貴人、祿馬的官鬼爻，並得太歲、月令、父母爻的生合，則預示著將成為禦史。世爻若為官鬼或父母爻且旺相，同時旁爻臨貴人、祿馬來生扶助，則只是表示此人為正直的官員而非禦史。

世爻若為臨貴人、祿馬的官鬼爻且不受空亡、刑害、剋破的影響時：若此爻為金且旺相做京官則會擔任司馬、司寇、大理中丞等職位；若金爻值衰則會擔任尚寶鄉、武選、車駕、職方、武庫郎等職，為武官則是五府衣使。對於外任官員而言若金爻旺相則會擔任總制、撫按、觀察、總兵等職；若金爻值衰則會擔任恤刑司理、參將、遊擊、把總之類的職位。

若此爻為木且旺相做京官則是司空；木爻值衰則為營繕、虞衡司等職。對於外任官員而言若木爻旺相則會是在關口、碼頭的稅官；木爻值衰也是徵稅的小官。

若此爻為水且旺相做京官則是家宰（取其具有公平如水的意義）；水爻值衰則是文選、稽勳、封驗、都水郎之類的官職。對於外派的官員，如果他們處於旺盛階段，那麼會擔任操江提督，負責鹽漕河道的管理；如果他們處於衰退階段，那麼會負責水利、鹽運、糧運等相關職務。

如果卦象中的火爻正值旺相，那麼此人在京城會擔任宗伯、宮詹、學士、司成、司業、太常、翰林等職位；如果火爻值衰，那麼

他們會擔任中書職務。當火爻既旺又臨朱雀時，預示著此人是科道官；若值衰，則會是鴻臚寺的官員。若卦象中出現午爻，且當旺，那麼此人是司馬；即使午爻值衰，也是苑馬。對於外派的官員，如果他們的卦象中臨文昌、驛馬和月令，那麼他們不是主持考試的官員，也是督學；如果他們處於衰退階段，那麼他們會負責學校、冶煉、窯場等相關職務。

如果土爻正值旺相，此人在京城會擔任司農、京兆、巡城、倉院等職務；如果土爻同時臨龍德，那麼他們是光祿卿。對於外派的官員，土爻當旺預示著他們將擔任地方主官、屯田、督運、督糧等職務；若值衰，則會是郡縣的主官，或是負責開礦、取石、墾辟的特使。

世爻如果為臨貴人、祿馬的官鬼爻，但沒有父母爻相伴，那麼此人只能擔任副職。

世爻為官鬼爻且值衰，但如果得到日辰和發動的妻財爻的生合，或者下伏妻財爻、化出妻財爻，那麼他們會負責倉場、府庫、驛典等相關職務。

如果世爻為官鬼或父母爻，但沒有妻財爻相伴，那麼此人的官職不是通過正式選拔獲得的，而是由差遣或委派產生的。據《筮訣》所述，卦若無財必非正選。

當官鬼爻值衰而父母爻當旺時，這意味著此人是代理某官職。

黎評： 以上為論述官職高低與職權範圍的推斷方法，取世官為用，以其四值貴馬、太歲五爻、官貴陰陽、神煞五行、世爻六親推斷做何官職，以卦體內外辨內外之官，以所臨四時的區別推斷官員層次。又以官爻世爻所臨五行論其任官行業，以旺衰論其職務高低，再配內外遠近京官地方官來分析具體任職。其簡單地說來即：其臨金者，為軍警司法、糾察車輛類的官職；其臨木者，為水利土木、工程技術、稅收茶樹類的官職；其臨水者，為水利運輸、鹽業糧運類的官職；其臨火者，為文化教育衛生、藝術宣傳之類的官職；其臨土者，為掌管地方土地、倉庫庭院、房產取石墾辟之類的官職。

第二節　如何推斷候選情況

若卦中的官鬼爻同時作為身爻和世爻，或者與妻財爻一同發動，又或者世爻的官鬼爻在白天得到貴人的輔助，與青龍、朱雀共同發動，甚至太歲或月令位於官鬼、父母爻上並對世爻、身爻產生生合的影響，那麼預示著能夠成功入選。

然而，如果世爻下隱藏著官鬼爻，或者伏有與驛馬相結合的父母爻，這會導致選拔過程被推遲。

在世爻表現為臨官貴的升爻，但其狀態為休囚並受到剋制時，則意味著會落選。相反，若世爻與夜晚的貴人相結合，並在青龍、朱雀的發動下，這預示著在催促之中即將被選中。

卦中若缺少官鬼、父母爻，或者這些爻位於空亡、絕地，或者身爻、世爻也處於空絕狀態，再或者子孫爻作為世爻旺盛發動，甚至子孫爻獨自發動，所有這些都預示著無法成功入選。

當官鬼爻化出另一個官鬼爻時，這預示著事情會有多次反覆。若官鬼爻發動，但妻財爻卻位於空亡或絕地，這表示負責選拔的官員不夠得力。

儘管官鬼爻在絕地中逢生意味著事情會遇到阻礙，但最終還是能夠得到貴人的幫助而成功。然而，如果身爻或世爻隨鬼入墓，那麼即使被選中也不會如意。

特別地，如果卦中出現丁未、戊戌兩種爻象，那麼即使成功選官上任，也會中途離職出遊或返回家鄉。更糟糕的是，如果官鬼爻與亡劫、大殺相結合來剋制世爻或身爻，那麼即使被選中也無法赴任。

最後，卦中若有官鬼爻但沒有父母爻，或者父母爻正處於空亡、死、墓、絕地或胎的狀態，這預示著沒有明確的任職地點。

預測何時將獲得官職，可以根據卦象中的官鬼爻狀態來推斷。

若官鬼爻旺盛並呈發動之態，如果預期的時間較遠，則會與所值年份相合的月份為獲得官職之時；若預期時間較近，則會與所值月份相合的日期為得官時間。當官鬼爻旺盛卻處於靜態時，那麼逢

沖的年、月、日便是獲得官職的時機。如果官鬼爻是隱藏的，那麼所值的年、月、日則會是獲得官職的時間點。

此外，官鬼爻的五行屬性也會影響選拔的速度。例如，火爻發動意味著選拔過程迅速；而水爻發動則意味著選拔較為遲緩。

同時，還需考慮官鬼爻所在的卦象。不同的卦象與不同的節氣相關聯，這會影響官職的選拔時間。乾卦：通常在立冬之後開始選拔。兌卦：多在秋分後開始選拔。離卦：往往在夏至後開始選拔。震卦：一般在春分後開始選拔。巽卦：常在立夏後開始選拔。坎卦：多在冬至後開始選拔。艮卦：通常在立春後開始選拔。坤卦：往往在立秋後開始選拔。

黎評：以上為論述官職選舉的推斷方法，以官財二爻、身世神煞、動爻生剋、升降變化綜合進行推斷，並配卦體大象推斷選舉時間。

第三節　如何推斷領憑情況

在預測文書領取時間時，我們以父母爻作為用爻進行推斷。

若父母爻處於旺盛狀態，那麼在遇到其「墓」日時，便會領取到文書；若父母爻處於衰弱狀態，則需在其恢復生旺之日方能領取；若父母爻伏藏不顯，那麼在其所臨值之日便是領取之時。

然而，若卦中不見父母爻，或者父母爻遭遇空亡、死、墓、絕、胎等不利狀態，那麼即使等待再久，也難以獲得文書。

此外，若卦中父母爻化出另一個父母爻，這預示著所領取的文憑存在不真實的情況。

黎評：以上為論述任命批文的推斷方法，取父母文書為用，以其旺衰明暗飛伏綜合推斷領憑之日。

第四節　如何推斷居官位置

在推斷居官任所情況時，我們可以根據世爻在不同爻位的位置來預測距離的遠近。具體來說，如果世爻位於一、二爻，那麼所預測的居官任所距離較近；若世爻在三、四爻，則距離較遠；而五、六世爻的世爻則意味著距離更遠。

此外，卦象的六合與六沖也會影響距離的遠近判斷。六合卦象預示著較近的距離，而六沖卦象則意味著距離較遠。

世爻與星宿分野的對應關係也能為我們提供關於居官任所的具體信息。例如，子爻作為世爻時，對應的是坎宮範圍內的女、虛、危三個星宿的分野，這些地區大致相當於今天的山東濟南、東昌、青州、登州、萊州五府。

同樣地，丑爻對應的是艮宮範圍內的牛、斗兩個星宿的分野，涵蓋了今天南京、浙江、江西、福建以及廣東等地的多個府州。

而寅爻則與艮宮範圍內的尾、箕兩個星宿的分野相對應，主要涉及今天北京的順天等地以及遼東瀋陽等地。

卯爻對應的是震宮範圍內的氐、房、心三個星宿的分野，涉及今天南京的徐州、淮安等地。

辰爻則與巽宮範圍內的角、亢兩個星宿的分野相對應，主要指的是今天山東的兗州府等地。

巳爻作為世爻時對應的是巽宮範圍內的翼、軫兩個星宿的分野包括今天湖廣、四川、貴州以及廣東、廣西等地的多個府州。

午爻則與離宮範圍內的柳、星、張三個星宿的分野相對應主要涉及今天河南的河南府、南陽府以及湖廣的部分地區。

未爻對應的是坤宮範圍內的井、鬼兩個星宿的分野涵蓋了今天陝西、四川、雲南、廣西以及貴州等地的多個府州。

申爻則與坤宮範圍內的畢、胃、參三個星宿的分野相對應主要涉及今天山西的部分地區。

酉爻對應的是兌宮範圍內的胃、昴兩個星宿的分野涉及今天北值的真定、順德（黎注：非佛山順德）等地以及山西的大同府。

戌爻則與乾宮範圍內的奎、婁兩個星宿的分野相對應主要涉及今天南京的鳳陽等地以及徐州。

最後，亥爻作為世爻時對應的是乾宮範圍內的室、壁兩個星宿的分野，包括今天河南的開封等地以及河北的大名府。

黎評：以上為論述任職何處的推斷方法，以爻位配六沖六合辨遠近，以十二地支參周天二十八星宿綜合推斷任職之地。後面所述以十二支推斷各省任職之法，須根據實際情況來定，如不是官職顯著，難以用上此節。

第五節　如何推斷赴任情況

鬼谷分爻表

爻位	赴任占爻象之象	
上爻	任所	
五爻	道路	賓師
四爻	車馬	
三爻	家眷	
二爻	伴侶	
初爻	行李	

根據爻象的變化，我們可以推斷出相應的吉凶禍福。當分爻正值旺盛且遇到生合的情況時，預示著吉利；然而，如果官鬼爻出現且逢空，同時又受到刑、害、剋、破的影響，那麼必將遭遇災難。

在世爻與應爻的關係中，世爻往往代表官職，而應爻則象徵著即將赴任的地方。當世爻剋制應爻時，這意味著前往任職的道路將暢通無阻。相反，如果應爻剋制世爻，那麼到任後會遇到一些不利的情況。

此外，世爻與應爻之間的相生關係也有其特殊含義。如果世爻生應爻，這預示著為了獲得這個官職將需要花費一定的財物；而應爻生世爻，則意味著因為這個官職而帶來一定的利益或好處。

需要注意的是，當世爻逢空時，預示著將有災難發生。在這種情況下，如果選擇陸路旅行則需要特別小心避免摔傷；如果選擇乘船則需要警惕風浪的危險。然而，如果世爻雖然逢空但處於旺盛狀態，那麼只是會生病而已並不會遭遇太大的災難。此外，如果能夠得到日辰或動爻的相沖，也會化解這場災難。

黎評： 以上為論述赴任的推斷方法，以爻位所臨神煞官鬼辨其赴任步驟之吉凶，又取世為己，應為所往之地，以其世應生剋旺衰推斷赴任之吉凶。

第六節　如何推斷在任吉凶

當官鬼爻和身爻或世爻臨貴祿時，意味著到任就能掌權。如果父母爻也同時生扶這些爻，那麼到達衙門就能執掌官印。此外，官鬼爻臨龍貴且位於陽卦中的陽爻，而正值旺盛的，則聲名非常盛大。如果兄弟爻發動來傷世爻，則吏員多舞文弄法。子孫爻當旺發動，如果是剿捕匪盜的官員，則能奏凱而歸。

當官鬼爻在陽卦中臨龍貴，且為陽爻正值旺盛之際，這位官員的聲望將會極為顯赫。然而，若父母爻受到損傷，同時妻財爻又處於空亡或絕地，則預示著所管轄的土地貧瘠，百姓生活困苦。

在卦象中，若代表父母的身爻發動，且代表兄弟的世爻也同時發動，這預示著政務將異常繁忙，而稅收卻不足。如果兄弟爻在日辰的影響下發動並對世爻造成傷害，這意味著下屬官員中多有人玩弄法律條文。而當兄弟爻變化出子孫爻來剋制世爻時，這暗示著治下的民眾固執難以教化。

道路爻若逢空亡，預示著官員將頻繁受到巡視官員的驚擾。子孫爻如果旺盛發動，對於負責剿匪的官員來說是好兆頭，預示著能

夠凱旋。然而，太歲若對官鬼爻造成傷害，對於在朝廷任職的官員來說則意味著被罷免。相反地月令和日建若能生扶世爻對於在地方任職的官員而言，則預示著有升遷的機會。

官鬼爻若能化出妻財爻，則預示著將得到嘉獎或被舉薦。帶有官貴之氣的爻若旺盛發動並能與世爻相合，則預示著即將得到舉薦。太歲或月令若能臨於父母爻之上並旺盛發動，則預示著朝廷將有命令下達。若帶有太歲之氣的爻和五爻同時發動並能與世爻相合，則預示著將被朝廷徵召入仕。

官鬼爻或世爻若位於五爻之位或臨太歲，同時又能得到父母爻的發動來生合，則預示著其名字已被皇帝所知。妻財爻若臨於三傳並能發動來與世爻相合，則預示著將得到賞賜。若太歲與五爻能生合父母爻，預示著父母將榮獲封賞；若其能生合妻財爻，則妻子將受到誥命之封；若生合子孫爻，兒孫們將獲得世襲的蔭庇；而生合官鬼爻，則象徵著祖父母將得到朝廷的恩澤。

卦中妻財爻若化出子孫爻，這預示著將得到官職並伴隨俸祿的增加。相反，若妻財爻化出的是兄弟爻，則會面臨俸祿的減少或處罰。

當月令與日建對官鬼爻或世爻造成刑、害、剋、破的影響，或臨貴的官鬼爻發動對身爻、世爻造成傷害時，這暗示著會受到彈劾。

在卦象中，官鬼爻和父母爻若遇到空亡、死、墓、絕、胎等狀態，或被刑、害、剋、破所影響，甚至它們發動時化出子孫爻且這些子孫爻也處於不利狀態，都預示著會被降職。

當世爻或官鬼爻在空亡狀態下發動時，這預示著會失去職務。特別是當官鬼爻化出退神（如丁丑、丁未、壬辰、壬戌），或由遊魂卦變為歸魂卦時，這暗示著應當考慮辭職。

若世爻處於空亡狀態，同時有帶有殺氣的爻發動，這預示著應當尋求避禍之道。更為嚴重的是，當世爻本身為官鬼爻且帶有大殺之氣而發動，或官鬼爻在亡劫狀態下發動並對虛弱的世爻造成傷害，甚至世爻、身爻、命爻都處於空亡、死、墓、絕等不利狀態

時，這都預示著會在任期內遭遇不幸。

黎評：以上為論述居官在任的推斷方法，以官世生剋、財父扶身、本宮陰陽旺衰、六親動變、四值生剋、十二長生等綜合推斷在職吉凶。

第七節　如何推斷升遷機會

在卦象中，世爻象徵著臣子，而應爻則代表著君主。

當世爻與應爻之間呈現出相生合或比和的關係時，這預示著臣子有望得到升遷。若世爻對應生扶應爻，這表示臣子正積極尋求晉升的機會；相反，如果應爻生扶世爻，則意味著有貴人或上級在推薦這位臣子。當應爻衝擊或剋制世爻時，這暗示著臣子會被派往外地任職；而應爻若能生合世爻，則預示著臣子將有機會在朝廷內部擔任要職。

若代表世爻的官鬼爻在旺盛狀態下發動，這是升遷的吉兆。同樣地，當妻財爻和子孫爻同時發動時，也預示著升遷的概率。即使只有妻財爻單獨發動，也會帶來晉升的機會。

在命盤中，若太歲或月令能夠生扶身爻或世爻，這也是升遷的有利信號。此外，官鬼爻若臨唐符、國印等吉神併發動，同樣暗示著晉升機會。當官鬼爻與朱雀和雷火煞同時發動時，也會帶來升遷的好運。

卦象中若官鬼爻化出妻財爻，則預示著臣子將按照正常的程式和途徑得到晉升。而當官鬼爻化出另一個官鬼爻，並遇到進神（如甲子、甲午、己卯、己酉）時，這暗示著臣子會實現越級升遷；相反地，若遇到退神，則會面臨職位的調動或調整。

占得歸魂卦，且官鬼爻安靜而不發動，則預示著能夠重新獲得職位。占得遊魂卦，且官鬼爻發動，則暗示著將升遷到遠方。若由遊魂卦化出遊魂卦，則表示能再次升遷並到達更遠的地方。

卦中有兩個父母爻和兩個官鬼爻，且當旺而發動，這象徵著鴛鴦求仕，即失去後得到另一種機會之意。內卦當旺、外卦值衰的，則適合留守舊職。這是因為內卦代表的是目前的狀態，而外卦則是將來的發展方向。如果內卦當旺，則意味著當前狀態良好，可以繼續留任；而外卦值衰，則意味著未來發展有限，需要考慮新的機遇。內卦值衰、外卦當旺的，則適合謀求新職。這是因為內卦代表的是目前的能力和狀況，而外卦則是未來的發展方向。如果內卦值衰，則意味著目前能力不足或者存在缺陷，需要尋求改變或提升的機會；而外卦當旺，則意味著未來有更多的發展空間和機會，可以嘗試開拓新的領域。內外卦都當旺的，則彼此都滿意。這意味著內外卦的力量相當，互相平衡，沒有一方明顯處於劣勢地位。這種情況下，無論是留任還是謀求新職，都能夠保持穩定和順利。

當卦象吉祥時，如果門戶（三、四）爻臨朱雀發動時，預示著吉報即將到來。

如果世爻逢空，官鬼爻也逢空，或官鬼爻安靜、伏藏，和身爻發動來刑太歲、月令的，都意味著不能升遷。

黎評： 以上為論述升遷的推斷方法，以世應之生剋組合、旺衰動變、六親神煞、卦體大象綜合推斷升遷與否。此處捷報與考試占的捷報相同。

第八節　如何推斷官職替代

若官鬼爻處於旺盛狀態，其權力將在官鬼爻遭遇死、墓、絕等不利日期時被取代。子孫爻若呈現旺動之勢，則預示著立即的權力更迭。

在卦象中若不見官鬼爻的身影，那麼權力的替代將在遇到絕日時發生。絕日象徵著舊有勢力的終結和新勢力的開始。

外卦的屬性也影響著權力交替的速度。若外卦屬陽，則權力的更替將迅速且果斷；若屬陰，則替代過程將較為緩慢和漸進。

在占問有關官員更替的問題時，應關注應爻和世爻的狀態以及官鬼爻的旺衰。若應爻生旺而世爻逢墓絕之日，或者官鬼爻在生旺的月、日中出現，這些時期都是官員更替的關鍵時刻。通過這些卦象和日期的分析，可以預測和瞭解官員更替的時機和趨勢。

黎評： 以上為論述官職替代的推斷方法，以官爻之旺衰、日辰世應之生剋推斷官職替代情況，以卦宮陰陽順逆推斷替代遲速。

第九節　如何推斷貪廉狀況

當官鬼和父母爻都處於旺盛狀態，而妻財爻不出現時，這意味著官員的廉潔程度較高。這是因為妻財爻代表了私欲和個人利益。

如果世爻為兄弟爻且處於旺盛發動狀態，這暗示著官員的貪婪本性。這是因為兄弟爻代表爭奪、貪欲等負面情緒。此外，如果世爻下伏有兄弟爻或化出兄弟爻，這也表明官員存在貪婪的可能性。

另外，官鬼爻和父母爻的狀態也可以反映出官員的嚴酷程度和疲邋軟弱程度。如果官鬼爻臨白虎煞發動，則表示官員比較嚴酷；而玄武煞、咸池煞等凶煞發動，則暗示著官員比較疲邋軟弱。

最後，需要注意妻財爻在卦中的位置和作用。如果妻財爻逢空或者被剋伐，這意味著官員的廉潔之名尚未遠播，並且其口袋也是空空的。而如果父母爻逢空但是官鬼爻旺盛，這意味著官員雖然爵位很高，但缺少行李，只有琴鶴相隨。

黎評： 以上為論述任職貪廉的推斷方法，取官父為主，世爻為用。以世爻所臨六親六神、神煞動變、財爻生剋綜合推斷任職貪廉，以爻位生剋推斷官民關係。

第十節　如何推斷官職退復

當子孫爻處於旺盛發動狀態，而父母爻正值休、空之時，同時官鬼爻逢墓絕時間，則預示著官員將面臨退職的命運。

如在丑月進行占問時，所得卦象為火雷噬嗑。

```
伏　神　　巽宮：火雷噬嗑
兄弟 辛卯木 ━━━　子孫 己巳火
子孫 辛巳火 ━ ━　妻財 己未土 世
妻財 辛未土 ━ ━　官鬼 己酉金
官鬼 辛酉金 ━ ━　妻財 庚辰土
父母 辛亥水 ━ ━　兄弟 庚寅木 應
妻財 辛丑土 ━━━　父母 庚子水
```

子孫為己巳火，妻財為己未土並處於世爻位置，官鬼為己酉金，妻財為庚辰土，兄弟為庚寅木並處於應爻位置，父母為庚子水。身爻落在戌上，從戌數至丑，歷經三位退度，因此預示著將有三個月的失職期。

如在午月進行占問，所得卦為艮。

```
艮宮：艮為山
━━━　官鬼 丙寅木 世
━ ━　妻財 丙子水
━ ━　兄弟 丙戌土
━━━　子孫 丙申金 應
━ ━　父母 丙午火
━ ━　兄弟 丙辰土
```

官鬼為丙寅木並處於世爻位置，妻財為丙子水，兄弟為丙戌土，子孫為丙申金並處於應爻位置，父母為丙午火，兄弟為丙辰土。此次身爻在巳，與午僅差一位，故意味著將有一個月的失職。

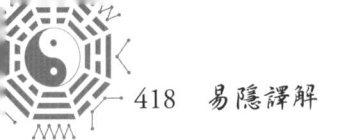

如在辰月卜卦，得到山風蠱卦。

```
        伏　神　　巽宮：山風蠱
        兄弟 辛卯木 ▅▅▅▅  兄弟 丙寅木
        子孫 辛巳火 ▅▅ ▅▅  父母 丙子水 世
        妻財 辛未土 ▅▅ ▅▅  妻財 丙戌土
        官鬼 辛酉金 ▅▅▅▅  官鬼 辛酉金
        父母 辛亥水 ▅▅▅▅  父母 辛亥水 應
        妻財 辛丑土 ▅▅ ▅▅  妻財 辛丑土
```

兄弟為丙寅木並處於應爻位置，父母為丙子水，妻財為丙戌土，官鬼為辛酉金並處於世爻位置，父母又為辛亥水，妻財為辛丑土。此次身爻位於寅，與辰相差兩位，因此預示著將有兩個月的失職期（其他情況可依照此方法類推）。

當官鬼爻得到三傳的生扶時，這意味著必定會有複職的機會。

若世爻之下隱藏著官鬼爻或臨驛馬的父母爻時，那麼可以在官鬼或父母爻所代表的年、月、日期待重新出任官職（黎注：詳見本章示例）。

當官鬼和父母爻同時為身爻或世爻，且它們旺盛而安靜時，這預示著在衝動官鬼或父母爻的年、月、日期將會重新擔任官職。

若旁爻臨貴馬且旺盛發動來生扶身爻或世爻的官鬼或父母爻時，這意味著將得到貴人的提拔並在相生的年、月、日期重新出任官職。

然而，若旁爻為兄弟爻且旺盛發動，同時臨亡劫或隔神來刑沖剋害身爻或世爻的官鬼或父母爻時，這將預示著會有行為不端的人來干擾和破壞事情的發展。

黎評： 以上為論述官職進退的推斷方法，將卦身與月令比較，推斷退職之月，以四值旺衰、他爻生剋推斷官職進退。

第十一節　如何推斷丁憂起複

　　占卜時，如果妻財爻臨白虎煞或白衣煞，並且出現在父母爻的方位上，或者又臨月令發動來刑、剋父母爻，那麼顯示為父親或母親有喪事。屬性為陽是為父親守喪，屬性為陰是為母親守喪。

　　如果二爻和五爻都臨白衣煞當旺發動，並傷世爻和官鬼爻，如果是二爻，則表示丁母憂；如果是五爻，則表示丁父憂。此後若遇到生合官鬼、父母爻的年、月，官鬼、父母爻正值生旺之年月，則預示著能夠重新做官。

　　黎評： 以上為論述丁憂起複的推斷方法。丁憂者，即古人因為父母死亡類家事而導致停職守孝的斷法。取父母爻的忌神財臨白虎為用，以其二爻五爻生合官印推斷何時丁憂與何時複職。

示例如下

例一

　　一男子在己丑年的壬申月乙丑日進行占問，想要瞭解自己是否能成功求取官職，所得的卦象為震之豫。

六神	震宮：震為雷		震宮：雷地豫
玄武	▬▬　▬▬　妻財　庚戌土　世		▬▬　▬▬　妻財　庚戌土
白虎	▬▬　▬▬　官鬼　庚申金		▬▬　▬▬　官鬼　庚申金
螣蛇	▬▬▬▬▬　子孫　庚午火		▬▬▬▬▬　子孫　庚午火　應
勾陳	▬▬　▬▬　妻財　庚辰土　應		▬▬　▬▬　兄弟　乙卯木
朱雀	▬▬　▬▬　兄弟　庚寅木		▬▬　▬▬　子孫　乙巳火
青龍	▬▬▬▬▬　父母　庚子水　○→		▬▬　▬▬　妻財　乙未土　世

解析：

1. 此卦中，五爻的官鬼申金代表官職，而初爻的父母子水則代表文書。這是我們在解讀這個卦象時的關鍵參考點。
2. 卦象顯示，如果此男子是為自己占問，那麼結果並不理想。

然而，如果是為他人占問，那麼事情會成功，但需要付出較多的精力和錢財。

3. 初爻的父母子水，作為文書的象徵，與月令申金和應爻辰土形成了三合局。三合局具有很強的信息提示性。在此卦中，應爻代表他人，月令官鬼申金代表官職，父母子水代表文書，三者合成一局，這預示著對他人有利，對自己則不利。

4. 卦象之所以顯示出需要費力的信息，是因為初爻的父母子水動化為了妻財未土，回頭剋害了父母子水。父母代表文書，文書受剋則意味著所求之事需要付出更多的努力。同時，世應都為妻財，這是父母的忌神，也表明了自身的阻礙和費力。

5. 值得慶倖的是，日建丑土衝開了未土，解救了子水，且子水在月令中得到長生，與應爻和月令形成了三合文書局。這說明雖然文書在危機中，但最終還是得到瞭解救，事情並無大礙，只是需要稍微耗費一些心神。

6. 日建丑土作為財星，衝開了未土變爻以解救父母文書。這在現實生活中可以理解為需要花費一些錢財來疏通關係，以此挽救文書並使事情得以成功。同時，卦中的世爻臨財去生官鬼，也預示著需要耗費錢財去求長官。

7. 如果此男子是為自己占問求官，那麼世爻旬空且歲日丑土又自相刑，這意味著他自己求官並不會成功。

例二

女婿為岳翁在京城選官之事進行占問，時在己丑年癸酉月丁酉日，所得卦象為晉之噬嗑。

六神	伏 神	乾宮：火地晉		巽宮：火雷噬嗑
青龍	父母 壬戌土	▬▬▬ 官鬼 己巳火		▬▬▬ 官鬼 己巳火
玄武	兄弟 壬申金	▬ ▬ 父母 己未土		▬ ▬ 父母 己未土 世
白虎	官鬼 壬午火	▬▬▬ 兄弟 己酉金 世		▬▬▬ 兄弟 己酉金
騰蛇	父母 甲辰土	▬ ▬ 妻財 乙卯木		▬ ▬ 父母 庚辰土
勾陳	妻財 甲寅木	▬ ▬ 官鬼 乙巳火		▬ ▬ 妻財 庚寅木 應
朱雀	子孫 甲子水	▬ ▬ 父母 乙未土 應 ×→		▬▬▬ 子孫 庚子水

解析：

1. 此卦以四爻的官鬼午火作為官職的象徵。
2. 初爻父母遭遇歲破，合處又逢破，這預示著岳翁當年的運勢並不順暢，選官的難度較大。
3. 官鬼巳火旬空且處於休囚狀態，這本身就是一個不利的信號。而初爻的父母未土發動，引出了伏神的子孫子水，它衝動地沖剋了卦中的官鬼巳火和午火。伏神代表隱晦的力量，這暗示在求官的過程中有小人在暗中作梗。
4. 官鬼午火隱藏於兄弟爻之下，兄弟爻代表著競爭和口舌之爭，這意味著在求官的過程中，岳翁會遭遇同僚的競爭。兄弟酉金得月日之助而旺盛，說明同僚的競爭力量非常強大。官鬼午火在月日及飛神酉金的影響下處於死地，難以顯現，這是不得官的徵兆。
5. 本宮中的兩位父母爻，辰土父母被忌神妻財所剋伏，而戌土父母雖然伏於官鬼巳火之下受到生助，但由於巳火旬空無力生父，父母爻在月日酉金的影響下更是衰敗不堪，毫無生氣可言。這恐怕意味著文書也難以得到認可，競選得官的希望渺茫。
6. 要等到次年庚寅年的戊寅月，官星處於長生的狀態時，岳翁才會選上官職。到了午月本宮官鬼顯現父母逢生之時他必然可以上任。

例三

男子求官占問，時在己丑年的丙子月丁卯日，所得的卦象為睽之歸妹。

六神	伏神		艮宮：火澤睽			兌宮：雷澤歸妹	
青龍	官鬼 丙寅木	▬▬	父母 己巳火	○→	▬ ▬	兄弟 庚戌土	應
玄武	妻財 丙子水	▬ ▬	兄弟 己未土		▬▬	子孫 庚申金	
白虎	兄弟 丙戌土	▬▬	子孫 己酉金 世		▬▬	父母 庚午火	
螣蛇	子孫 丙申金	▬ ▬	兄弟 丁丑土		▬ ▬	兄弟 丁丑土	世
勾陳	父母 丙午火	▬▬	官鬼 丁卯木		▬▬	官鬼 丁卯木	
朱雀	兄弟 丙辰土	▬▬	父母 丁巳火 應		▬▬	父母 丁巳火	

解析：

1. 在此卦中，我們以《易隱》方法為基準，取本宮上爻的官鬼寅木作為官職的象徵，而本宮二爻的父母午火則代表文書。

2. 主卦的上爻父母巳火發動，引出伏下的官鬼寅木與世爻下的戌土相合，且官爻得月日的旺相之助，這預示著求官者所依靠的貴人將是得力的。

3. 主卦的父母雖然發動，但化為了日建的空亡，同時本宮的父母午火也在太歲旬空中，這說明求官的文書暫時還沒有落實。此外，本宮的父母午火被月令衝破，又臨自刑，暗示文書中存在疏忽或遺漏導致的破綻。

4. 值得慶倖的是，本宮的父母午火得到日建和飛神官鬼卯木的相生之助，這說明儘管文書有些瑕疵，但仍有親近的官府支持保舉，使此事能夠成功。

5. 本宮的官鬼寅木伏於父母文書之下並生之，這暗示著求官之事在暗中還有其他的貴人幫助推薦，或者文書需要經過其他官方的審驗才能完備。卦中官父多重且互生，表明此事涉及多個官方部門。

6. 目前父母處於旬空無氣的狀態暫時難以成事，需要等待立春之後官鬼出現生扶父母爻，並且父母爻行至長生之地時，才

能得到上級官貴的準許開始考察。到了立夏之後，文書正處於旺盛狀態，必然能夠考查完畢獲得官職。

7. 本宮的官鬼寅木在六爻發動，六爻代表邊境遠方之意，因此任官之地必然很遠。外卦離火動變為震木，寅木也主東方，所以任官之地必定在東方。

例四

關於職位安穩的占問，時在庚寅年的庚辰月戊寅日，所得卦象為剝之觀。

六神	伏神	乾宮：山地剝		乾宮：風地觀	
朱雀	父母 壬戌土	▬▬ 妻財 丙寅木		▬▬ 妻財 辛卯木	
青龍	兄弟 壬申金	▬ ▬ 子孫 丙子水 世	×→	▬ ▬ 官鬼 辛巳火	
玄武	官鬼 壬午火	▬ ▬ 父母 丙戌土		▬ ▬ 父母 辛未土	世
白虎	父母 甲辰土	▬ ▬ 妻財 乙卯木		▬ ▬ 妻財 乙卯木	
螣蛇	妻財 甲寅木	▬ ▬ 官鬼 乙巳火 應		▬ ▬ 官鬼 乙巳火	
勾陳	子孫 甲子水	▬ ▬ 父母 乙未土		▬ ▬ 父母 乙未土	應

解析：

1. 在此卦中，我們以本宮四爻的官鬼午火代表官職和長官，而本宮的兩位父母則代表文書。

2. 官鬼午火在辰月自刑，同時又入飛神戌土之墓，這是官運受阻的象徵。

3. 世爻在此卦中代表自己，臨於子孫子水並動來沖剋官鬼午火。子孫是剝官之神，而官鬼也代表長官。這必然是因為自己過去曾冒犯長官，與長官不和，從而導致官運受阻。

4. 本宮的父母代表文書，但它們受到月破、日剋和飛神的剋制，導致父母文書受傷。這說明問題出在文書的疏漏或不明確上，從而冒犯了上級。詢問後果然如此。

例五

預測官職前景，時在庚寅年的辛巳月壬辰日，所得卦象為安靜的水天需卦。

六神	伏神		坤宮：水天需		
白虎	子孫 癸酉金	▬▬ ▬▬	妻財	戊子水	
螣蛇	妻財 癸亥水	▬▬▬▬	兄弟	戊戌土	
勾陳	兄弟 癸丑土	▬▬ ▬▬	子孫	戊申金	世
朱雀	官鬼 乙卯木	▬▬▬▬	兄弟	甲辰土	
青龍	父母 乙巳火	▬▬▬▬	官鬼	甲寅木	
玄武	兄弟 乙未土	▬▬▬▬	妻財	甲子水	應

解析：

1. 在此卦中，我們以本宮三爻的官鬼卯木代表官職，本宮二爻的父母巳火則代表文書。
2. 父母爻得到月令的旺相之助，又被寅木飛神所長生，這意味著文書方面有積極的發展。其動而與世爻申金合剋，同時又生扶世下的丑土，這是文書與己有利的象徵，暗示著因文書而獲利。
3. 儘管有子孫忌神持世，得月合日生之助，會帶來一些阻力，但由於申金在夏季處於休囚狀態且受剋，又逢月令旬空，其不利影響被削弱，因此事情仍有成功的可能。
4. 官鬼卯木伏於兄弟辰土之下，日建也是兄弟，這增強了卦中的劫財之神的力量，暗示著在求官過程中會有財務損失。此外，主卦的官鬼寅木與本宮的父母巳火之間存在生中帶刑的關係，這暗示著官員雖然能夠發出文書，但背後有索財的意圖。為了順利解決此事，需要考慮行賄。

例六

預測官職前景，時在庚寅年辛巳月丁酉日，所得卦象由乾為天變為離為火。

六神	乾宮：乾為天		離宮：離為火
青龍	▬▬ 父母 壬戌土 世		▬▬ 官鬼 己巳火 世
玄武	▬▬ 兄弟 壬申金 ○→		▬ ▬ 父母 己未土
白虎	▬▬ 官鬼 壬午火		▬▬ 兄弟 己酉金
螣蛇	▬▬ 父母 甲辰土 應		▬ ▬ 子孫 己亥水 應
勾陳	▬▬ 妻財 甲寅木 ○→		▬ ▬ 父母 己丑土
朱雀	▬▬ 子孫 甲子水		▬▬ 妻財 己卯木

解析：

1. 此卦中乾卦的二爻和五爻發生變動。二爻的爻辭為「見龍在田，利見大人」，五爻的爻辭為「飛龍在天，利見大人」。兩者均為大吉之兆。

2. 然而，從整個卦象來看，六沖變為六沖，且存在回頭剋的現象，這顯示了大象不吉。

3. 卦中財爻發動剋制了本宮的父母爻，這暗示著文書方面會受損。同時，兄弟爻的發動也帶來了諸多阻礙，因此目前此事難以成功。

4. 卦象顯示，在辰戌之年，當父母印綬得令之時，此事必可有所求。而在午年，官鬼當令，屆時必將獲得官職。

黎評：在《增刪卜易》的卦變生剋墓絕章中，探討了卦的變化如何影響預測結果。卦的變化包括變生、變剋、變墓、變絕和變比和等情況。根據實踐經驗，每當遇到卦化剋的情況，無論用神的旺衰如何，都預示著不吉的結果。

例七

某官員占問在任期間是否平安。卜卦時間為庚寅年壬午月甲戌日，所得卦象由歸妹變為泰。

六神	伏 神	兌宮：雷澤歸妹		坤宮：地天泰	
玄武	父母 丁未土	▬ ▬ 父母 庚戌土 應		▬ ▬ 兄弟 癸酉金 應	
白虎	兄弟 丁酉金	▬▬▬ 兄弟 庚申金		▬ ▬ 子孫 癸亥水	
螣蛇	子孫 丁亥水	▬▬▬ 官鬼 庚午火	○→	▬ ▬ 父母 癸丑土	
勾陳	父母 丁丑土	▬ ▬ 父母 丁丑土 世	×→	▬▬▬ 父母 甲辰土 世	
朱雀	妻財 丁卯木	▬▬▬ 妻財 丁卯木		▬▬▬ 妻財 甲寅木	
青龍	官鬼 丁巳火	▬▬▬ 官鬼 丁巳火		▬▬▬ 子孫 甲子水	

解析：

1. 官鬼午火在月令中自刑，動而進入日墓，同時又自化為丑土相害。這預示著官運不暢，會遭遇口舌是非。
2. 世爻臨父母被月令相害，日建相刑，自化入墓。這不僅暗示著文書方面不順利，還需要防範自身遭遇的大凶之災，甚至會導致死亡。
3. 為了避免這種潛在的災禍，唯一的解決辦法是辭去官職。只有這樣，才能確保自身的安全，才能渡過難關。

例八

是月是日（黎注：原文如此），有人占卜詢問官職升遷，得到了剝之晉的卦象。

伏 神	乾宮：山地剝		乾宮：火地晉	
父母 壬戌土	▬▬▬ 妻財 丙寅木		▬▬▬ 官鬼 己巳火	
兄弟 壬申金	▬ ▬ 子孫 丙子水 世		▬ ▬ 父母 己未土	
官鬼 壬午火	▬ ▬ 父母 丙戌土	×→	▬▬▬ 兄弟 己酉金 世	
父母 甲辰土	▬ ▬ 妻財 乙卯木		▬ ▬ 妻財 乙卯木	
妻財 甲寅木	▬ ▬ 官鬼 乙巳火 應		▬ ▬ 官鬼 乙巳火	
子孫 甲子水	▬ ▬ 父母 乙未土		▬ ▬ 父母 乙未土 應	

解析：

　　世爻落在子水之上，本宮申金伏於其下。在六親關係中，生我者稱為印綬，這裡的申金即為世爻的印綬，也就是父母。卦中伏藏的印綬生助世爻，對於求取文書來說是好兆頭。

　　但如果是在寅年午月戌日占卜得到此卦，解卦的思路應有所不同：

1. 此卦中，太歲馬星和日建馬星都落在申爻上，而申爻正好伏於世爻之下。申金不僅代表世爻的印綬文書，還臨馬星，且為陽馬，力量更為強大。這預示著此人日後必將升官。
2. 本宮的官爻壬午伏於父母丙戌之下，進入飛神的墓地。需等到壬辰年，與飛神丙戌形成天地相沖之勢，伏神的官鬼才能解脫出來，那時便是得官之時。同時，辰年與世爻申金子水形成三合水局，辰土剋制世飛成為官星，申金生助世飛成為印綬。這一年官印相合，正是掌握權力的象徵。
3. 等到壬辰年的寅月，官鬼解脫並處於長生之地，此時是求官的最佳時機。官星長生在寅木之上，而寅木代表財富。因此，只需用財富進行謀劃，賄賂上級官員，此事必定能成。隨著官鬼旺盛臨午火之勢，丙午月必定能升官。快者未月就能上任，慢者在戌月到任。之所以判斷在這兩個月到任是因為土代表印綬文書。未月時文書與官鬼午火形成六合之勢；而戌月時文書與官鬼午火形成三合之勢。

　　校對時，有細心的人員提出疑問：「這個卦象與本章的第四例，也就是關於求官是否平安的卦例，似乎有共通之處。兩者都是子孫持世並被旺盛的官鬼所剋。然而，在第四例中，結論是求測者冒犯長官，對官場不利。但在此例中，卻預測求官將迅速成功。這是為什麼呢？」

　　黎光道：「儘管兩卦在結構上有相似之處，但由於所詢問的事情性質不同，因此解讀方法也大相逕庭。」在第四例中，主題是詢問為官的安危，關注的是吉凶問題。因此，喜歡看到子孫這一吉神

出現，而忌諱官鬼這一凶神。這是因為子孫代表平安，而官鬼則象徵著災禍。

相比之下，本卦的主題是詢問能否成功求官。在這種情況下，更希望看到官鬼旺盛，而子孫作為忌神出現則不利。在第四例中，世爻的子孫福神受到傷害，而官鬼災禍反過來剋制世爻的福神，這暗示著求測者自身的不安和冒犯長官的風險。

然而，在此例中，代表剋官忌神的世爻子孫同樣受傷，但官鬼合局旺盛並衝擊世爻。這意味著求官過程中的阻礙已經消除，因此可以預測求官將會成功。這種差異完全取決於問卦者的意念和關注點不同所導致的不同解讀方法。

關於這種因意念不同而產生不同斷法的觀點在《卜筮正宗》的第十八問中「卦象有應與不應」及《增刪卜易》修衙門章中可以看到，這說明了在占卜解讀中考慮問卦者具體意圖和關注點的重要性。

第二十五章　文書占

遊南子道：在卜問文書的事務中，存在著公私兩種不同的情境。儘管兩者都以父母爻作為主要參考，但在公事占問中，官鬼爻的旺盛被視為助力；而在私人占問中，子孫爻的旺盛則被視為得助的標誌。

若三傳中出現刑、害、剋、破等不利於父母爻的因素，則預示著文書難以成功。若卦中缺失官鬼爻或父母爻，或者這兩爻處於空亡、絕地，或者化出空亡、絕地的狀態，這往往意味著文書要麼未被發出，要麼已經遺失。當父母爻正處於墓、胎狀態，或者化出墓、胎，特別是臨勾陳的土爻旺盛發動時，這表示由於某些阻礙，文書的傳遞會被延誤。

對於官員而言，在卜問文憑、誥敕以及公文、差箚等事務時，如果身爻或世爻為祿馬、貴人所占的官鬼爻或父母爻，或者三傳中的官鬼爻、父母爻發動來生合身爻或世爻，那麼可以確信文書必定能夠順利獲得。

對於商人卜問鹽引、鈔文，以及普通民眾卜問契券、田貼等事務，只要父母爻旺盛發動，並且來生合身爻或世爻，同時妻財爻和子孫爻保持旺盛且平靜的狀態，這就意味著文書存在。然而，如果應爻遇到空亡、絕地、墓、胎等不利狀態，或者世爻臨玄武且妻財爻發動（因為妻財剋文書，玄武剋朱雀），則預示著沒有文書。

至於確定何時能得到文書的問題，也有一定的規律可循。如果文書當旺，則需要等到其入墓的月日才能到手；如果文書處於衰微狀態，則要等到其恢復生旺的月日；若文書旺盛且發動，則需等待其逢合的月日；若文書旺盛但安靜不動，則需等待其被衝動的月日。如果父母爻（代表文書）是伏藏的，那麼要等到該文書爻所臨值的月日才能得到文書。

黎評： 以上為文書占之總論，取父母爻為用神。占公事以官旺為助，占私事以子旺為助，配合四值旺衰、十二長生、六親動變等推斷文書吉凶與到達時間。值得一提的是，作者談到了「多用神」的用法，即有主次，並能各行不犯，即為吉。

示例如下

例一

關於代為占卜求取文書的情況如何？在庚寅年戊寅月乙卯日進行占卜，得到剝之觀。

六神	伏神	乾宮：山地剝		乾宮：風地觀
玄武	父母 壬戌土	▬▬ 妻財 丙寅木		▬▬ 妻財 辛卯木
白虎	兄弟 壬申金	▬ ▬ 子孫 丙子水 世 ×→		▬▬ 官鬼 辛巳火
螣蛇	官鬼 壬午火	▬ ▬ 父母 丙戌土		▬ ▬ 父母 辛未土 世
勾陳	父母 甲辰土	▬ ▬ 妻財 乙卯木		▬ ▬ 妻財 乙卯木
朱雀	妻財 甲寅木	▬ ▬ 官鬼 乙巳火 應		▬ ▬ 官鬼 乙巳火
青龍	子孫 甲子水	▬ ▬ 父母 乙未土		▬ ▬ 父母 乙未土 應

解析：

1. 在《易隱》方法中，我們關注本宮卦的三爻和六爻的父母爻，它們代表所求的文書。同時，本宮卦的四爻官鬼午火代表掌管文書的官員，主卦的應爻則代表對方。

2. 觀察到本宮卦的三爻和六爻的父母辰戌存在互沖關係，並且受到年月日三傳的剋制。更糟糕的是，它們還伏在財爻之下受剋，這顯示出文書難以獲得的跡象。

3. 儘管有他人看到應爻臨官鬼得到三傳的相生而認為吉利，但他們忽略了應爻巳火被歲月相刑的情況，這實際上是有害相生的表現。世爻子孫子水一旦發動，就會沖剋本宮卦的官爻午火。同時，世爻的發動還會帶出伏神申金來沖剋應官爻下面的伏神寅木。這說明自己與官員之間的人事關係不和，所求取的文書最終徒勞無功。

例二

關於某人托求文書的占卜,時在庚寅年庚辰月己巳日,所得卦象為豐之複。

六神	伏　神	坎宮:雷火豐		坤宮:地雷複
勾陳	兄弟 戊子水	■ ■ 官鬼 庚戌土		■ ■ 父母 癸酉金
朱雀	官鬼 戊戌土	■ ■ 父母 庚申金 世		■ ■ 兄弟 癸亥水
青龍	父母 戊申金	▬▬ 妻財 庚午火	○→	■ ■ 官鬼 癸丑土 應
玄武	妻財 戊午火	▬▬ 兄弟 己亥水	○→	■ ■ 官鬼 庚辰土
白虎	官鬼 戊辰土	■ ■ 官鬼 己丑土 應		■ ■ 子孫 庚寅木
騰蛇	子孫 戊寅木	▬▬ 子孫 己卯木		▬▬ 兄弟 庚子水 世

解析:

1. 本宮四爻的父母申金被選取為代表文書的爻象,而上爻的兄弟子水則代表所託付的朋友。

2. 觀察父母申金的情況,由於飛神妻財午火的動爻而顯現,同時被日建巳火合起,顯示出文書必然可以獲得的跡象。

3. 然而,本宮的兄弟子水在卦中的形勢卻極為不利。其爻受到太歲寅木的傷害,墓於月令辰土之下,又在日建巳火上處於絕地狀態,這種「爻化墓絕」的現象預示著大凶之兆。更加不妙的是,它還伏在鬼爻之下,這進一步加劇了兇險的程度。

綜合以上分析可以得出結論:雖然文書尚在可求之中,但所託付的朋友卻面臨極大的危險甚至會喪命。

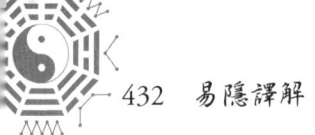

例三

關於求占文書的卦象解析，時在庚寅年甲申月庚辰日，所得卦象為升之小過。

六神	伏神	震宮：雷地豫		兌宮：雷山小過
螣蛇	妻財 庚戌土	▬▬ ▬▬ 官鬼 癸酉金		▬▬ ▬▬ 妻財 庚戌土
勾陳	官鬼 庚申金	▬▬▬▬▬ 父母 癸亥水		▬▬▬▬▬ 官鬼 庚申金
朱雀	子孫 庚午火	▬▬▬▬▬ 妻財 癸丑土 世	×→	▬▬▬▬▬ 子孫 庚午火 世
青龍	妻財 庚辰土	▬▬ ▬▬ 官鬼 辛酉金		▬▬▬▬▬ 官鬼 丙申金
玄武	兄弟 庚寅木	▬▬▬▬▬ 父母 辛亥水	○→	▬▬ ▬▬ 子孫 丙午火
白虎	父母 庚子水	▬▬ ▬▬ 妻財 辛丑土 應		▬▬ ▬▬ 妻財 丙辰土 應

解析：

1. 根據《易隱》的本宮用法，我們選取本宮初爻的父母子水作為所求文書的代表爻象，而本宮五爻的官鬼申金則代表管理文書的官員。

2. 觀察到本宮官鬼申金位於五爻的尊貴位置，並且得到月日兩柱的幫扶而呈現旺相狀態。這表明官員在文書事務上必然得力。雖然目前官鬼申金處於旬空狀態，但一旦出空便將是其得力之時。

3. 主卦二爻的父母亥水發動，對本宮用神子水起到助益作用。這使得本宮的子水旺相有氣，並與世爻形成相合之勢。這是文書可以獲得的吉象。

4. 用神子水在月令中處於長生狀態，並與月日兩柱虛合成文書水局。這預示著文書大吉。只需要等待下旬的戊子日，用神將臨日建透出，並與三合水局成功相應。同時，官鬼申金也將在此時出空。因此可以斷定，在此日必然能夠成功獲得文書。

實際情況是在子日成功完成了文書相關事務。

例四

關於某人托求文書的占卜，時在寅年丁亥月丁酉日，所得為大壯靜卦。

六神	伏　神		坤宮：雷天大壯	
青龍	子孫 癸酉金	▅▅ ▅▅	兄弟 庚戌土	
玄武	妻財 癸亥水	▅▅ ▅▅	子孫 庚申金	
白虎	兄弟 癸丑土	▅▅▅▅▅	父母 庚午火	世
螣蛇	官鬼 乙卯木	▅▅▅▅▅	兄弟 甲辰土	
勾陳	父母 乙巳火	▅▅▅▅▅	官鬼 甲寅木	
朱雀	兄弟 乙未土	▅▅▅▅▅	妻財 甲子水	應

解析：

1. 若此求取文書之事發生在本月內，則有望成功。然而，若拖延至下月，則成功的概率將大大降低。
2. 世爻午火代表文書，它與世爻下的伏神相生，呈現出大吉的文書象徵。主卦的應爻子水與世爻下的伏神丑土相合，而應爻下的伏神未土又與世爻午火相合。這種相互合作的局面預示著人事和諧，為此事的成功創造了有利條件。
3. 需要注意的是，若此事拖延至十一月，子水月令將動而應爻，會衝破世爻午火所代表的文書。屆時，成功的機會將變得渺茫。

黎評：此卦解釋角度很奇，不合現今卦理，謹慎學習。

第二十六章　謁貴占

遊南子表示：人們在前往拜見尊貴的人物時，總是帶有某種期望或請求。因此，在最初的時候，他們會擔心無法見到這位尊貴的人物；而一旦見到，又會擔憂自己的請求無法得到滿足。正因如此，進行占卜預測就顯得尤為重要。

黎評： 以上為謁貴占之總論，謁貴占共分二節。

鬼谷分爻表

爻位	占謁貴的爻位之象
上爻	大貴
五爻	中貴
四爻	朝貴
三爻	州郡省貴
二爻	縣貴
初爻	鄉貴

在進行占卜時，關鍵是要確定所拜見的尊貴人物與哪一爻位相對應。

若該爻位出現且處於旺盛狀態，能夠生助並與求測者的身爻或世爻相合，這預示著求測者不僅能夠成功見到這位尊貴人物，而且他們的請求也能得到滿足。

相反，如果該爻位呈現伏藏、空亡、死、墓、絕、胎等不利狀態，或者與求測者的身爻或世爻形成刑、害、剋、沖等不利關係，那麼這預示著求測者無法見到這位尊貴人物，即使見到了，他們的請求也不太會得到滿足。

黎評： 以上為論述爻位的推斷方法，以其爻位之旺衰與生剋世身推斷見貴過程之喜忌。

第一節　如何推斷謁貴見否

若外卦、應爻及官鬼爻的屬性顯陰性，則表示所測之人在家中；若顯陽性，則表示其已外出。當這些爻的屬性由陽轉陰時，意味著此人剛從外面歸來；相反，由陰轉陽則代表其剛剛離家。

應爻與官鬼爻若顯現，則人在家中；若隱藏不現，則人不在家。若這些爻發動，則見面將變得困難；若逢空亡，則表示此人不會接見；但若是空亡且處於旺盛狀態，那麼過了本旬之後才會接見。

當這些爻出現且旺盛發動，卻不帶有土的屬性時，表示無法見到此人。陰爻變為陽爻，預示著再次拜訪時可以見到；而陽爻變為陰爻，則意味著再次拜訪會遭到拒絕。

若卦象呈現六合之態，表示可以相見；但若遇到六沖卦，則往往表示無法見面。卦中若缺少身爻、官鬼爻，或者世爻、應爻都逢空亡，又或世爻、應爻同時為官鬼爻時，那麼就沒有必要去見面了。

在世爻、應爻與內外卦中的官鬼爻之間相生合比和的情況下，可以等到應爻、官鬼爻來生世爻、合世爻的那一天進行見面，或者選擇在應爻、官鬼爻正值生旺之日相見。

黎評： 以上為論述能否見到貴人的推斷方法，取外卦應爻官爻為用，以其用爻之陰陽變化推斷貴人之所在，以其世應鬼爻組合推斷何時能見。

第二節　如何推斷相見喜怒

若外卦與應爻、官鬼爻能與世爻、身爻、內卦產生相生相合的關係，那麼相見時將會充滿喜悅；相反，若它們之間出現刑、害、剋、沖的關係，見面後則會引發憤怒。

儘管應爻、官鬼爻起初與世爻、身爻相生相合，帶來喜悅，但若隨後的變爻出現刑、害、剋、沖的情況，喜悅會轉變為憤怒。相反，如果最初是刑、害、剋、沖的關係，而後的變爻能夠相生相合，那麼憤怒的情緒會逐漸平息，轉為和善。

若應爻、官鬼爻受到日辰、動爻的刑、害、剋或破的影響，或

者它們化入死、墓、絕、胎的狀態，這預示著對方正在經歷災病或禍事。

當特定的爻與不同的神獸相應併發動時，它們會展現出不同的特性：青龍發動則和藹多情，朱雀發動則多言易怒，勾陳發動則率直質樸，騰蛇發動則多疑寡信，白虎發動則狠毒無情，玄武發動則狡詐多變。

在尋求同僚協助、提起訴訟或向顯貴上書獻策的情境中，官鬼爻成為關鍵用爻。若官鬼爻旺盛並與世爻、身爻相生相合，則為吉兆；若官鬼爻處於空亡、死、墓、絕、胎等狀態，則力量不足。若官鬼爻發動對世爻、身爻造成刑、害、剋、沖的影響，不會得到積極的回應；特別是若臨白虎造成傷害，不僅得不到回應，還會遭受罪責。

在尋求停息訴訟或解脫罪責中拜謁顯貴時，子孫爻成為重要的用爻。若應爻為子孫爻且旺盛發動，或者世爻本身就是子孫爻並得到月令、日建的生合之助，則為吉兆。然而，若應爻或子孫爻處於不利狀態或被刑、害、剋、沖所影響，則不會得到有力的幫助。

在尋求文書或推薦中拜謁顯貴時，父母爻是用爻的關鍵。若官鬼爻旺盛並與父母爻相生相合，或者父母爻本身旺盛並與身爻、世爻相生相合，則預示著成功。相反，若父母爻處於不利狀態或被刑、害、剋所破，即使有也會無濟於事。若妻財爻作為世爻旺盛發動或獨自發動，這預示著請求將不會得到滿足，即使得到也會沒有實際作用。

在有饋贈的情況下拜謁顯貴時，應爻的狀態至關重要。若應爻處於不利狀態，意味著無法遇到合適的人或者無法投其所好。此外，若妻財爻帶退神發動或發動後化出退神，這預示著財物不會被接受。然而，若應爻與妻財爻旺盛並與世爻相生相合，即使饋贈微薄也會得到豐厚的回報。最後，若應爻發動對世爻造成不利影響且間爻也發動，這意味著因為被離間而導致感情疏遠。

黎評： 以上為論述相見喜怒的推斷方法，取外卦應爻官爻為用，以其用爻對世爻的生剋刑沖、動爻變爻推斷見官之喜怒，其中重點在於因為不同目的見官，其吉凶斷法亦有所不同，讀者亦多加注意。

《易隱》卷六

第二十七章 行人占

遊南子表示,對於行人的占卜,其實涵蓋了多個方面。這包括預測他們是否懷有強烈的歸家之願,探究他們在外的人身安全狀況,揣測他們行囊中財物的豐儉,推斷他們目前所處的位置,以及預估他們歸來的具體時日。對於那些漂泊異鄉、久無音訊的人,還需要額外占卜他們是否能傳來消息。

黎評:以上為行人占之總論,行人占共分為七節。

鬼谷分爻表

爻位	占行人之爻位類象
上爻	地頭
五爻	路車
四爻	門馬
三爻	同伴
二爻	身
初爻	足

當初爻和二爻活躍時,表明行人已經踏上行程,並將在與用爻或應爻相應的墓日歸來。然而,如果這兩個爻的發動涉及兄弟或官鬼爻,這意味著行人在途中會遭遇不順,受到某些束縛,因此無法立即抵達。

初爻若為官鬼爻,則預示著腳部有疾。相應地,二爻為官鬼爻時,暗示身體存在疾病。三爻若為官鬼爻,則同伴會遭遇災難;而四爻為官鬼時,意味著馬匹狀態不佳或生病。最後,五爻為官鬼則

表明車子會受損。

當用爻或應爻與驛馬相關的妻財、子孫爻相應，並且這些爻是門戶（三、四）爻且活躍時，這意味著行人很快就會到達。如果這些爻與道路相關併發動，則行人仍在途中。但是，如果這些爻發動但逢空，或者帶有退神，甚至發動後化出退神（如丁丑、丁未、壬辰、壬戌等），這意味著行人在出發後又會折返。

要確定行人在何處折返，只需觀察哪個爻位發動了。為了更精確地知道走了多遠後折返，可以根據動爻的地支來推斷：一水、二火、三木、四金、五土之數分別代表不同的距離。這些數的實際距離還會受到爻的旺相、休、囚、死狀態的影響——旺相則加倍，休則保持原數，囚、死則減半。

如果用爻或應爻位於六爻，並且是臨驛馬的妻財、子孫爻且發動，那麼這表明行人已經出發；如果這些爻是安靜的，那麼行人尚未動身。如果這些爻與兄弟相關併發動，這意味著行人由於失望而返回。而官鬼爻若保持安靜，則意味著行人在外地生病了。

黎評：以上為論述爻位的推斷方法，以爻位所臨兄鬼推斷吉凶於何處，以爻位六親及動爻五行推斷行人行轉之地與歸日時間。

第一節　如何推斷行人歸意

當用爻和應爻與世爻產生相生、相合或相剋的關係時，這表明行人渴望歸來。然而，如果用爻和應爻對世爻產生刑、沖或害的影響，則意味著行人並不打算回來。

在某些情況下，儘管用爻和應爻在靜態中與世爻產生生剋關係，顯示出行人內心的歸意，但他們需要等待一個衝動的日或月才會真正啟程。他們往往會在生旺的月或日抵達家中。

有時，用爻和應爻因受到衝擊而暗中活躍，這表示行人內心剛剛萌生了歸來的念頭，但尚未付諸行動。

如果用爻和應爻與驛馬相應併發動來生世爻，這是一個明確的

跡象，表明行人很快就會回來。但如果這些爻在外卦中與驛馬相應併發動來刑沖世爻，那麼行人會繼續遠離。

卦象也為我們提供了線索。當遇到遊魂卦或六沖卦，同時用爻和應爻都在發動時，這意味著行人將繼續遠離。相反，如果遇到歸魂卦或六合卦，並且用爻和應爻同時發動，那麼行人會迅速歸來。

此外，還有一些情況表明行人會長期在外不歸。例如，當用爻和應爻處於休囚狀態，或者遇到退神而發動，或者臨驛馬但逢空發動時，很久都不會回。如果這些情況再與玄武咸池相應，並且被日辰合住，這意味著行人在外地有了深厚的私交，因此流連忘返。

黎評：以上為論述行人是否要來的推斷方法，以應爻用爻與世爻的生剋刑沖、動靜神煞、十二長生、旬空旺衰、卦體變化綜合推斷行人是否回程。

第二節　如何推斷在外安危

當用爻和應爻出現空亡、死、墓、絕、胎的狀態，或者變化進入這些狀態時，其影響極為嚴重，甚至導致死亡，輕微也會引發疾病。如果這些爻被刑、害、剋、破所影響，或者動化刑、害、剋、破者，那麼結果往往不是受到侮辱，就是遭遇災難。

當用爻和應爻與青龍相應併發動時，預示著得意之事；與朱雀相應則預示著會先有消息傳來；與勾陳相應則意味著會滯留在外；與騰蛇相應則會遭遇驚恐之事；與白虎相應則需要防備被劫掠的風險；與玄武相應則會遇到小人。特別是當土爻臨勾陳且旺盛發動，來剋制應爻或用爻時，這表明對方有意外災難，很難在短時間內到來。

用爻如果隱藏在父爻之下，會因為文書事務而受到阻礙；如果隱藏在財爻之下，則會受到買賣事務的牽連；如果隱藏在子爻之下，會被僧侶或道士挽留；如果隱藏在兄爻之下，則會被同伴耽擱。當用爻隱藏在官爻之下時，如果其屬性為陽，則會涉及訴訟；

如果為陰，則會遭遇災禍。

官鬼爻與不同的神獸相應也會有不同的預示：臨青龍會在喜慶的場合招致禍患；臨朱雀會因為憤怒的言語而引發災難；臨勾陳則會因為爭鬥而帶來不幸；臨騰蛇則會因為內心的驚惶不定而患病；臨白虎會因為與喪事有關的事務而惹禍上身；臨玄武則會因為沉迷於酒色而引發麻煩。

如果用爻隱藏在應爻的妻財爻之下，這意味著會在外地入贅；如果應爻為妻財爻並臨四庫位，那麼會被富裕的家庭所牽絆。當用爻與應爻處於衰弱或空亡狀態，並且受到臨四值的爻發動來剋制時，這預示著會在外地喪命。如果應爻臨驛馬在內卦逢空發動，或者應爻臨驛馬在外卦發動但其墓位在內卦，這預示著到家後會死亡。當用爻和應爻臨折傷煞併發動時，這意味著會在外面跌傷。而如果官鬼爻臨白虎和大煞發動來剋制用爻或應爻時，這預示著會有疾病發生。

黎評：以上為論述行人在外安危的推斷方法，以用爻應爻的十二長生、刑沖剋害、六神兇煞、伏神卦宮推斷在外安危、居於何地。

第三節　如何推斷行囊收穫

若應爻或用爻與臨青龍的妻財、子孫爻相應並且發動，預示著將帶著收益歸來。這種收益的多少取決於爻的旺衰狀態：旺盛則收益豐厚，衰弱則收益較少。當妻財爻得到相生之助時，收益翻倍；而若妻財爻受到剋制，收益則會減半。要確定所獲財物的性質，可以根據五行來進行判斷。

如果妻財爻臨玄武併發動，或者妻財爻化出兄弟、官鬼爻，這意味著在途中會遭遇欺詐。當妻財爻化出另一個妻財爻時，這稱為「化去」，特別是如果這個化出的妻財爻還臨玄武並剋制應爻或用爻，那麼就需要防範盜賊的風險。

三爻位置若為官鬼爻臨龍貴並且發動，這被稱為「宅神有氣」，是一個吉兆，預示著必將收穫滿滿地歸來。如果應爻是兄弟爻並且旺盛發動，那麼預示著將有許多夥伴隨從同行，但這也意味著旅行費用會增加。

黎評： 以上為論述行人在外收穫的推斷方法，以用爻應爻所臨財龍之旬空旺衰、六親動靜推斷行人出門收穫及行李多少。

第四節　如何推斷行人所在

要判斷行人的停留方位，我們需依據用爻和應爻的地支進行判斷。各地支對應的方位是：子為北，丑寅指向東北，卯正東，辰巳則向東南，午位於南，未申對準西南，酉在西方，而戌亥則指向西北。

若欲知行人在何處寓居，可觀察卦身所生的爻進行判斷。具體而言，若該爻屬性為父母，則行人會在尊長家中；屬兄弟，則會在友人或同輩家中；屬妻財，那麼會在女性親屬或富裕他人中；若是子孫爻，或許在僧侶、道士、醫生或衙役家中；而官鬼爻則暗示行人停留在官吏、士兵或中介的家庭。

對於長期外出行蹤成謎的人，我們可以通過用爻和應爻的干支來推斷其大致行程。這裡的計算方法是：甲己子午記為九，乙庚丑未為八，丙辛寅申算作七，丁壬卯酉則為六，戊癸辰戌定為五，巳亥為四。舉例來說，若用爻為丁卯爻，丁對應六數，卯也對應六數，兩者相加得十二。因此，行人近在十二裡之內，或遠在一百二十裡之外，甚至會遠達一千二百里之遙。

在計算距離時，還需考慮爻的旺衰狀態。若爻處於旺相狀態，實際距離是推算數的兩倍；若是休態，則距離與推算數相當；而若是囚、死狀態，實際距離是推算數的一半。

黎評： 以上為論述行人所在的推斷方法，以用爻應爻所臨地支推斷行人方向、卦身相生之爻所臨六親推斷行人居於何種場所，以干支數配合旺衰推斷行人在外遠近路程。

第五節　如何推斷歸家日期

當用爻或應爻活躍時，行人會在構成三合或六合的日辰返回家中。若它們處於靜止狀態，行人則會在遇到衝動的月或日起行，並在生命力旺盛的月或日抵達家門。

如果它們處於衰弱狀態，行人會在旺盛之日歸來；相反，若正值旺盛，則會在進入墓地的那日到家。當用爻隱藏不露時，行人會在用爻所代表的年或月，或者在構成六合的月或日歸來。

有幾種情況預示著行人不會返回：世爻發動剋制應爻或用爻，身爻和世爻都呈現空虛狀態，日辰對用爻或應爻產生刑剋影響，日辰臨近忌神之位，或者妻財爻發動後陷入空亡、墓地、絕地或胎地（耶律楚材將妻財爻與行李相對應）。

《管公口訣》中提到：世爻和應爻若同時空虛，則行人歸來的時間難以預料（但此說法在實踐中並不總是準確）。

然而，當世爻和應爻都活躍，或者身爻、世爻為水火之爻而發動，身爻作為用爻而發動，身爻和應爻為妻財之爻且在旺盛時發動，世爻雖空但妻財之爻旺盛發動，日辰對用爻或應爻產生生扶作用，或者臨朱雀的父母之爻發動剋制世爻，或者用爻臨青龍、天耳、天目而發動，或者卦中所有六爻都處於動盪狀態，這些都預示著行人將會歸來。

如果世爻發動剋制臨朱雀的父母之爻，則行人歸來的時間將會推遲。應爻或用爻若發動但被合住，則需等到衝破這種合住狀態之日才能歸來；若發動時為水爻，則行人將在雨中歸來。世爻發動剋制應爻的發動，意味著行人已前往他處。用爻在絕境中逢生，預示著行人將與故人一同歸來。應爻入墓後若逢衝，則表示有人催促行人啟程。世爻衝合用爻或應爻時，必須派人外出尋找行人。

如果位於外卦的應爻或用爻是屬性為陰的官鬼之爻，且有騰蛇而發動，則行人會夢見自己回家；若位於內卦的世爻發動，則是家人夢見他回家。官鬼之爻的屬性為陽表示行人已在過去他地，為陰則表示行人正在前來。這樣的夢境會在官鬼之爻正值生旺之日發生。

耶律楚材運用八卦來斷定行人的歸期。例如，如果行人原先在北方，而應爻或用爻在離卦中發動，則必定已轉向南方；若在坎卦中發動則表示剛剛啟程；若在坎卦中保持靜止則表示尚無歸意。其他情況可以依此類推進行解讀。

黎評： 以上為論述行人歸期的推斷方法，行人有歸有不歸。世剋用應、用應旬空受刑害者不歸。歸者以用爻應爻的動靜沖合、旺衰飛伏推斷行人歸家時間。

第六節　如何推斷在外音信

以應爻與父母爻代表用神。

當應爻與父母爻共同發動，並對世爻產生生、合、剋的影響時，只要父母爻處於旺盛狀態或正值其所臨之日，便可期待有信件到來。

若外卦的爻發動而內卦保持安靜，同時應爻在發動而世爻安靜，這也預示著將有信件到來。相反，如果外卦安靜而內卦的爻在發動，應爻安靜而世爻發動，則不會有信，或是只有家中向外發出的信件。

若世爻和應爻都處於空虛狀態，則意味著家信無法送達，同時對方也沒有信件發來。當應爻或父母爻遇到空、墓、絕、胎等狀態時，也預示著沒有信件到來。

父母爻若化出逢空的爻，意味著信件遺失；若化入胎、墓之地，則信件被藏匿；若化出沖之爻或逢沖，則信件被人偷拆。父母爻發動時若逢合，則信件被人留住。

父母爻所臨六獸也有不同的預示：臨青龍發動則有好消息，臨朱雀發動則有書信到來；若臨朱雀逢空發動，則會有人藏匿書信或只有口信傳來；臨勾陳發動則信件會在途中耽擱；而臨白虎發動則預示著有壞消息。

如果世爻是妻財爻並且發動，或者臨玄武的世爻剋制了臨朱雀

的應爻，又或者妻財爻獨自發動，這些都意味著沒有信件到來。

父母爻的化出之爻也能給出吉凶預示：化出子孫爻或所喜之爻則有好消息；化出官鬼爻或化出刑、害、剋之爻則有壞消息。若父母爻化出另一父母爻，則預示著不止有一封信件到來。

黎評： 以上為論述行人音訊的推斷方法，取應爻父母為用，以其應爻父母的旺衰生剋、內外世應的動靜、六親六神的動變組合推斷行人音訊之有無吉凶。

第七節　如何推斷家人來否

以應爻與父母爻代表用神。

若用爻、應爻連同身爻一同發動，那麼他們已然揚鞭啟程；然而，若這些爻逢空、墓、絕、胎的狀態，則意味著他們還留在家中未動。再者，如果這些爻受到刑、害、剋、沖的影響，那麼他們便被某些事務所絆，難以成行。

為了更具體地瞭解是何人何事導致了這種滯留，我們可以通過六親來研判是哪些人挽留了他們，而利用六神則可以洞察是哪些事情阻礙了他們的前行。

當卜得歸魂卦，並且應爻和用爻都呈現安靜狀態時，這預示著家人並未離家遠行。相反，如果得到的是遊魂卦，且應爻和用爻都在發動，這意味著他們已經踏上了旅途。

此外，如果卜得的是六沖卦，或者是六爻都安靜的卦象，那麼這預示著他們不會前來。但若是六合卦，或者是六爻都在紛亂中發動的卦象，這便意味著他們將會到來。

黎評： 以上為論述行人在外自占家人來否的推斷方法，取六親應爻為用，以其用身爻之動靜、十二長生、刑沖剋害、六神卦體推斷家人來否。

示例如下

例一

妻子為丈夫的遠行占卜，欲知他年內何時歸來。在庚寅年的辛巳月乙未日，她得到了小畜卦，且各爻均安靜不動。

六神	伏神		巽宮：風天小畜	
玄武	兄弟 辛卯木	▬▬▬	兄弟 辛卯木	
白虎	子孫 辛巳火	▬▬▬	子孫 辛巳火	
騰蛇	妻財 辛未土	▬ ▬	妻財 辛未土	應
勾陳	官鬼 辛酉金	▬▬▬	妻財 甲辰土	
朱雀	父母 辛亥水	▬▬▬	兄弟 甲寅木	
青龍	妻財 辛丑土	▬▬▬	父母 甲子水	世

解析：

1. 在此卦中，妻子占卜丈夫的情況，所以取官鬼為用神。但在主卦的六爻中，官鬼並未顯現，因此我們需要從本宮卦中取三爻的官鬼酉金作為用神。
2. 官鬼酉金，作為用神，被飛神妻財辰土生合，這意味著丈夫有足夠的能力和機會回家。由於妻子詢問的是年內的歸期，這個卦象顯示丈夫年內必定會回來。
3. 既然已經確定丈夫年內必回，接下來需要確定具體的月份。由於用神在卦中伏藏不顯，我們可以推測當本年的酉月到來，官鬼用神與月令相應時，就是丈夫回家的時候。
4. 到了酉月的丙辰日，丙辰與用神辛酉形成了干支相合的局面，這被稱為天地合德。在這一天，官星因合而有了歸家的意象。同時，日建辰土又是財星，與官鬼酉金相合，預示著夫妻即將團聚。這些卦象都指向了這一天丈夫的歸來。

事實證明，丈夫確實在這一天回到了家。

例二

父親為兒子的歸來占卜，時在庚寅年的己卯月癸卯日，所得的卦象為艮之蠱。

六神	艮宮：艮為山		巽宮：山風蠱
白虎	▬▬▬ 官鬼 丙寅木 世		▬▬▬ 官鬼 丙寅木
螣蛇	▬ ▬ 妻財 丙子水	×→	▬ ▬ 妻財 丙子水 世
勾陳	▬ ▬ 兄弟 丙戌土	○→	▬ ▬ 兄弟 丙戌土
朱雀	▬▬▬ 子孫 丙申金 應		▬▬▬ 子孫 辛酉金
青龍	▬ ▬ 父母 丙午火		▬▬▬ 妻財 辛亥水 應
玄武	▬ ▬ 兄弟 丙辰土		▬ ▬ 兄弟 辛丑土

解析：

1. 在此卦中，我們取本宮三爻的子孫申金作為用神，代表孩子的情況。

2. 用神子孫在年月日的組合中顯得無力，同時被世爻的官鬼旺沖反剋，這是預示著孩子有災禍受傷的跡象。更糟糕的是，二爻的父母旺動，也對用神申金造成了傷害。用神子孫在這種雙重打擊下顯得極為不利，這是大凶的預兆。

3. 為了進一步瞭解凶事的原因，我們對卦象進行了更深入的分析。反剋用神的官鬼凶神臨日建白虎，傷剋用神的父母臨日建青龍而動，又化出卦身妻財亥水臨青龍，這形成了「青龍戲水」的格局，暗示著酒色之事。這說明孩子在外小心因為涉及錢財和酒色而引發了血光之災。

事實證明，孩子在那年的壬午月甲戌日客死他鄉。應驗在當年是因為用神子孫歲破；應驗在午月是因為忌神父母臨午火陰爻發動傷剋子孫；而應驗在甲戌日則是因為用神子孫入了月日的空亡，同時年月日的動爻又合成了火局對用神造成了傷害。

例三

父親因為兒子被盜賊捉去，於是占卜兒子何時能夠歸來。在庚寅年的癸未月乙巳日，他得到了乾之鼎的卦象。

六神	乾宮：乾為天		離宮：火風鼎	
玄武	▅▅▅▅ 父母 壬戌土 世		▅▅▅▅ 官鬼 己巳火	
白虎	▅▅▅▅ 兄弟 壬申金	○→	▅▅ ▅▅ 父母 己未土	應
螣蛇	▅▅▅▅ 官鬼 壬午火		▅▅▅▅ 兄弟 己酉金	
勾陳	▅▅▅▅ 父母 甲辰土 應		▅▅▅▅ 兄弟 辛酉金	
朱雀	▅▅▅▅ 妻財 甲寅木		▅▅▅▅ 子孫 辛亥水	世
青龍	▅▅▅▅ 子孫 甲子水	○→	▅▅ ▅▅ 父母 辛丑土	

解析：

1. 在此卦中，我們取初爻發動的子孫為用神，代表被捉去的兒子。
2. 初爻子孫發動並充滿生氣，同時臨青龍發動，這是一個吉祥的象徵，意味著兒子理應能夠歸來。然而，子孫被月令未土所害，並在日建巳火上處於絕地，這是兒子目前的不利因素。幸運的是，五爻的申金旺盛發動，並與用神子孫相生相合，這正是所謂的「絕處逢生」。「絕處逢生」預示著事情會先難後易，先失後得，說明兒子最終必定能夠回來。
3. 只是初爻子水動化丑土回頭合絆住了用神，使兒子暫時無法歸來。但等到兩天後的丁未日，與變爻辛丑發生天剋地沖的情況，用神子孫將徹底解脫束縛，這一天必定是兒子歸家的時刻。

後來兒子果然在丁未日當天回到了家。

例四

妻子為丈夫的歸來而占卜，時在庚寅年的丁亥月甲辰日，所得的卦象為風火家人之風雷益。

六神	伏神	巽宮：風火家人		巽宮：風雷益
玄武	兄弟 辛卯木	▬▬ 兄弟 辛卯木		▬▬ 兄弟 辛卯木 應
白虎	子孫 辛巳火	▬▬ 子孫 辛巳火 應		▬▬ 子孫 辛巳火
螣蛇	妻財 辛未土	▬ ▬ 妻財 辛未土		▬ ▬ 妻財 辛未土
勾陳	官鬼 辛酉金	▬▬ 父母 己亥水 ○→		▬▬ 妻財 庚辰土 世
朱雀	父母 辛亥水	▬ ▬ 妻財 己丑土 世		▬ ▬ 兄弟 庚寅木
青龍	妻財 辛丑土	▬▬ 兄弟 己卯木		▬▬ 父母 庚子水

解析：

1. 在妻子為丈夫占卜時，我們以官鬼為用神。然而，在當前的主卦中並沒有官鬼出現，所以我們取本宮三爻伏藏的官鬼酉金作為用神，代表她的丈夫。

2. 官鬼酉金的忌神子孫在卦中保持不動，而仇神兄弟在卦中旬空。其原神妻財則有兩位，一是妻財丑土持在世位，另一是妻財未土持於月卦身。這兩位妻財都位於卦中的重要爻位，並生助用官爻，這是一個吉祥的徵兆。

3. 儘管官爻在月令中處於休囚狀態，但它卻得到了日建辰土與變出的辰土的相生之力。用神有生無制，這表明她的丈夫在外平安吉祥。

4. 官爻是一個靜爻，但被日建辰土與變爻辰土生合而啟動。這意味著官爻有了由靜轉動的趨勢，說明她的丈夫在外已經不願再靜候下去，而是有了歸家的念頭。飛神父母一動，也帶動了伏下的用神官爻的動作。父母在這裡代表車馬，與用神同動，這表明她的丈夫已經將歸家的念頭付諸行動，已經上車出發了。

5. 飛神動則伏神也動，這使得用爻更容易被揭示出來。待到五日後的己酉日，用官爻臨日透出，這必將是她丈夫歸家的時刻。

後來，她的丈夫果然在己酉日回到了家。

第二十八章　出行占

遊南子道：在占卜出行時，首要關注的是方向的吉凶預兆，隨後再審視啟程的可行性，進而推測旅途的順暢與否，以及所追求的目標能否順利實現。

黎評： 以上為出行占之總論，出行占共分四節。

鬼谷分爻表

爻位	占出行之爻位類象
上爻	地頭
五爻	旅店
四爻	門戶
三爻	伴侶
二爻	己身
初爻	足

若初爻出現官鬼爻，預示著腳部會受傷；若此爻逢空，則意味著找不到合適的腳夫來協助行程。

當二爻為官鬼爻時，提示著身體遭遇災難；若二爻逢空，則暗示著身體會受到某種阻礙，使行程變得困難。

三爻呈現官鬼爻時，表示同伴會遭遇不幸；若三爻逢空，則意味著旅途中將缺乏夥伴的陪伴。

四爻出現官鬼爻時，預示著離家後家中會發生訴訟事件；若四爻逢空，則暗示著出門將變得非常困難。

五爻為官鬼爻時，提示著道路上會有阻礙；若五爻逢空，不僅表示旅店環境淒涼，還會導致行李丟失。特別是當鬼爻逢空時，需要警惕會遇到拐騙者。如果子孫爻逢空，則預示著旅途中會遇到不良的夥伴。兄弟爻逢空時，則意味著同伴會遭受災難。而妻財爻逢

空不僅意味著貨物丟失的風險增加，還預示著走陸路時會發生摔傷事故或乘船時遭遇風浪。

最後，當六爻呈現為官鬼爻時，這預示著到達目的地後會感到不如意；若六爻逢空，則進一步暗示著當地的環境將顯得尤為淒涼。

黎評： 以上為論述爻位的推斷方法，以鬼爻所臨之爻位推斷吉凶於何處，以旬空的爻位推斷失意於何處，以五爻所臨之旬空六親推斷何物傷損。

第一節　如何推斷所行方向吉凶

以世爻作為決策的核心。

當世爻落在乾或兌卦中，其變化將影響出行的吉凶。若變至離卦，則因離火剋乾兌金，故南行不利；若變至艮卦，因金在丑墓、寅絕，東北之行應避免；變為子爻，金死於子，北行亦非所宜。

然而，若世爻變至震卦，雖金剋震木，但此行反有利於財運；變至巽卦，因金長生於巽巳，是為長生的方向；變至坤卦，金在未冠帶、申臨官，西南之行有利前程；乾變兌卦，金在酉帝旺，西方亦吉。

反之，兌變乾卦時，金在戌衰、亥病，西北方向則不宜前往。以此類推，其他卦象的變化也需根據五行生剋與方位吉凶來判定。

世爻五行的屬性同樣影響出行方向：金世爻不宜南行，木世爻不宜西行，火世爻不宜北行，土世爻不宜東行，水世爻則應避免乾、坤、艮、巽四方。

出行的方向還要避免世爻的死、墓、絕、胎之地。同時，若官鬼臨驛馬且發動，也是不宜出行的徵兆。

在卦象上，遇到歸魂、八純、明夷、節、坎、艮等特定卦象，或者六爻亂動的情況，都被視為不宜出行的標誌。

黎評： 以上為論述吉凶方向的推斷方法，取世爻為用，以世爻所居卦宮、所值五行為主，依十二長生訣、生剋旺衰、鬼爻卦宮推斷所往方向之吉凶。

第二節　如何推斷能否順利出行

若身爻與世爻呈現動態,行程將迅速成行;若兩者均顯靜態,則啟程時間尚未確定。當靜態的身爻、世爻受到衝擊,意味著有同伴在催促;而若它們發動時遇到合住,則表示因他人因素而暫時停留。若身爻、世爻受到月破的影響,則無法確定具體的出行日期。

若勾陳之星與土爻一同發動,並對身爻、世爻產生剋制作用,這表示因事務纏身而難以成行。若世爻為土屬性的官鬼爻,則啟程將受阻;若它同時受到大殺星的影響併發動,預示著將有災禍降臨。

世爻若為官鬼爻且疊加鬼星,意味著有貴人出面挽留;若臨官符、朱雀之星,則會因訴訟而受牽絆;若遭遇喪門、吊客、病符、死符等凶星,則會因死亡、疾病等不幸事件而被迫停留。

若父母爻對身爻產生剋制作用,表示被父母所挽留。相應地,若兄弟或妻子爻對身爻產生剋制作用,則分別表示被兄弟或妻子所挽留。

當身爻、世爻處於空亡、死、墓、絕、胎等不利狀態時,出行計畫將無法實現;即便勉強成行,也終將因失意而折返。

最後,若世爻、身爻在發動時遭遇空亡,預示著行程將半途而廢。

黎評： 以上為論述是否出行的推斷方法,以世身爻之動靜旺衰、六親生剋、神煞五行推斷能否順利出行。

第三節　如何推斷途中通塞

出行是否順利取決於內卦和外卦之間的關係,以及世爻和應爻之間的相互影響。

當內卦剋制外卦,世爻剋制應爻時,這預示著出行將一帆風順,諸事如意。相反地,如果外卦剋制內卦,應爻剋制世爻,那麼出行會遭遇不測,需要格外小心。

此外,內卦生外卦、世爻生應爻的卦象則暗示著出行過程中會

有財物上的損耗。然而，若外卦生內卦、應爻生世爻，則預示著出行中將有意外的財富收穫。

當內卦、外卦、應爻、世爻之間和諧相生，這預示著出行將一切順利，流暢無阻。但值得注意的是，如果身爻與世爻重合在同一爻位上，這意味著出行過程中會遇到一些阻礙和困擾。

特別地，如果卦身爻為官鬼爻，那麼這對於出仕求官的人來說是吉利的，但對於其他出行目的的人來說，則會遭遇災禍。

在解讀卦象時，還需要注意間爻的狀態。如果兩個間爻都處於發動狀態，這意味著途中會有梗阻和延誤。而若兩個間爻都逢空亡，則預示著途中會多有憂患和不安。

另外，官鬼爻若發動來剋制世爻，這意味著途中會遇到不法之徒或歹徒的威脅。

如果臨青龍的子孫爻來生助身爻或世爻，或者直接臨持身爻、世爻，這將預示著出行能夠平安順利地往返。臨朱雀的爻若發動來剋身爻，則暗示著會與人發生訴訟糾紛。臨勾陳的爻發動來剋身爻則意味著途中會有阻滯和障礙；特別是臨勾陳的水爻發動時會因為遇到雨天而受阻。臨騰蛇的爻發動來剋身爻則預示著路上會受到驚嚇和干擾；臨白虎的爻若發動來剋身爻則暗示著會與人發生爭鬥和衝突；特別是臨白虎的爻又同時臨大殺時則必有疾病之災。最後臨玄武的爻若發動來剋世爻則需要防備盜賊和失竊的風險。

在占卜出行之時，各種爻象的發動都隱含著特定的預示。

當午爻作為官鬼發動並剋制世爻時，這暗示著騎馬出行的人會墮馬受傷。而如果木爻以官鬼的身份發動來剋制世爻，這則預示著乘坐車船的人會遭遇車船所帶來的傷害。

世爻若帶有折傷煞併發動，出行者必須特別提防因摔倒而受傷的風險。而當世爻帶有往亡煞併發動時，這預示著旅途中將充滿艱險和厄難，需要格外小心。

若官鬼爻帶有華蓋之象並剋制身爻，這暗示著禍患起源於與僧道等宗教人士的交往或事務中。此外，如果妻財爻發動並對世爻形

成刑剋關係，這預示著出行者會因為貪圖財物而遭受拖累或損失。

當屬性為陰的妻財爻發動並與世爻相合，且進一步化為官鬼爻或父母爻時，這暗示著出行者會因為涉及姦情而引發訴訟糾紛。子孫爻若對當旺的世爻形成刑、害、剋、沖的關係，這預示著出行者會因為沉迷於酒色而導致患病；若世爻處於衰弱狀態，則會因酒色而喪命（特別是當子孫爻臨青龍時與酒有關，臨玄武時與色有關）。若子孫爻發動並進一步化為官鬼爻來剋制世爻，同時又有父母爻發動的情況出現，這幾乎可以肯定是因為酒色問題而引發的訴訟。

父母爻和兄弟爻若帶有劫殺之象併發動來剋制身爻或世爻時，出行者需要特別提防因疏忽大意而導致與同伴離散的風險。若父母爻發動來剋制身爻或世爻，則離散與遇雨有關；若兄弟爻發動來剋制身爻或世爻，則離散與遇風有關。

在艮卦中，若寅爻作為官鬼發動，出行者需要特別注意躲避虎豹等猛獸。在震卦中，若騰蛇作為官鬼發動，則在旅途中要特別提防光棍或無賴的騷擾。坎卦中的木爻若作為官鬼並加臨白虎發動，則需要防備乘船時發生的翻船事故。相反地，在坤卦中若有臨青龍驛馬的子孫爻發動，則預示著旅途將會平安順利。

在占卜行李方面也有特定的預示：父母爻代表著行李的多寡情況，當旺則多、值衰則少；若父母爻化為妻財爻、或化為逢空之爻、或化入刑、害、剋、破的情況時，則預示著行李會丟失。此外，若父母爻化為兄弟爻，則會暗示著需要與人共用鋪蓋；若兄弟爻化為妻財爻，則會暗示著需要與人合借資本以應對旅途中的開銷。

黎評： 以上為論述路途通塞的推斷方法，以世應內外、旺衰空亡、六親六神、卦宮五行推斷路途之通塞與吉凶，又以父兄發動與父母爻的旺衰動變推斷天氣與行李的相差情況。

第四節 如何推斷出行收穫

出行能否順利收穫，卦象中的世爻和身爻的旺相狀態以及與吉凶之神的互動是重要的影響因素。

如果世爻、身爻正值旺相，並且臨青龍或天喜等吉祥神煞，或者為妻財或子孫等有利之爻，那麼預示著旅行會滿載而歸，獲得豐收和喜悅。同時，如果世爻或身爻臨官貴、祿馬等貴人神煞，則意味著旅途中有機會成為官員並榮耀歸來。

另外，如果妻財、子孫等有利之爻發動來生合身爻、世爻，也預示著旅行中能夠得意而歸，收穫財富和幸福。但是需要注意的是，若卦中沒有官鬼爻，或者官鬼爻逢空亡、墓庫、絕胎等不利狀態，則到達目的地後計畫無法實現。

最後，世爻、身爻隨鬼入墓的情況也需要引起重視。如果世爻、身爻處於休囚狀態且被鬼所剋制，那麼當其旺盛之時會因災禍而滯留不進；但如果它們值衰弱而被鬼所剋害，則會客死他鄉，無法回到故鄉。

黎評：以上為論述因差出行的推斷方法，取世身為用，以其世身所臨六神及十二長生、八卦動變推斷出行辦事之成敗得失。

第二十九章　舟行占

遊南子言：對於乘船出行的占問，其要點需逐一審視。首當其衝的是確認出行是否可行，其次要核查船隻及其裝備是否齊全完好。此外，瞭解船員的品行善惡亦不可忽視。同時，風向的順逆對航行影響重大，因此也需仔細觀察。最後，船上的安全狀況以及財運的盛衰同樣至關重要。綜上所述，這些便是乘船出行占問時所需關注的主要方面。

黎評： 以上為行船占之總論，行船占共分六節。

鬼谷分爻表

爻位	占舟行時的爻位類象
上爻	梢棚
五爻	夾節
四爻	火倉
三爻	中倉
二爻	頭倉
初爻	船頭

第一節　如何推斷順逆出行

在占卜出行時，若自己占問，則以世爻作為主要推斷依據；若為他人占問，則需特別關注與所占之人相關的用爻。

若世爻或用爻為官鬼爻，或其下伏有官鬼爻，或化出官鬼爻，或化入空亡、墓庫、絕胎等不利狀態，或卦中無妻財爻、無卦身爻，或占得歸魂卦且世爻安靜不動，這些情況都暗示著出行會受阻或無法成行。

當本宮卦的內卦中有六親來剋世爻時，這意味著家人會挽留出行者；而若是他宮外卦中的六親來剋世爻，則意味著外親會挽留（具體可參見身命占中關於六親的內容）。若其他宮卦的內卦中有六親來剋世爻，則會是鄰里挽留；若外卦中有六親來剋世爻，則會是遠方之人挽留。

　　根據剋世爻的爻所臨的神煞，也可以推斷出挽留的原因：臨貴人、祿馬的爻來剋，則會是因官職或地位高的人挽留；臨青龍、德喜的爻來剋，則會是因為喜慶之事而留；臨白虎、喪吊的爻來剋，則會是因凶喪之事所留；臨朱雀、官符的爻來剋，則會是因訴訟之事而留；臨勾陳、病符的爻來剋，則會是因疾病而留。

　　當世爻或身爻臨驛馬併發動時，這意味著出行者將很快啟程。然而，如果發動後逢合，則需要在逢沖之日才能成行。

　　在占卜中，父母爻對應於舟船。因此，當父母爻發動時，這往往意味著船即將啟航。相反地，如果卦中沒有父母爻出現，那麼意味著沒有船可供使用。

　　黎評：以上為論述能否順利出船的推斷方法，自占取世為用，代占取其相應六親為用，父母為舟，以其旺衰鬼爻、卦身卦象、六親六神、生剋動變推斷是否能夠順利出船。

第二節　如何推斷舟具情況

　　在占卜船隻情況時，六親和六神與船上的各部分及物品有著密切的對應關係。具體來說，六親中的父母爻代表船篷和簑笠，子孫爻代表水底，官鬼爻代表櫓柁，兄弟爻代表篙槳，而妻財則對應貨物。

　　在六神方面，青龍象徵著船舵和左舷，朱雀則與煙灶和船頭相關聯，勾陳代表平基跳板和中倉，騰蛇則與索纜相對應，白虎與牆帆、鉤鏈和右舷有關，而玄武則與橈頭擋浪和後梢相聯系。

這些對應關係中蘊含著物品的新舊和完整性的信息。爻當旺時，相應的物品是新的；值衰時，則是舊的。若逢沖，則表示物品破損；若逢空，則表示物品缺失。

如果爻受到刑、沖、尅、害的影響，或者是官鬼爻，或下伏官鬼爻，或化出官鬼爻的，這都預示著相應的物件必定損壞或有漏洞。水爻官鬼發動暗示漏水問題，火爻官鬼發動則會導致乾裂現象，金爻官鬼發動則釘眼處漏水，土爻官鬼發動則灰縫破損，而木爻官鬼發動則意味著存在縫隙。

特別地，木爻父母的狀態對船的整體狀況有重要影響。若木爻父母逢空，則表明沒有船；受沖則船會漏水；受尅則船難以航行；但當旺發動時，則船行將非常順利。

此外，卦中缺少水爻意味著船會擱淺，而缺少火爻則會表示船未經粉飾。若臨騰蛇的木爻官鬼暗動，這預示著船上有邪惡的魍魅。

綜上所述，只有當六爻都呈吉祥之象，並且不傷身爻和世爻時，才能保證出行的真正平安和順利。

黎評： 以上為論述船具的推斷方法，取六親六神對應相應船具，以其旺衰生尅推斷船具之優劣好壞。

第三節　如何推斷船員情況

在占卜中，世爻象徵著船主，而應爻則對應於船夫或艄公。這兩種爻都不宜遇到空亡、破敗、死亡、墓庫、絕地或胎養的狀態。

當應爻來生合世爻時，這預示著船夫將非常善於與人周旋和相處。相反，如果應爻來沖尅、刑害世爻，則會經常遭受船夫的忤逆和侵侮。

應爻的旺相狀態也反映了船夫的能力。如果應爻正值旺相，那麼船夫將具備強大的能力和多樣的技能。然而，如果應爻處於休囚、空亡、被尅或破敗的狀態，這意味著船夫無能且懦弱，技術不

熟練，或者會遭遇不測的災禍。

官鬼爻的不同神煞也揭示了船夫的性格特點。例如，應爻臨青龍則船夫多能耐且有禮貌；臨朱雀的官鬼爻會口出髒話；臨勾陳的官鬼爻既愚蠢又無禮；臨騰蛇的官鬼爻兄弟爻則會狡猾奸詐；臨白虎的官鬼爻喜歡依仗技術而與人爭執；而臨玄武的官鬼爻則會有偷竊行為。

此外，如果應爻是屬性為陰的妻財，並且臨咸池來合世爻，這預示著船主會與梢婦有私通之事發生。

黎評：以上為論述船員的推斷方法，以世爻應爻的生剋刑沖、十二長生訣、八宮動變、六親六神推斷船員之品行。

第四節　如何推斷天氣情況

在占卜行船的天氣情況時，兄弟爻和日辰是主要的用神。

如果兄弟爻臨日辰而發動，來生合世爻的，則表明有順風相送，航行順利。這是因為兄弟爻代表船帆，而日辰為天時之象。

但是，如果兄弟爻臨日辰而發動，來刑、沖剋、害世爻的，這將會導致狂風暴發，甚至會導致船翻人亡。同時，如果有木爻也發動，則會加重風力，使船隻更加難以控制。

另外，如果兄弟爻來生合世爻，而日辰來沖、傷世爻的，這會有橫逆之風，雖然仍然可以行船，但需謹慎駕駛以防意外發生。這是因為日辰代表天時，而兄弟爻則代表水路上的阻礙。

最後，如果兄弟爻逢空、破、墓、胎、死、絕等狀態，以及水爻和木爻都安靜不動，或者官鬼爻正值休囚無氣，又沒有白浪、風波、浴盆、浮沉煞等神煞發動，那麼意味著風平浪靜，適宜行船。

黎評：以上為論述行船天氣的推斷方法，取兄弟日辰為用，以兄弟日辰與世爻的生剋刑沖與神煞損傷推斷行船天氣之順逆。

第五節　如何推斷行船安全

在占卜航行中，父母爻象徵著船，而世爻則代表著船主。

若父母爻處於旺盛狀態，並得到日辰、動爻、變爻的相生相助，則預示著航行將平安無事。然而，若父母爻遭遇空亡、墓庫、絕地、胎養，並受到刑、害、剋、破的影響，那麼航行中不僅會遇到險阻，還會遭遇災禍。

當世爻臨貴馬、龍德、喜合，或者為妻財、子孫爻時，也預示著航行將平安順利。然而，如果四墓爻臨白虎、大殺的官鬼爻，並對世爻產生衝擊或傷害，那麼船主會生病。

應爻若發動來剋世爻，或者世爻發動去生合應爻的凶煞，這意味著船主將在船上感染疾病。若兄弟爻發動來剋世爻，則會遭受同伴的欺凌。子孫爻發動來合世爻時，則預示著船上將有豐盛的酒食享受。

官鬼爻的發動往往意味著船夫喜歡嘮叨。水爻官鬼若來剋世爻，需要防範風浪的威脅；火爻官鬼來剋世爻，則要警惕火災的風險；土爻官鬼來剋世爻，應預防船隻擱淺的可能性；金爻官鬼來剋世爻，則要留意觸礁的危險。當遇到屬木的世爻為官鬼爻時，需要特別小心撞船的事故發生。

此外，在坎卦中若有臨白虎的木爻發動，或在巽卦中有屬木的兄弟爻發動，這預示著翻船的風險。卦象呈現為陽包陰的形態時，意味著航行將平安無事；而若為陰包陽的形態，則暗示著存在危險。

當艮卦作為內卦或外卦來剋世爻時，也預示著航行中的危險。

臨白浪煞的爻發動時，會帶來虛驚一場；臨風波煞的爻發動時，將遭遇風浪的挑戰；臨覆舟煞的爻發動時，則有翻船的風險；臨浴盆浮沉煞的爻發動時，會遭遇失水的危險；而臨折傷煞的爻發動時，則要小心摔傷的可能性。

黎評： 以上為論述行船安全的推斷方法，取世爻父爻為用，以其八卦大象、六親世應、動鬼五行、神殺發動推斷行船安全，危險於何處。

第六節　如何推斷行船利潤

　　子孫爻在占卜中被視為生財之神，若其作為世爻或能生合世爻，則預示著可觀的收益。

　　當妻財爻旺盛，並作為世爻或能合世爻時，意味著豐厚的財利。若妻財爻旺盛且發動，則表明裝載的貨物數量眾多。

　　然而，若妻財爻遭遇空亡、死亡、墓庫、絕地，或化入這些狀態，或被刑、害、剋、破所影響，都預示著財物的損失。同樣地，如果妻財爻伏於兄弟爻或官鬼爻之下，或化出這兩者，也是損失的預兆。

　　特別地，當妻財爻化出屬於水的兄弟爻或官鬼爻時，如果這位於乾卦之中，需要防範上方受潮；若位於坤卦之中，則需防止下方滲漏。這種情況同樣適用於發動的妻財爻為水爻的情況。

　　在占卜中，妻財爻逢空意味著資本的完全喪失；父母爻逢空則會預示行李的丟失；子孫爻逢空則暗示小廝的走失；兄弟爻逢空則意味著同伴的失散；而官鬼爻逢空發動則會遭遇拐騙。

　　此外，如果某個爻臨玄武，並且加臨劫刃、天賊、天盜等神煞而發動，來刑、害、剋、破世爻或身爻，那麼在船行過程中需要特別防範盜賊的出現。幸運的是，若有旺盛的子孫爻發動，則會預示著有人將會提供解救。

　　當外卦中來自其他宮卦的妻財爻發動來生合世爻或身爻時，或者動爻化出妻財爻來生合世爻或身爻時都預示著意外之物的獲得。這種意外之物的數量將取決於這些爻的旺相程度，旺盛則多，囚死則少。

　　通過五行的屬性可以確定獲得的物件的性質；通過八卦可以確定其來自的方向；而通過六親則可以確定得自何人之手。

　　然而，如果妻財爻發動來剋世爻或身爻或者妻財爻化出官鬼爻、官鬼爻化出妻財爻來刑傷身爻或世爻都預示著因貪圖財物而招致災禍。

黎評： 以上為論述行船財利的推斷方法，取子孫財爻為用，以財爻子爻與世爻的相生相合、伏神動化、六親旬空推斷財利多少，化財生身之五行八卦六親推斷得財於何物何方何人。

第三十章　謀望占

遊南子言：對於人們心中渴望卻猶豫不決的事情，背後必有深思熟慮的策略；對於渴望得到卻難以確保的東西，內心則充滿了熱切的期待。

因此，在面對這樣的情境時，我們首要之務是通過占卜等方式來探尋其可行性。一旦確認了可行性，接下來的步驟便是通過占卜來預測其最終的成敗。而當我們有了成功的把握後，再進一步通過占卜來確定其實現的速度與時機。

黎評： 謀望占共分為二節。文字雖短，卻十分精當。比如繼承了《火珠林》的旬空論、宮位論、公私兩用論，以及取象方面的六神論、神煞論、爻位論、地支類象等。本人《六爻三大技法》的應期快慢訣也與之相同。

鬼谷分爻表

爻位	占謀望時爻位類象
上爻	國事
五爻	官事
四爻	人事
三爻	家事
二爻	身事
初爻	心事

第一節　如何推斷謀望成敗

以世爻和應爻作為主要判斷依據，我們可以對事情的可行性進行分析。內卦代表策劃者，其與外卦的關係，以及世爻與應爻的相互作用，都是推斷事情發展的重要線索。

當內卦剋制外卦，世爻剋制應爻，或者外卦中的應爻生助內卦中的世爻，並且內卦、外卦、世爻、應爻都處於旺盛狀態且相互和諧時，這預示著事情不僅值得謀劃，而且一旦付諸行動，也很容易取得成功。

月令和日建若與世爻、應爻相合，即使當事人並未明確追求，也會有意想不到的收穫。間爻或官鬼爻的發動來生合世爻、應爻，則表明有第三方的勸說在促成事情。

對於謀求官職的人來說，如果官鬼爻旺盛並生合世爻或身爻，而子孫爻衰弱且安靜，那麼升職的概率就很大。同樣地，求財者若妻財爻旺盛並生合世爻或身爻，兄弟爻衰弱且安靜，則財運亨通。對於尋求文書或學術成就的人而言，父母爻的旺盛和生合作用至關重要，而妻財爻的衰弱則更為有利。

然而，無論謀求什麼，兄弟爻的發動都是不吉之兆。但若有貴祿之象來生世爻，這意味著有虛誇之人在其中。子孫爻的發動被視為吉兆，但對於追求名譽的人來說則會不利。

以上所述都是事情可以謀劃並有望成功的卦象。相反地，如果內卦、外卦、世爻、應爻、身爻遭遇空亡、死亡、墓庫、絕地、胎養等不利狀態，或被刑、沖、害、剋、破所影響，或者卦象呈現六沖之勢，世爻和應爻同時發動，外卦剋制內卦，應爻剋制世爻，或者官鬼和兄弟位於間爻並臨隔神、退神、退悔煞發動等情況出現時，都預示著事情不宜謀劃，即便勉強行動也難以成功。

在相合中隱藏著刑、害、剋、破的因素時，這暗示著事情會在恩惠中轉變為怨恨，成功之後會遭遇毀滅，即使事情已經確定也會受到他人的阻撓。此外若所求之神不在卦中，例如求官不見官鬼爻，或官鬼爻逢空絕。求財求文書不見妻財與父母爻，或妻財與父母爻逢空絕，都意味著所謀之事難以成功。特別是當卦中無官鬼爻

或官鬼爻逢空絕時，萬事皆難成行。因此經典中說：「卦中無官事難成，父母動者終須費力。」這些都是事情難以謀劃，即使謀劃也難以成功的卦象顯示。

另外有些事情適宜於公事，而不適宜於私事。例如內卦外卦都為純陽，且用爻旺盛。相反有些事情則更適宜於私事而不適宜於公事，例如內卦外卦都為純陰，且用爻衰弱而伏藏。

內卦生外卦，世爻生應爻，表示我去求人；而外卦生內卦，應爻生世爻，則表示有人來助我。主卦為六沖而變卦為六合，動爻剋世而變爻生世，意味著事情先難後易；主卦為六合而變卦為六沖，動爻合世而變爻刑世，則意味著事情先易後難。

要判斷事情的成敗由何人決定可以通過六親來推斷。來自本宮卦的內卦代表至親，外卦代表遠親。來自他宮卦的內卦代表鄰里，外卦則代表遠方之人。若為官鬼爻臨貴人則是官員，否則會是中介、保人或媒人。要判斷涉及何方地域則可通過八卦來確定。

在托人辦事時，如果所托為外人則看應爻，若所托為家人或親戚則看用爻。應爻或用爻若逢日破、月破、旬空都表示無力相助；若逢空、死、墓、絕、胎也同樣無力。若原本旺盛卻化入空、死、墓、絕、胎則表示事情有始無終；若沖剋刑害世爻，則表示對方有欺詐之心難以信賴。遇到六沖卦象，最終會反目成仇。

應爻或應爻臨朱雀旺盛逢空發動，則多言而無實；臨勾陳發動則顯得愚鈍；臨騰蛇發動則會變心；臨白虎發動會有損害；臨玄武發動則為人欺詐。只有當旺盛且臨青龍、天喜發動來生合世爻或身爻時才能依靠其扶持而成功辦事。

在托貴人辦事時，若官鬼爻受刑害剋破，則不宜求助於貴人，因為貴人自身也受剋制難以助我成事。若官鬼爻來刑沖剋害身爻或世爻，即使求情也難以得到許諾，最終被他人利用，有始無終，反而會有所損失。《畢法賦》中提到：「晝貴夜占須減福」，意味著在白天占得夜晚的貴人這叫做「脫氣」，所求之事會被貴人哄騙。

黎評：以上為論述謀望吉凶成敗的推斷方法，取世應為主，內卦為謀事之人，以世應內外、四值卦體、十二長生、生剋沖合、間爻發動、六神動變推斷謀望之成敗。

第二節　如何推斷謀事遲速

在推斷中，主要以用爻為依據進行判斷。

當用爻呈現發動狀態時，事情進展迅速；相反，若用爻安靜，則進展緩慢。

用爻在旺相之時出現，預示著事情的快速發展；而若用爻處於囚死或伏藏狀態，則意味著進展將較為遲緩。

屬性由陽轉陰的用爻，表明事情將加速發展；而由陰轉陽的用爻，則暗示事情將減速進行。

如果用爻在震卦或巽卦中發動，那麼事情會迅速發展；然而，若是在坎卦或艮卦中發動，事情的進展則會變得相對緩慢。

特別地，當用爻為卯或酉時，因卯酉象徵日月的門戶，事情將迅速展開；相反，若用爻為辰或戌，由於它們代表天羅地網和天涯海角，事情的發展則會變得緩慢。

用爻位於初爻或二爻併發動時，事情會迅速發展；而位於三爻或四爻併發動時，則表明存在猶豫和遲疑；位於五爻發動時，事情進展緩慢；若是位於六爻併發動，則進展更為緩慢。

若用爻與太歲相應，那麼所測之事將在一年內見分曉；若與月令相應，則不出一月即有結果；若與日辰相應，那麼結果將在本日之內顯現；若與時辰相應，則結果將在當前時辰之內出現。

據《尹逢頭斷法》所述：當用爻旺盛時，事情會在其逢墓之日確定下來；若用爻處於休囚狀態，則事情會在其生旺之日成功；若用爻伏藏不出，那麼事情會在該用爻所值的那一日有所突破；若用爻發動但被合住，則需等到該用爻逢沖之日才能有結果。

黎評： 以上為論述謀事遲速的推斷方法，以用爻之動靜旺衰、陰陽變化、宮象爻位、四值用神推斷謀事之遲速。

第三十一章　求財占

遊南子言：在占問求財之事時，我們需要關注的是所求之財是否存在、獲取財富的難易程度如何、數量多少以及財富將來自何人、以何種形式出現、又在何時能夠獲得。至於那些依靠誇大其詞而獲得成功的情況，雖然取決於個人的能力和技巧，但也不可忽視事先進行占問的重要性。

黎評： 以上為求財占之總論，求財占共分七節。

鬼谷分爻表

爻位	占求財的爻位類象
上爻	店舍
五爻	道路
四爻	車馬
三爻	行李
二爻	伴侶
初爻	己身

第一節　如何推斷求財有無

當卦象遇到六合時，意味著求財會有；相反，若卦象遭遇六沖，則預示著求財會無。

如果外卦能夠生內卦，或者應爻能夠生世爻，這都表明有財。如果內卦剋制外卦，或者世爻剋制應爻，那麼這預示著無財。當內卦、外卦、世爻和應爻之間呈現和諧關係，並且它們都處於旺盛狀態而不受空亡或破損的影響時，這意味著事情將會順利發生。

在某些情況下，儘管卦中原本沒有妻財的象徵，但如果月令或日建代表著妻財，並且它們能夠生助並與世爻相合，或者世爻下方

隱藏著妻財爻並得到日辰的支持而顯現，又或者應爻發生變動產生出妻財來與世爻相合，再或者子孫爻處於旺盛狀態而兄弟爻發動去生它，甚至日辰、世爻和應爻三者組合成妻財所屬的局面，以及應爻所代表的妻財爻雖然衰弱但得到日建的滋養而恢復生機，所有這些都預示著財富的到來。

另一方面，如果應爻和妻財爻同時處於空亡或破損的狀態，或者妻財爻發動後轉變為官鬼爻並陷入空亡、破損、絕地的境地，又或者妻財爻發動去與應爻、兄弟爻或其他旁爻相合，甚至身爻剋制正在發動的妻財爻，這些都預示著財富的缺失。

最後，當妻財爻處於旺盛狀態時，如果子孫爻卻遭遇空亡或絕地的困擾，這意味著在獲得一次財富之後將難以再次獲得。

黎評：以上為論述錢財有無的推斷方法，取財爻為用，以卦體之六合六沖、內外卦之生剋沖合、月日動爻化財生合世爻、其他六親動變綜合推斷錢財之有無。

第二節　如何推斷求財難易

當妻財爻處於旺盛狀態，並且作為身爻或世爻出現時，或者妻財爻在旺盛狀態下發動，進而生助、合併或剋制身爻、世爻，以及子孫爻變化出妻財爻來生助合併身爻、世爻時，這些都預示著容易獲得財富。

當官鬼爻來生合世爻，並且化出妻財爻，則可以憑空得財。官鬼爻來生合世爻，並且化出子孫爻，則是兒子或小朋友送財來。（黎注：以生為助，以變為因的緣故。）

父母爻如果變化出妻財爻，並且這個妻財爻能夠生助合併世爻，那麼在經歷一段艱難時期後，最終將獲得財富。在父母爻旺盛而妻財爻衰弱的情況下，預示著需要付出較多努力但獲得的財富較少。相反，如果父母爻衰弱而妻財爻旺盛，則預示著付出較少努力就能獲得較多財富。

當兄弟爻變化出妻財爻來生助合併身爻時，這預示著需要通過費盡口舌才能獲得財富。

子孫爻如果變化出另一個子孫爻，並且這個新的子孫爻能夠生助合併身爻，那麼這預示著可以從兩個不同的來源獲得財富。

如果妻財爻發動，並且又變化出另一個妻財爻，這預示著財運將會消散而難以積聚。

當妻財爻發動來生助合併世爻，但隨後又變化出兄弟爻時，這預示著要麼獲得的財富將會失去，要麼就需要與他人分享財產。

如果妻財爻與其他爻相合但遇到沖剋的情況，那麼這預示著即使獲得成功也會後續發生變故。

在妻財爻旺盛發動來生助合併世爻的情況下，如果被月令、日建、動爻或變爻所沖剋或刑害，那麼求取財富的過程將會非常艱難，且最終獲得的數量也會很少。

當妻財爻遇到沖剋或破損的情況，而世爻卻得到生扶時，這預示著雖然個人平安無事，但財物將會遭受損失。

如果世爻是官鬼爻且臨白虎或大殺星，又或者處於入墓、化墓的狀態而此時妻財爻正值生旺並得到月令、日建或動爻的合助，那麼這預示著雖然財富存在但人會死亡。

最後，如果世爻被臨白虎和刃劫的官鬼動爻所剋制傷害，同時妻財爻又遇到空亡、絕地或破損的情況，那麼這預示著人和財富都會遭受損失。

黎評： 以上為論述求財難易的推斷方法，取財爻為用，以財爻與世身二爻的生剋合沖、六親化財、六親動變、神煞組合推斷求財難易與個人吉凶。

第三節　如何推斷求財多少

　　預測較大數目時，我們依據妻財爻的干支來進行計算。具體規則如下：甲己子午對應數字九，乙庚丑未對應數字八，丙辛寅申對應數字七，丁壬卯酉對應數字六，戊癸辰戌對應數字五，而巳亥則對應數字四。利用這些對應關係，我們可以進行加減運算來估計數目。

　　在卦象中，若出現以下情況：存在兩個妻財爻，世爻之下隱藏著妻財爻，變爻為妻財爻，四值（年、月、日、時的天干地支）也均代表妻財，並且整個卦象都與妻財相關，那麼我們需要將這些妻財爻的干支全部納入計算範圍，進行累積求和。在進行計算時，若妻財爻正值旺相，則其代表的數字需加倍；若逢休，則保持原數不變；若正值囚死，則減半計算，從而得出最終的估計數目。

　　當預測較小數目時，我們採用另一種方法。這種方法主要依據妻財爻的地支來進行計算，具體規則為：水對應數字一，火對應數字二，木對應數字三，金對應數字四，土對應數字五。根據這些對應關係以及妻財爻的旺衰狀態，我們可以進行相應的增減運算來得出估計結果。如果妻財爻處於旺盛狀態，則增加其對應的數字。若處於衰弱狀態，則減少對應的數字，從而得出最終的估計數目。

　　黎評：以上為論述錢財多少的推斷方法，取財爻為用，以財爻所臨干支，配周天納甲及五行之數，參旺衰以加減，推斷錢財之數量。

第四節　如何推斷錢財得於何人

　　如果內卦的本宮卦中的六親變化出妻財爻，並且這個妻財爻能夠生助合併世爻，那麼：當這個六親是陽性官鬼爻時，代表財富得自於祖父；當是陰性官鬼爻時，則得自於祖母。陽性父母爻表示財富來自父親，陰性父母爻則表示來自母親。陽性兄弟爻說明財富源

於伯叔或兄弟，陰性兄弟爻則源於姆嬸或姐妹（《黃金策》中將伯叔與兄弟置於同一爻位）。陽性子孫爻代表財富來自兒子，陰性子孫爻應代表財富來自女兒。陽性妻財爻表示財富得自於妻子，陰性妻財爻則表示得自於妾。

對於外卦的本宮卦的六親，如果它們變化出妻財爻並且這個妻財爻能夠生助合併身爻：陽性官鬼爻代表財富來自外祖父，陰性官鬼爻則來自外祖母。陽性父母爻表示財富源於岳父，陰性父母爻則源於岳母。陽性兄弟爻說明財富得自於母舅、表伯叔或表兄弟，陰性兄弟爻則得自於舅母、母姨或表姐妹。陽性子孫爻代表財富來自女婿、表侄或外甥，陰性子孫爻則表示來自表侄女或外甥女。陽性妻財爻表示財富得自於表嫂，陰性妻財爻則表示得自於表弟婦或表兄弟的妾等。

如果這個六親位於內卦但屬於其他宮卦，那麼它代表的是鄰里之財。

如果位於外卦但屬於其他宮卦，則代表的是遠方人之財。父母爻代表財富得自於尊長；官鬼爻代表得自於仕宦、牙人、軍卒；兄弟爻代表得自於朋友；子孫爻代表得自於僧道、醫士、捕人；妻財爻代表得自於陰人。

當妻財爻表現為子爻時，（黎注：此處為地支的子）其財富源自婦女或姬妾；若呈現為丑爻，則財富得自於貴人或尊長之人；當為寅爻時，財富來自官方機構、尊貴客人或旅途之中；卯爻則代表財富源自讀書人、方術之士、僧侶或商人；若是辰爻，財富來自郡守，抑或魚鹽商人和品行不端之人；巳爻表明財富得自於婦女，或與窯灶相關的行業；午爻則意味著財富源自使臣、亭長、官員的妃子，或者是神聖的僧人、文人墨客；未爻代表財富來自貴人、年長者或女性親戚；申爻表明財富源於士兵、僧醫、行人或市井商人；酉爻則代表財富來自婦女、婢女妾室、陰貴之人或賣酒者；戌爻顯示財富得自於朝廷官員、善良之人、獄吏、差役或僕人；亥爻則表明財富源自小孩、牙人、中介、盜賊。

若妻財爻位於乾卦之中，則財富得自於君王、父親般的尊貴人物、名宦、尊長或官府中人；位於兌卦時，則意味著財富源自年輕婦女、歌妓、姬妾、演員、翻譯使者或巫師；在離卦中，財富來自中女（次女）、文人、甲冑武士，或有眼疾、大腹便便、性格如火的人；若位於震卦，則財富源於長子、武士、商人或有聲望的人；在巽卦中，財富得自於長女、受封命的婦女、才子、山林中的僧侶道士、工匠或禿頂之人；當位於坎卦時，則財富來自中子（次子）、蠻夷之人、盜賊、船夫或江湖人士；若是在艮卦中，財富源自最小的兒子、道士、地理師或掌握法術的山居者；位於坤卦則代表財富得自於母親般的角色、老婦、農夫或大腹之人。

黎評：以上為論述錢財得於何人的推斷方法，取變出之財爻為用，以化財生世的六親所居卦宮與地支卦象的萬物類象推斷從何人處得財。

第五節　如何推斷所得是何財物

當妻財爻位於乾卦時，它代表金玉、珠寶、首飾以及騾馬等貴重物品和動物；在兌卦中，妻財爻則象徵著姬妾、婢女以及缸瓷、五金和羊等財物；若妻財爻位於離卦，它指的是與窯灶、冶煉爐以及書吏等相關的財物；當妻財爻出現在震卦時，它代表著竹木和茶葉等自然資源的財物；在巽卦中，妻財爻則意味著山林、蔬圃和花園等自然或園藝類財物；若妻財爻位於坎卦，它涵蓋了池沼、魚鹽、酒醋以及豬等水產物和養殖動物；在艮卦中，妻財爻指的是墳地、石山和道路等與土地或建築相關的財物；當妻財爻位於坤卦時，它代表著田土、布帛、絲綿以及五穀和牛等農業相關財物。

若妻財爻為子爻，它所指的是池塘、石灰、布帛、大豆、酒醋以及衣飾和珠玉等多樣化財物；當為丑爻時，妻財爻象徵著田園、墳池、橋樑以及珍寶和牛等貴重與實用財物；為寅爻時，妻財爻則包括山林、樹木、柴薪以及棺槨、書籍和錢帛等文化與自然資源的

財物；當為卯爻時，它代表著車船、竹木以及山貨等交通與自然資源相關財物；為辰爻時，妻財爻涵蓋了田園、墳地、麥地以及文書、印信、寶貨和瓷器等多樣化財物，還包括缸壇和水物；當為巳爻時，它指的是賞賜、圖畫、瓷器以及磚瓦、花葉和爐冶等藝術與工藝品相關財物，還包括管籥（黎注：笙簫）和弓弩；為午爻時，妻財爻象徵著房屋以及與書籍、字畫和窯灶等文化與生活相關的財物，還包括馬這一動物；當為未爻時，它代表著墳地、酒坊以及與衣服、段匹和婚定等生活事件相關的財物，還包括藥材和羊等健康與養殖類財物；為申爻時，妻財爻涵蓋了田園、池塘以及與絹帛和大麥等農業相關財物，還包括金銀、紙布和喪具等多樣化財物；當為酉爻時，它指的是金珠、釵釧以及爐鼎和刀劍等貴重金屬與工藝品相關財物，還包括小麥和五穀等糧食類財物；為戌爻時，妻財爻象徵著住宅、墳地以及與礦穴和田疇等自然資源與農業相關財物，還包括碓磨、印信和獄具等特殊用途的財物；當為亥爻時，妻財爻則包括樓臺、倉庫以及與綢絹和酒醋等生活與文化相關財物，還涵蓋鱗介和豬等水產物與養殖動物（出自《燃犀集》）。

黎評：以上為論述得財何物的推斷方法，到財爻為用，以財爻所居卦宮與地支的萬物類象推斷得何物之財。

第六節　如何推斷得財時間

若妻財爻處於旺盛狀態，且能生助合併世爻與身爻，那麼其將在六合之日獲得所求之財。

當妻財爻數量較多、過於旺盛時，所求之財將在遇到墓日時到手。

若妻財爻處於死絕狀態，不必氣餒，因為在生旺之日到來時，便是得到財物之時。

面對妻財爻逢空或入墓的情況，所求之財將在沖日到來時得以實現。

最後，若子孫爻興旺發達，而妻財爻卻缺席，那麼當妻財所臨之日到來時，便是收穫財富之際。

黎評：以上為論述得財應期的推斷方法，取財爻為用，以財爻的動靜旺衰推斷得財於何日。

第七節　如何推斷中介優劣

當間爻逢死、絕時，它不能為世爻或應爻提供保護和幫助，因此無法發揮其應有的作用。如果間爻能夠生合世爻，那麼它比較善於成全他人之事，但若間爻刑害剋破世爻，則會欺騙他人。

如果間爻是兄弟、官鬼等凶神，且被玄武所沖傷，那麼會有奸邪之人從中阻隔；如果間爻是貴人、祿星等吉神，且被生合，則意味著有貴人相助。

如果應爻剋間爻，則表示對方會對中間人的行為產生懷疑。如果世爻傷害了間爻，則說明自己心中懷有怨恨。

如果間爻為兩個兄弟爻且發動，則表示有人爭做中間人。如果旁爻朱雀臨間爻且發動來傷世爻或剋間爻，則表示有人破壞中介人的信譽。

最後，如果間爻逢空亡，則表示沒有中保人可以起到作用。

黎評：以上為論述中間人情況的推斷方法，取間爻為用，以間爻旺衰組合推斷中間人身份，以間爻與世應爻的生剋沖合、十二長生、所臨六親六神推斷中間人之做事損益。

示例如下

例一

在己丑年的丙子月丁卯日，有人進行了一次求財的占卜，得到了「睽」卦變為「歸妹」卦。

六神	伏神	艮宮：火澤睽		兌宮：雷澤歸妹	
青龍	官鬼 丙寅木	▬▬ 父母 己巳火	○→	▬ ▬ 兄弟 庚戌土	應
玄武	妻財 丙子水	▬ ▬ 兄弟 己未土		▬ ▬ 子孫 庚申金	
白虎	兄弟 丙戌土	▬▬ 子孫 己酉金 世		▬▬ 父母 庚午火	
螣蛇	子孫 丙申金	▬ ▬ 兄弟 丁丑土		▬ ▬ 兄弟 丁丑土	世
勾陳	父母 丙午火	▬▬ 官鬼 丁卯木		▬▬ 官鬼 丁卯木	
朱雀	兄弟 丙辰土	▬▬ 父母 丁巳火 應		▬▬ 父母 丁巳火	

解析：

1. 在求財的占卜中，應以財爻為用神。主卦中並未直接顯示財爻，選擇本宮五爻的妻財子水作為用神，代表所求的錢財。

2. 由於卦中無直接顯示的財爻，且財爻隱藏在兄弟爻之下並受到其剋害，這表明此財運將受到他人的競爭和阻隔。同時，財爻丙子還受到日建卯木的刑泄影響，意味著此事還會受到其他人的破壞，因此求財過程將不會容易。

3. 在卦中，忌爻飛神兄弟在年月日三傳中處於休囚受剋的狀態。儘管仇神父母有所動作似乎要幫助兄弟爻，但其自身的動作卻導致了空墓的狀態，難以提供實質性的幫助。相比之下，財爻丙子得到月令子水的支持並顯現出其影響力，同時還受到世爻子孫的暗動相生影響。這表明求財者佔據了主動地位去尋求財富，且卦中的子財兩旺顯示出必然能得到財運的結果。

4. 由於財爻子水處於伏藏不現的狀態，因此需要等待到子日即丙子日時，財爻臨日透出之時才能得到財運。此時本宮用神

財爻也恰好臨到丙子這一時間點，兩者完全吻合驗證了這一預測結果的準確性。

實際結果也驗證了這一預測：求財者在丙子日成功地獲得了財運。

黎評：《火珠林》中提到：「出現旺相為久為遠；伏藏有氣只利暫時。」在此卦中用神妻財伏藏不現，似乎是不吉利的象徵。然而幸運的是，所求的是近期之財，所以暫時還是有利的財運仍可得。但如果求的是長期穩定的財運，那麼此卦則顯示出開始尚可，但後續無力的趨勢。

例二

在庚寅年的己卯月丁亥日，某人進行了一次財運的占卜，結果得到了由「謙」卦變為「小過」卦的卦象。

六神	伏神	兌宮：地山謙		兌宮：雷山小過
青龍	父母 丁未土	▬▬ 兄弟 癸酉金		▬▬ 父母 庚戌土
玄武	兄弟 丁酉金	▬▬ 子孫 癸亥水 世		▬▬ 兄弟 庚申金
白虎	子孫 丁亥水	▬▬ 父母 癸丑土	×→	▬▬ 官鬼 庚午火 世
螣蛇	父母 丁丑土	━━ 兄弟 丙申金		━━ 兄弟 丙申金
勾陳	妻財 丁卯木	▬▬ 官鬼 丙午火 應		▬▬ 官鬼 丙午火
朱雀	官鬼 丁巳火	▬▬ 父母 丙辰土		▬▬ 父母 丙辰土 應

解析：

1. 在此次占卜中，我們選取本宮二爻的妻財卯木作為用神來分析財運。
2. 觀察主卦的六個爻位，並沒有直接顯示財爻。而本宮的伏藏財爻又隱藏在官鬼午火之下。伏藏的財爻生助飛神官鬼，這被視為洩氣的象徵，意味著錢財被損耗或不利於財運。
3. 然而，幸運的是，這個財爻得到了歲月干支的幫扶。它臨到月令時透出並增強了其影響力，同時還得到了日建的長生之

力。這使得伏藏的財爻雖然隱藏但仍然旺盛有力。另外，飛神官鬼在日建所在旬中空亡，這種情況被稱為「空下伏神，易於引拔」，意味著此財運是有機會被引發的。

4. 綜合分析後得出結論，待到辛卯日該伏藏的財爻將臨到日建並透出，屆時必將是獲得財運的時機。

實際結果驗證了這一預測，求財者在辛卯日如期獲得了財運。

例三

庚寅年庚辰月壬申日，卜求財，得屯卦安靜。

六神	伏神		坎宮：水雷屯	
白虎	兄弟 戊子水	▬▬ ▬▬	兄弟 戊子水	
螣蛇	官鬼 戊戌土	▬▬▬▬▬	官鬼 戊戌土	應
勾陳	父母 戊申金	▬▬ ▬▬	父母 戊申金	
朱雀	妻財 戊午火	▬▬ ▬▬	官鬼 庚辰土	
青龍	官鬼 戊辰土	▬▬ ▬▬	子孫 庚寅木	世
玄武	子孫 戊寅木	▬▬▬▬▬	兄弟 庚子水	

解析：

1. 此卦取本宮三爻的妻財午火為用神，代表錢財。
2. 原卦六爻中俱不現財，而本宮財爻又伏於官鬼之下，此為鬼來耗財，損財不吉之象。且卦中官父兩旺，子財兩衰，此卦只利公事而不利私事，求財必是不得。
3. 此卦用神財爻午火伏於官爻辰土之下，飛伏互為自刑，且在辰月更加一刑，此說明該財乃是不義之財，必被小人欺騙而致不得。

例四

庚寅年己卯月丁酉日，占求財，得臨之中孚。

六神	伏神	坤宮：地澤臨		艮宮：風澤中孚	
青龍	子孫 癸酉金	▬▬ ▬▬ 子孫 癸酉金	×→	▬▬▬▬▬ 官鬼 辛卯木	
玄武	妻財 癸亥水	▬▬ ▬▬ 妻財 癸亥水 應	×→	▬▬▬▬▬ 父母 辛巳火	
白虎	兄弟 癸丑土	▬▬ ▬▬ 兄弟 癸丑土		▬▬ ▬▬ 兄弟 辛未土	世
螣蛇	官鬼 乙卯木	▬▬ ▬▬ 兄弟 丁丑土		▬▬ ▬▬ 兄弟 丁丑土	
勾陳	父母 乙巳火	▬▬▬▬▬ 官鬼 丁卯木 世		▬▬▬▬▬ 官鬼 丁卯木	
朱雀	兄弟 乙未土	▬▬▬▬▬ 父母 丁巳火		▬▬▬▬▬ 父母 丁巳火	應

解析：

1. 此卦取本宮五爻的妻財亥水為用神。
2. 本宮外卦子財兩動相生世爻，只是雙方均動化回頭反吟，此財求之必有反復。子孫化卯木反剋，妻財化巳火絕地，此財求之不易。
3. 卦象如此，再觀三傳作用。太歲寅木與財爻亥水相合，使財爻沖中逢合，呈先難後易，先失後得之象。月令卯木臨比世爻，使自己有足夠的能力去求財，但又衝破子孫酉金，使財源受傷，是其壞處。幸好尚有日建酉金，填實酉金破爻，使其有用。衝擊世爻使之暗動，致世財動合，此卦凶中有救應，財必能得。只是子孫財源有受傷之嫌，說明財源不廣，財路不豐，近期之財尚可，若是長久之財，必難持久。
4. 應期之論當看財爻病處。財爻動而化出巳火旬空，須待出空可應，財爻動化巳火絕地，絕待長生，須待申日可應。兩象結合，此財必待次旬戊申日，方到手也。

例五

庚寅年辛巳月丙戌日，占求財，得隨之屯。

六神	伏神	震宮：澤雷隨		坎宮：水雷屯
青龍		妻財 庚戌土 ▬▬ ▬▬	妻財 丁未土 應	▬▬ ▬▬ 父母 戊子水
玄武		官鬼 庚申金 ▬▬▬▬▬	官鬼 丁酉金	▬▬▬▬▬ 妻財 戊戌土 應
白虎		子孫 庚午火 ▬▬▬▬▬	父母 丁亥水 ○→	▬▬ ▬▬ 官鬼 戊申金
騰蛇		妻財 庚辰土 ▬▬ ▬▬	妻財 庚辰土 世	▬▬ ▬▬ 妻財 庚辰土
勾陳		兄弟 庚寅木 ▬▬ ▬▬	兄弟 庚寅木	▬▬ ▬▬ 兄弟 庚寅木 世
朱雀		父母 庚子水 ▬▬▬▬▬	父母 庚子水	▬▬▬▬▬ 父母 庚子水

解析：

1. 此卦共現兩位妻財，各有其信息提示。內財持世，代表本錢，外財臨應，代表利潤。
2. 卦中世應與日建比和，又皆臨財星，似為求財之吉象。只可惜持世之財爻辰土被日建戌土相沖，臨應的財爻未土在日建旬空，又被日建相刑，此三財俱自相沖刑，且均絕於月令巳火，此是求而不得之象。

例六

庚寅年甲戌月癸亥日，問月內何日得財，遇渙卦安靜。

六神	伏神	離宮：風水渙	
白虎	兄弟 己巳火	▬▬▬▬▬ 父母 辛卯木	
騰蛇	子孫 己未土	▬▬▬▬▬ 兄弟 辛巳火 世	
勾陳	妻財 己酉金	▬▬ ▬▬ 子孫 辛未土	
朱雀	官鬼 己亥水	▬▬ ▬▬ 兄弟 戊午火	
青龍	子孫 己丑土	▬▬▬▬▬ 子孫 戊辰土 應	
玄武	父母 己卯木	▬▬ ▬▬ 父母 戊寅木	

解析：

1. 主卦六爻並無財爻，取本宮四爻的妻財酉金為用神。
2. 財爻酉金伏於子孫未土之下，飛來生伏為長生，財爻又得月

令生伏，與世爻巳火相合，此財必然能得。
3. 只是卦中財爻不現，暫不見財，待到下旬癸酉日，財爻臨日建透出，必是得財之日。若問其日何時得財，也必是己酉應時。

例七

庚寅年己丑月癸卯日，占求財，得噬嗑安靜。

六神	伏神		巽宮：火雷噬嗑	
白虎	兄弟 辛卯木	▬▬▬	子孫 己巳火	
螣蛇	子孫 辛巳火	▬ ▬	妻財 己未土	世
勾陳	妻財 辛未土	▬▬▬	官鬼 己酉金	
朱雀	官鬼 辛酉金	▬ ▬	妻財 庚辰土	
青龍	父母 辛亥水	▬ ▬	兄弟 庚寅木	應
玄武	妻財 辛丑土	▬▬▬	父母 庚子水	

解析：
1. 主卦中現出兩財，辰土之財在月令受剋又旬空，未土之財月破又受日剋，兩財俱為受傷無用，似為無財之象。但仔細觀之，主卦中此二財非本宮之財，非己真財，實應取本宮的二位財爻為用。其本宮四爻之財自處月破狀態，散而無救，不能為用。只有取本宮初爻的妻財丑土為用，代表所求之財。
2. 本宮財爻丑土值月令並起旺相，伏財丑土又帝旺於飛神子水，伏來剋飛為出暴，財爻能夠得出，此財必然能得。
3. 只是當日應爻兄弟得勢剋世，伏財丑土也受日建之剋，故當日不得此財。次日甲辰，卦中忌神兄弟旬空，內財得此幫比而得也。

第三十二章　各類求財占法

第一節　空手求財占

　　在各種行業中,那些依賴手工技藝謀生的百工九流人士,以及利用職權獲取利益的人,都被歸類為空手求利者。他們在占卜中的主要判斷依據是官鬼爻。

　　當官鬼爻在旺盛狀態下發動,並能生合身爻或世爻時,這被視為吉利的徵兆。而如果妻財爻也在旺盛狀態下發動,進一步助長官鬼爻生合身爻或世爻,那麼吉利程度將更為顯著。

　　然而,如果子孫爻在旺盛狀態下發動並傷害官鬼爻,或者兄弟爻作為世爻發動,或者官鬼爻發動並對身爻或世爻造成刑、害、剋、破的影響,又或者官鬼爻和妻財爻遇到空亡、破敗、死亡、入墓、絕氣、胎養等狀態,甚至化入這些不良狀態,那麼求得的利益會相對較少。

　　在占卜求財方位時,世爻所剋的方位被認為是財物存在的方向。如果世爻恰好處於生旺的方位,那麼這將是一個有利的方向;相反,如果世爻處於死亡、入墓、絕氣、胎養等狀態,或者受到刑、害、剋、破的方位影響,那麼這些方向會帶來凶禍。

　　黎評： 以上為論述空手求財的推斷方法,以鬼爻為主,以鬼爻旺衰與世身之生剋推斷空手求財之成敗,配世爻所剋與旺衰推斷求財吉凶之方位。

第二節　借貸求財占

　　對於通過借貸尋求財富的情況,只要妻財爻作為世爻或者能夠生合世爻,並且不遇到空亡、破敗、絕氣的狀態,那麼在妻財爻相生或逢合的日子,借貸就會成功。

　　如果應爻能夠生合世爻,同時兄弟爻保持安靜而妻財爻處於伏

藏狀態，或者妻財爻伏藏而兄弟爻和子孫爻都發動，那麼這種情況在妻財爻所值的日子也會獲得借貸。

在契約方面，如果父母爻逢空，那麼沒有書面的券書；而如果父母爻化出另一個父母爻，那麼需要修改原有的契約。

當世爻和應爻都逢空相合時，這表示雙方的約定是虛假的，難以作為有效依據。

如果應爻受到刑傷的影響，那麼去請求借貸會遇不到對方或者對方不願意出借。

當應爻來生合世爻，但妻財爻卻逢空或絕氣時，這表示對方雖然有意願出借，但實際上沒有足夠的資本可供借貸。

另一種情況是妻財爻生合世爻，但應爻卻沖剋世爻，這表示對方雖然提供了借貸，但內心並不情願。

如果妻財爻發動來生世爻的同時被日辰合住了妻財爻，那麼借貸的過程會因為有人從中作梗而變得遲緩。

最後，當應爻發動來合世爻但日辰卻沖應爻時，這表示借貸會因為有人說破雙方的約定而不能如願進行。

黎評： 以上為論述借貸求財的推斷方法，以財爻之飛伏旺衰、十二長生、世應化爻推斷借貸求財之有無。

第三節　糾會求財占

在糾會中求財，只要妻財爻和應爻能夠生合世爻，那麼就容易成功。然而，如果妻財爻遇到空亡、破敗、死亡、絕氣，或者應爻遇到空亡、破敗、絕氣，或者它們發動來刑害剋沖世爻，那麼就無法成功。

如果應爻逢空，那麼對方會推脫；如果世爻逢空，那麼自己的心意已經倦怠。如果應爻逢空卻來合世爻，那麼這是虛假的承諾；如果世爻逢空卻發動，那麼只有名而無實，或者財產難以到手。如果世爻和應爻都逢空，那麼肯定無法成功。如果應爻來生合世爻，

但臨退悔煞發動,或者發動化出退神,那麼起初應允,而最終推脫。

如果妻財爻來生合世爻,而臨破碎煞發動,那麼會陸續零星地交納錢財。如果應爻本身是妻財爻,又化出妻財爻來生合,那麼這是一人兩腳的情況;如果應爻為兄弟爻發動,化出妻財爻來生合,那麼是兩人合腳的情況。卦象逢六合則能成功,卦象遇六沖則無法成功。

黎評:以上為論述糾會求財的推斷方法,取財爻為財,應爻為他人,以此二爻與世爻的生合沖剋,財爻的生旺死絕與卦爻動變推斷糾會求財之有無。

本章所述的糾會與搖會,都是社會信用活動中的民間借貸,一年舉行一次,由起會人發起,並確定每腳會額。首會由起會人得,以後的得會次序由參加者商定,利息以得會次序年差計算。起會人從第二會起每次交款固定不變外,其餘按得會先後按比例遞減。

第四節　搖會求財占

在搖會中求財,如果妻財爻當旺發動,來生助官鬼爻生合世爻,那麼就能搖得。然而,如果兄弟爻作為世爻發動,或者兄弟爻獨發,或者卦中沒有妻財、官鬼爻,或者世爻、妻財爻正值空亡、破敗、死亡、絕氣,或者受刑害剋,那麼就會失手。

卦象逢六合則能搖得,卦象遇六沖則會失手。如果妻財爻來合世爻,而兄弟爻剋妻財爻的,那麼已經搖得又會失去;如果妻財爻合應爻,而應爻來生世爻的,那麼是別人搖得後又讓給我。妻財爻生世爻又生應爻的,世爻衰而受傷則別人搖得,應爻衰而受傷則我能搖得,世爻、應爻都當旺則兩人共同搖得。

黎評:以上為論述搖會求財的推斷方法,取財爻為利潤,官爻為主事,兄弟爻為傷財,配合卦宮沖合與世應旺衰推斷搖會求財之有無。

第五節　賭博求財占

　　在賭博中尋求財富，若內卦能夠剋制外卦，或者世爻剋制應爻，再或者旺盛的妻財、子孫爻作為世爻或生合世爻出現，那麼勝利的概率就很大。

　　如果旺盛的世爻剋制了衰弱的應爻，那麼會獲得小勝；相反，如果旺盛的應爻生助了衰弱的世爻，那麼會大獲全勝。

　　然而，如果外卦剋制內卦，或者應爻剋制世爻，再或者卦中沒有妻財、官鬼爻，或者世爻遇到空亡、破敗、入墓、絕氣的情況，那麼會輸掉賭博。

　　世爻如果逢空而動，表示缺乏管理者；應爻如果逢空，表示沒有對手參與賭博。

　　當世爻和應爻比和時，雙方勢均力敵，沒有勝負之分。而如果世爻和應爻都逢空，那麼雙方都沒有任何收穫。

　　如果世爻是子孫爻但化出了父母爻，這表示因為驕傲自大而失敗；而如果世爻是子孫爻且化出了兄弟爻，則會表示因為得到幫助而獲勝。

　　當世爻是陰卦中的陰爻時，適合採取守勢；而如果世爻是陽爻且位於陽卦中，則適合積極爭先。

　　如果內卦和外卦中的兩個官鬼爻都發動來傷害世爻，那麼表示有人合謀設局進行欺騙。間爻如果發動，存在詐騙行為；特別是當間爻為兄弟爻併發動時，表示抽頭過多。

　　在賭博中，如果應爻臨青龍或天喜並生助世爻，那麼會得到他人的幫助或解救。相反，如果應爻臨虎刃並剋制世爻，那麼會與人發生鬥毆。

　　當應爻是臨玄武的兄弟爻並傷害世爻時，表示被人設局欺騙或遭受其他形式的欺詐。如果應爻是臨勾陳的官鬼爻並傷害世爻，則會表示受到某種牽連而無法擺脫。而當應爻是臨騰蛇的火爻官鬼並傷害世爻時，表示被人使用藥物或其他手段進行欺騙。

　　此外，在賭博中如果應爻是臨朱雀的兄弟爻並傷害世爻，則會

因為錢財問題而發生爭鬥；特別是當應爻作為臨朱雀的兄弟爻發動並化出官鬼爻來傷害世爻時，被同伴告發。同樣地，如果旁爻或臨朱雀的兄弟爻發動並化出官鬼爻來傷害世爻時，則會被其他人告發。

最後需要注意的是，在賭博過程中如果世爻是臨朱雀的官鬼爻並化出父母爻，或者臨朱雀的父母爻化出官鬼爻時，都會因為賭博行為而引發訴訟糾紛；特別是當這些情況又臨太歲時更加嚴重地意味著訴訟會持續很長時間才能解決。

黎評： 以上為論述賭博的推斷方法，以內外世應的生剋動變、六親組合、六神六親、陰陽變化推斷賭博之勝負與其中之情形。

第六節　捕魚求財占

通過捕魚來尋求財富，我們可以根據卦象的內外關係進行預測。其中，內卦與世爻象徵捕魚者，而外卦和應爻則代表被捕的魚群或其他相關物品。

如果內卦和世爻能夠剋制外卦和應爻，這意味著捕魚者能夠成功地捕獲到魚。同時，當妻財爻和官鬼爻處於旺盛狀態並生助世爻時，也預示著捕獲將會豐富。此外，若官鬼爻化為妻財爻來剋制世爻，或者水爻妻財旺盛臨世爻或助世爻，再或者官鬼爻帶有天罡煞併發動，這些都是捕魚大獲豐收的徵兆。

然而，如果外卦和應爻剋制內卦和世爻，或者妻財爻、官鬼爻遇到空亡、破敗、剋制等不利情況，甚至不出現，那麼捕魚會毫無收穫。同樣地，妻財爻化為官鬼爻，或者化入空亡、破敗、絕地等狀態，也預示著捕魚的失敗。

當世爻表現為兄弟爻併發動時，或者只有兄弟爻單獨發動時，這意味著捕魚行動將會困難重重。特別要注意的是，如果兄弟爻發動來剋制世爻，這暗示著捕魚者會被同伴欺騙。

另外，我們還可以將世爻視為船隻，而應爻則代表人。當船隻與人相應合時，預示著出海捕魚將會非常順利。相反地，如果人能

夠與船隻相應合時,則暗示著捕魚將會帶來豐厚的利潤。然而,如果日辰剋制世爻或者世爻剋制妻財爻時,這只是徒勞無功的往返。相反地,當日辰與世爻相合或者世爻與妻財爻相合時,則預示著滿載而歸的好運。

在卦象中不同五行的妻財爻也代表著不同的魚類。例如火爻妻財代表鱉、蟹、龜、蚌和赤鯉等;土爻妻財則代表鰻魚、鯽魚、鰍魚和黃鱔等;水爻妻財則代表鰻魚、鯉魚和江豚等;木爻妻財則特指青魚;而金爻妻財則代表白鰷魚、白鰱魚和石首魚等。同時根據《演禽法》中的記載:癸亥爻專門用來代表魚類。因此只需觀察哪個爻位旺盛併發動來生助世爻,同時沒有遭遇空亡破敗死墓絕胎刑害剋等不利因素,即可知道所捕獲的主要魚類類型。

此外在卦象中還存在一些特殊的神煞,如白浪煞、風波煞、覆舟煞、沐盆、浮沉煞等。當某個帶有這些神煞的爻位發動時,會給捕魚帶來一些不利的影響,如虛驚多、風浪、翻船或失水等風險。

《管公口訣》說道:初爻代表船主,二爻代表伴侶,三爻代表行李雨具,四爻對應於網織,五爻對應於道路,六爻對應於漁所,逢空、破的,則意味著相應的環節不吉利。

黎評: 以上為論述捕魚的推斷方法,以內卦世爻為人,外卦應爻為物,以內外生剋旺衰,參神煞五行推斷捕魚之收穫多少,爻位之空破推斷漁具之傷損。

第七節 牧獵求財占

通過牧獵來尋求財富,我們可以根據卦象的特定組合來預測其結果。當金爻的妻財旺盛併發動來生助並合於世爻時,或者世爻帶有天罡煞併發動,又或者世爻臨白虎併發動來剋制正旺盛的妻財爻時,這些都預示著田獵將會有收穫。

然而,如果世爻臨白虎發動,但妻財爻卻遇到空亡、破敗或絕地的情況,那麼田獵會一無所獲。此外,當月令或日建的爻發動來

刑剋財爻，若金爻的妻財能合於世爻，這將是有利的徵兆。

另一方面，如果妻財爻本身旺盛，但臨白虎的爻卻保持靜止不動，這意味著用於田獵的鷹犬會感到疲倦。同時，如果某個爻臨白虎和刑刃併發動，衝擊或傷害到身爻或世爻，那麼應該特別提防狐狸等野生動物造成的麻煩。

在卦象中不同五行的妻財爻也代表著不同的獵物。《管公口訣》說，木財是鹿，水財是麂，金財是虎，火財是豹，土財是狐狸野物。例如子爻妻財代表黃鼠，卯爻妻財代表兔子，未爻妻財代表山羊，申爻妻財代表猴子，戌爻妻財代表獵狗，而亥爻妻財則代表野豬。

此外根據《演禽法》中的記載：丁亥爻代表豬，丁酉爻代表雞，己酉爻代表雉雞，癸酉爻代表烏鴉，戊午爻代表獐，壬午爻代表鹿，丙寅爻代表虎，壬寅爻代表豹，戊寅爻則代表貓。因此只要觀察到相應的妻財或物爻發動來生助並合於世爻，即可知道所獵獲的是哪種動物。

最後值得注意的是，在牧獵卦象中，內卦外卦以及世應爻之間的生剋沖合關係與捕魚卦象中的推斷方法相同。

黎評：以上為論述狩獵的推斷方法，以財爻生旺空絕、財爻所臨地支五行推斷獵物多少、何種獵物。

第八節　開礦探珠淘金取藏求財占

對於通過開礦、探尋珍寶、淘金或尋找寶藏來謀求財富的情況，我們的預測主要依據隱藏的金爻妻財來進行。如果這一爻能夠生助並合於世爻，同時又有土爻發動來生，那麼這被視為吉利的兆頭。

具體來說，如果伏藏的金爻妻財處於旺盛狀態，那麼預示著礦藏或寶藏的數量會比較多；相反，如果它處於休囚狀態，數量則會較少；而若遇到空亡或絕地的情況，則意味著一無所有。此外，如

果妻財爻落入胎地或墓地，那麼開採工作會變得非常困難。當妻財爻受到衝動而發動時，這意味著礦藏或寶藏不止在一個地方。

在卦象中，世爻代表求財者本人，而應爻則對應於雇傭的工匠或助手。如果世爻處於生旺狀態，並且是妻財爻或子孫爻，那麼這是吉利的象徵；相反，如果世爻遇到空亡、死地、墓地、絕地、胎地，或者被刑剋衝破，那麼則預示著兇險或不利。

從應爻的角度來看，如果應爻能夠生助並合於世爻，這意味著雇傭的工匠得力可靠；但如果應爻對世爻形成刑剋衝破的關係，那麼求財者會受到工匠的欺騙。

當應爻本身是妻財爻或子孫爻時，這表明工匠技藝高超且勝任工作；而如果應爻是兄弟爻或官鬼爻，那麼則意味著工匠無能且容易欺詐。最後，當應爻為父母爻時，這代表著工匠團隊的領頭人。

此外根據應爻所臨的神煞我們也可以判斷工匠的性格或特點。例如應爻臨青龍則意味著工匠精巧靈活，臨朱雀則會因多言而惹來嘲笑，臨勾陳則預示著工匠笨拙遲鈍，臨騰蛇則會表現出虛浮不實的性格，臨白虎則表明工匠性格剛強兇狠，而臨玄武時則需要特別提防工匠的偷竊行為。

黎評： 以上為論述開礦探珠淘金取藏的推斷方法，取伏下金財為用，以其金財生合世爻、財爻旺衰、世應旺衰生剋、應爻所臨六親六神推斷收穫多少與工匠情況。

第九節　索債求財占

在預測通過索債來獲取財富的情況時，我們可以根據卦象的內外關係以及各爻之間的互動來作出判斷。

如果外卦生內卦，應爻生世爻，或者內卦、外卦、世爻、應爻之間呈現比和的關係，這預示著債務將會得到償還。如果外卦剋制

內卦，或者應爻剋制、衝擊、刑傷或加害世爻，則表明債務無法得到償還。

當應爻來生合世爻，但卦中並沒有出現妻財爻時，這意味著對方有償還的意願，但由於某種原因沒有能力償還。應爻來衝擊或傷害世爻，而妻財爻卻處於旺盛狀態，這表明對方有償還的能力，但卻不願意償還。

當應爻為兄弟或官鬼爻發動來傷害世爻時，這暗示著對方雖然言辭甜美，但實際上心懷不軌。如果應爻為兄弟爻發動，而妻財爻遇到空亡、破敗或絕地的情況，這意味著求測者會被對方欺騙。

當應爻逢空時，這表示對方要麼貧窮無力償還，要麼是有意躲避債務。若應爻逢墓或胎的狀態時，則會難以見到對方本人。

如果妻財爻化入空亡、破敗或絕地的狀態中，這預示著完全沒有希望收回債務。當妻財爻發動來助應爻，而官鬼爻傷害身爻或世爻時，這意味著對方想借助他人的力量來抵賴不還。

如果官鬼爻發動並化出妻財爻時，則會需要通過法律途徑來追討債務。

在世爻為正值旺相的妻財或子孫爻，並且兄弟爻處於衰弱且安靜的狀態時，則預示著本金和利息都會得到全額償還。

最後，如果應爻為兄弟或官鬼爻但保持安靜不傷害世爻，或者為臨勾陳的父母爻也不傷害世爻，那麼債務只是會有些延遲而已，並不會造成太大損失。

此外，《蜀市日記》中提到一個觀點：在卦象中若世爻下伏藏有妻財爻時，則說明對方已經先持有某些財物並打算用它們來抵消這筆債務。通過詳細解讀八卦和十二地支的組合我們可以進一步推斷出這些財物的具體性質和價值。

比如，在庚寅年辛巳月丙午日這一天，占卜得到的是風天小畜卦，其爻象如下：

```
六神    伏  神      巽宮：風天小畜
青龍  兄弟 辛卯木 ▬▬▬ 兄弟 辛卯木
玄武  子孫 辛巳火 ▬▬▬ 子孫 辛巳火
白虎  妻財 辛未土 ▬ ▬ 妻財 辛未土 應
螣蛇  官鬼 辛酉金 ▬▬▬ 妻財 甲辰土
勾陳  父母 辛亥水 ▬▬▬ 兄弟 甲寅木
朱雀  妻財 辛丑土 ▬▬▬ 父母 甲子水 世
```

此卦在世爻下方隱藏著辛丑土的妻財爻。在八卦中，巽卦代表多種事物：長女、雞、竹木器，以及花果菜園。同時，丑這個地支與牛、墳地以及菜圃相關聯。

根據卦象中妻財爻的位置和屬性，我們可以推斷出對方打算出售的物品來償還債務。具體的對應關係如下：

如果妻財爻在乾卦，則會涉及馬、金銀首飾、杯盤器皿、鏡子、帽子、玉環珠寶等。若妻財爻在兌卦，則會關聯羊、年輕女性、五金器具、缸壇等開口容器。當妻財爻在離卦，意味著與中女、絲綢緞料、書畫藝術、簾屏裝飾、紅色中空的物品等相關。妻財爻位於震卦時，包括長子相關的事物、鼓樂器、竹木製品、茶葉筍乾等。若妻財爻在巽卦，那麼它指向長女、雞、竹製品以及花果菜園相關物品。妻財爻在坎卦時，涉及次子、池塘水體、酒醋調味品、魚鹽海鮮、豬以及有核的果實等。如果在艮卦，與幼子、狗、山石製品、瓷器、瓜類植物的葉子以及土中埋藏的物件有關。妻財爻位於坤卦時，則會指向牛、母馬、田地房產、五穀雜糧、布匹衣物以及廚具釜等。

此外，根據妻財爻所對應的地支，我們還可以進一步細化推測：子爻與池塘水體、大豆作物、衣物飾品以及珠玉寶石等相關。丑對應於牛，對應於墳地、菜圃。寅爻則關聯山林樹木資源、棺材以及貓等動物。卯爻涉及草本植物、木製品、竹製品、車船交通工具以及盤盒容器等。辰爻則會與陶瓷缸器、石磨碾具、墳地墓地以及田園地產等相關聯。巳爻指向花果植物及其產品、書畫藝術品以及磚瓦瓷器等物品。午爻與馬匹相關外還涉及書畫藝術以及衣架等生活用品。未爻則會包括山地、林場資源、羊群以及女性衣物等事物在內。申爻與刀劍武器、金屬製品、大麥穀物、石臼以及猿猴類動物有關聯性存在；而酉金除了代表雞之外，還涵蓋酒類飲品、小麥穀物、金銀首飾、釵環裝飾品以及五金製品等領域；戌土則指向墳墓穴位、磚石建築、舊衣物以及狗類動物等；最後亥水除代表豬之外，還涉及傘具、筆墨、文具、發酵調味品以及盛水容器等多種事物範疇（以上信息均來源於《六壬金口訣》的解讀）。

⬛**黎評**：以上為論述索債求財的推斷方法，以世應內外、世應六親、飛伏旺衰推斷對方有無錢財、能否索到錢財，又以世下伏財為對方以貨抵債，以其財爻所臨卦宮與地支的類象推斷所抵之物。

第三十三章　貿易占

遊南子言：在占問買賣之時，首要關注的是時價的高低以及未來價格的變動趨勢。緊接著，還需探究牙行（中介方）的品質與出貨的順暢度。這便是貿易占卜的基本框架。

黎評： 以上為貿易占之總論，貿易占共分三節。

鬼谷分爻表

爻位	占貿易之爻位類象
上爻	店舍
五爻	道路
四爻	舟車馬
三爻	行李
二爻	伴侶
初爻	己身

當各分爻處於旺盛狀態，且為妻財、子孫爻，或得到龍德、貴祿等吉神的加持，同時又能扶持身爻或世爻時，便可預示著相應環節的吉祥與順利。

此外，在占卜中還需特別留意那些表現為官鬼爻的爻位，無論是直接顯現、隱藏在下方，還是通過變化而生成。這些官鬼爻若對身爻或世爻產生刑、沖、剋、害等不利影響，或是處於空亡、死地、墓地、絕地、胎地等衰弱狀態，又或是受到四值、動爻的衝擊，都將揭示出某個環節的疏漏與不利。

黎評： 以上為論述爻位的推斷方法，看何爻位臨吉神旺相生扶世身，即知此爻位類象處為貿易之如意所在；看何爻位臨鬼伏鬼化鬼、刑沖剋害世身，即知此爻位類象處為貿易之疏忽失誤處。

第一節　如何推斷買賣時機

　　在占卜過程中，如果官鬼爻旺盛且安靜，而兄弟爻無力，這預示著吉祥的徵兆。

　　對於貨物的收購與出售，時節與五行的對應關係至關重要。在冬季收購夏季出產的貨物時，若遇到火爻妻財，則預示著吉利。同樣地，春天收購秋季貨物逢金爻妻財、秋天收購春季貨物逢木爻妻財、夏天收購冬季貨物逢水爻妻財，也都是吉利的象徵。

　　對於四季常銷的貨物，其吉凶則與辰、戌、丑、未四爻妻財的相應出現有關。當旺盛的妻財爻能夠生剋世爻時，預示著貨物價格將會昂貴。相反，如果衰弱的妻財爻被世爻所剋，則預示著貨物價格將較為便宜。

　　妻財爻本身的旺衰也直接影響著貨物的價格。旺盛的妻財爻預示著貨物價格高昂，而死敗的妻財爻則預示著價格低廉。此外，火爻妻財預示著價格將逐日上升，而水爻妻財則預示著價格將逐日下降。

　　在卦象變化中，妻財爻變出兄弟、官鬼爻，或者子孫爻變出父母爻的情況，預示著貨物價格將先高後低。相反地，妻財爻化出子孫爻、官鬼爻化出妻財爻的情況則預示著價格將先低後高。

　　內外卦的妻財爻旺衰對比也能提供有關貨物價格的線索。內卦妻財爻旺盛而外卦妻財爻衰弱預示著其他地方的貨物價格更低；相反地，外卦妻財爻旺盛而內卦妻財爻衰弱則預示著未來貨物價格將上漲。

　　正卦與變卦中的妻財爻關係也能提供購買時機的信息。正卦有妻財爻而變卦無則預示著晚些購買能獲得更低的價格；正卦妻財爻旺盛而變卦妻財爻衰弱則預示著早期出售能獲得更高的價格。

　　此外內卦的妻財爻若逢空亡則預示著貨物易於銷售；外卦的妻財爻若逢空亡則預示著貨物難以購買。當外卦的妻財爻能夠生合世爻時預示著購買過程將十分順利；而應爻與內卦的妻財爻相合則預

示著銷售過程將十分容易。然而，當世爻為入墓的妻財爻時則預示著銷售將會遇到困難。

黎評： 以上為論述買賣吉凶、貨物貴賤的推斷方法，以官爻財爻所臨五行，參四季旺衰、內卦外卦、主卦變卦推斷貨物價格之趨勢。此處與蠶絲章貴賤節所示之法相同。

第二節　如何推斷中介損益

在占卜中，應爻和官鬼爻的旺相與否以及它們與世爻的關係是判斷貨物購銷可靠性的重要因素。

如果應爻和官鬼爻正值旺盛並且來生合世爻，這意味著貨物的品質和價值都非常出色，即使價格較高也可以託付給對方。然而，如果應爻或官鬼爻處於休空狀態或者被沖傷，那麼無論貨品如何優秀都難以依靠其進行購銷。

另外，妻財爻化出兄弟爻的情況也需要注意。這種情形表示貨品的原持有者或銷售方存在侵佔財物的問題。而妻財爻化出子孫爻則表明賣方比較注重售後服務的周全性。最後，如果官鬼爻化出妻財爻，則暗示著賣方在處理問題時能夠照顧到方方面面。

黎評： 以上為論述牙行的推斷方法，取應爻官爻為用，以應爻官爻的旺衰、世應爻之六親變化來推斷牙行之真假虛實。牙行者，舊時推薦買賣，從中獲利的地方。

第三節　如何推斷賣貨情況

在決定出貨時機時，我們應選擇妻財爻正值生旺的月份和日子，這是最佳的出貨期。

當應爻發動與妻財爻相合，或者妻財爻發動與應爻相合時，這表示貨物容易脫手，是出貨的良機。

然而，如果應爻逢空或破，則預示著市場上將沒有買主，此時不宜出貨。

貨物的性質也可以通過卦象來判斷。例如，妻財爻為臨勾陳的土爻時，意味著貨物難以脫手，需要更長的時間來找到買家。

不同的化出爻也暗示著貨物在存儲和運輸過程中遇到的問題。妻財爻化出水爻時，需要防範上漏下濕的風險；化出火爻時，則要預防貨物因枯幹而引發火災；化出木爻時，必須注意防腐爛；而化出土爻時，則要防止貨物腐朽。當妻財爻化出臨騰蛇的金爻時，還要特別警惕生蟲的可能性。

此外，如果妻財爻是辰、午、酉、亥等帶自刑的爻，這意味著貨物品質不佳，難以脫手。

在交易過程中，世爻和應爻的關係也至關重要。如果世爻和應爻相沖，並且有臨退悔煞的爻發動，或者應爻發動來合妻財爻但化出了退神，這些情況都會導致交易被中止。

應爻發動來合妻財爻時，突然被日辰或動爻衝破，則暗示有人破壞交易。同樣地，如果發動的妻財爻因為日辰或動爻來合而轉為絆，這意味著有旁人在背後控制交易過程。

官鬼爻在卦象中也有其特殊意義。如果官鬼爻發動來傷害世爻，這表示中介人或經紀人在從中阻撓交易。而卦中若沒有官鬼爻出現，則預示著買賣無法達成。

最後，當妻財爻發動來生世爻或生應爻時，如果官鬼爻處於入墓狀態，那麼交易需要等到逢沖之日才能最終成交。

黎評： 以上為論述賣貨的推斷方法，取財爻為用，財爻生旺之時為脫貨之時，再以財爻之化爻五行、所值五行、月日世應動變的組合推斷賣貨的時機與順逆。

示例如下

占卜脫貨時機，時間為庚寅年的辛巳月甲辰日，所得的卦象是「需」卦。

六神	伏神		坤宮：水天需	
玄武	子孫 癸酉金	▬▬ ▬▬	妻財 戊子水	
白虎	妻財 癸亥水	▬▬▬▬▬	兄弟 戊戌土	
螣蛇	兄弟 癸丑土	▬▬ ▬▬	子孫 戊申金	世
勾陳	官鬼 乙卯木	▬▬▬▬▬	兄弟 甲辰土	
朱雀	父母 乙巳火	▬▬▬▬▬	官鬼 甲寅木	
青龍	兄弟 乙未土	▬▬ ▬▬	妻財 甲子水	應

解析：

1. 在此次占卜中，我們選擇本宮的妻財午火作為用神，用以代表所托的貨物。
2. 卦中子孫申金持世，被認為是吉利的象徵。但考慮到當前的辛巳月令使得申酉金處於空亡（黎注：此處為月空亡）狀態，因此它無法生助財爻。正如經典所說：「用爻最怕立時空也。」
3. 本宮的財爻（代表貨物）隱藏在五爻的兄弟戌土之下。在主卦中，世應和伏位下都是兄弟爻，而日辰也是兄弟爻。兄弟爻代表劫財之神，即買主。現在卦中出現了多個兄弟爻，這意味著必然有買主願意購買貨物。然而，財爻亥水在日建和飛神辰土自刑的影響下，表明這批貨物不太受歡迎或時機不佳。
4. 卦中的兄弟爻在月令巳火處於絕地，在日建辰土處於墓地狀態。同時，主卦中的辰戌二土和本宮的丑未二土四位兄弟自相沖脫。這預示著買主在看到貨物後會自行散去，不願購買。

第三十四章　開店占

遊南子說道：凡是占問開店的，首先要問是否可開，其次考慮資本的多少、利潤的厚薄、合夥人是否賢良、店面的大小，還要看店中的貨物，再推斷收放的可否，這就是其大概。

黎評： 以上為開店占之總論，開店占共分五節。

管輅分爻

六爻	財路
五爻	主人
四爻	店屋
三爻	基業
二爻	伴侶
初爻	心事

第一節　如何推斷店面是否可開

在考慮是否適合開店時，我們首先關注本宮卦中世爻和妻財爻的狀態。當它們臨於福祿、青龍、天喜等吉神，並且處於旺相階段時，這是一個積極的信號。特別是當世爻自身為旺相的妻財或子孫爻，且不受刑、沖、害、剋、破的影響時，表明條件優越。若應爻的妻財爻在旺相之際發動，來生合世爻，或妻財爻臨四值來生合世爻，也是開店的良好時機。

相反，如果本宮卦中世爻和妻財爻遇到死、墓、絕、胎、空、破、刑、害等不利狀態，或者兄弟、官鬼爻臨四值且作為應爻在旺相時發動來剋世爻，那麼此時則不宜開店。

特殊情況下，如果四值都屬於兄弟且與卦宮屬性相同，這將導致兄弟受制。在這種情況下，若世爻正值旺相，開店後會安穩無

虞，不會遭受大的損失。

卦象若為六沖，則表明開店不易成功，即使勉強開業也難以持久經營。

此外，還需考慮太歲和月令對世爻的影響。如果動變爻生合世爻，但同時有太歲沖，那麼開業的壽命不會超過一年。同樣地，如果動變爻生合世爻，但同時有月令沖，那麼店鋪難以維持超過一個月。

最後，當妻財爻化出子孫爻時，這是一個保守的徵兆，表明更適合守舊業而非冒險開設新店。

黎評：以上為論述開店前景的推斷方法，以本宮世爻財爻、四值神煞、生剋沖合、六親動變、卦體沖合推斷開店前景。月日參與的時間提示詳見本人著作《六爻三大技法》應期占四時節。

第二節　如何推斷開店本利多少

本金的多少與卦和妻財爻的旺衰密切相關。當卦氣旺盛，且妻財爻也處於旺盛狀態時，這意味著本金豐厚。相反，若卦值衰弱，妻財爻也隨之衰弱，則表明本金較少。

進一步觀察妻財爻的狀態，如果它遇到胎、墓等狀態，也暗示著本金不足。而當妻財爻逢空、絕時，則意味著本金的缺乏。

在判斷能否得利時，需要考慮多個因素。例如，世爻若為旺盛的妻財爻，或妻財爻臨朱雀且旺盛，或妻財爻逢長生而其墓庫也旺盛，或妻財爻在絕境中逢生，或外卦的妻財爻能生合內卦的世爻，或妻財爻作為門戶爻（三爻為門，四爻為戶）旺盛發動，或三傳臨妻財爻發動來生合世爻，或妻財爻伏於世爻下、子孫爻下且正值生旺，或妻財爻發動化出子孫爻、化入長生、化入旺盛狀態，以及子孫爻發動化出妻財爻、化入長生、化入旺盛狀態等，這些情況都預示著能夠獲利。

然而，也有一些情況會導致本金的損失。如果妻財爻在卦中沒

有出現，或者它逢空、破、死、絕等不利狀態，或者三傳臨兄弟爻發動，或者兄弟爻旺盛發動來剋世爻，或者父母爻發動助兄弟爻來剋世爻，或者應爻與世爻之間存在刑、害、剋、破等關係，這些情況都意味著本金的折損。

此外，妻財爻伏於不同的爻下也有不同的含義。例如，它若伏於父母爻下，則會損失一半的本金；若伏於官鬼爻下，則意味著有較多的耗費；而若伏於兄弟爻下，則需要小心口舌之爭。

黎評：以上為論述利潤的推斷方法，以財爻與所居之卦、世應飛伏、三傳動變、旺衰空絕推斷開店之後利潤之厚薄、經營之盈虧。

第三節　如何推斷合夥用人情況

如果應爻對世爻產生生合的影響，這意味著對我有利。相反，如果應爻刑、沖剋或害世爻，這將會對我造成損害。

當世爻生應爻，或者內卦生外卦時，這體現了成人之美的精神。而世爻剋應爻，或內卦剋外卦時，則意味著能夠得到他人的幫助。

世爻和應爻如果相互比和，表示兩人能夠同心協力。

若世爻與應爻之間形成六沖，則表明兩人關係不和諧。如果它們之間形成六合，這意味著兩人心意相通。

當應爻處於安靜狀態但受到衝擊時，這暗示著心意容易變化。

世爻若逢空，則反映了自己心意的疏懶。而應爻逢空時，則表明對方的心意鬆弛不定。如果世爻和應爻都逢空，這表示雙方都有後悔退縮的意圖。

應爻如果遭受刑、害、剋或破的影響，會多災多病。

應爻臨青龍或天喜，這預示著同伴將和氣且文雅。應爻如果是臨白虎的兄弟爻，則同伴顯得刻薄傲慢；若是臨騰蛇的兄弟爻，同伴會過於瑣屑；臨玄武的則會有欺詐行為；臨勾陳的則顯得拙鈍；

而臨朱雀的則容易招惹是非。

當應爻的妻財伏於官鬼爻下,或應爻的妻財發動化出兄弟爻時,這暗示著存在財物的侵吞行為。

在卦象中如果遇到遊魂且應爻臨驛馬發動,則表示不守店。相反,如果遇到歸魂且應爻臨驛馬發動,則表示常念家。

子孫爻如果臨朱雀或咸池發動,這意味著好吹噓和喜歡飲酒。

當應爻與妻財爻相合且臨咸池時,這暗示著有私情存在。

如果離卦中的火爻作為應爻且臨月盲煞來剋金爻妻財時,這表示對銀子的成色分辨不清。

應爻如果當旺則預示著勤儉能幹;若值衰則會軟弱無能。當應爻由相合的狀態化為相沖時,表示事情有始無終。

如果卦中沒有兄弟爻出現,這意味著店中沒有掌櫃。

兄弟爻以當旺且安靜為吉利的象徵。

最後,在與內、外親屬合夥的情況下進行推斷時,應以相應的用爻為依據進行判斷。

黎評: 以上為論述合作與用人的推斷方法,以世應內外卦的沖合生剋、六親化爻、六神神煞推斷雙方合作之吉凶損益。

第四節　如何推斷店面貨物銷售

在卦象中,父母爻代表店鋪,而妻財爻則象徵著貨品。這兩者的狀態和相互關係能夠揭示出店鋪的經營狀況和貨品的流行程度。

當父母爻處於旺盛且安靜的狀態時,這預示著店鋪將會熱鬧且平安無事。相反,如果妻財爻旺盛並且發動,這意味著貨品正當流行,銷售情況良好。

父母爻的旺衰也能反映出店鋪的規模。旺盛的父母爻代表著大店,而衰弱的父母爻則意味著小店。此外,如果父母爻遇到衝擊,這預示著店鋪無法長久經營;相反,若父母爻得到生合之助,則店鋪有望長期開下去。

卦象中妻財爻和父母爻的存在與否也能提供重要信息。如果只有妻財爻而沒有父母爻，這表示有貨品但沒有店鋪；相反，有父母爻但沒有妻財爻，則意味著有店鋪但沒有貨品。

當父母爻旺盛而妻財爻衰弱時，這預示著店鋪雖然大但利潤較薄；相反，如果父母爻衰弱而妻財爻旺盛，則店面雖小但利潤卻十分豐厚。

卦中若出現兩個妻財爻，其位置也有講究。如果內卦的妻財爻受到衝擊而外卦的妻財爻旺盛，這預示著本金少而利潤多；相反，若內卦的妻財爻旺盛而外卦的妻財爻受到衝擊，則會本金多但利潤較少。

身爻和世爻如果隨鬼入墓，這意味著自己將徒勞無功而利潤最終歸於他人。

此外，妻財爻若遇到衝擊而暗動，根據其臨近的神煞也能判斷吉凶：臨龍喜則會暗中得利；臨玄武或劫煞則會被騙失財。

官鬼爻作為妻財爻的墓位若發動，往往預示著不是訴訟就是災禍的發生。同樣地，父母爻如果臨殺刃、亡劫等神煞併發動，或者與日雀同月雀一同發動，也會預示著會招致爭訟之事。

在占卜不同類型的店鋪時也需要關注不同的用爻。例如占問寶珠、古董、雜貨店時應以妻財爻為用；占問書紙、巾帽、衣服店時則以父母爻為用；占問酒、肴、牲畜店時則以子孫爻為用。這些用爻的旺衰也能提供關於貨物和利潤的信息：用爻旺盛而妻財爻衰弱時貨多利薄；反之亦然。

郭璞還特別指出了一些特殊情況下的吉凶判斷：對於開書籍、貼紙、古董店的商家來說如果妻財爻旺盛而父母爻受到剋制這是吉利的徵兆；而對於開當鋪的商家來說如果父母爻旺盛而妻財爻受到剋制則會是吉利的。這些細微的差別都需要在占卜時仔細分辨和考慮。

黎評：以上為論述店面貨物的推斷方法，取父母為店，財爻為貨，以其各爻的旺衰神煞推斷貨物流通情況，又將百貨各分六親取用，以其相關方法推斷專業門面之貨物效益。

第五節　如何推斷收債放賬得失

《管公口訣》認為，上爻代表東西財路。如果生合世爻，這意味著可以放賬。如果逢空、破、死、絕，以及發動來刑、害、剋、沖世爻的，則意味著放賬不能收回。

黎評： 以上為論述賒賬的推斷方法，取上爻為用，以上爻本身力量及與世爻的生剋沖合推斷賒放之回報。

第三十五章　寄物占

遊南子道：寄存物品，必定是因為其人可以託付，而後才將物品託付給他。然而人心叵測，見到財物而產生欺詐之心的人有，自己藏匿起來又被盜的人有，放錯了地方導致物品損壞的也有。因此不可以不在最初就慎重對待。

卦逢六合的，則可以寄託；卦逢六沖的，則不可寄託。

月令、日建與動爻來合妻財爻、合世爻、應爻的，則可以寄託；來沖妻財爻，沖世爻、應爻的，則不可以寄託。

妻財爻當旺安靜，和妻財爻發動化出子孫爻，或化入生、旺的，則不會有損失。

妻財爻值衰而發動，和發動化出兄弟、官鬼爻，或化入空、破、絕的，則會有損失。

妻財爻化出土爻的，則會朽腐。妻財爻化出木爻的，則會微朽。妻財爻化出火爻的，則會有火災。妻財爻化出水爻的，則會有濕漏。妻財爻化出金爻的，則封識會被拆開。

世爻、應爻逢空、破的，則會有損失；世爻、應爻隨鬼入墓的，則會有損失；兄弟、官鬼爻發動來傷應爻的，則會有損失；應爻發動化出兄弟、官鬼爻，或化入空、破、絕的，則會有損失。

應爻發動的，則對方變心。應爻發動助官鬼，來傷身爻、世爻、妻財爻的，則會與人合計劫騙財物。

應爻臨青龍發動的，則能妥善保護。應爻臨朱雀發動的，則會有口舌是非。應爻臨勾陳發動的，則會被牽連。應爻臨騰蛇發動的，則會被驚嚇。應爻臨白虎發動的，則會被吞噬。應爻臨玄武發動的，則會被偷竊。

黎評： 以上為寄物占之總論，以其卦體沖合、月日與財爻的生剋、財爻動變、世應旺衰與生剋、應爻發動所臨的六神推斷貨物是否保管得當。

《易隱》卷七

第三十六章　疾病占

遊南子指出，當人們因不幸患病而尋求占卜時，必須持以慎重且詳盡的態度。疾病占卜涵蓋了四個主要方面：預測生死、辨識病症、選擇醫藥，以及判斷是否有鬼怪作祟。此外，對於疾病的起源，包括患病的時間和地點，也應在占卜時作為附加考慮因素。

黎評： 以上為疾病占之總論，疾病占共分九節。因醫療技術日新月異，不可執之古話以念現代。

鬼谷分爻表

爻位	疾病部位之爻位類象	疾病外應之爻位類象
上爻	頭腦	黃泉
五爻	心肺	棺槨
四爻	脾臟	福德
三爻	肝腎	哭聲
二爻	腿股	吊客
初爻	足	喪門

第一節　如何取用神

在占病時，世爻、身爻和命爻被當做用爻；而當代表他人進行占卜時，應爻則成為關鍵用爻。當占卜涉及家庭成員時，如祖父母，我們會特別關注官鬼爻作為用爻；至於父親、兄弟和妻子，我們會根據他們各自在卦中的所屬六親來確定用爻。

若卦象中未出現五屬（即父母、兄弟、子孫、妻財、官鬼）相關的爻，我們將依據《黃金策》的分爻法來選擇適當的用爻。

對於奴僕或家丁來說，如果他們想要占卜關於男主人的事情，五爻會被用作主要用爻；而如果他們想要詢問有關女主人的事宜，那麼二爻則會成為關鍵的用爻。

黎評：以上為論述取用爻的方法，以自占取世身命爻為用，代占取應爻為用的推斷方法，其他祖父母、父母、兄弟姐妹、妻妾、子女各隨其六親為用。

第二節　如何推斷病人生死

當用爻遭遇青龍、福神、月解、天醫、天喜等吉神，或受到它們的臨持與生合影響時，病情能夠好轉至痊癒。

若官鬼爻對用爻造成傷害，那麼在子孫爻處於生旺狀態或臨值

日、子孫爻來生合用爻之日，以及官鬼爻受到刑、害、剋、沖之時，有望恢復健康。

用爻處於胎、墓狀態時，在遭遇刑、沖之日，將有望實現痊癒。

當用爻落入死、絕之地，其恢復的機會出現在相生用爻的時候。

若用爻呈現病狀，那麼它將在生旺之日恢復健康。

當用爻隱藏而原神旺盛、忌神力量衰退時，用爻有望在其臨值之日實現痊癒。

若用爻入墓且逢空亡，或用爻在絕境中逢生，又或者用爻為官鬼爻受剋制，仍有救治可能。需等待官鬼力量減弱、身爻旺盛以及世爻迎來長生之日，才會好轉至痊癒。

當用爻遭遇白虎、官鬼、天刑、飛廉、大殺、三丘、五墓、喪門、吊客、死患、死符、喪車、浴盆等凶煞，並且這些凶煞發動攻擊用爻，或由這些凶煞所主的爻發動來剋制用爻時，將預示著無法避免的死亡。

忌神若發動，死亡將發生在忌神得到生助之日。若忌神保持安靜狀態，則死亡將發生在忌神所主的日辰。

用爻若隨鬼入墓，將預示著不可避免的死亡。妻財爻若發動幫助官鬼傷害用爻，同樣預示著死亡。

世爻和應爻都逢空亡之時，是死亡的徵兆。妻財爻旺盛而用爻卻逢空亡的情況下，也預示著死亡。

官鬼爻正值長生而命爻卻逢絕境時，將預示著死亡。官鬼爻若發動並化入墓位，同樣是死亡的象徵。

在月卦中，身爻若化入墓位，也預示著死亡。用爻若化入墓或絕的境地，將意味著死亡。用爻在月令上逢絕境時，同樣預示著死亡。

卦身的墓地與世爻重合之時（例如損卦），預示著死亡。

本宮外卦墓於內卦的，會死（如遯、豫、升、蠱、井、大有、咸等卦）。世爻為本宮卦的墓位的，會死（如噬嗑、蒙、泰、歸妹等卦）。世爻為官鬼爻的墓位的，會死（如乾、豐、中孚、升、家人、

旅等卦）。世爻為妻財爻的墓位的，會死（妻財代表著祿食命運，忌諱逢刑、沖、墓、絕，如觀、解、隨、益、泰、兌等卦）。

　　卦化入墓絕的，會死（如乾兌化為艮，坎艮坤化為巽，離化為乾，震巽化為坤）。用爻逢月破的，會死。在忌神正值長生之日死（是土爻用爻則在亥日死，是木爻用爻則在巳日死，是火爻用爻則在申日死，是水爻用爻則在巳午日死，是金爻用爻則在寅日死）。土爻官鬼發動的，則在官鬼爻正值長生之日死。

　　卦逢六沖的，在用爻逢敗、死、墓、絕之日死。用爻逢空無氣的，則在原神逢絕而忌神長生之日死。用爻逢空被沖的，如果是新得的病，則會痊癒；如果是久病，則難以痊癒。土爻當旺發動來臨持或剋用爻的，則在剋用爻之日死。

　　卦中有「三無救」的說法，是指無火爻、無妻財爻、無子孫爻。臨黃泉煞的，在春天占問，則是大畜、小畜、履、井、複等卦；夏季則是遁、睽、臨等卦；秋季則是明夷、蠱、旅等卦；冬季則是遁、既濟、明夷、歸妹等卦。逢所謂「四滅卦」的，即春季占得蒙卦，夏季占得蠱卦，秋季占得剝卦，冬季占得旅卦。逢所謂「四沒卦」的，即春季占得需卦，夏季占得觀卦，秋季占得節卦，冬季占得臨卦。臨棺槨煞的，則是恆卦與益卦。以上各卦在占病時，意味著會死亡。

　　僧一行的占病法，根據八卦來取用神。占問父親用神為乾，占問母親用神為坤，占問長子用神為震，占問次子用神為坎，占問三子用神為艮，占問長女用神為巽，占問次女用神為離，占問三女用神為兌。

　　如果作為用神的卦不出現，和代他人占問的，則占問的對象年齡在一歲至二十歲的，男性用艮，女性用兌；在二十一歲至四十歲的，男性用坎，女性用離；在四十一歲至六十歲的，男性用震，女性用巽；六十歲以上者，男性用乾，女性用坤。

　　如果在正卦中沒有作為用神的卦象的，則用伏卦。

　　如果作為用神的卦象化入死、墓、絕，或化入剋、破的，都意

味著會死。

此外占問男性時，忌諱在官鬼爻長生之日得病；占問女性時，忌諱在官鬼爻沐浴之日得病。

如果沒有臨青龍、月解、天醫的爻，或子孫爻發動來生合用爻的，則在官鬼爻逢墓、絕之日必死。

晁以道說道：用爻、命爻不出現在卦中的，會死。

占問男性，忌諱官鬼爻逢空；占問女性，忌諱妻財爻逢空；占問少年，則忌諱卦逢死、囚、休、廢；占問老人，則忌諱卦正值旺相。

黎評：以上為論述疾病生死的推斷方法，以用神所值神煞，參考子孫爻與官鬼爻的旺衰生剋推斷疾病輕重與發展。又配卦象墓爻、四季生死凶煞卦、八卦飛伏法推斷疾病發展，而其中提到的少怕死囚老怕旺的說法為易理活斷之法。

第三節　如何推斷病症所在

以官鬼爻代表病症。

如果官鬼爻為身爻、世爻、命爻或用爻，或者官鬼爻發動來刑、害、剋或沖身爻、世爻、命爻或用爻，或者官鬼爻伏於身爻、世爻、命爻或用爻之下，或者身爻、世爻、命爻或用爻發動化出官鬼爻，那麼可以根據官鬼爻的五行屬性進行推斷。

如果官鬼爻屬性為陰且位於內卦，則金爻對應於肺，木爻對應於肝、膽，水爻對應於腎、膀胱，火爻對應於心、小腸，土爻對應於脾、胃、大腸等部位的病症。

如果官鬼爻屬性為陽且位於外卦，則金爻對應於四肢、骨節、牙齒、右耳、小便，木爻對應於筋骨、左耳，水爻對應於口嘴、皮膚、溺、痰涎、血汗，土爻對應於鼻準、腹部、背部、肌肉，火爻對應於眼睛、胸部、手心和腳底。

此外，辰、戌爻對應於頭頂，丑、未爻對應於肩膀和背部等部

位的病症。

　　八卦也有對應的病症部位：乾卦對應於頭部，兌卦對應於口和舌，離卦對應於眼部，震卦對應於腳部，巽卦對應於腿部，坎卦對應於耳部，艮卦對應於背部和手指，坤卦對應於腹部。

　　不同爻位也有對應的病症部位：初爻對應於足部，二爻對應於腿部和膝部，三爻對應於腹部、小腹、腰部和臀部以及肛門和尿道等部位，四爻對應於胸部、胃部和乳房，五爻對應於面部、頸部和手部（如果屬水則為口；如果屬火則為眼睛；如果屬土則為鼻子；如果屬木則為左耳；如果屬金則為右耳），六爻對應於頭部和大腦。

　　如果官鬼爻出現或者被官鬼爻發動來傷害的，都意味著相應的部位會有病症。

　　對於用爻為金爻官鬼的情況，如果屬性為陰則是肺腑之疾；如果屬性為陽則是骨節疼痛和膿血淋漓等病症。如果金爻官鬼當旺，則在瀉的同時還有痔瘡；如果金爻官鬼值衰，則血中有膿。

　　對於用爻為木爻官鬼的情況，如果屬性為陰則是肝膽之疾；如果屬性為陽則是四肢風濕酸疼、口眼歪斜和頭疼口燥等病症。如果木爻官鬼發動，屬性為陽則癢，屬性為陰則疼。木爻官鬼當旺則瘋中帶熱；木爻官鬼值衰則痔上生瘋。

　　對於用爻為水爻官鬼的情況，如果屬性為陰則遺精盜汗和腎衰竭；如果是女性則為血枯閉經；如果屬性為陽則嘔吐泄瀉。水爻官鬼逢旺相狀態，會導致嘔吐現象，且伴隨咳嗽。相反，水爻官鬼的衰弱狀態，會導致寒泄症狀，同時伴隨虛弱無力。

　　對於火爻官鬼，如果屬性為陰，預示心臟或眼睛部位的疾病。而當屬性為陽時，預示瘡痍、癰毒等症狀，甚至會引發連續的高熱和呻吟。值得注意的是，火爻官鬼的旺相表現為先寒後熱的症狀，而衰弱則會表現為先熱後寒的症狀。

　　對於土爻官鬼，如果屬性為陰，預示虛浮、氣喘以及水蠱脾泄等病症。而當屬性為陽時，預示瘟疫或時疫等傳染性疾病。特別地，官鬼爻若位於辰、戌、丑、未等位置，分別導致咽喉腫塞、腹

痛胃傷、氣促痿瘁以及翻胃、噎膈、痔嗽等症狀。

值得關注的是，水爻官鬼若化出火爻或火爻官鬼化出水爻，可能引發寒熱反復的症狀。此外，內卦的官鬼爻若與外卦相沖或外卦的官鬼爻與內卦相沖，會導致內外感傷的情況。

如果官鬼爻在內卦中發動，預示下元出現病症。而當官鬼爻在外卦中發動時，預示上焦出現病症。值得一提的是，如果世爻出現官鬼爻，那麼預示陽證；而如果世爻的官鬼爻伏藏，則會預示陰證。特別地，如果屬性為陰的官鬼爻化出屬性為陽的爻，那麼由陰證轉變為陽證；反之，如果屬性為陽的官鬼爻化出屬性為陰的爻，那麼由陽證轉變為陰證。

另外，根據官鬼爻的陰陽屬性，病情的表現也有所不同。具體來說，如果官鬼爻屬陰，那麼病情會在白天較輕而晚上加重；反之，如果官鬼爻屬陽，那麼病情會在白天加重而晚上減輕。特別地，如果外卦的官鬼爻旺相而內卦的官鬼爻衰弱，那麼病情先輕後重；反之，如果動爻來剋變爻來生，那麼病情先重後輕。

在卦象方面也有一些提示：如果遇到遊魂卦象並且以官鬼爻作為用神，那麼會出現言語恍惚的症狀；而如果遇到歸魂卦象並且以官鬼爻作為用神，那麼會出現昏悶不語的症狀。特別地，如果官鬼爻伏藏，那麼疾病來臨時不易察覺；而如果官鬼爻化出官鬼爻，那麼表示病情已經到了非常嚴重的階段。

此外，如果用爻下伏有官鬼爻，那麼在官鬼爻旺相的日子裡病情復發；而如果世爻是子孫爻且下伏有官鬼爻，那麼在子孫爻旺相的日子裡病情緩解，而在官鬼爻旺相的日子裡病情加重。特別地，在官鬼爻正值生旺的日子、逢墓或胎的日子，以及逢死或絕的日子裡，病情的表現也會有所不同。在原神值日和忌神值日的情況下，病情的輕重也有所不同。此外，如果妻財爻逢墓絕的日子裡病情加重；而當卦象呈現六沖或六爻亂動時，病情變得嚴重。

最後需要強調的是，如果用爻是臨青龍的子孫爻且被動爻所傷，那麼雖然病情嚴重但還不至於導致死亡。相反地，如果官鬼爻

發動並傷及用爻，但有月令或日建沖官鬼爻的情況出現，那麼在病情兇險之時有好轉的可能。

黎評：以上為論述病症的推斷方法，取官鬼與卦中旺極弱極之病爻為用，以其世身用爻所臨飛鬼伏鬼、受傷五行，鬼爻的陰陽內外、八宮八卦、爻位值鬼、鬼爻旺衰推斷病症之所在。

第四節　如何推斷病情原因

可以用六神來看：當官鬼爻臨青龍且發動時，若為男性，病因與過度飲酒、縱欲或拜訪顯貴親友、處理財務問題有關；若為女性，病因則與喜慶之事有關，若逢空亡，還會引發墮胎。

當官鬼爻臨朱雀且發動時，病因與憤怒、口舌之爭或被詛咒有關。其位置不同，情況也有所差異：位於二爻的，病源在灶下；位於三爻的，病源在門前；位於五爻的，病源則在香火和道路附近。若金爻官鬼臨朱雀並已發動，病因則與敲擊鍋具的詛咒行為有關。

當官鬼爻臨勾陳且發動時，病因多為跌打損傷或因飲食不均導致的脾胃問題。若勾陳官鬼是木爻且已發動，則病因與建築或勞作有關。

當官鬼爻臨騰蛇且發動時，病因與憂慮、驚恐、過度思考或遭遇邪祟有關。

當官鬼爻臨白虎且發動時，病因與鬥毆傷害或進入不祥之地如喪葬場所、屠宰場等有關。

當官鬼爻臨玄武且發動時，病因與過度色欲、忍饑受寒或財物失竊有關。

可以用飛伏來看：若官鬼爻伏於父母爻之下，或父母爻發動化出官鬼爻，病因與憂慮過度或衣物不適有關。

若官鬼爻伏於兄弟爻之下，或兄弟爻發動化出官鬼爻，病因與賭博和爭奪財產有關。

若官鬼爻伏於妻財爻之下，或妻財爻發動化出官鬼爻，病因與

飲食不節制有關。若妻財爻位於陽卦且發動，引發嘔吐；若位於陰卦且發動，引發腹瀉。若妻財爻為土爻且發動，也會引發嘔吐；若為水爻且發動，則會引發腹瀉。

當官鬼爻伏於子孫爻之下，或子孫爻發動化出官鬼爻時，病因與外界因素或酒色過度有關（臨青龍則因嗜酒所致，臨玄武則因好色所致）。若子孫爻逢空亡或絕地，因無錢調理而病情加重。

間爻出現官鬼且已發動，病因與心胸不夠開闊有關。

當官鬼爻當旺且發動來傷害用爻時，病情較為緊急。

若官鬼爻與日辰相合且已發動，病情突然發作；若與月令相合，病情持續過月；若與太歲相合而值衰，則病情持續超過一年。值衰的官鬼爻作為用爻且已發動時，病情較為頑固、難以治癒。

黎評：以上為論述病因的推斷方法，取官鬼為用，以官鬼所臨六神之動及鬼上飛神、六親卦宮之動變、間爻四值之組合推斷病因之根源。

第五節　如何推斷病人飲食

如果卦中沒有妻財爻，或者妻財爻逢空亡，又或者用爻是四墓爻，那麼食欲不振，無法正常進食。

當妻財爻逢絕地時，如果不及時進食或接受治療，會因為嚴重營養不良而導致死亡。

當官鬼爻發動並化出妻財爻時，儘管病情較為嚴重，但患者仍然有食欲，能夠正常進食。

如果妻財爻化出官鬼或兄弟爻，這意味著因飲食不當而加重病情。

如果應爻發動並與用爻相合，然後化出妻財爻來傷害用爻，這種情況下應避免食用他人贈送的食品，因為這些食物會加重病情。

不同的官鬼爻對應著不同的食物忌諱：丑爻代表官鬼時，應避免食用牛肉。卯爻代表官鬼時，應避免食用兔肉。未爻代表官鬼

時，應避免食用羊肉。酉爻代表官鬼時，應避免食用雞肉。戌爻代表官鬼時，應避免食用狗肉。亥爻代表官鬼時，應避免食用豬肉。

此外，根據官鬼爻的五行屬性，也有一些特定的食物忌諱：水爻官鬼：忌諱食用魚腥、冷食和鹹食。木爻官鬼：忌諱食用果核和酸食。金爻官鬼：忌諱食用蔥、蒜、薑和辛辣食物。火爻官鬼：忌諱食用烤炙、煎炒和味苦的食物。土爻官鬼：忌諱食用米麵、茄芋、瓜蔬和甜食。

黎評： 以上為論述飲食調節的推斷方法，取財爻的旺衰生剋推斷飲食之增減，以鬼爻所臨支神五行推斷忌食之物。

第六節　如何推斷醫藥效果

病人的狀況由內卦、世爻和用爻表示，而醫藥情況則與外卦、應爻和子孫爻相對應。

如果外卦剋制內卦，同時應爻和子孫爻剋制世爻或用爻，這說明藥物起到了作用。相反，如果內卦剋制外卦，或者世爻、用爻剋制應爻、子孫爻，這表示藥物無效。

當外卦生合內卦，或者應爻與子孫爻生合世爻時，這表明所用的藥品是針對病情的，但見效較慢。外卦和應爻剋制內卦和世爻，而且卦中沒有子孫爻出現，這表示沒有遇到好的醫生。

當父母爻和兄弟爻都發動，而子孫爻得到生扶時，這說明醫生醫術高明。

若父母爻和官鬼爻都安靜不動，但子孫爻作為應爻而發動，這表示將有高明的醫生到來。

如果應爻是子孫爻並且發動來剋制世爻，這說明藥物有效。

如果世爻剋制應爻的子孫爻，即使該醫生名氣很大，但藥物無效。

當子孫爻剋制世爻，而外卦、應爻不剋制內卦、世爻時，雖然藥物無效，但也不會造成傷害。

如果應爻是官鬼爻並已發動，對世爻構成刑害剋沖，這表示藥品選擇錯誤，對病人造成傷害。

如果子孫爻是辰、午、酉、亥等自刑的爻，這表示用藥錯誤。

如果日辰或動爻來沖剋子孫爻，這表示藥物無效。

若子孫爻化出父母爻或官鬼爻，這表示藥品沒有效果。

若子孫爻化出另一個子孫爻，這表示藥品的品質不高。

如果子孫爻臨白虎並已發動，這說明醫生的技術平庸，誤人性命。

如果世爻下伏官鬼爻，並且子孫爻也已發動，這意味著藥物雖好，但病根未除。

若世爻是值衰的官鬼爻，即使病症較輕，但藥物難以治癒。

當世爻與應爻相生相合，但卦中沒有子孫爻，或者子孫爻逢空或絕時，需要更換醫生和藥物。

若兩個子孫爻同時發動，這意味著更換醫生後病情得到緩解。

若官鬼爻和子孫爻都逢空，這表示疾病會自行緩解，不需要治療。

若官鬼爻和子孫爻都發動，需要同時借助醫生和神靈的力量進行治療。

當子孫爻與妻財爻同時發動時，官鬼爻得到助力，這增加了疾病的治療難度。

根據《畢法賦》的教導：如果天醫星來生助世爻，這是好的醫生；但如果天醫星剋制世爻，則是平庸的醫生。若日辰剋制天醫，這意味著該醫生的醫術不精；但如果天醫剋制日辰，則會表示用藥不當。

對於疾病治療：若世爻或用神屬性為金，天醫在巳位是有效的；屬性為木時，天醫在亥位是有效的；屬性為火時，天醫在寅位是有效的；屬性為水土時，天醫在申位是有效的。

根據董賀的《筮秘》，脈象的判斷應以身爻為主要依據。具體來說：身爻屬性為金時，脈象弦緊代革；屬性為木時，脈象洪長虛

動；屬性為水時，脈象芤滑濡動；屬性為火時，脈象數大促短；屬性為土時，脈象沉實滯澀。

要判斷醫生的特徵，我們以子孫爻為主要依據：如果子孫爻的屬性為金，則最適合來自西方或姓名中帶金的人。如果屬性為木，則最適合來自東方或姓名中帶草木的人。如果屬性為水，則最適合來自北方或姓名中帶水的人。如果屬性為火，則最適合來自南方或姓名中帶日火的人。如果屬性為土，則最適合姓名中帶土的人，或者從事銷售丹、散藥物的醫生。

如果子孫爻臨貴人，則最適合有官職的人。如果子孫爻臨華蓋，則最適合僧道人員。

至於君、臣、佐、使各種藥品，使用時要特別謹慎：如果官鬼爻的屬性為金，則最適合用灸法治療，不適合用丸藥，因為火能剋金，而土能生金。如果官鬼爻的屬性為木，則最適合用針法治療，不適合用湯藥，因為金能剋木，而水能生木。如果官鬼爻的屬性為水，則最適合用溫藥、丸藥治療，不適合用針法，因為土能剋水，而金能生水。如果官鬼爻的屬性為火，則最適合用涼藥、湯藥治療，不適合用草頭藥與飲片，因為水能剋火，而木能生火。如果官鬼爻的屬性為土，則最適合用草頭藥與飲片治療，不適合用灸法，因為木能剋土，而火能生土。

如果官鬼爻來傷兩個間爻，這時應當放寬胸懷，不要過於憂慮。

如果世爻當旺且有生扶，那麼可以考慮再進行補益治療。

如果妻財爻在外卦發動，並與用爻相合，這時可以考慮採用吐的辦法進行治療。如果妻財爻在內卦發動，並與用爻相合，這時可以考慮採用瀉的辦法進行治療。

如果用爻、官鬼爻出現並位於外卦，這表示疾病在表層；而伏藏或在內卦的，則表示疾病在內裡。

周傑提到：有時病症發生在一個部位，但治療的部位卻在別處的情況。例如臨白虎的金爻官鬼沖傷用爻，這是肝經受病的徵兆（金來剋木），但可以治療肺部疾病而不是肝臟（即消除對我有害的

因素)。其他如臨白虎的木爻官鬼來沖傷用爻、臨白虎的水爻官鬼來沖傷用爻、臨白虎的火爻官鬼來沖傷用爻和臨白虎的土爻官鬼來沖傷用爻等情形，也可以類推（出自《松徑玄談》）。

客師提到：子孫爻發動（黎注：應加「化鬼」二字），意味著誤服了藥物。

黎評： 以上為論述醫藥效果的推斷方法，取內卦世爻用爻代表病人，外卦應爻子孫代表醫藥，以內外世應用爻子孫之生剋、子孫應爻之動靜、六親六神之動靜及世用之爻所值地支之五行，參考身用卦及子孫之神煞與鬼爻之五行推斷醫藥效果、用藥真偽、治病方法。

第七節　如何推斷鬼祟作怪

以官鬼爻為用爻。

如果卦中沒有官鬼爻或者官鬼爻逢空、絕，則不會有鬼祟。官鬼爻來生合世爻或用爻的，則適宜祈禱。如果官鬼爻位於世爻或用爻的位置，則需要先進行祈禱然後才去就醫。

如果世爻或用爻是妻財爻，而官鬼爻發動來刑害剋沖，但有子孫爻發動來救助的，應當進行禳保。

如果占問祈禱的是什麼神鬼，那麼根據官鬼爻的屬性來判斷其對應的是神還是鬼。陽性官鬼爻對應的則是神，陰性官鬼爻對應的則是鬼。

官鬼爻臨晝貴的，則對應的是神。

官鬼為陽性金爻，則是庵堂、關聖、在虎七煞等；官鬼為陰性金爻，則是死於刀傷、自刎、痔瘡、喘嗽、虎傷的魂魄。

官鬼為陽性木爻，則是東嶽五聖、祖先香火；官鬼為陰性木爻，則是死於自縊、瘋疾、跌撲、刑杖的魂魄。

官鬼為陽性水爻，則是觀音、真武、三宮、水神、張神、河伯、水官等；官鬼為陰性水爻，則是死於投河、服毒、嘔血的魂魄。

官鬼為陽性火爻，則是玄壇、五福、火神、灶司、香火；官鬼為陰性火爻，則是死於瘡毒、痹瘵、疫瘟、帶血、心疼、火燒的魂魄。

官鬼為陽性土爻，則是城隍、土地穀王、太歲等；官鬼為陰性土爻，則是死於瘟疫、咽喉腫脹、黃疸、壓砸的魂魄。

官鬼為臨白虎刑殺的金爻，則是死於非命者的魂魄。官鬼位於遊魂卦的外卦的，則是客死他鄉者的魂魄。官鬼臨天賊、天盜、劫煞的，則是因盜致死者的魂魄。官鬼臨沐浴咸池煞的，則是因姦淫娼妓而死者的魂魄。官鬼臨木狼、天縊煞的，則是縊死者的魂魄。官鬼臨風波、浴盆、浮沉煞的，則是溺死者的魂魄。官鬼臨羊刃、刀砧煞的，則是屠創者的魂魄。官鬼臨暗金、血刃煞的，則是因生產而死者的魂魄。官鬼爻臨天刑、天獄、地獄、牢獄、入獄煞的，則是死於牢獄者的魂魄。官鬼爻臨刀砧、羊刃、劫煞的，則是自刎而死之人的魂魄。官鬼爻臨華蓋、孤神的，則是僧道、絕嗣之人的魂魄。官鬼爻臨騰蛇、天怪煞的，則是妖精邪怪。

官鬼爻臨太歲的，則是當年的歲君。官鬼爻臨月令、日建、時辰的，則是遊魂野神。

父母爻下伏官鬼爻、化出官鬼爻的，屬性為陽則是父親的魂魄，屬性為陰則是母親的魂魄。兄弟爻下伏官鬼爻、化出官鬼爻的，屬性為陽則是兄弟的魂魄，屬性為陰則是姐妹的魂魄。妻財爻下伏官鬼爻、化出官鬼爻的，屬性為陽則是妻子、奴僕的魂魄，屬性為陰則是妾與婢女的魂魄。子孫爻下伏官鬼爻、化出官鬼爻的，屬性為陽則是男的魂魄，屬性為陰則是女的魂魄。

官鬼爻在本宮卦的內卦的，則是同姓者的魂魄。官鬼爻在他宮卦的外卦的，則是異姓者的魂魄。

官鬼爻為交重（動爻），則是大鬼；為單拆（靜爻），則是小鬼。正值衰、墓的，則是老年的舊鬼；正值生旺的，則是壯年的新鬼。逢胎養，則是孩童的鬼魂。屬性為陽則是男孩，屬性為陰則是女孩。

根據八卦來推斷：位於乾卦的官鬼爻，對應的是祖宗與父親；位於坤卦的官鬼爻，對應的是祖母與母親；位於震、坎、艮卦的官鬼爻，對應的是兒子；位於巽、離、兌卦的官鬼爻，對應的是女兒。

要問有幾個鬼，則根據一水、二火、三木、四金、五土的數字來推算。正值旺相，則加倍；值休，則如原數；正值囚、死，則減半。

曹子虛說道：占問祈禳時用什麼祭禮，則要看官鬼爻的食神。

如果官鬼爻天干為甲，則食神為丙，干祿為巳，適宜用炒雞、煎腐、酒禮、財馬來送。

官鬼爻天干為乙，則食神為丁，干祿為午，適宜用幹脯、炒豆、酒禮、財馬來送。

官鬼爻天干為丙，則食神為戊，干祿為巳，適宜用炒雞、煎腐、酒禮、財馬來送。

官鬼爻天干為丁，則食神為己，干祿為午，適宜用幹脯、炒豆、酒禮、財馬來送。

官鬼爻天干為戊，則食神為庚，干祿為申，適宜用三牲、饅首、果餅、酒禮、財馬來送。

官鬼爻天干為己，則食神為辛，干祿為酉，適宜用雞肉、魚、餛飩、酒禮、財馬來送。

官鬼爻天干為庚，則食神為壬，干祿為亥，適宜用豬首、三牲、酒禮、財馬來送。

官鬼爻天干為辛，則食神為癸，干祿為子，適宜用池魚、血羹、麥面、酒禮、財馬來送。

官鬼爻天干為壬，則食神為甲，干祿為寅，適宜用三牲、時果、新蔬、酒禮、財馬來送。

官鬼爻天干為癸，則食神為乙，干祿為卯，適宜用雞鵝鴨、蔬果、鴨蛋、酒禮、財馬來送。

至於送到什麼方位，則根據官鬼爻的支神來確定。

對於神，則祈禱之禮以子孫爻為福神。子孫爻臨龍雀的，則宜

素祭。子孫爻臨勾蛇虎武的，則應當用葷腥祭祀。

子孫爻伏於水爻官鬼，或水爻父母下，或化出水爻官鬼、水爻父母的，則適合念誦佛經。子孫爻伏於火爻官鬼，或火爻父母下，或化出火爻官鬼、火爻父母的，則適合用道術。子孫爻化出妻財爻，或下伏妻財爻的，則適合用福禮。子孫爻化出兄弟爻，或下伏兄弟爻的，則適合演戲眾保。上述是關於祈禳的占問。

還有舊願未還的。只要子孫爻伏於官鬼爻下，發動來剋世爻、用爻，或子孫伏於臨歲殺的爻下，發動來傷世爻、用爻的，則必有舊願未還。正值旺相，則所許願大；正值休囚，則所許願小。

至於問為什麼許願，則以官鬼爻為用爻。官鬼爻伏於世爻、用爻下的，則是因為自己而許願；官鬼爻伏於父母、妻財、子孫爻下，則分別是因為父母、妻子、兒女而許的願；官鬼爻伏於官鬼爻下，則是因疾病、訴訟而許的願；官鬼爻伏於兄弟爻下，則是因為兄弟、朋友爭鬥賭博而許的願。六親化出官鬼爻的也一樣。（出自《源髓訣》）

黎評： 以上為論述鬼魅邪症的推斷方法，取官鬼爻為用，以鬼之空絕及鬼爻生剋世爻推斷疾病能否通過求神拜佛可以治癒，以鬼爻之陰陽五行、神煞六神、四值飛伏、動變之爻、十二長生訣、八宮八卦、鬼之爻位五行推斷適合祈求何處神鬼、神鬼之數量，以其鬼爻旺衰、鬼爻食神推斷適合送何祭品，以其鬼爻所值地支推斷送於何處何方，以其子孫爻所臨六神、六親動化推斷用何經文來送，以其官鬼飛伏六親推斷許願情況。

第八節　如何推斷病起何方

在占卜中，我們通過觀察卦象中的動爻來推斷吉凶。火爻代表南方，水爻代表北方，木爻代表東方，金爻代表西方。無論卦中是否有官鬼爻，我們都可以根據這些規律進行推斷。

如果卦中有官鬼爻但未發動，我們可以根據外卦來進一步分

析。乾卦對應西北方，兌卦對應西方，離卦對應南方，震卦對應東方，巽卦對應東南方，坎卦對應北方，艮卦對應東北方，坤卦對應西南方。

當卦象安靜且沒有官鬼爻時，我們需要觀察官鬼爻隱藏在哪一爻之下。通過分析官鬼爻上方的飛神，我們可以確定病痛產生的方位。具體來說：官鬼爻伏於子爻下，病痛來自北方。官鬼爻伏於丑、寅爻下，病痛來自東北方。官鬼爻伏於卯爻下，病痛來自東方。官鬼爻伏於辰、巳爻下，病痛來自東南方。官鬼爻伏於午爻下，病痛來自南方。官鬼爻伏於未、申爻下，病痛來自西南方。官鬼爻伏於酉爻下，病痛來自西方。官鬼爻伏於戌、亥爻下，病痛來自西北方。

當卦爻亂動且官鬼爻也發動時，我們以官鬼爻所處的卦來判斷吉凶。如果官鬼爻獨自發動，我們還要依據官鬼爻的地支來判斷。若官鬼爻位於本宮卦的內卦中，表明病痛是在本地產生的；若位於他宮卦的外卦中，則表示病痛是在外地引發的。

黎評： 以上為論述病起方位的推斷方法，以卦中動爻所屬五行斷之，無動爻則以外卦所屬八卦斷之，無鬼則以鬼上飛神斷之，又以宮位卦位推斷病起於遠近內外。

第九節　如何推斷病起時日

以官鬼爻長生的年、月、日來確定。比如，如果土爻官鬼發動，因為火生土，則在午年五月午日得病。土的長生位又在申，或者在申年七月申日得病，也可能在所值的辰、戌、丑、未年、月、日得病。其他金、木、水、火爻官鬼，都以此類推。

黎評： 以上為論述得病時間的推斷方法，以鬼爻受生、鬼爻長生、鬼爻所臨地支之時推斷病起時間。

示例如下

例一

有人代為占卜病情，時間是在庚寅年的戊寅月己巳日，所得的卦象由坎卦變為蹇卦。

```
六神    坎宮：坎為水           兌宮：水山蹇
勾陳 ▬▬ ▬▬ 兄弟 戊子水 世    ▬▬ ▬▬ 兄弟 戊子水
朱雀 ▬▬▬▬▬ 官鬼 戊戌土       ▬▬▬▬▬ 官鬼 戊戌土
青龍 ▬▬▬▬▬ 父母 戊申金       ▬▬▬▬▬ 父母 戊申金 世
玄武 ▬▬ ▬▬ 妻財 戊午火 應 ×→ ▬▬ ▬▬ 父母 丙申金
白虎 ▬▬▬▬▬ 官鬼 戊辰土    ○→ ▬▬ ▬▬ 妻財 丙午火
螣蛇 ▬▬ ▬▬ 子孫 戊寅木       ▬▬ ▬▬ 官鬼 丙辰土 應
```

解析：

1. 在代為占卜病情時，我們應取應爻作為用神，它代表了生病的人。

2. 應爻得到了月令的相生，同時日建又給予了比扶。用神旺盛且沒有受傷，這個象徵表明此人的身體素質非常好，病情不至於兇險。

3. 儘管用神旺盛，但它動而化出的申金沖刑了子孫寅木。子孫在這裡代表了醫藥，受傷則意味著藥物無效，難以治癒病症。

4. 官鬼代表了病症，臨辰土自刑又化為午火自刑。土代表了脾胃，所以這必然是脾胃的疾病。鬼爻動而化為財爻午火，動爻午火自刑。火旺導致土焦，財代表了飲食，這意味著由於進食過多而導致了脾胃受傷。

5. 所得的卦象為六沖卦，這意味著如果是新病則不會致命。只是子孫衰弱而鬼爻旺盛，疾病難以快速痊癒。

例二

兒子為父親的病情占卜，時間是在庚寅年的戊寅月辛未日，所得的卦象由解卦變為困卦。

六神	伏　神	震宮：雷水解		兌宮：澤水困	
螣蛇	妻財 庚戌土	▬▬ 妻財 庚戌土		▬▬ 妻財 丁未土	
勾陳	官鬼 庚申金	▬▬▬ 官鬼 庚申金 應 ×→	▬▬▬ 官鬼 丁酉金	
朱雀	子孫 庚午火	▬▬▬ 子孫 庚午火		▬▬ 父母 丁亥水 應
青龍	妻財 庚辰土	▬▬ 子孫 戊午火		▬▬ 子孫 戊午火	
玄武	兄弟 庚寅木	▬▬▬ 妻財 戊辰土 世	▬▬▬ 妻財 戊辰土	
白虎	父母 庚子水	▬▬ 兄弟 戊寅木		▬▬ 兄弟 戊寅木 世

解析：

1. 根據《易隱》方法，我們取本宮初爻的父母子水作為用爻，代表患病的父親。

2. 用爻父母在年份和月份上處於休囚狀態，同時在日建上受到剋制，這顯示出父親身體的虛弱。然而，幸運的是卦中的申金原神獨自發動，自動化進，並得到日建的生扶動來與用爻子水相合。用爻子水雖然休囚，但逢生則意味著危險中有救援的希望。

3. 卦中雖然有土財持世，暗示著有剋制父親的因素存在，但幸運的是年份和月份以及伏下的寅木都來相剋這個土財，使其難以成為不利因素。

4. 卦中的原神申金獨自發動，預示著在申酉之日，當原神臨日救援用爻時，必然是父親病情痊癒的時候。

後來，其父親果然在申酉日康復了。

例三

父親為兒子的病情占卜,時間是在庚寅年的戊寅月丁卯日,所得的卦象由臨卦變為損卦。

六神	伏神	坤宮：地澤臨		艮宮：山澤損	
青龍	子孫 癸酉金	▬▬ ▬▬ 子孫 癸酉金	×→	▬▬▬▬▬ 官鬼 丙寅木	應
玄武	妻財 癸亥水	▬▬ ▬▬ 妻財 癸亥水 應		▬▬ ▬▬ 妻財 丙子水	
白虎	兄弟 癸丑土	▬▬▬▬▬ 兄弟 癸丑土		▬▬▬▬▬ 兄弟 丙戌土	
螣蛇	官鬼 乙卯木	▬▬ ▬▬ 兄弟 丁丑土		▬▬ ▬▬ 兄弟 丁丑土	世
勾陳	父母 乙巳火	▬▬▬▬▬ 官鬼 丁卯木 世		▬▬▬▬▬ 官鬼 丁卯木	
朱雀	兄弟 乙未土	▬▬▬▬▬ 父母 丁巳火		▬▬▬▬▬ 父母 丁巳火	

解析：

1. 根據《易隱》方法,我們取本宮上爻的子孫酉金作為用爻,代表其患病的兒子。
2. 卦中子孫獨自發動,動而化絕。同時,在年份和月份上處於休囚逢絕的狀態,又被日建衝破。用爻破散無救,這是大凶的徵兆。子孫動而化為鬼爻,正是兒子死亡的象徵。

後來兒子果然在木日去世了。

例四

妻子為丈夫的病情占卜,時間是在庚寅年的戊寅月戊寅日,所得的卦象由剝卦變為觀卦。

六神	伏神	乾宮：山地剝		乾宮：風地觀	
朱雀	父母 壬戌土	▬▬▬▬▬ 妻財 丙寅木		▬▬▬▬▬ 妻財 辛卯木	
青龍	兄弟 壬申金	▬▬ ▬▬ 子孫 丙子水 世	×→	▬▬▬▬▬ 官鬼 辛巳火	
玄武	官鬼 壬午火	▬▬ ▬▬ 父母 丙戌土		▬▬ ▬▬ 父母 辛未土	世
白虎	父母 甲辰土	▬▬ ▬▬ 妻財 乙卯木		▬▬ ▬▬ 妻財 乙卯木	
螣蛇	妻財 甲寅木	▬▬ ▬▬ 官鬼 乙巳火 應		▬▬ ▬▬ 官鬼 乙巳火	
勾陳	子孫 甲子水	▬▬ ▬▬ 父母 乙未土		▬▬ ▬▬ 父母 乙未土	應

解析：

1. 根據《易隱》方法，我們取本宮四爻的官鬼午火作為用神，代表其患病的丈夫。
2. 本宮的官爻得到了歲月日三傳生合，這被視為吉利的徵兆。然而，官爻臨午火自刑，並隱藏在戌土墓爻之下。同時，子孫發動沖剋用爻，這實際上是大凶的象徵。
3. 卦中子孫動而變為鬼爻，預示著所服醫藥帶來禍害。現在歲月日三傳生合官爻只是指病人的神志暫時清醒而已。
4. 主卦的五爻發動帶出了伏下的本宮申金來沖刑妻財寅木。目前申金在日建旬空，等到下旬甲申日兄弟申金出空填實，屆時卦中的原神將逢絕而忌神將逢生，這必定是大凶的時機。

後來其丈夫果然在此日去世。

例五

妻子為丈夫的病情占卜，時間是在庚寅年的庚辰月丁卯日，所得的卦象由渙卦變為姤卦。

六神	伏神	離宮：風水渙		乾宮：天風姤
青龍	兄弟 己巳火	▬▬ 父母 辛卯木		▬▬ 子孫 壬戌土
玄武	子孫 己未土	▬▬ 兄弟 辛巳火 世		▬▬ 妻財 壬申金
白虎	妻財 己酉金	▬ ▬ 子孫 辛未土	×→	▬▬ 兄弟 壬午火 應
螣蛇	官鬼 己亥水	▬ ▬ 兄弟 戊午火	×→	▬▬ 妻財 辛酉金
勾陳	子孫 己丑土	▬▬ 子孫 戊辰土 應		▬▬ 官鬼 辛亥水
朱雀	父母 己卯木	▬ ▬ 父母 戊寅木		▬ ▬ 子孫 庚子水 世

解析：

根據《易隱》方法，我們取本宮三爻的官鬼亥水作為用神，代表其患病的丈夫。用爻官鬼臨亥水自刑，伏於三爻下旬空，在年月日休囚無氣，為真空，又被兄弟爻、子孫爻連續相剋，大凶。後來其丈夫果然在乙亥日去世。

例六

妻子為丈夫的病情占卜，時間是在庚寅年的癸未月戊戌日，所得的卦象由革卦變為困卦。

六神	伏神		坎宮：澤火革			兌宮：澤水困	
朱雀	兄弟 戊子水	▬ ▬	官鬼 丁未土		▬ ▬	官鬼 丁未土	
青龍	官鬼 戊戌土	▬▬▬	父母 丁酉金		▬▬▬	父母 丁酉金	
玄武	父母 戊申金	▬▬▬	兄弟 丁亥水	世	▬▬▬	兄弟 丁亥水	應
白虎	妻財 戊午火	▬▬▬	兄弟 己亥水	○→	▬ ▬	妻財 戊午火	
螣蛇	官鬼 戊辰土	▬ ▬	官鬼 己丑土	×→	▬ ▬	官鬼 戊辰土	
勾陳	子孫 戊寅木	▬ ▬	子孫 己卯木	應 ○→	▬ ▬	子孫 戊寅木	世

解析：

1. 根據《易隱》方法，我們取本宮二爻的官鬼辰土作為用神，代表其患病的丈夫。

2. 在其他占卜者中，有人使用六爻預測法。他們看到主卦中的官鬼丑土月破，動化辰土入墓，卦中兄弟生子孫而子孫剋官鬼，因此都認為這是兇險的徵兆。

3. 然而，如果我們使用《易隱》方法來預測這個卦象，情況則完全不同。主卦的內卦三爻都在動，這帶出了它們動爻之下的伏神。伏神寅木動來相生妻財午火，而妻財午火又動來生扶官鬼辰土。這樣用神得到救助，必然不會兇險。（黎注：鬼爻代表病症，它在內卦的陰爻表示內部疾患。臨土旺極無洩這多半是氣滯型的腸胃疾病。）

4. 等到下旬的戊申日，用神官鬼得到其長生之地，可以泄身吐秀，同時忌神又逢申金絕地，這必定是病情好轉的時期。

後來其丈夫果然在戊申日痊癒了。

例七

丈夫為妻子的病情占卜，時間是在庚寅年的甲申月乙丑日，所得的卦象由震卦變為豫卦。

六神	震宮：震為雷		震宮：雷地豫
玄武	▬▬ ▬▬ 妻財 庚戌土 世		▬▬ ▬▬ 妻財 庚戌土
白虎	▬▬ ▬▬ 官鬼 庚申金		▬▬ ▬▬ 官鬼 庚申金
螣蛇	▬▬▬▬ 子孫 庚午火		▬▬▬▬ 子孫 庚午火 應
勾陳	▬▬ ▬▬ 妻財 庚辰土 應		▬▬ ▬▬ 兄弟 乙卯木
朱雀	▬▬ ▬▬ 兄弟 庚寅木		▬▬ ▬▬ 子孫 乙巳火
青龍	▬▬▬▬ 父母 庚子水	○→	▬▬ ▬▬ 妻財 乙未土 世

解析：

1. 在此卦中，用神兩現。我們選擇本宮上爻的妻財戌土作為用神，代表其患病的妻子。

2. 妻財戌土正值日建旬空，同時又受到日建丑土的相刑。初爻的子水動化出未土，再次對世爻形成相刑。而應爻的妻財辰土又自刑。在卦中，用神多次受到刑傷，這表明此病必然嚴重。

3. 子孫爻在這裡代表醫藥，它臨午火自刑，這說明病情加重，是因為用藥不當。

4. 卦中財官兩旺，但子孫爻休囚且受到剋制。這預示著病情嚴重，而藥物難以見效。預計三天後的巳午日建，子旺將生財剋鬼，病情開始緩解。但如果在這兩天病情反而加重，那麼此病將難以治療。

例八

丈夫為妻子的病情占卜，時間是在庚寅年的甲申月癸酉日，所得的卦象由履卦變為大（原文為小，觀下文講解，實為大）畜卦。

六神	伏 神	艮宮：天澤履		艮宮：山天大畜	
白虎	官鬼 丙寅木	▬▬▬ 兄弟 壬戌土		▬▬▬ 官鬼 丙寅木	
螣蛇	妻財 丙子水	▬▬▬ 子孫 壬申金 世 ○→		▬ ▬ 妻財 丙子水 應	
勾陳	兄弟 丙戌土	▬▬▬ 父母 壬午火 ○→		▬ ▬ 兄弟 丙戌土	
朱雀	子孫 丙申金	▬ ▬ 兄弟 丁丑土 ×→		▬▬▬ 兄弟 甲辰土	
青龍	父母 丙午火	▬▬▬ 官鬼 丁卯木 應		▬▬▬ 官鬼 甲寅木 世	
玄武	兄弟 丙辰土	▬▬▬ 父母 丁巳火		▬▬▬ 妻財 甲子水	

解析：

1. 根據《易隱》方法，我們取本宮五爻的妻財子水作為用神，代表其患病的妻子。
2. 五爻的妻財伏於世下，並得到其飛神申金的長生之力。儘管卦中父兄兩爻都在動，但值得欣喜的是五爻的子孫也發動了。這使得兄弟爻更關注於生子孫而忘記了剋制財爻。同時，子孫爻得到生氣，為用神提供了更有力的生扶。因此，妻財用神旺相無剋，並且其生源通暢無阻，這意味著妻子的疾病必然無憂。

在後旬的甲申日，財爻遇到了其長生之地，果然如預期那樣，妻子的病情痊癒了。

附原文：五爻伏財得飛神申金相生，三爻兄弟雖動，但喜五爻子孫被月令並起，兄乃貪生忘剋，而子得生氣生財更加有力。後至甲申日，財遇長生而治癒。

第三十七章 訟獄占

遊南子指出，在預測訴訟案件時，首先要探究訴訟的起因，其次要預測案件是否會被受理，然後才能進一步預測訴訟的勝負、和解的概率以及罪責的輕重。此外，關於審訊的時間和報告的結果等信息，也可以通過占卜預先得知。

黎評： 以上為訟獄占之總論，訟獄占共分七節。

鬼谷分爻表

爻位	訟獄占爻位地方類象	訟獄占爻位人物類象
上爻	聖駕	捶杖
五爻	部臺	枷鎖
四爻	監司	牢獄
三爻	州郡	曹官
二爻	縣	官吏
初爻	耆保	縣門

通過觀察文書（父母爻）所處的爻位，可以推斷出訴訟將經過哪些司法機構。再觀察官鬼爻在哪個爻位發動，以及它與世爻、應爻的關係，是生合還是刑、害、剋、沖，從而判斷出雙方勝負的概率。

黎評： 以上為論述爻位推斷訟獄的方法，看父母臨何爻動，即知訟經何處。查官鬼爻與世爻應爻的生剋組合，即知何處損益於我。

第一節　如何推斷訴訟起因

　　朱雀如臨父母爻並引發變動，或父母爻變動進而引發官鬼爻，那麼訴訟多因尊長、文書、房屋、車船、袍服、墳墓而起。

　　若朱雀對應子孫爻並引發變動，或子孫爻變動引發官鬼爻，那麼訴訟多因男女、僧道、六畜、善願、酒宴而起。

　　當朱雀臨妻財爻並引發變動，或妻財爻變動引發官鬼爻，訴訟則會由陰人、妻妾、奴婢、買賣、借貸、財帛等問題引起。

　　若朱雀臨兄弟爻並引發變動，或兄弟爻變動引發官鬼爻，那麼訴訟則會因兄弟、姨妹、朋友、媒妁、中保、爭鬥、賭博等問題而起。

　　如官鬼爻位於本宮卦中，這表示訴訟與家事有關；若位於他宮卦中，則表示是關於別人的家事。位於內卦，表示近鄰的事端；位於外卦，則會涉及遠方的事務。

　　若青龍官鬼發動來刑剋世爻、應爻，這是由於婚姻、酒色問題導致的訴訟。若遇到勾陳土鬼發動來剋世爻、應爻，這多是因為田土、建設問題而引發的訴訟。當騰蛇土爻官鬼發動來剋世爻、應爻，這與戶役、連帶的法律問題有關。而白虎金爻官鬼發動來剋世爻、應爻，則會因為喪事、孝服、屠宰、合棺、謀者、爭鬥等問題導致訴訟。

　　若官鬼爻處於伏藏狀態並暗動，來傷害世爻、應爻，這是因為受到牽連而導致的訴訟。此時，觀察官鬼爻藏於哪個爻位，便可知是受何人的牽連以及與何事有關。

　　如果官鬼爻發動並轉化為另一個官鬼爻，這表示訴訟源於過去的事情，或者是一個狀子涉及兩件事情，或者涉及兩個衙門，或者是在結案後再次上訴。

　　需要注意的是，如果官鬼爻化空，那麼以上推斷就不再適用。此外，如果卦中沒有官鬼和父母爻，而應爻又逢空，或者官鬼、父母和應爻三者同時逢空，那麼這是無頭匿名的狀子。如果卦身爻逢空，狀子內容則會更多是虛構的。

黎評：以上為論述訴訟起因的推斷方法，取動雀與化出之鬼為用，以其二爻所臨六親五行、六神世應、卦身空亡推斷訴訟之起因。

第二節　如何推斷是否準訟

世爻剋制應爻，那麼是由我方提起訴訟。應爻剋制世爻，那麼是由對方提起訴訟。

當文書爻旺相發動時，可以提起訴訟。當官鬼爻旺相發動時，也可以提起訴訟。

如果官鬼爻位於內卦，適合向府縣衙門提起訴訟。如果官鬼爻位於外卦，則適合向更高級別的官府提起訴訟。如果官鬼爻化出父母爻，或者父母爻臨驛馬旺相發動來沖剋五爻，以及臨太歲之爻的，那麼必定會向皇帝禦狀。

如果卦中沒有父母爻，或者父母爻逢空、墓、絕、胎，以及化入空、墓、絕、胎的，那麼狀子難以告發，即使告了也很難得到批準。

如果卦中沒有官鬼爻，或者官鬼爻逢空、墓、絕、胎，以及化入空、墓、絕、胎的，那麼即使告了也很難得到批準，即使批準了也難以得到解決。

如果官鬼和父母兩爻都當旺而發動，並且來生合世爻或應爻的，那麼狀子能夠得到批準。

如果子孫和妻財兩爻同時發動，那麼狀子不會被批準。

如果官鬼爻在絕處逢生，那麼別人會代為稟告而得到批準。如果官鬼爻值衰而妻財爻發動，那麼需要通過求情來上告，在官鬼爻正值生旺之日會得到批準。

如果父母爻在絕處逢生，那麼有人會唆使他人提起訴訟。如果父母爻發動，而官鬼爻化出子孫爻的，那麼會遇到別人的勸阻。如果父母爻逢空，而官鬼爻發動來刑剋世爻的，或者父母爻逢空，而世爻臨白虎、刃、刑、劫而發動的，那麼在尚未得到批準之前就會

受到責罰。

黎評： 以上為論述起訴的推斷方法，取父為文書，官為法官，以其二爻的旺衰空破、世應爻所臨六親綜合推斷能否順利起訴，起訴之適合方法。

第三節　如何推斷官司勝負

如果內卦剋制外卦，或者世爻剋制應爻，那麼我方將獲勝。如果外卦剋制內卦，或者應爻剋制世爻，那麼對方將獲勝。

如果世爻和內卦當旺，而外卦和應爻值衰，那麼我方將獲勝。如果外卦和應爻當旺，而內卦和世爻值衰，那麼對方將獲勝。

如果內卦和世爻來生外卦和應爻，那麼我方將因訴訟而遭受損失，並且違背事理。如果外卦和應爻來生內卦和世爻，那麼我方將因訴訟而獲得利益，並且占理。

如果世爻和應爻相合，那麼有人會從中進行和解。如果官鬼爻發動來傷世爻或應爻，那麼對方欲私下和解但官府不允許。

如果日辰來生合世爻，或者日辰來刑、害、剋、沖應爻，那麼我方將獲勝。如果日辰來刑、害、剋、沖世爻，或者日辰來生合應爻，那麼對方將獲勝。

如果應爻是臨朱雀、白虎的官鬼爻，同時臨刑劫發動來傷剋世爻，如果是平民則會被毆打淩辱，如果是官員則會受刑杖。

如果值衰的應爻剋當旺的世爻，那麼對方不能傷害我方。如果當旺的世爻剋制衰的應爻，而日辰、動爻生扶應爻，那麼對方得到別人的扶助。

如果安靜的世爻剋發動的應爻，那麼對方會掀起波瀾。如果世爻逢當旺之爻來生，那麼我方得到幫助。

如果臨貴人之爻來生世爻，那麼有仕宦來扶助。如果應爻值衰無助，說明對方勢孤弱。

如果妻財爻為世爻而發動，說明事情可以調停。如果臨天喜、

貴人的妻財爻發動，通過求情取勝。如果妻財爻為世爻且臨天喜而發動，則是托人講和。如果世爻臨天喜、天解、喝散、雷火、龍福，事情必然消散。如果世爻、應爻臨亡劫、大煞、刑害、血忌，則必輸。

如果官鬼爻剋世爻，我方輸。如果官鬼爻剋應爻，對方輸。

如果官鬼爻來生合世爻、應爻，雙方持平。如果官鬼爻刑、害、剋、沖世爻、應爻，彼此都受傷害。

如果應爻下伏妻財爻，對方將會通過求情取勝。

如果世爻為官鬼爻或生官鬼爻的，應當行賄。如果官鬼爻化出兄弟爻來剋世爻、應爻的，則是官上主動索要賄賂。

如果世爻逢空，則我方因為理屈而心生懈怠。如果應爻逢空，則是對方因為心虛而欲退。如果世爻、應爻都逢空，則是彼此都懊悔。

如果世爻、應爻都當旺的，就以日辰生、合、刑、害、剋、沖的關係來決勝負。

如果官鬼、父母都逢空的，則是公私都解除了訴訟。

黎評：以上為論述雙方勝負的推斷方法，取內卦世爻為我，外卦應爻為他，官爻為主審法官。以此三爻的生剋沖合，參日月財爻的生剋刑沖推斷官司之勝負。

第四節　如何推斷官司和解

如果卦象逢六合，則容易平息爭端；如果卦象遭遇六沖，則和解將變得困難。

如果世爻和應爻相生相合或比和，則爭端容易平息；如果世爻和應爻相刑、相害、相剋或相沖，則和解將變得困難。

如果世爻、應爻臨青龍、天喜、天解、喝散、雷火煞，或者為子孫爻，則爭端容易消散。

如果日辰沖官鬼爻，則爭端會在當天就得以解決。

如果官鬼爻發動，並且化出子孫爻，則爭端平息。

如果官鬼爻與世爻、應爻三合成局，但被日辰或動爻沖散，則爭端也會平息。

如果官鬼爻為辰、戌、丑、未四土爻之一，則爭端難以消散。

如果妻財爻眾多，而子孫爻受傷，則爭端也難以消散。

如果日辰來生助官鬼爻，或者官鬼爻來生助日辰，則事情會被拖延。

如果子孫爻發動並且化出官鬼爻，或者官鬼爻伏於世爻或應爻之下，則等到官鬼爻當值且生旺的月份或日期，訴訟會再次發生。

黎評： 以上為論述雙方調解的推斷方法，以世應之生剋沖合、日辰及他爻生剋世爻、官爻之旺衰生剋推斷雙方能否調解。

第五節　如何推斷官司罪責

如果日辰對世爻或應爻施加刑剋，或者官鬼爻發動來刑剋世爻或應爻，以及世爻或應爻發動後，轉而形成回頭刑剋的狀態，那麼意味著將受到杖責。

如果世爻或應爻遇到祿馬、德貴、天喜、天解、喝散等吉兆，並且正值生旺而不受刑剋傷害的，則無罪。

如果世爻或應爻處於衰弱狀態，並且臨刑刃、劫殺、大殺等凶煞而發動，那麼必定會受到罪責。

如果世爻或應爻是白虎金爻官鬼，並且發動來傷害世爻或應爻，或者世爻或應爻是妻財爻，而木爻官鬼當旺發動來合的，都將受到杖責。杖責的數目可以根據一水、二火、三木、四金、五土的五行數字進行推算。如果正值旺相狀態，則數目加倍；值休，則數目不變；正值囚、死，則數目減半。罪責的輕重則由官鬼爻的衰旺程度來確定。

如果臨青龍的兄弟爻發動來剋世爻或應爻，處罰但不責打。如果臨白虎的兄弟爻發動來剋世爻或應爻，既責打又處罰。

如果世爻或應爻位於六爻位置，並且受到寅木官鬼的刑傷，將被戴上枷鎖（寅木代表枷鎖，五爻對應頭部）。如果世爻或應爻位於三爻位置，並且受到卯木官鬼的刑傷，將被杖責（卯代表竹板，三爻對應臀部）。如果世爻或應爻位於初爻位置，且為木爻官鬼，發動後又轉而化出木爻官鬼，將受到夾棍之刑（初爻對應腿部）。如果世爻或應爻為臨騰蛇的兄弟爻，且位於五爻位置而發動，將被判為徒刑（五爻對應道路）。如果世爻或應爻為臨玄武的兄弟爻，且位於六爻位置而發動，將被判為流放（六爻對應邊塞）。

如果世爻或應爻是兄弟爻，且為臨白虎的金爻，又臨刑刃、大殺等凶煞而發動，又逢死、絕的狀態，則是死罪。

《鬼谷百問篇》中提到：卦中沒有子孫爻，而官鬼爻為世爻或應爻，在外卦發動，出現兩個亡神，且在歸魂卦的情況下，將被判為徒刑；出現三個亡神，且在遊魂卦的情況下，將被判為流放（郭景純提到：亡神重疊出現，且被刑沖，意味著將在千裡之外的徒、流之地服役）；出現四個亡神，且臨刑刃、大殺、白虎的官鬼爻來剋身爻、世爻、命爻的情況下，則是死罪（即四值是亡神）。

占得火雷噬嗑、地火明夷卦的情況下，意味著將受到杖責。占得水雷屯、山水蒙、雷天大壯等卦的情況下，意味著將被囚禁拘押。占得風水渙、雷水解等卦的情況下，事情將自然消散。

另外，如果世爻或應爻位於巽卦位置，且臨騰蛇的官鬼爻或者臨騰蛇的兄弟爻發動，則必定會被監禁。

再有，如果世爻或應爻遇到臨朱雀、天刑的凶煞並合在一起，或者世爻或應爻隨鬼入墓的情況發生，或者世爻或應爻是兄弟爻並且又臨天獄、地獄、牢獄、入獄煞等凶煞而發動的情況下，都預示著將被監禁。

王夢庵提到：如果要預測入獄的時間，如果世爻或應爻在艮卦位置上受哪個日辰傷害，就可以在對應的日辰知道入獄的時間（艮代表牢獄之門）。例如：如果世爻或應爻被申、亥所傷害，那麼在申日或亥日就會入獄；如果世爻或應爻被子、未所傷害，那麼在子日

或未日就會入獄。

當有動爻對身爻或世爻施加刑剋或傷害時，應在遭遇刑剋或傷害的日子入獄。例如，如果動爻是午爻，午會刑剋丑，也會傷害自己，所以入獄的日子會在午日。如果動爻是卯爻，卯會刑剋子，也會傷害辰，因此入獄的日子會在卯日。

再比如，在八月卦中，身爻為酉，但戌爻開始發動，因為戌會傷害酉，所以在戌日會入獄。如果是酉爻開始發動，由於酉會刑剋自己，所以在酉日會入獄。在十二月卦中，身爻為丑，如果未爻開始發動，因為未會刑剋丑，所以在未日會入獄（其他情況以此類推）。

如果要預測出獄的時間：如果世爻或應爻進入墓庫狀態，那麼在刑沖墓庫的日子出獄。如果世爻或應爻處於衰弱或疾病狀態，那麼在它們恢復生旺的日子出獄。如果世爻或應爻處於死亡或絕地狀態，那麼在它們恢復生機的日子出獄。如果世爻或應爻處於旺盛狀態，那麼在它們所值的日子出獄。如果官鬼爻剋制世爻或應爻，那麼在官鬼爻衰弱、滅亡而世爻或應爻恢復生旺的日子出獄。

如果要瞭解為何能出獄：如果太歲沖剋官鬼爻，卻生合世爻或應爻，那麼是因為大赦而出獄。如果月令沖剋官鬼爻，卻生合世爻或應爻，那麼是因為上級官府的釋放而出獄。如果日建沖剋官鬼爻，卻生合世爻或應爻，那麼應該懇求主管官員。如果臨日辰的爻發動，剋制天刑，那麼應該尋求郡守的幫助。如果時辰剋制天刑，那麼應該尋求縣令的幫助。如果臨日辰和大殺的爻發動，剋制天刑，那麼應該尋求監司（監司負責生殺大權）的幫助。

如果要預測通過求情來脫罪的情況：以官鬼爻作為用神。如果官鬼爻不處於空亡、墓庫、絕地、胎養和破壞狀態，並且能夠生合世爻或應爻，那麼最終將得益於其出力幫忙。

如果要預測通過托人求情的情況：以應爻作為用神。如果應爻能夠生合世爻，那麼結果將是吉利的。

黎評：以上為論述罪責的推斷方法。世應臨貴神旺相無傷者無罪，日辰及化爻刑沖剋害世應爻者有罪，以金虎之鬼所值五行推斷責罰之數，以鬼爻旺衰推斷罪之輕重，以鬼爻五行、卦體大象推斷何種罪責，以世應在艮宮受害及身世逢動爻相刑推斷入獄時間，以衝開墓爻及用爻旺相推斷出獄時間，以四值沖剋鬼爻生合世用推斷適宜求情於何處。

第六節　如何推斷官司審問

　　在世爻保持旺盛，而應爻處於衰弱的狀態下，可以開始審訊。在剋制應爻、增強世爻的日子裡，可以進行審訊。如果世爻遭遇死亡、入墓、絕地或胎養的情況，則不利於進行審問。

　　當官鬼爻出現並開始發動時，意味著將很快進行審問。如果在卦中沒有官鬼爻，則應在官鬼爻所對應的日期進行審問。如果官鬼爻處於旺盛狀態，那麼在其入墓、絕地的日子裡將結案。如果官鬼爻處於衰弱狀態，那麼在其正值生旺的日子裡將結案。如果官鬼爻逢空亡、入墓或胎養，則在遇到衝破的日期裡將結案。如果官鬼爻遭遇衝破，這表明由於官員有事而未能進行審問。

　　如果臨龍喜的爻出現，是因為喜事而耽擱；如果臨病符的爻出現，則會因為疾病而受阻。

　　在遊魂卦中，如果臨馬並開始發動，意味著有外出或參拜之事而未能進行審問。

　　如果官鬼爻臨白虎、劫煞並開始發動，來傷害世爻或應爻，這表明官員心懷不軌，不會立即進行審問。

　　如果日辰臨兄弟爻並開始發動，來剋制世爻或應爻，這意味著由於胥吏的勒索而導致延遲。

　　如果勾陳臨初爻或六爻並開始發動，意味著需要等待鄰里公議的結果後再進行審問。

　　如果日辰來刑剋官鬼爻，這表明由於上司的責問而稍作延遲。

　　如果在卦中沒有父母爻，這意味著沒有案卷。如果父母爻保持

旺盛但逢空亡，這意味著文書尚未完成。

如果應爻是父母爻並開始發動，來剋制世爻，這意味著對方想先招供然後再起訴。如果世爻是當旺的官鬼爻，並開始沖剋應爻，這意味著我打算在訴訟結束後再提出控告。

黎評： 以上為論述開庭的推斷方法，以世爻、應爻、官爻之旺衰、神煞、刑沖剋害、所值神煞、虎煞發動、官父狀態推斷開庭的相關情況。

第七節　如何推斷官方批評

如果官鬼爻不遇到空亡、不發動，並且父母爻不遇到衝破、不發動，或者臨白虎的子孫爻發動傷害官鬼爻的，那麼所擬定的內容將會被批准。

如果卦象逢六合，所擬定的內容也會被批准。如果卦象逢六沖，所擬定的內容則會被駁回並需要重新詢問。

如果父母爻和官鬼爻都發動，那麼內容也會被駁回並需要重新詢問。如果父母爻臨歲建或月令而發動，那麼上司將會調閱相關的卷宗。如果父母爻逢歲建或月令的衝破，那麼這表明上司已經駁回並需要重新詢問。

如果官鬼爻剋制世爻，那麼對我的定罪會比較重。如果官鬼爻生助應爻，那麼對對方的定罪會比較輕。

如果父母爻臨青龍而發動，那麼批語的言辭將會平緩寬恕。如果父母爻臨勾陳或騰蛇而發動，那麼語言將會冗長繁瑣。如果父母爻臨白虎而發動，那麼批語的言辭將會嚴厲苛刻。

如果父母爻化出父母爻，或者官鬼爻化出官鬼爻，那麼將會被另行批示到其他衙門處理。

如果兄弟爻化出兄弟爻，來剋制世爻或應爻，那麼胥吏的勒索將會比較嚴重。

黎評： 以上為論述官方審判的推斷方法，以四值官爻、父爻卦體、官父同動、六親六神推斷審判之吉凶。

示例如下

例一

占訟事，己丑年癸酉月戊子日，得卦觀之艮。

六神	伏神	乾宮：風地觀		艮宮：艮為山	
朱雀	父母 壬戌土	▬▬ 妻財 辛卯木		▬▬ 妻財 丙寅木	世
青龍	兄弟 壬申金	▬▬ 官鬼 辛巳火	○→	▬ ▬ 子孫 丙子水	
玄武	官鬼 壬午火	▬ ▬ 父母 辛未土 世		▬ ▬ 父母 丙戌土	
白虎	父母 甲辰土	▬ ▬ 妻財 乙卯木	×→	▬▬ 兄弟 丙申金	應
螣蛇	妻財 甲寅木	▬ ▬ 官鬼 乙巳火		▬ ▬ 官鬼 丙午火	
勾陳	子孫 甲子水	▬ ▬ 父母 乙未土 應		▬ ▬ 父母 丙辰土	

解析：

1. 占官司訴訟時，以主卦的五爻官鬼作為判斷的主要依據，代表官司訴訟的對象。
2. 卦中的世爻代表求測者自己，應爻代表訴訟的對方。當前世爻與應爻呈現比和的狀態，且都為空亡，這說明訴訟的雙方都適宜退讓、悔過，尋求和解。然而，目前五爻官鬼發動，表示官方並不允許雙方私下和解。
3. 卦中三爻妻財被月令衝破，並且動化兄弟回頭剋，這表明求測者在財運上將會有損失。同時，妻財動生官鬼，暗示官方索賄的概率很大。
4. 妻財臨木，數值為三。由於當前處於休囚、空亡、逢絕的狀態，其力量減半，因此取一百五十之數。如果求測者能向官方進貢一百五十金，那麼這場官司訴訟就會得以化解。

後來事實證明預測準確。

例二

占訟事，庚寅年戊寅月己卯日，得到剝卦變觀卦。（黎注：原文為觀之剝，但不符解卦）

六神	伏神	乾宮：山地剝		乾宮：風地觀	
勾陳	父母 壬戌土	▬▬▬ 妻財 丙寅木		▬▬▬ 妻財 辛卯木	
朱雀	兄弟 壬申金	▬ ▬ 子孫 丙子水 世	×→	▬▬▬ 官鬼 辛巳火	
青龍	官鬼 壬午火	▬ ▬ 父母 丙戌土		▬▬▬ 父母 辛未土	世
玄武	父母 甲辰土	▬ ▬ 妻財 乙卯木		▬ ▬ 妻財 乙卯木	
白虎	妻財 甲寅木	▬ ▬ 官鬼 乙巳火 應		▬ ▬ 官鬼 乙巳火	
螣蛇	子孫 甲子水	▬ ▬ 父母 乙未土		▬ ▬ 父母 乙未土	應

解析：

1. 對於還未見官的訟事，取卦中的官鬼作為代表官司訴訟的對象。世爻雖動，但帶出世下劫財的兄弟為忌，喜的是伏下的兄弟旬空又月破，無力劫財。卦中子孫發動，傷剋官爻，此官司必然易於消散。世爻為己，臨子孫福神代表平安。現動來剋應爻官鬼，又助年月來刑應爻，此訟必是求測者勝出。鬼爻為禍，現應爻臨鬼正是對方有禍之象。此事最終必是罪歸他人，與己無關。古經有云：世動自消，不成凶象。亦是此卦之意。

2. 如果此事已經上告官府並且已經見官，則官司訴訟為凶兆。只因卦中世臨子孫，動來傷剋官鬼，此事必然是求測者沖犯官員，罪責可立即確定。即使本宮之財伏於鬼下泄氣，求測者向官員多進金銀賄賂，也不過是輕減罪責而已，最終難以免除兇險。

黎評：學習易經必須先明理，即使卦象相同，但事體不同，其斷法也應當分別討論。民國尚秉和先生所著《周易古筮考》中輯錄的一些春秋卦例，卦象相同，事亦接近，但易家從其中找出事體的細微不同之處，所判吉凶也大不相同，測字術中也有類似的觀

點。火珠林及六爻也是如此。此卦兩解的原因也是在考慮了事體的進度。此訟如果尚未見官，則以官鬼為禍，子孫剋官為去禍之意。此訟如已見官，則以官鬼代表官府，世動剋官為沖犯官方之意，故而為凶。此中隱含的道理，學者不可不明。

例三

占訟事，庚寅年己卯月戊戌日，得卦豫之小過。

六神	伏神	震宮：雷地豫		兌宮：雷山小過	
朱雀		妻財 庚戌土 ▬▬	妻財 庚戌土	▬ ▬ 妻財 庚戌土	
青龍		官鬼 庚申金 ▬▬	官鬼 庚申金	▬ ▬ 官鬼 庚申金	
玄武	子孫 庚午火	▬▬▬ 子孫 庚午火 應		▬ ▬ 子孫 庚午火 世	
白虎	妻財 庚辰土	▬▬ 兄弟 乙卯木 ×→		▬▬▬ 官鬼 丙申金	
螣蛇	兄弟 庚寅木	▬▬ 子孫 乙巳火		▬ ▬ 子孫 丙午火	
勾陳	父母 庚子水	▬▬ 妻財 乙未土 世		▬ ▬ 妻財 丙辰土 應	

解析：

1. 世爻臨妻財未土，受到歲月相剋，日建相刑，動爻兄弟又剋，世爻休囚受剋者，此官司必是求測者敗訴。

2. 卦中兄弟多重，在間爻發動來傷財剋世，這表明在案件的審理過程中需要經過三四番費用，導致目前經濟拮据。世財臨勾陳，勾陳主田地之事，說明目前只剩田土。

3. 卦中應爻生合世爻，雙方適宜和解，說明此訟事對手也有和解罷訟之心。

4. 兄弟卯木動而化出申金絕地，使此劫財之神旺而有制。變爻及五爻官鬼申金帶有貴人（黎注：月日的天乙、福星貴人在申位）、驛馬（黎注：月令寅木的驛馬在申，且此馬為公馬，力健）和解神（黎注：年支寅木的天解地解神解俱在申，此三星俱主脫罪散災，化憂為喜）來制約忌神兄弟，使之不成為大凶。這說明經過此破財之後（黎注：兄旺剋世財），最終能夠調解（黎注：應生合世，官帶吉神制兄）而免除大過。

例四

占官司訴訟，庚寅年辛巳月壬辰日，得需卦安靜。

六神	伏　神		坤宮：水天需	
白虎	子孫 癸酉金	▬　▬	妻財 戊子水	
螣蛇	妻財 癸亥水	▬▬▬	兄弟 戊戌土	
勾陳	兄弟 癸丑土	▬　▬	子孫 戊申金	世
朱雀	官鬼 乙卯木	▬▬▬	兄弟 甲辰土	
青龍	父母 乙巳火	▬▬▬	官鬼 甲寅木	
玄武	兄弟 乙未土	▬▬▬	妻財 甲子水	應

解析：

1. 主卦三爻官兄互為飛伏，官兄互化者主口舌是非。卯木官非伏於兄弟之下，兄弟臨辰土為自刑，又被日建辰土並起自刑。自刑者，多是自己所為。自刑臨兄弟，兄弟主爭鬥，為傷妻劫財之神，此訟必是由於爭婚奪財所引起。

2. 本宮官鬼卯木相剋世下伏神丑土，本宮財爻臨亥水自刑，又伏於兄弟之下而受制。此說明該訟一旦沾身，必難脫身，且須大耗錢財。

3. 主卦世爻子孫申金，雖在月令旬空，但得日建辰土相生。本宮子孫雖臨酉金自刑，但得日建辰土生合。卦中兩位子孫均為有氣，俱可制鬼。故此訟若是尚未見官者，則世爻剋制官鬼，官鬼爻代表的官非口舌受傷，此訟必然可散。但若此訟已經見官者，則世爻剋制代表官方的官鬼，此訟必與官方失和，理決難伸，反能生禍。

例五

庚寅年甲申月乙丑日，占訟，得震之豫。

六神	震宮：震為雷		震宮：雷地豫
玄武	▬▬ ▬▬ 妻財 庚戌土 世		▬▬ ▬▬ 妻財 庚戌土
白虎	▬▬ ▬▬ 官鬼 庚申金		▬▬ ▬▬ 官鬼 庚申金
螣蛇	▬▬▬▬▬ 子孫 庚午火		▬▬▬▬▬ 子孫 庚午火 應
勾陳	▬▬ ▬▬ 妻財 庚辰土 應		▬▬ ▬▬ 兄弟 乙卯木
朱雀	▬▬ ▬▬ 兄弟 庚寅木		▬▬ ▬▬ 子孫 乙巳火
青龍	▬▬▬▬▬ 父母 庚子水	○→	▬▬ ▬▬ 妻財 乙未土 世

解析：

　　此卦世為己，應為他人，現在相沖，事情緊急。官星臨月令，正是要馬上見官論訟之象。幸好文書化回頭剋，如果儘快地送些財物，則會息訟寧事，而且對方也同意（世應比和）。

例六

　　有一個朋友，最近遇到了官司問題。他選擇了在庚寅年戊子月丁卯日進行占卜，得到了睽卦之歸妹。

六神	伏 神	艮宮：火澤睽		兌宮：雷澤歸妹
青龍	官鬼 丙寅木	▬▬▬▬▬ 父母 己巳火	○→	▬▬ ▬▬ 兄弟 庚戌土 應
玄武	妻財 丙子水	▬▬ ▬▬ 兄弟 己未土		▬▬ ▬▬ 子孫 庚申金
白虎	兄弟 丙戌土	▬▬▬▬▬ 子孫 己酉金 世		▬▬▬▬▬ 父母 庚午火
螣蛇	子孫 丙申金	▬▬ ▬▬ 兄弟 丁丑土		▬▬ ▬▬ 兄弟 丁丑土 世
勾陳	父母 丙午火	▬▬▬▬▬ 官鬼 丁卯木		▬▬▬▬▬ 官鬼 丁卯木
朱雀	兄弟 丙辰土	▬▬▬▬▬ 父母 丁巳火 應		▬▬▬▬▬ 父母 丁巳火

解析：

1. 這次官司真的很大，因為卦身正好是官鬼卯木，而且得到了年月日的支持。事情還會繼續發展。

2. 上面的爻動起來了，還帶出了隱藏的官鬼。現在這個官鬼很強大，和日建卯木一起剋了世下的戌土。這表示他現在正被官司纏身，情況很緊急。

3. 卦中的父母代表文書和判決書。現在它們受到了冬天的火空影響，但很快就會得到日辰的幫助，所以這些文書會很快出現。而且，本宮的官鬼動了，會生出文書，但又生又刑，幫助中見困擾。
4. 二爻的父母雖然有自刑，但其實並沒有受傷。因為文書既幫助了世下的戌土，又和它在一起。這意味著有很多文書要處理。
5. 這個官司還沒完，因為有很多官方程式要走。現在需要更高級別的部門來處理。

朋友問：「那個人現在被關在縣城的牢獄裡，想偷偷送點錢，能不能行？」解卦者告訴他：「別這麼做！現在世爻自刑，又和子孫、日建官星相沖，你和官方已經有了矛盾。送錢只會讓事情變得更糟。而且，去解決官司的神被困住了，沒人敢幫忙。這個官司會被送到上級，他罪重難免。」結果真的和解卦者所說的一樣。

第三十八章　逃亡占

遊南子說：逃亡的人情況各異。對於那些因被牽連、追求本性或保全生命而逃亡的君子，他們逃亡的原因各不相同。而那些因事敗、躲避刑罰或背信棄義而逃亡的小人，他們的動機也各自不同。

如果涉及的是外人，我們需要考察應爻的情況。如果是族親，則要根據相應的親屬關係來考察對應的分爻。對於仕宦，我們需要關注官鬼爻的動態。對於僧道，我們則要將注意力放在子孫爻上。對於奴僕，我們需要觀察子孫爻的情況；而對於婢女，則要考察妻財爻的狀態；至於朋友，則要看兄弟爻的表現。

至於偷竊、盜匪等問題，我們需要關注那些與玄武爻和官鬼爻相關的跡象。

黎評： 以上為逃亡占之總論，逃亡占共分六節。

鬼谷分爻表

爻位	占逃亡之爻位類象
上爻	外省
五爻	州府
四爻	在縣
三爻	在鎮
二爻	在市
初爻	在鄉

第一節　如何推斷逃亡遠近

當用爻位於外卦時，表示距離較遠；而當用爻位於內卦時，則表示距離較近。

如果用爻出現在卦中，表示距離較近；而如果用爻隱藏伏藏，則表示距離較遠。當卦是由本宮卦變化而來，且仍為本宮卦時，表示距離不遠。

當卦中出現歸魂卦，且應爻安靜不動時，表示距離不遠。而當卦中出現遊魂卦，且應爻臨驛馬發動時，表示人會逐漸遠離，行蹤漸行漸遠。

黎評：以上為論述逃亡人遠近的推斷方法，以用爻所居卦之內外、伏神本宮、遊魂歸魂推斷逃亡人之遠近。

第二節　如何推斷逃亡方向

根據八卦的方位和爻位的對應關係，我們可以確定用爻所代表的方向：如果用爻位於乾卦，則代表西北方。如果用爻位於兌卦，則代表西方。如果用爻位於離卦，則代表南方。如果用爻位於震卦，則代表東方。如果用爻位於巽卦，則代表東南方。如果用爻位於坎卦，則代表北方。如果用爻位於艮卦，則代表東北方。如果用

爻位於坤卦，則代表西南方。

接下來，根據六親與方位的對應關係，我們進一步細化每個方位的具體位置：如果用爻是子爻，則代表北方。如果用爻是丑、寅爻，則代表東北方。如果用爻是卯爻，則代表東方。如果用爻是辰、巳爻，則代表東南方。如果用爻是午爻，則代表南方。如果用爻是未、申爻，則代表西南方。如果用爻是酉爻，則代表西方。如果用爻是戌、亥爻，則代表西北方。

需要注意的是，如果卦逢空亡，則需要參考地支來確定具體方位。

黎評：以上為論述逃亡人方向的推斷方法，以用爻所臨八卦推斷逃亡方向，卦空則用地支。

第三節　如何推斷距離數字

使用天干地支的數字對應關係，我們可以推算出用爻的具體距離。具體規則如下：用甲己子午九，乙庚丑未八，丙辛寅申七，丁壬卯酉六，戊癸辰戌五，巳亥四之數推之。

近處距離的推算：根據用爻的干支進行加法運算。例如，用爻干支為甲子，則近處距離為二九一十八裡。

遠處距離的推算：根據用爻的干支進行乘法運算。例如，用爻干支為甲子，則遠處距離為九九八十一裡。

以上數字如果用爻正值旺相，則其距離加倍計算。如果用爻值休，則其距離保持原數不變。如果用爻正值囚死，則其距離減半計算。

黎評：以上為論述逃亡人行程的推斷方法，以用爻所臨干支數，參旺衰之加減，共同推斷逃亡人之行程。

第四節　如何推斷逃匿何家

　　如果用爻臨青龍，則表示人在禮義豪富的家庭。如果還臨天喜，則表示人有婚姻喜慶之事。如果再臨官貴，則表示人在仕宦的家庭。

　　用爻臨朱雀貴人，則表示人在官吏的家庭。如果還臨金刃，則表示人在軍戶或匠戶的家庭。

　　如果用爻臨勾陳，則表示人在裡役、農民或公差的家庭。

　　如果用爻臨騰蛇，則表示人不務農業，以九流技藝為生。

　　如果用爻臨白虎貴人，則表示人在軍官的家庭。如果再臨喪門、吊客，則表示人有死喪之事。

　　如果用爻臨玄武、劫殺、天盜、天賊，則表示人在盜賊的家庭。如果還臨咸池、紅豔煞，則表示人在娼妓的家庭。

　　如果用爻是木爻，則表示人在巫祝的家庭。如果用爻為水爻，則表示人在舟子或漁夫的家庭。如果還臨金刃，則表示人在屠夫或劊子手的家庭。

　　如果用爻與間爻發動相合，則表示人在原來的中人、媒人或保人的家庭。

　　林開提到：要看世爻下的伏神。下伏臨貴人的官鬼爻，則表示人在仕宦的家庭。如果下伏臨刑刃之爻，則表示人在軍匠或屠宰的家庭。如果下伏子孫爻，則表示人在僧道寺觀。如果下伏妻財爻，則表示人在婦女或娼妓的家庭。如果下伏兄弟爻，則表示人在同伴朋友家。如果下伏父母爻，則表示人在親戚或尊長家。

　　黎評：以上為論述逃亡人藏匿他人的推斷方法，以用爻所臨六神及神煞貴神、間爻伏神推斷逃亡人所藏匿的他人。

第五節　如何推斷逃匿何地

當用爻為水爻且發動時，表示人會在船舫或水閣中。當用爻為木爻且發動時，表示人已經上船或登上樓房。當用爻為金爻且發動時，表示人會在瓦屋或夾壁之內。當用爻為火爻且發動時，表示人會在鬧市、窯場或冶煉場等地。當用爻為土爻且發動時，表示人會在墳墓、城塔之中。

另外，嚴君平在占卜逃亡時，曾占得純乾卦，六爻都發動。他看到紙上有六個圈，於是撫著幾案說道：人必定在六層塔上。經過尋找，果然抓到了逃亡的人。

黎評：以上為論述逃亡人藏匿地點的推斷方法，以用爻所值動爻之五行推斷逃亡人藏匿之環境。原文講，用臨火動，鬧市窯冶，現代可以理解為乘坐飛機，升騰而逃。

第六節　如何推斷能否尋見

當用爻發動時，尋找的難度會增加，因為難以再見；而當用爻安靜時，尋找的難度會降低，因為容易找到。

如果外卦與內卦、應爻與世爻相生相合，則表示人已有歸心，已經決定返回。相反，如果外卦沖傷內卦、應爻沖傷世爻，則表示人沒有回歸的意願。

當世爻處於旺盛的狀態而能剋制衰弱的應爻，或者飛神能剋制伏神時，表示人可以被找到。然而，如果伏神能剋制飛神，或者用爻遇到空亡、絕地、入墓、受胎養等狀態，或者用爻是驛馬且當旺發動時，則表示人難以尋覓。

如果用爻位於五爻且發動，同時帶有退神或化出退神，則表示人在半途會返回。如果用爻位於六爻且當旺安靜，並且不逢沖破，則表示人一去不返。

如果用爻發動後化出另一個用爻，則即使人回來了，也難以留住。

如果日辰、動爻、變爻來生合用爻，則表示會糾結同伴一起離開。如果日辰、動爻、變爻對用爻產生刑、害、剋、破的作用，則表示人被某些因素所阻止。

如果應爻或用爻能生合世爻且安靜不動，則表示人原本就有回來的意願，只是需要在逢沖、動應爻或用爻的月、日起程，並在正值生旺的月、日到達目的地。

如果卦象遇到六合，則表示對方隱藏得很深，需要細心尋找。如果卦象遇到六沖，則表示對方正在出遊，會在路上遇到。

黎評： 以上為論述尋找逃亡人的推斷方法，以用爻之動靜旺衰、內外生合、飛伏卦體推斷能否尋找到逃亡之人。

示例如下

例一

平原君占卜逃亡得純乾卦，六爻都發動。他看到紙上畫了六個圈，於是撫摸著茶几說：「人必定在六層塔上。」後來搜索，果然找到了。

伏　神	乾宮：乾為天		坤宮：坤為地
兄弟 癸酉金	父母 壬戌土　世 ○→	▬▬ ▬▬	兄弟 癸酉金　世
子孫 癸亥水	兄弟 壬申金　　○→	▬▬ ▬▬	子孫 癸亥水
父母 癸丑土	官鬼 壬午火　　○→	▬▬ ▬▬	父母 癸丑土
妻財 乙卯木	父母 甲辰土　應 ○→	▬▬ ▬▬	妻財 乙卯木　應
官鬼 乙巳火	妻財 甲寅木　　○→	▬▬ ▬▬	官鬼 乙巳火
父母 乙未土	子孫 甲子水　　○→	▬▬ ▬▬	父母 乙未土

黎光補解：占測他人逃亡時，應以應爻為用。應爻位於本宮的內卦，表示人必然逃至本地的近處。用爻位於三爻，為門戶之所在，說明人會逃至本地邊界的區域。用爻臨辰土發動化卯木，表示人從東南方向轉移到了東邊方位。用爻臨土五行發動，表明人會在墳墓、城塔之類的地方。用爻位於乾卦，表示在高直的城塔之處。

用爻的干支為甲辰，屬佛燈火，或是在佛塔之上。乾卦六圈，表示六樓。

例二

占卜婢女走失，庚寅年壬午月辛巳日，得到無妄之履卦。

六神	伏神		巽宮：天雷無妄		艮宮：天澤履
螣蛇	兄弟 辛卯木	▅▅▅	妻財 壬戌土	▅▅▅	妻財 壬戌土
勾陳	子孫 辛巳火	▅▅▅	官鬼 壬申金	▅▅▅	官鬼 壬申金 世
朱雀	妻財 辛未土	▅▅▅	子孫 壬午火 世	▅▅▅	子孫 壬午火
青龍	官鬼 辛酉金	▅ ▅	妻財 庚辰土	▅ ▅	妻財 丁丑土
玄武	父母 辛亥水	▅▅▅	兄弟 庚寅木 ×→	▅ ▅	兄弟 丁卯木 應
白虎	妻財 辛丑土	▅▅▅	父母 庚子水 應	▅▅▅	父母 丁巳火

解析：

1. 占卜奴婢僕人時，應以本宮的妻財為用，代表走失的婢女。
2. 本宮財爻伏於世爻之下，世用相生，午未相合，預示此女可以找到。卦中二爻為宅爻，發動時表示其女從宅內而出。兄弟爻在陽宅中代表門，發動時正應其女推門而走。兄弟動臨玄武，主暗昧隱晦，其所居震卦與本宮巽卦互對，表示此女並非從大門光明正大地出走，而是偷偷從後門逃走。卦中兄弟發動必然劫去財爻，表示其女被人收留。兄弟在震宮發動，震主東方，所以是東方人收留了她。兄弟居於內卦，表示人仍在本地近處。兄弟臨木，表示是草木姓氏的他人。兄弟寅木動化卯木，出現兩位兄弟，表示是兄弟二人收留了她。兄弟動來生世，表示收留其女的兄弟二人對我有利，會將其女親自送回。
3. 本宮之財伏於初爻之下被合住。應爻代表地頭，表示其女仍在對方兄弟的地頭之處。待到次日壬午，子丑之合被衝開，用神脫絆而出，世爻伏下的財亦被合起，這一天必定回來。

次日，東門蔣氏兄弟果然前來，歸還了此婢女。

第三十九章　遺失占

　　遊南子表示，物品的得失確實有其定數。有些物品一旦丟失，就難以找回；而有些物品雖然最初丟失，但最終還是能夠重新獲得。為了更好地理解物品的得失，我們需要首先瞭解它是什麼，然後推斷它遺失在哪些地方，再推測它被誰撿到，接著探究是否有人知道這件事，最後預測何時能夠再次見到它，或者是否永遠無法找回。

> **黎評：** 以上為遺失占之總論，遺失占共分五節。

鬼谷分爻表

爻位	占遺失之爻位類象
上爻	珠玉
五爻	金銀
四爻	銅鐵
三爻	綾羅
二爻	紬絹
初爻	布帛

第一節　如何取用

　　第一種方法：地支取用。遺失珍珠、大豆、布帛、石灰，以子爻為用爻。遺失鎖鑰、鬥斛、靴履、牛、驢，以丑爻為用爻。遺失神像、花衣、棺槨、竹木、織機、貓，以寅爻為用爻。遺失門窗、藤蘆、花草、幡旗、香盒、床榻，以卯爻為用爻。遺失碓、碾、瓷器、缸、堤，以辰爻為用爻。遺失字畫、花果、磚瓦、飛鳥，以巳爻為用爻。遺失書史、爐鼎、旌旗、衣架、文書、馬，以午爻為用爻。遺失笙簧、酒食、印信、藥餌、羊，以未爻為用爻。遺失

刀劍、經文、羽毛、死屍、薑蒜、大麥、紙、猿，以申爻為用爻。遺失五金、玉石器、小麥、皮毛、門鎖、石仟、玉佛、雞，以酉爻為用爻。遺失枷、機、碓、磨、舊服、犬，以戌爻為用爻。遺失兒童、醉人、帳幔、筆墨、傘笠、醋醬、豬，以亥爻為用爻。

第二種方法：六親取用。衣服、印綬、車船、器皿，以父母為用爻。禽、獸、鱗介等活物，以子孫為用爻。綾羅、緞疋、絲綿，以火爻為用爻，代表妻財。

如果用爻不出現或未伏藏的，則以相應的分爻作為用爻。具體對應關係如下：初爻對應於網罟、履踏、棺槨、校械等，二爻對應於耒耜、臺桌、盤盂、簡冊、碓、碾等，三爻對應於算節、筆硯、舟車、弓矢、鏡奩等，四爻對應於銅鐵、規矩、準繩、尺丈、鬥斛等，五爻對應於金銀、琴瑟、文書、圭璧、印節、輪磨等，六爻對應於珍寶、門窗、梯棚、筐管、斧鉞、權衡等。

黎評： 以上為論述取用之法，此法一取地支類象為用，二取六親類象為用，三取爻位為用，此為易理變化之處，學者宜深研之。

第二節　如何推斷遺失之處

當妻財爻位於內卦時，丟失的物品在家中。若妻財爻位於外卦，則物品會在其他地方丟失。

在家附近尋找丟失物品時，可以根據妻財爻所在的爻位來判斷物品的位置。例如，若妻財爻位於初爻，則會在井邊；位於二爻，則會在灶下；位於三爻，則會在閨房；位於四爻，則會在門或廊下；位於五爻，則會在道路、香火下；位於六爻，則會在棟柱、牆籬、亭閣、宗廟中。

妻財爻伏於水爻之下時，物品會在水池中；伏於木爻之下時，會在柴薪內；伏於金爻之下時，會在磚石中；伏於火爻之下時，會在爐灶附近；伏於土爻之下時，會在爛泥水溝中。

根據子、丑、寅、巳、午、未、酉、戌、亥等不同類象，可以

對應到不同的動物棲息地。例如，子爻對應鼠窠，丑爻妻財化出子孫爻對應牛圈，寅爻對應貓籠，巳爻對應蛇穴等。

尋找丟失物品時，還可以根據妻財爻與其他爻位的組合關係來判斷物品的位置。例如，妻財爻伏於父母爻下時，會在衣箱、書箱中；伏於子孫爻下時，會在窗前、牖下；伏於妻財爻下時，會在倉庫、廚灶中；伏於官鬼爻下時，會在廳堂、墳廟中；伏於兄弟爻下時，會在廁所、門、牆中。

當要到遠處尋找丟失物品時，可以根據妻財爻所在的卦位來判斷物品的位置。例如，若妻財爻位於乾卦，則會在西北的寺觀、高樓、城垛中；位於兌卦，則會在西方的庵堂、酒肆、廢井、缺坑、羊市中；位於離卦，則會在南方的爐冶、窯灶、鬧市中；位於震卦，則會在東方的船格、木行、造作、砍伐場中；位於巽卦，則會在東南的雞鵝市、竹木花園、菜圃中；位於坎卦，則會在北方的鹽場、魚市、池井溝坑、江湖邊；位於艮卦，則會在東北的山林、骨土塚、打石樵柴處；位於坤卦，則會在西南的墳墓、荒郊、大車中。

黎評： 以上為論述遺失所在的推斷方法，近處尋找以財爻所臨爻位、財福互化、所伏五行與六親推斷物品遺失之所在，遠處尋找以用爻所臨卦宮推斷物品遺失之所在。

第三節　如何推斷拾者何人

當兄弟、官鬼爻在外卦發動時，表示物品被外人拾去。兄弟、官鬼爻在內卦發動時，則表示物品被家人拾得。

妻財爻伏於父下，若在內卦，則物品被父母、伯叔撿到；若在外卦，則會是親戚或尊長撿到。妻財爻伏於兄弟爻下，若在內卦，則物品被兄弟撿到；若在外卦，則會是朋友撿到。妻財爻伏於妻財爻下，若在內卦，則物品被妻妾、婢僕撿到；若在外卦，則會是婦女、六婆撿到。妻財爻伏於子孫爻下，若在內卦，則物品被子孫、年輕人撿到；若在外卦，則會是僧道、醫士、捕人撿到。妻財爻伏

於官鬼爻下，若在內卦，則物品被公婆、病人撿到；若在外卦，則會是職官、役吏、軍匠、牙行中介媒妁之人或無良小人撿到。

黎評： 以上為論述撿拾者的推斷方法，取兄鬼為用，以用爻所值卦之內位、財爻飛神推斷何人撿拾。

第四節　如何推斷知情人士

推斷物品丟失時，根據子孫爻的五行屬性和它的變化，我們可以推測物品涉及的人和情況。

子孫爻為子水爻而動，則問黑衣禿頭男子，以及釣魚人。

子孫爻為丑爻而發動，則要問耕夫、牧牛人。

子孫爻為寅爻而發動，則要問青衣童子、草木姓氏人。

子孫爻為卯爻而發動，則要問青衣屬兔婦人。

子孫爻為辰爻而發動，則要問黃衣屬龍男子，以及鋤麥地、拜墳、肩扛竹木的人。

子孫爻為巳爻而發動，則要問紅衣人，正值衰墓的則要問老年，正值生旺的則要問壯年，正值胎養的則要問幼小，臨殺星的則要問屈腳婦人。

子孫爻為午爻而發動，則要問紅衣男子，正值旺相的則要問銅鐵匠，正值休囚的則要問挑柴炭人，帶馬的則要問騎馬人。

子孫爻為未爻而發動，則要問土傍姓氏的屬羊、販羊、牧羊的人。

子孫爻為申爻而發動，則要問白衣男子，以及軍戶、匠戶、弄酺棚之人。

子孫爻為酉爻而發動，則要問白衣女人，以及賣酒、販雞、驅雞之人。

子孫爻為戌爻而發動，則要問獄吏、扶杖、荷戈、荷鋤、牽犬、引犬的人。

子孫爻為亥爻而發動，則要問黑衣女人、執傘著蓑笠人，或挑水、洗衣、販豬、驅豬之人。

黎評： 以上為論述線索的推斷方法，取發動的子孫爻為用，以子孫爻所臨地支的類象推斷何人提供線索。

第五節　如何推斷能否找回

當外卦的妻財爻處於旺盛狀態併發動時，物品已經遠離。

在內卦中，如果妻財爻失去活力，或者遇到妻財爻遭遇死亡、劫難，以及妻財爻發動後轉化為官鬼爻的情況，或者妻財爻處於隱藏狀態、空亡、死亡、入墓、入胎或絕地，或者妻財爻受到刑害、剋制、破壞，或者妻財爻入墓且當旺，這些都意味著物品難以再次出現。

當妻財爻呈現當旺且安靜的狀態，或者妻財爻化出子孫爻或官鬼爻，以及這些變化能對世爻產生生合作用時，都暗示物品可以被找到。

另外，如果與物品對應的用爻有力，那麼在用爻正值生旺的日子、時間，或在用爻正值生旺的方位、地點，都會找到該物品。

如果妻財爻臨亡劫，這是被人偷走。在這種情況下，物品最好在兄弟、官鬼爻正值生旺或入墓的方位尋找。

黎評： 以上為論述失物得失的推斷方法，取財爻為用，以動財所居卦體之內外、動財化出之六親、參財爻旺衰生剋推斷失物能否找尋，物有氣則至用爻生旺方尋找，物帶亡劫則至兄鬼生旺墓方尋找。

第四十章　盜賊占

遊南子道：當我們要預測盜賊的情況時，首先需要瞭解盜賊何時出現，他們從哪里進入，行竊時有哪些跡象引起警覺。其次，我們要推測盜賊的身份特徵，他們偷走了什麼物品，以及他們逃向哪個方向。此外，我們還要探究被盜物品隱藏的位置，以及盜賊躲藏在何處。最後，我們需要推測何時能找到贓物並抓獲盜賊。這樣，關於盜賊的預測就更加完整了。

黎評： 以上為盜賊占之總論，盜賊占共分八節。

鬼谷分爻表

爻位	占盜賊之爻位類象
上爻	省道
五爻	州府
四爻	縣道
三爻	市鎮
二爻	鄰里
初爻	家賊

第一節　如何推斷賊來之日

在預測盜竊時，需要注意以下幾點。

當坎卦中的水爻官鬼發動，或者兄弟爻轉化為官鬼爻、官鬼爻轉化為兄弟爻時，需要特別關注。

如果官鬼爻與玄武、天賊關聯，且發動來剋世爻、身爻，同時妻財爻也助長官鬼爻的力量，這預示著在官鬼爻正值生旺，或所臨值的月、日將發生盜竊。如果這些因素沒有傷害到世爻、身爻，那麼是因為私房小夥子的遺失。

當官鬼爻當旺時，預示著大夥的賊人出沒。而當官鬼爻值衰時，則表明是小賊所為。

如果臨玄武的官鬼爻當旺且發動，同時臨天盜、劫殺來剋世爻、身爻，那麼需要警惕打劫的盜匪。

如果日辰並臨玄武的官鬼爻而暗動，或者臨玄武的爻下伏的官鬼爻暗動，則需要在相沖的月、日留意賊人的出現。明著發動的不忌。

另外，如果玄武和天賊同時臨於妻財爻而發動，那麼在逢天賊臨值之月和與爻的地支六合之日，會發生失竊。

黎評：以上為論述盜賊冒犯日期的推斷方法，取鬼爻為用，以其鬼爻所值八宮玄武、鬼兄互化與旺衰，參考天賊盜煞推斷失盜時間。

第二節　如何推斷賊之進入

如果木爻官鬼動剋六爻者，賊人是穿穴越牆而入。如果金爻官鬼動來沖傷三四爻的，賊人挖門破戶而進入。如果火爻官鬼動傷二爻的，賊人是從廚灶下面劈開鎖器而進入。如果水爻官鬼動剋三爻的，賊人是靠灌水滅燈而進入臥室。如果土爻官鬼動剋五爻的，賊人是靠跋涉河溪越過水澗，從路旁進入。

子水鬼則盜賊假作鼠鳴進入，寅木鬼則盜賊模仿貓跳躍牆。

黎評：以上為論述盜賊進入的推斷方法，取發動的鬼爻為用，以動鬼所剋之爻位與五行推斷盜賊由何處而入，以鬼爻所臨子寅地支推斷盜賊動作。

第三節　如何推斷主人警覺

　　在預測盜竊時，日辰對官鬼爻的沖剋也具有重要的參考意義。根據官鬼爻所代表的五行，我們可以分析盜賊在不同情況下的反應：

　　如果日辰沖剋金爻官鬼，意味著賊人因為亮燈的突然出現而驚慌失措，選擇隱藏起來。如果日辰沖剋木爻官鬼，是因為銅鐵器發出的響聲，導致賊人受到驚嚇。當日辰沖剋火爻官鬼時，盜賊會因為被追趕得緊急而選擇跳水逃脫。日辰沖剋土爻官鬼，則表明賊人因為門戶的堅固而感到畏懼；若是木動沖剋官鬼，那麼是開門的響聲使賊人受到驚嚇。日辰沖剋水爻官鬼，表明牆垣的堅固讓賊人感到畏懼。

　　當火爻發動來沖剋金爻官鬼時，意味著盜賊在燈光外被主人發現，或者在鑽壁穿牆時被警覺的主人察覺。水爻發動來沖剋火爻官鬼，則意味著盜賊在亮光下被主人發現。木爻發動來剋土爻官鬼，是由於風吹門響，導致賊人受到驚嚇。金爻逢空發動來剋沖木爻官鬼，表明盜賊因為聽到人聲而受到驚嚇。如果是陽金屬性，聲音更像男人；如果是陰金屬性，則聲音更像女人。值胎養階段的金爻官鬼，表明盜賊因為聽到兒童哭而受到驚嚇；而值墓階段的官鬼，則是因為老人咳嗽的聲音而難以下手。土爻發動來沖剋水爻官鬼，表明牆壁的突然傾倒讓主人警覺起來。

　　黎評： 以上為論述主人警覺的推斷方法，取沖剋鬼爻的日辰與動爻所臨五行推斷盜賊被何人警覺。

第四節　如何推斷賊人身份

　　世爻為官鬼爻、或下伏官鬼爻的，是貼身賊。

　　官鬼爻臨青龍，當其處於旺盛狀態時，代表的是吏人；而當其處於衰弱狀態時，則代表的是已經退職的吏人或牙人。

　　如果兄弟爻臨玄武或朱雀發動，並且下伏官鬼爻或化出官鬼

爻,那麼是賭博輸錢的賭徒。

當妻財爻臨玄武發動,並且下伏官鬼爻或化出官鬼爻時,這意味著盜竊者不是妻妾的親戚,就是奴僕家丁。如果官鬼爻位於內卦,那麼這是家奴所為;而如果位於外卦,則是其他姓氏的家奴所為。

如果子孫爻臨玄武發動,並且下伏官鬼爻或化出官鬼爻,那麼如果位於內卦,則是子侄所為;而如果位於外卦,則是僧人所為。

如果父母爻臨玄武發動,並且下伏官鬼爻或化出官鬼爻,那麼如果位於內卦,則是尊長所為;而如果位於外卦,則是流落的文人所為。

當官鬼爻臨玄武發動,並且下伏官鬼爻或化出官鬼爻時,這是常年的慣偷所為。如果臨玄武的官鬼爻同時發動並伴有刃劫的符號,那麼這是強盜所為。如果臨玄武的木爻官鬼發動並化出火爻,這意味著盜賊點亮燈火並持棍搶劫。

如果官鬼爻屬性為陽,那麼盜竊者是男性或白天來犯;而如果屬性為陰,則盜竊者是女性或夜晚來犯。如果官鬼爻屬性為陽但化出屬性為陰的爻,這意味著盜賊是從白天潛伏至夜晚才進行盜竊,或者男性盜賊藏在女性處;而如果官鬼爻屬性為陰但化出屬性為陽的爻,這意味著盜賊夜晚來到但到白天才離開,或者女性盜賊被男性帶走。

如果官鬼爻當旺,這意味著盜竊者是壯年人。如果官鬼爻值衰且帶墓,這意味著盜竊者是老年人。如果官鬼爻帶有胎、養、長生的符號,這意味著盜竊者是童子。如果官鬼爻是陰屬性且帶有胎的符號,這意味著盜竊者是孕婦。如果官鬼爻帶有囚或病的符號,這意味著盜竊者是囚徒或抱病之人。

如果官鬼爻臨玄武並來刑、沖剋、害世爻或身爻,這意味著盜竊者與自己有舊仇宿怨。

如果官鬼爻化出子孫爻,這意味著盜竊者有僧人同謀。

如果內外兩個卦的官鬼爻都發動並剋世爻或身爻,這意味著內

外兩人合謀行竊或者家人勾引外賊。如果外卦的官鬼爻發動而內卦的官鬼爻安靜不動，這意味著家中有人知情。

如果內外兩個卦的官鬼爻都安靜不動，那麼需要觀察什麼爻臨玄武、天賊、天盜、劫殺等易學符號來確定正賊的身份。

日辰來生合臨玄武的官鬼爻意味著有慣賊參與其中，需要特別警惕其再次出現或者有窩主的存在。

預測被盜是何物品時詳見本書求財占，以卦宮、爻位、地支等判斷。

黎評： 以上為論述盜賊情況的推斷方法，取鬼爻為用，以鬼爻所臨貴神旺衰、世用動爻持鬼化鬼所居卦象之內外、玄武所值六親推斷盜賊情況，以鬼爻陰陽推斷盜賊男女，以鬼爻十二長生推斷盜賊年齡，以沖剋鬼爻推斷盜賊狀態，以財爻所居卦象與地支類象推斷丟失物品。

第五節　如何推斷所逃方向

根據官鬼爻所在的卦象，可以推斷出盜賊逃往的方向。如果卦象為空，則可以根據官鬼爻的地支屬性來確定方向。

此外，還需要考慮其他因素對盜賊逃逸方向的影響。如果水爻官鬼在外卦發動，那麼盜賊是渡河逃逸。如果木爻官鬼在外卦發動，那麼盜賊是乘船逃逸。如果土爻官鬼在外卦發動，那麼盜賊是陸地逃逸。如果火爻官鬼在外卦發動，那麼盜賊是依附有權勢的人逃逸（黎注：或乘飛機）。如果金爻官鬼在外卦發動，那麼盜賊是扮作行乞的人逃逸。

黎評： 以上為論述盜賊方向的推斷方法，以鬼爻所臨卦象推斷盜賊逃往之方向，以鬼爻所臨五行推斷盜賊使用何種交通工具而逃。

第六節　如何推斷線索來源

在尋找失物或追蹤盜賊時，主要考察的對象是已經發動的子孫爻。

如果是在眼前走失的，內卦有動爻衝撞官鬼爻的情況，這意味著有人已經報告了相關情況。

如果臨朱雀的父母爻發動，並且來生世爻，這意味著有人正在傳遞消息。

如果兄弟爻發動並且化出官鬼爻，同時傷及應爻並生合世爻，這表示同伴之間有揭發行為。

如果世爻下的伏神臨勾陳並已發動，這意味著盜賊選擇自首。

黎評： 以上為論述線索來源的推斷方法，以發動的子孫爻所臨地支推斷線索來源，以沖鬼之爻、發動之父母、化鬼傷應生世、世下伏神臨勾陳發動推斷線索之來源。

第七節　如何推斷贓藏賊隱的情況

占問尋贓捕賊，則要看妻財爻、官鬼爻的墓位。

金爻墓於丑，因此可到東北方尋捕。木爻墓於未，因此可到西南方尋捕。火爻墓於戌，因此可到西北方尋捕。水、土爻墓於辰，因此可到東南方尋捕。

妻財爻、官鬼爻臨龍發動，則隱藏於儒館、齋堂、喜慶的家庭。臨朱雀發動，則隱藏於火場、書紙鋪和有官司的家庭；如果下伏兄弟爻、化出兄弟爻，則隱藏於賭博場所；又位於兌卦的，則必定在戲班、戲院等地。臨勾陳發動，則隱藏於泥水、土作、田家。臨螣蛇發動，則隱藏於閑遊無賴的家庭。臨白虎發動，則隱藏於軍兵、屠劊、死喪的家庭。臨玄武發動，則隱藏於窩主、慣偷的家庭；再臨咸池煞，則隱藏於娼妓的家庭。

此外，根據妻財爻和官鬼爻所處的卦象，也可以推斷出盜賊隱藏的地點。如果位於乾卦，則會藏在寺觀、樓臺、城塔或馬廄中。

如果位於兌卦，則會藏在殘牆、缺瓦、廢井或瓦礫之中，或者庵堂、酒肆、魚池或水閣之中。如果位於離卦，則會藏在爐灶、明窗、孔穴或煙火之處，或者術士、陶工、絲店或經絡的家庭。如果位於震卦，則會藏在船舫、樵夫或木匠家。如果位於巽卦，則會藏在草木菜圃或竹林中。如果位於坎卦，則會藏在制販酒醋、魚鹽之地，或者溝瀆、井沼或江湖之畔。如果位於艮卦，則會藏在山林、路石或土穴附近，或者少男仟客的家庭。如果位於坤卦，則會藏在墳墓、倉庫、農牧或老嫗家。

如果妻財爻在內卦而發動，那麼盜賊仍在附近。相反，如果妻財爻在外卦而發動，則盜賊已經逃往外地。如果妻財爻是臨勾陳的土爻，那麼盜賊藏在土中或地下室。

當妻財爻出現，並且逢生合、不空、不破時，或者官鬼爻下伏妻財爻且安靜不動，那麼失物可以被尋回。然而，如果妻財爻化出官鬼或兄弟爻，或者妻財爻的墓位當旺，或者妻財爻逢空、絕、被刑、害、剋、破，那麼失物難以找回。

如果官鬼爻逢沖剋，但日辰來扶合妻財爻，這意味著財物並沒有真正損失。如果日辰合妻財爻而發動，或者妻財爻化入墓、胎，那麼失物並未落入盜賊之手，而是藏於器皿或其他地方。

如果妻財爻下伏兄弟爻，或者發動化出兄弟爻，這意味著所偷之物被別人拿走了。如果卦中沒有妻財爻，那麼失物已經被變賣。

子孫爻剋官鬼爻、日建和時辰剋官鬼爻（日為官時為吏）、臨勾陳之爻剋臨玄武之爻、飛神剋伏神等情況，都意味著盜賊可以被擒獲。如果官鬼爻逢沖發動，則盜賊已經逃往遠處。

如果官鬼爻安靜不破，則盜賊仍在本地隱藏。如果卦中沒有子孫爻、伏神剋飛神、官鬼爻剋日建和時辰、臨玄武之爻剋臨勾陳之爻等情況，則盜賊難以被捕捉。

子孫爻逢空而官鬼爻不空，意味著盜賊雖然存在但難以捉拿。如果官鬼爻發動而子孫爻不發動，則意味著盜賊已被發現但難以擒獲。飛神與伏神相生合的情況也難以捉拿盜賊。如果伏神臨劫刃或

大殺剋飛神，則預示著在追捕過程中會受傷。

如果沒有妻財爻而官鬼爻逢空，那麼失物是自己遺失的。如果沒有官鬼爻而兄弟爻臨青龍發動並化出官鬼爻，那麼失物是被別人借走而自己忘記了。如果官鬼爻安靜而妻財爻臨亡神發動，那麼失物是自己遺失後被人撿走。

通過綜合考慮這些因素，可以更準確地判斷失物的位置和盜賊的身份，從而更有效地進行追捕工作。

黎評：以上為論述尋賊捕賊的推斷方法，以財爻鬼爻墓處為尋捕之方位，以財爻鬼爻所臨六神推斷藏匿之所，以財爻鬼爻所臨卦宮推斷藏匿之環境，以財爻旺衰空伏推斷贓物之有無，以動爻與他種組合推斷捉賊之難易，以無鬼做無賊之論。

第八節　如何推斷何日追獲盜賊

當妻財、官鬼爻入墓時，可以在逢刑、沖之日追獲。如果妻財、官鬼爻安靜不動，則在衝動之日可以追獲；如果妻財、官鬼爻發動，則在逢合之日可以追獲。

另外，如果官鬼爻當旺而妻財爻值衰，則可以在官鬼爻逢敗而妻財爻長生之日追獲。如果飛神刑剋伏神，子孫爻發動來刑剋官鬼爻，臨勾陳之爻發動來刑剋臨玄武之爻，動爻刑害官鬼爻等，則在上述提到的這些日子裡，也可以成功地追獲盜賊。

最後，如果日建、時辰來刑沖官鬼爻，或者動爻又生官鬼爻，那麼必須等到動爻受制之日才可以捕獲盜賊。

黎評：以上為論述捉獲盜賊日期的推斷方法，以財鬼之旺衰狀態、子孫鬼爻之生剋推斷何日捉獲盜賊。

示例如下

己丑年壬申月乙丑日，卜捕賊，得震之豫。

六神	震宮：震為雷		震宮：雷地豫	
玄武	▬▬ ▬▬ 妻財 庚戌土 世		▬▬ ▬▬ 妻財 庚戌土	
白虎	▬▬ ▬▬ 官鬼 庚申金		▬▬ ▬▬ 官鬼 庚申金	
螣蛇	▬▬▬▬ 子孫 庚午火		▬▬▬▬ 子孫 庚午火 應	
勾陳	▬▬ ▬▬ 妻財 庚辰土 應		▬▬ ▬▬ 兄弟 乙卯木	
朱雀	▬▬ ▬▬ 兄弟 庚寅木		▬▬ ▬▬ 子孫 乙巳火	
青龍	▬▬▬▬ 父母 庚子水	○→	▬▬ ▬▬ 妻財 乙未土 世	

解析：

1. 在占卜捕賊時，我們取本宮五爻官鬼為用，代表盜賊的蹤跡。
2. 官鬼申金在卦中明現，這表明盜賊必定會露出馬腳，這是可以捕獲盜賊的跡象。然而，官鬼在丑日入墓，這意味著盜賊潛伏起來，難以找尋。
3. 世財在日建旬空，又被丑日相刑，這對占卜者是不利的。官鬼盜賊臨支申金與動爻子水、應爻妻財辰土三合局，這說明此盜賊必定是團夥作案，有同夥相護。三合局中應爻辰土自刑，暗示其盜同夥中有人自露出馬腳。且辰土正臨妻財之位，這與女人有關，使盜賊最終可以被捕獲。
4. 子孫代表抓捕之人，現在三傳休囚無力，且被父鬼應爻三合水局來剋，這說明現在抓捕之人線索不足，難以抓捕。為何線索不足呢？仔細觀之，子孫臨午支自刑，這說明抓捕之人中有人與盜賊勾結，導致盜賊難以被捕。
5. 幸好卦中子水動化未土回頭剋，此未土一可剋父救子，二可合起子孫，使之剋制官鬼，捉拿盜賊。此未土正臨妻財，此必是婦女來顯露出線索，方能得以捕獲盜賊。（另有版本後附：問婦人老少，則震化為坤，必老婦屬羊者也。問在何方捕著，則震屬木，在東方林木之所獲也。問何等人家，則應爻辰財，財為婦人，辰乃自刑，若非惡疾破相婦人家，必是寡婦家獲其贓與賊也。）
6. 次日丙寅，為卦中子孫長生之日，官鬼逢絕之時，這說明此日必能捕獲盜賊。

《易隱》參引書目　共計 114 種

黃帝《常陽經》	夏《連山易》	商《歸藏易》
《周易》	《周易乾坤鑿度》	王詡《麻衣賦》
《鬼谷百部篇》	孫臏《探玄歌》	張子房《筮法》
東方曼倩《射覆訣》	《君平秘授羅沖心法》	《焦氏易林》
京君明《海底眼》	《京氏易傳》	京君明《火珠林》
揚雄《太玄》	晁以道《京氏易式》	荀爽《易傳》
關子明《易傳》	董賀《筮秘》	武侯《全州山藏書》
《管氏照心神鑒經》	管公明《十三篇》	管公《金書六事口訣》
《管公問答口訣》	管氏《五星秘要》	郭景純《青囊集》
郭公《八純筮法》	郭氏《洞林秘訣》	隗炤《燃犀集》
袁天罡《太乙命訣》	袁客師《占驗目錄》	李淳風《周易玄悟》
李淳風《占燈法》	郭雍《蓍卦辨疑》	孔穎達《正義》
李鼎祚《集解》	一行師《卜訣》	衛元嵩《元包》
陸德明《指掌訣》	《杜氏遺編》	程聖俞《集筮法》
丘寺丞《易鑒》	麻衣道者《正論》	陳希夷《紫微數》
曹子虛《源髓論》	周傑《松經玄談》	司馬溫公《潛虛》
邵康節《觀梅數》	《程邵朱三儒理數》	羅止庵《卜易統宗》
黃士瑤《占易龜鑒》	高滄鶴《前知集》	皮臺峰《筮訣》
柳隆《玉靈經》	王夢庵《義通》	僧《明睿抄本》
林開《蜀市日記》	耶律楚材《錦囊集》	範疇《驚人鳴》
湯通玄《卜學淵海》	劉伯溫《黃金策》	程濟《從亡錄》
王希明《筮法指南》	《尹鐵口驚破膽集》	沈景賜《課要》
《袁子占法提綱》	《客師問答錄》	周仲高《易譯》
季彭山《易學四同》	張星元《易林補遺》	吳甘泉《要抄》
魏道南《日錄》	《卜筮元龜》	《卜易玄機》

《金鎖玄關》	《問卜易覽》	《心易大成》
《卜筮全書》	《六壬神定經》	《六壬心機絕法》
《六壬磨鏡藥》	《六壬畢法賦》	《靈棋經》
《通玄賦》	《天玄賦》	《萬金賦》
《碎金賦》	《六爻穿斷法》	《白玉賦》
《行限歌》	《限門賦》	《井底賦》
《堅命賦》	《滄海賦》	《逼運賦》
《千金賦》	《賽國賦》	《壺中賦》
《天象賦》	《分野圖》	《參舟賦》
《舟居賦》	《新創賦》	《詳基賦》
《柳神經》	《何知章》	《五行賦》
《六神賦》	《性情賦》	《容貌賦》
《宅秘》	《鬼料窮》	《鬼驚膽》

《易隱》全書譯評終

下篇
《易隱》二十論

黎光 著

第一章　來源
——承上啟下通壬甲

第一節　早期版本

從《中國國家圖書館、中國古籍善本書目》搜索，得知《北京大學圖書館》和《上海圖書館》藏有此書的明代版。其標注為：《易隱》八卷首一卷〔明曹九錫輯、曹睿玉演、明崇禎天德堂刻本、十行二十二字小字雙行白口四周單邊〕。原序中稱其「旁通壬（六壬）甲（遁甲），廣采占書。」

第二節　歷史演變

自從京房易學在西漢出現以後，數千年來流傳不衰，歷代都有學者對此術進行研究、充實、修正、提高，其著作層出不窮。如晉代的《洞林》、唐宋時的《火珠林》，明代的《斷易天機》《卜筮元龜》《易林補遺》《卜筮全書》《易隱》，清代的《易冒》《增刪卜易》與《卜筮正宗》。

以上筮書雖與西漢京房易同宗同源，一脈相承。但其各朝代的筮法風格並不相同，其筮斷風格主要可分為三個時期。現一一介紹如下。

第一時期，即《京房易傳》。其將陰陽五行日月星辰納入卦中，用數學積算的模式模擬宇宙，推斷災祥。其易學體系共納陰陽五行、干支、卦變、世應、六親、星宿、節氣、五星、建候、消息、飛伏、積算於其中，使天地人三才統一。這種從不同程度對卦爻辭做出新的補充與詮釋的方法，大大拓寬了卦爻取象的應用性。晉代的《洞林》，因其解法視角全面，也可納入其中。

第二時期，即流傳於唐宋到晚明之間，其所用即《火珠林》所示的推斷方法。其代表作為唐宋的《火珠林》，明代的《易林補遺》

《斷易天機》《易隱》等。因其引入天干之故,我稱之為納甲筮法。

第三時期,即流傳於清代直到如今,我們的六爻學者均是用的這種推斷方法。其最早的代表作即,清代的《易冒》《增刪卜易》《卜筮正宗》。而現代學者所著之說,更是層出不窮。

現代學者多以為現今流行的六爻筮法即與古典的火珠林法,其實不然。古典納甲筮法(火珠林筮斷)區別於現在流行的六爻筮法的特點即:兩者的取用神與推斷方法均有所不同。如《火珠林》一書開篇的六親根源節中即言:卦定根源,六親為主;爻究旁通,五行而取。其意即為:根源者,乃八宮之卦主也。而原有六親旁通者,六爻之飛象也,而上下相乘。五行者,金木水火土也。而定四時六親者,六宮也。六爻,父,子,兄弟,妻財,官鬼。定一宮管八卦,七卦俱從一宮出。旁通者,上下宮飛象六爻也。蓋本宮在下為伏之六親,旁宮在上為飛之六爻,如六壬有天盤,地盤也。先看六親之下,後看六親之上,所乘得何爻,而辨吉凶存亡也。

以上所說甚為詳盡,卦定八宮,本宮為主,乃是根源,由此本宮而衍生演變出其他七卦,其他七卦之下也各伏本宮之六親爻,故其取用神用本宮,斷吉凶也用本宮,這點與現代六爻筮法只用主卦六親各爻顯是不同。而《京氏易傳》亦云:「陰陽變化往往處於隱顯、有無、往來等狀態。顯見者為飛,隱藏者為伏;有者為飛,無者為伏;來者為飛,往者為伏。」此語正是火珠林法的《六親根源說》的淵源所在。《易隱》等著作在其各類占法中經常也是取其本宮各爻來斷卦,本宮用神為真,非本宮用神(即使其是主卦用神)為假。主卦動爻可以帶出伏下本宮各爻而動,然後以此本宮動爻來斷吉凶得失,此舉完全繼承的是《火珠林》的斷法。

以三個筮法時期的筮斷風格來看

一、早期筮法時期(京房易體系)

京氏易學雖然部分書籍已經遺失,但從京氏的部分遺留可以看出其筮斷的風格。

京氏在第一封奏摺中提出：「辛酉以來，蒙氣衰去，太陽精明，臣獨欣然，以為陛下有所定也。然少陰倍力而乘消息，臣疑陛下雖行此道，猶不得如意，臣竊悼懼……、乃辛巳，蒙氣複乘卦，太陽侵色，此上大夫履陽而上意疑也。己卯庚辰之間，必有欲隔絕臣令不得乘傳奏事者。」（《漢書》京房傳）

在第三封奏摺中，京房又提出：「乃丙戌小雨，丁亥蒙氣去，然少陰並力而乘消息……戊子益甚，到五十分，蒙氣複起，此陛下欲正消息，雜卦之覺並力而爭，消息之氣不勝，強弱安危之機不可不察。己丑夜有還風，盡辛卯，太陽複侵色。至癸巳，日月相薄，此邪陰同力而太陽為疑也。臣前白九年不改，必有星亡之異。臣願出任良試考功，臣得居內，星亡之異可去……陛下不違其言而遂聽之，此乃蒙氣所以不解，太陽亡色者也。臣去朝稍遠，太陽侵色益甚，唯陛下勿難還臣而易逆天意。邪說雖安於人，天氣必變，故人可欺，天不可欺也，原陛下察焉。」

由此可見，京房是以易經災變學說及京房易學體系來勸導皇帝，評論政事。後也因此而亡。

二、中期筮法時期（火珠林體系）

火珠林法的主要筮斷方法即是用本宮，也即火珠林所講的「卦定根源，六親為主；爻究旁通，五行而取。」在這個時期，《易隱》一書示例最多，此處不再贅述。讀者由另一本書《斷易天機》二例可知火珠林之法區別於現代六爻法的所在。

1. 一日占子病得水雷屯。

六神	伏神		坎宮：水雷屯		坎宮：水雷屯
玄武	兄弟 戊子水	▬ ▬	兄弟 戊子水	▬ ▬	兄弟 戊子水
白虎	官鬼 戊戌土	▬▬▬	官鬼 戊戌土 應	▬▬▬	官鬼 戊戌土 應
螣蛇	父母 戊申金	▬ ▬	父母 戊申金	▬ ▬	父母 戊申金
勾陳	妻財 戊午火	▬ ▬	官鬼 庚辰土	▬ ▬	官鬼 庚辰土
朱雀	官鬼 戊辰土	▬ ▬	子孫 庚寅木 世	▬ ▬	子孫 庚寅木 世
青龍	子孫 戊寅木	▬▬▬	兄弟 庚子水	▬▬▬	兄弟 庚子水

主卦有子卻不用，觀本宮子寅伏於兄下為長生，斷吉。果驗。

2. 妻有孕，秋月壬午日占得蒙之升

六神	伏神		離宮：山水蒙		震宮：地風升
白虎	兄弟 己巳火	▬▬▬	父母 丙寅木	○→ ▬ ▬	妻財 癸酉金
螣蛇	子孫 己未土	▬ ▬	官鬼 丙子水	▬ ▬	官鬼 癸亥水
勾陳	妻財 己酉金	▬ ▬	子孫 丙戌土 世	▬ ▬	子孫 癸丑土 世
朱雀	官鬼 己亥水	▬▬▬	兄弟 戊午火	×→ ▬ ▬	妻財 辛酉金
青龍	子孫 己丑土	▬▬▬	子孫 戊辰土	▬▬▬	官鬼 辛亥水
玄武	父母 己卯木	▬ ▬	父母 戊寅木 應	▬ ▬	子孫 辛丑土 應

別人道：（依六爻體系來看）主卦兄動剋妻，父動剋子，必母子俱災。我心甚恐，觀本宮子孫飛伏比和，本宮父又不動，日又生子，子必無災。本宮妻爻處於主卦世爻，喜伏於子下為長生。忌本宮兄動卻得本宮三爻鬼動制之，妻爻有救，妻必無災。後果於九月（衝辰現本宮子丑）己卯日（衝本宮妻爻）巳時生男（子孫陽卦陽爻），母子平安。

三、晚期筮斷時期（六爻體系）

晚期的筮斷體系即清代至今流傳的六爻筮法，如今已極為普遍，在坊間任一本六爻書籍中亦可看到，在此不做贅言。

第三節　筮書風格現代說

每個時代的筮書風格，筮法風格各不相同，今試舉例解之。

有朋友問：京氏易學，從歷史流傳來看，似乎只是京房模擬宇宙，借之推演政事的一種體系，並沒有看到任何借之預測人事的方法及例子，它真的能夠借勢推演嗎？

當然可以。舉2002年在網站公開占卜的一個例子，使用《京房體系》三種筮法（京房易、火珠林、六爻）解卦。

絕對的經典：元易（黎光）給我預測工作的回饋！————「作者：易初」

丙午月戊午日

六神	伏　神	坎宮：地水師		震宮：地風升	
朱雀	兄弟 戊子水	■　■ 父母 癸酉金 應	■　■ 父母 癸酉金
青龍	官鬼 戊戌土	───── 兄弟 癸亥水	───── 兄弟 癸亥水
玄武	父母 戊申金	■　■ 官鬼 癸丑土	───── 官鬼 癸丑土 世
白虎	妻財 戊午火	■　■ 妻財 戊午火 世 ×→	───── 父母 辛酉金
螣蛇	官鬼 戊辰土	───── 官鬼 戊辰土	■　■ 兄弟 辛亥水
勾陳	子孫 戊寅木	■　■ 子孫 戊寅木	■　■ 官鬼 辛丑土 應

關於易初工作的預測結果

1. 使用京房易卦來斷：得鬼易，主拘泥停滯。世為卦主，居於三公之位，而得上爻宗廟政策佐之，此為政策昏暗。京房云：三公居世，上爻宗廟為應，君子以待時，小人為災。所以易初占得此卦，若作君子當可退隱避亂，若為小人當可趁時而動。五星入師卦，世爻歲星木，司生又主萬物，故暫效隱士之流，敞開心懷參玄悟易，不入名利之場。歸卦辰午酉亥，自刑俱見，京氏曰：受刑見害，氣不和也。而亥水支位在五，當有領導憤恨之事，世下所伏建候壬辰，辰午自刑，值於清明，故致辰月清明，本人當因官事耗散錢財，所積算

為官，財官相生，節為秋分，至時必有好處。
2. 用火珠林（《易隱》）法斷：占公者以官為用以父衛之，此卦本宮有官無父，少其護衛，在子孫寅月必有損官傷職之憂。本宮官伏兄下，主同事欺凌，人不一心多虛詐，吏帖賺錢。世爻化出父母剋子衛官，卦身亦在申，待申酉月必有工作喜訊傳來。世爻自動化父，至時也可自去見貴，必有好處。
3. 用六爻斷：兩鬼夾世泄身多有憂，占公者有被他人謀騙之事。世得初爻生自己得群眾好感，不得領導之心。卦中一父兩官，或自己工作一地而涉及兩個部門業務（或金融後勤之類）。內卦衰而外卦旺，當可舍舊而圖新。外官下伏申金，世動化酉金，至申酉月必可圖謀成功。

易初後期回復：以上卦是我搖的，請元易（黎光）為我斷的，真是厲害！

首先是寅月傷官損職一事屬實，確有此事。我率領的一部門工作被合併入別人的部門。在申月己巳日我部門又重新分離出來，初步達到了我的願望，可是我個人相應的待遇還沒有恢復。

其次是在己酉月丁亥日午時得到通知。我自己又被領導安排到一個和我原部門工作不相干的部門工作，工作許可權比以前大點，而且我的待遇也恢復了，可是實在太累，去了不到十天就病了一場，這不剛有點好轉，但是無論怎麼說，領導說鍛煉也好，重用也罷，我的工作環境確實發生了變化，雖然累，是朝好的方向變化。

「卦中一父兩官，或自己工作一地而涉及兩個部門業務（或金融後勤之類）。」此斷語兄真是神斷，我目前工作崗位是全市的公用電話管理和電話卡的銷售，以前電話卡的銷售確實不在一個部門，剛合併過來，而且確實是金融之類的。我在申月想我已經遂心如意，可是在酉月連我自己也沒有想到去這個部門，呵呵，我真是佩服的。

第四節　京房易學的新思

京房在易學史上，是一個傳奇式的悲劇人物。焦延壽云：得吾道以亡身者，京生也。果然。京房給皇帝上疏，「今陛下即位已來，日月失明，星辰逆行，山崩泉湧，地震石隕，夏霜冬雷，春凋秋榮，隕霜不殺，水旱螟蟲，民人饑疫，盜賊不禁，刑人滿市，《春秋》所記災異盡備。」他又以此來側擊顯貴石顯，於是，招來殺身之禍。

雖然現代的六爻預測體系距早期京房易已經變化很大，但在後期，其不同組合仍被其他的易學家傳承下來。比如建候與積算，大儒黃宗羲說：「曰建，以爻值月……一卦凡六月也；曰積算，以爻值日，從建所止起日……」

《京房易》創編的起始就是京房用其議政的手段，所以其重視的是爻位偏正與斥合。如《京房易》中的否卦，世爻在三爻，為三公的位置，三公在世爻得位，居一卦之本，宗廟輔之，這是三公借政脅君的卦象，所以京房稱之為「政治為災」了。而且《京房易》中並無用神一說，而是以世爻為主。世爻為一卦之主，即一卦中陰陽變化的最前鋒，畢竟來說，七卦皆從一卦出，八純卦依次變爻，才轉出後面的七卦。所以在《京房易》中，爻位代表環境，如同現代斷卦中的卦名，世爻所臨五星論其進退形態；建候與納甲的生剋刑害論吉凶（建候之始代表事之初，建候之末代表事之終。這樣或與《大六壬》的三傳「初、中、末」有異曲同工之妙）。而建候與積算則與應期相通。

再看宋朝《火珠林》的斷法，《火珠林》講「七卦皆從一卦出」「本宮伏神排出，與主卦飛神的生剋刑沖來論吉凶」，這即說飛神等同於大六壬的地盤，伏神等同於大六壬的天盤。

所以我們可以得出這樣的格式：

漢代《京房易》	宋朝《火珠林》	《大六壬》
建候	伏神	天盤
納甲	飛神	地盤

飛伏皆同此理，術數皆可類推。於此，京房易做為早期議政的方法，轉為當今占事的術數，流程、技法、思路已經昭然若揭。

第五節　筮書的疏源通評

從整個筮學的發展過程來看，西漢李君明（後京房）所創立的京氏易學起初是作為一種「天人之說」「政治易學」「象數解易」的一種新說。而至中期的《火珠林》《易冒》《易林補遺》《斷易天機》等筮書，均已全部變為一種實用占筮之學，但仍或多或少的與《周易》中的易理與象數相合。比如，杭辛齋云：「今日京氏之《易》，雖無完本，然所傳者猶見大概，《火珠林》雖不盡用京法，而與京合者固十之七八也。」

行至清代的《增刪卜易》與《卜筮正宗》，其書的風格已經走向了追求技術的極端，易理的運用漸趨減少，如易數、爻象、互卦等易學象數的運用幾乎不見，而斷卦也集中在了干支的運算推斷上。究其原因，《周易》一書在民間的發展往往是落於實用卜筮當中，且如《增刪卜易》《卜筮正宗》的作者野鶴老人與王洪緒均來自於民間，其半生都是飄泊於江湖之上，賣卜於市井之中，這點限制了他們這些卜筮學者不可能有專著易理的機會，從而導致了筮學在民間更加趨向於簡化。它表現在占筮方法的突變，取用方法的突變，捨棄了《易經》的諸多易理象數。當然，另一方面，它也為《火珠林法》的簡化與走向民間鋪平了道路。但同時，失之東隅，收之桑榆，干支之間的騰挪輾轉又開始另闢蹊徑，自由生髮。

以上所述，在民國易學大家尚秉和先生所著《周易占筮考》卷八納甲說中論析甚明。納甲法開始於西漢，它使用卜筮而見於書籍記載的有三國時代的管輅，其在陳壽《三國志》內雖然沒有詳明記載，然而觀察管輅所言，已用納甲法為多了。到晉代，在郭景純所著的《洞林》內，不僅詳明其筮法，並且自注釋其筮義。這與只有事驗，不詳筮法，徒有炫耀恣意發揮神怪的並不相同，為後來學者入門的門徑。以此等好，考其所用，納甲法為較多，又兼取用卦

象、卦辭，而且其推法，不專在動爻。到了明代，納甲大家程良玉（《易冒》的作者）得苕上張星元秘傳，凡占卜，一準於用爻，如老奴占幼主必用父母爻，少主占衰奴必用妻財爻，詞訟憑官後世應，壽命憑用後父母，科目先文，延試先官，辨別空破絕散的真假，明白飛伏互變的輕重。例如晉卦，外卦伏艮，內卦伏乾，己酉世爻以丙戌為飛伏。需卦，外卦伏兌，內卦伏坤，戊申世爻以丁亥為飛伏。蓋因參考枯匏老人的說法，一時占驗，遂為星象家所未及，由此與《周易》辭象背離了，推測之路窄狹了！占即與辭象脫離，沿至今日，雖然世上略識字的人，亦都能作了，而晉紳遂鄙視之，以為不足稱道。豈知納甲的深奧，就是晉紳至老也不能窮盡其術，而管輅、郭景純且恃可以參天地、窮鬼神，怎能夠輕易視之呢？」

以上簡要數言，將京氏易學的流傳與筮學的發展，以及筮書的風格一一闡明，望能對筮學的源流演變作一簡單的說明，供各位參考斧正。

第二章　用法
——章節之間須辨通

第一節　用法風格

《易隱》一書不僅具有工具書的特點，其斷語和技巧都講得非常全面。此外，在章節設計上也非常巧妙，使得讀者可以根據自己的需求快速找到相應的內容。對於初學者來說，只要學會了起卦和裝卦，就可以根據所要占問的事情不同，在該書中找到相應的章節進行對照和學習。這無疑為廣大讀者提供了一條便捷的學習途徑。同時，該書還集合了筮學技術以及專項斷法，內容實用且全面。對於其他術數典籍在民間傳抄過程中的問題，該書也進行了相應收錄

與輯錄。

對於致力於《易隱》的讀者和占卜者而言，深入理解五行生剋的基礎至關重要。在拙作《六爻三大技法》（臺灣進源書局出版）中，我著重探討了推斷流程與五行生剋之間的緊密聯繫。若您能通透此書所述之理，再進一步研讀《易隱》，定能如虎添翼，拓展思路，提高悟性。通過五行生剋，您可以洞悉事情的發展趨勢，吉凶成敗一目了然。而《易隱》則能助您鎖定吉祥之卦的具體時機和相關人事物，或是在凶卦中找出阻礙與矛盾所在。

而在進一步的探討時，我們要有變通之心。這裡，不得不提及一些概念的靈活運用。比如玄武這個元素。用神旺相臨玄武這一組合象徵著非凡能力與卓越智謀。反之，若用神衰弱且臨玄武則會暗示著一個人既無能又心懷不軌。這一觀點在清代《易冒》中得到了詳盡地闡釋。正如先賢所述，「旺見其長，衰見其短」，一個人的能力強弱往往會直接反映在其外在表現上，使其性格或長或短，為人們所共見。

以上體現了一種理法與技法的完美結合。《六爻三大技法》所講的五行生剋是占卜的基本功，而《易隱》中的取象技法則更像是一種靈活多變的發揮。若基本功不扎實，直接閱讀本書會感到眼花繚亂，難以分辨是非。因此，我建議初學者不妨先詳細閱讀《六爻三大技法》，再結合本書技法進行深入研究。如此一來，在占卜時便能主次分明，靈活通變，達到一個更細緻的分析境界。

在《春秋》《左傳》中，我們常可見到同一卦象被不同的人解讀出不同的結果。這並非《易經》與占卜本身的問題，而是每個人的閱歷、經歷以及判斷卦象的角度不同所致。因此，在將《周易》與現實結合時，有的人能夠準確對應，而有的人則會生搬硬套，出現誤差。這也正是《周易》的魅力所在，它提供了一個靈活多變的框架，讓每個人都能在其中找到屬於自己的智慧和啟示。

第二節　斷語分查

　　《易隱》的斷語中有不少讓讀者恍惚的地方。比如，身命占長相斷中有五爻艮宮土福代表鼻子，可是翻遍六十四卦爻象圖，艮宮哪一卦的五爻都沒有又臨土又臨福神（即子孫爻）的情況，你覺得是作者寫錯了嗎？

　　當然不是。五爻或臨土、或臨子孫爻、或在艮宮，占著一處即算，而非全部都占著，這點在身命、家宅、陰宅各占，及本書其他章節中都是這樣使用。

　　例如《易隱》病症章云：初爻，足也；二爻，股膝也；三爻，腹小腹腰臀肛門小便也；四爻，胸胃乳也；五爻面項也，臨水為口，臨火為目，臨土為鼻，臨木左耳，臨金右耳也；六爻頭腦也。

　　例如《易隱》牢獄占中共分為七個章節：一、官司起因；二、起訴情況；三、官方回應；四、調解成敗；五、開庭吉凶；六、勝負情況；七、罪責多少。當一個官司能夠從頭到尾地預測出以上全部過程，自然可以當之無愧地稱的是一卦多斷了。不過，如果官司已經是在進行當中，則學者也可以選擇其中某一章節的斷法來做單一預測。如求測者言現在已經起訴，不知官方反應如何？那麼易者可直接按照第三節官方回應所顯示的推斷方法判斷出此次起訴後官方的反應吉凶。

　　又如《易隱》求財占中占得財何人節與得何財節，都是以財爻所臨卦宮與地支類象來進行推算。否則，如果遇到財居乾卦，那麼得財於君父尊長就一定會得車馬金玉之財？遇到得財居兌卦，那麼得財於少女就一定會得缸瓷五金之財？這樣現實生活中也不可能。這些實際也是分占之法，如想知道得財何人，可單占一卦，由財坐乾卦可知得財於尊長。如想知道得財何物，可單占一卦，由財占巽卦可知得財草木。

　　《易隱》其他各章，包括《易隱》的占家宅斷法，如占廚灶、占井、占門戶等，也是能用一卦將一個住宅內的所有環境斷出，也可單獨進行測算的。這點《增刪卜易》有云：凡來人問家宅，須究

其來意,或因連年頹廢,疑家宅之不安,或因屢試不第,或因官不升轉,或因官災火盜,或因多病,或因家有響聲,皆其所疑之事而推之。若以一卦而斷全家之事者,勢必不能。卦中不過地支五行,雖有出現,難以直指一處,即如火鬼發動為惡神,家值眾火多者,焉知何祟不安?如木鬼動而門戶不安,古以四爻為門,倘值門戶多者,雖知何門不利?所以指其所疑之處而占之,無不應驗。

本書其他各章,包括《易隱》中的部分斷身命法,都是這樣的運算方法。

第三章　術語
——百尺竿頭從根起

《易隱》一書,作為納甲筮法的高級典籍,其深度和難度都遠超同類典籍。通過比較《易隱》與其他經典如《增刪卜易》《卜筮正宗》等的爻象圖,我們可以清晰地看到《易隱》的獨特之處。這些爻象圖中,《增刪卜易》《卜筮正宗》等書詳細地列出了六十四卦的爻象圖,包括卦名、陰陽、世應、六親、地支等,而《易隱》的爻象圖則僅限於本宮八卦,學者若要繪製完整的爻象圖,還需自行配以六親與世應。這表明,《易隱》要求的學習基礎相對較高,只有具備一定的研習深度,才能領略其精妙之處。所以,在瞭解《易隱》之前,你要有些基本的概念與術語常識。

第一節　基礎概念

《易隱》的獨特斷法大多源自《京房易學》與《火珠林》,與《卜筮正宗》《增刪卜易》等書存在顯著差異。以下是這些差異的詳細解析。

《易隱》爻象圖中的每個卦爻都配上了天干與地支,而《卜筮

正宗》等書的爻象圖中僅保留地支，省略了天干。

《易隱》在開篇便明確指出「習卜先讀易」，並介紹了「取易卦辭」的斷法。這種以卦象卦辭來預測信息的方法被稱為「神鑒其誠而顯告也」。然而，《卜筮正宗》的作者王洪緒卻持有相反的觀點。在《正宗》的第十八問中，某人因考取功名得到了《鼎》卦，王洪緒認為此卦雖好，但更應注重爻象而非卦名卦意。另外，還要記住一些獨特斷法。

1. 《易隱》的身命絕卦。占得某些卦者，皆為一生困苦之象。這是《易隱》將卦象、卦意應用於身命占的一大特點。
2. 《易隱》的化墓絕卦。這是《易隱》運用卦變預測事情的方法，相較於《正宗》等書中的卦變回頭生、卦變回頭剋，更為詳盡合理。
3. 《易隱》的卦變反吟法。《正宗》等書在判斷上卦或下卦時，只要是單卦回頭相沖即視為卦變反吟，而《易隱》則要求上下卦都發生回頭相沖，才可稱之為卦變反吟。《易隱》的此種判定方式顯然更為精確，其信息提示性也更強。
4. 《易隱》的十六變卦。這是京房的遺法，後來失傳了。在《正宗》等晚期筮法書籍中是絕對看不到的。由於兩書預測方法的起點不同，其理論也有所取捨。十六變卦現在只有《易經雜說》講述過。雖然現代人早已不使用此法，但在實際應用中，我們發現它仍具有較強的信息提示性。
5. 《易隱》的陰陽升降圖。京房易學流傳到現代，諸多卜筮典籍中，只有《易隱》《易冒》類少數幾本傳承京房易學較多。陰陽升降圖是由京房易學中的納二十四節氣法演變而來，同時《易隱》更是將其與實際預測相結合，使其更加實用。
6. 《易隱》的納音法。《易隱》中以干支太玄數推斷出納音五行，這點除了《易林補遺》中可以看到，在其他卜筮典籍中都難以尋覓。同時，《易隱》還提出了納音斷事法，如《易隱》家宅占中有云：初爻屬木者說明此宅井旁有樹，庚寅辛卯松柏

樹，庚申辛酉石榴樹，臨巳臨未為桂。
7. 《易隱》的卦氣旺衰法。《易隱》以節氣判斷卦氣旺衰法較之梅花易數以四季判斷卦氣旺衰法更為細緻高明。《易隱》身命占祖業看大象節便採用了此法。
8. 《易隱》中的神煞。《易隱》的身命八要中有云：「貴賤貧富看神煞」，此語充分說明了神煞的作用性。具體神煞的應用方法詳見後文。

第二節　基本術語

《易隱》一書，在基礎術語上介紹不多。今在本章做簡要介紹。
1. 世爻和應爻：在卦中，世爻代表自己，應爻代表對方。
2. 用神：這是所要卜求事情的重點，代表核心事物。
3. 原神：原神是生用神的五行，例如，如果用神是妻財，則子孫爻就是原神。
4. 忌神：忌神是剋用神的五行，例如，如果用神是妻財，則兄弟爻就是忌神。
5. 仇神：仇神是生忌神的五行，例如，如果兄弟爻是忌神，則父母爻就是仇神。
6. 泄神：泄神是洩氣用神（用神所生）的五行，例如，如果用神是妻財，則官鬼爻就是泄神。
7. 四值：年月日時的天干地支。
8. 月令：又稱月建，這是卜卦的月份的天干和地支。
9. 月破：與月份地支相沖的卦爻被稱為月破。
10. 日建：這是卜卦的日子的天干和地支。
11. 暗動：當用神不弱，被日所沖，稱為暗動。
12. 日破：當用神衰弱，被日所沖，稱為日破。
13. 獨發：卦象中只有一個爻發動，其餘五爻靜止不動，這被稱為獨發。
14. 獨靜：卦象中有五個動爻，只有一個靜爻，這被稱為獨靜。

15. 伏神：如果主卦中六親不全有缺少者，尋伏神要向本宮卦借用。如果缺少的是用神，此時稱作用神伏藏。
16. 飛神：伏神伏在哪一爻之下，該爻即稱為飛神。
17. 飛來生伏：飛神的五行來生伏神的五行，這被稱為飛來生伏，又有「得長生」一說。
18. 伏去生飛：伏神的五行去生飛神的五行，這被稱為伏神洩氣，意味著衰弱一半。
19. 飛來剋伏：飛神的五行來剋制伏神的五行，這被稱為伏神衰敗，表示事體受傷。
20. 伏來剋飛：伏神的五行去剋制飛神的五行，這被稱為伏神出暴，表示抗中爭取。
21. 五行生旺墓絕：五行在各種地支間呈現出不同的十二種狀態。生旺代表強壯有力，墓絕代表衰弱無力。墓是關押之地，絕缺少生機。
22. 隨鬼入墓：世爻臨官鬼，在動爻、變爻、月日中遇到墓庫。如果卜問健康與疾病，則主大凶。
23. 旬空：用神逢到日辰所算出的空亡，即稱為旬空。
24. 進神：動爻與變爻的地支之間呈現排序上的進步，這被稱為進神。
25. 退神：動爻與變爻的地支之間呈現排序上的退步，這被稱為退神。
26. 六沖卦：即一卦象中內卦的一、二、三爻與外卦的四、五、六爻的地支五行都是互沖的卦象，即稱為六沖卦。
27. 六合卦：即一卦象中內卦的一、二、三爻與外卦的四、五、六爻的地支五行都是互合的卦象，即稱為六合卦。
28. 歸魂卦：在八卦宮中每宮各有一卦有拘泥之象的稱為歸魂卦。
29. 遊魂卦：在八卦宮中每宮各有一卦有飄蕩之象的稱為遊魂卦。
30. 回頭生：動爻五行被變爻的五行所生的稱為回頭生。
31. 回頭剋：動爻五行被變爻的五行所剋的稱為回頭剋。

32. 反吟：動爻與變爻的五行相沖的稱為反吟，遇到阻礙仇人的意思。

33. 伏吟：動爻與變爻的五行相同稱為伏吟，動中見到停止的意思。

第四章　起卦
——暗合河洛太極丸

第一節　以錢代蓍說

　　焦延壽曾說：如今人們因為蓍草難以獲得，所以用金錢來代替。這種方法雖然簡單，卻與傳統的取卦方式不同。要找尋蓍草的替代品，太極丸或許是一個不錯的選擇。它不僅符合陰陽老少的數目，而且與卦象的變化相吻合。當二與三合為五時，這是五行之數的象徵，而一丸共為十五數，又恰好是河圖中宮的十五之數和洛書縱橫十五之數。太極丸體現了六合之道，蘊含了三才之理，很詳細。木丸又與蓍草相似，都屬於草木同類。而金錢起卦則簡易太多。

第二節　制太極丸法

　　製作需要使用霹靂棗木，如果沒有霹靂棗木，可以用香木玉牙來製作。製作出極圓且能滾動的三顆丸子。這些丸子走盤不定，所以我們要確保其表面平滑均勻，形狀類似骰子，但骰子的面較大而彈丸的面較小。每顆丸子的上面刻著三星，底面刻著二星，三顆彈丸中一面刻著三，另一面刻著二，六面共刻著十五星。所有三顆彈丸都要按照這個樣式來製作。

　　太極丸起卦法是傳統的秘傳起卦方式，僅在宋代的《皇極經世心易發微》等秘傳術數典籍中有所記載。這種起卦方法以一丸配以

四象、五行、八卦、河洛之數,並且通過數來變卦,內容新穎且完備。與傳統的蓍草起卦法和現代的金錢起卦法相比,太極丸法更為細緻全面。

第五章 神煞
——各有事體各擇取

《易隱》一書中,神煞的應用具有獨特的見解,分為兩種:

1. 根據不同的事項,選擇對應的事項神煞。

例如,在占卜婚姻時,紅豔殺是重要的參考,而三臺八座則不需考慮。對於官運的預測,三臺八座更具參考價值,而紅豔殺和天目天耳則不適用。對於預測行人音訊,天目天耳是關鍵,其他神煞則無須考慮。神煞繁多,學者需注意,不同的事項對應不同的神煞,這樣才能避免神煞的複雜性和實用性之間的矛盾。

2. 即使是查得對應事項的神煞,也有真假虛實之分。真神煞應驗,假神煞則不應驗。

當神煞在卦中呈現旺相、有氣、重疊多現且不犯旬空時,是真神煞。作為吉神時,其預示較為準確;作為凶神時,其預示也較為可信。若神煞在卦中呈現四值休囚無氣、旬空月破之象,則為假神煞。不論其為吉神還是凶神,都難以應驗。

此外,《易隱》的神煞應用還有幾點特別之處:

1. 《易隱》神煞章所提及的干德、干德合、干合神煞等,採用了天干之法。如果卦中未納上天干,則無法使用此法。這是《京房易學》的獨傳秘法。
2. 關於太歲所沖之支的解釋,《易隱》與一般理解有所不同。同樣是太歲所沖之支,一為歲破,一為驛馬。這表明神煞的應

用還需配合卦爻自身的旺衰來決定。當卦爻在月日旺相時，逢歲沖則為驛馬，以出行論；當卦爻在月日休囚時，逢歲沖則為歲破，以歲破凶災論。

3. 現代人對馬星的認識僅限於四馬，即寅午戌馬在申、申子辰馬在寅、巳酉丑馬在亥、亥卯未馬在巳。而《易隱》的馬星則更為詳盡。《易隱》的馬星共有十二位，具體為：子逢午、午逢子、丑逢未、未逢丑、寅逢申、申逢寅、卯逢酉、酉逢卯、辰逢戌、戌逢辰、巳逢亥、亥逢巳。凡逢四時相沖之地，均以馬星來論，這依據的是「逢沖而動」的原理。

第六章　分爻
——飛龍在天自有淵

第一節　來源

《易隱》的分爻法基於每個卦象的爻位，不同的測事中，每個爻位所代表的信息各有千秋，為預測提供關鍵依據。爻位有時關聯時間，有時關聯地勢，有時關聯人物部位及事情的過程。根據爻位的吉凶、自身狀況，以及與世應用爻的生剋組合，可以預測出占事中各個環節（如出行法）、各個部位（如疾病法）以及各個時間（如飛限運法）的吉凶狀態。

這一分爻法源自東漢荀爽的易學研究。荀爽（128-190），字慈明，穎陰（今河南許昌市）人。《易傳》在評論爻位時指出：初爻是掾吏的位置；二爻，大夫；三爻，三公；四爻，諸侯；五爻，天子；上爻，宗廟。上爻代表當代君主的神靈或祖先，包括已故的雙親。這一觀點被《易隱》完全吸納，並應用於其爻位學說中。

第二節　乾卦的六個分爻

乾卦中龍的六個階段，更是對應的分爻法。它從初到始，形成了一個故事。也如同，人生百態，表現了世間萬物之生長、發展、成熟與衰退。

第一階段，潛龍勿用。古人有云：「天將降大任於斯人也，必先苦其心志，勞其筋骨。」這便是潛龍的寫照。在時機未熟、能力尚欠之時，我們要像潛龍一樣，默默積蓄力量，靜待時機。

第二階段，見龍在田，利見大人。此時的龍已初露鋒芒，如金子開始發光。歷經潛藏，終需一展身手。

第三階段，惕龍。孔子曰：「學而時習之，不亦說乎？」這正是惕龍的寫照。即便已有成就，亦不可自滿，需時刻反省，自強不息。

第四階段，躍龍。此時正是施展才華的絕佳時機，如李白所云：「大鵬一日同風起，扶搖直上九萬裡。」躍龍者，當抓住機遇，奮力向前，將事業推向巔峰。

第五階段，飛龍在天。此時事業已達巔峰，如日中天。如曹操所言：「對天而唱觀滄海，一覽眾山小。」飛龍者，當胸懷壯志，宏圖大展，準備一飛沖天。

第六階段，亢龍有悔。古人云：「滿招損，謙受益。」亢龍者，雖已至高位，然須知高處不勝寒，進易退難。此時當低調行事，慎言慎行。

這六個階段，既是龍的成長歷程，也是人生的縮影，更是對人生哲理的深刻揭示。

第三節　晴雨占的分爻法

一、爻位之說與晴雨占的應用

在晴雨占中，古人運用了易經的豐富元素，如五行之變化、動靜之分爻、六親之動靜、六神之謎、天干地支之玄妙、內外世應之

關聯，以及八卦之象徵，共同構建了預測天氣的精密體系。不同作者在其著作中展現了各異的思路，有的側重於卦名解讀，有的則注重爻位分析，使得晴雨占的方法呈現出多樣性和複雜性。

在《易隱》的闡釋中，特別強調了分爻斷法的重要性。每一爻位都承載著特定的含義，如占問何時有雨時，初爻代表雲、二爻代表電、三爻代表風、四爻代表雷、五爻代表雨、六爻代表天。這一分爻體系不僅體現了自然現象的逐步發展過程，也與易經的爻位順序相契合，從初爻至上爻，象徵著事物從萌發到成熟的過程。

在晴雨占中，初爻的動向往往預示著烏雲的聚集程度，若初爻旺動，則濃雲密佈；若衰靜不動，則薄霧輕繞。這種描述不僅準確傳達了天氣變化的信息，更在文字中流露出古人的詩意情懷。因此，對於有志於深入研究易經占卜的學者來說，閱讀古代經典如《黃金策》等，不僅能提升占卜技巧，更能品味到古人文字的韻味與美感。

二、漢字意象與卦象解析

在深入探索漢字的意象與卦象時，我們不難發現其中蘊含的豐富內涵和精妙智慧。這些意象，如同漢字的靈魂，而卦象的精髓，都深深地烙印在我們的腦海中。而當我們將其應用於天氣預測時，更是能體會到其獨特的魅力。

在易經的卦象中，每一爻都有其獨特的象徵意義。二爻的旺動，預示著電光的閃爍；而衰靜，則意味著氣氛的悶熱。三爻的旺動，帶來大風的呼嘯；衰靜時，則有微風輕拂。四爻旺動，雷聲隆隆；衰靜時，則雷聲輕柔。五爻旺動，大雨傾盆；衰靜時，則有微雨綿綿。而六爻的旺動，則象徵著翻江倒海的氣勢；衰靜時，則天空陰沉。這些爻位的旺衰變化，為我們提供了推斷雨水情況的線索。

除此之外，我們還可以根據爻位之間的相生相剋關係來推算雨水。例如，三爻動剋初爻，被形象地描述為「風卷雲散」，即大風吹散了雲層。而當三爻動生初爻時，則是「風送行雲」，風輕輕地

推動著雲層。二爻與四爻相生，雷電交作；三爻與五爻相生，風雨驟至。這些生動的描述，不僅準確地表達了天氣變化的情況，更在文字中展現了易經的智慧和美感。

對於上爻逢沖的情況，則預示著大雨的降臨。這是因為六爻代表天，當天在最上面被衝動時，必然會帶來天氣的驟變和大雨的到來。而如果日合上爻，則無雨。這是因為天被合住，無法發動，所以天氣維持現狀，不會有雨。

在預測天氣何日晴朗的情況，我們也可以利用分爻的方法。初爻代表雲，二爻代表露，三爻代表霞，四爻代表虹，五爻代表日月，上爻代表天。根據各爻的旺衰情況，我們可以推斷出天氣的晴朗程度與變動時間。例如，初爻旺動者，天晴雲密；衰靜者，薄雲將散。二爻旺動者，露水濃密；衰靜者，露水稀薄。三爻旺動者，有朝霞；衰靜者，有晚霞。這些細緻的描述，為我們提供了預測天氣的有力依據。

三、天氣變化的文字之美

初爻與二爻的相生，象徵著雲散露收；而初爻動剋五爻，則描繪出雲掩日月的景象。這裡的初爻代表雲，五爻代表日月。當初爻剋五爻時，仿佛雲彩將日月完全遮蔽，形成一幅壯觀的畫面。反過來，若五爻剋初爻，那便是日月破雲而出，雲散日出的美麗景象。

易經的斷語，往往只給出幾個示範，但真正的智慧在於我們的聯想與理解。我們需要深入理解每一個卦爻所代表的含義，然後將它們組合成生活中的各種意象。

例如，五爻動生二爻時，形容為「月冷露零」——這裡的五爻代表日月，二爻代表露。這一組合，仿佛讓我們看到在冷清的月光下，露水如珍珠般閃爍，被月光襯托得更加明亮。這樣的描述，不僅文字優美，而且充滿了詩意。

而當五爻發動生合三爻時，便是「霞隨日出」的壯麗景象。三爻代表朝霞，被五爻相生，仿佛日月催生了朝霞，使其閃閃發光。

相反，若五爻動來剋三爻，那便是日月剋朝霞，朝霞在日月的照耀下逐漸消散。

此外，世爻動剋五爻時，形容為「長虹貫日」；初爻動剋六爻時，則是「濃雲閉天」。這些描述都生動地展現了天氣變化的各種場景。

總的來說，爻位為我們揭示了生活中的許多奧秘。通過深入理解每一個卦爻的含義以及它們之間的相生相剋關係，我們可以創造出更多新的斷語與景象描述。這不僅是對易經智慧的傳承與發展，更是對我們自身想像力的鍛煉與提升。

第七章　取數
——加乘旺衰有增減

《易隱》中的起數方法，在流傳下來的六爻典籍中透露最多，我們可以將其排列出來，以便掌握其取數的內在規律。

第一節　干支五行取數法

此法見於《易隱》身命占貧富章講：將天干地支與數字相對應：甲、己、子、午為九，乙、庚、丑、未為八，丙、辛、寅、申為七，丁、壬、卯、酉為六，戊、癸、辰、戌為五，巳、亥為四。在確定納甲後，以在本宮卦中出現的妻財爻為主要依據。如果正卦中沒有出現妻財爻，則取伏卦中的妻財。如果卦中有兩個妻財出現，則兩者兼而取之。

另外，大象為本宮卦的妻財時，也需取其卦的干支兼而論之。例如壬甲戌亥在乾卦、乙癸未申在坤卦、丙丑寅在艮卦、辛辰巳在巽卦、戊子在坎卦、己午在離卦、庚卯在震卦、丁酉在兌等。

例如在純乾卦中，二爻甲寅為妻財。甲對應的數字是九，寅對

應的數字是七，合計為十六。若要測算大富人家的家產，則乘以千倍，即一萬六千。中富則乘以百倍，即一千六百。下富則乘以十倍，即一百六十。對於小戶人家，則只根據五行來推算：一水、二火、三木、四金、五土。

以上計算方法中，如果妻財爻正當旺相則加倍，若正值休則保持原數不變，若正值囚或死則減半。若太歲、貴馬、福祿等臨於妻財爻，則再增加一倍。若月令、貴馬、福祿等臨於妻財爻，則再增加一半。

如果太歲來刑破妻財爻，則減半；若月令來刑破妻財爻，則減其三分之一。如果有貴煞來合而增益或刑破來合而減損的情況，則不需增減，直接按原數計算即可。

除此之處，還有一種干支之數相乘的判斷方法。（詳見逃亡占）

第二節　世爻狀態取數法

此法見於《易隱》小試章第四名次高低節。以世爻上的干支來推斷。甲己子午，對應於九；乙庚丑未，對應於八；丙辛寅申，對應於七；丁卯壬酉，對應的是六；戊癸辰戌，對應的是五；巳亥，對應的是四。世爻發動，則連同變爻納甲一併計算，或者占問時的四值有與世爻相同干支的，也一併計算，經過累計之後可以達到幾十名。

以五行屬性所對應的數字。一水、二火、三木、四金、五土，──來推斷；如果值相，則根據世爻的干支來推斷；如果值休，則在根據干支計算之後再加倍，如一十三計作二十六名；正值囚、死的，則在根據干支計算之後再進位，如一十進為一百、三進為三十。（出自《前知集》）

第三節　世爻動變取數法

此法見於《易隱》朝廷占之卜國家年運章。當由天子親自進行占卜時，我們應以世爻來對應君主。如果世爻發生了變化，那麼我們需要從世爻開始數，一直數到變爻，以此來確定世代數和年數。例如，在純乾卦中，世爻是壬戌，它變化成了澤天夬卦中的丁未爻。從壬戌數到丁未，就是四十六世。如果是預測年份，那麼就是四十六年。

第四節　世爻流年取數法

此法見於《易隱》身命占六親章斷亡祖行位第幾亡故何年處。從己亥爻開始逆數到本旬的甲午爻，這是第六個位置，也就是說這位祖先在家族中排行第六。從庚寅年開始逆數到官鬼爻己亥所代表的時間，可以知道這位祖先已經去世了五十年。

第八章　伏神
——本宮對宮各有因

《易隱》關於取飛伏神的方法，在書中的前後論述存在差異。《卜筮正宗》等書認為，《易隱》中「八卦陰陽互伏，故乾伏坤，坤伏乾」的提法，取對宮伏神而不取本宮伏神的方法是錯誤的。然而，在《易隱》附錄的實斷卦例中，我們可以看到，《易隱》雖然提到此說，但實際解卦時，它仍然採用的是本宮伏神，而非對宮伏神。

學者們通過比較各書的測算特點，可以發現其中的緣由。《正宗》等書僅在主卦中未出現用神時才使用本宮用神，由於其取用不講真假虛偽，在本宮用神中必然可以找到用神，因此無須採用下一步的對宮取用神法。而《易隱》則不同，《易隱》斷事注重真假六親。真六親可用，假六親不可用。因此，在《易隱》斷事時，直接

捨棄主卦的假用神而取本宮的真用神。當其測算家庭成員時，只有本宮內卦顯示的用神才是真正的近親。如果本宮內卦沒有所需的伏神，則取對宮內卦的伏神。如果對宮內卦仍沒有所需的伏神，再使用《易隱》獨特的飛爻變六親法。由此可見，《易隱》的對宮取伏神法是其獨特身命占法所決定的。現代人對《易隱》的對宮取伏神法的批駁，顯示出他們對《易隱》獨特斷法的理解並不全面。

我們需要注意到歷史的脈絡。最早，《京房易傳》這個體系，是以大一統的宇宙觀將其歲月、氣候、星宿、君臣佐使依附其中，其中龐雜繁複，高高在上，其設定之初並非為斷卦占卜而設，而是一種天人之說與象數注易的手段。比如《易隱》的對宮取用，借鑒了《京氏易傳》的內容。對爻而言，是陰爻下伏陽爻，陽爻下伏陰爻；對卦而言，是乾卦下伏坤卦，坤卦下伏乾卦。東漢荀爽注坤卦上六爻時曾言：「消息之卦，坤在於亥，下有伏乾，為其嫌於陽，故稱龍也。」作者理解為：坤卦為十月的消息卦，十月為亥，故云坤在於亥。文言曰：「陰疑於陽必戰。」為其嫌於無陽也。坤卦至陰，上六極陰發動，物極必反，陰陽相疑而必戰。坤下伏乾，乾者龍也。坤又為野，乾坤又為玄黃。故坤卦上六辭曰：「龍戰於野，其血玄黃。」所以，每本書有每本書的會意與用力之處，其他作者站在卜筮的角度批駁它，未免有失公允。

《京房易》之後，飛伏說漸朝著筮法的方向發展。在諸筮書的理論部分，雖也言往來飛伏之說。但在實際應用中，都是使用本宮伏神而捨棄了對宮伏神。《斷易天機》云：每個主卦的左邊都須配上本宮卦，這樣主卦每個卦爻之下的伏神均一目了然，伏神中又以世下伏神最為重要。而在《易隱》的卦例中可以看到，動爻之下的伏神作用也不可忽視。其各自應用卦例如下。

《斷易天機》：柳明道占得晉之剝卦。

伏　神	乾宮：火地晉		乾宮：山地剝
父母 壬戌土	▬▬▬ 官鬼 己巳火		▬▬▬ 妻財 丙寅木
兄弟 壬申金	▬ ▬ 父母 己未土		▬ ▬ 子孫 丙子水 世
官鬼 壬午火	▬▬▬ 兄弟 己酉金 世 ○→	▬ ▬ 父母 丙戌土
父母 甲辰土	▬ ▬ 妻財 乙卯木		▬ ▬ 妻財 乙卯木
妻財 甲寅木	▬ ▬ 官鬼 乙巳火		▬ ▬ 官鬼 乙巳火 應
子孫 甲子水	▬ ▬ 父母 乙未土 應		▬ ▬ 父母 乙未土

批斷：

　　世爻己酉，伏下官鬼壬午，伏來剋飛為出暴，似為凶象，但世爻變出丙戌恰是收鬼入庫，實無凶象。觀卦身所生之六親為官鬼，代表來意。世爻伏下本宮之鬼，本宮用神，其六親為真，代表丈夫，官爻入墓難出，說明不見丈夫。晉為遊魂主夢，而世下伏神為隱匿深藏。現世爻動化隱鬼之墓，是自己夢見嫁人尋丈夫。問之果然。

《易隱》占官訟。
庚寅年戊子月丁卯日，得睽之歸妹卦。

六神	伏　神	艮宮：火澤睽		兌宮：雷澤歸妹
青龍	官鬼 丙寅木	▬▬▬ 父母 己巳火 ○→	▬ ▬ 兄弟 庚戌土 應
玄武	妻財 丙子水	▬ ▬ 兄弟 己未土	▬ ▬ 子孫 庚申金
白虎	兄弟 丙戌土	▬▬▬ 子孫 己酉金 世	▬▬▬ 父母 庚午火
騰蛇	子孫 丙申金	▬ ▬ 兄弟 丁丑土	▬ ▬ 兄弟 丁丑土 世
勾陳	父母 丙午火	▬▬▬ 官鬼 丁卯木	▬▬▬ 官鬼 丁卯木
朱雀	兄弟 丙辰土	▬▬▬ 父母 丁巳火 應	▬▬▬ 父母 丁巳火

批斷：

　　六爻伏神官鬼寅木發動，十一月水旺木相，卯日占木又旺，況寅官與卯日共剋世下戌土，為三合六合，此說明官司合身，所以目下事急。

父母為文案，本宮寅官伏於巳火文書下，冬月火空而日辰生之，說明方案是近日之事，最急。動爻寅官又生巳火，又刑巳火，此必是官方要行文書，吏欲阻而未能。

又本宮午火文書相合世下戌土，又入火墓戌中，所以午雖自刑，不可以文書有傷斷。然此文書伏卯官下受生，卻是緊急。只因本宮官伏文書之下，本宮文書伏於官下，此訟必經多處官方，得上級審判方得遣斷。

占者曰：訟者已禁縣獄，正欲密行賄賂，能否說情？答曰不可，世上旁爻子孫持世自刑，本身就是剋官，主冒犯官吏，且又被卯日一沖，若使人行賄求情，主審官員必然更加惱怒。況且本宮子孫申金又伏墓爻丑土之下，又有誰敢去求情呢？此事必然要押至上司，罪行嚴重而難以免凶。

子月戊申日占身體狀況，得未濟之解卦。

六神	伏神	離宮：火水未濟		震宮：雷水解	
朱雀	兄弟 己巳火	▬▬▬ 兄弟 己巳火	應 ○→	▬ ▬ 子孫 庚戌土	
青龍		子孫 己未土	▬ ▬ 子孫 己未土		▬ ▬ 妻財 庚申金	應
玄武	妻財 己酉金	▬▬▬ 妻財 己酉金		▬▬▬ 兄弟 庚午火	
白虎	官鬼 己亥水	▬ ▬ 兄弟 戊午火	世	▬ ▬ 兄弟 戊午火	
騰蛇	子孫 己丑土	▬▬▬ 子孫 戊辰土		▬▬▬ 子孫 戊辰土	世
勾陳	父母 己卯木	▬ ▬ 父母 戊寅木		▬ ▬ 父母 戊寅木	

批斷：

世下伏鬼，自己必有舊疾在身。現伏鬼旺相剋世，必有隱藏不顯的病症傷身。後果於亥年太歲入鬼傷剋世爻，其年突然胃穿孔，實為快而凶，正應了卦中出暴之意。

又比如，在海口，王先生租了一套房，近日想找朋友合租，問作者能否找到。搖得離之同人卦。

2001年癸巳月己卯日，得離之同人卦。

六神	離宮：離為火		離宮：天火同人
勾陳	▬▬ 兄弟 己巳火 世		▬▬ 子孫 壬戌土 應
朱雀	▬ ▬ 子孫 己未土	×→	▬▬ 妻財 壬申金
青龍	▬▬ 妻財 己酉金		▬▬ 兄弟 壬午火
玄武	▬▬ 官鬼 己亥水 應		▬▬ 官鬼 己亥水 世
白虎	▬ ▬ 子孫 己丑土		▬ ▬ 子孫 己丑土
螣蛇	▬▬ 父母 己卯木		▬▬ 父母 己卯木

批斷：

　　本宮財爻休囚無力又臨於日破，正是意在與人合租以分擔房租。應為所租之地，剋世說明所居不利。世爻兄弟巳火代表共同租房的朋友，與應爻相沖剋，必難找到合租的朋友。幾日後此人果因沒能找到合租的朋友而退了此房。

2001年癸巳月甲戌日，來了一個黑龍江朋友，搖了一卦，得蒙之未濟卦。

六神	伏 神	離宮：山水蒙		離宮：火水未濟
玄武	兄弟 己巳火	▬▬ 父母 丙寅木		▬▬ 兄弟 己巳火 應
白虎	子孫 己未土	▬ ▬ 官鬼 丙子水		▬ ▬ 子孫 己未土
螣蛇	妻財 己酉金	▬ ▬ 子孫 丙戌土 世	×→	▬▬ 妻財 己酉金
勾陳	官鬼 己亥水	▬ ▬ 兄弟 戊午火		▬ ▬ 兄弟 戊午火 世
朱雀	子孫 己丑土	▬▬ 子孫 戊辰土		▬▬ 子孫 戊辰土
青龍	父母 己卯木	▬ ▬ 父母 戊寅木 應		▬ ▬ 父母 戊寅木

　　學員問道：「此卦合作求財怎樣？」

　　作者答曰：二爻子孫與世爻同類，現暗動合世爻化出之財，必是自己挑頭與朋友合作求財。只是化出空財，目前暫不見效益。」

　　學員又道：「合作前景怎麼樣呢？」

作者答曰：「二爻子孫為世爻同類，臨朱雀暗動，又與世爻相沖，說明先合後散，目前已鬧了矛盾。」

學員點頭，道：「確實是這個情況，不知此卦還能否看出是何時開始合作的？」

作者答曰：「二爻子孫辰土動合世爻化出之財，去年正是辰年，必是去年三四月份開始合作。」

學員點頭，問道：「還能看出甚麼情況呢？」

我看了一下世下伏神，世下伏財，說明自己必有資本參與。臨酉為金屬，臨離主文，多半是此類之財。

學員答道：「我們是合作的金屬門窗生意，我投入的是專利技術。」

再看應爻臨青龍，說明有官方部門參與。而卦中辰土獨發，帶出伏下丑土動庫主卦變出之財，合夥中人還必有中飽私囊者。

學員點頭道：「是有專利局參與，另還有個會計貪污了數千元錢。」

從上文可以看出，飛伏說以陰陽變化的規律為基礎，揭示了《周易》爻與爻之間、卦與卦之間的內在聯繫，極大的豐富了卦爻關係理論，為象數易學家注易提供了新的資料與方法。此說同時也被後世的術數家所吸收，運用到筮占當中。所以，飛伏說的創立在象數、術數史上可謂是意義重大。

第九章 多斷
——細思存發諳短長

第一節 《易隱》的多斷

一卦多斷,是眾多學易之人的追求目標,也被一些易學人士視為高層次之境。而《易隱》之所以被許多人視為高深莫測的典籍,其主要原因便是《易隱》所闡述的一卦多斷法。此法不僅應用於各類事項的占卜,更深入到細緻入微的身命占與風水占中。其斷法詳盡而精妙,為學者提供了廣闊的學習和應用空間。

若學者基礎扎實,仔細研讀《易隱》的各個章節,自能運用一卦多斷之法。以牢獄占為例,書中詳細描述了官司的七個階段:起因、起訴情況、官方回應、調解成敗、開庭吉凶、勝負情況以及罪責多少。若能準確預測這七個階段,無疑可稱之為一卦多斷了。當然,若官司已在進行中,學者亦可選擇其中某一階段進行單獨預測。例如,求測者表示已起訴,但對官方的反應心存疑慮,此時即可直接參考第三節的官方回應進行推斷。

在《增刪卜易》和《卜筮正宗》等經典之作中,也有不少一卦多斷的蹤跡。這些古籍記錄了眾多占卜實踐,其中一些卦象在解讀時,不僅回應了求卜者最初的問題,還揭示了其他未曾問及的資訊。

比如有這樣的記載:某人因升學之事求卦,卦象中卻意外透露了其孩子將遭遇不幸的預兆。這種子動化鬼或父動剋子的卦象,雖然並非求卜者所問,但卻在無意中揭示了未來可能發生的事件。這就好比野鶴老人在其著作中提到的,有時候一個卦象會告訴你不同時間點的多個事件,即使這些事件並非你最初所求。

這些古籍中的例子,為我們理解一卦多斷提供了寶貴的線索。它們表明,在易卦的解讀中,存在著多元性和開放性。一個卦象包含著豐富的資訊,等待著我們去發掘和理解。

然而，要實現一卦多斷，並非易事。它要求解卦者具備深厚的易學功底、豐富的人生閱歷和文化素養。只有這樣，才能在面對一個卦象時，準確地把握其中的資訊，並將其與求卜者的實際情況相結合，進行深入地解讀。

此外，一卦多斷還要求解卦者具備一顆誠心。心誠則靈，這是易學中的一個重要原則。只有當你全心全意地投入到易卦的解讀中，才能真正理解其中的深意，並得出準確的結論。

第二節　多斷的拓思

初學者應從基礎開始，逐步深入。想要一步登天，達到神奇細微的斷卦水準，是非常困難的。斷卦時，應深入挖掘卦中的信息，靈活變通地應用斷語。例如，《易隱》中的斷語雖然準確，但也需要結合實際情況進行變通使用，以確保預測的準確性。例如，在判斷出行卦時，如果間爻發動，《易隱》指出會有同伴同行。但如果動而化空呢，說明原本計畫一同出行的人最終未能成行。除了《易隱》外，還可以參考其他筮書，如《黃金策》《增刪卜易》等，以豐富我們的斷卦技巧和知識。這些書籍中包含了各種斷卦技巧和方法，當我們熟練掌握這些技巧後，甚至可以根據實際情況進行靈活創新，自創斷語。

六爻斷卦的技巧並不是孤立的，而是可以相互穿插使用的。例如，在判斷出行卦時，我們可以運用《黃金策》出行章的技法來判斷是否有同伴同行。如果對方確認有同伴，我們就可以繼續運用其他章節的技法來判斷這個同伴的具體情況。如通過陰陽判斷性別、通過長生墓絕判斷年齡、通過地支判斷長相、通過六神判斷職業等。這樣，我們就可以將不同章節的預測技巧靈活運用在實際的斷卦過程中。這點，在《易隱》身命占中也提到，查女婿性格崗位參見前面的職業章等。

舉例來說，在分析出行卦時，除了可以判斷是否有同伴外，還可以根據《易隱》斷職業章的技法來推測同伴的工作類型。

通過觀察間爻與世爻的生剋關係，可以判斷同伴在旅途中是否會給求測者帶來幫助或麻煩。

根據間爻所在的卦宮和所臨地支，可以推測同伴的體型、長相和穿著。例如，間爻臨子可能表示同伴身材苗條、長相漂亮；若是在夏天測卦且同伴為女性，則可能穿裙子；冬天則可能穿風衣。這一技巧有助於更生動地描繪同伴的形象。

當我們熟練掌握並靈活運用斷卦技法後，還要充分考慮求測者的具體情況，將其與卦象相結合。這樣才能更準確地解讀卦象，為求測者提供有價值的建議和指導。

值得注意的是：在現實的斷卦過程中，首先要確定大方向，如吉凶、成敗等。然後在此基礎上分析卦象中的小細節，如時間、地點、人物等。這樣可以避免陷入瑣碎的細節中而忽略了大局。

第三節　多斷的舉例

在作者的《筮學通考》書末，有一個卦例，能夠做詳細的講解。

性別：男　　占事：集團公司總經理占問集團發展。
辛巳（2001）年庚子月癸丑日申時

六神	伏　神		巽宮：火雷噬嗑			巽宮：山雷頤		
白虎	兄弟 辛卯木	▬▬	子孫 己巳火		▬▬	兄弟 丙寅木	
螣蛇	子孫 辛巳火	▬ ▬	妻財 己未土	世	▬ ▬	父母 丙子水	
勾陳	妻財 辛未土	▬▬	官鬼 己酉金	○→	▬ ▬	妻財 丙戌土	世
朱雀	官鬼 辛酉金	▬▬	妻財 庚辰土		▬▬	妻財 庚辰土	
青龍	父母 辛亥水	▬ ▬	兄弟 庚寅木	應	▬ ▬	兄弟 庚寅木	
玄武	妻財 辛丑土	▬▬	父母 庚子水		▬▬	父母 庚子水	應

卦中父母旺相，父母代表公司，同時此卦父母在初爻，初爻為地基，加父母者，更是代表此公司的地皮。卦中父母在月令旺相，說明這個集團公司較大，所佔用的地皮也多。

年月日時四時代表上級主管領導，月令代表市級主管領導，日

建代表縣級，此說明在本市範圍內，這個集團公司得到本市領導的照顧。而日建代表縣級領導，現在相合父母爻，所以此處給這個集團建廠（父母為廠）時照顧。是什麼照顧呢？看日建在卦中是何六親，日建為丑土，在本卦中是財，此說明有本縣的銀行給這個公司照顧，給這個公司建廠時貸款。貸款有多少呢？觀丑土為五十之數，現在旺於月令，則應十，應該是一億左右。只是丑未相沖，日建丑土相合父母子水，相沖世爻，說明這個本縣的銀行原來在這個集團建廠時給了貸款，而在現在則不給集團拿錢，反而因為錢財上扯皮（丑土相沖世爻）。

卦中子財兩衰，所以這個集團現在經濟效益不好，但是卦中官鬼爻動而化出財爻，此謂之變出之財，在《增刪卜易》中曾言：在測子孫時，變出子孫代表要收義子。而此卦也是同樣的道理，說明到了年底會有別人的投資進到裡面。是什麼樣的投資呢？此財是由官鬼爻化出來的，應該還是有官方背景的人投資，又在他宮外卦，應該是遠方的人投資，官為酉，財為戌，為西方北方的人。當時在寫《筮學通考》之時，只是說年底會有一千五百萬左右的收入。實際於前年得知，在當年年底，此集團得到北京一個企業的投資，收入一千三百餘萬元。

卦中財爻辰土逢動爻酉金相合，有合動之象，說明近期此集團財有動象，同時此財臨朱雀，朱雀為消息也，此綜合來講，必是有進財引資的好消息。而引資的對方必觀應爻，應爻臨兄弟，說明現在聯繫的人都沒有錢，同時應爻旬空，說明現在聯繫的人都是虛假不實的。但是應爻下面伏藏了本宮的父母亥水，此說明此東北方的企業還是有背景後臺的，父母者，公家也，是有政府背景。應爻臨青龍，本為喜，但旬空，所以為虛喜。

卦中官鬼臨勾陳與世爻相生，官鬼代表職權，酉為飲食，所以為後勤之官，化戌為土堆，並且官臨勾陳動，勾陳者，代表基建實權，所以說此人是負責後勤基建的領導。

卦中勾陳發動，說明廠子會動土修整。此勾陳臨陽爻發動，陽

爻代表過去,所以是前些日(包括秋季)修整的,同時在六爻中三爻代表門,四爻代表戶,戶者,為室內,在這個卦裡面就是代表廠子裡面修整。勾陳臨酉動化戌,說明此修整是由西修到西北的。

　　卦中鬼爻發動,為災,又臨勾陳,代表跌打損傷,逢冲鬼合鬼時必有公傷之事(注意:這個卦斷工傷還是根據實際情況來定的,這個廠裡幾千人,是做煉鋼行業,都是重體力勞動,所以斷工傷,而如果測卦的是一個小公司,可能只會應一點小傷,小牽連事非)。

　　官鬼動化戌,戌為燒香,四柱亦云:生於戌亥時為信佛之人。此說明在斷卦時只要開拓思路,各術數的信息,都可為我所用。朱雀臨財安靜合身,說明口願未還。

　　官鬼代表集團的最高領導,現在下面伏藏個財爻,有所藏之金嬌。財爻臨辰,所以是辰年(去年)認識,或是此嬌屬辰。卦中辰酉自刑,以後兩人要鬧矛盾。而官鬼變出之財戌(此財戌為正妻)與財辰(此財辰為小嬌)相冲,說明此領導的妻子已經對此小嬌之事清楚,雙方已經有了打鬧。

　　卦是都能反應出實情的,那麼這個小嬌的情況應該從哪里看出來的呢?這個小嬌下面伏藏了個官鬼爻,此說明這個小嬌原來也有過丈夫,但是這個丈夫臨酉金自刑,又臨朱雀入庫,說明這個丈夫因為口舌刑傷的事情而不在身邊,致使這個小嬌被那個老闆勾引到手(官鬼臨酉,為辰土的沐浴桃花之地,動來合財,代表勾引)。此時總經理告訴這個小嬌原來的丈夫出了工傷事故,已經死亡。財爻所生者為子孫,現在臨酉金與財爻相合,酉金居於離卦,故有一女在身(此條斷對有推理的程度,一來此小嬌原來有丈夫,而且此丈夫非正常死亡,雙方並無感情傷害,加上得知回饋此小嬌屬龍之後,說明此小嬌也有三十六七歲了,怎麼可能沒有孩子呢?如此再配上卦上有這麼一點信息,就連推理帶技術的把其子女情況講出)。

　　接著此人請算風水,那麼世爻居於五爻,說明本人居於集團後方,四爻為五爻的前方,臨酉金,說明此人房前有大塊金屬或石頭,世爻臨騰蛇,為花草纏繞之物。三爻為門,下面伏藏官鬼酉

金,此說明在門邊(三爻)西方(酉金之方)有虛幻怪異(官鬼爻)的物品。為何斷是鎮物,因為酉金伏藏,是暗中搞的。酉金為珠砂鎮物。此人告知,大門後的西方正有鎮物一處。因為此鎮物臨酉泄財又互刑,所以在安置此鎮物後廠裡耗力損財。

此人道,再算他本人的運氣,那麼就接著以這個卦參斷運氣。卦中財爻持世,說明這個人財運來的早,結婚結的早。以持世的妻財爻代表此人妻子,配合起來批斷其妻多是屬馬。其他信息略。

第十章 六親
——上下輪飛遠近全

在《易隱》的占身命之法中,有一種獨特的飛爻變六親法。這種方法是根據卦中六親的有無、真假來推算人的命運。在卦中,有些六親是真實存在的,有些則是虛假的。例如,在純乾卦中,所有的六親都存在,且都是真實的。而在乾宮的風地觀卦中,雖然有官鬼、父母、妻財等六親,但兄弟和子孫是虛假空無的。

在山地剝卦中,外卦的艮丙戌土為父母,丙子水為子孫,丙寅木為妻財,這些在乾宮中都有對應的爻位,因此被稱為「真中之假」。而內卦的坤乙未土為父母,乙巳火為官鬼,乙卯木為妻財,這些在乾宮中並沒有對應的爻位,因此被稱為「假中之假」。

在使用《易隱》進行身命占卜時,首先以本宮為真六親的來源。如果本宮內卦沒有顯示出真六親,則需要通過飛爻飛出真六親來進行推斷。其他的六親則根據遠近親疏進行區分,並採用同樣的方法進行推斷。這種方法是《易隱》身命占卜中最為獨特的真假六親法。

值得注意的是,《易隱》的飛爻變六親法並非某些人士所言,取世爻剋者為妻,剋世爻者為夫。這些說法完全曲解了《易隱》的飛爻變六親法。《易隱》的飛爻法在身命章中表現得最為出色,且相當

複雜,即使很多專業學者也沒有通過原文理解用法。現在作者專門進行講解如下。

第一節　飛爻變六親的使用條件

在使用《易隱》的飛爻變六親法時,必須先滿足一定的條件。首先,需要取本宮的六親用神。如果主卦中沒有出現本宮六親,再找伏神。如果本宮伏神在卦中仍沒有出現,則再使用飛爻法來推斷六親。

例如,《易隱》在推斷父母的情況時提到:「如果主卦中沒有出現本宮內卦的父母爻,則需要取內卦伏神。如果仍然沒有伏神,則需要取生世之爻為父,父剋之爻為母。從世爻的下一位開始,根據一水二火三木四金五土的順序進行飛爻,同時需要考慮陰陽真假來進行推斷。」

第二節　飛爻變六親的使用方法

一、近親飛爻法

首先,使用飛爻變六親法,需要先確定每個六親的飛爻之數。這個飛爻之數是根據五行生剋關係和陰陽真假等因素來確定的。例如,生世為父,父剋為母。生父為祖,祖剋為祖母。在此基礎上,可以進一步推導出其他六親的飛爻之數。

接下來,要根據占問的親疏關係來決定從哪個爻位開始飛爻。如果是占問近親,如父母、兄弟等長輩,則從世爻開始飛六親數。如果是占問遠親,如祖父母、曾祖父母等,則從遠親飛爻表中開始飛爻。

小問大,往下飛;大問小,往上飛。

然後,根據飛爻之數在卦中的六個爻位上進行排列。具體來說,數到哪個爻位就代表哪個六親。同時,要注意飛入生鄉者為吉,飛入忌鄉者為凶。

最後，根據推斷出的六親情況來分析與本人的關係和命運。例如，如果父母爻飛入財方或兄弟爻飛入鬼爻，則會表示父母有疾或離世。如果妻子爻生世爻，則會表示夫妻關係融洽。

二、以水雷屯卦為例

在《易隱》中，飛爻變六親法是一種獨特的占卜技巧，用於深入探究人的家庭關係和命運。本節將詳細解讀這一方法，並以水雷屯卦為例進行實際應用。

首先，為了準確推斷父母的命運，我們需要使用飛爻變六親法。這種方法基於一定的規則和技巧，需要綜合考慮五行生剋、陰陽真假以及卦象等因素。

接下來，我們以水雷屯卦為例，具體展示如何應用飛爻變六親法來推斷父母的命運。

```
        伏　神        坎宮：水雷屯
    兄弟　戊子水  ▬▬ ▬▬  兄弟　戊子水
    官鬼　戊戌土  ▬▬▬▬▬  官鬼　戊戌土　應
    父母　戊申金  ▬▬ ▬▬  父母　戊申金
    妻財　戊午火  ▬▬ ▬▬  官鬼　庚辰土
    官鬼　戊辰土  ▬▬ ▬▬  子孫　庚寅木　世
    子孫　戊寅木  ▬▬▬▬▬  兄弟　庚子水
```

占得水雷屯卦，若要推斷此人的父母情況，首先要查找卦中是否有本宮的父母爻。但在水雷屯卦的內卦中並沒有出現本宮父母爻，這時需要進一步檢查內卦的伏神。經過查找，仍未發現父母爻的存在。

由於沒有直接找到父母爻，此時就需要應用飛爻變六親法。根據飛爻法的規則，我們先確定世爻的五行屬性。在本卦中，世爻屬木。接下來，根據生剋關係，生世者為父，父剋者為母。由此可以

推斷出水為父，火為母。再進一步，水為一，火為二。以子占父、子占母的方式從世爻往下飛爻。世爻居二爻，往下飛一個爻位即到初爻，初爻的兄弟庚子水代表父親；往下飛兩個爻位即至上爻，上爻的兄弟戊子水代表母親。

　　至此，我們已經找到了代表父母的飛爻。接下來可以根據《易隱》中的相關法則進一步推斷父母的命運。例如，根據父爻母爻所持六親、六神、所臨神煞、旺衰生剋推斷出父母二人的富貴貧賤、工作性質、屬相六親等相關情況。

　　根據本卦的飛爻情況，我們可以進一步推斷：父爻母爻都持兄弟，說明父母均為貧寒之人。如果父爻臨玄武，父親為人虛浮孟浪；如果母爻臨白虎，母親性格剛強不屈。然後，從本爻的三合六合來看父母屬相。

　　再進一步推斷外公和外婆的情況：生母者為外公，金生水，金為四數，往下飛四個爻位即二爻的子孫庚寅木為外公爻；外公剋者為外婆，金剋木，往下飛三個爻位即知三爻的官鬼庚辰土為外婆之飛爻。再使用對照方法推斷外公外婆的屬相等情況。

三、遠親飛爻法

　　在《易隱》中，飛爻變六親法不僅適用於近親，還適用於遠親。通過此法，我們可以進一步揭示出家庭關係的深層次細節。本節將詳細解讀遠親飛爻法的應用，並結合實例進行說明。

　　首先，為了準確推斷遠親的情況，如高祖、伯祖叔祖等，我們需要使用飛爻法。飛爻法的應用原則是根據與目標遠親的血緣關係親疏來確定從哪個爻位開始飛爻。具體來說，我們可以參考黃金策分爻表來確定各個親緣關係對應的爻位。

　　接下來，我們繼續以水雷屯卦為例，具體展示如何應用飛爻法來推斷遠親的命運。

```
          伏  神     坎宮：水雷屯
兄弟  戊子水  ▬▬ ▬▬  兄弟  戊子水
官鬼  戊戌土  ▬▬▬▬▬  官鬼  戊戌土  應
父母  戊申金  ▬▬ ▬▬  父母  戊申金
妻財  戊午火  ▬▬ ▬▬  官鬼  庚辰土
官鬼  戊辰土  ▬▬ ▬▬  子孫  庚寅木  世
子孫  戊寅木  ▬▬▬▬▬  兄弟  庚子水
```

　　首先，我們根據《易隱》分爻表，可以找到與高祖對應的爻位。高祖在分爻表中沒有直接對應的爻位，因此我們需要使用飛爻法來確定。高祖為曾祖的長輩，而曾祖在分爻表中對應的是上爻。所以，我們從上爻開始飛五行數。生曾祖者為高祖，生水者為金，金的五行數為四，高祖為曾祖的長輩，此為以小推大向下飛，那麼從上爻向下飛四個爻位，飛到二爻，即二爻的子孫庚寅木就是代表了高祖的情況。

　　其次，對於伯祖叔祖的推斷方法與高祖類似。根據《易隱》分爻表，伯祖叔祖與祖父同輩，對應的爻位是初爻。因此我們從初爻開始飛五行數。伯祖出生在祖父之前，此為以小推大向下飛，所以我們從初爻向下飛一個爻位即伯祖的爻位，即上爻兄弟戊子水代表伯祖；叔祖出生在祖父之後，此為以大推小向上飛，所以我們從初爻向上飛一個爻位即叔祖的爻位，即二爻的子孫庚寅木代表叔祖。

　　最後，對於堂哥堂弟的推斷方法也類似。根據黃金策分爻表，堂哥堂弟與伯叔的兒子同輩，對應的爻位是三爻。因此我們從三爻開始飛五行數。堂哥堂弟為伯叔之相生，所以屯卦中三爻官鬼庚辰土代表伯叔，土生者為金，金的五行數為四，此為以大推小為上飛，所以我們從三爻向上飛四個爻位即堂哥堂弟的爻位，三爻向上飛四個爻位是初爻，即初爻的兄弟戊子水代表堂哥與堂弟。至於如何區分堂哥與堂弟，則觀《易隱》身命占之兄弟章。

四、近親與遠親的區別

在《易隱》中，飛爻變六親法是占卜家族命運的關鍵技巧。這種方法在處理近親和遠親的情況時存在明顯的區別。理解這一區別，能幫助我們更準確地解讀家庭關係的命運。

首先，我們需要明確一點：推斷近親的飛爻法與推斷遠親的飛爻法有所不同。近親的推斷主要基於世爻，也就是求占者的位置，從這裡開始取其五行數，然後上行或下行以確定飛爻。而遠親的推斷則以近親的爻位為基準，取其五行數，再上行或下行以得出飛爻。

這一細微的差別背後有其實踐邏輯。我們有近親，而近親的近親自然就是遠親。所以，遠親的推斷需要從近親的爻位開始飛。這種邏輯使得飛爻法的應用更為精確和實用。

一旦我們通過飛爻法確定了各親緣關係對應的爻位，就可以根據這些爻位所持有的六親、六神、所臨神煞、旺衰生剋等元素，來推斷他們的命運細節。這些元素為富貴貧賤、工作性質、屬相六親等提供了豐富的信息。

《易隱》的這一技巧極為高明，它不僅適用於直系親屬，如父母、兄弟姐妹、配偶子女等，而且可以覆蓋到遠系親屬，如高祖、伯祖叔祖、舅母、姑父等。

綜上所述，通過理解飛爻變六親法在處理近親和遠親時的差異，我們得以窺見《易隱》的深邃智慧。這一方法不僅揭示了家族命運的各種可能性，而且為解讀家族關係的複雜性提供了有力的工具。

第十一章 飛宮
——模擬紫斗人生看

在眾多的六爻占卜體系中,《易隱》以其獨特的飛宮法,成功地融合了紫微斗數、太乙數等術數的精髓。這一方法的核心步驟包括排支神、安命宮與其他宮位,以及排十二宮。每一個步驟都充滿了嚴謹與精密的計算,旨在更精確地揭示命運的奧秘。

第一節 飛宮排法

首先,排支神是飛宮法的基石。這一步驟要求根據世爻的陰陽屬性來決定是順行還是逆行排出十二支神。陽世的起點是主卦的初爻起子,順行排列;而陰世的起點則是主卦的初爻起午,逆行排列。這樣的方式確保了每個支神都能在主變互三卦中找到對應的爻位。

接下來是安命宮與其他宮位。陳希夷的安命宮法為我們提供了一個可靠的指南:不論男女,正月起寅,順數至生月止,再從生月上起子,逆數至本人生時安命。一旦命宮確定,其他十一宮的地支便可以依此類推。

最後是排十二宮。這一步驟需要將前面確定的十二支神與正變互三卦的支神進行匹配,從而找出每個宮位對應的卦爻。這一過程環環相扣,細緻入微,使得六爻占卜能夠更全面地展現一個人的命運圖景。

飛宮法不僅僅是一個占卜工具,更是一個深度探索命運的哲學體系。通過這一方法,我們可以更清晰地看到命運的走向,以及人生中各個方面的吉凶禍福。這種對於命運精確預測的能力,使得《易隱》在六爻占卜領域中獨樹一幟,成為解讀命運的重要參考。

第二節　飛宮批斷

《易隱》中的飛宮批斷，是對命運進行深度解讀的關鍵環節。這一方法不僅融合了紫微斗數、太乙神數等先天易學的精髓，更在預測準確度和應用範圍上有所超越。

在飛宮批斷中，首論命宮的地位尤為重要。一個強旺的命宮意味著好運和成功的潛力。如果命宮處於衰弱或空亡的狀態，那麼此人會在生活中遇到諸多困難，甚至遭受不幸。

除了命宮，其他十一宮也有各自的重要意義。例如，兄弟宮中喜旺強，這意味著與兄弟姐妹的關係和諧，彼此支持。如果這一宮中呈現衰空或帶凶煞，則會有兄弟反目或相互傷害的情況發生。

在夫妻宮中，旺相的財星和子嗣意味著美滿的婚姻和家庭生活。而當夫妻宮中呈現衰空或凶煞時，會面臨婚姻破裂或不和的危機。

子媳宮的吉曜則預示著子孫繁榮，子女優秀。反之，如果這一宮位呈現沖剋或衰空的狀態，則會有子女不孝或後代凋零的風險。

財帛宮是衡量財富狀況的關鍵。一個強旺的財帛宮意味著財富充裕，生活無憂。然而，如果這一宮位出現破空或被凶煞所侵，則會面臨財務困境或小人的侵害。

疾厄宮、遷移宮、奴婢宮、官祿宮、田宅宮、福德宮和父母宮等其他宮位也各自承載著不同的命運信息。通過細緻地觀察和解讀，我們可以更全面地瞭解一個人的命運軌跡和潛在的吉凶禍福。

總而言之，《易隱》的飛宮批斷體系不僅是一種複雜的占卜方法，更是一種結合了其他術數的命運解讀技術。

第十二章　流年
——大運小限齊上陣

《易隱》中的飛限運法是一種獨特的占卜方法，通過卦象的飛限運來推斷一個人的流年運氣。這一方法在早期的六爻占卜書中已有詳細論述，但《易隱》的輯者仍然強調「此法世人鮮得其傳」，可見其區別於《火珠林》《易林補遺》的獨特性。今就解法總結如下。

第一節　限運判斷法

一、**限運分析**：根據個人限運的吉凶狀態，判斷未來的運勢走勢。若限運本身吉旺，再逢流年太歲的吉旺之處，則吉上加吉；若限運本身凶衰，再逢流年太歲的凶衰之處，則凶上加凶。

二、**伏神分析**：《易隱》提出伏神不觸不發，禍福之發觸，以流年之太歲為判斷依據。因此，需仔細分析伏神的狀況，以及與流年太歲的配合情況。

三、**本命與現實年齡合斷**：結合來人本命與現實年齡進行批解。根據《管公運限口訣》的原則，分析不同年齡段的人在流年中的運勢變化。例如，老宜入墓，少則不宜；死墓之年，多惹官非孝服；胎養之歲，必見六畜成群等。

四、**流年流月的指引**：《易隱》提出了流年流月法的推算方式。這一方法結合了六爻起卦身法和道家先天易學的智慧，為我們提供了每年每月的命運指引。

第二節　流年判斷法

在《易隱》這部集大成的易學著作中，流年太歲批斷法是其重要組成部分。此法為讀者提供了針對每年吉凶的精準解讀，從而揭示命運的趨勢與細節。它的判斷方法如下。

一、流年太歲的核心要義

此法通過生合沖剋的四值關係，以及動爻與世爻的生剋關係，來推斷一個人在特定年份的命運走勢。四值帶財生合世，象徵著財運亨通、事業順利；四值帶福生合，則預示著喜慶之事與婚姻孕育的機遇；而四值帶兄生合，表示有朋友或兄弟的扶持與幫助。相反，四值帶財刑沖剋害世，則警示貪欲所致的禍患；四值帶福傷世，則提醒酒色過度對健康的危害；四值帶兄傷世，則預示著因兄弟朋友間的紛爭而破財。其他六親仿此而斷。

二、吉凶禍福的時間界定

在太歲層面，年內的事項得以展現；在月令層面，月內的事項得以揭示；在日辰層面，本日的事項得以明晰；在時辰層面，當下的事項得以明確。如不帶四值而動爻生合刑沖剋害世者，其時間節點依據動爻生旺月日而定。若卦象平靜而無動爻生剋者，則將一年分為四季進行解讀。

三、命運的細節解讀

在月份的判斷上，木帶吉神於春季可見喜慶之事；火鬼現於夏季可能帶來災禍；金值妻財於秋季利於獲利；水逢兄弟於冬季必有破財之虞；土爻的吉凶隨月令而定。當值空亡時，吉空轉凶，凶空轉吉。子孫月日的吉旺期，利於結交朋友或商議事宜；妻財月日的吉旺期，則利於享受飲食之樂或獲取利益。

第十三章　身命
——多種角度測行藏

在中國的傳統預測術中，批解命運是一項複雜而深奧的學問。其中，《易隱》作為一部卓越的易學典籍，提供了獨特的預測方法，幫助我們深入瞭解命運軌跡。接下來，我們將通過一個具體的例子，展示如何運用《易隱》來批解命運。

1998年七月某人占卜身命，壬申月甲辰日，起得坎之姤。

六神	伏神		坎宮：坎為水			乾宮：天風姤	
玄武	妻財 己巳火	▬▬　▬▬	兄弟 戊子水	世	×→	▬▬▬▬▬	官鬼 壬戌土
白虎	官鬼 己未土	▬▬▬▬▬	官鬼 戊戌土			▬▬▬▬▬	父母 壬申金
騰蛇	父母 己酉金	▬▬▬▬▬	父母 戊申金		×→	▬▬▬▬▬	妻財 壬午火　應
勾陳	兄弟 己亥水	▬▬　▬▬	妻財 戊午火	應	×→	▬▬▬▬▬	父母 辛酉金
朱雀	官鬼 己丑土	▬▬▬▬▬	官鬼 戊辰土			▬▬　▬▬	兄弟 辛亥水
青龍	子孫 己卯木	▬▬　▬▬	子孫 戊寅木			▬▬▬▬▬	官鬼 辛丑土　世

一、分析總論

根據《易隱》高層斷法，主卦六沖表示早年家境貧寒，但因世爻與月日合成水局，預示命運先敗後成、白手起家。父母爻動生合世爻，文上大喜。五爻官鬼暗動生父母爻，因文得名。辰年衝破變爻官鬼戌土，與世爻動爻三合水局，貪合忘剋，文上見喜。午申酉年動變父母，俱應文書名氣工作之喜。

二、分爻論運限吉凶

初爻子孫寅木空破，幼年家貧。二爻官鬼辰土忌神，少年不得志，疾病纏身。三爻財運稍好，但辛苦所得。四爻父母旺相生世，中年大吉。五爻官鬼發動化出父母生世，名聲大噪。六爻官兄互

化，晚年口舌多，破耗錢財。上爻世爻動化官鬼戌土，晚年因心腦血管疾病而亡。

三、觀祖業

大象為生時之基，大象六沖且在立秋後處於沒地，幼時家境貧寒。

四、觀人品

世爻居上位陰爻，溫和雅致，風流瀟灑。

五、觀陰陽

世爻臨子水有氣，清高正直。世爻臨玄武有氣，多計謀。

六、觀六親

父持鬼，疾病纏身早逝。母化耗身，母親辛苦。內卦真妻爻為真妻，夫妻關係不睦，終離。

七、觀職位工作

文職有職權名氣，代表著異途出身。

八、觀財運

因文得財，求財辛苦。財臨勾陳，用房產求財。財臨午火，靠技術文化求財。財旺於內卦而世逢三合父母官鬼於外卦，揚名於外而發家於內。

九、觀運限

壬申年小限與世爻三合水局，有文書名氣之喜。癸酉年小限值空破之地，身若飄蓬，破耗錢財，子女多病。甲戌年太歲剋世，口舌破耗。

十、觀人事細節（使用十二飛宮法）

夫妻宮空破受刑，婚姻不順，離婚之兆。

第十四章 姓字
——象形字體入卦中

在納甲筮（六爻）法的體系中，用卦演算出漢字的方法不多。最早在《火珠林》第六十一節介紹得最為詳細。後有一些個例散在各書之中，不成體系。現介紹如下。

第一節 《火珠林》的姓氏占

《火珠林》姓字占提到：以日配用，四象誰勝？若無象用，姓字何證？

白話：想要通過占卜得知某人的姓氏，需要結合日子的天干地支與卦象來判斷。看四象（即四季、四方或四時的象徵）中哪一個更為顯著。如果沒有明顯的象來作為依據，那我們又如何確定姓氏呢？

在卦中，要找到與所問之事相關的爻，然後結合日子的天干地支來分析。同時，還要參考卦的內卦、外卦以及互卦。主要是要找到卦中的主體象徵，並以此來決定哪一個象更為重要。之後，將所選取的象合併起來，形成一個與姓氏相關的字或符號。

例如，如果在甲乙日占卜盜賊的姓氏，並得到了一個純艮卦，那麼鬼爻就是主體。

艮宮：艮為山

▬▬ 官鬼 丙寅木 世
▬ ▬ 妻財 丙子水
▬ ▬ 兄弟 丙戌土
▬▬ 子孫 丙申金 應
▬ ▬ 父母 丙午火
▬ ▬ 兄弟 丙辰土

在這個情況下，寅是鬼爻所在的位置，而寅屬於木。由於甲乙日也與木相關，因此兩者相結合，可以推斷盜賊的姓氏可能與「林」字有關。其他的占卜也可以按照這種方法進行。

在占卜時，還需要將天干與姓氏的某一部分相配，地支與姓氏的另一部分相配，並使用納音來找到與字相配的聲音。占卜時要細心考慮所有這些因素，以揭示其中的奧妙。

其中，八卦類顯示如下。
- **乾卦**：代表圓形、點、馬、金、玉、與言語相關的偏旁、頭部。
- **兌卦**：代表金、日、鉤、八字、巫、微小細緻的事物。
- **離卦**：代表日旁、外實內虛、中、戈、日、心、火。
- **震卦**：代表木象、數字二七、竹、木、立畫、偏撇、上大下尖、下虛上實。
- **巽卦**：代表甘頭、揵服、長舉、絞絲、上長下短、下點。
- **坎卦**：代表雨字頭、點水、水目、小字、弓、內部實在而外部空虛的偏旁、彎曲的形象。
- **艮卦**：代表橫畫、口、手、門、人、己、田、山、水、易、上尖下大、上實下虛的偏旁。
- **坤卦**：代表橫畫、土、方、木旁。

天干類顯示如下：
- **甲**：代表木，也代表田地、太陽、方圓形狀的東西，有腳的物體，以及果實的頭部。
- **乙**：象徵草的頭部，還有反寫的文字、弓以及彎曲的形狀。
- **丙**：代表火，也代表撇和捺的筆劃，形狀是上尖下大。
- **丁**：表示數字「一」，還表示鉤子或未完全露出的頭部。
- **戊**：代表土，也代表戈這種武器，以及中間開口的物體。
- **己**：意味著挑起的土，半個口，或巳的頭部，還有彎曲的形狀。

- 庚：直接代表金，也表示庚這個字。
- 辛：代表金字旁，也表示辛這個字。
- 壬：代表水，也代表彎曲的形狀和壬這個字。
- 癸：同樣代表水，還代表水字旁以及雙頭的形狀。

地支類顯示如下：
- 子：代表水字旁、子字旁，也與鼠有關。
- 丑：代表土，也直接代表丑這個字，形狀上像橫畫，還與牛有關。
- 寅：代表木，也代表山、宗和寅這個字，與虎有關。
- 卯：同樣是木，也代表安字的頭部、卯這個字，以及「兔」。
- 辰：代表土，形狀上像艮字，有長的意味，與龍有關。
- 巳：代表火字旁，也直接代表巳這個字，形狀上呈屈曲狀，與蛇有關。
- 午：代表火，也代表日、干字、不字、矢字的頭部，還與馬有關。
- 未：代表土，也代表來字、多畫、木字旁，與羊有關。
- 申：代表金，也代表車字旁，與猴有關。
- 酉：同樣是金，也代表而字旁、目字旁、堅洞旁，與雞有關。
- 戌：代表土，也直接代表戌這個字、成這個字，與犬有關。
- 亥：代表水，形狀上像絞絲，與豬有關。

五行類顯示如下：
- 水：代表有點水的形狀、彎曲的形狀，以及數字一和六。
- 火：代表火字旁，形狀為上尖下闊，以及數字二和七。
- 木：代表木字旁，也可以表示步字的頭部、竹字的頭部、人形、十字的形狀，以及數字三和八。
- 金：代表金字旁，合字的形狀，橫畫的形狀，以及數字四和九。
- 土：代表土字旁，橫畫的形狀，以及數字五十。

第二節 《易隱》的用例

在明末《易隱》的鄉會試章中提到：在占卜中，若丑、未兩個貴人分別出現在身爻和世爻上，這是中得魁首的吉兆。這是因為丑方位中藏有鬥宿，而未方位中則有鬼宿，兩者相合便形成了「魁」字的象徵。

殿試章中提到：《畢法賦》的注解中提到，當德爻為亥爻，並且同時是身爻、世爻以及臨貴人的官鬼爻時，這預示著必定能夠高中。在這裡，「德」寓意著「得」，而「亥」則象徵著天門，意味著高中之路暢通無阻。

漢字有形聲、會意、象形的說法，這裡將字的拼合、諧音用到占卜中，機巧得讓人沒有想到。當然，現實裡面，只能是「意飾」，附會旁通。

在《易隱》的逃亡中（見前文），有一例使用《火珠林》法占卜婢女走失的例子。兄弟臨木，表示是草木姓氏的他人。次日，東門蔣氏兄弟果然前來，歸還了此婢女。

第三節 現代例子

2022 年 11 月 8 日，辛亥月乙丑日，占感情得艮變益卦。

六神	艮宮：艮為山		巽宮：風雷益
玄武	▬▬▬ 官鬼 丙寅木 世		▬▬▬ 官鬼 辛卯木 應
白虎	▬ ▬ 妻財 丙子水	×→	▬▬▬ 父母 辛巳火
螣蛇	▬ ▬ 兄弟 丙戌土		▬ ▬ 兄弟 辛未土
勾陳	▬▬▬ 子孫 丙申金 應	○→	▬ ▬ 兄弟 庚辰土 世
朱雀	▬ ▬ 父母 丙午火		▬ ▬ 官鬼 庚寅木
青龍	▬ ▬ 兄弟 丙辰土	×→	▬▬▬ 妻財 庚子水

《易隱》逃亡占中有一個遇乾卦找人的卦象，一看乾卦重重疊疊，斷人在塔上。若仿此而論，艮為山為石，兩個艮疊在一起。身邊有個叫岩的人，或是去七星岩結伴旅遊。

上爻玄武為水，寅化卯為木化木，得「淋」字，出門如淋雨暴澆。

五爻水動，加上巳，似沈字。

動的水上面有官鬼寅木，得傑，也可以是沐字，是身邊的關聯人。

水加白虎（寅）動，得演字，看演出看電影。

第十五章　風水
——立體觀察《柳神經》

家宅占是占卜中非常重要的一節，在古籍裡，不管是《火珠林》《斷易天機》，還是《黃金策》《增刪卜易》，都有非常多的篇幅去論證去敘述。在《易隱》中，更是詳盡非常。談到這點，我們先從《易隱》吸收最多的《柳神經》說起。

第一節　白話《柳神經》

《柳神經》為民間流傳的占卜口訣，少見，講解六爻占卜家宅的方法，被《易隱》家宅占不少吸收。

原文如下：凡占家宅，先觀鬼神之機，次辨六爻所用。

父化父，人家兩姓；鬼化鬼，家宅多災。

父為宅宇之基，財是灶廚之所。子孫為井，兄弟為門。父爻值墓，家多疾病之人；財位臨空，宅住貧窮之輩。

子逢金旺，便知鏡子光明；子值木衰，可見秤無星兩。

子是長流，須分前後；亥為塘浦，要辨方隅。丑為田園，寅為樹木，卯為蓬蒿，辰為平地，巳為焰煙，午為火意，未為山嶺，申為金銀，酉為銅鐵，戌為穴坑。交重詳察。重是曲圓，交是方直；陰土為坑，陽土為宅。

下篇／第十五章　風水——立體觀察《柳神經》

父居坎位，四圍有水汪洋；父臨木爻，繞屋樹林森茂。

財福吉神內象，必然先富而後貧；兄鬼煞虎內宮，以定先貧而後富。

父入勾陳土位，豐稔田園；日刑木父休囚，損傷桌凳。父臨入墓，墳塚為殃；鬼生世象，家神作祟。騰蛇入木，家招縊死之人；玄武臨身，必出投河之鬼。

火炎旺動人多，木位興隆樹茂。火爻伏鬼，定生目疾之人；水位隱官，必有盲聾之輩。

二姓同居，必有兩重兄弟；爹娘又見，宮中父母再逢。父入子宮，必主後娘來就；子臨父位，定主隨母嫁人。子見兩重，螟蛉亦有；兄爻單見，雁侶難同。

兄化鬼以空亡，兄弟空房；父臨空以化鬼，父娘作故。陰兄化入陽兄，嫂贅晚夫同舍；陰子變入陽子，女招婿而同家。父化父，外娘晚位；財化財，當娶雙妻。

喪門殺動，本是災非孝服；天喜星臨，必然嫁娶添丁。披頭動，要出瘋癲；五鬼興，必生暗眼。羊刃臨財，定是屠酤之輩；咸池入酉，必然花酒生涯。財入咸池化鬼，女多獨守；子臨寡宿化官，男主孤虛。

驛馬值世，奔波不定；貴人生身，好享榮華。世應兩沖，家門括擾；爻逢六合，和氣相同。

子入鬼關，小口豈無傷損；財臨大殺，婦人必有產亡。

辛未持世，大路當門；戊戌五爻，竹木當路。蛇入屋來，四爻騰蛇土動；鵲巢當戶，六爻朱雀木興。

青龍六位巽宮，家有頭風之疾；玄武初爻鬼動，必生腳濕之人。騰蛇木鬼臨門，家出自縊；白虎土殺入戶，家有血光。

火燒家堂，子入火鄉化火；鼠來害物，鬼宮化出子爻。南上邪神，朱雀鬼臨火動；北方之鬼，玄武動而水興。金鬼西方之佛像，木鬼東嶽之至尊。

福世當年獲慶，殺鬼每日閑災。

兄動而奸人脫漏，福興而吉事頻來。

鬼化亥未，願欠豬羊；子化申辰，佛前燈願。

衝開丙戌丁亥，牆倒壁穿；合扶己卯戊寅，城堅土厚。衝動丙寅，香爐破損；旺搖庚戌，首飾鮮明。戌化土金，犬多黃色；金鬼化子，鼠作妖聲。

初爻鬼武，雞鴨人偷；三位官空，養豬無畜。二爻鬼殺，犬必傷人；四位殺官，羊多猝死。五位休鬼，耕牛不興；六位虎鬼，馬無乘坐。

心氣病，火鬼動；脾胃災，土鬼搖。

初位殺空，小兒難養；六爻木鬼，老者中風。上透金爻，終年眼暗；五爻火鬼，癆瘵纏身。

青龍木鬼，必是觀音；玄武水鬼，恐其玄帝。寅為神，神帶虎行；午為神，神騎馬走。

太歲臨鬼剋世，一年非事即陰司；日辰福德扶身，四季開眉而興旺。

白話譯解：

在占卜家宅時，首先要觀察神鬼的兆象，然後分辨六爻的用途。

父爻化為父爻，表示家中有兩姓之人；鬼爻化為鬼爻，表示家中多災多難。

父爻代表住宅的基礎，財爻代表廚房的位置。子孫爻代表水井，兄弟爻代表門戶。如果父爻落在墓地之位，家中多有疾病之人；如果財爻臨空亡之位，家中住著貧寒之輩。

子孫爻逢金旺，便知道鏡子光明；子孫爻遇木衰，可以預見秤無星兩。

子孫爻代表長流水，需要分辨前後；亥爻代表池塘水泊，要辨別方向。丑爻代表田園，寅爻代表樹木，卯爻代表蓬蒿，辰爻代表平地，巳爻代表焰火煙霧，午爻代表火焰，未爻代表山嶺，申爻代表金銀，酉爻代表銅鐵，戌爻代表穴坑。對於交重的情況要詳細觀

察,重是彎曲圓潤之象,交是方正直角之象;陰土代表坑窪,陽土代表住宅。

如果父爻落在坎位,表示四周有水環繞;如果父爻臨木爻,表示房屋周圍樹林茂密。

如果財福吉神在內卦出現,必然是先富後貧的象;如果兄弟鬼煞在內卦出現,則是先貧後富的象。

如果父爻落入勾陳土位,表示田園豐收;如果日辰刑剋木父且木父休囚無力,表示桌凳有損傷。如果父爻臨入墓地之位,表示墳墓有災殃;如果鬼爻生世爻之象,表示家神在作祟。如果騰蛇入木爻之位,表示家中有縊死之人;如果玄武臨身爻之位,表示家中有投河自盡之鬼。

如果火爻旺盛且發動,表示家中人口眾多;如果木爻位於興旺之地,表示樹木茂盛。如果火爻伏藏且鬼爻發動,表示家中有患眼疾的人;如果水爻隱伏且官鬼發動,表示家中有盲聾之輩。

如果卦中出現兩重兄弟爻,表示家中有兩姓兄弟同住;如果卦中再次出現父母爻,表示父母雙全或者父母再婚。如果父爻落入子孫爻之位,表示後娘會來家中;如果子孫爻臨於父爻之位,表示子女會隨母嫁人。如果卦中出現兩重子孫爻,表示有養子或義子;如果卦中只出現一重兄弟爻,表示兄弟不同心或者沒有兄弟。

如果兄弟爻化為鬼爻且空亡,表示兄弟空有其名或者沒有兄弟;如果父爻臨空亡且化為鬼爻,表示父母已經過世。如果陰性的兄弟爻化為陽性的兄弟爻,表示嫂嫂贅嫁丈夫同住;如果陰性的子孫爻變為陽性的子孫爻,表示女兒招婿同住一家。如果父爻化為父爻且落在外卦之位,表示母親晚來有地位;如果財爻化為財爻且落在內卦之位,表示應當娶兩位妻子。

如果喪門殺星發動,表示本來就有災禍或者孝服之事;如果天喜星降臨,表示必然有嫁娶或者添丁之喜。如果披頭星發動,表示家中要出瘋癲之人;如果五鬼星興旺,表示家中必有患眼疾的人。如果羊刃星臨於財爻之上,表示此人是屠夫或者酒店老闆之類的

人；如果咸池星落入酉位之上，表示此人是從事花酒生涯的人。如果財爻落入咸池且化為鬼爻，表示妻子多獨守空房；如果子孫爻臨於寡宿且化為官鬼爻，表示男主孤獨無依。

如果驛馬星值守世爻，表示會奔波不定；如果貴人星生助身爻，表示會享受榮華富貴。如果世爻與應爻相沖，表示家中會紛擾不安；如果爻位逢六合，表示家庭和睦相處。

如果子孫爻入鬼關，表示家中小孩可能會受到傷害；如果財爻臨大殺，表示家中婦女可能有產亡之災。

如果辛未持世，表示家門前有大道；如果戊戌在五爻位，表示門前有竹木之遮蔽。如果蛇進入屋中，表示四爻位有騰蛇土動；如果喜鵲在門前做巢，表示六爻位有朱雀木興。

青龍位於巽宮之六位，表示家中有人患有頭痛之病；如果玄武初爻位鬼動，表示家中有人患有腳濕之病。如果騰蛇木鬼臨門，表示家中有人自縊而亡；如果白虎土殺入戶，表示家中會有血光之災。

如果火燒家堂，因為子孫爻入火鄉化火；如果鼠來害物，因為官鬼爻化出子爻。南方出現邪神，因為朱雀鬼臨火動；北方的鬼神，因為玄武動而水興。金鬼代表西方的佛像，木鬼代表東嶽的至尊。

當年逢福神則喜慶之事來臨，每日遇殺鬼則災禍不斷。

兄弟爻發動則奸人乘機漏出，福神爻發動則吉事頻頻來臨。

鬼爻化成亥未之象，表示豬羊願欠；子孫爻化成申辰之象，表示佛前燈願。

衝開丙戌丁亥之位，表示牆壁倒塌；合扶己卯戊寅之位，表示城防堅固土厚。衝動丙寅之位，表示香爐破損；旺搖庚戌之位，表示首飾鮮豔明亮。戌化為土金之象，表示犬多為黃色；金鬼化為子象，表示鼠作怪聲。

初爻鬼動武象，表示雞鴨被人偷走；三位官空之象，表示養的豬容易出事。二爻鬼殺發動，表示狗會傷人；四位殺官發動，表示羊容易突然死亡。五位休鬼發動，表示耕牛不興旺；六位虎鬼發

動，表示馬不能騎乘。

心氣病是火鬼發動引起的；脾胃災是土鬼搖動引起的。

初位殺空之象，表示小孩難以養大；六爻木鬼之象，表示老人容易中風。上透金爻之象，表示常年眼睛昏暗；五爻火鬼之象，表示癆病纏身。

青龍木鬼是觀音菩薩的象徵；玄武水鬼是玄天上帝的象徵。寅為神像帶虎行進；午為神像騎馬行走。

太歲臨鬼剋世之人，一年之中非禍即病；日辰福德扶身之人，四季開眉而興旺發達。

第二節　風水三例

例一、佛山千燈湖

未月丙戌日某人占問能否留在廣州，得夬之萃卦。

六神	伏神		坤宮：澤天夬		兌宮：澤地萃	
青龍	子孫 癸酉金	▬▬ ▬▬	兄弟 丁未土		▬▬ ▬▬ 兄弟 丁未土	
玄武	妻財 癸亥水	▬▬▬▬▬	子孫 丁酉金	世	▬▬▬▬▬ 子孫 丁酉金	應
白虎	兄弟 癸丑土	▬▬▬▬▬	妻財 丁亥水		▬▬▬▬▬ 妻財 丁亥水	
螣蛇	官鬼 乙卯木	▬▬▬▬▬	兄弟 甲辰土	○→	▬▬ ▬▬ 官鬼 乙卯木	
勾陳	父母 乙巳火	▬▬▬▬▬	官鬼 甲寅木	應 ○→	▬▬ ▬▬ 父母 乙巳火	世
朱雀	兄弟 乙未土	▬▬▬▬▬	妻財 甲子水	○→	▬▬ ▬▬ 兄弟 乙未土	

這個卦象與明代《易隱》遷移占的示範卦例基本一致，都是夬卦，唯動爻不同。所以，可以嘗試照貓畫虎。

福神旺相，可擇到吉地。

世居酉福，酉為西方地支位，「正西吉也」。在兌宮為澤，臨玄武為湖，酉金為建築，居玄武沼澤之上，這是湖上有亭的跡象。

辰土生我，辰為東南方，但逢沖居住不久，又化鬼，是非疊疊，不吉。

上爻有個未土相生我，未為西南方，臨青龍為漂亮標緻之地。

但占空，總是機遇不到，房源難以到手。

內卦三爻皆動，這是內事不安的顯像。外卦安靜平和，綜合起來，也是捨舊圖新，外尋新機的提示。

再結合前面的西方沼湖有亭，想到佛山的千燈湖。原因一，離開廣州，尋外方新機，佛山符合；原因二，佛山是廣州的西方位，是提示的吉方，距離也接近；原因三，佛山最出名的湖地就是千燈湖，並且「湖上有亭」。

例二、皇殿梁柱

申月丙辰日，對方尋我入職，占工作，得豐之震。

六神	伏神	坎宮：雷火豐		震宮：震為雷	
青龍	兄弟 戊子水	▬ ▬	官鬼 庚戌土	▬ ▬	官鬼 庚戌土 世
玄武	官鬼 戊戌土	▬▬▬	父母 庚申金 世	▬▬▬	父母 庚申金
白虎	父母 戊申金	▬▬▬	妻財 庚午火	▬▬▬	妻財 庚午火
螣蛇	妻財 戊午火	▬▬▬	兄弟 己亥水 ○→	▬ ▬	官鬼 庚辰土 應
勾陳	官鬼 戊辰土	▬ ▬	官鬼 己丑土 應	▬ ▬	子孫 庚寅木
朱雀	子孫 戊寅木	▬▬▬	子孫 己卯木	▬ ▬	兄弟 庚子水

應空，對方無誠意，或是尚未註冊開通。

間爻兄官互化，古人謂，是非纏連。

應弱入庫，似乎規模一般。

自身占五爻君位，對方占二爻臣位，自己以大就小。

父母爻為寬大，申金形狀方正，居五爻為尊位，再逢日建辰土生合，辰為龍，合為龍椅。有青龍星在頭頂，盤於震宮，震宮為木，逢龍為裝飾，合為雕龍之棟，看來是皇殿梁柱。看來，自己居坐皇帝之位，但似乎是獨撐大局，瑣碎不斷。

例三、平臺有「魚」

癸卯年丙辰月己亥日，占購買物業來求財，得井卦。

```
六神    伏神    震宮：水風井
勾陳  妻財  庚戌土  ▬▬ ▬▬  父母  戊子水
朱雀  官鬼  庚申金  ▬▬▬▬▬  妻財  戊戌土  世
青龍  子孫  庚午火  ▬▬ ▬▬  官鬼  戊申金
玄武  妻財  庚辰土  ▬▬▬▬▬  官鬼  辛酉金
白虎        兄弟  庚寅木  ▬▬▬▬▬  父母  辛亥水  應
螣蛇  父母  庚子水  ▬▬ ▬▬  妻財  辛丑土
```

財星被月令衝破，當然不吉。再遇到五爻朱雀破，口舌當頭發動，是非迭出。

當然，可以看下物業的形狀。

五爻戌是高位，臨朱雀是採光，從生活閱歷與建築知識聯想到磚牆天井。

再找卦象確認一下。

上爻是子水，天上雨水，落去五爻天井。四爻是申金青龍，是五爻的護佑，金為磚牆，龍是欄杆，兩者結合，申龍等於金屬欄杆。申也為銅壁玻璃，有反光。

看來，天井旁有鋼欄圍著。但，洩氣五爻，保護不了。申被日建亥害，淋的生銹，說明欄杆被腐蝕。

間爻四爻三爻有官申官酉並扶，根據《易隱》中提到「金見金，木見木」等說法，說明天井與樓下有個長管子（金屬欄杆）聯通兩層，從混凝土牆板（本宮三爻辰土）與紅色廣告位（本宮四爻午火為紅，青龍為裝飾，加起來是品牌廣告）中間貫通。

四樓管腐蝕厲害（逢害），三樓還好（酉逢辰月生合）。

如果子孫爻臨金，《易隱》說有明鏡。那官鬼爻臨金呢？破、舊、昏暗的鏡。申酉上下聯，預示破鏡上下排。

還可以猜測什麼？可能有個玻璃上方出現「雙龍戲珠」的圖案。

為什麼這麼說？

《易隱》家宅占講，臨青龍會有裝飾圖案，再臨金是寶鈔。這個卦，臨申，申內聚外延的字形。伏下有辰為龍，又逢合為牽連。龍與辰為二龍，合之為「雙龍戲珠」。

上金臨青龍，說明上面玻璃新，下金臨玄武，說明下面玻璃暗。聯想到：物業不行，是雨水天然沖刷上方，污染物積攢到下方玻璃。

再把聯想找線索，卦裡父母爻臨白虎，為舊。印證了，年久失修，便宜房產。

前面講，酉為玻璃，下方有亥，這是什麼？按字形，亥等於三腳架（「亥」字有三足）。

三腳架有什麼用？

卦中再找。

父母爻為歸納的意思，下伏寅木合，木為針織，合為纏。太歲卯為針織，為大件，也來合，那這是被子。因為三合亥卯無未，推測被子在三腳架上搭了三分之二。

這個三合，有始中而無尾。《易隱》說，三合少庫，缺其收尾，說明被子搭了前面，被子尾部空垂。

卯為被，上有癸蓋頭，癸字橫寫如「魚」，癸為水為藍色，被頭上有「藍底魚」的吉祥圖案。

這就是解卦中對於環境層層推進的猜想，占卜其他事情也一樣。

這一例比較複雜，我們回顧一下。關於圖案，在《易隱》的家宅占裡有，通過卦象把貼的門神對聯給猜想出來。天干地支的自行聯想，在《易隱》裡面也出現過，比如子午卯酉為正門，寅申巳亥為四偏，亥是代表三岔路口。十二地支有各式的類象形狀，在《易隱》的墳塋占中也出現過，比如丑是代表牛眠，寅代表虎崗，也就是說，臨個虎，這個地勢像老虎，臨個牛的話像一頭牛一樣趴在那裡。還有八卦所居卦宮也代表著整體的環境。還有字形，這就是剛才我說，地支亥在玻璃旁邊，這會像一個三角，類似於支架。再被木相合，合是代表纏繞，那就是支架上面纏繞的針織木頭藤條類似的東西。卯的字形如同藤條、垂柳，這就像一種絲滑的衣服。

第十六章 諸家
——各有示現各擷取

每本古書，每個作者都各有風格，這是因每人的經驗、資歷、時代不同的原因。讀者用心，可從中吸收不同的營養。現作者模仿古代先賢解卦，供參考。

例一

丑月丁亥日，某人問入股能源公司前景吉凶，得履之無妄卦。

六神	伏神	艮宮：天澤履			巽宮：天雷無妄	
青龍	官鬼 丙寅木	▬▬ ▬▬	兄弟 壬戌土		兄弟 壬戌土	
玄武	妻財 丙子水	▬▬▬▬▬	子孫 壬申金	世	子孫 壬申金	
白虎	兄弟 丙戌土	▬▬▬▬▬	父母 壬午火		父母 壬午火	世
螣蛇	子孫 丙申金	▬▬ ▬▬	兄弟 丁丑土		兄弟 庚辰土	
勾陳	父母 丙午火	▬▬▬▬▬	官鬼 丁卯木	應 ○→	官鬼 庚寅木	
朱雀	兄弟 丙辰土	▬▬▬▬▬	父母 丁巳火		妻財 庚子水	應

麻衣道者（宋代《火珠林》作者）：人間萬事，財官為要。私事需財，公事取官。財藏官退，名利不美。

「劉基」（明代《黃金策》作者）：世入墓庫心懶散，應動沖我反傷身。

曹九錫（明代《易隱》輯者）：本宮財伏世下，俯手可見，然世庫居玄武，礦庫隱蔽難見。動下午火發出沖剋世爻財星，身利兩傷。家宅鬼動沖世，內務不和。卯化木，兌藏卯，木臨勾，或為柳姓鉚構字人引起。

野鶴老人（清代《增刪卜易》作者）：吾南行，至新新增益之地。有人言，某地忽生五色燦爛之光，疑藏金銀礦物，外人欲拉其入股，囑餘起卦。旁有人看卦言：父母一空一破，舊往曾有不少時機未入。餘言：此為占資源入股之事，不必分曉過往細枝。此卦應

爻化退,絕主事業黯淡無光,又連勾陳發動,資產生疑。且應爻化出變爻來沖我,因事起爭不免。

王洪緒(清代《卜筮正宗》作者):此卦納入十八問之化退節。應爻化退,絕計對方生變,心生退悔而和議難成。

黎光:自臨玄武而父母空,自己入股如果是做幕後,那麼文書有紕漏,最大的風險是自己不能從工商那裡股權變更,最後依靠一個私下轉賬入股,反而證據不全,變成了一個沒有約束的爛賬。自身衰弱而文書破,又對方占了一個勾陳星化退來沖我,這是因為視野落後,證據失憑,最後與自己引起田土之爭。

再舉一例
有人問,自己學習占卜能否有成績,得山風蠱卦。
癸卯年乙丑月癸巳日

六神	伏神		巽宮:山風蠱	
白虎	兄弟 辛卯木	▬▬▬	兄弟 丙寅木	應
螣蛇	子孫 辛巳火	▬ ▬	父母 丙子水	
勾陳	妻財 辛未土	▬ ▬	妻財 丙戌土	
朱雀	官鬼 辛酉金	▬▬▬	官鬼 辛酉金	世
青龍	父母 辛亥水	▬▬▬	父母 辛亥水	
玄武	妻財 辛丑土	▬ ▬	妻財 辛丑土	

使用古籍風格解卦。

九流求財,可取鬼用。持世而戀,三合多通。惟入庫於月,墓旺而生淺,當主拙藏待長。又朱雀並見而逢破,《易隱》官祿章云,歲破者,遙對九五,當主封疆。然平民百姓,僅以性傲自恃也。《黃金策》云:伏藏子孫,居家必然少樂。艮上臨虎,遠方畏其虎狼。《火珠林》謂:假使陰陽互伏,則蠱變隨,心內瘡疽阻其前行。如能放遠擴目,眼界漸開,或有開庫規正,寬心去執的一天。

第十七章 卦解
——當代易者作效顰

　　一個卦象有吉凶之分，並且會配有不同的易象。要分析吉凶，我們需要看用神和忌神等因素；而易象則涉及卦宮、爻位、六神、干支類象以及沖合關係。在占卜中，取用和取像是相輔相成的，兩者都非常重要。像《京房易》、《易洞林》、《火珠林》、《易隱》等，都屬於六爻的範疇，雖然它們的解卦風格不同，但只是參入的角度有所不同。

　　早期的解卦會寫成詩，如果取象不夠以及文蘊不足就無法形成詩。從漢代的《焦氏易林》，晉朝郭璞的《易洞林》以及後來傳下來的周易詩詞中，我們可以看到這一點。而民國尚秉和又加重提醒道，每一個字和每一個象都來源於易卦。

　　在占卜的過程中，我們會起卦，然後取象、構圖，接著進行推測，最後形成詩。這有點像推背圖，或者更通俗地說，就像文王64卦圖。當然，我們也可以把這個過程顛倒過來，先把這個事物變成詩，再變成象，最後變成卦。無論是單獨使用理數象占，還是將它們融合在一起，都是可以的。

　　易經中的「象數理占文」是可以相互穿插連接的。這也是為什麼會有百家注易，因為每個學派都按照自己的模式，將這些元素相互穿插，並結合朝代特徵和社會情態來重新解釋。

　　由於易經具有多變性、符號性、引申感和會意性，所以每個人都可以有自己的解讀。這也是經典能夠傳承下來的原因，新的時代會賦予它新的發展。

　　因此，一個卦可以用四言四句來解釋，也可以用七言四句來解釋，甚至可以用一幅畫來描繪。我們可以把卦象、干支、要素和自己的推敲結果詩詞記錄下來，形成自己的「推背圖」與「圖讖」。

　　這裡，敘述八個例子，講一下《易隱》《洞林》規則的相關運用。

例一

2024年2月，丑月乙未日，問大雪中火車堵塞，能否順利前行，得屯之臨卦。

六神	伏神	坎宮：水雷屯		坤宮：地澤臨	
玄武	兄弟 戊子水	▬▬ ▬▬	兄弟 戊子水	▬▬ ▬▬	父母 癸酉金
白虎	官鬼 戊戌土	▬▬▬▬▬	官鬼 戊戌土 應 ○→	▬▬ ▬▬	兄弟 癸亥水 應
螣蛇	父母 戊申金	▬▬ ▬▬	父母 戊申金	▬▬ ▬▬	官鬼 癸丑土
勾陳	妻財 戊午火	▬▬ ▬▬	官鬼 庚辰土	▬▬ ▬▬	官鬼 丁丑土
朱雀	官鬼 戊辰土	▬▬ ▬▬	子孫 庚寅木 世 ×→	▬▬ ▬▬	子孫 丁卯木 世
青龍	子孫 戊寅木	▬▬▬▬▬	兄弟 庚子水	▬▬▬▬▬	妻財 丁巳火

如果放進《六爻三大技法》裡面，可能就一句：休囚無剋，無凶；發動，行期已定；化進，順利前行。

但也可以推算得詳細一些。世動，行期已定。《易隱》說，坎卦臨五爻白虎動，雨後是雪霜。再看化了一個亥水，變得寒冷。那它又合世爻，聯想一下，是不是雨雪打在身上。用《易隱》文字風格表述，那就是，坎臨虎動，雨雪交加。化亥轉寒，合世臨身。

《天玄賦》上講，動為始變為終。意思是，世爻發動代表目前，變爻可以當成未來或是目的地。外卦五爻發動，雨雪交加。它化一個亥水來合世，自身官鬼戌土動合世變之爻，這是開始與後面都被合住的情況，那麼剛才說了，亥是代表雨，虎是冰霜，土是陰風。也就是，淋雨前往，夾頭冰霜中到達。

為什麼夾頭？五爻臨土是脖，逢虎脖子受風。而且，與二爻木合，木是什麼？是衣服絲織。說明，天冷了，到地頭後，戴個圍巾豎個立領，護住了脖子。伏下一個官鬼辰土，土代表方正，又占了一個朱雀是代表嘴，那是什麼？在《易隱》面容占裡面講得很清楚，現在你也可以根據時事引申，這個取像是「口罩」。

這卦還藏了一個兇險，伏鬼為隱患，臨雀為口舌。

這個例子與民國《周易古筮考》裡，尚秉和占卜他侄子尚樞那一例很像。乘坐火車，中途阻礙，不前，後來順利成行。

後回饋，順利前行。

所以，《易隱》與《黃金策》的特點是，它的文字是層層遞進的。在這個遞進的過程中，你可以猜測這個事情是怎麼的前進，然後一步一步地把結果細化。這樣，才能跟人事中的細節變化相對應相掛鉤。你理解這種古人的寫作方法，你才能理解人世間的扭轉承合。

雖然有些現代人說，因為有天氣預報，天氣占晴雨占都用不著了。但是中國文化的意象思維長久以來一直存在，所以表述中的擬象、成文、拓思、比喻、聯想必不可少。

例二

2024年1月22日乙丑月乙酉日，得山水蒙變風水渙卦，某人問身份證能否找到？

六神	伏神		離宮：山水蒙			離宮：風水渙	
玄武	兄弟 己巳火	▬▬	父母 丙寅木		▬▬	父母 辛卯木	
白虎	子孫 己未土	▬ ▬	官鬼 丙子水	×→	▬▬	兄弟 辛巳火	世
螣蛇	妻財 己酉金	▬ ▬	子孫 丙戌土	世	▬ ▬	子孫 辛未土	
勾陳	官鬼 己亥水	▬ ▬	兄弟 戊午火		▬ ▬	兄弟 戊午火	
朱雀	子孫 己丑土	▬▬	子孫 戊辰土		▬▬	子孫 戊辰土	應
青龍	父母 己卯木	▬ ▬	父母 戊寅木	應	▬ ▬	父母 戊寅木	

鬼動五爻，賊疑在路，臨虎為車。化兄弟三合，同夥轉交。

上述在《易隱》中講得很詳。如：失物占云，兄鬼外卦動，外人拾去。鬼化兄，鬼日時丟。化三合，賊後聚。

若問賊姓。鬼水化巳（蛇），沈姓；化風水渙與巳火，轉給梁李狄談。巳火臨白虎，虎為右耳，加火合之為耿。（《易隱》相貌占云，在五爻時，龍為左耳，虎右耳。）

例三

2023年，子月丁巳日，解之師卦，占兄弟突然消失，是吉是凶。

六神	伏神	震宮：雷水解		坎宮：地水師	
青龍	妻財	庚戌土 ▬▬ ▬▬	妻財 庚戌土	▬▬ ▬▬	官鬼 癸酉金 應
玄武	官鬼	庚申金 ▬▬ ▬▬	官鬼 庚申金 應	▬▬ ▬▬	妻財 癸亥水
白虎	子孫	庚午火 ▬▬▬▬▬	子孫 庚午火 ○→	▬▬ ▬▬	妻財 癸丑土
螣蛇	妻財	庚辰土 ▬▬ ▬▬	子孫 戊午火	▬▬ ▬▬	子孫 戊午火 世
勾陳	兄弟	庚寅木 ▬▬▬▬▬	妻財 戊辰土 世	▬▬▬▬▬	妻財 戊辰土
朱雀	父母	庚子水 ▬▬ ▬▬	兄弟 戊寅木	▬▬ ▬▬	兄弟 戊寅木

作者解卦：小人負荷，乘馬為憂。自我招寇，雖貞亦咎。指實無實，兩三勞役。虎動他鄉，霧蒙虛空。避凶見難，伏寅災殃。勾陳出穀，劍懸頸位。出門失路，尋貴無向。以此論之，背恩忘德。妄動不利，守分則吉。莫為急圖，晚則為吉。

解文：玄武在五爻就是小人在上。午火月破，就是白馬為憂。自身跟玄武官鬼暗合，這叫招寇。臨陽爻在家宅雖呆在家中「貞」，亦咎。動而化空，所以指實無實。勾陳為役臨伏神木，木為二三，故「二三勞役」。

子午相沖，為他鄉自立，又臨白虎，所以虎動他鄉。妻財爻在天氣占中本為晴朗，臨空昏蒙。伏寅剋，這是隱藏之災難。勾陳加上辰土，合起來是山谷之象；申金合巳在五爻，刀懸線勒脖頸。

貴人不上卦，缺貴；木為仁德來剋，失德。

外卦福受傷鬼暗合，不要外行；福神動但無力，急尋貴人無力，要慢等。

後回饋，被公安帶走。

例四

2022年，戌月庚子日，得未濟之蠱，占卜運程。

六神	伏神	離宮：火水未濟		巽宮：山風蠱	
螣蛇	兄弟 己巳火	▬▬▬ 兄弟 己巳火 應		▬▬▬ 父母 丙寅木 應	
勾陳	子孫 己未土	▬ ▬ 子孫 己未土		▬ ▬ 官鬼 丙子水	
朱雀	妻財 己酉金	▬▬▬ 妻財 己酉金	○→	▬ ▬ 子孫 丙戌土	
青龍	官鬼 己亥水	▬ ▬ 兄弟 戊午火 世	×→	▬▬▬ 妻財 辛酉金 世	
玄武	子孫 己丑土	▬▬▬ 子孫 戊辰土		▬▬▬ 官鬼 辛亥水	
白虎	父母 己卯木	▬ ▬ 父母 戊寅木		▬ ▬ 子孫 辛丑土	

解卦作詞：事有難處，先天之卦。狡兔既死，走狗何烹。雖有名利，間間口舌。日暮江山，乘舟不利。運數不利，他人被害。方中有圓，乾極坤位。擾擾世事，垂手旁觀。人心卒變，難定其姓。

解文：這個卦象叫未濟征凶，意思是往前進其實還是有難度的，所以這個卦第一句話叫事有難處。

初爻藏一個卯兔，臨了一個白虎星，代表兇殺兇惡。同時又被上面兩個酉金來相剋，所以「兔死」。變出來一個財是有利潤有收入，但是財又變出來了一個狗火庫自己，火庫為鍋爐，所以「狗入鍋」。這是做事過程中被人利用，然後被人拋棄的卦象，所以用一句話叫「兔死狗烹」。

中間動了一個朱雀為口舌，酉字形如口如臉，預示行路中間有口舌。

上面有一個火卦代表太陽，但是被月令狗與變出來的狗墓庫，下卦坎水是江河，變卦艮為山，合起來叫「日暮江山」。

自身伏一個亥水來剋我，水是對我不利。自身又臨了青龍，青龍代表木代表船。既然臨著木船被水剋，那自然是「請勿乘舟出行」。

應爻占到一個螣蛇代表尾巴，也是自己的尾巴或者是自己的小兄弟，代表虛驚怪異，纏纏繞繞，但是它本身入庫又被朱雀合，代表自己帶著身邊的好朋友，一起惹麻煩是非拖纏。

上為火下卦為水，它的先天位置是乾坤，那現在未濟就是乾坤顛倒的意思。所以他是一個君居臣位，柔居剛位的意思。陰陽上下，尊卑顛倒。並且，除了自己動，前面二爻月破，後面四爻動，那麼不如安安靜靜下來。
　　四爻代表肩膀，金代表骨骼，土代表皮膚。合起來它是一個胳膊的位置，那麼結合這個卦，就是要把胳膊放下來不要動，「垂垂手臂靜待矣」。
　　四爻金臨桃花星，手臂有花紋裝飾，又占朱雀代表火燙，起卦人有花樣文身或傷疤吧。而且動化一個戌土代表火圈，花樣文身的四周還有一個方方圓圓的框架把它包住了。
　　離火為心，朱雀為心，酉字形也是心，這三樣都動起來了，所以寓意「人心變化」。伏剋飛為出暴，意思是突然爆發，對我不利，所以叫做「人心卒變，難定其性」。
　　以上就是根據卦象組成一首詩，組成一個事物現象，也是「玩易而有索。」

例五

　　申月丁巳日，得泰之歸妹，占問自己業務何時好轉。

六神	伏神		坤宮：地天泰		兌宮：雷澤歸妹	
青龍	子孫 癸酉金	▬▬ ▬▬	子孫 癸酉金	應	▬▬ ▬▬ 兄弟 庚戌土	應
玄武	妻財 癸亥水	▬▬ ▬▬	妻財 癸亥水		▬▬ ▬▬ 子孫 庚申金	
白虎	兄弟 癸丑土	▬▬ ▬▬	兄弟 癸丑土	×→	▬▬▬▬ 父母 庚午火	
螣蛇	官鬼 乙卯木	▬▬▬▬	兄弟 甲辰土	世 ○→	▬▬▬▬ 兄弟 丁丑土	世
勾陳	父母 乙巳火	▬▬▬▬	官鬼 甲寅木		▬▬▬▬ 官鬼 丁卯木	
朱雀	兄弟 乙未土	▬▬▬▬	妻財 甲子水		▬▬▬▬ 父母 丁巳火	

　　泰卦，天地通泰，否極泰來。
　　初爻財星臨朱雀，雀為展示開屏，下一步有廣告外宣業務。
　　財星暗動逢生，開始見營業額。
　　自身劫財動化退地，阻力漸消。

財星在路動，還是運輸為主業。臨玄武，做其他公司的後路、小路、後勤。

世應辰酉合，辰為龍，酉為雞，龍鳳呈祥的卦。

酉為雞，居上爻天空，意指飛鶴，做空中業務合適。逢巳火半合為長翅。臨青龍逢丑辰巳合，綠白紅黃，體態五顏六色。

酉通金，與申並為金觸金而響鳴，坐於坤宮為田野，這是《詩經》中的「鶴鳴於九皋，聲聞於野」。

例六

2021年9月22日，時為丑年酉月癸酉日。地產負責人占卜，得履之鼎。

六神	伏神		艮宮：天澤履		離宮：火風鼎	
白虎	官鬼 丙寅木	▬▬	兄弟 壬戌土		▬ ▬	父母 己巳火
螣蛇	妻財 丙子水	▬▬	子孫 壬申金 世 ○→		▬ ▬	兄弟 己未土 應
勾陳	兄弟 丙戌土	▬▬	父母 壬午火		▬▬	子孫 己酉金
朱雀	子孫 丙申金	▬ ▬	兄弟 丁丑土 ×→		▬▬	子孫 辛酉金
青龍	父母 丙午火	▬▬	官鬼 丁卯木 應		▬ ▬	妻財 辛亥水 世
玄武	兄弟 丙辰土	▬▬	父母 丁巳火 ○→		▬ ▬	兄弟 辛丑土

解卦：

這個卦是天澤履卦，有「如履薄冰」的意思，但是自身強旺，看來是「履虎尾，無咎」。同時，自身與螣蛇星沾在一起，如果卦凶，當然是麻煩纏身的意思。但大象看，此卦作吉，那麼，結合履的寓意，可以把這個螣蛇當攀扶搭助的索道來講。

在《易經》裡面，初爻是人體腳的位置，現在初爻動，自然是邁開步子行走。初爻臨玄武，玄武是陰私暗昧的含義。與前面行走結合起來，寓意「暗夜獨行」。在黑暗的，境況不明朗的時候，他人都躲藏起來，自己獨自行走。

內卦三合局，說明內務家事團結；自身在五爻又占陽九，這是「九五至尊」的位置，寓意自身能夠專權獨斷。發動者，寓意「帝王親征」。

明朝《黃金策》講，世爻動者，自定計謀。動生回頭生，謀略見益。現在自身動化兄弟爻相生，自是朋友相助。兄弟臨未土，未是卦中官星之庫地，又寓官方政策打包見吉。

財星居於乾卦的申金相生，乾為硬朗，申為金石，說明有「山石」的名字來幫。

內卦合成福神局相生財星，外卦又有福神相生財星，這是「內外齊發」有助。福神又化回頭生，續力越來越旺，有「後來居上」之意。

財星臨子水，2020年為子鼠年，是財星有力的年份。反推起來，如果當初在去年或是前年開盤，都是好運。今年是丑牛年，絆住伏藏的財星，使之躲藏不出，要到年底子月（陽曆年前後）會有好轉。

明代《斷易天機》說，如果財星伏藏，那麼，即便暫時財運不濟，也有貨物能夠抵賬。財星居於艮宮，艮是山、是土、是石、是寶、是礦，所以，仍是有物資墊底，不怕風險。

這個卦象，有三合，寓意人和；自身旺相，又在九五君王位，寓意地位之利；只是太歲絆財，天時有抑，所以等待時吉。

所以，作文得詞：如履薄冰，索道扶助（履蛇）；腳動身搖，暗夜獨行（初玄）。團結有力，自坐專權（合五）；自定計謀，官兄見益（未庫）。財伏乾宮，山石之力（申未）；內外齊發，後來居上（旺行）。豬鼠年節，宜其時機；今歲絆藏，逢冬方顯。《天機》有論，伏財壓貨；地利人和，逢時待發。

換個思路，再演算一次：

自身在五爻發動，五爻為道路的寓象，是自身行走路途。又居於上卦之乾，乾為龍馬、高樓、為尊貴地、為塔（明代《易隱》尋人的時候，遇到乾卦，斷者說，乾卦六橫，如同層層，必藏寺塔）。

卦中申金為涼，子水為寒，騰蛇為風，合起來，是嚴寒的時節。幸好，自身化未土，為家宅卯木的庫地。化土寓意歸鄉，合卯

木寓意立梁，入庫寓意安家。

自身居申化未，申為石，未為土，如同坐於土石之處，有「樓臺蹀步」之象。旁邊有騰蛇做線繩，化出之未又與下面的卯木相合，卯字形像「魚」，又有青龍星過來湊熱鬧，合起來，是「垂釣魚龍」的寓意。

作文得詞：萬國周旋靡不安，上宮有慶喜嚴寒。幸有立梁安家處，深波之處釣魚龍。

第三次推演：上卦乾與申都為金石，申與下伏的子水相生又相合，合之必主源遠流長，形勢有情。未為樹木之庫，如同樹林花園，騰蛇為花草藤蔓，圍繞著福神子孫星，所以，可以寫出下面幾句話。

作文得詞：乾宮申金助伏子，秀山秀水潤滋源。騰蛇臨未木庫生，園林小路繞福城。

例七

朋友聯繫，想購買一套房。希望聽聽我的建議，是往深圳購買，還是留在廣州。

未月丙戌日占前往深圳，得離變鼎卦。

六神	離宮：離為火			離宮：火風鼎		
青龍	▅▅▅ 兄弟 己巳火 世			▅▅▅ 兄弟 己巳火		
玄武	▅ ▅ 子孫 己未土			▅ ▅ 子孫 己未土 應		
白虎	▅▅▅ 妻財 己酉金			▅▅▅ 妻財 己酉金		
騰蛇	▅▅▅ 官鬼 己亥水 應			▅▅▅ 妻財 辛酉金		
勾陳	▅ ▅ 子孫 己丑土	×→		▅▅▅ 官鬼 辛亥水 世		
朱雀	▅▅▅ 父母 己卯木	○→		▅ ▅ 子孫 辛丑土		

這個卦是六沖卦，是不合時宜的意思。這個卦象自身在上爻，《易隱》提到，這是隱士的位置，又入庫於日，去到深圳被關起來一樣。古書認為：入庫者如醉如癡。

五爻空，有些心神不安。再配上二爻家人變動，我就懷疑，這是買了深圳房產後利用不到，並且因為家人依舊在廣州生活，自己後期因為家人照顧的事往來奔波，魂不守舍的寓意。

例八

2018年子月乙亥日，得升之未濟，占在郊區一邊做別墅，一邊做民宿，前景如何。

六神	伏神	震宮：地風升		離宮：火水未濟	
玄武	妻財 庚戌土	▬▬ ▬▬	官鬼 癸酉金	×→ ▬▬ ▬▬	子孫 己巳火 應
白虎	官鬼 庚申金	▬▬▬▬▬	父母 癸亥水	▬▬ ▬▬	妻財 己未土
螣蛇	子孫 庚午火	▬▬ ▬▬	妻財 癸丑土 世	×→ ▬▬▬▬▬	官鬼 己酉金
勾陳	妻財 庚辰土	▬▬ ▬▬	官鬼 辛酉金	○→ ▬▬ ▬▬	子孫 戊午火 世
朱雀	兄弟 庚寅木	▬▬▬▬▬	父母 辛亥水	▬▬▬▬▬	妻財 戊辰土
青龍	父母 庚子水	▬▬ ▬▬	妻財 辛丑土 應	▬▬ ▬▬	兄弟 辛丑土

撰文得詞：

地上之樹，漸次為高。去變未濟，憂疑未定。
官動父旺，資歷當先。世臨財動，墊資先進。
勾陳螣蛇，借做事業。若非基建，必為電網。
父爻旺相，專案不小。居為五爻，核心位置。
卦有兩官，公家發動。東南見喜，西北成驚。
內官化福，先困後得。外鬼成局，遠方不宜。
兩鬼夾身，多有煩怨。三人成虎，四方推諉。
財爻衰弱，利益不足。被金化泄，損傷四數。
近見蛇蟒，纏繞不安。遠現山匪，變脅生迫。
止步當前，免生肘腋。舍此守舊，安穩成吉。
對方回饋：別墅在東南方，民宿西北方。其他符合。

解文： 內卦官在巽為東南；外卦官酉父亥為西北。官方多動，多方管理；又空動，不落實不肯定。鬼爻＋酉金＋勾陳＝匪＋石＋土＝山匪。

第十八章　官職
——追查歷史論高低

　　針對本書官職占中的專業術語，作者做了名詞解釋。因自身並非史學專家，如有缺漏歧義，還望海涵。

　　阿衡：即商代丞相的官名。
　　榮膺燕賜：光榮地接受宴飲賞賜。
　　朝仕：在中央政府任職。
　　外任：在外省任職。
　　武弁：武職。六部：吏、戶、禮、兵、刑、工。
　　布按都司：省長。
　　巡方：指受天子指派巡察四方的大臣。
　　郡邑之宰：市縣之長。
　　風憲之職：章炳麟《官制索隱》：「今時司法者，有刑部都察院、大理寺、按察司，其在現代，可知是司法部門。
　　司馬：古代為兵部尚書，負責國防。
　　司寇：主理刑部的最高官員，刑部主管刑罰，相當於現在的司法、員警、法院等部門的集合。
　　大理中丞：即大理寺的最高官員，即現代的最高法庭。
　　武選：武選屬於兵部的一個司，職管武將的升遷謫降。
　　車駕：是明清時期兵部下設的機構，掌全國的馬政及驛傳等事務。
　　職方：兵部設職方司，掌管疆域地圖。
　　武庫郎：古代掌管兵器的官署，清末廢。
　　五府衣使：在明朝，五府是五軍都督府，即中、左、右、前、後五軍都督府，也叫五軍府，分領在京的除親軍外的各衛所和在外的各督司。只管軍籍和軍政，不能直接統率軍隊。

總制：政府對西北邊疆三邊實行集中統領，置「三邊總制」，總攬其權。

撫按：明清巡撫和巡按的合稱。巡撫為省級地方政府長官，總攬一省軍事、刑獄、吏治等。巡按為明代的巡按禦史，為監察禦史赴各地巡視者。其職權頗重，負責考核吏治，審理大案，知府以下均奉其命。

觀察：清代對道員的尊稱。唐代中葉後於未設節度使的各道設「觀察使」，為州以上的長官。

總兵：清代總兵為綠營兵正，官階正二品，受一省提督統轄，掌理本鎮軍務，又稱「總鎮」。

恤刑：指用刑慎重不濫。

司理：掌管調查審訊的官員。

參遊：總兵的下級，為參將、遊擊的總稱。

參將：明清武官名，秩正三品，位次副將，掌理本營軍務，分省建置，其主要任務是鎮戍地方。

遊擊：清綠營兵軍官有遊擊，秩從三品，位次參將，為將軍、督、撫、提、鎮分領營兵，也有充各鎮中軍官者。

把總：武官名，參將、遊擊的下級。

司空：工部尚書。工部為管理全國工程事務的機關。凡全國之土木、水利工程、機器製造工程（包括軍器、軍火、軍用器物等）、礦冶、紡織等官辦工業無不管理，並主管一部分金融貨幣和統一度量衡。

營繕：工部設有營繕司，主管皇家宮廷、陵寢建造、修理等事。

虞衡司：工部設有虞衡司，主管製造、收發各種官用器物、核銷各地軍費、軍需、軍火開支，主管全國度量衡制及熔煉鑄錢，採辦銅、鉛、硝礦等事。

關津主稅：水陸要道徵收通過稅，稱關津稅。

家宰：古代卿大夫家中的管家。

文選：即吏部文選司郎中。這個職位主要負責主管選拔文官，

是文選司的長官。

稽勳：在古代官制中，稽勳指的是考核官員的勳級、名籍和喪養等事務。這一職能主要由吏部下的稽勳清吏司（簡稱稽勳司）負責。

封驗：是一種官府對案件或證據的封存和檢驗的行為。

都水郎：隸屬於都水監，負責掌管河渠、津梁、堤堰等事務。

宗伯：掌宗廟祭祀等事，即後世禮部之職。

宮詹：負責輔導東宮太子讀書，亦稱詹長、宮詹。

學士：魏晉時掌管典禮、編撰諸事的官職。

司成：古代教育貴族子弟之官職，後世稱國子監之祭酒為「大司成」。

司業：學官名。為國子監或太學副長官，相當於現在的副校長，協助祭酒主管教務訓導之職。

太常：中國古代朝廷掌宗廟禮儀之官。其主要職責，一是主管祭祀社稷、宗廟和朝會、喪葬等禮儀。

翰林：皇帝的文學侍從官，翰林院從唐朝起開始設立，始為供職具有藝能人士的機構，但自唐玄宗後演變成了專門起草機密詔制的重要機構，院裡任職的人稱為翰林學士。

中書：官名，清代沿明制，於內閣置中書若干人。掌撰擬、記載、翻譯、繕寫。或由舉人考授，或由特賜。

科道：明、清六科給事中與都察院十三道監察禦史總稱，俗稱為兩衙門。

鴻臚：掌諸侯及四方歸義蠻夷朝貢並獻物和接待事宜。

苑馬：管理馬政的機構。

典試：掌管考試的官員。

督學：舊時主管教育的部門中負責視察、監督學校工作的人，是提督學政或督學使者的簡稱。

司農京兆：京城農業官員。

巡城倉院：巡警與庫管之職。

光祿：大夫為皇帝近臣，分為中大夫、太中大夫、諫大夫，無固定員數，亦無固定職務，依皇帝詔命行事。

方伯：古代諸侯中的領袖之稱，謂一方之長。殷周時代一方諸侯之長。後泛稱地方長官。明、清時用作對布政使的尊稱。

佐貳：輔助主官的副官。至明清時，凡知府、知州、知縣的輔佐官，如通判、同知、州同、縣丞、主簿等，統稱佐貳。

驛典：負責管理驛站、傳遞公文、接待官員、提供馬匹和車輛的官職。

署印：管理印章的官員。

第十九章　參引
——博古論今故紙堆

《易隱》附錄的參考書籍眾多，包含諸多明代及之前的民間典籍，部分尋找不到。如有遺漏，待後期面世及補錄。

夏《連山易》：《連山易》又稱《夏易》，相傳為伏羲所作，已失傳。

商《歸藏易》：《歸藏易》又稱《殷易》，相傳為黃帝所作，已失傳。

《周易》：周朝易學。

《黃帝常陽經》：六壬古籍。

《周易乾坤鑿度》：共十二卷，漢代鄭玄注。

王詡《麻衣賦》：王詡，隱青溪鬼谷，戰國時人，後人稱為鬼谷子。

《鬼谷百部篇》：鬼谷子的易經著作。

孫臏《探玄歌》：六壬著作。

張子房《筮法》：張子房即張良，西漢初年的重要謀臣。撰《赤

霆經》，這是一本有關風水點穴的書籍。《張子房筮法》久佚。

東方曼倩《射覆訣》：東方曼倩即東方朔。「射」是猜度之意，「覆」是覆蓋之意。射覆就是隨便將一種物件（或多個同類物）隱藏，讓射者通過占筮等途徑，指出所藏者究竟是什麼東西。

《君平秘授羅沖心法》：西漢時的隱士嚴遵，字君平，在成都以占卜算卦為業，賺夠一天的費用後，便收攤讀書。有位叫羅沖的富豪，與嚴遵有交往，曾問他：「你怎麼不去居官求祿？」並慷慨地資助他。嚴遵說：「我只是不想求取功名，並不是物用不足。而且，錢財方面，我並不比你缺少。」羅沖譏諷道：「我有家資萬貫，而你卻無隔宿之糧。你這不是胡說嗎？」嚴遵搖頭歎息道：「個中情形不說你也不知。以前我曾在你家投宿，在夜深人靜時，你仍在為蠅頭小利而斤斤計較，不分晝夜地算計，從未滿足；而我為人占卜，坐在家裡而錢自至，衣食皆足，還有幾百錢扔在屋角，積灰寸餘，不知道怎麼用。這不明明是我有餘而你不足嗎？」羅沖聽完之後，大慚而退。

《焦氏易林》：舊題西漢焦延壽作，是對《易》卦的演繹。《焦氏易林》源於《易經》，然與之有迥異獨特之處。《易經》共有卦爻辭450條，《易林》有4096占卦變之辭，較之《易經》卦爻辭有10倍之多，從而極大地豐富了信息內容。

京君明《海底眼》：京君明即西漢李君明（京房），京房易的創立者，海底眼是托其名的一本占卜著作。

《京氏易傳》：西漢京房（西元前77一前37）撰。京房繼承併發展了焦延壽的占候之術，又有八宮卦說、納甲說、五行說、卦氣說等，由此《易》有京氏之學。其後，《易》家世應、飛伏、六位、十甲、五星、四氣、六親、九族、福德、刑殺之法皆以京氏為本。

揚雄《太玄》：《太玄》是西漢揚雄撰寫的一部擬《周易》之作。

晁以道《京氏易式》：晁說之，字以道，一字伯以父，澶州人也，參政宗懿曾孫。元豐五年進士。為蘇東坡的好友。署名其作者的還有《晁以道古易》十二卷與《晁以道太極傳》。

荀爽《易傳》：荀爽（128-190），字慈明，東漢潁陰（今河南許昌市）人。

關子明《易傳》：關子明即為關朗，北魏解州人，關羽裔孫。曾受到孝文帝接見，關朗進言帝王應以慈儉為本，飾以行政禮樂。古籍記載關朗曾以《夬》之《革》推百年國運，所言皆驗。

董和《筮秘》：董和，生卒年不詳，字幼宰，南郡枝江（今湖北枝江）人。三國時期蜀漢大臣。

武侯《全州山藏書》：武侯即三國時期蜀漢大臣諸葛亮，該書久佚。

《管氏照心神鑒經》《管公明十三篇》《管公金書六事口訣》《管公問答口訣》《管氏五星秘要》：管輅（209-256年），三國時期平原人，魏國學者。

郭景純《青囊集》：郭璞（276年-324年），字景純，河東聞喜縣人（今山西省聞喜縣），西晉建平太守郭瑗之子。東晉著名學者，既是文學家和訓詁學家，又是道學術數大師和遊仙詩的祖師。

郭氏《洞林秘訣》：郭景純將筮驗的60多件事彙編成《洞林》，作為占筮的借鑒。

隗炤《燃犀集》：民間流傳的占卜典籍。《易隱》摘引《燃犀集》的有「本宮鬼空者，無祖業也。鬼旺父衰者，祖興父敗也。鬼衰父旺者，祖敗父興也。鬼在外爻遇煞，祖亡他郡也。鬼臨五六煞墓（丁未戊戌），客葬外邦也。」

袁天罡《太乙命訣》：民間流傳的命理典籍，全書共一卷。

袁客師《占驗目錄》：袁天罡，唐初益州成都（今四川成都）人。善風鑒，累驗不爽，曾仕於隋，為鹽官令。唐時，為火山令。著有《六壬課》《五行相書》《推背圖》《袁天罡稱骨歌》等。通志著錄，其有《易鏡玄要》一卷。久佚。

李淳風《周易玄悟》：共有三卷。

李淳風《占燈法》：共有一卷。

郭雍《蓍卦辨疑》：郭雍（1106-1187），字子和。祖籍洛陽（今

河南省洛陽市),出身儒門,其父師事程頤,對《周易》研究頗深。

孔穎達《正義》:孔穎達,唐初鴻儒(574-648),著有《周易正義》。

李鼎祚《集解》:李鼎祚,資州磐石(今四川資中西北)人。曾輯梁元帝及陳樂產、唐呂才之書,以推演六壬五行,成《連珠明鏡式經》十卷,又名《連珠集》,代宗登極後,獻《周易集解》。

一行師《卜訣》:一行禪師,俗名張遂。唐高宗元年(西元883年)生人,河南樂縣人,是歷史上的大天文學家、數學家。

衛元嵩《元包》:衛元嵩,在佛教流行的梁末(555年前後)出家為僧,著《元包經》傳世,另外其所著的《三易同論》《易論》《齊三教論》以及《千言詩》等,均已失傳。

陸德明《指掌訣》:陸德明(約550-630),名元朗,以字行。蘇州吳人。經學家、訓詁學家。著有《周易注》《周易兼義》《易釋文》等。

丘寺丞《易鑒》:該書存於《斷易天機》一書。

《麻衣道者正論》:麻衣道者,宋代道人,與陳摶隱居於華山石室中,不知其姓名,「麻衣」當為其號。正論當指《麻衣道者正易心法》一書。

陳希夷《紫微數》:陳希夷(?-989),名摶,字圖南,自號扶搖子,安徽亳州人,宋初著名道家隱士。紫微數即其署名的紫微斗數一書。

曹子虛《源髓論》:不知出處。《易隱》疾病章中言,曹子虛曰,祈禳用何祭禮,則視鬼之食神也。如鬼屬甲,則食在丙而祿居巳也,宜用炒雞煎腐酒禮財馬送之也。

司馬溫公《潛虛》:司馬光(1019-1086),北宋時期著名政治家,史學家,散文家。《潛虛》,中國北宋司馬光的哲學著作。仿漢代揚雄的太玄而作,共1卷,元元年(1086)書將成而先卒。

邵康節《觀梅數》:邵康節(康節為諡號)名雍,字堯夫。宋朝時代的著名卜士。觀梅數即《梅花易數》,是一部以易學中的數

學為基礎，結合易學中的「象學」進行占卜的書。

程邵朱《三儒理數》：程朱指北宋程顥、程頤和南宋朱熹的理學。參見「程朱學派」。邵即前面講的邵康節。

羅止庵《卜易統宗》：羅止庵為明朝江右人氏。《卜易統宗》為民間流傳的占卜典籍。

黃士瑤《占易龜鑒》：高抬貴手比喻借鑒，龜可以卜吉凶，鏡可以比美醜。故以喻借鏡鑒前事。

高滄鶴《前知集》：民間口訣。原文見《易隱》身命占「陽父眾，繼父成家。陰父眾，繼母管活。父化父，母化母，生合世爻者，在本宮內卦，伯叔姆嬸繼也。又《易隱》小試占曰，若三等旺則看世上支神。以一水二火三木四金五土斷之。相則以世上納甲之干支取之，休則取干支而倍之（出《前知集》）。」

皮臺峰《筮訣》：民間口訣。原文見《易隱》身命占。皮臺峰曰，父爻生合兄弟，父當偏愛。母爻沖剋兄弟，與母不協。

柳隆《玉靈經》：民間口訣。原文見《易隱》育蠶占，《玉靈經》以龍為一眠，雀為二眠，勾為三眠，蛇為四眠，玄武為絲，白虎為繭）。原書不詳。

僧明睿《抄本》：民間口訣。原文見《易隱》婚姻占，男取身生為床帳，女取身剋為香閨。

林開《蜀市日記》：民間口訣。原文見《易隱》求財占，凡世下伏財者，彼先有物，欲抵此債。以八卦與十二支神，推其何物也。

耶律楚材《錦囊集》：耶律楚材（西元1190年-西元1244年），蒙古汗國大臣。字晉卿，號玉泉，法號湛然居士。出身於契丹貴族家庭，生長於燕京（今北京），世居金中都（今北京），是遼太祖耶律阿保機的九世孫。

範疇《驚人鳴》：明崇禎庚午年的《卜筮全書》有云，元之範疇，湯通玄。國朝之翟祥、沈景晹、周仲高，皆前知也。由此可知範疇為元朝人，原書已不詳。

湯通玄《卜學淵海》：湯通玄，元朝人，《卜學淵海》為民間流

傳的占卜典籍。

劉伯溫《黃金策》（署名）：劉基，字伯溫，明朝開國重臣，精通術數。此書為火珠林卦法的集大成之作，是研究火珠林法的經典。明清術士莫不奉之圭臬。民間流傳甚廣的《卜筮全書》《增刪卜易》《卜筮正宗》都收錄了此書，可見影響之大。

程濟《從亡錄》：程濟，明翰林院編修，洪武三十一年，做四川、岳池二州教授，夜晚觀察天相，覺得有異常，於是上書說：北方將會有叛亂兵起，可能在明年，朝議時都說程濟是沒有根據的胡說，把他召回京城想殺掉他，他說：「請皇帝開恩，把我囚禁起來，如果明年，我的預測不應驗再殺我。」於是把他囚禁獄中，建文元年，果然北方靖難兵起，皇帝趕快把程濟從獄中放出來，並升為征北軍事。他上奏皇帝說：「我不願做功臣，我只願做一個智士就足夠」。

王希明《筮法指南》：王希明，唐代初期人。籍貫、生卒年不詳，約活動於7世紀末，天文學家，曾著《丹元子步天歌》一書。

尹鐵口《驚破膽集》沈景賜《課要》袁子《占法提綱》客師《問答錄》：民間流傳的占卜典籍。

周仲高《易譯》：明人周仲高精通天文地理之學，足跡遍及東南，時方承平，社會安定，可周仲高卻從浙江錢塘江搬到江蘇昆山居住，並說天下兵禍將起，「吾卜地莫如婁江善」，後來果然錢塘江毀於兵禍，昆山無恙。洪武初，郡邑修建公署及廟宇，相方、定位、卜日、選辰皆出其手。

季彭山《易學四同》：季本，字明德，號彭山，越之會稽人。正德丁丑進士。官至長沙府知府。《易學四同》是一本理論性地解釋周易的著作。

張星元《易林補遺》：張世寶先生，又名張星元，任明朝禮部冠帶術士。《易林補遺》傳承西漢京房易學的精髓，是一部較完善、系統、嚴謹的著作。

《吳甘泉要抄》：吳甘泉，長洲呂山人也。博物洽聞，於書無所

不讀，而尤精於數。其學主先天加一倍法，而以時日占之吉凶成敗之理，具有佐驗。時都禦史俞公諫撫吳都諜報者日至，公以為憂，延甘泉而問焉。甘泉以數推之曰：「賊必來，來未及城而敗，計其時蓋中秋節也。」已而果然。餘將舉山妻葬事，而甘泉適至，試以葬日陰晴卜之。甘泉曰：「自午而前半陰，晚乃雨。」至期卒如所言。所著《數書》十卷，時人稱之曰甘泉先生。

《卜筮元龜》《卜易玄機》《心易大成》：明代的卜筮書籍。

《金鎖玄關》：明代的卜筮書籍，作者何謙齊。《斷易天機》錄有《金鎖玄關》十問。

《問卜易覽》：明代的卜筮書籍。《卜筮全書》言《問卜易覽》以辰見辰，午見午，酉見酉，亥見亥定之，尤為謬妄。

《卜筮全書》：明代的卜筮書籍，內容上以京房易論為主。作者姚際隆，字百愚，吳門人。

《六壬神定經》：宋朝六壬著作，北宋揚維德撰。

《六壬畢法賦》：宋朝六壬著作，淩福之撰。

《六壬心機絕法》《六壬磨鏡藥》：宋朝六壬著作。

《靈棋經》：靈棋經共分二卷，一百二十五卦，傳說是黃石公傳授給張良，後來東方朔掌握了其術，才流傳於世。靈棋經以棋為卜具，卜棋成卦，卦有繇辭。

《通玄賦》：占卜的綱領性口訣。

《天玄賦》：署名為明朝劉伯溫著。《天玄賦》云，五爻為天子近親賢而還去奸邪，四位列公侯上忠君而下安黎庶。子孫臨大殺，扶蘇中趙相之謀。君位合咸池，唐國受楊妃之禍。

《萬金賦》：一本民間的命理著作。萬金賦云，欲識五行生死訣，容易豈與凡人說。星中但以限為憑，子平但以運為訣。運行先布十二宮，看來何格墮時節。財官印綬與食神，當知輕重審分明。

王夢庵《義通》，周傑《松經玄談》，杜氏《遺編》，《程聖俞集筮法》《八純筮法（郭璞著）》《日錄》（魏道南著）《碎金賦》《六爻穿斷法》《白玉賦》《行限歌》《限門賦》《井底賦》《堅命賦》《滄

海賦》《逼運賦》《千金賦》《賽國賦》《壺中賦》《參舟賦》《舟居賦》《新創賦》《詳基賦》《天象賦》《柳神經》《五行賦》《六神賦》《性情賦》《容貌賦》《宅秘》《鬼驚膽》：以上均為民間流傳的占卜口訣。

《分野圖》：唐一行山河分野圖，是指把天上的星宿分別指配於地上的州國，或者說根據地上的區域來劃分天上的星宿，於是二者互為分野。比如說某宿是某地某國的分野，或者說某地某國是某宿的分野。

《何知章》：民間流傳的占卜口訣，內容為：何知人家父母疾，白虎臨爻兼刑剋。何知人家父母殃，財爻發動煞神傷。古代術士一般用於客人來意使用。

《鬼料窮》：清代有手抄本《天文鬼料窮》四卷，題晉丹玄子撰，唐王希明注。王希明，唐代初期人。籍貫、生卒年不詳，約活動於7世紀末，天文學家，曾著《丹元子步天歌》一書。

第二十章　縱橫
——逆數還舟白首中

前面已經講了很多《易隱》與當今六爻著作不同的地方，現在再來比較一下身命占。

在眾多命理預測術中，《易隱》以其獨特的視角和綜合的方法獨樹一幟。與其他著名的預測術如四柱和紫微斗數相比，《易隱》論命仍然不遑多讓。

第一節　他術比較

一、與四柱論命的比較

四柱預測學，自唐代李虛中創立以來，已有千年歷史。它以年、月、日、時四柱為基礎，發展出了大運、小運、流年等推斷方

法。與此相比,《易隱》論命也有其獨到之處。

（一）大限與小限：四柱有大運、小運和流年,而《易隱》則有大限和小限,兩者均用於推斷命運的變化。

（二）六親與神煞：四柱有印比食傷等六親,而《易隱》有父母、兄弟、子孫等六親,兩者相似。四柱有五行神煞,而《易隱》也有神煞論命,兩者在這方面也有共同點。

（三）四柱以日元為中心,而《易隱》則以世爻為中心,雖然名稱不同,但都是為了更好地推斷命運。

（四）立體感與平面感：四柱斷命只有平面感,而《易隱》斷命則結合了八卦爻象,具有立體感。

（五）定式與活式：四柱的定式斷命有局限性,主要是同樣生時太多。《易隱》則是定式與活式相結合,更獨一地推斷命運。

二、與紫微斗數的比較

《易隱》與紫微斗數都是中華文化中的瑰寶,兩者在某些方面有相似之處,但也存在差異。

（一）三限與十二宮：兩者都有三限推斷吉凶的方法。《易隱》的吉凶最終落在世爻和其他六親爻上,而紫微則落在十二宮上。

（二）命運十二方面：《易隱》分十二宮斷出命運十二方面,而紫微斗數也有十二宮斷命,但斷法有所不同。

（三）六親的旺衰與生剋沖合：《易隱》注重六親的旺衰、神煞狀態和生剋沖合,而紫微則注重旺衰、三方四正。

（四）獨特之處：《易隱》獨有的八卦斷法和定活式相結合的斷法是紫微斗數所沒有的。

三、與太乙神數之比較

《易隱》與太乙神數皆採用限運法,涵蓋大限、小限、太歲、流月、流日、流時。兩者不同之處在於,《易隱》的限運法結合了卦爻,不僅應用卦爻辭,還應用了六親與地支間的生剋刑沖等術,而

太乙神數只採用了卦爻數法（如陽九陰六）及卦爻辭斷命法。

四、與河洛理數之比較

《易隱》與河洛理數在八字起卦和抽爻起運方面有相似之處，但《易隱》獨有的十二宮位斷法和結合六親、地支生剋刑冲的抽爻斷運法是其獨特之處。此外，《易隱》的斷命方法是定活式相結合，確保每人的命局都是獨一無二的。

第二節　今人望古

逆數還舟歸自理，停泊嶺南望前來。回顧以往，從二十歲改編《易隱》，至今已經二十年。其間，多次翻閱，筆墨透紙，費其心機，費其腦力。然而，得，也是得於此書。以此書學習，入門踏徑，以此書入世，坐而深談。如今，積澱之下，勉力而為，將此書改編。雖然白話，更為普及，但古籍中的意文韻語，在現代文的鋪擺下，恐怕也是面目全非。不過人生做事，不都是有所失，有所得呢？能夠將學問門檻降低一些，為文化做個繼承，為您瞭解卜筮、瞭解《易隱》打開一扇小小的幕簾。那麼，我也將不勝榮幸。

白話了這些久，臨近尾聲，換個風格，附篇自己寫的文字。如果您能看的進去，那麼，入門已進，提升不難，再來觀看古籍經典，必然水到渠成。

《六爻玄奧賦》

凡就占卜推敲吉凶之法，世用為主。其納五行，查月日旺衰，何者為要。五行扶補起助，自成我方。損壞冲刑，變成他害。由此而往，推其順逆人情。今有羊城黎光，以《六爻三大技法》為綱，參以世象，張網搜羅，作詩賦文，試呈其脈。

卜卦專執用神，詳論原神仇忌。

動者須明其理，強弱或輕或重。

同氣者得勢，相助者有情。

動爻直落，次看變爻。直落者行事顯見，變爻者論終論隨。

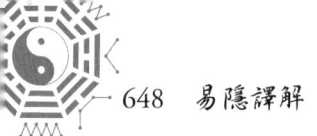

動合拖緊，靜合關懷。

卦體須清明，用忌分先主。

動爻專論，用原仇忌泄；變爻隨後，進退加減空。

象自天成，不拘己意；根源陰陽，順逆滿盈。

五神開端，六神形飾。

識事須明事理，卦成要出依附。

技有三大，各稟其需；物定生剋，方明益損。

榮而多發，當主繁花眼亂；靜而旺助，成物必然良久。

用神旺動，遂納錦繡；衰弱無助，寒微拙縮。

月令旺動，自然抑惡而揚善；四時不至，方知力弱氣不滋。

喜用祿馬交錯，虛空恍然若失。

吉神顯赫月扶持，凶煞無力心悠揚。

若要卦成，還看忌神逢制；多謀少成，必知氣短用藏。

帝旺無助，勢窮力盡，獨秀正欲風摧；長生有扶，連綿滋足，恬靜自可寬容。

月令日建，幫損有序；原忌仇耗，通關可察。

用神最喜旺相，喜神應嫌墓庫。

年月前氣，日時後宮。月沖日合，先散而後圓。主卦為始，後卦為變，主擁後斥，初聚而終棄。

動須單純，亂髮迷眼。

生我助我情能至，剋己生他氣不歸。

生剋來往，須查連生；善惡繁複，要知旺相。

有剋有生，皆倚托於通關；仇耗少助，望渺茫於何地。

五神相雜有祥瑞，有乖蹇；五行聚戰，或傷損，或慘勝。

子財見真，求物須知客生利；官父有象，就公要曉名護權。

泄耗雜氣，仇助忌，耗撩身；原忌沖用，生則通，剋則損。

我有泄，成脫氣，可憂子旺母衰；原受損，用旺持，悲喜娃難父剛。

前呼後應，生者呼，比著應；左空右沖，空則虛，沖者懼。

局象空靜，閑來一片清冷；多發混行，妙在通關化亂。

相合有意，要審扶誰；扶生為助，也防空弱。

合起力盛，莫作等閒；後做精英，晚來淬金。

群分有喜用專旺，月日務在吉神之位；類聚有原忌仇耗，五行生合順逆之方。

先生後助，動爻幫而變爻扶；外傷內柱，歲月摧而自化剋。

用神生時旺之動，當防心散；忌神坐旺令之所，宜有削剝。

用神入鬼墓，得之閉押；喜用得天幫，情懷暢爾。

墓絕並煞刃來刑，拘禁而待剛冷一刀；空亡領財官同在，蕭索而遮衣帛清寒。

求官遇傷官強旺，職權怎至；尋利見劫財交爭，寶物何來。

原神生我，宜乎潤甘；衰敗死地，孤寒難起。

用神衰絕殘害，逢助也是弱態；月日旺相有方，有仇亦為昂揚。

一片雜神失中氣，繁花錦簇心生亂；獨生獨旺少參商，一片坦途目自達。

五氣布定四方，自然奠定福禍；一辰合聚貴煞，須察因由脈絡。

吉凶看生剋，剋則損矣生有助，自強自弱各增減。

得凶分組合，起趣斥聚自有緣，力大力小物我定。

應期觀病處，輾轉騰挪干支行，日周月轉填有缺。

細節查雜處，六神爻位沖合起，飛伏卦名審來因。

古有先賢論閒章，今見黎光造錦囊。繁繁複複皆可用，三大技法簡道場。是是非非人間世，辨剖體用推行藏。事來就卦騰心意，卦來就事洗自身。

2024年1月21日，黎光作於出差河南的途中

後 記

2003年的時候，我出版了一本《隱易千金斷》，這是我的圖書首發。其內容即是以《易隱》為經，《黃金策》做緯，增加了其他筮書的精華，整理寫作。後以此開頭，繼續出版，行走遠方，於粵地安家置業。這樣看來，也是《易隱》一書帶給自己的引導與幫助。

2004年曾經做過一次《易隱》的全文校注，但猶豫再三，自覺用力不足，便擱置收藏。然後走向社會，忙於生活。恍恍然看浮雲過眼，匆匆然望白駒過隙，歲月蒙面，已然二十載。2023年下半年，有一位北京姓段的朋友找我，他以《易隱》為題，似激似勵，於是我集中精力，晝夜顛倒，以校注為底稿，增加內容，做了此書。

就作者看來，《易隱》有兩大特點。一是，其卦例的解讀採取的是本宮斷法，直接傳承自《火珠林》一脈，與《增刪卜易》《卜筮正宗》完全不同，現在已罕見所用。二是，該書中提供的技法，其所達到的細節和高度在古今六爻著作中是難以找到的。它融斗數、八字、河洛、太乙等術數精華於一身，其海納百川的氣勢也是其他書籍所無法比擬的。

我希望，通過這次譯解，將此緣分於二十年後重新撿起，為《易隱》，為六爻，為漸趨失傳的中期筮法——火珠林法（納甲筮法）做一個延續，這也是對這本書當初提攜的報答。

這次整理過程，有心盡力，修訂再三。但是，水準有限，遺漏不足處，恐怕不少，敬請讀者海涵並指教。

謝謝各位。

黎光
2024年6月19日

筆 記 欄

國家圖書館出版品預行編目資料

```
易隱譯解/(明)曹九錫輯;黎光譯解;李全校對.-- 初版.
  -- 臺北市:進源網路事業有限公司, 2025.03
    面；　公分.--(相卜叢書；2095)
  ISBN 978-626-98939-1-1(平裝)

  1.CST: 易占　　2.CST: 注釋

292.1                                          114000109
```

◎相卜叢書 2095

易隱譯解

編　　輯／【明】曹九錫
譯　　解／黎光
校　　對／李全
出 版 者／進源網路事業有限公司
發 行 人／林芳仔
法律顧問／江皇樺律師
社　　址／台北市華西街61-1號
電　　話／(02)2304-2670・2304-0856・2336-5280
傳　　真／(02)2302-9249
http://www.chinyuan.com.tw
WeChat ID：chinyuanbooks
Line ID：@fhq0021u
E-mail：juh3344@ms46.hinet.net
郵政劃撥／台北50075331進源書局帳戶
電腦排版／旭豐數位排版有限公司
印　　刷／肯定設計印刷有限公司
出版日期／二○二五年三月
定　　價／平裝新台幣700元

著作權所有・翻印必究
◎本書如有缺頁破損或裝訂錯誤，請寄回本書局調換